PHOENIX

Der etwas andere Weg
zur Pädagogik

Ein Arbeitsbuch
Band 1

Verfasst von: Heinz Dorlöchter,
Gudrun Maciejewski, Edwin Stiller

Best.-Nr. 18284 6

Verlag Ferdinand Schöningh

Website
www.schoeningh.de

E-Mail
info@schoeningh.de

Gedruckt auf umweltfreundlichem, chlorfrei gebleichtem Papier.

Zeichnung auf der Titelseite: Keith Haring; © The Estate of Keith Haring, New York 2000

(Verlag Ferdinand Schöningh, Jühenplatz 1, 33098 Paderborn)

Printed in Germany. Gesamtherstellung: Ferdinand Schöningh, Paderborn

Druck 5 4 3 Jahr 04 03 02

ISBN 3-506-18284-6

Dieses Werk folgt der reformierten Rechtschreibung und Zeichensetzung.

Inhaltsverzeichnis

Themenkreis 1.2

Wie eignen sich Menschen ihre Welt an und wie kann dies für die Persönlichkeitsentwicklung pädagogisch gefördert werden?

Vorwort

Zum Titel dieses Buches

Phoenix als Titelfigur für ein Arbeitsbuch Pädagogik?

Der Phoenix ist ein sagenhafter Vogel, der sich im Baum sein Nest baut, was zugleich sein Grab wird, da Sonnenstrahlen es entzünden und Phoenix zu Asche verbrennt. Aus dieser Asche entsteht ein Wurm, der sich später in ein Ei verwandelt, aus dem dann der junge Phoenix kriecht – eben ‚wie ein Phoenix aus der Asche'.

(Vgl. Lutz Röhrich, Lexikon der sprichwörtlichen Redensarten, Freiburg/Basel/Wien, Herder Verlag 1973, S. 735, 736)

Wir haben als Titelbild die Darstellung des Phoenix von Keith Haring gewählt, deswegen einige kurze Bemerkungen zu Keith Haring: Seine apokalyptischen Bilder sind zu verstehen als Mahnmale gegen Gewalt und Hass, gegen Drogen, Diskriminierung von Minoritäten sowie gegen Aids. Seine lebensbejahenden Bilder, zu denen auch der ‚Flügelmensch' Phoenix gehört, schmücken auch Entbindungsstationen und Kinderkrankenhäuser und wollen zu einem sinnfreudigen, kraftvollen, selbstbestimmten Leben ermuntern. Dass er auch ein besonderes Verständnis vom Umgang mit Kindern hat, verdeutlicht folgendes Zitat:

„Ich wäre liebend gerne Lehrer, denn ich liebe Kinder und finde, dass zu wenige Menschen vor Kindern Respekt haben oder begreifen, wie wichtig sie sind. Ich habe viele Projekte mit Kindern jeden Alters gemacht. Daran habe ich die schönsten Erinnerungen. Mit einundzwanzig habe ich einen Sommer lang „Kunst"-Unterricht in einer Kindertagesstätte in Brooklyn gegeben. Kein anderer Sommer in meinem Leben hat mich so befriedigt. Nichts freut mich mehr, als wenn ich ein Kind zum Lächeln bringen kann. Das Baby ist deshalb zu meinem Logo oder meiner Signatur geworden, weil es die reinste und positive Erfahrung im menschlichen Leben darstellt.
Kinder sind die Träger des Lebens in seiner einfachsten und freudigsten Gestalt. Kinder sind hautfarbenblind und noch frei von all den Komplikationen, von Hass und Habgier, die ihnen dann allmählich fürs Leben eingeimpft werden. [...] Kinder wissen etwas, das die meisten Menschen vergessen haben. Für Kinder hat ihre alltägliche Existenz eine Faszination, die etwas ganz Eigenes ist und die auch den Erwachsenen viel helfen würde, wenn sie nur lernen könnten, sie zu verstehen und zu achten."

(Keith Haring, 7. Juli 1986 – Montreux, aus: Keith Haring, Tagebücher, S. Fischer Verlag, Frankfurt/M. 1997, S. 98f.)

Das von Keith Haring erwähnte Baby finden Sie auf Seite 17.

Respekt voreinander haben ist für uns eine wesentliche Kategorie pädagogischen Handelns; das Wort Erziehen benutzen wir daher im Zusammenhang mit dem lateinische educare, welches ‚herausführen (aus)' bedeutet, also die Möglichkeit der Entfaltung anspricht.
Der Phoenix ist ein Sinnbild für Verwandlungen und Erneuerungen – eine Metapher für Erziehungsprozesse, wo Veränderungen begleitet und Verwandlungen ermöglicht werden.
Wir wollen Ihnen mit diesem Buch Einsichten in pädagogisches Denken und Handeln vermitteln, für den Prozess der Gestaltung Ihrer eigenen Lebensplanung haben wir versucht, Ihnen interessante Anregungen zu geben.
Dabei sind Sie zur aktiven Mitarbeit aufgefordert, damit Sie sich auch aus Ihrer subjektiven Situation heraus ein Bild von den Dimensionen von Erziehung machen können, welches Sie dann mit den hier bereitgestellten Kenntnissen und Kompetenzen reflektieren können.
Wie ein Phoenix werden Sie vielleicht Bekanntes in Frage stellen und zu neuen Einsichten kommen, so dass die ‚schwarz vorgezeichneten Konturen' von Ihnen farbig und facettenreich ausgestaltet werden können.
Um den Phoenix zum Fliegen zu bringen, kann das Stellen von Fragen manchmal wichtiger sein als das Geben von Antworten.
Diese Herangehensweise setzt auch eine besondere Betrachtungsweise von Pädagogik voraus: Themenbezogen und subjektorientiert soll das Handwerkszeug für einen möglichst selbstständigen und kreativen Zugang bereitgestellt werden, so dass die Sinnhaftigkeit und der Bezug von Theorie und Praxis verdeutlicht werden und ein erkenntnisfördernder Prozess eingeleitet wird.

Worauf Sie sich einlassen, wenn Sie mit diesem Buch arbeiten

Die Fragen: „Was verstehen Sie unter Erziehung?" bzw. „Welches Verständnis haben Sie von Pädagogik?" fordern heraus – jede Frage für sich –, da sie nicht beantwortet werden können, ohne dass die Einstellung der Befragten offen gelegt wird, Antworten auf folgende Fragen gesucht werden: ‚Wie stehe ich zu mir?' – ‚Wie sehe ich dich?' – ‚Wie möchte ich mit meinen Möglichkeiten ein ‚Wir' gestalten?' – ‚Wo stehen wir beide, wohin soll es gehen?'.

Unser Verständnis von Erziehung

Erziehung ist ein interaktiver Prozess, bei dem der Erzieher ein spezifisches Interesse an einer Einflussnahme/Veränderung seines Begegnungspartners/seiner Begegnungspartner hat.
Im Erziehungsprozess stehen sich zwei autonome Systeme (z.B. Erwachsener, Jugendlicher) in einem systemischen Kontext gegenüber, sie bilden eine interautonomische Beziehung, welche eine eigene Qualität entwickelt; kennzeichnend für eine so entstehende soziale Kopplung sind eine Begegnungsstruktur, Nähe und der Aspekt der Verantwortung.
Erziehung kann einen entscheidenden Beitrag einer Bildung zum Subjekt in solidarischer Verantwortung leisten.
Da die Beteiligten am Erziehungsgeschehen unterschiedliche Rollen und Aufgaben haben, lässt sich Erziehung unter mehreren Blickwinkeln betrachten und charakterisieren:

Blickwinkel Erzieher:
Welche Aufgaben hat ein Erzieher, wie soll sich ein Erzieher verhalten? Welches Bild vom Kind/Jugendlichen hat der Erzieher?
Blickwinkel Kind/Jugendlicher:
Wie stehen Erzieher und Kind/Jugendlicher zueinander, welches Bild vom Erzieher hat/ entwickelt das Kind/der Jugendliche?
Welche Entfaltungsmöglichkeiten hat das Kind/der Jugendliche?
Blickwinkel Begegnung:
Welche Vorstellungen von der Begegnung zwischen Erzieher und Kind/Jugendlichem werden entwickelt?
Welche Möglichkeiten der Veränderung gibt es?
Blickwinkel Kontext:
Welche Bedeutung haben die äußeren Bedingungen/der systemische Kontext auf die Erziehung?
Wozu wird erzogen?

Hervorhebung 1: Der Aspekt der Begegnung

Janusz Korczak schrieb einmal: „Das Kind ist wie ein Fremdling". Es ist schwierig und herausfordernd, das Fremdartige einer Begegnung zu akzeptieren und sich der Dynamik und damit dem Risiko einer Spannung und eines Prozesses auszusetzen. Begegnungen mit dem anderen sind immer eine Begegnung mit sich selbst. Begegnungen sind Austausch durch Andersartigkeit, die Gleichwertigkeit zulassen, indem sie Verschiedenheit respektieren oder aber Unterwürfigkeit erzeugen (oftmals verborgen in ‚teufelskreisähnlichen' Systemstrukturen). Wird eine Begegnung durch die Neugierde auf das ‚Wer ist mein gegenüber?', ‚Welche Person, mit der ihr eigenen Lebens- und Lerngeschichte, tritt mit mir in eine Begegnungsspannung?' geleitet, so ergeben sich spannungsvolle Möglichkeiten der Auseinandersetzung. In der Begegnung, wird sie verantwortungsvoll gestaltet, liegt die Chance einer Entwicklung, einer Auseinandersetzung mit dem anderen und sich selbst. Die Auseinandersetzung mit dem Fremden, dem Neuen, birgt die Chance der Entwicklung einer Persönlichkeit. Dies geht nur, wenn auch Ressourcen entdeckt werden und genutzt werden dürfen, der Blick nicht nur auf das Unvollkommene – im Sinne eines noch nicht genügenden und damit negativ zu zensierenden – gerichtet ist. Das Fremde, die Verschiedenheit respektieren, den Eigen-Sinn der Beteiligten akzeptieren, sein Gegenüber wertschätzen, in der Begegnung die Gleichheit und Differenz erkennen, erfordert ein hohes Maß an Begegnungskompetenz – eine anspruchsvolle Aufgabe für die Begegnungspartner, insbesondere für Erzieher bzw. Erzieherinnen!

Hervorhebung 2: Der Aspekt der Verantwortung

Ver*antwort*ung übernehmen bedeutet die Bereitschaft, auf einen Anlass, eine Herausforderung (die sich manchmal auch als zwingend darstellt), eine Frage zu antworten. Dies fordert eine Bewegung heraus, ein Zugehen, ein Herausgehen aus sich selbst. Übernehme ich Verantwortung, so gehe ich die Verpflichtung ein, für die Folgen einzustehen. Diese, auf die Zukunft gerichtete Perspektive, stellt eine Herausforderung dar: Werde ich dieser Forderung an mich selbst nicht gerecht, habe ich die Konsequenzen zu tragen – ich werde zur Verantwortung gezogen.

Verantwortung übernehmen bedeutet sich einmischen, nicht anderen Interessensgruppen das Feld zu überlassen, ein Aspekt, der besonders auch für politische Bereiche von Bedeutung ist. Die Abklärung von Verantwortungsbereichen ist dabei ein wichtiger demokratischer Vorgang.
Die Qualität der Antwort kann dabei Interesse und Engagement ausdrücken, kann aber auch bis zur Selbstaufgabe führen, fühlt man sich nur noch für andere/anderes verantwortlich und nicht mehr für sich selbst.
Auch wir selbst sind in der Lage, an uns Fragen zu stellen, die nach einer Antwort suchen. Dies können z.B. religiös/philosophisch orientierte Fragen sein, etwa nach dem Sinn des Lebens, die Antworten herausfordern.
Übernehme ich für eine Sache/eine Person Verantwortung, so schließe ich diese Sache/diese Person in meinen Gedankenhorizont ein, richte mein Handeln danach aus; ein Stück weit nehme ich diese Sache/diese Person in mein Leben auf, was auch umgekehrt heißt, dass mein Leben davon beeinflusst wird. Ich lasse mich ein, versuche mich ‚auf dich' zu verstehen.
Eine Erziehung zur Verantwortung soll helfen, die Fragen zu hören, die wir uns selber bzw. unsere Umgebung an uns stellen, wobei diese Fragen oft sehr leise geäußert oder sogar erst herausgefunden werden müssen. Entscheiden wir uns zu antworten, wenden wir uns der Frage zu und tun wir etwas, um diese Spannung zwischen Frage und Antwort aufzulösen, so fühlen wir uns verantwortlich, handeln verantwortungsbewusst.
Zur Verantwortung erziehen kann man eigentlich nur, wenn man sich selbst zur Verantwortung ziehen lässt, wenn man bereit ist, Verantwortung für Kinder/Jugendliche/… zu übernehmen.
Eine Erziehung zur Selbstständigkeit ist eng verbunden mit der Fähigkeit, Verantwortungsbereiche festzulegen und Verantwortung abzugeben, damit Kinder und Jugendliche lernen können, für sich Verantwortung zu übernehmen.

Hervorhebung 3: Der Aspekt der Zuwendung

Zuneigung und emotionale Wärme sind wesentliche Faktoren für die Entwicklung von Kindern und Jugendlichen. Das Gefühl eines bedingungslosen Angenommenseins schafft eine vertrauensvolle Atmosphäre, die Kraft gibt und Mut macht, sich mit seiner Umgebung auseinander zu setzen, Risiken einzugehen und selber vertrauensvoll aus sich herauszugehen. Liebe schafft trotz aller Verschiedenheit etwas Gemeinsames. Es ist mir nicht gleichgültig, was der andere macht oder tut, ich mache mir Sorgen, freue mich mit ihm, seine Befindlichkeit hat einen bedeutenden Einfluss auf meinen Gefühlszustand, ich unternehme etwas um zu helfen, bin bereit mich einzusetzen. Wird dabei die Verschiedenheit nicht geachtet, kann es schnell zu Abhängigkeitsstrukturen kommen, die die Entwicklung des Einzelnen erheblich eingrenzen. Auf der anderen Seite kann eine emotionale Bindung Energien freisetzen und somit die Selbstständigkeit/den Eigensinn fördern. So schreibt Erich Fromm: „In der Liebe kommt es zu dem Paradoxon, das zwei Wesen eins werden und trotzdem zwei bleiben. Liebe ist die tätige Sorge für das Leben und das Wachsen dessen, was wir lieben. Ich fühle mich eins mit ihm, aber so, wie er wirklich ist, und nicht, wie ich ihn als Objekt zu meinem Gebrauch benötige!" (Ders., Die Kunst des Liebens, Frankfurt 1980 [Erstveröffentlichung 1956], S. 37ff.) Diese Kennzeichen einer reifen Liebe haben nichts mit einem Tauschgeschäft zu tun – hier würden Energien verpuffen, während die Liebe als aktive Handlung Energien für die je eigene Entwicklung freizusetzen vermag. In dem Verhältnis zwischen Eltern und Kindern wird besonders deutlich: Kinder brauchen Liebe – wirkliche Liebe ist bedingungslos. Hier ist die Zuwendung und Liebe nicht auf ein dauerndes Zusammensein angelegt: Wer seine Kinder liebt, kann sie gehen lassen.

Die Grenzen von Erziehung zeigen gleichzeitig ihre Verflechtung und Verantwortung auf: Es wird wohl kaum gelingen, durch Erziehung ein politisch verwerfliches System zu verändern, „durch Maßnahmen auch einer noch so weit gespannten Erziehung wird es sich wohl kaum verhindern lassen, dass Schreibtischmörder nachwachsen. Aber dass es Menschen gibt, die unten, eben als Knechte das tun, wodurch sie ihre eigene Knechtschaft verewigen und sich selbst entwürdigen, [...] dagegen lässt sich doch durch Erziehung und Aufklärung ein Weniges unternehmen."

(Th. W. Adorno, Erziehung nach Auschwitz, in: Ders., Erziehung zur Mündigkeit; Frankfurt 1971, S. 104)

Gestaltung und Strukturierung des Buches

Dieses Buch ist ein Arbeitsbuch und nicht nur eine Textsammlung!
Es besteht aus **zwei Themenkreisen für die Jahrgangsstufe 11:**

- **Themenkreis 1.1 (11/1):** Mit Erziehung auseinander setzen ... Warum? Wo findet Erziehung statt und welche Aspekte sind für die Pädagogik von Bedeutung?
- **Themenkreis 1.2 (11/2):** Wie eignen sich Menschen ihre Welt an und wie kann dies für die Persönlichkeitsentwicklung pädagogisch gefördert werden?

Jeder Themenkreis ist in folgende Kapitel gegliedert: in einen *Einführungsteil*, einen *Erarbeitungsteil* (von uns auch mit dem Begriff *Wabenmodell* bezeichnet), ein Kapitel *Reflexionen*, in dem insbesondere pädagogische Fragestellungen und Diskussionsentwürfe herausgearbeitet werden (besondere Berücksichtigung der Urteils- und Entscheidungskompetenz), und ein Kapitel *Perspektiven*. Wir nennen unser Modell deshalb ‚Wabenmodell‘, weil es zwischen den einzelnen Waben/thematischen Schwerpunkten Bezüge und somit auch sich gegenseitig weiterführende Anregungen und bereichernde Erkenntnisse gibt (entsprechende Querverweise weisen Sie darauf hin). Die Vernetzung dieser Waben führt zu einem Gesamtbild, welches einen ersten Einblick in das Fach Pädagogik/Erziehungswissenschaft geben soll.
Während die Einführung, die Reflexionen und die Perspektiven möglichst vollständig bearbeitet werden sollen, können Sie aus den ‚Waben‘ je nach Interesse und Vorgaben der Richtlinien eine oder mehrere zur Bearbeitung auswählen.

Die eben dargestellte ‚Makrostruktur‘ des Buches spiegelt sich als ‚Mikrostruktur‘ in den einzelnen Wahlkapiteln, von uns auch als *‚Waben‘* bezeichnet, wider.
Für jede Wabe gilt der folgende Aufbau:

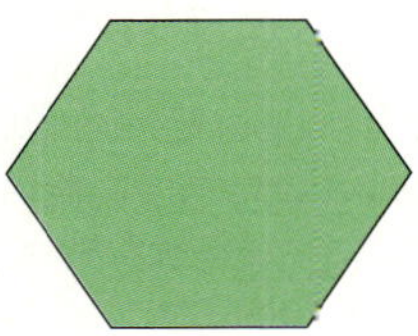

- Einführung
- Grundbegriffe und Grundthesen
- Vertiefung
  Urteilen und Entscheiden
- Pädagogische Anwendung
- Projektvorschlag zum selbstständigen Weiterarbeiten

Die von uns vorgeschlagenen ‚*Waben*'/thematischen Schwerpunkte werden somit strukturiert aufbereitet:

In der *Einführung* wird in der Regel ein subjektbezogener Einstieg in die Thematik angeboten; in dem Abschnitt *Grundbegriffe und Grundthesen* werden grundlegende theoretische Kenntnisse erarbeitet. In der *Vertiefung* wird weiterführendes Material angeboten, welches sich für eine intensive Auseinandersetzung mit der Thematik eignet; in diesem Abschnitt soll insbesondere die Urteils- und Entscheidungskompetenz angesprochen werden. In dem Abschnitt *Pädagogische Anwendung* werden noch einmal spezifisch pädagogische Aspekte der jeweils angesprochenen Thematik herausgearbeitet. Der letzte Abschnitt, *Projektvorschlag zum selbstständigen Weiterarbeiten*, gibt Hinweise oder Arbeitsanregungen für handlungsorientiertes Arbeiten.
Diese Strukturierung gibt Schwerpunkte an; natürlich können auch z.B. in dem Abschnitt ‚Grundbegriffe und Grundthesen' pädagogische Anwendungsmöglichkeiten aufgezeigt werden.
Exkurse, die sich an jeweils geeigneter Stelle im Buch finden, können ebenso vertiefende Aspekte anbieten.
Besondere Seiten mit den Überschriften ‚*Ein-Spruch*' und ‚*An-Sichten*' dienen insbesondere der Förderung von Urteils- und Entscheidungskompetenzen.
Arbeitsmethoden werden an den Stellen angeboten, an denen sie zum ersten Mal benötigt werden bzw. wo es inhaltlich sinnvoll erscheint.

Dieser Aufbau ist der Versuch, im Rahmen der Möglichkeiten eines Schulbuches wissenschaftspropädeutische wie handlungsorientierte Aspekte des Faches unter thematischen Schwerpunkten problemorientiert aufzuarbeiten und subjektorientiert anzugehen. Unter Einhaltung der Rahmenbedingungen des Lehrplans können Sie (Lehrer/Lehrerin und Schüler/Schülerin) zwischen den thematischen Schwerpunkten, wir nennen sie ‚Waben', auswählen.
Nahezu alle von uns für dieses Buch ausgesuchten Materialien wurden von uns und in Teilen von anderen Kolleginnen/Kollegen im Unterricht erprobt, dies gilt auch für die Arbeitsaufträge.
Selbstverständliche Arbeitsaufträge, wie z. B. die Gliederung und Wiedergabe eines Textes in der Form einer Inhaltsangabe oder strukturierender Thesen, wurden von uns nicht aufgenommen. Dazu gehören auch ‚Standardfragestellungen' wie z. B.:

- Klären Sie zunächst unbekannte Begriffe.
- Fassen Sie den Text zusammen.
- Strukturieren Sie den Text.
- Fassen Sie in Thesen zusammen und erläutern Sie diese.
- Versuchen Sie die Kernaussagen des Textes herauszustellen.

Handlungsorientierte Arbeitsaufträge werden mit dem Symbol  und biografisch orientierte Arbeitsaufträge mit dem Symbol  kenntlich gemacht.

Subjektorientiertes Lernen ist ein ganzheitlicher, erfahrungsorientierter Vorgang, der die gesamte Biografie anspricht. Dieses Lernen trägt das Risiko der Betroffenheit und Isolierung, ein Risiko, welches die Chance zur Veränderung birgt, wenn man sie nicht als statische Elemente, sondern als prozesshaft ansieht!
An dieser Stelle kommt dem Lehrer/der Lehrerin und den Mitschülern/den Mitschülerinnen eine besondere Verantwortung zu. Anteilnahme und Wertschätzung, Empathie für Grenzsignale sind dabei unabdingbar, aber sicherlich auch als ein zu entwickelnder gemeinsamer Lernprozess zu verstehen. Für einige Übungen und

Passagen in diesem Buch gilt dies ganz besonders. Lehrerinnen/Lehrer sollten selbst Erfahrungen mit solchen Übungen haben und diese auch nur in Kursen durchführen, in denen ein entsprechendes Klima vorhanden ist.

! Dieses „Warndreieck“ soll alle auf entsprechende Übungen und Passagen aufmerksam machen.

Den Schülern und Schülerinnen sollte angeboten werden, ein persönliches ‚EW-Tagebuch‘ in Form eines *Journals* zu führen, welches neben dem normalen Heft angelegt werden kann und für persönliche, nicht der Einsicht von Mitschülern/Mitschülerinnen oder Lehrern/Lehrerinnen zugängliche Notizen etc. geeignet ist. Vielleicht wollen Sie aber auch Ihre Journale tauschen und gegenseitig Eintragungen vornehmen. Vgl. zum Journal auch Seite 206.

In diesem Arbeitsbuch bieten wir bewusst wesentlich mehr Material an, als ein Grundkurs in einem halben Jahr bearbeiten kann. Dieser „Materialüberschuss“ soll ein bewusstes Auswählen des Kurses ermöglichen sowie Möglichkeiten für Schülergruppen oder einzelne Schülerinnen und Schüler eröffnen, sich Bereiche selbstständig und individuell vertiefend anzueignen und eventuell als Hausarbeit, Referat oder Gruppenbericht wieder in den Kurszusammenhang einzubringen. So haben Sie z.B. durch die Strukturierung der Waben in die Abschnitte ‚Grundbegriffe und Grundthesen‘ und ‚Vertiefung‘ die Möglichkeit, Lernangebote differenziert aufzunehmen; es ist auch durchaus vorstellbar, dass ein Projektvorschlag nur von einer interessierten Gruppe bearbeitet wird oder/und dass eine Schülergruppe eine nicht von einem Kurs gewählte Wabe selbstständig bearbeitet. Es lassen sich also viele individuelle Lernwege durch dieses Buch konstruieren. Der Lehrerin/dem Lehrer bieten sich zudem unterschiedlichste Lehrwege an, die auch ihr/ihm viel Variabilität ermöglichen.

Den fachdidaktischen Hintergrund von „Phoenix“ bildet die Dialogische Fachdidaktik Pädagogik, die zeitgleich zu und in enger Verbindung mit der Schulbuchentwicklung entstand und jetzt in zwei Bänden vorliegt:

Edwin Stiller, Dialogische Fachdidaktik Pädagogik, Schöningh, Paderborn 1997
Edwin Stiller (Hrsg.), Dialogische Fachdidaktik Pädagogik Band 2, Schöningh, Paderborn 1999

Das zentrale Ziel sowie die vier Qualifikationsfelder haben das Phoenix-Team bei der Konzeptionierung und der Inhalts- und Methodenwahl geleitet:

„Pädagogikunterricht soll einen Beitrag leisten zu einer das Subjekt stärkenden, den anderen, die Mitwelt und die Menschenrechte achtenden sowie Verantwortung übernehmenden Erziehung.

1. Qualifikationsfeld: Biografie
Fähigkeit und Bereitschaft zur bewussten Reflexion der eigenen Biografie, um Subjektanteile im Sinne von bewussten Wahlmöglichkeiten zu erweitern sowie die Annahme eines dynamischen und differenzierten Selbst zu stärken.

2. Qualifikationsfeld: Interaktion
Fähigkeit und Bereitschaft zur empathischen Begegnung mit dem anderen, zur Erweiterung der kommunikativen und kooperativen Kompetenz in erzieherischen Bereichen, um so auch einen Beitrag zu einer guten Schule zu leisten.

3. Qualifikationsfeld: Erziehungspraxis
Fähigkeit und Bereitschaft, die Bedeutung sowie die Möglichkeiten und Grenzen von Erziehung angemessen einzuschätzen sowie erzieherisch verantwortungsbewusst zu handeln.

4. Qualifikationsfeld: Erziehungstheorie
Fähigkeit und Bereitschaft, an gemeinsam ausgewählten, exemplarischen pädagogischen Schlüsselproblemen einen aktiven, kritischen Umgang mit Erziehungswissenschaft im Sinne forschenden Lernens zu praktizieren." (Stiller 1997, S. 54f.)

Mit Hilfe dieser Zielfelder haben wir entsprechend dem didaktischen Prinzip der Problemzentrierung (vgl. Dorlöchter/Stiller, Problemzentriertes Lernen im Pädagogikunterricht, in: Der Pädagogikunterricht, 9. Jg. 1989, Heft 4, S. 12–39, und Dorlöchter/Stiller, Problemzentrierung als Bindeglied zwischen Wissenschafts- und Handlungsorientierung, in: Der Pädagogikunterricht, 11. Jg. 1991. Heft 2/3, S. 61ff.) Leitfragen formuliert.

Der Aufbau der Halbjahreseinheiten sowie die Binnenstruktur der Waben folgt den Dimensionen des Umgangs mit Erziehungswirklichkeit:

„• Wahrnehmen, Erkennen und Darstellen
- Deuten, Analysieren und Erklären
- Urteilen, Entscheiden und Stellung nehmen
- Planen, Simulieren und Handeln" (Stiller 1997, S. 55)

Wir verstehen „Phoenix" als anregende Lernlandschaft, in der viele Wege möglich sind:
- für Lehrerinnen und Lehrer als Wegbegleiterinnen und Wegbegleiter, als Lernende und Forschende in eigener Sache;
- für Kurse, die über gemeinsame Lernwege, über die Auswahl von Zielen, Inhalten und Methoden dialogisch mitentscheiden;
- für Teams (Partnerpaare, Kleingruppen), die immer wieder entdeckend, vertiefend oder anwendend eigene Wege gehen können;
- für einzelne Schülerinnen und Schüler, die individuell sie interessierende und/oder betreffende Fragen nachgehen und die Ergebnisse in Facharbeiten oder Referaten wieder in den Kurs einbringen bzw. nur für sich selbst im Journal dokumentieren.

Die Vielfalt der möglichen Wege, die gezielte Überfülle des Materials, die helfende Makro- und Mikrostruktur, die vielen methodischen Anregungen und Hilfen – all dies soll es möglich machen, dass ‚jeder Phoenix seinen Weg fliegt'.

Phoenix soll einen erziehenden Pädagogikunterricht ermöglichen, in dem
- gelernt wird, erziehungswissenschaftliches Wissen zu erwerben;
- zu verantwortbarem pädagogischen Handeln angeregt wird und dies auch in der Gegenwart der Schülerinnen und Schülern;
- die Aufmerksamkeit auch auf die Beziehungsebene im Hier und Jetzt des Kurses gelenkt und eine achtende, dialogische Praxis mit initiiert wird;
- jede Schülerin, jeder Schüler, jede Lehrerin und jeder Lehrer unterstützt wird, etwas für das gelingende eigene Leben und die eigene pädagogische Positionsbestimmung zu tun;
- methodische Fähigkeiten erworben werden, die eigenständisches Lernen ermöglichen;
- kritische Einstellungen gegenüber gesellschaftlichen Entwicklungen gefördert werden, die einschränkend auf die Persönlichkeitsentwicklung wirken.

Wir über uns …

Unsere Lebenswege und gegenwärtigen Tätigkeiten sind sehr unterschiedlich, so dass wir glauben, Ihnen auch dadurch ein vielfältiges und anregendes Buch präsentieren zu können – ein Buch, das in Teamarbeit entstanden ist.

Heinz Dorlöchter unterrichtet an der Gesamtschule Wulfen der Stadt Dorsten die Fächer EW und Mathematik, am Studienseminar in Gelsenkirchen bildet er im Fach Pädagogik Referendare aus. Er selbst würde sich kennzeichnen als fantasievoll, kreativ, neugierig, mit Lust auf Chaos und Ordnung.
Gudrun Maciejewski unterrichtete für zwei Jahre an einer kath. Fachschule für Sozialpädagogik die Fächer Pädagogik, Kinder- und Jugendliteratur und Medienerziehung. Anschließend betreute sie Jugendliche in einer berufsvorbereitenden Maßnahme. Sie unterrichtet zurzeit an den Beruflichen Schulen des Kreises Borken an der Fachschule für Sozialpädagogik die Fächer EW, Didaktik/Methodik, Spiel, Deutsch und Medienerziehung und an der Fachoberschule Pädagogik. Sie selbst würde sich als aufmerksam, interessiert, einfühlungsfähig, sensibel, zurückhaltend, friedliebend, nicht immer ganz durchsetzungsfähig, manchmal aber auch kämpferisch beschreiben.
Edwin Stiller unterrichtet am Freiherr vom Stein-Gymnasium in Recklinghausen die Fächer SoWi und EW, am Studienseminar in Recklinghausen bildet er im Fach Pädagogik Referendare aus. Er selbst würde sich kennzeichnen als verträumten Realisten, ungeduldig aber beharrlich, optimistischen Skeptiker.

Unsere Einstellungen und Überzeugungen haben natürlich den Aufbau des Buches und auch die Auswahl der Texte beeinflusst. Wir haben uns während unserer Arbeit an diesem Buch gegenseitig nach unserem pädagogischen Motto befragt, die Antworten möchten wir Ihnen nicht vorenthalten.

Heinz Dorlöchter:	„Wo sind deine Stärken, was möchtest du tun, was hindert dich daran, den Schritt zu gehen?“ (Virginia Satir) „Das Menschliche aufgeben bedeutet den Menschen aufgeben.“
Gudrun Maciejewski:	„Kinder werden nicht erst zu Menschen – sie sind es bereits!“ (Janusz Korczak)
Edwin Stiller:	„Die Menschen stärken, die Sachen klären“ (Hartmut von Hentig) „Don’t worry, be happy“ (Bobby McFerrin)

Am Ende des Buches finden Sie eine Kopiervorlage für Schüler/Schülerinnen und Lehrer/Lehrerinnen (‚Sieben intime Fragen an die Leserin/den Leser‘), in der wir Sie (Lehrer/Lehrerinnen wie Schüler/Schülerinnen) um Rückmeldung bitten. Wir sind daran sehr interessiert und werden Ihre Erfahrungen bei einer Neuauflage gerne verarbeiten.

Themenkreis 1.1

Mit Erziehung auseinander setzen … Warum? Wo findet Erziehung statt und welche Aspekte sind für die Pädagogik von Bedeutung?

1 Einführung: „erziehen und erzogen werden"

(Zeichnung: Keith Haring; © The Estate of Keith Haring, New York 2000)

Das Baby ist Symbol für „Leben, Energie, Glück und die positive Seite des Menschseins".

(Keith Haring, zit. in: Eva Karcher, Visionen vom Anfang und Ende der Menschen; in: art 2/95, S. 24)

Wir lernen uns kennen: Gegenseitiges Kennenlernen als Grundlage für gemeinsames Lernen

Lernen in der Schule findet größtenteils in Gruppen statt. Eine wesentliche Voraussetzung für optimales Lernen in Gruppen und eine funktionierende Zusammenarbeit ist das eigene Wohlbefinden der Teilnehmerinnen und Teilnehmer. In neu entstehenden Gruppen oder in Gruppen, in denen sich die Teilnehmerinnen und Teilnehmer noch nicht sehr gut kennen, führt die Fremdheit der Mitglieder untereinander jedoch häufig zu Unsicherheiten und Ängsten, die eine Konzentration auf die Sache erschweren oder verhindern.
Möglicherweise sind Ihnen in Ihrem Kurs einige Ihrer Mitschülerinnen und Mitschüler noch kaum, nur oberflächlich oder auch gar nicht bekannt. Deshalb steht in diesem Kapitel das gegenseitige – vertiefende – Kennenlernen anhand von so genannten „Warming-up"-Übungen im Vordergrund um eine angemessene Grundlage für das künftige Lernen und Arbeiten in Ihrem Kurs zu schaffen.

Die Orientierungsphase im Anfangsstadium einer Gruppe:

Im „Anfangsstadium" einer Gruppe versuchen sich die Teilnehmer zu orientieren. Jeder bringt seine früheren Gruppenerfahrungen mit. Diese Erfahrungen bilden den Hintergrund für das Erleben der gegenwärtigen Gruppe.
Die neue Situation schafft ein *Gefühl der Unsicherheit.* Für die Gruppenmitglieder stellen sich eine Reihe von Fragen, die zwar selten bewusst formuliert werden, die aber den Einzelnen in erheblichem Maße beschäftigen können:

- Wer sind die anderen? Was weiß ich von ihnen? Kenne ich jemanden? Wer ist mir sympathisch?
- Was wissen die anderen von mir? Akzeptieren sie mich? Wem bin ich sympathisch?
- Welche Regeln (Normen) gelten in dieser Gruppe? Wie spricht man miteinander? Wie offen kann ich sein? Kann ich mich „so geben, wie ich bin"?
- Wer hat Einfluss in dieser Gruppe? Gibt es einen „Anführer"? Kann ich selber die anderen beeinflussen? Hört man auf mich?
- Was wollen wir eigentlich? Haben wir irgendein Ziel, eine Aufgabe? Erwartet jemand etwas Bestimmtes?

In dieser Situation der offenen Fragen und der Unsicherheit tendieren die Gruppenmitglieder zu folgenden Verhaltensweisen:

- Sich zurückhalten und abwarten; beobachten, was die andern tun.
- Eigene Unsicherheit nicht zeigen.
- Freundlich sein und angenehme Seiten zeigen.
- Sich unbekümmert und draufgängerisch geben („Flucht nach vorn").
- Die anderen einzuordnen versuchen, sich ein Bild von ihnen machen: „ein Schwätzer", „ein Wichtigtuer", „ein sympathischer Typ"...
- Nach Verhaltensregeln und Anweisungen suchen.
- Abhängig sein von einem Leiter (Führer), der sagt, was getan werden soll.
- Nach Zustimmung und Unterstützung suchen; nach „Verbündeten" Ausschau halten.

(Otto Marmet, Ich und du und so weiter. Kleine Einführung in die Sozialpsychologie, München/Weinheim 1988, S. 50 f.)

1. Welche Erfahrungen haben Sie bisher in Ihrer schulischen Laufbahn mit neu zusammengesetzten Klassen oder Kursen gemacht?
2. Vergleichen Sie die von Marmet beschriebenen Anfangssituationen mit Ihren eigenen Fragen und Verhaltensweisen in dieser Kursgruppe.
3. Diskutieren Sie mögliche Auswirkungen der typischen Verhaltensweisen in neu entstandenen Gruppen für das gemeinsame Lernen in der Schule.

Übungen zum Kennenlernen:

Aus den nachfolgenden Übungen kann je nach Kurssituation und Wünschen der Teilnehmerinnen und Teilnehmer eine Auswahl getroffen werden. Bei der ersten Übung handelt es sich um ein Spiel, das sich insbesondere für Gruppen eignet, in denen sich die Teilnehmerinnen und Teilnehmer kaum kennen oder nur sehr wenig voneinander wissen. „Das bin ich“ ist ein Spiel für Gruppen, in denen sich die Mitglieder schon intensiver kennen.

Strukturiertes Partnerinterview

Material: 1 Zettel und Stift pro Teilnehmer/Teilnehmerin

Durchführung: Suchen Sie sich einen Partner/eine Partnerin, den/die Sie gerne interviewen möchten. Ihr Mitschüler/Ihre Mitschülerin soll die folgenden Sätze ergänzen, wobei Sie die Antworten notieren:
- Wenn ich die Zeitung aufschlage, lese ich als Erstes…
- Im Fernsehen sehe ich am liebsten…
- Freie Tage/Nachmittage verbringe ich…
- An anderen Menschen mag ich am meisten,…
- An anderen Menschen gefällt mir am wenigsten,…

Wechseln Sie nach Beantwortung der Fragen die Rollen.

> Stellen Sie der Kursgruppe den/die von Ihnen interviewten Mitschüler/Mitschülerin vor.

„Das bin ich“

Material: 4 Zettel oder Karteikarten und 1 Stift pro Teilnehmer/Teilnehmerin

Durchführung: Zur Durchführung dieser Übung müssen Sie zunächst jedem Teilnehmer/jeder Teilnehmerin diese vier Karten zur Verfügung stellen:

Was ich vermutlich besser als die anderen in der Gruppe kann:	Eine Vorliebe für etwas, die bei den anderen wahrscheinlich nicht vorhanden ist:
Eine Eigenschaft von mir, die bei den anderen in der Gruppe wohl nicht so ausgeprägt ist:	Ein Erlebnis oder eine Begegnung mit etwas oder jemandem, das/die mir sehr viel bedeutet (hat):

Dann suchen Sie sich jeweils zwei Karten aus, auf deren Frage Sie antworten möchten. Hat jeder/jede zwei Fragen schriftlich beantwortet, setzen Sie sich in einen Kreis und legen die Karten verdeckt in die Mitte. Schüler/Schülerin A zieht nun eine Karte und liest diese vor. Die Gruppe überlegt gemeinsam, wer diese Karte geschrieben haben könnte.

Konnte der Schüler/die Schülerin ermittelt werden, sollte der/die Betreffende etwas zu dem Geschriebenen erzählen und die auf der Karte gegebene Antwort erläutern sowie auf eventuelle Fragen der Mitschüler/Mitschülerinnen eingehen. Danach zieht Schüler/Schülerin B die nächste Karte, und so geht es im Kreis weiter, bis alle Karten vorgelesen wurden.

(Nach: Ulrich Baer, Wer sind wir? 12 neue Selbsterfahrungsspiele für die Gruppenarbeit. Hg. in Zusammenarbeit mit der Akademie Remscheid, Remscheid 1984, S. 23f.)

Zur Auswertung der „Warming-up"-Übungen:

1. Tauschen Sie Ihre Erfahrungen mit den hier vorgestellten Übungen aus. Das Gespräch könnte sich dabei an folgenden Fragen orientieren:
   - Was hat mir gefallen/nicht gefallen?
   - Was war spannend/langweilig?
   - Was war neu/ungewohnt für mich?
   - Was ist mir leicht/schwer gefallen?
   - Habe ich etwas über die anderen/über mich selbst erfahren, was ich vorher noch nicht wusste?
   - Wie habe ich mich bei der Übung gefühlt?
2. Diskutieren Sie vor Ihrem persönlichen Erfahrungshintergrund mit diesen Übungen den Sinn/Unsinn solcher Kennenlernübungen für das gemeinsame Arbeiten und Lernen in Gruppen.

„Warum habe ich das Fach Pädagogik gewählt?" – Das ‚Statementspiel'

Die Würfel sind gefallen. Die Wahl ist getroffen.

Aber wer mit welcher Erwartung, Hoffnung oder Befürchtung hier sitzt, wissen wir nicht. Das Statementspiel soll einen ersten Austausch von Erwartungshaltungen ermöglichen. Es ermöglicht ein besseres Kennenlernen und Schüler/Schülerinnen und Lehrer/Lehrerinnen können versuchen einen möglichst großen gemeinsamen Nenner von unterschiedlichen Schüler-/Schülerinnenerwartungen, Richtlinienvorgaben und Lehrer-/Lehrerinneninteressen zu finden.

Vorgehensweise:

1. Der Kurs teilt sich in Kleingruppen.
2. Jeder Teilnehmer/jede Teilnehmerin sollte die auf *ein* Blatt kopierten Seiten 21 und 22 mit den Statements vor sich haben.
3. Der/die jüngste (oder älteste, kleinste ...) Teilnehmer/Teilnehmerin beginnt das Spiel. Er/sie stellt sich vor (Name, Alter, Hobbys usw.), wirft eine Münze o.Ä. auf das Blatt und liest das Statement vor, auf welchem die Münze überwiegend liegt. Er/sie kann auch selbst ein Statement formulieren.
   Dann äußert er/sie sich zu diesem Statement und begründet seine/ihre Meinung.
4. Anschließend fährt der Nächste/die Nächste in der Runde in gleicher Weise fort, bis alle Statements berücksichtigt wurden.
5. Jede Gruppe wählt zum Schluss die Statements aus, die auf die größte Zustimmung bzw. auf die größte Ablehnung gestoßen sind, und stellt diese im gesamten Kurs zur Diskussion.

Ich erwarte vom Pädagogikunterricht, dass über praktische pädagogische Probleme diskutiert wird.	Ich erwarte vom Pädagogikunterricht, dass der Schulunterricht kritisch unter die Lupe genommen wird.
Ich erwarte vom Pädagogikunterricht, dass Erziehungsvorgänge im Elternhaus untersucht werden.	Ich erwarte vom Pädagogikunterricht, dass ich auf spätere pädagogische Praxis vorbereitet werde.
Ich erwarte vom Pädagogikunterricht, dass ich wissenschaftlich arbeiten lerne.	Ich erwarte vom Pädagogikunterricht, dass ich Einsicht in die politischen Verhältnisse, unter denen sich Erziehung abspielt, erhalte.
Ich erwarte vom Pädagogikunterricht, dass ich Informationen über menschliches Verhalten erhalte.	Ich erwarte vom Pädagogikunterricht, dass mir wissenschaftliche Erkenntnisse über Erziehung vermittelt werden.

Ich habe das Fach Pädagogik gewählt, weil ich mich für pädagogische Fragen interessiere.	Ich habe das Fach Pädagogik gewählt, weil mir ältere Schüler/Schülerinnen das Fach empfohlen haben.
Ich habe das Fach Pädagogik gewählt, weil ich ein neues Fach kennen lernen will.	Ich habe das Fach Pädagogik gewählt, weil mein Freund/meine Freundin das Fach gewählt hat.
Ich habe das Fach Pädagogik gewählt, weil ich mir davon Hilfe für meine Probleme erwarte.	Ich habe das Fach Pädagogik gewählt, weil ich gehört habe, dass man hier leicht an gute Noten kommt.
Ich habe das Fach Pädagogik gewählt, weil mich die anderen zur Wahl stehenden Fächer nicht interessierten.	Ich habe das Fach Pädagogik gewählt, weil ich später einen pädagogischen Beruf ergreifen will.

Formulieren Sie noch einmal für sich in Ihrem Journal (siehe Vorwort) Ihre ganz persönliche Wahlbegründung und Erwartung an dieses Fach.

Dazu können Sie natürlich auch die Statements kommentieren.

Zugänge zum Thema „erziehen und erzogen werden“

Wir werden Ihnen im Folgenden drei Zugänge zu unserem Thema ‚erziehen und erzogen werden‘ anbieten.
Im Abschnitt „Persönliche Erfahrungen mit Erziehung“ haben Sie u. a. Gelegenheit, über Ihre eigenen Erfahrungen mit der ‚Erziehung‘ nachzudenken;
im Abschnitt „Alltagssituationen“ werden wir Ihnen pädagogische Alltagssituationen vorstellen um zu verdeutlichen, welche Aspekte bei der Beschäftigung mit Erziehungsfragen auch noch wesentlich sind, und
im Abschnitt „Anthropologische Aspekte: Muss Erziehung sein?“ können Sie sich u. a. mit der Frage befassen, ob es eine ‚Erziehungsbedürftigkeit‘ gibt und welche Bedeutung der ‚Erziehung‘ für die Entwicklung des Menschen zukommt.

Persönliche Erfahrungen mit Erziehung	Alltagssituationen	Anthropologische Aspekte: Muss Erziehung sein?
↓	↓	↓
Dimensionen von Erziehung	Genuin pädagogische Fragestellungen	Notwendigkeit von Erziehung

Persönliche Erfahrungen mit Erziehung

Meine Erfahrung mit Erziehung

Nehmen Sie sich für die folgende Aufgabe Zeit und schaffen Sie sich eine ruhige und entspannte Atmosphäre. Legen Sie Ihr Heft und einen Stift bereit.

1. Erinnern Sie sich an Situationen, in denen Erziehung eine zentrale Rolle spielte, die für Sie sehr wichtig waren bzw. sind, und schreiben Sie diese Erinnerungen entsprechend der nachfolgenden Gliederung in Ihr Journal:
   Meine Erfahrung mit Erziehung:
   - ... in der frühen Kindheit
   - ... in der Grundschulzeit
   - ... in der Gegenwart
2. Überlegen Sie, ob es für Sie einen ‚roten Faden‘ gibt, der von der frühen Kindheit bis in die Gegenwart erkennbar ist.
3. Versuchen Sie für jede der drei Phasen einen Satz zu finden, der mit den Worten „Erziehung ist ...“ anfängt.
   Diskutieren Sie die drei Sätze.

Clustermethode

a) Nehmen Sie ein leeres Blatt Papier.
b) Schreiben Sie das Wort Erziehung in die Mitte und kreisen Sie es ein.
c) Schließen Sie die Augen und warten Sie auf Einfälle.
d) Schreiben Sie die Einfälle möglichst schnell und ohne Nachdenken (ohne innere Zensur) auf und bilden Sie so Assoziationsketten (vgl. Sie das unten stehende Bild).
e) Begrenzen Sie die Zeit des Schreibens auf sechs Minuten.
f) Schauen Sie sich danach das Produkt in Ruhe an und überlegen Sie, was Ihnen der wichtigste Aspekt ist bzw. die wichtigsten Aspekte sind.
   Unterstreichen Sie diesen bzw. diese farbig.

Modell des klassischen Clusters

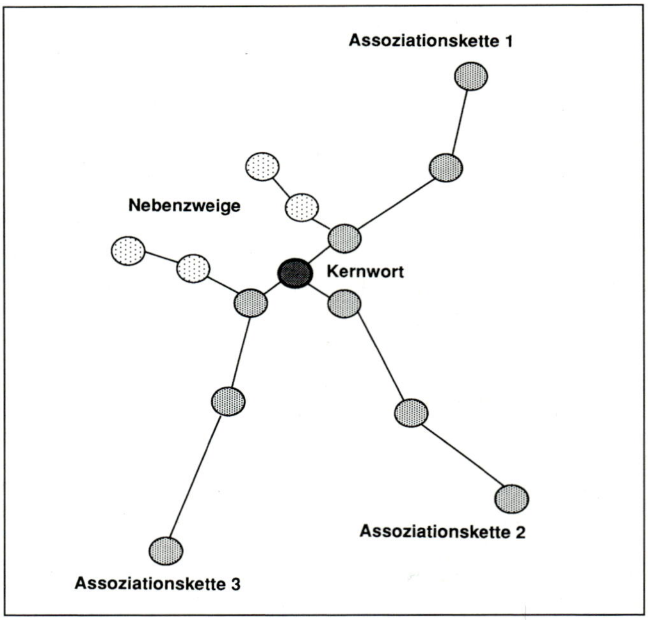

(Nach: Lutz von Werder, Kreatives Schreiben in den Wissenschaften, Berlin/Milow 1992, S. 33)

11-Worte-Gedicht

Versuchen Sie die oben genannten zentralen Gedanken in ein 11-Worte-Gedicht zu fassen (vgl. Sie das unten stehende Schema) und das, was Ihnen wichtig ist, damit auf den Punkt zu bringen (Journal!).

—

— —

— — —

— — — —

—

Alltagssituationen

Familie Drescher:

Frau Drescher stand auf dem Balkon ihrer Hochhauswohnung und blickte hinunter auf das mit Bäumen und Büschen bestandene Wiesenviereck zwischen den Reihenhäusern und Bungalows. Sie sah den schwankenden Schein einer Fahrradlampe näher kommen, das war wohl Karlheinz. Sie winkte in die Dunkelheit hinein, aber ihr Mann konnte sie sicherlich nicht erkennen. Vor ihr in den Blumenkästen blühten Nelken und Lilien. Ein starker, fast betäubender Duft strömte von den Blüten aus, auf denen sich die lautlos heranschwebenden Nachtfalter niederließen.

Frau Drescher besaß eine geschickte Hand im Umgang mit Blumen. Es brauchte viel Geduld und Liebe, um die Pflanzen großzuziehen, auch ein Talent, das man nicht aus Büchern lernen konnte. So ähnlich war es doch auch mit der Erziehung kleiner Kinder. Man brauchte Geduld und Fingerspitzengefühl, auch Liebe, das war weder einfach noch selbstverständlich, und es gab dennoch keine Garantie für das Gelingen. Frau Drescher hielt mehr von der Praxis und überließ es ihrem Mann, die modernen Erziehungsbücher zu lesen. Vielleicht waren sie gut, aber sie hatte das Gefühl, dass ihr Mann dadurch eher verunsichert wurde.

Sie blickte ins Kinderzimmer. Jörg, der Dreijährige, lag schon im Bett und blätterte in einem Bilderbuch. Stefan war noch unten. Vielleicht brachte der Vater ihn jetzt mit.

Frau Drescher bewunderte die Energie ihres Mannes, mit der er nach der Arbeit noch zum Trimmen ging oder andere Dinge anpackte, die seiner Weiterbildung dienten. So viel Strebsamkeit konnte aber auch unheimlich wirken, seine rastlose Unzufriedenheit machte ihr manchmal Sorgen. Warum konnte er nicht mal alle Viere von sich strecken, sich hinlegen und entspannen? Man musste ihn erst mit sanfter Gewalt dazu bringen, ihn überlisten, zum Beispiel durch ihr Entspannungsgetränk, zusammengemixt aus Orangensaft und Martini. Es stand schon auf dem Balkontisch bereit, dazu zwei Quarkbrote mit Tomaten und Joghurt. Karlheinz mochte so etwas. Als ihr Mann in die Wohnung kam, fragte er gleich nach Stefan: „Treibt sich der Junge etwa immer noch unten rum?"

„Er ist nach dem Essen noch mal runter", sagte Frau Drescher, „er wollte mit Markus spielen. Alle Kinder sind noch draußen, wo es heute so schön ist."

„Aber wir haben ihm doch ausdrücklich gesagt, dass er raufkommen soll, wenn es dunkel wird und die Lampen angehen", sagte Karlheinz Drescher, „und nun brennen die Lampen bestimmt schon eine Viertelstunde, und er ist immer noch nicht da."

„Ich habe ihm das ja auch gesagt", meinte Frau Drescher, „aber du weißt ja, wie die Kinder sind. Wenn sie mitten im Spiel sind, vergessen sie alles. Und wenn die anderen noch draußen bleiben dürfen, will er natürlich auch nicht heim."

„Was die anderen machen, kann uns ja egal sein", sagte ihr Mann, „er soll sich an das halten, was wir ihm eingeschärft haben. Man weiß ja nicht einmal genau, wo er überhaupt ist und was er da unten wieder anstellt. Womöglich hat er die Streichhölzer mitgenommen und zündet noch irgendwas an."

„Es wird schon nichts passieren", sagte Frau Drescher, „du machst dir schon wieder viel zu viel Gedanken. Setz dich doch erst mal hin und iss und trink was, da ist unser Entspannungsgetränk."

Er setzte sich hin und erzählte, wie sie zum Abschied noch Volleyball gespielt hätten und dass er den Ball mehrmals mit dem letzten Schlag noch übers Netz gebracht hätte, obwohl er einer der Kleinsten gewesen sei, aber ‚gelernt ist eben gelernt'. Er aß die Brote auf, nahm dazwischen einen Schluck des Mixgetränkes und lauschte immer wieder hinaus in die Dunkelheit, ob nicht Kinderstimmen zu hören waren. „Ich glaube, jetzt hab' ich was gehört."

Seine Frau stellte sich ans Balkongeländer und rief: „Stefan, Stefan!"

Keine Antwort.

Auch die Kinderstimmen verstummten wieder, nur von einem entfernten Balkon hörte man Stimmen und Gelächter. Sonst war alles still, viele Fenster und Balkontüren, die vorher noch offen gestanden hatten, waren geschlossen, viele Wohnzimmerfenster ausgefüllt vom blauen flackernden Schein des Fernsehers. Es war ruhig geworden.

„Also jetzt langt's", sagte Karlheinz Drescher. „Der kann was erleben, wenn er raufkommt. Der entwickelt sich ja allmählich zu einem Rumtreiber. Hat er denn überhaupt schon Schularbeiten gemacht?"

Er wurde wieder von jener Unruhe erfasst, die Angst war oder Angst abwehren sollte, die wie ein Fieber war und die er nicht beherrschen konnte. „Jetzt geh' ich ihn suchen."

Er stand auf und ging zur Tür. Im selben Augenblick klingelte es. Als er die Tür öffnete, stand Stefan davor.

„Wo treibst du dich denn so lange rum, jetzt ist es schon halb zehn. Haben wir dir nicht gesagt, du sollst heimkommen, wenn es dunkel wird und die Lampen angehen?"

„Alle waren so lange unten. Der Markus auch. Und an der Rollschuhbahn spielen immer noch welche."

„Das ist mir ganz egal, was die anderen machen. Du sollst dich an das halten, was wir dir gesagt haben, hörst du?"

Stefan schob sich am Vater vorbei und lief in die Küche.

Karlheinz Drescher lief hinter ihm her, packte ihn an der Schulter und drehte ihn zu sich herum: „Hörst du? Ob du gehört hast! Wann sollst du nach Hause kommen?"

„Wenn es dunkel wird."

„Und?"

„Was und?"

„Wenn es dunkel wird und ...?"

„Und wenn die Lichter angehen."

Der Junge brachte das in einem Tonfall heraus, der auch bedeuten konnte: „Rutsch mir doch den Buckel runter, leck mich doch am …"

„Auch noch frech werden, wie?"

Karlheinz Drescher erregte sich immer mehr. Er schob den Jungen in die Ecke.

Stefan stand an den Kühlschrank gelehnt da und hob die Hand abwehrend vors Gesicht. Sein Gesicht war angstverzerrt, und er fing an zu heulen.

„Lass mich endlich in Ruhe!", stieß er hervor.

Der Vater ließ die zum Schlag erhobene Hand langsam sinken, wandte sich ab und ging. „Aber morgen bleibst du mir nach dem Abendessen oben und gehst nicht mehr runter", murmelte er im Hinausgehen. Er ging auf den Balkon zurück, setzte sich an den Tisch und trank das Glas mit dem Mixgetränk hastig leer. Seine Frau war zu Stefan in die Küche gegangen, um ihm was zu trinken zu geben, ging dann mit ihm ins Bad und ins Kinderzimmer.

Karlheinz Drescher sah immer noch das angstverzerrte Gesicht des Jungen vor sich, die abwehrend erhobene Hand. Die Szene war ihm peinlich, hatte ihn tief getroffen.

Der Junge hat ja Angst vor mir, dachte er, mein Gott, musste es denn so weit kommen, bin ich denn so schlimm zu ihm? Schließlich ist er doch immer noch mein Sohn und nicht der ‚Würger' von früher oder irgendein Rocker. Ich kann doch meine Wut auf manche Zustände nicht an ihm auslassen, er kann doch nichts dafür. Und was soll er später einmal von mir denken? – Vielleicht bin ich auch nur zu feige und reagiere mich eben an Schwächeren ab. Ja, es scheint, ich bin allmählich zum Spießer geworden. Da wo ich aufmucken sollte, im Betrieb, wenn sie uns wieder mal schikanieren oder antreiben, da halte ich den Mund und ziehe den Kopf ein, weil ich nicht unangenehm auffallen will. Und hier spiele ich den starken Mann.

Karlheinz Drescher war ehrlich zerknirscht und schüttete sich ein weiteres Glas mit viel

Martini und wenig Orangensaft voll. Angst einflößen war doch nicht das richtige Erziehungsmittel; man wollte damit eigene Unsicherheit verdecken, es sich bequem machen, die Kinder einschüchtern, um sie besser dressieren zu können. Freilich, in seiner Kindheit hatten sie ihm ja auch oft Angst gemacht – aus Erziehungsgründen: mit der Polizei, mit den Zigeunern, mit dem schwarzen Mann im Keller, mit dem Nikolaus, mit dem Davonlaufen „wenn du nicht artig bist“ – so was wurde man so schnell nicht wieder los. Andererseits war von ihm auch erwartet worden, dass er zu einer bestimmten Zeit pünktlich und jedenfalls noch vor Einbruch der Dunkelheit wieder zu Hause war. Manchmal gab es freilich auch Ausnahmen, sie hatten es ja auch besser gehabt, nämlich einen großen Hof und einen Garten zum Spielen und Herumtollen, vor allem kein Eingesperrtsein in einer engen Zweizimmerwohnung, wie in ihrer ersten Mietwohnung, wo die Kinder in der Küche schlafen mussten und die Alte unten immer mit dem Besenstiel an die Zimmerdecke geklopft hatte. Seine Frau kam zurück.

„Du musst dich nicht immer gleich so aufregen“, sagte sie, „wenn die Kinder mal nicht so spur’n, wie du dir das vorstellst. Denk an dein Herz.“

„Das ist noch ganz gut in Ordnung, ich hab’s erst heute Abend wieder festgestellt. So’n Opa, der kurz vorm Schlaganfall steht, bin ich ja nun auch wieder nicht.“

„Aber du bist jetzt manchmal ganz schön nervös, was ja auch kein Wunder ist, wenn du ab früh um sechs pausenlos im Einsatz bist.“

„Also, dass ich arbeiten muss, lässt sich ja wohl vorerst nicht vermeiden, und dass ich den Computerlehrgang mitmache, auch nicht, wenn ich nicht in Kürze arbeitslos sein will. Aber der Fitnesssport ist ja schließlich als Ausgleich gedacht und macht mir auch Spaß, das ist ja doch was anderes.“

„Ja, schon, aber du musst dich auch mal entspannen können. Ich hab den Eindruck, du nimmst den Fitnesssport auch viel zu ernst.“

„Hin und wieder packt mich der Ehrgeiz, das gebe ich zu, es ist auch schwer, ganz abzuschalten und aus dem Leistungsdruck herauszukommen.“

(S. Grundmann, Schattenboxen; in: Geschichten aus der Kindheit, Fischer Taschenbuch Verlag GmbH, Frankfurt a.M., und Werkkreis Literatur der Arbeitswelt, Köln, 1978, S. 191ff.)

1. Welche Auffassung von Erziehung haben Herr und Frau Drescher?
2. Welche Hintergründe prägen die Person Karlheinz Dreschers? Orientieren Sie sich zur Beantwortung dieser Frage an der nebenstehenden Grafik:
3. Welche Erklärungen für das Verhalten Karlheinz Dreschers gegenüber seinem Sohn lassen sich vermuten?

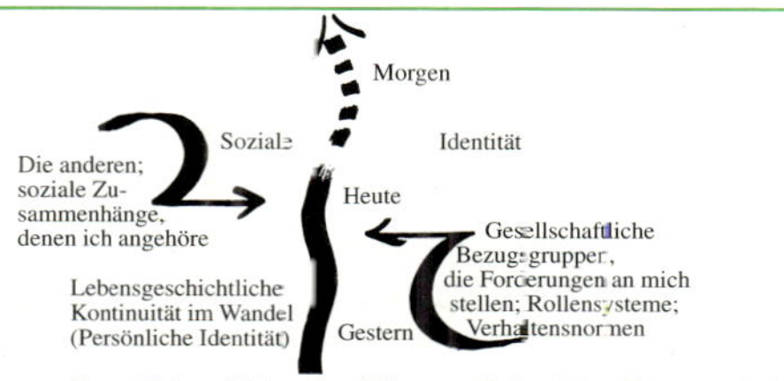

(Aus: Erhard Meueler, Wie aus Schwäche Stärke wird, Schibri-Verlag, Milow 1999)

4. a) Teilen Sie Ihre Klasse in zwei Großgruppen – möglichst getrennt nach Ihrem Geschlecht. Die Gruppe der Schülerinnen identifiziert sich mit der Erziehungsauffassung von Frau Drescher, so wie sie im Text zum Ausdruck kommt. Entwickeln Sie ausgehend von dieser Position Ziele und das weitere pädagogische Vorgehen zur Lösung des dargestellten Erziehungsproblems. Treffen Sie konkrete Vereinbarungen. Die Gruppe der Schüler bearbeitet den Fall unter dem gleichen Aspekt, jedoch aus der Position von Herrn Drescher.

   b) Je ein Vertreter und eine Vertreterin diskutieren anschließend die von den beiden Gruppen erarbeiteten Ziele und Vorgehensweisen und einigen sich auf eine gemeinsame Lösung, die sowohl Herr als auch Frau Drescher tragen könnten.

   c) Simulieren Sie in einem Rollenspiel ein Gespräch zwischen Herrn und Frau Drescher sowie ihrem Sohn Stefan (die Rolle des Sohnes könnte Ihre Lehrerin/Ihr Lehrer übernehmen), in dem Sie eine mögliche Problemlösung simulieren.

   d) Diskutieren Sie im Kurs, wie das Gespräch verlaufen ist und ob Sie damit zufrieden sind.

Familie Ahrends:

Lesen Sie sich den folgenden Text aufmerksam (mehrmals) durch. (Die Anrede „Du" bezieht sich auf einen ehemaligen Studienfreund.)

[...] „Wir hatten ja beide einen sehr guten Studienabschluss vor zwanzig Jahren. Du bist inzwischen Professor, ich bin arbeitslos. Ich könnte mir schon vorstellen, mehr Zeit für den Beruf zu haben und mehr Geld für die Familie. Wir sind beide weder dumm noch faul: Du bist ein gemachter Mann, und ich streite mich mit der Arbeiterwohlfahrt um einen Urlaubszuschuss. Auf dem Klavier, dem einzigen Wertstück in unserem Haushalt, klebt der Kuckuck. Jetzt steh' ich sogar beim Sozialamt Schlange. Man deklassiert sich selbst, wenn man acht Kinder in die Welt setzt. Wir wollten viele Kinder haben, wir haben uns das zugetraut. Aber wir haben uns übernommen. Es wächst uns über den Kopf. Wir haben immer öfter das Gefühl, von der Substanz zu leben, es kommt wenig Ermutigung von außen. Wir sind müde geworden, moralisch müde, wenn du weißt, was das meint. Wir haben uns abgestrampelt – mit dem Erfolg, dass wir jetzt auf der untersten sozialen Stufe angekommen sind. Aber diese soziale Deklassierung würde uns nicht stören, wenn sie nicht ein Zeichen der Nichtachtung wäre. Der Nichtachtung durch die anderen, die eigentlich eine Nichtachtung ihrer selbst ist. Als Eltern von acht Kindern fallen wir aus der Leistungsgesellschaft, denn wir leisten nichts, was sich kurzfristig verwerten ließe. Kinder produzieren nicht und konsumieren wenig. Was wir tun, gilt nach den Gesetzen des Marktes als wertlos. Freilich gibt es andere Kriterien, wir können es selbst für wertvoll halten. Und genau in dieser Hinsicht geht uns die Luft aus: Unser Idealismus ist so ziemlich verbraucht, weil wir uns damit allein gelassen finden. Die, mit denen ich das Land bewohne, haben sich daran gewöhnt, Menschen für den Aussatz der Welt zu halten. Sie hören deshalb nicht auf, sich als Weltzerstörer zu verhalten, und wahrscheinlich ist diese prinzipielle Selbstverachtung die Bedingung dafür, im gewohnten Lebensstil fortfahren zu können. Allerdings sind es immer die anderen, die die Welt zerstören, die Neuzugänge zumal. Denen traut man nicht mehr zu als die eigene Verbrauchermentalität. Es ist das pervertierte schlechte Gewissen, unter dem meine Landsleute leiden. Sie mögen sich nicht – wie sollen sie ihre Kinder lieben? Aber ich gehöre ja zu ihnen, also: Wir mögen uns nicht, wir ermüden daran, unsere Kinder zu lieben. [...]

Wir fühlen uns ausgebeutet. Nicht im Sinne dieser Finanzfüchse, die jetzt hin und her rechnen und herauskriegen, dass so ein geglücktes Familienleben eine so unbezahlbare wie unbezahlte Leistung für die Gemeinschaft ist. Ich meine, dass die Menschen, mit denen ich das Land bewohne, sich nicht als Gemeinschaft von Menschen mögen, die eine gemeinsame Vergangenheit und Zukunft haben. Ich vermeide bewusst Begriffe wie „Volk" oder „Nation", die sind so belastet, dass sie wohl noch hundert Jahre radioaktiv strahlen und Berührungsangst auslösen. Was nahe liegende Gründe hat, ich weiß. Aber diesen Schrecken der Deutschen vor sich selbst kriegen natürlich Leute zu spüren, die ausgerechnet Menschen in die Welt, genauer: in dieses Land setzen, und zwar ihrer Sorte. Warum hält man sich hier so viele Hunde? Um Autorität zu sein, nicht wahr: Herrchen und Frauchen, um den „Respekt" zu bekommen, den man von seinesgleichen nicht erwarten kann. Von seinen Hunden bezieht dieses Volk die Selbstachtung, die es so gründlich verspielt hat. [...]

Kinder sind liebe Gäste, heißt es in einem chinesischen Sprichwort. Also, mein kinderloser Freund: Ich bin für sie zuständig, weil ich sie in die Welt gesetzt habe. Aber ich erwerbe keine Aktie an diesen Menschen, für die sie irgendwann, womit auch immer, „bezahlen" müssen. Das ist, wenn du so willst, alles rausgeschmissenes Geld und verlorene Zeit. Nach den gültigen Maßstäben. Wer sich Kinder „anschaffen" will, um „Spaß zu haben", der sollte es lieber mit einem Dackel versuchen.

Aber ein paar Menschlein sollen doch auch nachwachsen, damit die vielen Herrchen und Frauchen später eine schöne Rente kriegen, nicht wahr? Wie oft hab' ich diesen Satz gehört: Schön, dass Sie so viele Kinder haben, einer muss ja später unsere Rente zahlen ... Das soll witzig klingen, ist aber blanker Zynismus. Der Satz sagt so ziemlich alles über das Verhältnis zu unserem Nachwuchs.

[...]

Eine Großfamilie braucht ein Umfeld von Freunden und Verwandten, die gern mal zu Besuch kommen und Zeit haben. Die einen davor bewahren, dass man verkommt in diesem tagtäglichen Dauerlauf. Familie braucht Familie als selbstverständliche Lebensform, sonst wird da was sehr Anstrengendes und sehr Angestrengtes daraus. Das braucht Formen, die wir nie selbst erfinden könnten. Das braucht die anderen auch als eine Kultur des Zusammenlebens. Die Teilhabe an dem, was aus ihnen wird, aus uns: Das ist der Genuss beim Kindergroßziehen. Der Ansporn, es gut zu machen, der von den anderen kommt. Ihre Anerkennung, die gelebte Zugehörigkeit. Ich muss in meinem Haus täglich eine Ordnung vertreten, die die Ordnung der anderen ist. Ich brauche dazu zumindest deren moralische Unterstützung. Wenn es die anderen nicht mehr interessiert, was ich mit meinen Kindern anstelle, wenn sie dahinleben, als gäbe es keine Zukunft, dann wird es allerdings schwer, die Kinder „zur Ordnung" zu erziehen. Zu einer Ordnung, die sich nicht mehr zutraut, das Leben neu zu erfinden, in der Kinder wirklich nur noch Privatvergnügen wären: nur privat, also kein Vergnügen.

Du denkst jetzt, ich spekuliere auf ein „Mutterkreuz" oder was Ähnliches. Irrtum. Die Sozialisten und die Nazis haben das Kinderkriegen zur Staatssache gemacht, jetzt gilt es als bloße Privatsache. Es ist aber keines von beiden, sondern eine gesellschaftliche Angelegenheit. Eine Verantwortung, die man für alle übernimmt und die zu tragen man den Zuspruch aller braucht. Versteh mich nicht falsch: Die anderen müssen nicht „Nation" heißen. Sie müssen überhaupt nicht heißen, aber da sein müssen sie. [...]

Dass wir uns nichts wert sind, darin liegt wohl auch der Grund für das schwindende Berufsethos der Lehrer. Ihre Materie ist nichts gesellschaftlich Wertvolles. Das würde so niemand aussprechen, aber alle verhalten sich so. Da sieht man nicht mehr den Kosmos ungeahnter Möglichkeiten, der in jedem Kind gesucht und geweckt wird. Nichts Heiliges, wenn du das Wort gestattest. Da sind nur noch private Rotznasen, künftige Verbraucher und Müllmacher. Aber ohne eine Vision unserer selbst lohnt es nicht, sich fortzupflanzen. Ohne Menschenbild lassen sich schwerlich Menschen bilden.

Die unausgesprochene Selbstverachtung macht uns zu feigen Erziehern. Sie produziert einen Mangel an Courage, da etwas richtig zu machen – und eine Flut von schwachsinnigen Erziehungsberatern. Die Verweigerung von Strenge ist eine Form von Gleichgültigkeit. Gleichgültigkeit der Eltern gegenüber den anderen, zu denen ihre Kinder heranwachsen. Um zu erziehen, müssten wir zu uns stehen.

Wir sind nicht Mutter und Vater, sondern Mamilein und Papilein. Wollen nicht erwachsen sein und verantwortlich für den ganzen Klumpatsch, der Geschichte und Zukunft heißt. Erziehung setzt ein Wozu voraus, das wir nicht kennen. Unsere Kinder werden so zur Last oder zum Luxus. Sie sind danach: vernachlässigt oder verzogen. Kein Wunder, dass man sie nicht mag. Wenn die Kinder lernen, mutig zu sein, hab' ich immer das Gefühl, sie lernen es für eine andere Zeit, auf Vorrat sozusagen.

Bist du katholisch?, fragen mich viele. Nein, bin ich nicht. Ich glaube nur, dass man von Menschen so ziemlich alles erwarten kann, vorausgesetzt, man erwartet es von ihnen. Menschen haben die Welt an den Rand gebracht, und Menschen könnten sie retten. Hoffnung ist irrational und zugleich von höherer Rationalität. Ich sehe was, was du nicht siehst, mein Guter: das Nichtvorhersehbare. Mir bleibt gar keine andere Wahl, denn ich will nicht, dass meine Kinder vielleicht die Schar der Werbefachmänner vermehren und

die anderen mit müdem Eifer für etwas gewinnen, von dem alle wissen, dass es für alle (die Profiteure mal ausgenommen) nur noch verderblich ist.
Ich setze Menschen in die Welt, und ich glaube daran, dass sie ihr nicht zum Übel sind. Ich wüsste nicht, warum ich ihnen sonst behilflich sein sollte, Tugenden auszubilden. Herrchen und Frauchen können getrost dem Weltuntergang entgegenleben, Eltern sind zum Optimismus genötigt."

(M. Ahrends, Wir wollten so viele, in: DIE ZEIT Nr. 22, 27.5.1994, S. 85ff.)

1. Was erfahren Sie über den Autor?
2. Was erfahren Sie über seine Sicht von Gesellschaft und Politik?
3. Was erfahren Sie über sein Verständnis von Erziehung?
4. Wählen Sie sich drei für Sie interessante Textstellen aus und erörtern Sie diese.
5. Formulieren Sie drei Fragen an Herrn Ahrends.
   Diskutieren Sie mögliche Antworten.
6. Entwerfen Sie ein Schaubild, bei dem die Familie Ahrends im Mittelpunkt steht. Beschreiben Sie rings um diesen Mittelpunkt alle die Faktoren, die auf das Familienleben (und deren Vorstellung von Erziehung) einwirken.
   Diskutieren Sie die Wirkung dieser Einflussgrößen auf das Familienleben.

Anthropologische Aspekte: Muss Erziehung sein?

Als fächerübergreifende Wissenschaft untersucht Anthropologie sowohl mithilfe erfahrungswissenschaftlicher Methoden als auch mit geisteswissenschaftlichen Methoden das Wesen des Menschen mit seiner organischen und psychischen Eigenart und seiner besonderen Stellung in Natur und Geschichte. Gefragt wird nach den biologischen Merkmalen des Menschen (biologische Anthropologie) wie Abstammung, Entwicklung, Vererbung, Rasse, nach seiner Kulturfähigkeit und -abhängigkeit (Kulturanthropologie) und nach den zwischenmenschlichen (sozialen) Beziehungen wie Geschlechterrollen, Arbeitsteilung, Machtverhältnisse, Unterschiede zwischen Stadt- und Landbevölkerung, Beziehungen zwischen Minderheit und Mehrheit, Probleme hoch entwickelter Industriegesellschaften, z.B. Umweltverschmutzung (Sozialanthropologie).

(J.A. Keller/F. Novak, Kleines pädagogisches Wörterbuch, Freiburg 1993, S. 32)

Hinweise:

Zu dieser Thematik liegen neben literarischen Bearbeitungen auch Spielfilme vor:

- François Truffaut, „Der Wolfsjunge", Frankreich 1969
- Werner Herzog, „Jeder für sich und Gott gegen alle", Deutschland 1974
- Peter Sehr, „Kaspar Hauser", Deutschland 1994

Alle Filme sind im Film- bzw. Videoverleih erhältlich.

Methode: Filmanalyse

Filme sind im Pädagogikunterricht Arbeitsmittel und Quelle, nicht Selbstzweck. Sie sind daher in den Ziel- und Problemkontext des Unterrichts eingebunden.

Im Vergleich zu einem Text werden Inhalte und Aussagen durch einen Film auf vielfältige Art und Weise vermittelt: durch das bewegte Bild, Geräusche, Musik, Farben, Lichteffekte und dergleichen mehr. Dies hat den Vorteil, die vermeintlich reale Wirklichkeit visuell und akustisch abzubilden und somit erfahrbar zu machen. Zugleich bergen die Möglichkeiten des Films, Inhalte und Aussagen auf o.g. vielfältige Art zu vermitteln, eine erhöhte Gefahr der Manipulation. Dies sollte bei der Filmanalyse stets mitbedacht werden.

Die nachfolgenden Anregungen sollen Ihnen einen Orientierungsrahmen zur Analyse von Filmen im Pädagogikunterricht bieten, die sowohl zur Analyse von Spielfilmen als auch zur Analyse von Dokumentarfilmen herangezogen werden können.

1. Filme sind für den Pädagogikunterricht dann geeignet, wenn sie aktive Erarbeitungsmöglichkeiten zu pädagogischen Fragen ermöglichen. Daher ist es wichtig, vor der Sichtung des Films Beobachtungsaufträge zu formulieren.

2. Filme, vor allem Spielfilme, sprechen die Gefühle der Zuschauer an und lösen sehr unterschiedliche Verarbeitungsprozesse aus. Daher ist es oft sinnvoll, das emotionale Filmerleben unmittelbar nach Sichtung des Films im Kurs zu thematisieren. Hieraus lassen sich auch oft wichtige inhaltliche Fragen ableiten.

3. In einem systematischen Zugriff können dann, anknüpfend an den Beobachtungsaufträgen,
   - Handlungsablauf (Dramaturgie, Aufbau ...)
   - Handlungsträger (Personen)
   - Handlungsrahmen (historischer, kultureller, gesellschaftlicher Kontext ...)
   - Handlungsbotschaft (inhaltliche Aussagen)

   immer unter dem Blickwinkel der erzieherisch bedeutsamen Aussagen ermittelt werden.

4. Um dem Medium Film gerecht zu werden und um auch verdeckte Botschaften zu erfassen ist es notwendig, filmanalytische Kategorien heranzuziehen:
   - Bildgestaltung (Einstellung, Perspektive, Montage, Licht, Farbe, Bildinhalte ...)
   - Tongestaltung (Sprachinhalte, Sprechformen, Filmmusik, Geräusche, Off-Kommentare ...)

5. Die durch den Film gewonnenen Arbeitsergebnisse sollten schließlich wieder in den Kontext der Unterrichtsreihe eingegliedert werden, indem
   - inhaltliche Aussagen des Films mit Unterrichtsergebnissen verglichen werden,
   - wertende Aussagen des Films offen gelegt und diskutiert werden
   - und weiterführende Fragen festgehalten werden.

Der Fall Kaspar Hauser

Am Pfingstsonntag des Jahres 1828 beobachten Nürnberger Bürger in der Nähe eines der Stadttore einen merkwürdigen Menschen, ungefähr 16 Jahre alt, mit tapsigen Bewegungen, der einen Brief in der Hand hält und irgendwie hilflos erscheint. Zwei Schuster sprechen ihn an, und der junge Mensch wiederholt einzelne Worte der beiden in Verstümmelung und Verdoppelung: „Krig-Krig", „Wach-Wach". Außerdem äußert er: „hamweisen", „woiß nit" und „ä Reuter möcht ich wähn, wie mei Vottä wähn is". Der Brief, den er in der Hand hält, ist an einen Rittmeister adressiert; der ist nicht zu Hause. Man nimmt ihn im Wachhaus auf, aber weiß nichts mit ihm anzufangen, da er auf alle Gesprächsversuche immer nur mit den zitierten Äußerungen reagiert. Schließlich wird er in einem Erkerzimmer des Gefängnisturms der Stadt untergebracht. Der Gefängniswärter versorgt ihn, gibt ihm Papier und Stifte zum Zeichnen, spricht mit ihm. Bald bezeichnet er nicht mehr alle Tiere nur als „Ross", alle Menschen als „Bue", überwindet seinen Ekel vor Fleisch als Nahrung (in der ersten Zeit mochte er nur Wasser und Brot zu sich nehmen), hängt seine Zeichnungen an die Zimmerwand. Ein gleich zu Beginn des Nürnberger Aufenthaltes dieses Menschen hinzugezogener Arzt, Dr. Preu, hält ihn „weder für verrückt noch blödsinnig, aber offenbar auf die heilloseste Weise von aller menschlichen und gesellschaftlichen Bildung gewaltsam entfernt".

In dem Brief, den der Jüngling bei seiner Ankunft in Nürnberg bei sich hatte, hieß es unter anderem, ohne Angabe von Ort und Namen des Absenders:

„Ich schücke ihrer ein Knaben der möchte seinen König getreu dienen [...] Dieser Knabe ist mir gelegt worden 1812 den 7. October, und ich selber ein armer Tagelöhner, ich Habe auch selber 10 Kinder, ich habe selber genug zu thun dass ich mich fortbringe [...] ich habe ihm Christlichen Erzogen, und ich habe ihm Zeit 1812 Keinen Schritt weit aus dem Haus gelassen dass Kein Mensch nicht weiß da von wo Er auferzogen ist worden [...] Sie derfen ihm schon fragen er kan es aber nicht sagen [...] Wer er Eltern häte wir er keine hate wer er ein gelehrter bursche worden. Sie derfen im nur was zeigen so kan er es schon [...]"

Diesem Brief lag ein Zettel bei. Auf dem stand, in anderer Handschrift:

„Das Kind ist schon getauft. Sie Heist Kaspar in Schreib name misen sie im selber geben das Kind möchten Sie aufzihen [...] wen er ist 17 Jahre alt ist so schicken sie im nach Nirnberg [...] ich bitte um die erzihung bis 17 Jahre gebohren ist er am 30 Aperil 1812 im Jaher ich bin ein armes Mägdlein ich kan das Kind nicht ernehren sein Vater ist gestorben."

Der Jüngling ist Kaspar Hauser. Der Arzt, Dr. Preu, hatte in seinem Gutachten festgestellt, der Knabe sei vermutlich „von aller menschlichen und gesellschaftlichen Bildung gewaltsam" ferngehalten worden. Die polizeilichen Ermittlungen nach den Urhebern dieses Verbrechens gegen ein Kind blieben erfolglos. Aber es bemühten sich zunächst Nürnberger, später Ansbacher Bürger, die Misshandlung wieder gutzumachen, die Kaspar angetan wurde. Er wurde in eine Familie aufgenommen, stand in fortwährendem Kontakt nicht nur mit den Mitgliedern dieser Familie, sondern auch mit vielen anderen Bürgern der Stadt, lernte nicht nur sprechen, sondern innerhalb eines Jahres lesen und flüssig schreiben, konnte gut zeichnen, sich gesellig verhalten; er schreibt seine Lebensgeschichte auf, und man weiß nun auch, dass er mindestens 13 Jahre lang in einem fensterlosen Stall, Verlies oder Abstellraum von ungefähr 2 qm Grundfläche gelebt hatte, in dem sich außer einem Holzpferd und Stroh nichts befand, jeden Tag nahezu sprachlos mit Wasser und Brot versorgt. Für den Oktober 1829 wird ein Mordanschlag auf Kaspar gemeldet, der aber unaufgeklärt bleibt. Danach muss er die Pflegefamilie – wegen einer Erkrankung des ersten Pflegevaters Daumer – wechseln. Der neue Pflegevater (Tucher) notiert: „[...] dass er jetzt in geistigen Fähigkeiten einem Knaben von 11–12 Jahren gleichsteht. Seine Begierde, zu lernen und sich zu entwickeln, ist ungemessen und wird von der grenzenlosesten Beharrlichkeit, die selbst an Eigensinn grenzt, begleitet, sodass ich hierbei nur zur Sorge genötigt bin, allzu große Anstrengun-

gen von ihm entfernt zu halten. Seine große Gutmütigkeit, sein natürliches, unbefangenes Gemüt und vor allem ein hohes moralisches Gefühl, welches zusammen durch die ungeschickteste und unverständigste Behandlungsweise, welche er zum Teil erfahren musste, nicht gemildert werden konnte, erhält ihm fortwährend die Liebe aller, die mit ihm zu tun haben. Hierbei kann ich aber auch nicht leugnen, dass jene unverständige Behandlungsweise ihm teils zu manchen Eitelkeiten, und selbst hin und wieder zu kleinen Lügen Veranlassung gegeben haben, jedoch kann ich pflichtgemäß versichern, dass, seit ich ihn unter geordnete Aufsicht gestellt habe, seine Aufführung durchaus tadellos ist; nur musste ich hierbei die Bemerkung machen, dass die große Weichheit seines Gemüts noch ebenso aller Eindrücke und Umbildungen fähig und dafür empfänglich ist." Und gegen Ende des Berichtes: „Es kann also sein Zustand nicht der einer Geistesschwäche, sondern nur einer Verwahrlosung sein." Im letzten Satz Tuchers deutet sich eine folgenreiche Unterscheidung an: Der Zustand Kaspars sei nicht einer „Geistesschwäche" geschuldet, einem organisch bedingten Zustand also, gegen den Erziehung nichts vermag, „sondern nur einer Verwahrlosung", d.h., wie Dr. Preu es ausdrückte, eine gewaltsame Entfernung „von aller menschlichen und gesellschaftlichen Bildung". Die pädagogischen Bemühungen der Pflegeeltern gaben der Diagnose Recht: Nach zwei Jahren hatte Kaspar, dank seiner ungeheuren Lernbereitschaft und der Anstrengungen seiner Erzieher, das gelernt, wofür im Regelfall den Kindern 14 Jahre zur Verfügung stehen: volle Sprachbeherrschung, Rechnen, Lesen, Schreiben; er machte Gedichte, konnte gut nach der Natur zeichnen, seinen Körper hatte er in der Gewalt, er liebte Musik, hatte sich die christliche Religion angeeignet, nahm an der städtischen Geselligkeit teil, verliebte sich – ein Triumph der Bildsamkeit.

(Klaus Mollenhauer, Vergessene Zusammenhänge, München 1986, S. 80ff.)

Welche Schlussfolgerungen für die Bedeutung von Erziehung können Sie aus solch einem Fall ziehen?

Der Autor Klaus Mollenhauer kommentiert den Fall Kaspar Hauser aus seiner Sicht:

Darauf jedenfalls läuft die zeitgenössische Interpretation des Falles hinaus, und sie bestätigt, was heute als Lehrbuchwissen zum Thema Bildsamkeit selbstverständlich ist:

- Das Kind des Menschen kommt zwar, wie alle Säugetiere, mit einer genetischen Ausstattung auf die Welt, ist aber wesentlich länger pflege- und schutzbedürftig.
- Diese Lücke zwischen physiologischem Repertoire und physischer Überlebensfähigkeit muss kompensiert werden.
- Dem Organmangel entspricht eine sonst in der Tierwelt ungewöhnliche Plastizität, d.h. Lern- und Erfahrungsfähigkeit.
- Die Kompensation geschieht gattungsgeschichtlich durch „Kultur" und individualgeschichtlich durch Erziehung und Bildung.
- Die Plastizität hat das Kind als organische Disposition. Seine Bildsamkeit ist dagegen nur beschreibbar als Reaktion auf die Herausforderung durch die Kultur. Sie wird „aktuell" im Bezug auf die Ordnung der Welt, in der es heranwächst.
- Insofern wird Bildsamkeit „gestiftet". Das Kind hat nicht „von Natur aus" eine Begabung, sondern wird „begabt".
- In diesem Prozess spielt die Sprache eine entscheidende Rolle, weil erst in ihr Intersubjektivität und damit Teilnahmemöglichkeit an menschlichen Gemeinschaften hergestellt wird.

(Klaus Mollenhauer, Vergessene Zusammenhänge, München 1986, S. 83)

Ein Arzt, Jean Itard, der sich um 1800 um einen „wilden“ Jungen kümmerte (Victor von Aveyron, dessen Schicksal François Truffaut verfilmte), formulierte folgende Schlussfolgerung:

„Der Mensch, ohne Körperkräfte und ohne eingeborene Ideen auf diesen Erdball geworfen, und außerstande, aus eigener Kraft den in ihm angelegten Gesetzen seiner Organisation zu gehorchen, die ihn dazu berufen, im System der Schöpfung den ersten Platz einzunehmen, kann nur im Schoße der Gesellschaft den hervorragenden Platz finden, der ihm von der Natur zugedacht ist, und wäre ohne die Zivilisation eines der schwächsten und unverständigsten Tiere.“

(Zit. in: Rudolf Schmid, Wolfskinder. Menschen im Naturzustand; in: Psychologie heute 1/1980, S. 40)

Diskutieren Sie die These des Arztes Jean Itard in Bezug auf Victors Lebensgeschichte im Vergleich zu anderen im Film geäußerten Meinungen zu diesem Fall.

Der Erziehungswissenschaftler Werner Loch bezeichnet den Menschen als „homo educandus“,

„... weil er zur sinnvollen Entwicklung seiner Anlagen notwendig auf Erziehung angewiesen ist, wenn er im Säuglingsalter nicht sterben, im Kindesalter nicht verwildern, in der Reifezeit nicht verrohen, im Jugendalter nicht verwahrlosen, im Erwachsenenalter nicht verkümmern und im Greisenalter nicht den Glauben verlieren soll, dass sein Leben Sinn gehabt hat.“

(Werner Loch, Lebenslauf und Erziehung, Essen 1979, S. 32)

1. Schreiben Sie einen erläuternden Text zu den Stellungnahmen von Klaus Mollenhauer, Jean Itard und Werner Loch.
2. Ist der Mensch von der Wiege bis zur Bahre auf Erziehung angewiesen?
3. Formulieren Sie auf der Basis des bisher Erarbeiteten eine Definition von Erziehung.

Stellen Sie sich vor, ein solches „wildes“ Kind würde heute auf dem Markt in Recklinghausen auftauchen.
Was würde passieren?
Wie würden die Menschen reagieren?
Wie würde die Presse berichten?
Was würde ein Erzieher/eine Erzieherin, was ein Erziehungswissenschaftler/eine Erziehungswissenschaftlerin tun?
Welche Rolle würde das Thema „Erziehung“ hierbei spielen?
Setzen Sie sich in Gruppen zusammen, diskutieren Sie über die o.g. Fragen oder andere, die Sie in diesem Zusammenhang interessieren, und wählen Sie eine Bearbeitungs- und Präsentationsform aus.

- Rollenspiel
- Pressebericht (Boulevardzeitung, Nachrichtenmagazin, Fachzeitung ...) mit Kommentar oder Leserbrief
- Rede (des Bürgermeisters/der Bürgermeisterin, eines Pädagogen/einer Pädagogin, eines Erziehungswissenschaftlers/einer Erziehungswissenschaftlerin)
- eine Podiumsdiskussion (mit Vertretern/Vertreterinnen aus dem Bereich der Politik, Polizei, Pädagogik, Presse u.a.)
- oder andere Formen.

Hinweis:
Lucien Malson, Die wilden Kinder, übersetzt von Eva Moldenhauer, Suhrkamp Verlag, Frankfurt a.M. 1976

Der Psychologe Roger Fouts untersucht seit dreißig Jahren die Lernfähigkeit von Schimpansen. Ihm gelang es am „Chimpanzee and Human Communication Institute“ der Central Washington Universität, Schimpansen die Gebärdensprache beizubringen und dies so erfolgreich, dass Schimpansenmütter die erlernte Gebärdensprache an ihre Kinder weitervermitteln konnten.

Roger Fouts/Stephen Tukel Mills: Unsere nächsten Verwandten. Von Schimpansen lernen, was es heißt, ein Mensch zu sein, Limes Verlag, München 2000

Die Lehrzeit des Menschen

Wir Menschen sind zwar bereits bei der Geburt menschlich, aber erst *danach* werden wir es ganz. Auch wenn wir dem Begriff keine besondere moralische Bedeutung beimessen und akzeptieren, dass auch die grausame Lady Macbeth menschlich war – obwohl ihr die Milch der Menschenliebe fremd, besser gesagt, zuwider war – und dass die Tyrannen, die Mörder, die brutalen Vergewaltiger und die Kinderschänder menschlich, sogar allzu menschlich sind, auch dann ist es weiterhin wahr, dass die volle Menschlichkeit nicht einfach etwas Biologisches ist, eine genetisch programmierte Festlegung wie jene, die Artischocken zu Artischocken und Kraken zu Kraken macht.
Die übrigen Lebewesen sind bereits bei der Geburt das, was sie endgültig sind, was sie unabänderlich sein werden, egal was passiert, während wir von den Menschen nur so viel sagen können, dass sie *zur* Menschlichkeit geboren werden. Unser biologisches Menschsein benötigt eine nachträgliche Bestätigung so etwas wie eine zweite Geburt, in der sich durch unsere eigene Anstrengung und die Beziehung zu anderen Menschen die erste endgültig bestätigt. Wir werden zwar als Menschen geboren, erlangen unsere Menschlichkeit aber erst dann ganz, wenn uns die anderen absichtlich – und mit unserer Einwilligung – damit „anstecken“. Das Wesen des Menschen besteht zum Teil aus natürlicher Spontaneität, aber auch aus künstlicher Überlegung: Ganz Mensch zu werden – ein guter oder böser – ist immer eine *Kunst.*
Diesen besonderen Prozess nennen die Anthropologen *Neotenie.* Dieses Wörtchen will andeuten, dass wir Menschen offenbar vorzeitig geboren werden, noch nicht ganz „gar“: Wir sind wie diese vorgekochten Gerichte, die, damit sie völlig genießbar werden, noch zehn Minuten im Mikrowellenherd oder eine Viertelstunde im Wasserbad benötigen, nachdem man sie aus der Packung genommen hat. Alle menschlichen Geburten erfolgen in gewisser Weise zu früh; wir werden zu klein geboren und geben nicht einmal respektable Säugetierjunge ab.

Vergleichen wir einen Säugling und einen neugeborenen Schimpansen. Zu Anfang ist der Kontrast zwischen den beginnenden Fähigkeiten des Äffchens und der völligen Hilflosigkeit des Babys offenkundig. Das Schimpansenjunge ist bald fähig, sich am Fell der Mutter festzuklammern, um hin und her getragen zu werden, während der menschliche Sprössling lieber weint oder lacht, um auf den Arm genommen zu werden – er ist gänzlich von der Aufmerksamkeit anderer abhängig. Im Laufe seines Wachstums wird der kleine Menschenaffe rasch immer geschickter, und im Vergleich dazu überwindet das Kind nur äußerst langsam seine ursprüngliche Invalidität.

Der Affe ist darauf programmiert, so früh wie möglich allein als guter Affe zurechtzukommen – das heißt, bald erwachsen zu werden –, das Baby scheint dagegen von Natur aus prädestiniert zu sein, so lange wie möglich kindlich und unbeholfen zu bleiben. Je länger es in lebenswichtigen Dingen von seiner organischen Verbindung zu den anderen abhängt, desto besser. Sogar seine physische Erscheinung verstärkt diesen Unterschied noch – die Haut des Babys bleibt haarlos und rosa, während der kleine Affe immer behaarter wird. Wie der berühmte Titel des Buches von Desmond Morris sagt: Das Baby ist ein „nackter Affe“, das heißt ein unreifer, noch nicht erwachsener Menschenaffe, der im Vergleich zum Schimpansen, der sich schon bald einmal rasieren müsste, im Stadium des Kindseins verharrt.

Jedoch vervielfältigen sich allmählich, aber unaufhaltsam die Ressourcen des Kindes, während der Affe im Dazulernen zu stagnieren beginnt. Der Schimpanse beherrscht das Überlebensnotwendigste nach kurzer Zeit und braucht nicht lange, um sein Repertoire zu vervollständigen. Natürlich lernt er auch weiterhin ab und zu etwas Neues (vor allem, wenn er in Gefangenschaft gehalten wird und ein Mensch es ihm beibringt), aber er bereitet kaum noch Überraschungen, insbesondere im Vergleich zu dem Kind mit seinem scheinbar unerschöpflichen Talent, während seines Wachstums seine Geschicklichkeit immer weiter auszubilden, von den einfachsten bis zu den kompliziertesten Fertigkeiten. Ab und zu wundert sich ein Enthusiast über die Geschicklichkeit eines Schimpansen und erklärt ihn für „intelligenter als den Menschen“, wobei er natürlich vergisst, dass ein Mensch mit den gleichen Fertigkeiten nicht beachtet und für einen unheilbaren Schwachsinnigen gehalten würde. Mit einem Wort: Der Schimpanse – wie andere höhere Säugetiere – wird schneller als das Menschenkind erwachsen, aber er altert auch viel rascher, mit der unumkehrbaren Begleiterscheinung des Alters: nicht mehr in der Lage zu sein, etwas Neues dazuzulernen. Im Gegensatz dazu bleiben die Individuen unserer Art bis ans Ende ihrer Tage zwar unreif, herumtastend und fehlbar, aber immer in gewissem Sinn jugendlich, das heißt offen für neue Kenntnisse. Robert Louis Stevenson erwiderte dem Arzt, der ihm riet, auf seine Gesundheit zu achten, wenn er nicht jung sterben wolle: „Ach, Herr Doktor, alle Menschen sterben jung!“ Das ist eine tiefe und poetische Wahrheit.

Neotenie bedeutet also „jugendliche Formbarkeit oder Empfänglichkeit“ (die Pädagogen sprechen von *Erziehbarkeit),* schließt aber auch die notwendigen Beziehungen zu anderen menschlichen Wesen ein. Das Kind macht zwei Schwangerschaften durch, die erste nach biologischen Gesetzen im Mutterleib, die zweite im sozialen Mutterschoß, in dem es aufwächst, wobei es den verschiedensten symbolischen Festlegungen – der Sprache als erster von allen – sowie rituellen und technischen Gebräuchen seiner Kultur unterworfen ist. Die Möglichkeit, menschlich zu sein, verwirklicht man effektiv nur mit Hilfe der anderen, der Mitmenschen, das heißt jener, die das Kind sofort mit allen Mitteln nachzuahmen versucht.

Dieser Nachahmungstrieb, der Wille, die Artgenossen zu imitieren, existiert auch bei den Menschenaffen, ist aber beim menschlichen Affen um ein Vielfaches stärker: Wir sind in erster Linie Nachäffer, und mit Hilfe der Nachahmung werden wir etwas mehr als Affen. Das Besondere an der menschlichen Gesellschaft ist, dass ihre Mitglieder nicht mehr oder weniger zufällig und unversehens, sondern bewusst und offen erkennbar zu Vorbildern für die jüngsten werden.

(Fernando Savater, Darum Erziehung. Was wir Kindern geben können, Campus Verlag, Frankfurt/New York 1998, S. 24ff.)

1. Welche Unterschiede zwischen Affe und Mensch zeigt der Autor auf? Berücksichtigen Sie auch die Ergebnisse von Fouts zur Lernfähigkeit von Schimpansen.
2. Erläutern Sie an Beispielen die These von Savater, dass der Mensch seine volle Menschlichkeit erst durch Erziehung erwerben kann.
3. Welche unterschiedlichen Folgen kann dann eine ausbleibende Erziehung haben?

Erziehung – was ist das?

An-Sichten

(Herbert Gudjons, Pädagogisches Grundwissen, Heilbrunn 1994, S. 172, Abb. 21)

Legen Sie Ihr Journal bereit.

1. Was sehe ich?
   Beschreiben Sie stichpunktartig das Bild in allen Einzelheiten.
2. Was fällt mir zu dem Bild ein?
   Notieren Sie alles, was Ihnen zu dem Bild assoziativ im Kopf umhergeht.
3. Gehen Sie Ihre Assoziationen durch und markieren Sie das Ihnen Wichtige.
   Schreiben Sie ein 11-Worte-Gedicht, bei dem das erste und das letzte Wort gleich sind.

Was ist eigentlich ‚Erziehung'? Nur mit Mühe und Not lässt sich eine Einigung auf die folgende Definition herstellen: Erziehung ist die soziale Interaktion zwischen Menschen, bei der ein Erwachsener planvoll und zielgerichtet versucht, bei einem Kind unter Berücksichtigung der Bedürfnisse und der persönlichen Eigenart des Kindes erwünschtes Verhalten zu entfalten oder zu stärken. Erziehung ist ein Bestandteil des umfassenden Sozialisationsprozesses; der Bestandteil nämlich, bei dem von Erwachsenen versucht wird, bewusst in den Prozess der Persönlichkeitsentwicklung von Kindern einzugreifen – mit dem Ziel, sie zu selbstständigen, leistungsfähigen und verantwortungsvollen Menschen zu bilden.

(Klaus Hurrelmann, Mut zur demokratischen Erziehung, in: Pädagogik 7–8/94, S. 13)

1. Was ist nach dieser Definition keine Erziehung?
2. Vergleichen Sie Ihre Definition mit der des Erziehungswissenschaftlers Klaus Hurrelmann.
3. Klaus Hurrelmanns Definition enthält wertende Elemente, die den Anspruch einer demokratischen Erziehung verdeutlichen.
   Versuchen Sie eine neutrale, wertfreie Definition von Erziehung zu erstellen.

Erzieht die Gruppe?

[...] Kinder erziehen Kinder? Kinder erziehen Kinder! Wer selbst Kind gewesen ist, vermag sich daran zu erinnern, und wer mit Kindern zusammenlebt, weiß davon zu berichten, dass Kinder mit Kindern all dies und noch viel mehr für-, gegen- und miteinander tun. Kinder leben nämlich weder ausschließlich noch ganz auf sich selbst gestellt in der Welt der Erwachsenen: In Familien, auf Spielplätzen und Hinterhöfen, auf der Straße, im Kindergarten und in der Schule kommen Kinder mit Kindern zusammen und gehen mit ihresgleichen um – beaufsichtigt und unbeaufsichtigt.
[...] Wenn Kinder einander erziehen, richten sie sich kaum nach theoretisch begründeten Erziehungszielen und verwenden auch keine entsprechenden Erziehungsmittel; Absichtlichkeit und Bewusstheit des Handelns, wie es im traditionellen Erziehungsverständnis zum Ausdruck kommt, ist bei Kindern – alters- und situationsbedingt – selten anzutreffen. Aus diesem Grunde wird hier eine radikale Umkehr des Erziehungsbegriffs vorgeschlagen: „Erziehung" als zwischenmenschliches Handeln soll nicht mehr in erster Linie vom handelnden Subjekt, vom Erzieher her, sondern vor allem vom Zögling, dem ja in Wirklichkeit keinesfalls Objekt-, vielmehr gleichermaßen Subjektcharakter zukommt, her begriffen werden; anstelle des einseitigen, am Generationsgefälle orientierten tritt der wechselseitige, auch Vorgänge innerhalb ein und derselben Generation einschließende Erziehungsbegriff.

(Johannes Gruntz-Stoll, Kinder erziehen Kinder. Sozialisationsprozesse in Kindergruppen, München 1989, S. 9–15)

1. Gruntz-Stoll stellt die These auf: „Kinder erziehen Kinder" und spricht an anderer Stelle in seinem Text von „Vorgängen gegenseitiger Beeinflussung in Kindergruppen". Erstellen Sie eine Liste selbst erlebter derartiger Vorgänge.
2. Erläutern Sie anhand dieser Beispiele „gegenseitiger Beeinflussung in Kindergruppen", inwieweit es sich bei diesen Vorgängen um Erziehung im Sinne von Gruntz-Stoll handelt.

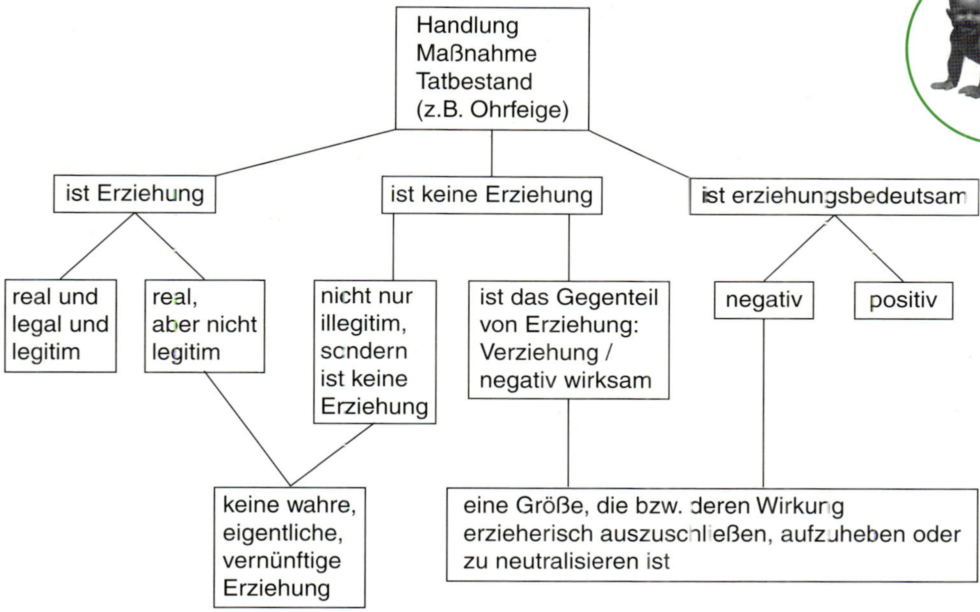

(Helmut Heid, Erziehung, in: Dieter Lenzen [Hrsg.], Erziehungswissenschaft, Reinbek 1994, S. 50)

Die obige Grafik verdeutlicht die Komplexität des Erziehungsbegriffs.
Suchen und formulieren Sie Beispiele zu den einzelnen Verzweigungsmöglichkeiten.
Übertragen Sie das folgende Beispiel auf das Strukturschema von Helmut Heid.

[…] Schon als Kinder haben wir diesen Kopfsprung nicht machen wollen, mein Vater hat gesagt, das wäre immerhin eine Leistung, aber obwohl wir gern ins Schwimmbad gegangen sind, haben wir doch den Kopfsprung nicht machen wollen, wir sind gern geschwommen und auch getaucht; überhaupt sind wir gern im Schwimmbad gewesen, weil die Kollegen von meinem Vater und manchmal sein Chef mit ihren Familien auch ins Schwimmbad gegangen sind, und da hat mein Vater höchstens sagen können, wir sprechen uns später, was er an dem Tag auch gesagt hat, als mein Bruder und ich diesen Kopfsprung machen sollten, mein Bruder ist etwas mutiger gewesen als ich, im Springen bin ich ein schrecklicher Angsthase gewesen, schon die Vorstellung, vom Startblock einen Kopfsprung ins Wasser zu machen, hat mich in Angst und Schrecken versetzt, obwohl ich sonst nicht so sehr feige war; ich bin auf die höchsten Bäume geklettert und immer als Kletteraffe bezeichnet worden in unserer Familie, weil ich mutig war, wenn es hieß, auf Bäume zu klettern, ich bin bestimmt nicht sehr feige gewesen, aber mein Vater hat oft die Geschichte erzählt von dem Vater, der seinem Sohn sagt, wie der auf der Mauer steht, spring. Spring doch, ich fang dich auf, und der Sohn hat Angst gehabt und gesagt, ich spring nicht, der Vater hat aber gesagt, brauchst keine Angst zu haben, ich fang dich doch auf, und endlich ist der Sohn auch gesprungen, der Vater hat einen Schritt zur Seite gemacht, der Sohn ist ins Leere gesprungen und auf die Steine geschlagen und hat sich gemein wehgetan und geweint, warum hast du mich nicht aufgefangen, da hat der Vater gelacht und gesagt, man soll niemand trauen, merk dir das, auch nicht dem eige-

nen Vater. Ich habe über diesen Witz nicht lachen können, wie es mein Vater gewollt hat, ich habe es einen gemeinen Witz gefunden, das Lachen ist mir im Halse stecken geblieben, und leider habe ich ausgerechnet immer an diesen Witz denken müssen, wenn ich versuchen wollte, ins Wasser zu springen, und ich habe mich nie überwinden können, ins Wasser zu springen, vor allem nicht Kopf voran, auch wenn mein Vater im Wasser war und gesagt hat, ich bin doch da, das hat ja auch gar nichts genützt, dass er da war, er hat mich im Wasser nicht auffangen können, und ich war sicher, dass ich ertrinke; ich habe in meinem ganzen Leben nur einen einzigen Kopfsprung ins Wasser gemacht und nie wieder, aber mein Vater hat diese Schmach nicht ertragen, dass seine Kinder Feiglinge sind, die vor der Mutprobe jämmerlich versagen, und so hat er gesagt, wer vom Dreimeterbrett Kopfsprung macht, kriegt fünf Mark. Mein Bruder ist gleich aufs Dreimeterbrett hochgestiegen, aber oben hat ihn der Mut verlassen, und er ist wieder runtergestiegen, unten hat er geheult, weil mein Vater vor lauter Enttäuschung ganz weiß im Gesicht war, und das ist ein schlechtes Zeichen gewesen, und er hat gesagt, dass er sogar vom Fünfmeterbrett einen Kopfsprung gemacht hat, mein Bruder ist dann auch wieder hoch und hat endlich den Kopfsprung gemacht und wirklich fünf Mark bekommen, und mein Vater hat ihn gefragt, na, was ist, war es wirklich so schlimm, mein Bruder ist so stolz gewesen, dass er gesagt hat, was, überhaupt nicht, und ich habe mich geschämt, dass ich so feige war, und bin auch hochgestiegen und mit Kopfsprung hinuntergesprungen. Es ist entsetzlich gewesen. Es hat am Kopf und am Rücken einfach nur wehgetan, der Ohrendruck hat auch gemein wehgetan, weil ich solche unpraktischen Ohren habe, die schon bei zwei Meter Tauchen wehtun, und als ich den Kopfsprung gemacht hatte, bin ich bestimmt drei, vier Meter tief untergetaucht, ich habe gedacht, dass ich nicht mehr nach oben komme, weil ich vor Ohrenschmerzen völlig benommen war, schon als Kind habe ich häufig Ohrenentzündung gehabt, ich habe gedacht, meine Ohren platzen, und nicht mehr gewusst, wo unten und oben ist, ich habe vor Ohrenschmerz unter Wasser völlig die Orientierung verloren, und dann ist mir die Luft ausgegangen, ich dachte, ich sterbe, weil ich nie wieder hochkomme, aber ich bin nach einer Ewigkeit doch wieder hochgekommen, am Rand ist mir schlecht geworden vor Schmerz, und weil der Kopfsprung so furchtbar war, und mein Vater hat mich auch gefragt, na, war das wirklich so schlimm? Und wie schlimm, habe ich gesagt, gleich nochmal, am besten du springst gleich nochmal. Ich bin aber nicht gesprungen, obwohl er gesagt hat, dass ich dann keinen Charakter habe. Ich habe dann keine fünf Mark mehr gewollt, wenn ich dafür noch einmal springen sollte, mein Vater hat mir die fünf Mark nicht für das Springen bezahlen wollen, sondern, so habe ich damals gedacht, er hat sie mir dafür bezahlen wollen, dass es mir Spaß macht oder dass ich sage, es macht mir Spaß, ich habe gesagt, lieber habe ich keinen Charakter, als nochmal zu springen und dann zu sagen, es macht mir Spaß, wo es furchtbar ist.

(Birgit Vanderbeke, Das Muschelessen, S. Fischer Verlag, Frankfurt/M. 1997, S. 65ff.)

Die folgenden Ausführungen beschäftigen sich mit der Frage einer erfolgreichen Erziehung:

ErzieherInnen sind also in erster Linie Kommunikationsspezialisten. Sie treten in einen Dialog mit dem Kind ein, der den Zweck hat, die kindliche/jugendliche PartnerIn in ihrer personalen und sozialen Kompetenz weiterzubringen, der aber nur gelingen kann, wenn die ErzieherIn sehr sensibel auf die Reaktionen des Kindes achtet und genau beobachtet, was ihre erzieherischen Interventionen bei dem Gegenüber auslösen. Insofern sind die Erziehenden in den Prozess der Erziehung genauso involviert wie die Erzogenen.

Der Prozess der Erziehung, sein erfolgreicher, glücklicher Verlauf bzw. sein Misslingen, schließt also immer sowohl das Kind als auch die ErzieherIn ein. Was für die eine gut ist, dürfte demnach auch für die andere gut sein, was für die eine beglückend ist, dürfte für die andere beglückend sein. Ein gelungener Erziehungsprozess zeichnet sich demnach dadurch aus, dass beide Beteiligten davon profitieren, dass beide individuelle Entwicklung und persönliches Wachstum erfahren. Das bedeutet, dass die ErzieherIn einen erfolgreichen Erziehungsprozess ablesen kann an der Antwort auf die Selbstanfrage: „Was hat das Kind mir beigebracht?“ oder: „Wie habe ich in dieser Erziehungspartnerschaft profitiert?“ oder „Was habe ich gelernt beim Erziehen dieses Kindes?“. Ist die Antwort positiv, dürfte auch bei der Erzogenen eine positive Entwicklung stattgefunden haben. Ist die Antwort auf diese Selbstanfrage der ErzieherIn negativ, dürfte mit hoher Wahrscheinlichkeit auch die Erzogene von dem Erziehungsprozess kaum profitiert haben. […]
Die wichtigste Wahrnehmung zum Verständnis erzieherischer Prozesse ist die Erkenntnis ihrer Paradoxie, d.h. die Erkenntnis der Tatsache, dass das, was Erziehung ausmacht, nämlich eine absichtsvolle Beeinflussung eines anderen zu einem ganz bestimmten Verhalten oder einer ganz bestimmten Einstellung, in strengem Sinne gar nicht möglich ist. […] Wie die Handlungen des einen, z.B. der ErzieherIn, sich auf die Funktionsweise des anderen, z.B.des Kindes, auswirken, bestimmt nicht in erster Linie die ErzieherIn, sondern das Kind. Erziehung ist also Eigenleistung des Kindes, die aber wiederum ohne die Aktivitäten der ErzieherIn nicht möglich ist. Andererseits lernt die ErzieherIn durch Beobachtung der – möglicherweise von ihr angestoßenen – Handlungen des Kindes (zumindest, wenn sie einen hinreichenden Unterschied wahrnimmt). […] Wenn ErzieherInnen versuchen, diese Paradoxie als Grundtatbestand von Erziehung zu verneinen oder zu übersehen, wächst die Gefahr der Gewaltanwendung zur Durchsetzung des erzieherisch Beabsichtigten.

(Wilhelm Rotthaus, Wozu erziehen? Entwurf einer systemischen Erziehung, Carl-Auer-Systeme Verlag, Heidelberg 1998, S. 108f.)

1. Vergleichen Sie diese Auffassung von Erziehung mit den bisherigen Betrachtungen zum Erziehungsverständnis.
2. Welche Testfragen für eine erfolgreiche Erziehung halten Sie für tragfähig?

Der Erziehungswissenschaftler Otto Speck betont bei seiner Definition von Erziehung einen anderen Aspekt:

Das Kind macht sein autonomes Selbst geltend, seine Eigeninteressen, seine eigene Sicht der Dinge. So gesehen ist Erziehung Angebot. Kinder werden (passiv!) nicht erzogen, werden nicht ge-fördert, werden nicht be-handelt, werden nicht therapiert, sondern gehen aus dem Prozess der Erziehung gemäß dem eigenen Ansatz, der ontogenetischen [Ontogenese: Entwicklung eines einzelnen Organismus] Eigengesetzlichkeit mit einem eigenen Resultat hervor. Erziehung ganz allgemein gesehen ist eine Auseinandersetzung zwischen dem autonomen System des Erwachsenen und dem autonomen System des Kindes. Dabei werden auf beiden Seiten gemäß dem je eigenen Ansatz (System) Interessen ins Spiel gebracht: Aufseiten des Erziehenden u.a. ‚erzieherische‘ – was auch immer darunter verstanden werden mag – und aufseiten des Edukanden als eines Menschen, der sein Selbst unter „erzieherischem“ Einfluss zu entfalten und seine Autonomie zu bewahren hat.

(Otto Speck, Chaos und Autonomie in der Erziehung, München 1991, S. 112f.)

1. Arbeiten Sie Gemeinsamkeiten und Unterschiede zu der Definition von K. Hurrelmann (S. 38) heraus.
2. Erläutern Sie die Gedanken des Autors mit praktischen Beispielen. Nehmen Sie auch Bezug auf das Beispiel der Familie Drescher (S. 25ff.)
3. Versuchen Sie eine Definition von „Autonomie“ zu formulieren.
4. Nehmen Sie zu der Position des Autors Stellung.

Ein solches Verständnis von Erziehung, wie es Otto Speck 1991 formulierte, setzt sich immer mehr in der öffentlichen Diskussion um Erziehung durch.

„Erziehung sollte sich sowohl als intentionales, zielgerichtetes Umgehen mit Kindern als auch als das Eröffnen von Lebensräumen, in denen Erfahrungen gemacht, Verhalten erprobt, Beziehung gestaltet, Identifikation ermöglicht wird, verstehen. Die Erzieherin übernimmt in diesem Zusammenhang verschiedene, zum Teil widersprüchlich erscheinende Funktionen. Sie begleitet, unterstützt, fördert, leitet an, vermittelt, ermöglicht Erfahrungen, animiert, provoziert und korrigiert. Im subjektorientierten pädagogischen Ansatz besteht die permanente Herausforderung, das Kind gleichzeitig als ‚kompetenten Gestalter’ seiner eigenen Entwicklung und als ‚unterstützungsbedürftiges Werdewesen’ zu achten. [...]

Kinder sind nicht an dem zu messen, was sie noch nicht sind, sondern sie sind junge Menschen mit eigener Wahrnehmung, eigenen Bedürfnissen und eigenen Erwartungen, die grundsätzlich denselben Respekt verdienen wie die Wahrnehmungen, Bedürfnisse und Erwartungen der anderen Gesellschaftsmitglieder.“

(Bundesministerium für Familie, Senioren, Frauen und Jugend [Hrsg.], Zehnter Kinder- und Jugendbericht. Bericht über die Lebenssituation von Kindern und die Leistung der Kinderhilfen in Deutschland, Bonn 1998)

1. Erläutern Sie an Beispielen, was es heißt, Kinder als „Seiende“ und als „Werdende“ zu betrachten.
2. Nehmen Sie in diesem Zusammenhang Stellung zu der Aussage von Janusz Korczak: „Kinder werden nicht erst zu Menschen – sie sind es bereits!“

Die in diesem Abschnitt begonnene Diskussion über den Begriff der Erziehung wird im Verlauf des Buches immer wieder aufgenommen (vgl. z.B. S. 72ff.).
Definitionen von Erziehung spiegeln sowohl dahinter liegende Vorstellungen über Menschenbilder als auch Auffassungen über die Ausgestaltung von Begegnungen zwischen Menschen – insbesondere zwischen Erwachsenen und Kindern/Jugendlichen – wider, hierbei werden auch kulturspezifische Aspekte deutlich.
Im Vorwort haben wir unsere Auffassung von Erziehung skizziert ..., die Diskussion ist also eröffnet!

Ein-Spruch

elternbefragung

frage:
warum ersparen sie sich
in diesen düsteren zeiten
nicht einfach das großziehen
von kindern

antwort:
wer am licht spart
schafft raum
für mehr dunkelheit

(Manfred Sestendrup, Kinder Kinder die Welt, Dülmen 1994, S. 46)

Wer sagt
was
mit welchen Mitteln
und welcher Absicht
zu wem ???

Ist das Gegenteil auch richtig?

Mein Kommentar:

P Projektvorschlag zum selbstständigen Weiterarbeiten

Führen Sie Interviews durch, d.h., fragen Sie professionell im Erziehungsbereich tätige Personen (Erzieher/Erzieherinnen, Lehrer/Lehrerinnen, Mitarbeiter/Mitarbeiterinnen in einer Erziehungsberatungsstelle und im Jugendamt, ...) nach ihren Vorstellungen von Erziehung (vgl. Sie dazu die Methode: Expertenbefragung).

Überlegen Sie sich dazu geeignete Fragen wie z.B.:

- Nennen Sie drei Wörter, die Ihnen zu dem Wort ‚Erziehung‘ einfallen.
- Wozu brauchen Kinder Erziehung?
- Sollten Wissenschaftler/Wissenschaftlerinnen sich professionell mit Erziehungsfragen beschäftigen?
  Sind deren Einsichten ‚nützlich‘ und ‚verwendbar‘?

2 Das Wabenmodell

Erläuternde Hinweise

Wir haben uns bis jetzt einen Überblick darüber verschafft, in welchen Bereichen und wie uns ganz persönlich Erziehung begegnet ist, wie komplex Erziehungsprozesse sind und in welcher Situation sich heute Eltern befinden, und wir haben uns am Beispiel der ‚Wolfskinder' einen ‚erziehungslosen' Zustand vorgestellt. Dabei sind wir auf unterschiedlichste Formen, Verständnisse und Ziele von Erziehung gestoßen.
Erziehung kann also sehr unterschiedlich aussehen: auf Selbstständigkeit und Demokratie ausgerichtet oder auf Unterwerfung und Anpassung. Zwischen diesen Extrempolen sind vielfältige Varianten vorstellbar.
Erziehung ist zudem nie der einzige Faktor, der auf Menschen einwirkt.
Immer muss Erziehung im Kontext von Kultur, Politik und Gesellschaft gesehen werden.

BLICK-RICHTUNG:

Für welche Wabe entscheiden wir uns?

In diesem Auswahlteil – wir nennen ihn auch ‚Wabenteil' – können Sie im Kurs gemeinsam mit dem Lehrer/der Lehrerin festlegen, welchen vertiefenden Fragen Sie nachgehen wollen (siehe Vorwort).

Ihr Fachlehrer/Ihre Fachlehrerin wird Sie darüber informieren, welche Wahl bzw. Kombination von Waben den Vorgaben der Richtlinien entspricht.

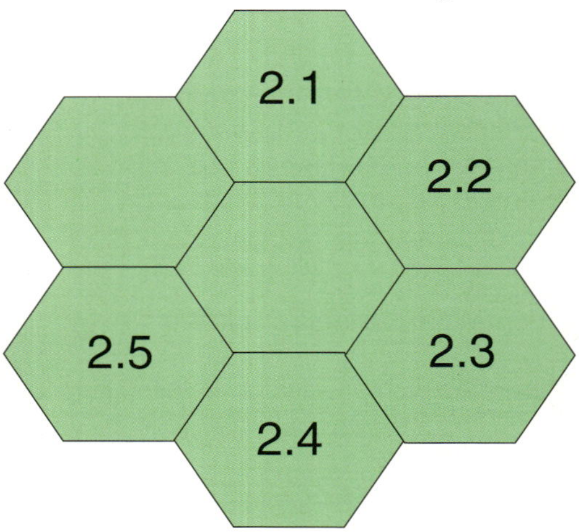

2.1 Erzieherverhalten und Erziehungsstile als Grundmuster pädagogischen Handelns

2.2 Familie und familiale Erziehung

2.3 Der Kindergarten – die erste pädagogische Institution im Leben der meisten Kinder

2.4 Kulturspezifische Aspekte von Erziehung

2.5 „Als ich in deinem Alter war...!" – Erziehung in den 50er-Jahren

Um Ihnen den Entscheidungsprozess zu erleichtern möchten wir Ihnen folgendes Verfahren vorschlagen:

Bilden Sie 2er-Gruppen.
Arbeitsauftrag:
Was interessiert Sie an den einzelnen Themen bzw. Waben, zu welchem Thema möchten Sie am liebsten arbeiten?
Schauen Sie sich dazu vor allem die Aufmacherseiten und die Inhaltsverzeichnisse der einzelnen Waben an.
Die Gruppenmitglieder tauschen sich aus und diskutieren ihre Vorstellungen und Erwartungen.

Je zwei 2er-Gruppen bilden eine 4er-Gruppe.
Arbeitsauftrag:
Was interessiert Sie an den einzelnen Themen bzw. Waben, zu welchem Thema möchten Sie am liebsten arbeiten?
Die Gruppenmitglieder tauschen sich aus und diskutieren ihre Vorstellungen und Erwartungen.

Je zwei 4er-Gruppen bilden eine 8er-Gruppe.
- Die Gruppe wählt einen Gruppensprecher/eine Gruppensprecherin.
- Die Gruppenmitglieder tauschen ihre Vorstellungen und Erwartungen aus.
- Die Gruppe einigt sich auf zwei Themenvorschläge.

Die Gruppensprecher/Gruppensprecherinnen beraten sich mit dem Fachlehrer/der Fachlehrerin und einigen sich auf ein Thema bzw. auf hintereinander zu bearbeitende Themen.

Dieser Vorschlag wird in der gesamten Gruppe zur Diskussion gestellt.

Eine tragfähige Entscheidung wird getroffen (was dies bedeutet, sollten Sie rechtzeitig vereinbaren!).

Viel Erfolg!

In dem Abschnitt Blick-Richtung von Band 2 (S. 24) finden Sie eine weitere Methode, um zu einer Entscheidung zu kommen.

Der Band 1 ist in zwei Themenkreise (1.1 und 1.2) aufgeteilt, die auch den Kurshalbjahren der gymnasialen Oberstufe 11/1 und 11/2 entsprechen könnten. Diesen Abschnitt ***Blick-Richtung*** finden Sie am Ende eines jeden Einführungsteils zu einem Themenkreis; er soll Ihnen die Möglichkeit geben, eine Orientierung auf den Wahlteil mit seinen unterschiedlichen Waben vorzunehmen. Jeder Themenkreis enthält eine methodische Anregung, die Sie immer im Anschluss an den Abschnitt ***Blick-Richtung*** kennen lernen können. In diesem Themenkreis 1.1 geht es um Projekte im Fach Erziehungswissenschaft. Die Reflexionen einschließlich eines kurzen ***Rück-Blicks*** schließen einen jeweiligen Themenkreis ab, die Perspektiven ermöglichen einen Ausblick auf den weiteren Themenkreis dieses Buches.
Jeder Themenkreis hat eine ***Leitfrage***, die im ***Rück-Blick*** neben den methodischen Hinweisen aufgenommen werden kann, um die gewonnenen Erkenntnisse zu sammeln und einzuordnen – dies ist eine wichtige Hilfe zur Erarbeitung eines eigenen Standpunktes!

Aus Zeitgründen wird es Ihnen nicht möglich sein, alle Waben zu bearbeiten. Das vorhandene Material soll Ihnen die Möglichkeit geben eigene Lernlandschaften zu gestalten. Da Sie einige Waben aber auch arbeitsteilig oder als Referat bearbeiten können, finden Sie in jedem Fall genügend Materialien um Ihren Interessen selbstständig bzw. mit Unterstützung Ihrer Mitschüler/Mitschülerinnen oder des Lehrers/der Lehrerin nachzugehen. Diesen Aspekt haben wir im Vorwort mit dem Begriff ‚Individualisierung von Lernwegen' bereits angesprochen.

Methodische Anregung: Projekte

Projekte bieten die Möglichkeit, komplexe Themen langfristig zu bearbeiten. Diese Themen sollten sich an der Lebenssituation der an dem Projekt Beteiligten orientieren und somit auch ihren Interessen entspringen. Die Arbeit an einem Projekt bietet Raum für viele kreative Ideen; das Ergebnis einer Projektarbeit ermöglicht eine Vielfalt von Präsentationen, so z.B. in der handwerklichen Herstellung eines Produktes oder/und einer künstlerischen Darbietung. Oft ist es notwendig, über die klassischen Fächergrenzen hinaus Kenntnisse und Denkweisen aus anderen Fächern zu nutzen.
Am Ende einer jeden Wabe finden Sie in dem Abschnitt ‚Projektvorschlag zum selbstständigen Weiterarbeiten' Anregungen für Themen. Übrigens können die dort gemachten Vorschläge durchaus auch an den Anfang der Erarbeitung eines Themas gelegt werden und es kann von dort aus gefragt werden, welche Kenntnisse benötigt werden bzw. welche Methoden geeignet sind.
An manchen Schulen werden Projektwochen oder Projekttage durchgeführt, so dass alle Schülerinnen und Schüler einer Schule klassen- wie altersunabhängig ein Thema wählen, welches oft ein Unterthema eines für die gesamte Schule verbindlichen Themas ist. Manchmal finden Projekte auch jahrgangsabhängig statt. Kurse können dann z.B. Themen vorschlagen und gemeinsam über einen festzulegenden Zeitraum bearbeiten.
Auch innerhalb eines Faches lassen sich Projekte bearbeiten, Experten von außerhalb können dann z.B. die Informationen beibringen, die über das Fach hinausgehen, Besuche in Einrichtungen wie Museen oder Ausstellungen können ebenfalls Wissenslücken schließen helfen und mit neuen Arbeitsweisen vertraut machen.
Zu bestimmten Themen kann es auch interessant sein, Schülerinnen und Schüler aus anderen Kursen (bzw. Projektgruppen) einzuladen und dann zu einem Gedankenaustausch zu kommen; vorher abgesprochene Referate zu einzelnen Aspekten können dabei sehr hilfreich sein.
Die im Folgenden beschriebene Vorgehensweise lässt sich als typisch für ein projektorientiertes Arbeiten kennzeichnen, wobei davon ausgegangen wird, dass ein längerer Zeitraum zur Verfügung steht und am Ende eines Projektes ein Produkt – in welcher Form auch immer – sichtbar ist. Ein solches Schema sollte jedoch nicht dazu verleiten, die Offenheit und Veränderungsmöglichkeiten während der Projektarbeit einzuschränken: Projekte werden nicht für Gruppen, sondern mit der Gruppe geplant. Die hier aufgelisteten, sehr umfangreich erscheinenden Vorarbeiten ermöglichen ein zielorientiertes Arbeiten, welches die eigentliche Erarbeitung strukturieren und unnötige Rückschritte verhindern hilft.

Schritte	Hinweise
Sammeln von Projektthemen	Diskussion, Umfrage, … Interessen genau erkunden!
(Vorläufige) Festlegung auf ein Projektthema Formulierung und Strukturierung von *zugehörigen* Erkundungsfragen	Genaue Formulierung – Zeitrahmen beachten! Wir wollen herausbekommen … Wir wollen ausprobieren … Wir wollen … (tun)
Methodenwahl zur Beantwortung der Fragen	Literaturstudium, Interview, …
Produktorientierung diskutieren	Wir machen einen Info-Kiosk, wir erstellen ein Plakat/ein Faltblatt/ein Comic, wir planen eine Aktion, wir bauen ein Modell, wir erstellen ein Theaterstück/einen Videoclip, wir gestalten Buttons/T-Shirts, wir erstellen ein Spiel, wir veranstalten eine Podiumsdiskussion, … Adressatenkreis beachten!
Zeitplan aufstellen	Wer macht was und wann?
Das Projektthema und die Erkundungsfragen sollten nun endgültig feststehen!	
Arbeit am Projektthema → Erstellen eines Produktes Protokoll führen Gruppenarbeit reflektieren	Weiß jeder in der Gruppe, worum es geht und was wann warum zu tun ist? Was haben wir wann gemacht? Welche unerwarteten Schwierigkeiten tauchten auf? Sind die Arbeiten gut verteilt, arbeiten alle mit? Konnten Spannungen geklärt werden?
	Soll auch die Entstehungsgeschichte dargestellt werden? Ist das Produkt zielgruppenorientiert?
Präsentation des Produktes	
	Sind Rückmeldungen der Besucher eingeplant?
Evaluation und Reflexion	Welche Vorteile bietet ein projektorientiertes Arbeiten, welche Nachteile werden deutlich? Welche Rückmeldungen haben wir von anderen bekommen? Was haben wir wie gelernt?
Ausblick/Integration in den weiteren Unterricht	An welchen Stellen können die Ergebnisse weiter benutzt werden? Wie sollte ein weiteres Projekt gestaltet werden?

Weitere sehr wertvolle und praktische Hinweise finden sich bei: Monika Jostes/Reinhold Weber, Projektlernen, AOL-Verlag, Lichtenau 1992

(Monika Jostes/Reinhold Weber: Projektlernen, AOL-Verlag, Waldstraße 18, D – 77839 Lichtenau, 1992, S. 48; Hinweis: Der Band ist vergriffen!)

Projektorientiertes Arbeiten ist zielorientiertes Arbeiten, bei dem die Projektteilnehmer auch die planerischen und methodischen Entscheidungen – möglicherweise unter Zuhilfenahme des Lehrers/der Lehrerin – treffen. Bei einem Projekt übernehmen die Teilnehmer und Teilnehmerinnen weitgehend selber die Verantwortung für ihren Lernweg und damit auch für das Ergebnis/das Produkt. In Projekten lernen heißt auch zu lernen, mit anderen zusammenzuarbeiten (vgl. Exkurs: Lernen in Gruppen). Ein Projekt sollte ein Lernen mit Kopf, Hand und Herz ermöglichen, Theorie und Praxis können sich sehr sinnvoll ergänzen!
Nicht nur das Erreichen des Zieles ist wichtig, auch die auf dem Weg gemachten Erfahrungen können wertvolle Hinweise für das Lernen lernen geben.

2.1 Erzieherverhalten und Erziehungsstile als Grundmuster pädagogischen Handelns

(Manfred Bofinger, „Der tapfere Daumenlutscher", aus: HEINRICH HOFFMANN, DER STRUWWELPETER, © VERLAG RÜTTEN & LOENING 1994)

Jede Emotion, die uns in ihrer Gewalt hat, formt uns […], daher erhält sie ein Potenzial zum Guten oder Bösen.

(Aus: Bruno Bettelheim, Ein Leben für Kinder, München 1990, S. 128)

Autoritäre/antiautoritäre Erziehung, demokratisch orientierte Erziehung, laissez-faire-Stil, ... – Begriffe, die immer wieder in pädagogisch orientierten Diskussionen vorkommen.
In diesem Kapitel wird versucht diese Begriffe inhaltlich zu füllen.
Dabei werden auch die Folgen für den zwischenmenschlichen Bereich betrachtet, die ein bestimmter Verhaltensstil verursacht.
Grundsätzliche Überlegungen zur Kommunikation und sich daraus ergebende Konsequenzen für das Miteinander in Erziehungssituationen bilden den Abschluss dieses Kapitels.

Einführung

‚Erziehungsverhältnisse'

Die Geschichte vom Daumen-Lutscher

(Manfred Bofinger, „Der tapfere Daumenlutscher", aus: HEINRICH HOFFMANN, DER STRUWWELPETER, © VERLAG RÜTTEN & LOENING 1994)

1. Dr. Heinrich Hoffmann (1809 – 1894), Arzt und Reformer der Psychiatrie in Frankfurt am Main, schrieb und zeichnete 1844 den Struwwelpeter für seinen dreijährigen Sohn Carl. Für die Erstausgabe wählte er das Pseudonym Reimerich Kinderlieb. Kurz darauf stellte sich ein weltweiter literarischer Erfolg ein, der bis heute anhält. Das Buch erschien mittlerweile unverändert in über 5000 Auflagen. Heinrich Hoffmann gründete 1834 mit befreundeten Ärzten eine Armenklinik. Er starb mit 85 Jahren. Mit seinem Struwwelpeter hat sich Heinrich Hoffmann identifiziert.

   Wie erklären Sie sich die überaus große Popularität dieses Buches?

Heinrich Hoffmann, 1893
(Foto: Erwin Hanfstaengl/ © Marion Herzog-Hoinkis, Struwwelpeter-Museum Schirn, Römergasse, Frankfurt/M.)

2. Diskutieren Sie:
   Welche Botschaft verbirgt sich hinter dem Struwwelpeter:
   - ein Buch für Erzieher mit Hilfen zur Unterdrückung aufmüpfiger Kinder … oder
   - ein Buch für Kinder, das die Grausamkeit elterlicher Erziehung zu entlarven hilft … oder
   - …?
3. In dem Struwwelpeter-Buch gibt es noch andere Geschichten.
   Diskutieren Sie die Auswahl der einzelnen Themen.
   Gibt es ein Thema, welches für die heutige Zeit ergänzt werden müsste?
   Versuchen Sie gegebenenfalls eine solche Geschichte im Stil des Struwwelpeters zu schreiben (und zu zeichnen) – Sie könnten auch einen neuen Konrad erfinden!

‚Ein ganz normaler Tag in einer ganz normalen Familie ...‘

Es ist ein Morgen wie jeder andere, viertel nach sieben. Vincent, dreieinhalb Jahre alt, sitzt am Frühstückstisch, fuchtelt mit dem Messer in der Luft herum und blitzt mich unternehmungslustig an.

„Leg das sofort hin!“, ermahne ich meinen jüngsten Sohn. Er grinst verschmitzt, dann senkt er das Besteck. Doch schon leuchtet in seinem Gesicht eine neue Idee auf. „Säge, säge, säge“, singt er und raspelt dabei mit dem Messer an der Tischkante. Ich springe auf, um ihm das Werkzeug zu entreißen. Darauf hat er nur gewartet, hüpft mit einem Juchzer vom Stuhl und rennt davon. An der Tür erwische ich ihn, entwinde ihm das Messer und bin froh, dass er sich dabei nicht schneidet.

Debatten gibt es schon am Frühstückstisch

(Foto: VISUM/Rolf Nobel)

Inzwischen ist Jo, mit zehn Jahren unser Ältester, zum Frühstück erschienen – schlaftrunken und mit ungekämmten Haaren. „Guten Morgen!“, begrüßt ihn Bärbel, meine Frau. Statt einer Antwort grapscht er nach einer Scheibe Brot und beschmiert sie mit Margarine.

„Milch!“, kommandiert er.

„Wie heißt das?“, fragt seine Mutter.

„Gib mir die Milch – BITTE!“

„Das war nicht der richtige Tonfall“, sagt sie und rührt keinen Finger. Genervt erhebt er sich und holt die Milch selber.

Dann ertönt ein Verzweiflungsschrei aus der oberen Etage: „Wo ist meine Hose?“, ruft Ingmar, der Achtjährige. Jetzt wühlt er wieder in der Schublade: Die eine Buxe ist zu groß, die andere zu klein, die dritte zu kratzig und die vierte zu doof. Gleich wird er die Wand anstarren, warten, bis wir nach ihm rufen, und dann klagen: „Aber ich hab’ keine Hose!“ Bis er schließlich doch eines der ungeliebten Kleidungsstücke übergestreift hat, ist es nach halb acht, und wir müssen die Kinder antreiben, damit sie noch rechtzeitig zur Schule kommen.

Ein ganz normaler Morgen in einer ganz normalen Familie: drei Söhne, drei Methoden, ein harmonisches Familienfrühstück zu verhindern. Muss Erziehung eigentlich zwangsläufig ein Durchwursteln mit vielen Rückschlägen bleiben – oder machen wir irgendwas falsch? Früher, als autoritäre Erziehung die Regel war, erschien alles einfacher: Die Eltern bestimmten, die Kinder gehorchten. Heute, erläutert Stefan Schmidtchen, Kinderpsychologe an der Universität Hamburg, suchen die meisten Eltern ihren Weg zwischen einem demokratischen und einem egozentrischen Erziehungsstil.

Demokratie heißt: Jeder hat Rechte und Pflichten, über die im Familienrat beschlossen wird. Zwar entscheiden Eltern etwa bei wichtigen Fragen wie der Sicherheit oder Gesundheit weitgehend allein. Aber sonst muss verhandelt werden. Und auch wer überstimmt worden ist, hat einen Kompromiss mitzutragen.

Eltern mit einem egozentrischen Erziehungsstil hingegen scheuen den Aufwand und die Konflikte, die eine Diskussion über kindliche Pflichten mit sich bringt. Sie lassen einfach alles durchgehen. „Das vermittelt das Bild: ‚Jeder ist sich selbst der Nächste‘“, klagt Schmidtchen: „Diese Haltung führt in die Anspruchsgesellschaft, den Ego-Staat, in dem jeder nur Rechte, aber keine Pflichten mehr kennt.“

Dieser Stil sei jedoch keine antiautoritäre Erziehung, betont der Psychologe. Die so genannten 68er wollten ihre Kinder ja ursprünglich aktiv gegen jede Form von Autorität

wappnen und so zu freien Menschen formen. „Eltern mit einem egozentrischen Erziehungsstil haben das total missverstanden. Sie bleiben passiv und spüren keine erzieherische Verantwortung mehr."

Wenigstens in den Frühjahrsferien an der Ostsee hofften wir, von Konflikten verschont zu bleiben: vier erholsame Tage an der frischen Seeluft, freie Essenswahl im Restaurant und Besuche im Erlebnis-Hallenbad mit Wasserfällen, Gegenstromanlage und Riesenrutsche als Bonbon für die Kinder. Am ersten Tag gehen wir Pizza und Spaghetti essen, dann ins Schwimmbad, am nächsten Vormittag wieder ins Schwimmbad. Es scheint tatsächlich eine friedliche Ferienstimmung aufzukommen – bis wir am Nachmittag einen Strandspaziergang vorschlagen.

„Wir wollen aber nicht an den Strand", brummt Ingmar. Die Eltern werben um Entgegenkommen: „Aber heute Vormittag, da waren wir ja auch mit euch im Schwimmbad, da hattet ihr euer Vergnügen. Nun könnt ihr uns mal einen Gefallen tun und mit an den Strand gehen, auch wenn es euch nicht gefällt."

„Wieso?", entgegnet Jo, „ins Schwimmbad zu gehen, das war doch euer eigenes Vergnügen, das hat euch doch selbst Spaß gemacht."

Magie des Bildschirms: ohne Drohung kein Ende
(Foto: VISUM/Rolf Nobel)

„Na ja", brummele ich, von der Argumentation meines Sohnes in Verlegenheit gebracht, „das hat uns Spaß gemacht, weil wir es mit euch zusammen gemacht haben, weil es für euch ein Vergnügen war."

„Aber wir wollen trotzdem nicht an den Strand", beharrt Ingmar. „Der Strand ist doof. Und außerdem wollt ihr da immer nur wandern."

„Wir müssen ja nicht herumlaufen, wir können auch an einer Stelle bleiben."

„Aber was soll man am Strand schon machen?"

„Da kann man Steine ins Wasser schnippen, Muscheln sammeln, tote Krebse oder Seesterne finden. Oder im Sand etwas bauen. Man braucht nur etwas Fantasie."

„Wir gehen aber nicht mit", versteift sich Ingmar, und auch Jo räkelt sich auf dem Sofa, ohne die geringsten Anstalten zum Aufstehen zu machen. Als letzten Ausweg sehe ich nur die nackte Drohung und brülle: „Ich zähle jetzt bis drei, wenn ihr dann nicht fertig seid, gibt es ein gewaltiges Donnerwetter!"

Nun endlich raffen sie sich auf und ziehen protestierend Jacken und Schuhe an. Doch die Stimmung ist hin, und Schuldgefühle plagen den autoritären Vater. Eine Drohung, womöglich in Gewalt ausartend – eine Bankrotterklärung des elterlichen Wirkens.

Gibt es überhaupt eine „Erziehung"? Bewirkt sie etwas? Oder ist das, was wir so nennen, nur der mehr oder weniger geglückte Versuch, irgendwie miteinander zurechtzukommen? Stärker von der Tagesform geprägt als von ehernen Prinzipien? [...]

Ohnehin formt die Kinder nicht so sehr, was die Erwachsenen sagen. „Entscheidend ist, wie Eltern sich im Alltag verhalten", sagt der Hamburger Erziehungspsychologe Reinhard Tausch. „Kinder sehen zum Beispiel, wie ihre Eltern Schwierigkeiten bewältigen und ahmen das – bewusst oder unbewusst – nach." Auch Stefan Schmidtchen betont die Vor-

bildfunktion der Erzieher: „Wenn die Kinder erwachsen sind, imitieren sie das Verhalten der eigenen Eltern, auch wenn sie sich als Kinder anders verhielten.“ Ohnehin haben die lieben Kleinen im Augenblick eine ganz andere Sicht der Dinge: „Völliger Quatsch, also irgendwie völliger Quatsch, was du da geschrieben hast“, kommentieren sie meinen Bericht. „Zum Beispiel stimmt das gar nicht, dass wir im Schwimmbad waren, bevor wir zum Strand gegangen sind. Wir haben gefrühstückt, dann wollten wir unsere Ruhe haben, und es war ganz gemütlich, und dann heißt es hopp, hopp, jetzt müsst ihr an die frische Luft. Außerdem meckern die Erwachsenen viel öfter, als hier drinsteht. Und bei einem Streit, da haben eigentlich beide Schuld, nicht nur die Kinder. Aber den Ärger kriegen nur die Kinder – wir haben halt nicht so viel Macht.“

(Henning Engeln, Spiel mit Grenzen, in: GEO-Wissen/Nr. 2 v. September 1993, S. 58–61)

Eher selten: Momente der Ruhe und Nähe

(Foto: VISUM/Rolf Nobel)

1. Am Ende des Urlaubs an der Ostsee soll ein Foto gemacht werden, bei dem alle Familienmitglieder abgebildet werden.
   Wie sieht dieses Familienfoto aus, an welchen Plätzen stehen die einzelnen Familienmitglieder, welche Haltung und Mimik haben sie, ...? Stellen Sie die Situation nach.
2. In dem Text werden mehrere Erziehungsstile angesprochen.
   Suchen Sie in einem pädagogischen Lexikon nach weiteren Informationen über Erziehungsstile.
   Welchen Erziehungsstil praktiziert der Vater in diesem Text?
3. Nehmen Sie Stellung: Machen die Eltern ‚irgendetwas falsch‘ ?
   Betrachten Sie dazu auch die Fotos zum Text und überlegen Sie gegebenenfalls Alternativen.

Kurze Anmerkung zur ‚antiautoritären Erziehung‘:

Von den Vertretern der antiautoritären Erziehung, die nicht mit der laissez-faire- (bzw. permissiven) Erziehung zu verwechseln ist, wurden folgende Forderungen aufgestellt:

– Jede Unterdrückung kindlicher Bedürfnisse ist zu vermeiden;
– kindliche Sexualität darf nicht tabuisiert werden;
– Kindern soll Selbstregulierung ermöglicht werden.

Es ergaben sich große Schwierigkeiten, weil die Erwachsenen oft nicht wussten, wie sie sich verhalten sollten, um diesen Forderungen gerecht zu werden. Ihr Verhalten schwankte zwischen Gewährenlassen und autoritärem Eingreifen. [...]
Die antiautoritäre Bewegung darf nicht als direkter Angriff auf die Autorität von Personen missverstanden werden. Antiautoritär bedeutet Ablehnung von Unterdrückung, Zwängen und Machtausübung [...]

(Josef A. Keller/Felix Novak, Kleines Pädagogisches Wörterbuch, Freiburg 1993, S. 34 f.)

Grundbegriffe und Grundthesen

Erziehungsstile

Permissive, autoritäre und demokratische Erziehung

Ich möchte im Folgenden den Versuch machen, die Diskussion über Erziehungsstile noch einmal von ihren Zielen her aufzurollen, indem ich mich auf die Suche nach wissenschaftlich abgesicherten Erkenntnissen darüber begebe, welche Art und welche Form des Erwachsenenverhaltens angetan ist, Kinder zu selbstständigen, leistungsfähigen und gesellschaftlich verantwortungsbereiten Persönlichkeiten werden zu lassen. Die meisten Eltern und Erzieher stimmen in den zentralen Zielvorstellungen überein. Sie alle wollen starke kindliche Persönlichkeiten, wollen Kinder, die selbstständig, selbstbewusst und entscheidungsfähig für ihre eigenen Belange eintreten können, die entscheidungsfähig und belastbar sind, im Leistungsbereich eine gute Motivation, hohe Selbstdisziplin und großen Fleiß zeigen sowie schließlich im sozialen Bereich Kooperationsfähigkeit, Hilfsbereitschaft und Verantwortungsgefühl zeigen. Es stellt sich deshalb die Frage, welcher Erziehungsstil der geeignete ist, um dieses Ziel zu erreichen.

Argumente gegen die permissive und die autoritäre Erziehung

In seinem Buch „Die neue Familienkonferenz“ hat Thomas Gordon (1993) die verfügbare internationale Fachliteratur ausgewertet, um eine Bilanz der bisherigen Forschungen zu ziehen. Sein Ergebnis ist eindeutig: Erziehungsprozesse, die überwiegend oder ausschließlich mit Bestrafung arbeiten, sind nicht nur schwer zu handhaben, sondern sie sind meist auch ziemlich ineffektiv im Blick auf die Ziele Selbstständigkeit, Leistungsfähigkeit und Verantwortungshaltung. Und auch der permissive Stil ist nicht zielführend.
Gehen wir als Beispiel noch einmal auf das Thema „Aggression und Gewalt“ ein. Die vorliegende Fachliteratur belegt, dass Aggression und Gewalt bei Kindern und Jugendlichen auftreten kann, wenn keine klaren Regeln für das Miteinander existieren, Eltern und Kinder also keine Vereinbarungen über Spielregeln des Zusammenlebens getroffen haben, die von beiden eingehalten werden. Ein Zusammenleben ohne verbindliche Setzungen und Normen nach permissivem Muster kann demnach zu Irritierungen und Verwirrungen führen, gerade aufseiten der Kinder. Das ist besonders dann der Fall, wenn Regellosigkeit auch als Lieblosigkeit empfunden wird, wenn also die Erwachsenen sich erzieherisch so weit zurückziehen, dass sie vonseiten der Kinder überhaupt nicht mehr spürbar und greifbar sind. Aggression vor allem von kleinen Kindern kann hier ihre Ursache haben, kann ein Warnsignal an die Erwachsenen sein, wahrgenommen und ernst genommen zu werden, stellt also so etwas wie einen Notruf dar: „Kümmert euch um mich, ich habe Probleme.“ Ein zurückgezogenes laissez-faire-Verhalten der Eltern, das „Aus-dem-Felde-gehen“, ist eine Verhaltensweise, mit der man seine Kinder in ihrer Entwicklung nur in den seltensten Fällen stärken und zur Selbstständigkeit führen kann. Aggression und Gewalt können Reaktionen auf diesen Verunsicherungsstatus sein. Das gilt ebenso für den schulischen Bereich.
Noch deutlicher sind die Belege gegen autoritäres Verhalten. Ein überwiegend strafendes Erwachsenenverhalten bringt keine selbstdisziplinierten Kinder hervor, sondern kann sie zur Disziplinlosigkeit, Aggression und Gewalt stimulieren. Die Ursache ist, dass das Kind sich in seinen Bedürfnissen verletzt fühlt oder dass die Bedürfnisse des Kindes überhaupt nicht beachtet werden. Wenn aber Bedürfnisse nicht befriedigt werden, dann führt das bei jedem Menschen zu Frustrationen, und eine der verbreitetsten Reak-

tionen ist Aggression. Die Forschungsergebnisse in diesem Bereich sind ganz eindeutig: Familien, in denen die Eltern oft strafen, erzeugen viel eher hyperaktive, aggressive und gewalttätige Kinder als andere Familien. Auf strenge, in autoritärer Weise vorgebrachte Strafen reagieren Kinder mit Widerstand und Trotz, Rebellion und Ungehorsam, Vergeltung, Regelbruch und Wutanfällen. Eine zweite Reaktionsform auf autoritäre Strafen ist Flucht, also Ausreißen von zu Hause, das Meiden des Kontaktes zu den Eltern, der Abbruch der Schule und ähnliche Reaktionen, wozu auch Drogenkonsum und gestörtes Essverhalten gehören können. Schließlich kann eine dritte Form der Reaktion auf autoritäres Strafen die der Unterwerfung sein. Kinder schmeicheln sich ein, wollen immer gut dastehen, sie fügen sich angepasst ein, wenden ihre Frustration gegen Schwächere. Auch diese Beobachtungen lassen sich analog auf die Schule übertragen.

Demokratische Erziehung – zur Erziehung gehört die Beziehung

Die vorliegende Forschung zeigt damit, wie wenig hilfreich die beiden Extreme des permissiven und des autoritären Erziehungsstils sind. […]
In einer Gesellschaft, die sich der Staatsform „Demokratie“ verschrieben hat, sollte auch der erzieherische Umgangsstil demokratisch sein. Ich möchte diesen Stil in Anlehnung an Thomas Gordon wie folgt beschreiben:
Der demokratische Erziehungsstil ist den Zielen Selbstständigkeit, Leistungsfähigkeit und Verantwortungsfähigkeit des Kindes verpflichtet. Im demokratischen Stil wird versucht, diese Ziele durch einen offenen und unverkrampften Gebrauch von persönlicher, immer erneut zu rechtfertigender Autorität zu erreichen – weder durch heimliches Verstecken von Autorität wie im permissiven Stil noch durch künstliches Aufblähen von Autorität wie im autoritären Stil. Der demokratische Erziehungsstil betont die partnerschaftliche und kooperative Komponente des Erziehungsprozesses: Im Unterschied zum permissiven Stil sollen nicht die Kinder die Beziehung bestimmen, im Unterschied zum autoritären Stil nicht die Erwachsenen die Beziehung dominieren – beide sollen sich offen abstimmen und austauschen, auf ihre gegenseitigen Bedürfnisse eingehen und sie zur Basis des Miteinanderumgehens machen. Der demokratische Erziehungsstil geht von der Erkenntnis aus, dass Erziehung ohne eine gute Beziehung nicht möglich ist. Die Beziehung muss eine Interaktion auf Gegenseitigkeit sein, auch in den Bereichen, wo sie der Natur der Sache nach nicht gleichberechtigt sein kann.
Demokratische Erziehung ist die ständige gemeinsame Absprache, ja das Aushandeln von Umgangsformen und Regeln mit Begründung und Erläuterung, angemessen für jede Entwicklungsstufe. Ohne ein festes Familienritual oder Spielregeln in der Schule ist kein demokratisches Zusammenleben möglich. Wer die Gruppenregeln verletzt, der muss auch Folgen spüren. Demokratisch ist es nicht, wenn heute viele Lehrer aus Bequemlichkeit und Unsicherheit viele Regelverletzungen der Kinder einfach so durchgehen lassen und sich nicht trauen, auf Konfliktkurs zu gehen und Regelverletzungen konsequent anzusprechen. Zum demokratischen Stil gehört es, darauf hinzuweisen, dass ihre eigenen Bedürfnisse als Erwachsene durch das Verhalten des Kindes verletzt worden sind. Nur durch diese Rückmeldung kann das Kind eine Beziehung zum Erwachsenen aufbauen und wird nicht in einem sozialen Beziehungsvakuum belassen – also dem oben schon angesprochenen Risiko der permissiven Erziehung ausgesetzt.
Demokratische Erziehung ist ein Balanceprozess, der versuchen muss, allen Beziehungsbedürfnissen gerecht zu werden. Die meisten Eltern und Lehrer bemühen sich heute, den Vorstellungen einer demokratischen Erziehung gerecht zu werden. Die Untersuchungen über die Erziehungsziele von Eltern und Pädagogen zeigen: Gehorsam und

Unterordnung, noch bis zu den 60er-Jahren eindeutig an der Spitze aller Nennungen, sind heute nicht mehr die wichtigsten Erziehungsziele. Statt dessen sind die Ziele Selbstständigkeit und freie Entfaltung des Kindes an die oberste Position gerückt, gefolgt von den leistungsbezogenen Zielen Fleiß und Selbstdisziplin. Die Mehrzahl der Eltern und Lehrer ist heute weder permissiv noch autoritär, sondern demokratisch eingestellt. Aber es fällt ihnen schwer, einen demokratischen Stil konsequent umzusetzen. Besonders schwierig ist es für Eltern und Lehrer, Autorität aufzubauen. Autorität gewinnen sie nur, wenn sie authentisch sind, wenn sie sich selbst als eine Persönlichkeit verhalten und ihren Kindern gegenüber erkennbar machen. Sie müssen sich vorbildlich verhalten, ein soziales Modell sein. Sie müssen zugleich ständig ein offenes Ohr für die Sorgen der Kinder haben und ihnen Hilfestellung bei der Selbstentwicklung geben. Sie müssen mitdenken und mitfühlen und doch auch Distanz halten. Dies sind die Voraussetzungen, um als Vater oder Mutter, als Lehrerin oder Lehrer Autorität zu erwerben. Ein sehr anspruchsvoller Prozess! Hier liegt wohl auch der Grund dafür, weshalb die Erzieher in Familien und die Schulen so häufig versagen.
Autorität können wir Erwachsenen nur gewinnen, wenn wir uns auf eine Beziehung mit unseren Kindern einlassen. Wir gewinnen Autorität nicht, wenn wir so tun, als ob wir alle Antworten für alle Fährnisse des Lebens in der Schublade hätten. Es gibt ihn nicht, den fertigen Plan, den Eltern für den Weg ihrer Kinder bereithalten könnten. Autorität in einer demokratischen Gesellschaft gewinne ich nur, wenn ich als Älterer mit den Jüngeren zusammen an deren Lebensplan arbeite. Wenn ich deutlich mache, dass ich meinen eigenen Plan habe, den ich allerdings auch immer wieder revidieren muss. Das ist wohl das Entscheidendste: sich für die Pläne der Kinder und Jugendlichen interessieren, ihnen Anregungen geben, sie kontinuierlich bei der Umsetzung begleiten. So kann ich im Verhalten zu den Kindern Autorität gewinnen. Sie ist Bestandteil der demokratischen Erziehung, die auf einer sozialen Beziehung basiert und die nicht Züchtigung und autoritäres Eingreifen und auch nicht einfaches Gewährenlassen und Zurückziehen ist. [...]
Da der demokratische Erziehungsstil von seiner Konzeption her am Modell der gleichberechtigten, spiegelbildlichen Beziehung orientiert ist, stellt er auch sehr stark auf die Achtung des Kindes ab, die nachweislich die Selbstachtung fördert. Selbstachtung wiederum ist die absolute Voraussetzung für den Aufbau eines Selbstwertgefühls, der positiven Wertschätzung der eigenen Person; sie schützt vor solchen abweichenden und ausweichenden Bewältigungsmechanismen wie Aggressivität, Selbstaggressivität und Depressivität.

(Klaus Hurrelmann: Mut zur demokratischen Erziehung!, in: PÄDAGOGIK 7–8/94, S. 13 ff.)

Vgl. Sie zum Aspekt der ‚Autorität' auch die Ausführungen von E. Fromm, S. 74f.

1. Erläutern Sie den Begründungszusammenhang des Autors für sein Plädoyer eines demokratischen Erziehungsstils.
2. Der Pädagogikkurs Jg. 11/1 des Walburgisgymnasiums in Menden (Fachlehrer Bernd Ostendorf) schrieb Klaus Hurrelmann zu seinen Ausführungen über die demokratische Erziehung und bekam im Oktober 1998 eine Antwort auf die vielen gestellten Fragen, woraus hier zitiert wird:

„Wenn demokratische Erziehung auch nur ansatzweise den Eindruck erweckt, es handle sich um eine nachgiebige, den Wünschen von Kindern zu weit entgegenkommende Form der Erziehung, dann wird sie falsch verstanden und auch falsch praktiziert. Ein maßgebliches Charakteristikum der demokratischen Erziehung ist die gegenseitige Verbindlichkeit, das zuverlässige Absprechen und Aushandeln von Umgangsregeln, und das hat gerade nichts mit Nachgiebigkeit zu tun. [...]
Unsere Forschungsergebnisse führen uns zu folgender These: ‚Bei extremer wirtschaftlicher Notlage lässt sich in der Praxis ein guter demokratischer Erziehungsstil sehr viel schwieriger umsetzen als bei durchschnittlicher oder guter wirtschaftlicher Lage.' Denn lebt eine Familie in wirtschaftlichen

Schwierigkeiten, dann wird der Erziehungsstil gegenüber den Kindern unausgeruht, inkonsistent (also widersprüchlich) und rutscht entweder in die permissive oder die autoritäre Zone hinein."
Definieren Sie den Begriff ‚demokratische Erziehung' (vgl. Sie auch die Ausführungen auf Seite 42).

3. Überlegen Sie sich ein Rollenspiel, durch welches die unterschiedlichen Stile deutlich werden. Versuchen Sie durch Befragen der Rollenspielteilnehmer und -teilnehmerinnen und durch eine Diskussion die folgenden Fragen zu beantworten:
Wie fühlen sich die Personen, die einen bestimmten Erziehungsstil praktizieren?
Welche Wirkungen auf die Beteiligten gehen von den unterschiedlichen Stilen aus?
Vergleichen Sie die Auswertungsergebnisse des Rollenspiels mit Ihren bisherigen Erkenntnissen.

4. Teilen Sie sich in drei Gruppen auf:
Die erste Gruppe sucht Argumente für die These, dass ein autoritärer Erziehungsstil Kinder zu Selbstständigkeit, Selbstbewusstsein und Entscheidungsfähigkeit führt (Kinder müssen direktiv zu diesen Zielen hingeführt werden ...), die zweite Gruppe behauptet dies für den permissiven Stil (man muss Kinder nur lassen, sie erreichen dann ‚von sich aus' die oben genannten Ziele ...), die dritte Gruppe strukturiert das Plädoyer von K. Hurrelmann für einen demokratischen Erziehungsstil.
Jede Gruppe wählt einen Gruppensprecher bzw. eine Gruppensprecherin, die dann anschließend ein Streitgespräch führen.

Verhaltensweisen von Erziehern, in der Einführung durch ‚Erziehungsstile' charakterisiert, sind nur ein Teilaspekt von zwischenmenschlichen Beziehungen. In dem täglichen Miteinander von Menschen, also auch im Verhältnis zwischen ‚Erzieher' und ‚zu Erziehendem', spielt ebenso die Art und Weise, wie miteinander kommuniziert wird, eine wichtige Rolle.
Zu diesem Aspekt werden im nächsten Abschnitt einige Grundsatzüberlegungen angestellt.

Kommunikative Aspekte des ‚pädagogischen Verhältnisses'

„Die Anatomie einer Nachricht" / „Mit vier Ohren empfangen"

Beispiel für eine Nachricht aus dem Alltag: Die Frau sitzt am Steuer, der Mann (Beifahrer) ist Sender der Nachricht.

Schauen wir uns die „Nachricht" genauer an. Für mich selbst war es eine faszinierende „Entdeckung", die ich in ihrer Tragweite erst nach und nach erkannt habe, dass ein und dieselbe Nachricht stets viele Botschaften gleichzeitig enthält. [...]

Der Mann (= Sender) sagt zu seiner am Steuer sitzenden Frau (= Empfänger): „Du, da vorne ist grün!" – Was steckt alles drin in dieser Nachricht, was hat der Sender (bewusst oder unbewusst) hineingesteckt, und was kann der Empfänger ihr entnehmen?

1. Sachinhalt (oder: Worüber ich informiere)

Zunächst enthält die Nachricht eine Sachinformation. Im Beispiel erfahren wir etwas über den Zustand der Ampel – sie steht auf grün.

Immer wenn es „um die Sache" geht, steht diese Seite der Nachricht im Vordergrund – oder sollte es zumindest. [...]

2. Selbstoffenbarung (oder: Was ich von mir selbst kundgebe)

In jeder Nachricht stecken nicht nur Informationen über die mitgeteilten Sachinhalte, sondern auch Informationen über die Person des Senders. Dem Beispiel können wir entnehmen, dass der Sender offenbar deutschsprachig und vermutlich farbtüchtig ist, überhaupt, dass er wach und innerlich dabei ist. Ferner: dass er es vielleicht eilig hat usw. Allgemein gesagt: In jeder Nachricht steckt ein Stück Selbstoffenbarung des Senders. Ich wähle den Begriff der Selbstoffenbarung, um damit sowohl die gewollte Selbstdarstellung als auch die unfreiwillige Selbstenthüllung einzuschließen. [...]

3. Beziehung (oder: Was ich von dir halte und wie wir zueinander stehen)

Aus der Nachricht geht ferner hervor, wie der Sender zum Empfänger steht, was er von ihm hält. Oft zeigt sich dies in der gewählten Formulierung, im Tonfall und anderen nichtsprachlichen Begleitsignalen. Für diese Seite der Nachricht hat der Empfänger ein besonders empfindliches Ohr; denn hier fühlt er sich als Person in bestimmter Weise behandelt (oder misshandelt). In unserem Beispiel gibt der Mann durch seinen Hinweis zu erkennen, dass er seiner Frau nicht recht zutraut, ohne seine Hilfe den Wagen optimal zu fahren.

Möglicherweise wehrt sich die Frau gegen diese „Bevormundung" und antwortet barsch: „Fährst du oder fahre ich?" – wohlgemerkt: Ihre Ablehnung richtet sich in diesem Fall nicht gegen den Sachinhalt (dem wird sie zustimmen!). Sondern ihre Ablehnung richtet sich gegen die empfangene Beziehungsbotschaft.

Allgemein gesprochen: Eine Nachricht senden heißt auch immer, zu dem Angesprochenen eine bestimmte Art von Beziehung auszudrücken. Streng genommen ist dies natürlich ein spezieller Teil der Selbstoffenbarung. Jedoch wollen wir diesen Beziehungsaspekt als davon unterschiedlich behandeln, weil die psychologische Situation des Empfängers verschieden ist: Beim Empfang der Selbstoffenbarung ist er ein nicht selbst betroffener Diagnostiker („Was sagt mir deine Äußerung über dich aus?"), beim Empfangen der Beziehungsseite ist er selbst „betroffen" (oft im doppelten Sinn dieses Wortes).

Genau genommen sind auf der Beziehungsseite der Nachricht zwei Arten von Botschaften versammelt. Zum einen solche, aus denen hervorgeht, was der Sender vom Empfänger hält, wie er ihn sieht. In dem Beispiel gibt der Mann zu erkennen, dass er seine Frau für hilfsbedürftig hält. – Zum anderen enthält die Beziehungsseite aber auch eine Botschaft darüber, wie der Sender die Beziehung zwischen sich und dem Empfänger sieht („so stehen wir zueinander"). [...]

4. Appell (oder: Wozu ich dich veranlassen möchte)

Kaum etwas wird „nur so" gesagt – fast alle Nachrichten haben die Funktion, auf den Empfänger Einfluss zu nehmen. In unserem Beispiel lautet der Appell vielleicht: „Gib ein bisschen Gas, dann schaffen wir es noch bei grün!"

Die Nachricht dient also (auch) dazu, den Empfänger zu veranlassen, bestimmte Dinge zu tun oder zu unterlassen, zu denken oder zu fühlen. Dieser Versuch, Einfluss zu neh-

men, kann mehr oder minder offen oder versteckt sein – im letzteren Falle sprechen wir von Manipulation. Der manipulierte Sender scheut sich nicht, auch die anderen drei Seiten der Nachricht in den Dienst der Appellwirkung zu stellen. Die Berichterstattung auf der Sachseite ist dann einseitig und tendenziös, die Selbstdarstellung ist darauf ausgerichtet, beim Empfänger bestimmte Wirkung zu erzielen (z.B. Gefühle der Bewunderung oder Hilfsbereitschaft); und auch die Botschaften auf der Beziehungsseite mögen von dem heimlichen Ziel bestimmt sein, den anderen „bei Laune zu halten“ (etwa durch unterwürfiges Verhalten oder durch Komplimente). Wenn Sach-, Selbstoffenbarungs- und Beziehungsseite auf die Wirkungsverbesserung der Appellseite ausgerichtet werden, werden sie funktionalisiert, d.h. spiegeln nicht wider, was ist, sondern werden zum Mittel der Zielerreichung. [...]

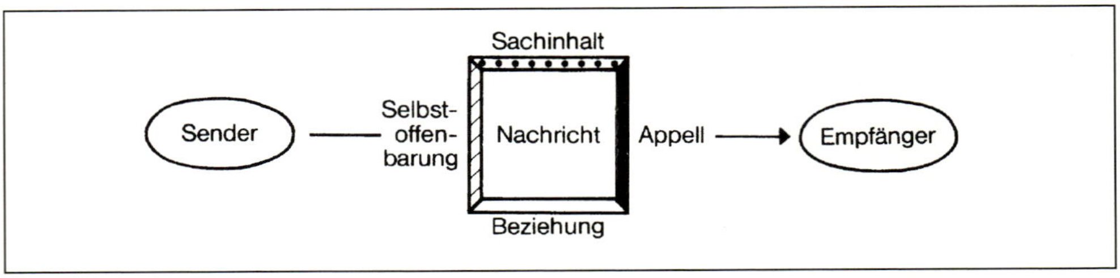

Die vier Seiten (Aspekte) einer Nachricht – ein psychologisches Modell der zwischenmenschlichen Kommunikation

[...] Die Vielfalt der Botschaften lässt sich mithilfe des Quadrates ordnen. Dieses „Drumherum“ der Botschaften bestimmt die psychologische Qualität einer Nachricht. Zur Verdeutlichung dieser kommunikationspsychologischen Arbeitsweise nehmen wir noch einmal die Nachricht des Beifahrers: „Du, da vorne ist grün!“ unter die kommunikationspsychologische Lupe:

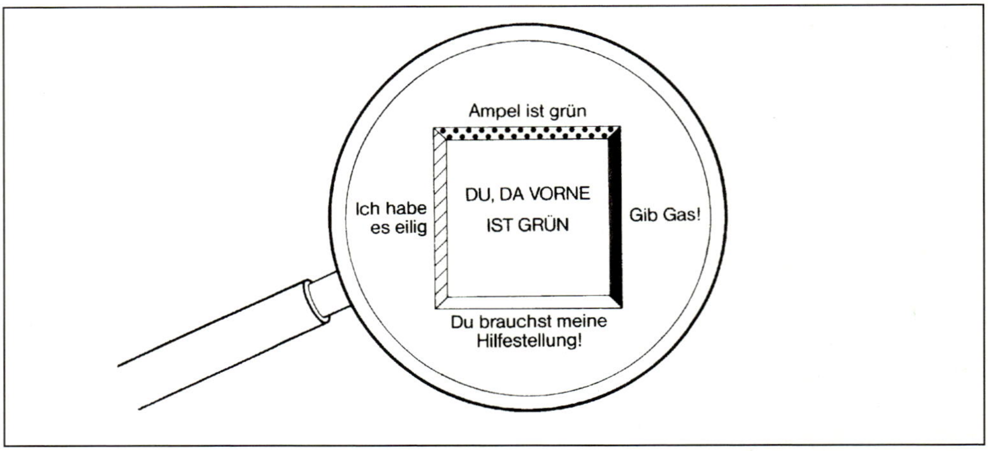

Das Botschaftsgeflecht einer Nachricht, wie es unter der kommunikationspsychologischen Lupe sichtbar wird

[...] **Übungen**

Legen Sie die folgenden Nachrichten unter die kommunikationspsychologische Lupe:

a) Ehepaar sitzt abends beim Fernsehen. Sagt der Mann: „Erna, das Bier ist alle!“

b) Lehrer geht den Flur entlang, um in seiner Klasse Unterricht zu halten. Da kommt ihm

die zehnjährige Astrid entgegen und sagt aufgebracht: „Herr Meier, die Resi hat ihren Atlas einfach in die Ecke gepfeffert!“
c) Welches Gespräch, das Sie kürzlich mit jemandem geführt haben, kommt Ihnen in den Sinn? Besinnen Sie sich auf je eine Äußerung, die Ihr Gesprächspartner und Sie selbst getan haben, und analysieren Sie sie kommunikationspsychologisch! [...]

(Friedemann Schulz von Thun, Miteinander Reden I, Sachbuch 7489, Reinbek b. Hamburg 1992, S. 25–32; © für die Abb.: 1981 by Rowohlt Taschenbuch Verlag GmbH, Reinbek)

Wenden Sie die ‚kommunikationspsychologische Lupe‘ auch auf ein Beispiel aus den vorherigen Texten an.

Auch auf ‚nicht-verbale Nachrichten‘ oder ‚Schweigen‘ lässt sich das Modell anwenden:

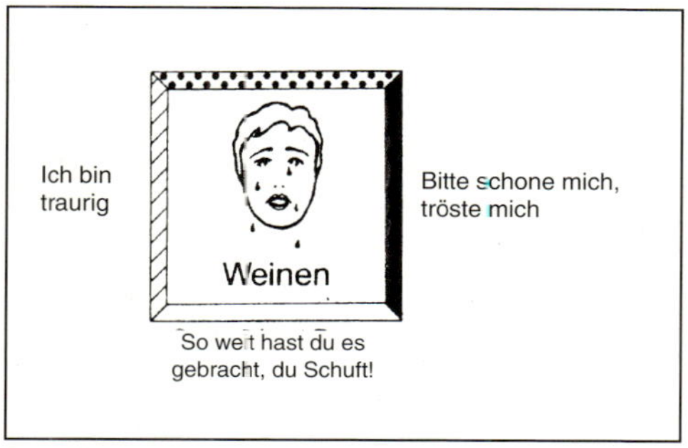

Drei Seiten einer nicht-verbalen Nachricht

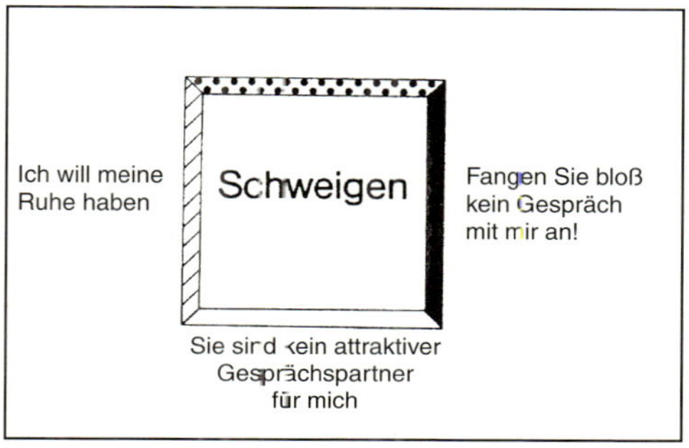

Jedes Verhalten hat Mitteilungscharakter, hier: das Schweigen im Zugabteil

(Friedemann Schulz von Thun, Miteinander Reden I, Sachbuch 7489, Reinbek b. Hamburg 1992, S. 34f.; © für die Abb.: 1981 by Rowohlt Taschenbuch Verlag GmbH, Reinbek)

Diskutieren Sie mehrere Interpretationsmöglichkeiten.

[...] Betrachten wir das Quadrat aus der Sicht des Empfängers. Je nachdem, auf welche Seite er besonders hört, ist seine Empfangstätigkeit eine andere: Den Sachinhalt sucht er zu verstehen. Sobald er die Nachricht auf die Selbstoffenbarungsseite hin „abklopft“, ist er personaldiagnostisch tätig („Was ist das für eine(r)?“ bzw. „Was ist im Augenblick los mit ihm/ihr?“). Durch die Beziehungsseite ist der Empfänger persönlich besonders betroffen („Wie steht der Sender zu mir, was hält er von mir, wen glaubt er vor sich zu haben, wie fühle ich mich behandelt?“). Die Auswertung der Appellseite schließlich geschieht unter der Fragestellung „Wo will er mich hinhaben?“ bzw. in Hinblick auf die Informationsnutzung („Was sollte ich am besten tun, nachdem ich dies nun weiß?“).
Der Empfänger ist mit seinen zwei Ohren biologisch schlecht ausgerüstet: Im Grunde braucht er „vier Ohren“ – ein Ohr für jede Seite.
Je nachdem, welches seiner vier Ohren der Empfänger gerade vorrangig auf Empfang geschaltet hat, nimmt das Gespräch einen sehr unterschiedlichen Verlauf. Oft ist dem Empfänger gar nicht bewusst, dass er einige seiner Ohren abgeschaltet hat und dadurch die Weichen für das zwischenmenschliche Geschehen stellt. [...]

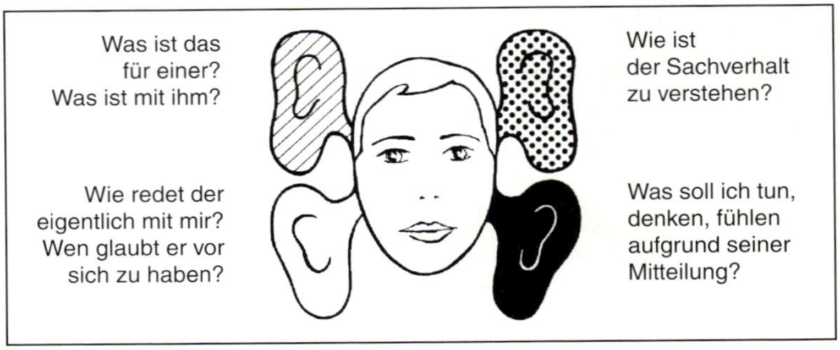

Der „vierohrige Empfänger“

Was zwischenmenschliche Kommunikation so kompliziert macht, ist: Der Empfänger hat prinzipiell die freie Auswahl, auf welche Seite der Nachricht er reagieren will. [...] Diese freie Auswahl des Empfängers führt zu manchen Störungen – etwa dann, wenn der Empfänger auf eine Seite Bezug nimmt, auf die der Sender das Gewicht nicht legen wollte, oder wenn der Empfänger überwiegend nur mit einem Ohr hört und damit taub ist (oder sich taub stellt) für alle Botschaften, die sonst noch ankommen. Die ausgewogene „Vierohrigkeit“ sollte zur kommunikationspsychologischen Grundausrüstung des Empfängers gehören. Von Situation zu Situation ist dann zu entscheiden, auf welche Seite(n) zu reagieren ist. [...]

[...] Missverständnisse sind das Natürlichste von der Welt, sie ergeben sich fast zwangsläufig schon aus der Quadratur der Nachricht. Sender und Empfänger sollten daher beim Aufdecken und Besprechen von Missverständnissen nicht davon ausgehen, dass sich eine peinliche Panne ereignet hat, für die man den Nachweis der eigenen Schuldlosigkeit erbringen sollte. Wer „Recht hat“, ist weder eine entscheidbare noch eine wichtige Frage. Es stimmt eben beides: Der eine hat dieses gesagt, der andere jenes gehört.

(Friedemann Schulz von Thun, Miteinander Reden I, Sachbuch 7489, Reinbek b. Hamburg 1992, S. 44ff., 55, 63; © für die Abb.: 1981 by Rowohlt Taschenbuch Verlag GmbH, Reinbek)

Nach den Ausführungen von Schulz von Thun gibt es vier Sendemöglichkeiten und vier Empfangsohren. Teilen Sie sich in zwei Gruppen auf:

a) die ‚Sender‘ -Gruppe, b) die ‚Empfänger‘ -Gruppe.

zu a) Die ‚Sender‘ -Gruppe baut aus DIN A3-Tonpapier vier verschiedene ‚Sendertröten‘ entsprechend den Informationen des Textes und beschriftet/gestaltet diese Tröten entsprechend, sodass die Charakteristik eines jeweiligen Senders deutlich wird (arbeitsteilige Gruppenarbeit für die vier Sender).

zu b) Die Empfängergruppe baut aus DIN A3-Karton vier große Ohren entsprechend den vorhergehenden Informationen und gestaltet diese Ohren so aus, dass die spezifische Empfangscharakteristik deutlich wird (arbeitsteilige Gruppenarbeit für die vier Empfangsohren).

- Der Satz: „Hallo, wie geht es dir?“ wird der Charakteristik einer jeweiligen Sendertröte entsprechend (unter Benutzung der Tröte) ausgesprochen.
  Die ‚Sender‘ -Gruppe erklärt die Bedeutung und Charakteristik der vier Sender.
- Der Satz: „Hallo, wie geht es dir?“ wird an einen Empfänger mit ‚vier Ohren‘ (die gebastelten Ohren werden symbolisch an den Kopf einer Person gehalten) gerichtet. Jedes Ohr erläutert sein spezifisches Verständnis des Satzes.
- Diskutieren Sie das Spektrum von Sende- und Empfangsmöglichkeiten.
- Wenden Sie diese Übung auf Kommunikationssituationen aus dem Text von H. Engeln an (s. S. 52ff.) oder wählen Sie andere typische Sätze aus dem Erziehungsalltag aus.
- Stellen Sie Forderungen für eine gelungene Kommunikation auf.
- Welche Ratschläge würden Sie aufgrund ihrer bisherigen Diskussion einer Erzieherin/einem Erzieher geben?

(Die Aktionspassage auf S. 62f. lässt sich in erweiterter Form, z.B. im Rahmen einer Zukunftswerkstatt, auch an einem Projekttag/an Projekttagen durchführen.)

„Kommunikationsstile zwischen Persönlichkeits- und Beziehungsdynamik“

Aufgrund seiner kommunikationstheoretischen Überlegungen kommt F. Schulz v. Thun zu einer Charakterisierung von Kommunikationsstilen ähnlich den vorher besprochenen Erziehungsstilen, wobei auch hier für die Einteilung das Augenmerk auf den ‚Sender‘ gelegt wird. Aus den sechs von Schulz v. Thun charakterisierten Stilen, dem helfenden, dem selbstlosen, dem aggressiv-entwertenden, dem sich beweisenden, dem bestimmend-kontrollierenden, dem sich distanzierenden Stil, haben wir den ersten, fünften und sechsten Stil ausgewählt.

Den bestimmend-kontrollierenden Stil und den sich distanzierenden Stil können Sie auch arbeitsteilig bearbeiten. Verdeutlichen Sie den anderen Gruppen den von Ihnen bearbeiteten Stil durch eine entsprechende Darstellung (Posen einnehmen, Dialoge führen, ...).

Versuchen Sie ähnlich wie beim helfenden Stil herauszufinden, aus welchen Gründen der jeweilige Stil als Verhaltensmuster bevorzugt wird (‚seelisches Axiom‘).

Beachten Sie bei der Bearbeitung auch, welche Auswirkungen der jeweilige Stil auf die vier Ohren des Empfängers hat. Welche ‚Empfangseinstellungen‘ sind möglich und welche Auswirkungen ergeben sich für die weitere Kommunikation? Wie würden Sie jeweils die entsprechende Atmosphäre im zwischenmenschlichen Kontakt charakterisieren?

Der helfende Stil

[...] Als geduldige Zuhörer und Ratgeber sind sie allzeit bereit, sich für die Schwachen, Beladenen und Hilflosen einzusetzen, sich um sie zu kümmern und ihnen in der Not mit Rat und Tat beizustehen – nicht selten über die eigene Erschöpfungsgrenze hinaus. Sie strahlen eine souveräne Stärke aus, die zu sagen scheint: „Ich brauche niemanden“ – und „Ich bin ganz für dich da!“

Grundpose des helfenden Stils

Von der helfenden Strömung können wir um so leichter erfasst werden, je mehr wir mit unseren eigenen schwachen und hilfsbedürftigen Anteilen auf dem Kriegsfuß stehen. [...]
Schmidbauers tiefenpsychologische Studie über die „Hilflosen Helfer“ (1977) hat unter dem Schlagwort „Helfersyndrom“ besonders unter Angehörigen der sozialen Berufe betroffene Beachtung gefunden. Denn wir Psychologen und Sozialarbeiter, Ärzte, Psychotherapeuten, Krankenschwestern und Pädagogen haben uns beruflich eine zwischenmenschliche Grundsituation gewählt, in der die Weichen für den Kontakt zu unseren Gunsten gestellt sind. – Wieso zu unseren „Gunsten“? Müssen wir uns nicht ziemlich abrackern, oft bis in die Nachtstunden hinein, um die Ratlosen, Kranken und Bedürftigen zu stützen, etwas von ihrem Elend mitzutragen? Ganz gewiss – und doch liegt nach Schmidbauer der innerseelische „Vorteil“ des souveränen und altruistischen Verhaltens darin, dass der Helfer sich auf diese Weise etwas vom Halse halten kann, wovor er große Angst hat: sein eigenes Anlehnungsbedürfnis, seine schwachen Anteile. Das seelische Axiom scheint bei diesem Stil zu lauten: Für mich ist es eine Katastrophe, schwach (ratlos, traurig, verzweifelt) und bedürftig zu sein!

Grundbotschaft des helfenden Stils

Der bestimmende-kontrollierende Stil

Wahrscheinlich liegt in der Übertragung innerseelischer Anliegen auf zwischenmenschliche Zielsetzungen einer der Schlüssel für jene direktive Einstellung, die den Mitmenschen als einen Risikopatienten ansieht, den man dringend heilen, formen, „in den Griff kriegen“ muss. Vielleicht hat der Bestimmende Anlass, *sich selbst mit aller Macht in den Griff kriegen zu müssen?* All seine Prinzipien und Reglementierungen, all seine Anstandsregeln und Dogmatismen mögen ein gewaltiges Bollwerk sein, errichtet gegen jene unberechenbaren Größen seiner Innenwelt, die – tief in die Unterwelt verstoßen – nur darauf warten, ein Schlupfloch im Bollwerk zu finden, um ihr sündiges, gieriges, maßloses, bestialisches, chaotisches Wesen mit unberechenbarer Wucht zu entfalten und die Oberwelt damit zu überfluten... – Das seelische Axiom könnte so lauten:
„Ich bin voll von chaotischen, sündhaften, unvernünftigen Impulsen – nur wenn ich mich an strenge Regeln halte, kann ich mich in der Gewalt haben und ein anständiger Mensch bleiben.“

Grundbotschaft des bestimmenden-kontrollierenden Stils

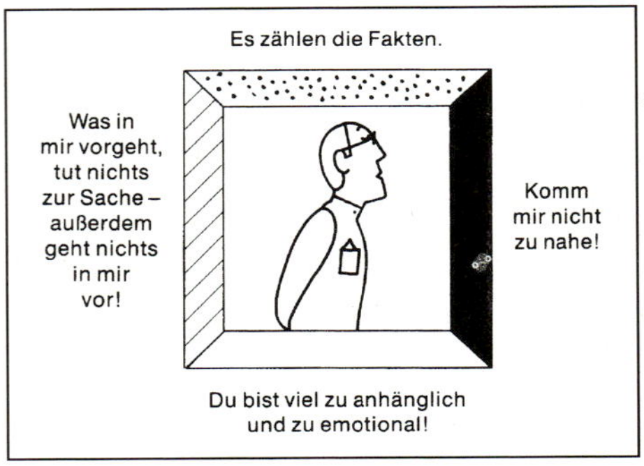

Grundbotschaft des sich distanzierenden Stils

Der sich distanzierende Stil

Wenn wir von der distanzierenden Strömung erfasst sind, dürfen uns die Mitmenschen nicht zu nahe kommen. Die Grenzen des eigenen Hoheitsgebietes sind vorverlegt, eine unsichtbare Wand sorgt dafür, dass der gebührende Abstand erhalten bleibt. [...]

(Friedemann Schulz von Thun, Miteinander Reden II, Sachbuch 8496, Reinbek b. Hamburg 1992, S. 76ff., 170ff., 191ff; © für die Abb.: 1989 by Rowohlt Taschenbuch Verlag GmbH, Reinbek)

1. Nehmen Sie zu der folgenden These Stellung:
   „Durch die Betrachtung einer Kommunikationssituation aus der Sicht eines Senders und eines Empfängers kommt es zu einer unwillkürlichen Aufteilung zwischen ‚aktiv' und ‚passiv' bei den an einer Kommunikation beteiligten Personen; dieses Modell charakterisiert daher Kommunikationsprozesse nur unvollständig, da z.B. die Art der Kommunikation (sind die Partner gleichberechtigt, ...) nicht erfasst wird."
2. Vergleichen Sie die Kommunikationsstile von Schulz von Thun mit den klassischen Erziehungsstilen, die zu Anfang des Kapitels vorgestellt wurden.

(Zeichnung: Katharina Joanowitsch)

1. Entwerfen Sie einen Ihrer Meinung nach idealen Erziehungsstil (indem Sie z.B. das Kästchen rechts unten ausfüllen) und diskutieren Sie die Möglichkeiten einer Umsetzung.
2. Wie stellen Sie sich den ‚idealen Lehrer' bzw. die ‚ideale Lehrerin' vor?

Vertiefung

‚Verhandlungshaushalt'

„Früher war das vielleicht ganz offenkundig, da wurde das gesagt, da hatte der Vater das Machtwort und damit war die Sache entschieden. Und gerade bei mir war das sehr stark, dass mein Vater immer gesagt hat, na ich müsse ja wissen, was ich zu tun habe. Und damit war schon gesagt, was ich zu tun hatte. Denn dies war immer meine freie Entscheidung und ich hab' das gehasst. Weil dann konnte ich mich ja nie gegen die Vernunft entscheiden. Und die Vernunft war ja so und so das, was meine Eltern gesagt haben... Meine Eltern sagten nie, das dürfe ich nicht."

Statt elterliche Anordnung und Gehorsamserwartung bei Androhung von Strafe (machtbezogene, äußere Kontrolle) besteht jetzt eine Konformitätserwartung aufgrund begründeter Empfehlungen seitens der Eltern, wobei subtilere Formen der Gewaltausübung bzw. Machtanwendung eingesetzt werden: Aus Angst vor offener Bloßstellung, vor sozialer Geringschätzung oder gar Degradierung (z.B. bei Lehrer-Schüler-Beziehungen), aber auch weil der drohende offene Nachweis der eigenen Unterlegenheit Peinlichkeitsgefühle erzeugt, die es zu vermeiden gilt, tun sich Kinder und Jugendliche gegenüber Erwachsenen – trotz entgegenstehender Neigungen – Zwang an. Sie bilden in zunehmendem Maße Selbstzwangsmechanismen aus, indem sie lernen, aktuelle, spontane Neigungen und Affekte quasi selbstverständlich dem übergeordneten Prinzip der Vernunft zu unterwerfen. [...]

Damit ist eine viel diskutierte Entwicklungstendenz angesprochen, die auf den zunehmend „freieren" Umgang zwischen Älteren und Jüngeren und insbesondere die Veränderung der Eltern-Kind-Beziehungen verweist. Gehorsamsbereitschaft allein und Vertrauen in die Richtigkeit und Berechtigung von Anordnungen und Vorschriften sind nicht mehr selbstverständlich. Die Autoritätsperson gerät unter Rechtfertigungsdruck. Kinder und Jugendliche haben dadurch offensichtlich heute einen größeren Handlungsspielraum als noch vor 30 Jahren. Sie können sich ohne unmittelbare Angst vor Bestrafung größere Freiheiten herausnehmen, auch wenn dies oft bedeutet, dass Eltern mehr Rücksicht nehmen müssen: Von ihnen werden Einfühlungsvermögen, Sich-Hinein-Versetzen in kindliche Rollen und partnerschaftliche Umgangsformen erwartet. Die Machtbalance scheint sich damit zugunsten der Kinder verschoben zu haben. Sie sind weniger ausdrücklichen und formellen Zwängen unterworfen. [...]

Es wird keineswegs mehr ein autoritärer Erziehungsstil praktiziert, sondern es dominieren partnerschaftliche Umgangsformen, wobei sich die Kommunikation als „Aushandeln zwischen Erwachsenenbedürfnissen und Kinderbedürfnissen" beschreiben ließe. Besonders wichtig ist den Eltern die Vermittlung von Energien zur Verteidigung des eigenen Selbstwertes gegenüber einer Gesellschaft, die einem nichts schenkt. Sie wollen, dass ihre Kinder Selbstvertrauen haben, einen eigenen Standpunkt verteidigen können, selbstständig sind, ausgeglichen sind, Rückschläge ertragen können, immer wissen, wie man sich zu verhalten hat. [...]

Die beschriebene, oft als Befreiung interpretierte Lockerung bzw. größere Toleranzbreite der Verhaltensformen und der vermeintlich größere Bewegungsspielraum im Umgang z.B. zwischen Eltern und Kindern, zwischen Vorgesetzten und Untergebenen, zwischen Fremden oder zwischen den Geschlechtern erweist sich also bei näherer Betrachtung als ambivalent. Es handelt sich – bezogen auf den Affekt- und Verhaltenshaushalt des Menschen – um *„eine Verschiebung von einem Befehlshaushalt zu einem Verhandlungshaushalt"*, d.h., die Lockerung des Verhaltens auf der einen Ebene (Gebote, Gewissen) wird durch Beschränkungen neuer Art ersetzt, „die Menschen nicht so sehr vorschreiben, welche Beziehungen zwischen ihnen erlaubt oder nicht erlaubt sind, sondern wie sie diese Beziehungen zu regeln haben“. Wer in seinem Verhaltensrepertoire über einen Verhandlungshaushalt verfügen kann, hat sich also die Fähigkeit angeeignet, seine Beziehungen zu Höherstehenden, Gleichrangigen oder Untergebenen weniger über Mechanismen von Befehl und Gehorsam, sondern eher über Appelle an die Einsichtsfähigkeit und mit Hilfe eines entsprechenden Diskussionsvermögens zu regeln.

Die Verschiebung vom Befehlshaushalt zum Verhandlungshaushalt beinhaltet für einige eine größere Lockerung als für andere. „Kinder können sich heute ihren Eltern gegenüber mehr erlauben. Eltern halten sich ihren Kindern gegenüber mehr zurück; man denke an Züchtigungen und andere Strafen. Frauen haben sich Männern gegenüber größere Bewegungsfreiheit erworben, Männer [...] können sich weniger Freiheiten erlauben. [...] Bürgerinitiativen haben das Recht, in Verwaltungsfragen mitzusprechen. Machthaber haben mehr Mühe, ihre Angelegenheiten unter sich zu regeln, und müssen sich dem Verhandlungsverfahren fügen. Abermals: Der Schein trügt zwar, aber nur zum Teil. Genauso werden in Organisationen Niedrigergestellte mehr angehört, finden mehr Verständnis, und manchmal werden ihre Forderungen sogar angenommen, das bedeutet auch, dass Höhergestellte klein beigeben mussten. Aber alles das bedeutet nicht, dass damit auch im Allgemeinen die Gleichheit unter den Menschen zugenommen hätte. Dort, wo sich ein Verhandlungshaushalt bildet, im Freundeskreis, zwischen Geliebten, in Familien, zwischen Vorgesetzten und Mitarbeitern, zwischen Sozialhelfern und Klienten, zwischen Bürgergruppen und örtlichen Ortsverwaltungen, wird das Abhängigkeitsverhältnis weniger asymmetrisch. Aber daneben tritt auch eine andere Entwicklung auf: Institutionen haben sich ausgebreitet, umfassen, bedienen und beherrschen mehr Menschen; die hierarchische Stufenleiter ist länger geworden, die Zahl der Stufen ist gestiegen.“

Die Gewaltausübung wird in diesem Sinne immer unpersönlicher, d.h., sie realisiert sich nicht über den persönlichen Zugriff, sondern ist genauen Regeln und Gesetzen unterworfen, die sich in vorgegebenen Verfahren und Handlungsabläufen vollzieht (‚strukturelle Gewalt‘). Unter dem Druck der Gefahren, die sich für den Einzelnen erfahrungsgemäß bei bestimmten Verhaltensweisen auftun bzw. die beim Handeln ‚automatisch‘ auftretende Angst lassen bestimmte Handlungsweisen erst gar nicht aufkommen, selbst wenn eine entsprechende Neigung (bzw. ein ‚Lustverlangen‘) besteht. Es muss reiflich abgewogen werden, welche Kosten ein Zuwiderhandeln gegen entsprechende Verhaltensstandards und Umgangsnormen verursachen, welchen Aufwand ein möglicher Widerstand mit sich bringt.

Der moderne Sozialcharakter zeichnet sich also durch die Fähigkeit aus, die möglich gewordenen Lockerungen des Verhaltens durch eine strengere, kalkulierte Selbstkontrolle wieder aufzufangen.

(Peter Büchner, Vom Befehlen und Gehorchen zum Verhandeln, in: Ulf Preuss-Lausitz u.a., Kriegskinder, Konsumkinder, Krisenkinder, Weinheim 1983, S. 199-202)

1. Suchen Sie Beispiele für eine ‚Selbstkontrolle‘ des ‚modernen Sozialcharakters‘.
2. Diskutieren Sie die Ambivalenz der „Verschiebung von einem Befehlshaushalt zu einem Verhandlungshaushalt“.
3. Überlegen Sie in Kleingruppen Möglichkeiten, die von dem Autor genannten ‚Beschränkungen‘ eines ‚Verhandlungshaushaltes‘ zu vermeiden.

Ein ‚Verhandlungshaushalt', der eine partnerschaftliche Umgangsform im Sinne eines demokratischen Erziehungsstils bevorzugt, erfordert eine erhebliche kommunikative Kompetenz.
Dazu sollen im Folgenden einige Überlegungen angestellt werden:

Kommunikative Kompetenz

Double-bind-Situationen und wie sie sich vermeiden lassen

Bereits im letzten Abschnitt haben Sie gelernt, wie „leicht" es ist, Missverständnisse ‚herzustellen'. Da Erziehungssituationen auch Kommunikationssituationen sind und die Folgen einer misslungenen Kommunikation für die am Kommunikationsprozess Beteiligten, insbesondere für Kinder/Jugendliche, weitreichend sein können, soll hier eine besonders wichtige Kommunikationsstörung vorgestellt werden.

Mary Poppins, ein englisches Kindermädchen, besucht mit ihren beiden Schützlingen, Jane und Michael, Frau Corrys Lebkuchenladen. Frau Corry, eine kleine, verhutzelte, hexenhafte Alte, hat zwei riesenhafte, freudlose Töchter namens Fannie und Annie, die als Ladenmädchen arbeiten, während sie selbst sich meist in einem Stübchen hinter dem Ladenraum aufhält. Als sie Mary Poppins und die Kinder hört, kommt sie heraus:
„Ich nehme an, meine Liebe –", sie wandte sich an Mary Poppins, die eine alte Bekannte zu sein schien –, „ihr seid wegen Pfefferkuchen gekommen?"
„Erraten, Missis Corry", antwortete Mary Poppins sehr höflich.
„Sehr gut! Haben euch Fannie und Annie noch keine gegeben?" Bei dieser Frage sah sie Jane und Michael an.
Jane schüttelte den Kopf. Zwei schüchterne Stimmen kamen hinter dem Ladentisch hervor.
„Nein, Mutter", sagte Miss Fannie betreten.
„Wir waren dabei, Mutter –", flüsterte Miss Annie verschüchtert.
Missis Corry richtete sich auf, so hoch sie konnte, und betrachtete ihre riesigen Töchter voll Zorn. Sie sagte leise, aber verärgert und höhnisch:
„Eben dabei? Wirklich? Das ist ja höchst interessant. Und wer, darf ich fragen, Annie, gab dir die Erlaubnis, meine Pfefferkuchen fortzugeben –?"
„Niemand, Mutter. Und ich hab' sie auch nicht fortgegeben. Ich dachte nur –"
„Du dachtest nur. Das ist sehr gütig von dir. Aber ich wäre dir dankbar, wenn du es bleiben ließest. Was es hier zu denken gibt, besorge ich!", erklärte Missis Corry mit ihrer leisen, schrecklichen Stimme. Dann brach sie in ein grelles, gackerndes Gelächter aus.
„Schaut sie an! Schaut sie nur an! Angsthase! Heulsuse!", kreischte sie und zeigte mit ihrem knotigen Finger auf die Tochter.
Jane und Michael drehten sich um und sahen, wie eine große Träne über Miss Annies trauriges Gesicht kollerte; aber sie wagten nichts zu sagen, denn so winzig Missis Corry war, sie fühlten sich vor ihr verlegen und eingeschüchtert.
In weniger als einer halben Minute gelingt es Frau Corry also, die arme Annie in allen drei Bereichen menschlichen Lebens und Erlebens zu blockieren, nämlich in ihrem Handeln, Denken und Fühlen. Durch die Form ihrer ersten Frage deutet sie an, dass sie es von ihren Töchtern als selbstverständlich erwartet, den Kindern Lebkuchen zu geben. Sobald sich ihre Töchter aber dafür entschuldigen, dies noch nicht getan zu haben, spricht sie ihnen plötzlich das Recht zum selbstständigen *Handeln* ab. Annie versucht daraufhin, sich damit zu verteidigen, dass sie es ja nicht wirklich getan, sondern nur zu tun beabsichtigt habe – offensichtlich in der immerhin vernünftigen Annahme, dass ihre Mutter bei ihr zumindest selbstständiges *Denken* voraussetzt. Doch auch dies trägt ihr kein mütterliches Lob ein,

denn Frau Corry lässt sie prompt wissen, dass sie kein Recht hat, derlei oder überhaupt zu denken. Und die Art und Weise, in der die Mutter ihr Missfallen zum Ausdruck bringt, lässt schließlich keinen Zweifel darüber, dass die Angelegenheit keine Kleinigkeit ist, sondern dass sie sich von ihren Töchtern Reue erwartet. Kaum hat sie Annie damit in Tränen versetzt, verhöhnt sie als Nächstes die *Gefühle* ihrer Tochter.

(Paul Watzlawick, Wie wirklich ist die Wirklichkeit, R. Piper & Co. Verlag, München 1978, S. 26, 28)

In etwas abgeänderter und erweiterter Form können die Bestandteile einer Doppelbindung wie folgt beschrieben werden:
1. Zwei oder mehrere Personen stehen zueinander in einer engen Beziehung, die für einen oder auch alle von ihnen einen hohen Grad von physischer und/oder psychischer Lebenswichtigkeit hat. Derartige Situationen ergeben sich u.a. in Familien (besonders zwischen Eltern und Kindern), in Krankheit, Gefangenschaft, materieller Abhängigkeit, Freundschaft, Liebe, Treue zu einem Glauben, einer Sache oder einer Ideologie, in durch gesellschaftliche Normen oder Traditionen bedingten Lagen, der psychotherapeutischen Situation usw.
2. In diesem Kontext wird eine Mitteilung gegeben, die a) etwas aussagt, b) etwas über ihre eigene Aussage aussagt und c) so zusammengesetzt ist, dass diese beiden Aussagen einander negieren bzw. unvereinbar sind. Wenn also die Mitteilung eine Handlungsaufforderung ist, so wird sie durch Befolgung missachtet und durch Missachtung befolgt; handelt es sich um eine Ich- oder Du-Definition, so ist die damit definierte Person es nur, wenn sie es nicht ist, und ist es nicht, wenn sie es ist. Die Bedeutung der Mitteilung ist also unentscheidbar. [...]
3. Der Empfänger dieser Mitteilung kann der durch sie hergestellten Beziehungsstruktur nicht dadurch entgehen, dass er entweder über sie metakommuniziert (sie kommentiert) oder sich aus der Beziehung zurückzieht. Obwohl also die Mitteilung logisch sinnlos ist, ist sie eine pragmatische Realität: Man kann nicht *nicht* auf sie reagieren, andererseits aber kann man sich ihr gegenüber auch nicht in einer angebrachten (nichtparadoxen) Weise verhalten, denn die Mitteilung selbst ist paradox. Diese Situation kann für den Empfänger oft noch weiter durch das mehr oder weniger ausgesprochene Verbot erschwert sein, des Widerspruchs oder der tatsächlichen Zusammenhänge gewahr zu werden. Eine in einer Doppelbindung gefangene Person läuft also Gefahr, für richtige Wahrnehmungen bestraft und darüber hinaus als böswillig oder verrückt bezeichnet zu werden, wenn sie es wagen sollte zu behaupten, dass zwischen ihren tatsächlichen Wahrnehmungen und dem, was sie wahrnehmen „sollte", ein wesentlicher Unterschied besteht. Dies ist das Wesen der Doppelbindung.

(Paul Watzlawick/John H. Beavin/Don D. Jackson, Menschliche Kommunikation, Huber, Bern 1969, S. 195f.)

1. Überprüfen Sie, inwieweit die Kriterien einer Doppelbindung auf den Dialog zwischen Miss Corry und Annie zutreffen.
2. Suchen Sie weitere Beispiele für Doppelbindungen. Versuchen Sie zu protokollieren, wie viele ‚double-bind'-Situationen Ihnen in einer Woche begegnen.
3. Diskutieren Sie die (langfristigen) Auswirkungen auf zwischenmenschliche Beziehungen (z.B. zwischen Eltern und Kind), welche durch ‚double-bind' -Situationen geprägt sind.
4. Welche Folgen für die Persönlichkeitsentwicklung eines Kindes, das sehr häufig double-bind-Situationen ausgesetzt ist, lassen sich vermuten?

Je nach der Stärke des ihnen zugrunde liegenden Bedürfnisses können sich diese so genannten „Sei spontan!"-Paradoxien von harmlosen Reibungen bis zu tragischen Verwicklungen erstrecken. Es ist eine der vielen Merkwürdigkeiten menschlicher Kommunikation, dass es unmöglich ist, einen anderen Menschen zur spontanen Erfüllung eines Wunsches oder eines Bedürfnisses zu veranlassen. Geforderte Spontaneität führt vielmehr unweigerlich in die paradoxe Situation, in der die Forderung ihre eigene Erfüllung unmöglich macht. Dieses Kommunikationsmuster liegt zum Beispiel dann vor, wenn eine Ehefrau es ihrem Mann nahe legt, ihr doch gelegentlich Blumen mitzubringen. Da sie sich vermutlich seit langem nach diesem kleinen Liebesbeweis gesehnt hat, ist ihr Wunsch menschlich durchaus verständlich. Weniger offensichtlich dagegen ist die Tatsache, dass sie sich damit nun die Erfüllung ihrer Sehnsucht endgültig verbaut hat: Wenn er nämlich ihren Wunsch ignoriert, wird sie sich noch weniger geliebt fühlen; kommt er ihm aber nach, so wird sie dennoch unzufrieden sein, denn er bringt ihr die Blumen ja nicht spontan, von sich aus, sondern nur, weil sie sie verlangte. Ganz ähnlich kann es Eltern ergehen, die ihren Sohn für zu weich und nachgiebig halten und ihm daher irgendeine Variation des Themas „Sei nicht so nachgiebig!" einzubläuen versuchen. Doch auch hier sind nur zwei Ergebnisse möglich, und beide sind unannehmbar. Entweder der Junge bleibt passiv (in welchem Falle die Eltern unzufrieden sein werden, da er ihrem Wunsch nach festerem Auftreten nicht gehorcht), oder sein Verhalten ändert sich in der gewünschten Weise, doch werden sie in diesem Falle trotzdem unzufrieden sein, weil er sich aus dem falschen Grunde (nämlich eben doch wieder aus Nachgiebigkeit ihnen gegenüber) richtig verhält. In solchen zwischenmenschlichen Zwickmühlen sind alle Partner gleichermaßen gefangen, wenn auch die Schuld daran erfahrungsgemäß jeweils dem oder den anderen zugeschrieben wird.

(Paul Watzlawick, Wie wirklich ist die Wirklichkeit, R. Piper & Co. Verlag, München 1978, S. 30–32)

Auf dem Button, den die Bedienung an der Bluse trägt, steht die Aufschrift „We're glad you're here" (Wir freuen uns, dass Sie unser Gast sind).

1. Suchen Sie weitere Beispiele für ‚Sei spontan-Paradoxien' und diskutieren Sie Konsequenzen für zwischenmenschliche Beziehungen, insbesondere für das Verhältnis zwischen Erziehern/Erzieherinnen und Kindern/Jugendlichen.
2. Diskutieren Sie Möglichkeiten zur Verhinderung von Doppelbindungen/‚Sei spontan-Paradoxien'.
   Welche Ratschläge würden Sie Erziehern/Erzieherinnen geben?
   Welche Hilfen würden Sie Kindern/Jugendlichen geben, die diesen Situationen oft ausgesetzt sind? (Vgl. auch Annie aus dem Text von P. Watzlawick, S. 68f.)

Ich-Botschaften

Bereits in den Ausführungen von F. Schulz von Thun waren einige Anregungen enthalten, schwierige Kommunikationssituationen (Missverständnisse) zu bewältigen; auch das Vermeiden von ‚double-bind'-Situationen kann diesbezüglich wichtige Hinweise geben.

Thomas Gordon macht einen weiteren Vorschlag:

Eine konfrontative Ich-Botschaft ist eine nicht-vorwurfsvolle, urteilslose Botschaft, die dem Kind mitteilt, was der Erwachsene als Reaktion auf ein inakzeptables Verhalten des Kindes erlebt, wie bei den folgenden Botschaften:
„Wenn das Fernsehen so laut ist, kann ich mich nicht mit deiner Mutter unterhalten."
„Ich werde wohl nicht viel Spaß an den Blumen haben, die ich hier gepflanzt habe, wenn darauf herumgetrampelt wird."
„Wenn in der Klasse ein solcher Lärm herrscht, kann ich nicht hören, was ihr sagt."
[...] Du-Botschaften aktivieren schwere Geschütze voll Schuld, Urteil, Einschätzung, Kritik und Zwang. Es sind Formulierungen von Erwachsenen, die bei Kindern „schlechtes Benehmen" anprangern, wie in den folgenden Beispielen:
„Du müsstest es aber besser wissen."
„Hör mit dem Krach auf, sonst kannst du nach draußen gehen."
„Du solltest dich schämen."
„Du machst mich verrückt."
„Wenn du deine Sachen nicht forthängst, kriegst du eine Ohrfeige."
„Du isst wie ein Schwein."
„Jetzt habe ich durch dich wieder Kopfschmerzen."
Ich-Botschaften belassen die Verantwortung beim Erwachsenen (denn es ist ja der Erwachsene, der das Problem „besitzt"), und sie veranlassen Kinder mit größter Wahrscheinlichkeit dazu, ihr Verhalten aus Rücksicht zu ändern. Wenn Kinder nicht aufgrund ihres Verhaltens beschuldigt oder herabgesetzt werden, sondern hören, dass jemand ein Problem mit ihnen hat, dann sind sie viel eher bereit zu helfen und ihr Verhalten selbst zu ändern.
Ganz anders bei den Du-Botschaften. Kinder werden trotzig und sperren sich gegen eine Veränderung, wenn sie beschuldigt und herabgesetzt werden. Du-Botschaften schädigen die Selbstachtung des Kindes. [...]
Ich-Botschaften bewegen Kinder nicht nur dazu, sich zu ändern, sondern lassen sie auch wissen, dass Eltern und Lehrer „auch nur" Menschen sind: auch sie haben Gefühle, Bedürfnisse, Wünsche und Grenzen der Belastbarkeit. Ich-Botschaften bedeuten, dass zwischen Erwachsenem und Kind eine annähernde Gleichheit besteht. Wir wissen auch, dass die auffällige Wirksamkeit von Ich-Botschaften daher rührt, dass sie bei Kindern wie ein Appell wirken – als Bitte um Hilfe. Die dahinter liegende Botschaft ist: „Ich habe ein Problem mit deinem Verhalten und brauche deine Hilfe. [...]
Man könnte Ich-Botschaften auch „Verantwortungs-Botschaften" nennen, und zwar aus zwei Gründen. (1) Ein Erwachsener, der eine Ich-Botschaft sendet, übernimmt Verantwortung für seinen eigenen inneren Zustand (lauscht in sich hinein, was er hört), und er zeigt Verantwortung, indem er diese Selbsteinschätzung dem Kind offen mitteilt; (2) Ich-Botschaften belassen die Verantwortung, das inakzeptable Verhalten zu ändern, beim Kind – im Gegensatz zum Kind, das sich vom Erwachsenen dazu gezwungen fühlt. Gleichzeitig vermeiden Ich-Botschaften negative Urteile, die Du-Botschaften begleiten, und stärken beim Kind den Willen zur Rücksichtnahme und Hilfsbereitschaft, statt es vorwurfsvoll, wütend und rachsüchtig zu machen. [...]

Wenn Eltern oder Lehrer ein Bedürfnis darlegen, dessen Erfüllung weitere Unterstützung, Kooperation oder direkte Aktivität von Kindern oder Schülern verlangt, nennen wir das eine präventive Ich-Botschaft.

Im Gegensatz zur konfrontativen Ich-Botschaft, deren Sinn es ist, Kinder zu beeinflussen, inakzeptables Verhalten abzuändern, das bereits geschehen ist, sollen präventive Ich-Botschaften Kinder beeinflussen, in Zukunft ein bestimmtes Verhalten zu zeigen, um so den Missmut des Erwachsenen (sein Nichtakzeptieren) zu vermeiden. Es ist also eine Botschaft, die andere frühzeitig wissen lässt, was man vielleicht braucht oder wünscht.

Wenn man anderen seine Bedürfnisse mitteilt, fördert das Nähe und signalisiert die Einbeziehung des Gegenübers in das, was man plant. Es verhindert, dass Kinder später überrascht sind, und bereitet sie auf mögliche Veränderungen vor, die Sie vielleicht von ihnen erwarten. Hier einige Beispiele für deutliche, präventive Ich-Botschaften:

„Mir wäre es lieb, wenn du mir rechtzeitig sagen würdest, dass du nicht gleich von der Schule nach Hause kommst, damit ich mir keine Sorgen mache, wenn du nicht auftauchst.“

„Ich möchte gern, dass wir klären, was noch getan werden muss, bevor wir ins Wochenende fahren, damit wir auch Zeit genug haben, alles zu erledigen.“

(Thomas Gordon, Die neue Familienkonferenz, Hoca, Hamburg 1993, S. 161ff.)

1. Tragen Sie in Form einer Tabelle die Wirkungen von Ich- und Du-Botschaften zusammen.
2. Überprüfen Sie anhand eines Rollenspiels die Wirkung von Ich- und Du-Botschaften.
3. Lässt sich mit den hier gemachten Vorschlägen die Selbstkontrolle des ‚modernen Sozialcharakters‘ umgehen (vgl. auch den Text von P. Büchner, S. 66f.)?
4. Diskutieren Sie, welche Bedeutung ‚Metakommunikation‘ und ‚feed-back‘ für eine gelungene Kommunikation haben. (Sie finden z.B. im Jugendlexikon „Erziehung“ unter dem Stichwort ‚Kommunikation‘ diese beiden Begriffe erklärt.)

Erzieherpersönlichkeit

Die folgende Ausführung von Horst E. Richter und die nachfolgende von Erich Fromm können Sie auch arbeitsteilig in Gruppen bearbeiten.

Erwachsenenrolle/Kinderrolle

Warum wollen die Erwachsenen, dass Kinder so oder so werden? Weil sie selber so geworden und damit zufrieden sind? Oder weil sie gern so geworden wären, aber es nicht geschafft haben und sich nun quasi durch die Kinder für ihren Misserfolg entschädigen wollen? Oder verleugnen sie ihr eigenes Gescheitertsein und können aus Ressentiment ihren Kindern keine bessere Entwicklung gönnen?

Wollen wir definieren, was unsere Kinder lernen sollen, dann können wir diese Aufgabe also keineswegs abtrennen von einer selbstkritischen Überprüfung unserer jeweiligen persönlichen Verfassung bzw. des Zustandes unserer Erwachsenengesellschaft schlechthin. Denn die Kinder registrieren viel genauer, als uns lieb sein mag, ob wir selber damit

identifiziert sind, was wir von ihnen fordern und ob wir, wenn das zutrifft, damit unsere Probleme gut lösen können.

Ob sie es nun sollen oder nicht, Kinder reagieren also in einem gerade von der Pädagogik oft unterschätzten Maße darauf, wie ihre Umwelt tatsächlich beschaffen ist, und weniger darauf, was ihnen gesagt und was mit ihnen gemacht wird. Der effektivste Erziehungseinfluss ist die Wirklichkeit selbst, welche die Kinder vorfinden. [...]

Viele Fertigkeiten und Kenntnisse gibt es, über die wir Älteren verfügen und die wir den Kindern beizubringen haben. Aber das Bild vom Menschen bzw. von einem sinnvollen menschlichen Zusammenleben in dieser Welt ist kein solcher Besitz, den die Kinder einfach von uns entgegennehmen könnten.

[...] Wir müssen unseren Kindern unsere eigene Unsicherheit zugestehen und den Mut aufbringen, sie frühzeitig mit den offenen Fragen zu konfrontieren, auf die wir gemeinsam mit ihnen neue Antworten finden müssen.

Da gibt es eine zentrale Frage, zu deren Lösung wir die Kinder auf jeden Fall in gleichem Maße nötig haben wie diese uns. Nämlich wie wir Menschen uns überhaupt noch als Menschen miteinander wohl und sinnvoll fühlen können in einem gesellschaftlichen Betrieb, der sich wie eine zunehmend komplizierte und anfälligere Maschine darstellt, die zu steuern jener hochgezüchteten Superexperten-Elite zunehmend misslingt, an die wir die Verantwortung für die Garantie unseres Weiterbestandes zu delegieren gewöhnt sind. Legitim ist zur Zeit die Angst, ob unser Überleben gesichert ist. Aber ebenso legitim ist die Angst, ob wir nicht als Menschen bereits vorher verloren gehen, bevor jene mit Vorrang beschworenen ökologischen und ökonomischen Risiken überhand nehmen.

Es ist diese Angst, die allenthalben vernehmbar ist in der Sorge um die Menschlichkeit, die man in den Schulen, den Fabriken, den Verwaltungen und in der Wohnwelt mehr und mehr entschwinden sieht. Man redet davon, dass man Plätze, Stadtteile, Institutionen humanisieren müsse. Aber eigentlich hätte man zu fordern, dass sich die Menschen selbst vermenschlichen müssten; denn sie sind es ja doch, die diese ihnen selbst dienenden Einrichtungen so verunstalten, dass sie darin psychisch verkümmern. In der Tat ist dies das groteske Problem, dass wir uns gewissermaßen selbst dehumanisieren und dass man heute nach Experten Ausschau halten muss, die uns die Maßstäbe lehren sollen, wie wir als Menschen menschlicher leben können.

Dieser erschreckende Umstand beweist, dass wir Älteren gar nicht imstande sind, Lernziele für unsere Kinder zu definieren, ohne unsere eigenen Defizite und Veränderungsbedürfnisse mitzureflektieren. Wir können nicht mit gutem Gewissen wünschen, dass die Kinder so werden, wie wir sind, weil wir insgeheim oder offen an unserem Zustand leiden und kaum wissen, wie wir unsere eigene Lage befriedigender gestalten können. Indem wir unsere Gesellschaft zuwenig nach den Maßstäben des menschlichen Befindens und zu sehr nach dem Prinzip ökonomisch technischer Perfektionierung eingerichtet haben, fühlen wir uns mehr und mehr fremd in unserer eigenen Welt. [...]

Wir müssen also den Kindern helfen, dass sie nicht erst so viel von Menschlichkeit preisgeben, wie wir Älteren bereits verlernt haben. Aber wir können sie darin nur unterstützen, wenn wir den Mut finden, unsere eigene Fehleinstellung zu revidieren und umzulernen. Und was Menschlichkeit anbetrifft, sind wir es, die in der Kommunikation mit den Kindern an diesen registrieren können, was wir im Übermaß in uns unterdrückt haben. Nämlich Spontanität, Direktheit, Echtheit, Offenheit, Fantasie. [...]

Es ist auf der einen Seite unerlässlich, sich klar darüber zu verständigen, welches Menschenbild für die kindliche Entwicklung und die Pädagogik maßstäblich zu sein hat. Aber so überzeugend sich das Resultat dieser Überlegungen auch anhören mag – entscheidend ist, was davon in unserer politischen Wirklichkeit umgesetzt werden kann.

Denn letztlich wird auf dieser Ebene der Rahmen abgesteckt, innerhalb dessen Pädagogik nur experimentieren kann. So führte die Frage danach, was für die Kinder gut sei, zunächst zu der Frage nach dem Zustand der Erzieherpersonen. Denn diese können in der Erziehung nie mehr bewirken, als was sie selbst sind.

(Horst E. Richter, Wir leben die Zukunft unserer Kinder; in: PädExtra 10/1979, S. 36ff.)

1. Charakterisieren Sie das von H. E. Richter beschriebene Verhältnis zwischen Erwachsenen und Kindern.
2. Nehmen Sie Stellung zu den am Anfang des Textes gestellten Fragen.
3. Was versteht H. E. Richter unter dem ‚Zustand der Erzieherpersonen' ?
4. Betrachten Sie vor dem Hintergrund des folgenden Zitates die fachwissenschaftliche Diskussion über Erziehungsstile:

   „Das erste Wirkende ist das Sein des Erziehers, das zweite, was er tut, und das dritte erst, was er redet." (Romano Guardini)

‚Seinsautorität'

Der springende Punkt ist, ob man Autorität hat oder eine Autorität ist. Fast jeder übt in irgendeiner Phase seines Lebens Autorität aus. Wer Kinder erzieht, muss, ob er will oder nicht, Autorität ausüben, um das Kind vor Gefahren zu bewahren und ihm zumindest ein Minimum an Verhaltensratschlägen für bestimmte Situationen zu geben. In einer patriarchalischen Gesellschaft sind für die meisten Männer auch Frauen Objekte der Autoritätsausübung. In einer bürokratischen, hierarchisch organisierten Gesellschaft wie der unseren üben die meisten Mitglieder Autorität aus, mit Ausnahme der untersten Gesellschaftsschicht, die nur Objekt der Autorität ist.

Um zu verstehen, was Autorität in den beiden Existenzweisen bedeutet, müssen wir uns vor Augen halten, dass dieser Begriff sehr weit ist und zwei völlig verschiedene Bedeutungen hat: „rationale" und „irrationale" Autorität. Rationale Autorität fördert das Wachstum des Menschen, der sich ihr anvertraut, und beruht auf Kompetenz. Irrationale Autorität stützt sich auf Macht und dient zur Ausbeutung der ihr Unterworfenen.

In den primitivsten Gesellschaften, bei den Jägern und Sammlern, übt derjenige Autorität aus, dessen Kompetenz für die jeweilige Aufgabe allgemein anerkannt ist. Auf welchen Qualitäten diese Kompetenz beruht, hängt weitgehend von den Umständen ab: Im Allgemeinen zählen in erster Linie Erfahrung, Weisheit, Großzügigkeit, Geschicklichkeit, Persönlichkeit und Mut. In vielen dieser Stämme gibt es keine permanente Autorität, sondern nur eine für den Bedarfsfall, oder es gibt verschiedene Autoritäten für verschiedene Anlässe wie Krieg, religiöse Riten, Streitschlichtung. Mit dem Verschwinden oder der Abnahme der Eigenschaften, auf welchen die Autorität beruht, endet diese. [...]

Autorität, die im Sein gründet, basiert nicht auf der Fähigkeit, bestimmte gesellschaftliche Funktionen zu erfüllen, sondern gleichermaßen auf der Persönlichkeit eines Menschen, der ein hohes Maß an Selbstverwirklichung und Integration erreicht hat. Ein solcher Mensch strahlt Autorität aus, ohne drohen, bestechen oder Befehle erteilen zu müssen; es handelt sich einfach um ein hoch entwickeltes Individuum, das durch das, was es ist – und nicht nur, was es tut oder sagt –, demonstriert, was der Mensch sein kann.

Die großen Meister des Lebens waren solche Autoritäten, und in geringerer Vollkommenheit sind sie unter Menschen aller Bildungsgrade und der verschiedensten Kulturen zu finden. Das Problem der Erziehung dreht sich um diese Frage. Wären die Eltern selbst entwickelter und ruhten sie in ihrer eigenen Mitte, gäbe es kaum den Streit um autoritäre oder laissez-faire-Erziehung. Das Kind reagiert sehr willig auf diese Seinsautorität, da es sie braucht; es rebelliert dagegen, von Leuten gezwungen oder vernachlässigt zu werden, die erkennen lassen, dass sie selbst nicht geleistet haben, was sie vom heranwachsenden Kind verlangen.

(Erich Fromm, Haben oder Sein, DVA, Stuttgart 1978, S. 45f.)

1. Charakterisieren Sie Personen, die in ihrer ‚eigenen Mitte' ruhen.
   Wie wird sich in diesem Fall das Verhältnis zwischen Erwachsenen und Kindern gestalten?
2. Treffen Sie eine differenzierte Unterscheidung zwischen ‚Autorität haben' und ‚autoritär sein'.

Pädagogische Anwendung

Was ist ein guter Erzieher / eine gute Erzieherin?

Wie man ein Kind fesseln kann

Liebe Freundin,
Sie bitten um meinen Rat, wie die Erziehung Ihres Kindes im Schoße der Familie glücklich gelingen kann.
Gern will ich Ihnen dazu raten, doch bevor wir uns den Einzelheiten zuwenden, zunächst etwas über die Voraussetzungen jeder Familienerziehung. Die erste Voraussetzung lautet: Das Kind sollte, wenn irgend möglich, kein Wunschkind sein. Günstig ist es auch, wenn durch die Geburt Ihres Kindes liebevoll gehegte Pläne zerstört werden. Es lässt sich natürlich nicht ausschließen, dass Sie und Ihr Mann es nicht übers Herz bringen, das Kind die Vernichtung solcher Lebensvorstellungen – wie etwa den Bau eines Hauses – wirklich ausbaden zu lassen. Aber zumindest mündet so etwas in die zweite Voraussetzung: das Klima Ihrer Ehe. Häufige und heftige Ehekräche, vor allem, wenn sie aus Gründen entstehen, die für das Kind gar nicht erkennbar sind, sind ebenfalls hervorragend geeignet, die nötige spannungsgeladene, gereizte Atmosphäre zu schaffen. Wenn Sie es dann noch verstehen, dem Ganzen einen Hintergrund von viel und harter Arbeit, aber auch so etwas wie stillem Leiden zu geben, dann können wir eigentlich schon anfangen. [...]
Was den Ausdruck unangenehmer Gefühle angeht, so empfehle ich Ihnen differenzierte Reaktionen, um so etwas zu verhindern. Ihre letzte Waffe ist natürlich das Niederschreien, vielleicht verbunden mit Gewaltandrohung und Empörung über die Frechheit, die sich das Kind herausnimmt. Aber es hilft auch schon, wenn Sie ihm nur deutlich und wiederholt vor Augen führen, wie unberechtigt – und ungerecht gegen Sie! – die Äußerung von Unzufriedenheit, Ärger und auch Trauer ist. Nicht, dass Sie diese Gefühle bei Ihrem Kind ganz abstellen könnten, doch kommt es darauf an zu verhindern, dass Ihr Kind seine Gefühle ausdrückt und so eine Möglichkeit hat, Probleme und Konflikte überhaupt erst einmal anpacken zu lernen: Denn wenn das Kind schon seine Gefühle artikulieren kann, dann besteht leider die Gefahr, dass es auch noch dahinter kommt, wie man Konflikte und Probleme auf eine rationale Weise lösen könnte! Deshalb wehren Sie den Anfängen!

Wenn Ihr Kind also unzufrieden ist, werden Sie sicherlich leicht zahlreiche Beispiele finden, die ihm klarmachen, dass es vielen anderen Kindern noch viel schlechter geht. Oder sie werden dem Kind, dauernd und unterschwellig, deutlich machen, dass bestimmte Ansprüche einfach Ihre finanziellen Möglichkeiten übersteigen.

Wie aber, so werden Sie fragen, kann ich verhindern, dass mein Kind vor Kummer weint oder auch wütend wird? [...] Hier halte ich es für hilfreich, möglichst drohend und bestimmt zu erklären: „Wenn du jetzt nicht gleich aufhörst, kriegst eine Watschen, damit du wenigstens weißt, warum du weinst!" Ich versichere Ihnen, nach ein paar Jahren werden Sie nicht mehr erkennen können, dass das Kind auf diese Drohung hin vor hilfloser Wut beinahe platzt. (Falls Sie das überhaupt interessieren sollte.) Es kann sein, dass sich bei Ihrem Kind eine Art gleichmäßige Mürrischkeit einstellt. Wenn Sie sich dadurch gestört fühlen, können Sie ja verlangen, dass es nicht so ein Gesicht machen soll. [...]

Im Bereich der Hausarbeit messen Sie dem Kind einen seinem Alter und Ihrer eigenen (Über)belastung entsprechenden Anteil zu. Achten Sie aber darauf, dass Sie die Leistungen des Kindes höchstens dadurch honorieren, dass Sie nicht schimpfen oder vorwurfsvoll sind. Pflicht ist Pflicht, ihre Erfüllung muss eine Selbstverständlichkeit sein. Versucht das Kind, sich vor so angenehmen Tätigkeiten wie Wäschewaschen, Geschirrabwaschen, Erdäpfelschälen, Zwiebelschneiden etc. zu drücken, so ist es eine sehr effektive Kombination, wenn Sie erschöpft sind und Ihr Mann den Kindern wütend erklärt, was für eine Schande es sei, zwei Töchter im Haus zu haben und dennoch müsse die Mutter alle Arbeit allein machen.

Richtig gewonnen haben Sie, wenn das Kind eine leichte Monomanie – z.B. Lesewut – entwickelt. Erreichen können Sie das am ehesten durch seine möglichst vollständige Isolierung von der Welt außerhalb der Wohnung. Ist eine solche Monomanie erst einmal entstanden, können Sie ziemlich sicher sein, dass dem Kind alle Ihre Anforderungen an seine Zeit lästig sein werden. Das wiederum gibt Ihnen die Möglichkeit, bei jeder Gelegenheit – auch mehrmals am Tage – mit steigender Gereiztheit zu verlangen, dass das Kind nun endlich zu lesen aufhören und endlich gehorchen solle, wo es doch schon zweimal gerufen wurde, dass es endlich dieses oder jenes oder auch nur irgendetwas tue usw. usw. Auf diese Weise können Sie dem Kind eine Grundstimmung, ein Lebensgefühl verschaffen, das hauptsächlich darin besteht, ständig nicht zu genügen, gar nicht genügen zu wollen, ständig darauf zu achten, sich bei der untersagten Beschäftigung Lesen nicht erwischen zu lassen. Reagieren Sie auf jede Arbeitsverweigerung mit Schimpfen: Trödel nicht so! Faule Suse! Langsame Liese! Bei aller Gereiztheit gegen Ihr Schimpfen und vor allem gegen Ihre Ausdrücke wird das Kind das doch in sein Selbstbild aufnehmen, wenn Sie nur ausdauernd genug sind.

Ich brauche wohl kaum mehr zu erwähnen, was – bildlich gesprochen – der Schussfaden ist, der all diese Kettfäden erst richtig zusammenwebt zu einem brauchbaren Gewebe: Verlangen Sie von Anfang an und immer unbedingte Folgsamkeit. Gehorsam ist das A und O, mit dem Sie einerseits die Verbote und Gebote durchsetzen, andererseits aber auch Heimlichkeiten, Unsicherheit, Schuldgefühle und Trotz bei Ihrem Kind erzeugen können, wenn es die Gebote und Verbote hin und wieder unterlaufen sollte. Vor allem im berüchtigten Trotzalter aber müssen Sie aufpassen; Sie müssen sich auf jeden Fall und immer durchsetzen: „Wer ist hier der Herr im Haus!" [...]

Ja, meine liebe Freundin, vielleicht habe ich den einen oder anderen nützlichen Wink noch vergessen. Aber im Prinzip ist die Sache klar, denke ich. Im Übrigen vertrauen Sie ruhig auf Ihre spontanen Eingebungen. Und würzen Sie das Ganze mit wirkungsvollem Tadel oder Spott vor Verwandten oder Bekannten. Geben Sie ruhig Ihrer Laune nach, dem Kind seine totale Hilflosigkeit und Machtlosigkeit vor Augen zu führen, und erzählen Sie – immer wieder, das ist wichtig! – irgendwelche kleineren Missgeschicke des Kindes im Beisein anderer

Leute, lachen Sie schadenfroh dabei oder bringen Sie es als köstliche Anekdote. Ich versichere Ihnen, noch nach zehn oder fünfzehn Jahren wird das Kind, weil es diese hänselnden, ihm so peinlichen Erzählungen nicht verhindern kann, vor hilfloser Wut beinahe zerspringen – und wahrscheinlich werden Sie das gar nicht bemerken. Das aber nenne ich dann schon einen Erfolg. Und nehmen Sie es sich nicht zu sehr zu Herzen, sollte das Kind trotz all Ihrer Anstrengungen doch noch ein halbwegs lebensfähiger Mensch werden. Erstens ist diese Sorte ungemein zäh. Und zweitens: Nobody is perfect... In der Hoffnung, von Ihnen und Ihrem Kind bald einmal zu hören, grüße ich Sie ganz herzlich!

Ihre Freundin Toni

(Mathilde Trappe/Philipp Steller, „Wie man ein Kind fesseln kann“, in: Die Gewalt-tätige Familie, Berlin 1982, S. 154ff.)

1. Welche Umgangsformen und Erziehungsmethoden werden von der Autorin des Briefes vorgeschlagen um ein Kind ‚zu fesseln‘ ?
2. Schreiben Sie im Stil des Briefes noch eine weitere Episode zu diesem Thema.
3. Entwickeln Sie in Anlehnung an diesen Bericht Ihre Vorstellungen über eine ‚geglückte Erziehung‘.
   Schreiben Sie ebenfalls einen Brief an eine Freundin, einen Freund...

P Projektvorschlag zum selbstständigen Weiterarbeiten

A Untersuchen Sie populäre ‚Fernsehfamilien‘.
Welcher Erziehungsstil/Kommunikationsstil wird dort praktiziert?

B Erforschen Sie Möglichkeiten und Schwierigkeiten der Umsetzung eines demokratischen bzw. eines von Ihnen als ‚ideal‘ erarbeiteten Erziehungsstils.

- Diskutieren Sie mit Lehrern/Lehrerinnen zu diesem Thema.
- Organisieren Sie eine Podiumsdiskussion zu der These: ‚Ohne demokratische Erziehung keine Demokratie in der Schule!‘
- Besuchen Sie einen Kindergarten und erörtern Sie dort diese Problematik mit den Erzieherinnen/Erziehern.

Hinweise

Josef A. Keller/Felix Nowak, Kleines pädagogisches Wörterbuch, Herder, Freiburg 1993

Dorothea u. Jobst Kraus/Christel u. Christoph Th. Scheilke, Jugendlexikon Erziehung, Rowohlt, Reinbek 1976

2.2 Familie und familiale Erziehung

(Zeichnung: Claudia de Weck, aus: Brigitte Legatis-Roth/Ruth Schnelli-Näf, Familienleben so und anders; © Verlag pro juventute, Zürich 1993, S. 57)

Setzen Sie sich mit einem Partner/einer Partnerin Ihrer Wahl zusammen an einen Tisch und legen Sie sich jeder einen verschiedenfarbigen Stift bereit.
Schreiben Sie zu diesem Bild auf, was Ihnen gerade einfällt! Sie sollen dabei nicht sprechen, können aber die schriftlichen Beiträge Ihres Partners/Ihrer Partnerin kommentieren, wiederum antworten, ...

Einführung

Umgang und Ansprüche innerhalb der Familie

Auseinandersetzung mit *‚Familienmobiles'*

1. Zeichnen Sie ein anderes ‚Familienmobile' .
2. Wie sieht das Mobile Ihrer Familie aus? Benutzen Sie Ihr Journal.

Fallbeispiel

„Mit Mann war ich einsamer"

CAROLINE (23), ledig, Anwaltsgehilfin, David (4), Stuttgart

[...] Als ich mit David schwanger wurde, war ich achtzehn. Thomas, mein Freund, hatte Angst, wegen des Geldes und überhaupt vor der Zukunft. Er wollte, dass ich abtreibe. Aber ich wollte das Kind behalten und habe gesagt: „Das wird schon irgendwie gehen." Ist dann aber doch schief gegangen.

Thomas und ich, wir waren damals schon seit drei Jahren ein Paar. Wir wohnten auch zusammen. Natürlich nahm ich Verhütungsmittel, aber offenbar zu nachlässig. Erst im sechsten Monat traute ich mich zum Arzt. Mein Chef – ich arbeitete damals noch bei einer Messebaufirma – und auch meine Eltern haben erst etwas erfahren, als ich schon im Mutterschutz war. Ich hatte Angst, dass niemand mir das alles zutraut und dass man mich überredet.

Mein Vater fiel tatsächlich aus allen Wolken. Meine Mutter versuchte wenigstens, sich mit meinem Zustand abzufinden. Mein Vater nicht. Dabei haben die mich auch vor ihrer Heirat zur Welt gebracht. Und auch ich blieb ein Einzelkind.

Die Schwangerschaft lief sehr gut. Auch das erste Jahr nach der Geburt habe ich mich mit Thomas super verstanden. Aber dann wollte er mehr seine Freiheit. Ich hielt ihn wohl zu sehr. Wir wohnten damals in einer winzigen und schrecklich lauten Wohnung. Ich wollte nicht allein sein, mich hat das wahnsinnig deprimiert – immer zwischen den selben vier Wänden, Kind machen, einkaufen, waschen, Essen kochen. Wenigstens abends sollte Thomas zu Hause bleiben. [...]

David war zwei Jahre alt, als Thomas und ich uns trennten. Dass so etwas passieren könnte, hätte ich nie gedacht. Ich hatte schwer damit zu kämpfen. Thomas war mein erster Mann. Ich hatte mir mein Leben immer zu dritt vorgestellt, nur mit einer größeren Wohnung. Mehrere Kinder wollte ich nie. Wir hatten auch eine größere Wohnung beim Sozialamt beantragt, aber die hatten abgelehnt, weil ich als Alleinstehende galt und dafür der Wohnraum von 22 Quadratmeter genügend sei. Wir hätten heiraten müssen. Das wollten wir aber nicht. Dazu war es zu früh. Vielleicht heirate ich später einmal, in ein paar Jahren.

Ich bin dann aus unserer Wohnung ausgezogen, bin zu Thomas' bestem Freund gegangen. Der hat mich getröstet. Das ist vielleicht nicht ganz sauber von mir gewesen. Ich hasste Thomas. Es wäre nicht passiert, wenn Thomas nicht selbst zuvor mit einer anderen Frau etwas gehabt hätte. Er sagte: „Zieh du aus!" Ich wusste aber erst nicht wohin, bis dann dieser Freund von ihm kam, der nett zu mir war, mit mir wegging, und dann ist daraus eben mehr geworden. Ein Jahr wohnte ich bei ihm. Damals fing ich an, David meinen Eltern zu überlassen. David und mein neuer Freund mochten sich nicht sehr.

Thomas und ich, wir haben es dann später noch zweimal kurz miteinander versucht. Es ging nicht. Er hat unheimliche Probleme, finanzieller Art, mit sich, mit Alkohol und mit der Polizei. Er war mit seinen Gedanken immer woanders. Alles andere, ich, das Kind, Ehrlichkeit, Anständigkeit, einfach alles schien ihm zweitrangig zu sein.

Er ruft mich öfters an, wenn er kein Geld hat – manchmal gebe ich ihm etwas, er tut mir unheimlich Leid. Er hängt unheimlich durch. Ich würde ihm so gern richtig helfen, aber ich glaube, ich kann es nicht, niemand kann es. Dabei habe ich den gleichen Hang wie Thomas, nur mit dem winzigen Unterschied, dass mich alles nicht gleich so fertig macht.

Seit Beginn meiner Lehre als Anwaltsgehilfin wird David die ganze Woche über von meinen Eltern betreut, er schläft auch bei ihnen. Am Wochenende und wenn ich Urlaub habe, ist David bei mir. Das ging zunächst gar nicht gut, David wollte nicht zu seinen Großeltern, er hat grauenhaft geschrien. Heute geht er gerne zu ihnen. Tagsüber ist er im Kindergarten, abends holen ihn meine Eltern ab – manchmal auch ich, dann ist er kurz ganz verwundert und verlegen, aber schon nach zehn Minuten überfällt er mich mit tausend durcheinander erzählten Geschichten.

Zwischen mir und meinen Eltern ging es früher ziemlich schlecht. Ich durfte nie ausgehen, musste immer zu Hause bleiben. Deshalb bin ich auch so früh schon ausgezogen. Das Verhältnis wurde erst anders, als mich meine Mutter, nachdem David auf der Welt war, öfters besuchte und sie mir schließlich anbot, ihn zu versorgen, wenn ich eine Lehre machen möchte.

Zu meinem Vater habe ich weiterhin ein schlechtes Verhältnis, obwohl er den David inzwischen mag. Er kann es aber nicht lassen, mich über alles auszuquetschen. Das war früher schon so. Er weiß immer alles besser, lässt ständig irgendwelche blöden Sprüche los. Ich werde dann ziemlich verschlossen und sage keinen Ton mehr. Er macht mich klein, lässt nichts gelten, will sogar besser wissen, wann ich dem Kind die Flasche geben soll, was es essen soll und so weiter. Es ist schrecklich. Wenn ich David schimpfe, ergreift mein Vater für ihn Partei. David verliert den Respekt vor mir. Mein Vater – ausgerechnet er – fragt mich, warum ich den David anschreie. Dabei ist das doch meine Sache!

Meine Mutter hält sich aus diesem Streit heraus. Sie hat mich nie unterstützt. Nur ein einziges Mal war das anders. Ist ungefähr vier Jahre her – mein Vater drehte plötzlich durch, und meine Mutter griff ein. Er schien die Welt nicht mehr zu verstehen, er warf Sachen an die Wand, und dann ist er in die Kneipe gegangen. Seitdem hat sich das meine Mutter nie wieder erlaubt. Früher, wenn mein Vater mich watschte, das tat er oft, hat meine Mutter gesagt, er soll mir nicht immer auf den Kopf hauen, davon würde ich nur blöd werden. Nie hab ich von ihr gehört, dass mein Vater Unrecht hat.

Mein Vater ist Feuerwehrmann. Meine Mutter war immer zu Hause, ganz früher war sie Verkäuferin, aber mein Vater wollte nicht, dass sie weiter arbeiten geht. Jetzt endlich hat sie ihre große Aufgabe: David.

Seit fast zwei Jahren lebe ich allein, das heißt ohne Mann. Das geht besser, ich habe meine Ruhe, keine Streitereien mehr. Auch für David ist das besser. Er hat ganz schön gelitten, als ich mit dem Freund von Thomas zusammen war.

Abends bleibe ich fast immer zu Hause. Manchmal treffe ich eine Freundin. Die eine hat auch ein kleines Kind. Mit Frauen fühl ich mich wohler, sicherer. Viel reden tue ich da auch nicht, ich hab das irgendwie nie gelernt. Einen Mann kennen zu lernen, darauf bin ich jetzt jedenfalls nicht scharf, vielleicht später mal.

Meine Arbeit ist zwar nicht spannend, aber ich bin lieber in der Arbeit als zu Hause. In der Arbeit kann ich meine Gedanken abschalten, da ist Ordnung, das kann ich alles blind machen. Zu Hause kommen zu viel Gefühle. David ist ja wochentags meist nicht da. Wenn ich von der Arbeit komme, lege ich mich erst einmal auf die Couch oder in die Badewanne, döse, schaue Fernsehen, lese noch ein wenig und dann schlafe ich ein. Das ist alles nicht so toll.

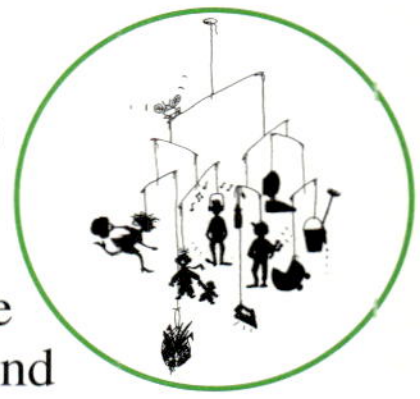

Aber mit jemand anderem möchte ich auch nicht zusammenwohnen. Ich möchte meine Sachen irgendwo hinwerfen können, wenn ich nach Hause komme, und kochen, wann ich will. In der Beziehung fühlte ich mich einsamer als jetzt.

Früher habe ich viel an die Zukunft gedacht, ich fragte mich, ob ich meine Lehre schaffen würde, ob ich mal verheiratet sein, ein Haus und ein Auto haben würde und was ich im Urlaub machen würde. Das ist jetzt anders. Das Einzige, worüber ich manchmal noch nachdenke, ist, wie es David haben wird, in zehn oder fünfzehn Jahren. Mehr nicht. Es ist alles so schnell gegangen. Eigentlich hatte ich gar nichts von meiner Jugend.

In meiner Freizeit bin ich vorwiegend mit David zusammen. Ich gehe mit ihm viel spazieren, in ein Einkaufszentrum beispielsweise. Manchmal nervt er mich. Zum Beispiel, wenn ich ausschlafen möchte. Das geht dann nicht. David ist sehr lebhaft, ganz anders als ich. Wenn David nicht wäre, würde ich wahrscheinlich wieder bei meinen Eltern wohnen.

Thomas kommt David in letzter Zeit reichlich unregelmäßig besuchen. Wir verabreden die Besuche meist telefonisch. Thomas bleibt dann mit David in meiner Wohnung. Ich mag es nicht, wenn er David mitnimmt. David freut sich, wenn sein Vater kommt. Manchmal übernachtet Thomas bei mir. Unser Verhältnis ist ganz anders geworden. Schon wegen seinem Durchhängen. Aber auch, weil ich gemerkt habe, dass es auch alleine geht. Ich bin plötzlich die Stärkere. Er braucht mich so. Und manchmal denke ich auch, so könnte es vielleicht doch wieder mit uns klappen.

(Maria Frise/Jürgen Stahlberg, „Allein mit Kind“ – Alleinerziehende Mütter und Väter; München 1992, S. 80ff.)

1. Entwickeln Sie zu dem vorgestellten Fall eine ‚Familienchronik‘ und suchen Sie nach geeigneten Bezeichnungen für die unterschiedlichen Formen des Zusammenlebens.
2. Diskutieren Sie die Aussage Carolines: „In der Beziehung fühlte ich mich einsamer als jetzt.“ (Zeile 92).
3. In welchen Situationen hätte Caroline welche Hilfe gebrauchen können, wie hätte sich dann möglicherweise ihr Leben verändert?
4. Erzählen Sie die Geschichte aus der Sicht der anderen Betroffenen (David, ...).

Hinweis:

Auf Seite 87ff. finden Sie ein Interview mit einer Diplompädagogin zum Thema Scheidungskinder.

Die manchmal verwirrenden Möglichkeiten menschlichen Zusammenlebens (vgl. den vorigen Text) werden durch die folgende Anmerkung deutlich:

Gesellschaftliche Veränderungen vervielfältigen die Formen des familiären Zusammenlebens immer mehr und weichen die dafür verwendeten Begriffe auf. Die biologische Elternschaft ist zwar in unseren Breiten im Regelfall auch die soziale: Die leiblichen Eltern geben ihren Kindern einen Platz in der Gemeinschaft und in der Gesellschaft und sorgen für ihre frühe Sozialisation. So ist es zumindest noch idealtypisch. In Wirklichkeit wird es jedoch immer schwieriger, von Familie zu reden, wenn damit eine einheitliche Größe primärer Gruppierungen gemeint sein soll. Die Zunahme von „zusammengesetzten“ Familien, Stieffamilien, „Fortsetzungsfamilien“, wie ein neuerer Ausdruck heißt, und „faktischer Elternschaft“ bedeutet, dass in der gleichen Familie Mutter und/oder Vater für die einen Kinder leibliche und soziale, für die andern soziale Eltern sind oder für alle ausschließlich die soziale Elternschaft verwirklichen.

(Josef Duss-von Werdt/Helm Stierlin, Einleitung zu dem Heft ‚Soziale Elternschaft‘, Familiendynamik 2/April 1990)

(Zeichnung: Claudia de Weck, aus: B. Legatis-Roth/R. Schnelli-Näf, Familienleben so und anders, © Verlag pro juventute, Zürich 1993, S. 50)

Nicht ohne Grund kommt der Vizepräsident des Deutschen Kinderschutzbundes, Heinz Hilgers, zu der Aussage: „Familie ist, wo Kinder sind."

(Zit. n.: Heinz Hilgers, Grundsatzreferat, in: Hans Bertram/Wassilios E. Fthenakis/Klaus Hurrelmann u.a. [Hrsg.], Familien: Lebensformen für Kinder, Weinheim 1993, S. 96)

Familie ist nicht gleich Familie – im Laufe der Zeit hat sich die Struktur sehr verändert. Nach so vielen einführenden Impulsen schlagen wir Ihnen vor, sich in kleinen Gruppen bis zu drei Fragen zu überlegen, die Sie zu diesem Thema besonders interessieren. Anregungen finden Sie möglicherweise auch in dem Abschnitt ‚Projektvorschlag zum selbstständigen Weiterarbeiten' (S. 96ff.)
Schreiben Sie Ihre Fragen auf kleine Karten, die Sie dann an eine Wand hängen oder auf den Boden legen können.
In einem Planungsgespräch können Sie in Ihrem Kurs gemeinsam feststellen, ob Sie arbeitsteilig vorgehen wollen oder …
In den weiteren Abschnitten dieser Wabe finden Sie möglicherweise einige Antworten bzw. es eröffnen sich neue Perspektiven für weitere Fragen. Unter Umständen müssen Sie auch andere Informationsquellen ausfindig machen, z.B. wenn es um historische Gesichtspunkte geht.

Grundbegriffe und Grundthesen

Bedeutung der Familie und Familienstruktur

Suchen Sie gemeinsam im Kurs nach Wörtern, in denen der Wortstamm „trauen" vorkommt.
Setzen Sie sich mindestens 10 Minuten allein hin und schreiben Sie unter Verwendung möglichst vieler dieser Wörter ein Gedicht
oder
erstellen Sie unter Verwendung möglichst vieler dieser Wörter eine grafische Darstellung, durch welche die inhaltliche Beziehung zwischen diesen Wörtern deutlich wird.

Der familiäre Schutzschild

Das erste soziale Netzwerk, in das ein Mensch eingebunden wird, ist die Familie. Ob Familienbande uns stärken und helfen, oder ob sie uns fesseln und niederdrücken – die lebenslangen Erfahrungen mit und in der Familie prägen natürlich auch Persönlichkeit, Weltsicht und Verhalten: Die Familie beeinflusst direkt und indirekt die Gesundheit, indem sie uns ein bestimmtes Gesundheitsbewusstsein mitgibt und „gesunde" oder „riskante" Verhaltensweisen einübt. In vielen Fällen ist sie allerdings nicht mehr eine Oase gesunden und heilen Lebens, sondern nur zu oft die Quelle von Kränkungen und Kranksein. Nicht ohne Grund hat sich in den letzten Jahrzehnten eine Schule der Psychotherapie, nämlich die Familientherapie, herausgebildet, um der großen Bedeutung der familiären Dynamik für Gesundheit und Krankheit gerecht zu werden. Aber welche positiven Einflüsse kann die Familie auf die Entwicklung von Lebenskraft und Gesundheit haben? Im Wesentlichen sind es sechs Mechanismen, die im Familienleben wirksam werden:

1. Die Familie ist der erste Vermittler von Weltwissen: In ihr lernen wir, wie die Welt „da draußen" funktioniert, welche Rolle wir darin spielen können, welche Möglichkeiten sie für uns bereithält. Diese Wissens-Vermittlung leisten vorwiegend die Eltern, aber auch sie lernen wichtige Dinge über die Welt durch ihre Kinder, die neue Informationen und Trends „zurückbringen".

2. Die Familie ist ein „Testgelände", auf dem Meinungen und Verhaltensweisen erprobt werden können. Der Einzelne erhält Rückmeldungen, die ihm Selbsteinschätzungen und Korrektur ermöglichen.

3. Die Familie vermittelt Werte, Einstellungen und Ideologien. Und sie bildet eine Bezugs- und Kontrollgruppe, wenn wir „draußen" mit anderen Werten und Ideen konfrontiert werden.

4. Die Familie ist die erste Instanz für praktische und konkrete Hilfe: Wo suchen wir zuerst, wenn wir einen Babysitter brauchen, wenn wir uns Geld pumpen wollen?

5. Die Familie ist der Ort, wo wir in Zeiten von Krisen und Krankheiten ausruhen und uns erholen können. Dort können wir mit Pflege, moralischer Unterstützung und Schonung rechnen.

6. Die Familie stabilisiert die Identität: Nach Niederlagen und Konflikten bauen uns Familienangehörige wieder auf, geben uns unser Selbstvertrauen wieder und helfen uns über Verluste und Frustrationen hinweg.

Wenn diese familiären Mechanismen gut funktionieren, sind sie eine mächtige Barriere gegen die Krisen und Probleme des Lebens. Widerstandskraft und innere Stärke sind eine „Mitgift", die nicht zu überschätzen ist.

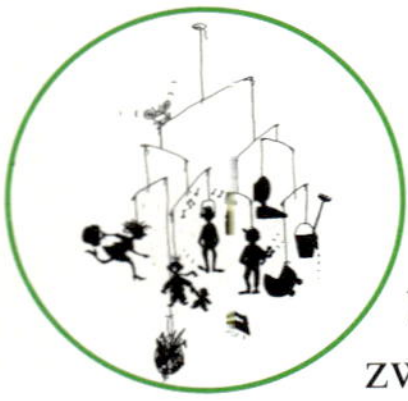

„Wenn ich auf unsere Familiengeschichte zurückschaue, da gab es ganz sicher eine ‚dunkle Phase'. Die Kinder waren gerade aus dem Gröbsten heraus, wir hatten nach unserem Umzug hier am neuen Wohnort erste Wurzeln geschlagen, die berufliche Situation meines Mannes war gefestigt. In dieser Situation haben zwei Ereignisse unsere Familie durcheinander gewürfelt. Noch heute höre ich das Telefon klingeln. Mein Mann war auf dem Weg zur Arbeit schwer verunglückt. Und damit begann für uns alle eine mehr als einjährige Lebensetappe des Hoffens und Bangens, des gefühlsmäßigen Auf und Ab und der mühsamen kleinen Fortschritte im Heilungsprozess meines Mannes. Und dann der zweite Schlag: meine eigene Tumorerkrankung... Aber trotz aller Belastungen, Ängste und Ungewissheiten: Wir alle, die Kinder eingeschlossen, sind in dieser Zeit sehr eng zueinander gerückt und haben eine Art emotionale Notgemeinschaft gebildet."
So stellt sich eine Familie dar, deren psychische „Unverwundbarkeit" Norbert Herriger im Rahmen eines Forschungsprojektes untersuchte. Könnte es sein, dass sich die Widerstandskraft gegen Stress und Krankheit nicht nur bei Individuen, sondern auch in einem „sozialen Organismus" finden lässt? Ist diese Widerstandskraft, etwa in der Familie, möglicherweise sogar stärker als die individuelle, weil sie „vernetzt" ist? Wie eine Familie mit Problemen, Schicksalsschlägen und Krisen umgeht, wird von ihrer „Familienkultur" bestimmt. So wie der Einzelne die auf ihn einstürmenden Stressfaktoren wertet, interpretiert und im positiven Falle auch bewältigt, so hilft der gemeinsame Vorrat an Überzeugungen und Bewältigungsstrategien in der Familie, mit solchen Herausforderungen fertig zu werden. Die Familien von 14 tumorerkrankten Frauen wurden im Anschluss an die medizinische Behandlung in der Klinik betreut und beobachtet. Eingeschlossen in diese Untersuchung waren Familien von ehemaligen Patientinnen, die von ihren Ärzten und Psychologen als besonders „widerstandsfähig" eingestuft worden waren. In den Interviews mit den betroffenen Familien kristallisierten sich deutlich vier Merkmale der „Unverwundbarkeit" heraus.

1. Wichtig ist ein gemeinsames Problemverständnis: Die Krise oder die Krankheit eines Familienmitgliedes trifft alle anderen, und alle fühlen sich auch für den Gesundungsprozess verantwortlich. Die Familie erweist sich als fähig, in der Krise zu wachsen, sich auf eine neue, bedrohliche Situation einzustellen.

2. Kraft und Hoffnung schöpft die Familie aus ihrer emotionalen Verbundenheit. Liebe, Vertrauen und Verlässlichkeit helfen besonders dann, wenn sich Gefühle von Angst, Ohnmacht und Wut unvermeidlich für den von der Krankheit Betroffenen bilden. Die Erfahrung, von den anderen nicht vernachlässigt oder aufgegeben zu werden, schafft eine neue Gemeinsamkeit, eine neue Qualität des Familienklimas.

3. Die Familie ist davon überzeugt, dass auch ein so einschneidendes Erlebnis wie die Krebserkrankung der Mutter sie nicht „aus der Bahn werfen wird". Sie ist überzeugt davon, die Krise in eigener Regie erfolgreich bewältigen zu können, mit der Dauerbelastung fertig zu werden – wobei sie auf frühere, erfolgreiche Problembewältigung zurückblicken kann. So entstand ein „optimistischer Zukunftsentwurf der Familie" (Herriger), ein gemeinsamer Glaube an die eigene Stärke, den inneren Zusammenhalt.

4. Familien, die sich von Krisen und Krankheiten nicht unterkriegen lassen, zeichnen sich durch die Bereitschaft aus, mit ihren Problemen „an die Öffentlichkeit" zu gehen und sie nicht nur „in den eigenen vier Wänden" lösen zu wollen. So können sie zusätzliche Hilfen von außen mobilisieren. Sie empfinden keine falsche Scham dafür, dass es ein Problem gibt, und sie müssen deshalb auch keine Fassade errichten, um nach außen den Schein der problemfreien, glücklichen Familie zu wahren.

(Heiko Ernst, Der familiäre Schutzschild; in: Psychologie heute, März 1993, S. 25)

1. Suchen Sie Beispiele für die einzelnen ‚Mechanismen' und diskutieren Sie deren Bedeutung (arbeitsteilige Gruppenarbeit).
2. Sind die sechs wirksamen Mechanismen des Familienlebens Ihrer Meinung nach vollständig?
   Diskutieren Sie die Folgen insbesondere für die Kinder, falls einer dieser Mechanismen wegfällt.
3. Diskutieren Sie, ob sich die vier ‚Merkmale der psychischen Unverwundbarkeit' auch auf andere Beispiele übertragen lassen.

Die ideale Familie

Frage: „Hier auf diesen Karten ist einmal aufgeschrieben, wie eine Familie sein kann. Was wäre für Sie die ideale Familie, was müsste da zutreffen? Legen Sie einfach die entsprechenden Karten heraus." (Zahlen in Prozent)

„Wenn Sie bitte noch einmal diese Karten anschauen. Legen Sie bitte einmal alle Karten heraus, bei denen Sie sagen würden, das trifft auf meine Familie zu, so ist es auch bei uns." (Zahlen in Prozent)

(Befragt wurden ca. 2000 Personen ab 16 Jahren im alten Bundesgebiet mit West-Berlin.)

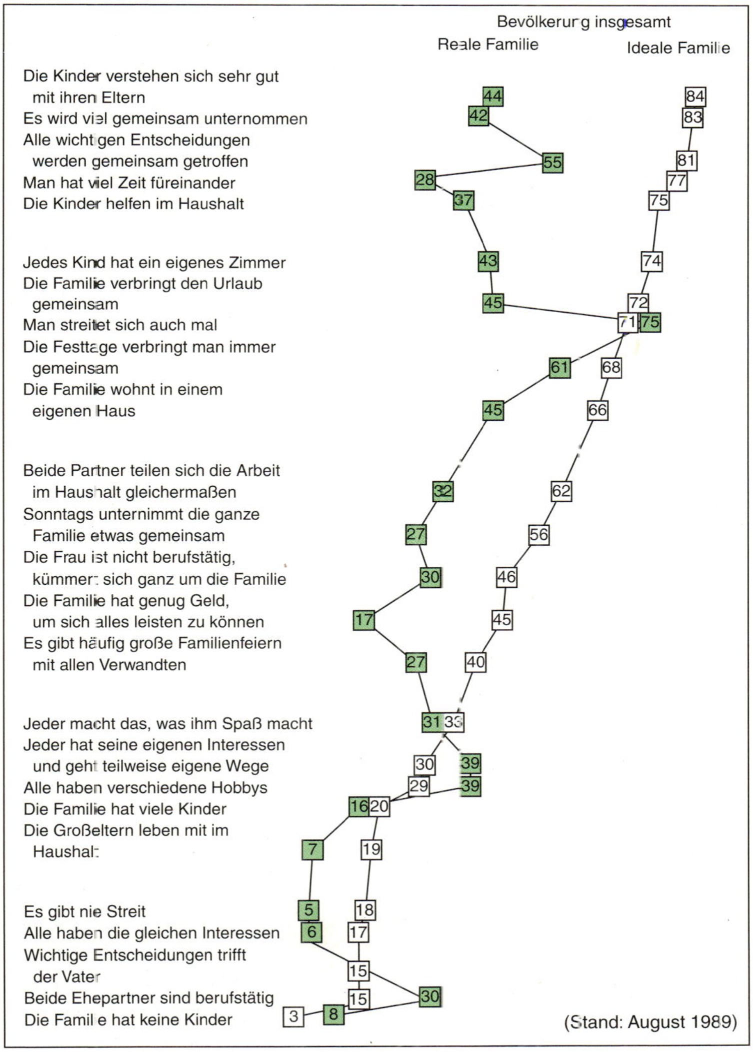

(Allensbacher Jahrbuch der Demoskopie, Bd. 9, Verlag K.G. Saur, Allensbach/München 1993, S. 89)

1. Charakterisieren Sie die ‚reale Familie' und die ‚ideale Familie' in möglichst wenigen Sätzen.
   Was vermisst die ‚reale Familie' besonders?
2. Wie kann man den Unterschied zwischen Wunsch und Wirklichkeit verändern?
   Wer bzw. welche Einrichtungen können gegebenenfalls helfen? (Vergleichen Sie auch den Projektvorschlag A auf Seite 96.)

Um die innere Struktur einer Familie fachgerecht zu erfassen wird von Salvador Minuchin die folgende Symbolik vorgeschlagen:

Prozessdiagnostik in der Familie

Minuchin hat ein pragmatisches Instrument zur Erfassung von Familienstrukturen geliefert. Von Anfang an beobachtet der Therapeut die Familie im Prozess der Gespräche und stellt Hypothesen über das Funktionieren des Systems auf. Seine Systemhypothese enthält meist Annahmen über die Rolle und Macht jedes Familienmitgliedes innerhalb der Familie, über die Grenzen der Subsysteme, über Konflikte und deren Umleitung sowie über Koalitionen. Koalition ist ein Bündnis von zwei Familienmitgliedern gegen ein drittes. Außerdem bildet er ständig Hypothesen über in der Familie gültige Regeln, die das Verhalten der einzelnen Familienmitglieder innerhalb der Familie festlegen. Diese können einmal Regeln über das beobachtbare Verhalten sein: Immer wenn die Eltern beginnen, sich auseinander zu setzen, macht eins der beiden Kinder Blödsinn, und die Eltern wenden sich ihm zu. Schwieriger ist es, Regeln zu erfassen, die den Bereich möglicher Verhaltensweisen beschreiben, den die Familie nicht wahrnimmt. Sie lassen sich häufig durch die Frage erfassen, was in der Familie fehlt: In dieser Familie wird nicht gelacht, oder: Über Gefühle wird nicht gesprochen, usw.
Erweist sich eine Hypothese als falsch, formuliert der Therapeut für sich sofort eine neue, die er überprüft. [...]

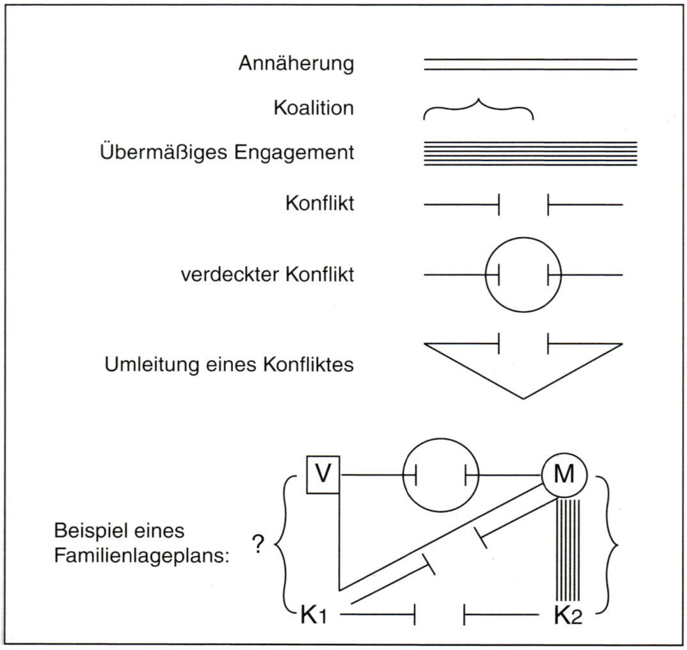

Die Symbole der Prozessdiagnostik

(Eine solche „Landkarte" hat stets nur hypothetischen Charakter und ist keine Festlegung).
Aus dem Lageplan ergeben sich Strategien, und zwar:
für die intrapersonalen Subsysteme
für die interpersonalen Subsysteme
fürs Gesamtsystem
fürs System im Kontext (Großeltern, wirtschaftliche Situation, soziales Netzwerk etc.).

(Arist v. Schlippe, Familientherapie, Paderborn 1989, S. 54ff.)

1. Analysieren Sie das Beispiel für einen ‚Familienlageplan'. Welche ‚Strategien' könnten sich daraus ergeben?
2. In der Zeitschrift PÄDAGOGIK 7–8/91 nennt Rainer Winkel seinen Beitrag: „Das Einzelkind: Beneidenswert? Bedauernswert?" Versuchen Sie auch mit Hilfe eines Familienlageplans Antworten auf diese Fragen zu finden.
3. Erstellen Sie nach dieser Methode einen Familienlageplan für eine im Fallbeispiel (S. 79ff.) dargestellte Situation und für die ‚Familie Drescher' (vgl. S. 25ff.).
4. Diskutieren Sie die Vor- und Nachteile solcher Pläne für die pädagogische Praxis.

Vater, Mutter, Kind ...

Im Rahmen einer Facharbeit führte eine Schülerin eines Leistungskurses in 12/2 (Pia Bienstein) ein Interview mit einer Diplompädagogin (Frau Bienstein) zum Thema ‚Scheidungskinder' durch.

Interviewer: *Worin sehen Sie die wesentlichen Unterschiede in der Erziehung von Scheidungskindern und Kindern, die in einer intakten Familie aufwachsen?*
Frau B.: Vielfach sind Kinder in geschiedenen Familien nur noch mit einem Elternteil zusammen. Hier müssen jetzt viele Entscheidungen alleine getroffen und getragen werden. Es ist zumeist nur eine Sichtweise, wie das Kind gesehen wird, und die Kinder haben nicht die Möglichkeit, den anderen Elternteil zu befragen oder um dessen Einschätzung zu bitten. Damit die Erziehung nicht einseitig erfolgt, ist es wichtig, dass Kinder aus Scheidungsfamilien entweder rasch Kontakt zu dem anderen Elternteil aufnehmen können oder dass ihnen eine weitere Bezugsperson zur Verfügung steht. Dies können häufig die Großeltern sein. Weiterhin hat ein Kind aus einer Scheidungsfamilie nicht in den alltäglichen Situationen das Vorbild zwei verschiedener Geschlechter, sondern ist zumeist auf das weibliche Geschlecht konzentriert. Eine Möglichkeit, auch das andere Geschlecht in alltäglichen Bezügen kennen zu lernen, ist sehr bedeutsam und sollte möglichst erhalten bzw. ermöglicht werden.
Interviewer: *Denken Sie aufgrund Ihrer beruflichen Kompetenz und Erfahrung, dass Kinder, die in allein erziehenden Verhältnissen bzw. von nur einem Erziehungsberechtigten erzogen werden, in ihrer Entwicklung beeinträchtigt werden/sind?*
Frau B.: Kinder, die eine Scheidung der Eltern miterleben, haben zumeist eine nicht unerheblich schwierige Situation in der Familie hinter sich gebracht. Vielfach bestand über Jahre ein gespanntes Verhältnis der Eltern untereinander. Vielfach mussten sie zwischen den Eltern vermitteln und fühlten sich auch für die Auseinandersetzungen (die häufig auch um die Kinder gehen) verantwortlich. Nun, wo die Ehe auseinander ist, löst sich nicht immer das Gefühl der Verantwortlichkeit bzw. Mitschuld am Scheitern der elterlichen Beziehung. Selbst wenn sie mitentscheiden können, wo sie wohnen wollen, stürzt es die Kinder in einen tiefen Konflikt. Stellt die Entscheidung, ganz egal wie sie gefällt

wird, doch gleichzeitig auch eine Entscheidung gegen ein Elternteil dar. Kinder möchten beide haben und befinden sich hier häufig in einer existenziellen Konfliktsituation. Eine Entwicklungskrise wird zumindest in der Zeit der Trennung der Eltern durchgemacht. Hier stellen sich manchmal auch körperliche Beschwerden der Kinder ein, schulische Unkonzentriertheit, Unausgeglichenheit und Schlafstörungen kommen hier gehäuft vor. Ob diese Erfahrungen jedoch eine traumatisierende Auswirkung haben, hängt u.a. davon ab, ob die Eltern dem Kind in dieser schwierigen Phase beistehen können und ob beide deutlich werden lassen können, dass sich an der Zuwendung und Liebe zu dem Kind nichts geändert hat.
Nur von einer Person primär erzogen zu werden, bedeutet häufig auch, dass diese die Hauptverantwortung trägt und hier eine Überforderung rascher auftreten kann. Allerdings muss dies immer im Zusammenhang mit der zuvor bestehenden Lebenssituation gesehen werden. Vielfach stellt die Lösung von dem Partner mit den vielen Konflikten auch eine Entspannung der Situation dar, die es dem nun allein erziehenden Partner erlaubt, wieder an sich und durch die gewonnene Zeit auch mehr an das Kind zu denken. Problematisch ist es, wenn die allein Erziehenden Schuldgefühle dem Kind gegenüber entwickeln und sich verpflichtet sehen jetzt alles „gut“ zu machen. Es entstehen dann Rollenumkehrungen, die/der allein Erziehende gerät wieder unter Druck, nun kindlichen Druck, zieht zu wenig Grenzen und gibt damit dem Kind eine zu geringe Orientierung.
Scheidungen können jedoch auch positive Auswirkungen haben. Einmal können sie zu einer gesamtentlastenden Situation führen, wenn die alltäglichen Konflikte überhand nahmen. Weiterhin ist es sehr entscheidend, wie die Eltern die Trennung bewältigen. Je mehr sie es schaffen, einen Kontakt zu halten oder aufzubauen, der den Kindern ermöglicht, angstfrei über den jeweils nicht anwesenden Partner zu sprechen, ihnen den Kontakt zu ermöglichen und diesen auch kontinuierlich zu pflegen, können die Kinder von dieser Situation viel lernen. Es wird ihnen deutlich, dass es möglich ist schwierige Entscheidungen zu treffen, ohne dass Vermeidungsverhalten gezeigt wird oder den Kindern emotional negative Reaktionen vorgelebt werden.

Interviewer: *Hat die Scheidung neben negativen auch positive Auswirkungen auf die weitere Erziehung und wenn ja, welche wären es Ihrer Meinung nach?*

Frau B.: Jede einschneidende Lebenssituation bietet die Möglichkeit, hiermit positive wie auch negative Erfahrungen zu machen. Wir bewegen uns nicht in einer Welt, die uns vor negativen Erfahrungen schützt. Die Schädigung in dieser Lebenskrise hängt davon ab, ob Kinder hier allein gelassen oder zwischen den Parteien hin und her geschoben werden – wenn Kinder als Machtinstrument missbraucht werden, z.B. wenn der Kontakt zu dem anderen Elternteil unterbunden oder boykottiert wird, wenn Kinder sich den Hasstiraden gegen den anderen Elternteil aussetzen müssen, wenn sie missbraucht werden den anderen auszuhorchen oder ein grundständiges Misstrauen durch Unzuverlässigkeit der Eltern entwickeln. Problematisch ist es, wenn sich der Haupterziehende darüber nicht im Klaren ist, dass er mit seinem Beispiel dem Kind ein Vorbild dafür gibt, wie Partner miteinander umgehen und ob man dem anderen Geschlecht trauen oder nicht trauen kann. Dieses Vorbild wirkt weit bis in die Partnerschaft des erwachsen gewordenen Kindes hinein. Zumeist bleiben die Kinder in der BRD nach der Scheidung bei der Mutter. Wie bereits gesagt, fehlt ihnen damit das gegengeschlechtliche alltägliche Vorbild. Untersuchungen belegen, dass geschiedene Väter, die nicht mit ihren Kindern zusammen bleiben, den Kontakt nicht intensiv pflegen. Vielfach binden sie sich sehr rasch wieder an eine andere Frau. Kommt hier ein weiteres Kind in dieser Beziehung auf die Welt, dann werden die Kontakte oftmals sehr dürftig.

Interviewer: *Was empfinden Sie als wesentliches Kriterium für die Weiterentwicklung eines Kindes, dessen Eltern in Scheidung leben?*

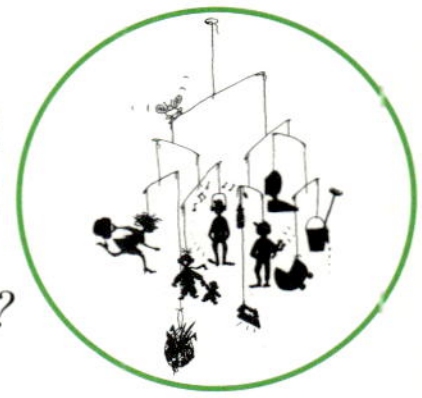

Frau B.: Die Erhaltung der Zuwendung und Liebe der beiden Elternteile und die Möglichkeit über die eigenen Gefühle und Ängste in diesem Zusammenhang zu sprechen.

Interviewer: *Sehen Sie die Scheidung als eine große Belastung für das Kind? Was wird das Kind Ihrer Meinung nach missen?*

Frau B.: Meiner Meinung nach ist die Scheidung der Eltern eine sehr große existenzielle Krise für das Kind. Es kommt darauf an, wie die Eltern diese Krise bewältigen. Darin liegt die Möglichkeit auch der Bewältigung für das Kind. Hauptsächlich vermissen wird das Kind die nicht ständige Anwesenheit beider Elternteile.

Interviewer: *Forscher bearbeiteten die Frage, ob Kinder, die in familiär getrennten Verhältnissen aufwachsen, später aufgrund dessen psychisch labil werden und langfristig gesehen problematische Entwicklungsverläufe aufweisen. Trifft dieses Ihrer Meinung nach auch zu?*

Frau B.: Wie bereits zuvor beantwortet, hängt dies von den Bewältigungsstrategien ab, die einem Kind in dieser Situation geboten werden. Kinder aus nicht geschiedenen Ehen können ebenso schwere Schäden davontragen, wenn die Familie pathologische oder konfliktfördernde Strukturen unterhält. Es kann hier keine generelle Aussage getroffen werden, sondern hier muss jeweils der Einzelfall betrachtet werden, ebenso wie die zusammenlebende Familie. Nicht das Auseinandergehen der Eltern ist das Problem, sondern es ist immer die Art und Weise, wie Menschen miteinander umgehen, die über die Entstehung von Schäden mit entscheidet. Hier können auch schwere Schäden innerhalb einer Familie gesetzt werden, wenn das „Wie“ des Umgehens miteinander verletzend oder missachtend ist.

Welche weiteren Fragen ergeben sich für Sie aus diesem Interview? Suchen Sie nach Antworten!

Am Ende dieser Wabe finden Sie Literaturhinweise, mit deren Hilfe Sie dieses Thema weiter bearbeiten können.

(Zeichnung: Claudia de Weck, aus: Brigitte Legatis-Roth/Ruth Schnelli-Näf, Familienleben so und anders, © verlag pro juventute, Zürich 1993, S. 30)

Die Familie: ein komplexes soziales Gebilde

Dramatisierend könnte man sagen: Es gibt überhaupt kein komplexeres soziales Gebilde als die Familie. Kein anderes soziales Gebilde hat die Gegensätze zwischen idealisierter Privatheit und gesellschaftlicher Abhängigkeit, zwischen Intimität und Vereinnahmung der Familienmitglieder von außen in einem vergleichbaren Umfang aufzufangen. Keine andere Gruppe kann ähnlich viele Sphären und Sonderbereiche ausbilden wie die Familie: In einer vierköpfigen Familie sind bereits vier verschiedene Dreierbeziehungen, sieben verschiedene Zweierbeziehungen und damit zwölf Gruppenkonstellationen möglich.

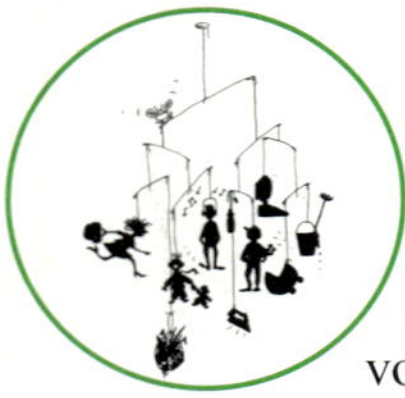

Sie bilden – mit Dieter Claessens gesprochen – die Elternsphäre, die Geschwistersphäre, die Mutter-Kind-Sphäre usw. Für Variationen und hoch-emotionalisierte Verwirrspiele ein „weites Feld“.
Zum Selbstverständnis der Familie gehört wohl immer noch, dass ihr eine Ehe vorausgeht, dass in ihr das romantische Glücksversprechen ebenso zu Hause ist wie das bürgerliche Ideal von Ordnung und Sicherheit; dass sie eine Gegenstruktur zur Gesellschaft bildet. [...]
Ehe und Familie stehen unter einem besonderen Glücksversprechen: der Religion und der Romantik, der Kultur und der Werbung. Keine andere Institution ist jedoch so sehr dem Spannungsverhältnis von Anspruch und „gelebter“ Wirklichkeit ausgesetzt wie Ehe und Familie: dem Widerspruch von Glücksverheißung und Alltäglichkeit, von Selbstverwirklichung und Institution. Noch im Privaten und Intimen von Ehe und Familie werden öffentliche Ansprüche, Konflikte, divergierende Leitbilder usw. ausgetragen. In einer Zeit, in der die Bilder und Selbstbilder von Mann und Frau einen tief greifenden Wandel durchmachen, können Ehe und Familie mit ihrem notwendigen Anspruch, auch das Verhältnis der Geschlechter zu stabilisieren, davon nicht unberührt bleiben. Immer weniger gelingt es den Individuen, das gesellschaftlich Bedingte ihrer Konflikte zu durchschauen und aus Eigenem Lösungen zu finden. Auch hier liegt ein Grund für die hohen Scheidungs- und Trennungsquoten.

(Bernhard Schäfers, Erscheinungsbild und Probleme der Familie heute; in: Zeitschrift für Jugendschutz, 37. Jg., 2/92, S. 38, 41)

1. Diskutieren Sie die Auswirkungen der in dem Text beschriebenen Situation der ‚Familie heute‘ auf das Zusammenleben ihrer Mitglieder und besonders auf das Verhältnis zwischen Erwachsenen und Kindern/Jugendlichen. Vgl. Sie dazu auch die Fallbeispiele aus dem Einführungskapitel (S. 25ff., 28ff.).
2. Diskutieren Sie: Was verstehen Sie unter ‚Familienglück‘ ?
3. Diskutieren Sie die Ihrer Meinung nach drei wichtigsten Aufgaben einer ‚familialen Erziehung‘.

Vertiefung

Familie im Strukturwandel

Individualisierung wird verstanden als ein historischer Prozess, der den traditionellen Lebensrhythmus von Menschen – das, was Soziologen Normalbiografie nennen – zunehmend in Frage stellt, ja tendenziell auflöst. In der Folge müssen immer mehr Menschen ihre Biografie selbst herstellen, inszenieren, zusammenbasteln – ohne den Kompass fraglos vorgegebener Glaubenssätze, Werte und Regeln, dafür freilich im Netzwerk der institutionellen Kontrollen und Zwänge, die die Moderne kennzeichnen (Sozialstaat, Arbeitsmarkt, Bildungssystem usw.). Pointiert zusammengefasst: Aus Normalbiografie wird Bastel-Biografie. Wenn man diese Diagnose auf den Bereich der Familie überträgt – was folgt dann daraus? Wie ist das Verhältnis von Familie und Individualisierung zu begreifen, und vor allem, was ist das Neue daran? [...]
Ein neues Stadium in der Geschichte von Familie und Individualisierung beginnt, als der Sozialstaat ansatzweise entwickelt und allmählich ausgebaut wird, also gegen Ende des 19. Jahrhunderts und vor allem ab der zweiten Hälfte des 20. Jahrhunderts. Um die Härten des Marktes abzupuffern, werden schrittweise Sicherungsleistungen verschiedenster

Art eingeführt (Altersrente, Unfall- und Krankenversicherung usw.). Um mehr soziale Gerechtigkeit durchzusetzen, werden für sozial schwächere Gruppen materielle Unterstützungen eingeführt (Sozialhilfe, Ausbildungsbeihilfe, Wohngeld, Bausparprämien usw.). Ein Ergebnis solcher Maßnahmen ist, dass der Einzelne – auch dann, wenn er auf dem Arbeitsmarkt nicht oder nur eingeschränkt funktionsfähig ist – unabhängiger wird von der Familie, von Wohlwollen und persönlichen Gunstbeweisen. Wo kollektive Unterstützungsleistungen beginnen, wird ein Existenzminimum jenseits der Familie sichergestellt. Die einzelnen Familienmitglieder sind nicht mehr bedingungslos auf Einordnung und Unterordnung verwiesen, sie können im Konfliktfall auch ausweichen. [...]

Einen weiteren wichtigen Einschnitt bringt der Wandel der weiblichen Normalbiografie, der ebenfalls gegen Ende des 19. Jahrhunderts beginnt, vor allem ab den Sechzigerjahren dieses Jahrhunderts sich in beschleunigtem Tempo fortsetzt. Um die Entwicklung aufs Knappste zusammenzufassen: Immer mehr Frauen werden durch Veränderungen in Bildung, Beruf, Familienzyklus, Rechtssystem usw. aus der Familienbindung zumindest teilweise herausgelöst; können immer weniger Versorgung über den Mann erwarten; werden – in freilich oft widersprüchlicher Form – auf Selbstständigkeit und Selbstversorgung verwiesen. Das „subjektive Korrelat" solcher Veränderungen ist, dass Frauen heute zunehmend Erwartungen, Wünsche, Lebenspläne entwickeln – ja entwickeln müssen –, die nicht mehr allein auf die Familie bezogen sind, sondern ebenso auf die eigene Person. Sie müssen, zunächst einmal im ökonomischen Sinn, ihre eigene Existenzsicherung planen, gegebenenfalls auch ohne den Mann. Sie können sich nicht mehr nur als „Anhängsel" der Familie begreifen, sondern müssen sich zunehmend auch als Einzelperson verstehen mit entsprechend eigenen Interessen und Rechten, Zukunftsplänen und Wahlmöglichkeiten. Im Ergebnis wird die Macht der Familie, vor allem des Mannes, weiter beschränkt. Frauen heute sind nicht mehr, wie die meisten Frauen der Generationen zuvor, um der ökonomischen Existenzsicherung und des Sozialstatus willen auf Ehe verwiesen. Sie können – vielleicht nicht frei, aber doch freier als früher – entscheiden, ob sie heiraten oder allein bleiben wollen; und ob sie, wenn die Ehe nicht ihren Hoffnungen entspricht, gegebenenfalls lieber die Scheidung beantragen als dauernde Konflikte ertragen. Das heißt, auch in der weiblichen Normalbiografie setzt allmählich die Logik individueller Lebensentwürfe sich durch, der Zwang zur Solidarität wird weiter gebrochen. [...]

Als Ergebnis der historischen Entwicklung tritt also ein Trend in Richtung Individualisierung hervor. Er kennzeichnet zunehmend auch das Binnenverhältnis der Familienmitglieder, erzeugt dabei eine Dynamik eigener Art. [...] Zusammengefasst: Eine „Inszenierung des Alltags" setzt ein. Um die auseinander strebenden Einzelbiografien zusammenzuhalten, wird immer mehr Abstimmung nötig. Familie wird auf vielen Ebenen zum alltäglichen „Balance-Akt", zum dauernden „Bastel"-Projekt. Die Folge ist, dass sich der Charakter des Familienalltags allmählich verändert. Während man früher auf eingespielte Regeln und Muster zurückgreifen konnte, werden jetzt mehr und mehr Entscheidungen fällig. Immer mehr muss ausgehandelt, geplant, in eigener Regie hergestellt werden. Nicht zuletzt rücken auch Fragen der Ressourcenverteilung, der Gerechtigkeit zwischen den Familienmitgliedern ins Zentrum: Welche Belastungen sind wem zuzumuten? Wer hat welche Kosten zu tragen? Welche Ansprüche haben Vorrang, wessen Wünsche müssen zurückgestellt werden? [...]

Die Lebensbereiche der einzelnen Familienmitglieder mit ihren unterschiedlichen Rhythmen, Aufenthaltsorten und Anforderungsstrukturen passen nur selten von sich aus zusammen, viel häufiger ergeben sich Unstimmigkeiten und in der Folge viele Versuche des Ausgleichens und Ausbalancierens. Ein aufeinander abgestimmter Alltag als Familie ist demnach eine „voraussetzungsvolle Leistung", die einen Jongleur der Termin-

pläne, einen Familien-Koordinator verlangt. Es sind in der Regel die Frauen, die diese Leistung erbringen, unter erheblichem physischen und psychischen Aufwand, oft unter Einsatz ganzer Netze von Mithelferinnen (Oma, Au-pair-Mädchen, Tagesmutter usw.). So wird in wachsendem Maß Planen, Organisieren, Delegieren gefordert, Familie wird zum Kleinunternehmen: „Elemente von Rationalisierung und kalkulatorische Überlegungen ziehen in das Privatleben ein.“ Meine, deine, unsere Zeit wird zum Thema, der Kampf um eigene Zeit versus die Suche nach gemeinsamer Zeit. Nicht selten kommt es dabei zu Irritationen und widerstreitenden Ansprüchen, vor allem zwischen Männern und Frauen: Wer übernimmt was, wann und wie lange? Wessen Zeitbedürfnisse gehen vor? Wer hat wann frei? [...]

Fortsetzungsehen und Wahlverwandtschaften

[...] „Heirats- und Scheidungsketten“, „Fortsetzungsehen“, „Mehreltern-Familien“, „Patchwork-Familien“ – all dies sind Begriffe, um die neuen Familienformen fassbar zu machen. Wobei freilich ein entscheidendes Merkmal ist, dass nicht mehr klar ist, wer zur Familie gehört. Eine einheitliche Definition gibt es nicht mehr, sie ist im Rhythmus der Trennungen und Neuverbindungen irgendwo untergegangen. Statt dessen hat jetzt jeder der Beteiligten seine eigene Definition, wer zu seiner/ihrer Familie gehört: Jeder lebt seine eigene Version der Patchwork-Familie [...]

In dieser Konstellation sind es nicht mehr die traditionellen Zurechnungsregeln (Abstammung und Heirat), die Verwandtschaft konstituieren. Entscheidend ist vielmehr, ob die sozialen Beziehungen, die daraus entstanden, auch in der Nach-Scheidungs-Situation fortgesetzt werden. [...]

Das Aufrechterhalten der Beziehung ist kein selbstverständlicher Akt mehr, sondern eine freiwillige Handlung. In der Nach-Scheidungs-Situation sortieren die Familienverhältnisse sich neu, den Gesetzen der Auswahl, der persönlichen Zuneigung folgend: Sie nehmen den Charakter von „Wahlverwandtschaften“ an. [...]

Wo man früher auf eingespielte Regeln und Rituale zurückgreifen konnte, beginnt heute eine Inszenierung des Alltags, eine Akrobatik des Abstimmens und Ausbalancierens. Im Ergebnis wird der Familienverbund fragil, vom Auseinanderbrechen bedroht, wenn die Abstimmungsleistungen nicht gelingen. Da auf der anderen Seite Individualisierung auch die Sehnsucht nach der Gegenwelt fördert, nach Intimität, Geborgenheit, Nähe, werden dennoch, jedenfalls in absehbarer Zukunft, die meisten Menschen weiter in Bindungen leben. Aber, das ist das Neue, diese Bindungen sind nun anderer Art, was Umfang, Verpflichtungscharakter, Dauer angeht. Aus vielen Anstrengungen, Sehnsüchten, Versuchen, Irrtümern, aus gelungenen und manchmal misslungenen Experimenten entsteht ein neues Spektrum des Privaten. Im Entscheiden, Auswählen, Aushandeln, in der täglichen Kleinarbeit der Beziehungs-Bastler und -Bastlerinnen wächst ein „ganz normales Chaos“ – der Liebe, des Leids, der Beziehungsvielfalt vor allem.

(Elisabeth Beck-Gernsheim, Auf dem Weg in die postfamiliale Familie – Von der Notgemeinschaft zur Wahlverwandtschaft; in: Ulrich Beck/Elisabeth Beck-Gernsheim [Hrsg.], Riskante Freiheiten, Individualisierung in modernen Gesellschaften, Frankfurt 1994, S. 119ff., 129ff.)

1. Diskutieren Sie den Buchtitel „Riskante Freiheiten“.
2. Erläutern Sie die Auswirkungen des „Trends in Richtung Individualisierung“ für die Entwicklung der Familie (und ihrer Mitglieder), wie sie von der Autorin dargestellt wurden.
3. Erläutern Sie den Titel des Aufsatzes von E. Beck-Gernsheim.
4. Was sollte Ihrer Meinung nach eine familiale Erziehung in der heutigen, durch Individualisierungsprozesse zu charakterisierenden Gesellschaft (vgl. die obigen Ausführungen) besonders leisten?
5. Welche Aufgaben hat die Familie heute im Vergleich zu Familien in früheren Zeiten? Fragen Sie Ihre Eltern oder/und Großeltern.

Pädagogische Anwendung

Von der Partnerschaft zur Elternschaft/Familie

Die beiden folgenden Texte beschäftigen sich mit den Gründen für einen Kinderwunsch, also der ‚Erweiterung' einer Partnerschaft zu einer Elternschaft/Familie.

Für viele Eltern ist heute die Entscheidung, eine Familie mit Kindern zu gründen, praktisch eine Entscheidung für gravierende und langfristige Einschränkungen von Lebensspielräumen. In einer Gesellschaft, die Kindererziehung offiziell als eine den Eltern „zuvörderst obliegende Pflicht" (Grundgesetz) versteht, müssen sich die Eltern aus vielen selbstverständlichen Lebensgewohnheiten abmelden und vielleicht soziale und ökonomische Nachteile auf sich nehmen.
Schauen wir zuerst auf die soziale Seite: Die Organisation des gesamten Alltags wird mit der Geburt des Kindes zu einem riesigen Problem; die Eltern vergleichen sich mit den Paaren ohne Kinder und fühlen sich auf dieser Ebene der Entfaltung eines eigenen Lebensstils, die von so großer Bedeutung für das Selbstverständnis und das Selbstbild des „modernen Individuums" geworden ist, in vielen Ebenen eingeschränkt. So sehr sie auch den Umgang mit Kindern genießen und Befriedigung und Lebenssinn hieraus entnehmen, so stark fühlen sie sich doch durch die praktischen Einschränkungen gehandikapt, wie alle Untersuchungen zeigen.
Kinder haben heute im Wesentlichen einen hohen emotionalen Wert für ihre Eltern. Sie „belohnen" Eltern durch die Gewissheit, verantwortlich für sie zu sein, gefühlsmäßig notwendig und an der Entwicklung eines anderen Menschen und eines neuen Lebens unmittelbar beteiligt zu sein. Die Kehrseite dieser emotionalen Befriedigung ist die totale Bindung, die Eltern mit Kindern eingehen müssen, wenn sie die Grundbedürfnisse der kindlichen Entwicklung ernst nehmen. Und genau dieses passt mit den wesentlichen Mustern des heutigen Erwachsenenlebens, mit dem charakteristischen hohen Grad von Individualisierung der Lebensstile so schwer zusammen. Deswegen stellt sich oft auch dort, wo Kinder emotional sehnlichst erwünscht werden, bald ein spannungsvolles Gefühl ein, wenn Erwachsene feststellen, welche Verpflichtungen und welche Einschränkungen in ihrem Lebensplan sie auf sich genommen haben. Deswegen verlieren viele Eltern vollends die Fassung, wenn ihr Kind schwer krank oder behindert ist.
Kinder haben heute äußerst zwiespältige Bedeutung im Alltagsleben. Ihre öffentliche Wertigkeit ist im Allgemeinen gering, ihre emotionale Wichtigkeit wird meist überschwänglich betont. Bei allen wichtigen, Lebensstil und Prestige, Finanzressourcen und Machtstrukturen betreffenden Entscheidungen werden die Belange und Bedürfnisse von Kindern übergangen oder als eine zu vernachlässigende Größe gehandelt. Treten Kinder überhaupt ins öffentliche Bewusstsein, dann als Inbegriff von unverbrauchter Spontaneität und als Objekt von Emotionen und Liebkosungen („Kindchenschema"). In volkswirtschaftlichen Gesamtrechnungen tauchen sie bevorzugt als statistische Größe auf, die erreicht werden muss, um den Fortbestand der Gesellschaft und der sozialen Sicherungssysteme zu gewährleisten. Eltern, die sich für Kinder entschieden haben, müssen mit dieser Spannung leben und sie verarbeiten. Eine ungebrochene soziale Anerkennung für ihr Engagement für Kinder können sie jedenfalls öffentlich nicht erwarten.

(Klaus Hurrelmann, Familie heute – neue Herausforderung für die Politik; in: Hans Bertram/Wassilios E. Fthenakis/Klaus Hurrelmann u.a. [Hrsg.], Familien: Lebensformen für Kinder, Weinheim 1993, S. 64f.)

Der Kinderwunsch ist ichbezogener geworden: Eltern wollen heute vom Aufziehen und Versorgen der Kinder etwas haben, wollen sich durch eigene Kinder selbst verwirklichen. Von einem wachsenden Teil der Eltern wird Elternschaft als Lebensform verstanden, mit der Eigeninteressen verfolgt werden, und nicht mehr in erster Linie als Dienst und soziale Verpflichtung. Was sich hier andeutet, ist eine Parallele zum Wandel in der Ehebeziehung.

In hochindustrialisierten Gesellschaften werden die Menschen dauernd eingeübt auf zweckrationales Verhalten, auf die Gebote von Konkurrenz und Karriere, Tempo und Disziplin. Das Kind aber repräsentiert die andere, die „natürliche" Seite, und genau das macht die Hoffnung aus. Im Umgang mit dem Kind wollen Frauen und zum Teil auch Männer Fähigkeiten wiederentdecken und Bedürfnisse äußern, die in der technisch-wissenschaftlichen Zivilisation vermisst werden: Geduld und Gelassenheit, Fürsorglichkeit und Einfühlungsvermögen, Zärtlichkeit, Offenheit und Nähe.

Über Mutterschaft suchen Frauen auch einen Gegenbereich zur Berufswelt. Wo die instrumentelle Vernunft dominiert und Gefühle meist störend sind, denn die Bindung ans Kind widerspricht allem, was täglich gefordert wird, jeder „Rationalität" im direkten Sinn. Und deshalb wird sie gesucht, als lebendiges Gegengewicht. In Befragungen taucht bereits ein neues Motiv auf: die „Natürlichkeit von (Klein-)Kindern in einer sonst eher unnatürlich gewordenen Umwelt".

(Bernhard Schäfers, Erscheinungsbild und Probleme der Familie heute; in: Zeitschrift für Jugendschutz, 37. Jg., 2/92, S. 39f.)

1. Welche Bezüge zu den Thesen von Elisabeth Beck-Gernsheim (S. 90ff.) lassen sich Ihrer Meinung nach herstellen?
2. Diskutieren Sie, ob es über die in den beiden Texten angeführten Gründe für eine Entscheidung *für* Kinder hinaus noch weitere Gründe gibt.
3. Diskutieren Sie den Begriff ‚Wunsch-Kind'.
4. Sammeln Sie Argumente gegen einen Kinderwunsch und führen Sie ein Streitgespräch.

(Zeichnung: Claudia de Weck, aus: Brigitte Legatis-Roth/Ruth Schnelli-Näf, Familienleben so und anders, © verlag pro juventute, Zürich 1993, S. 21)

Was verstehen Sie unter einer ‚gut funktionierenden' Familie?
Welches Erzieherverhalten (vgl. das Wabenkapitel 2.1) und welche Erziehungsziele sollten im Vordergrund stehen?

Formulieren Sie dazu auf DIN-A5-Blättern Ihre Kriterien und hängen Sie diese an einer Wand aus (je Blatt ein Kriterium).
Fassen Sie die Ergebnisse zusammen.

Auf die Frage: Was zeichnet funktionierende Familien aus? antwortet die genannte Forschung etwa wie folgt:
Diese Familien kennzeichnet ein Gefühl von Solidarität, Zusammenhalt und Wertschätzung der Familienmitglieder füreinander. Sie sind besser als andere Familien in der Lage, mit Veränderungen fertig zu werden. Das gilt sowohl für Veränderungen, die sich aus dem voranschreitenden individuellen und Familienlebenszyklus ergeben, als auch für Veränderungen, die sich unverhofft im Gefolge von Krisen- oder Notsituationen einstellen. Dazu gehören plötzliche Unglücks-, Krankheits- und Todesfälle, die die Ressourcen der Familie strapazieren. Dazu gehören auch Ortsveränderungen, Arbeitslosigkeit des Vaters, finanzielle Katastrophen und dergleichen. Funktionierende Familien können, eben weil sich deren Mitglieder solidarisch verhalten und dazu flexibel sind, diese Krisen bewältigen. Das bedeutet auch, die Mitglieder können innerhalb der Familie unterschiedliche Rollen und Funktionen übernehmen: Der Vater kann für die Mutter einspringen und umgekehrt, aber auch Kinder können zeitlich begrenzt Elternfunktionen übernehmen.
Weiter kennzeichnet es solche Familien, dass deren Mitglieder eine große Palette von Gefühlen zum Ausdruck zu bringen vermögen. Freundliche, liebevolle, zornige, hassvolle und viele andere. Es fehlt weitgehend das, was Lyman Wynne (et al. 1958) als Pseudo-Feindschaft und Pseudo-Harmonie beschrieben hat. Und wenn es zum Streit kommt, wird daraus kein Dauerstreit. Kräche können somit wie reinigende Gewitter wirken. Dagegen sehen viele Forscher gerade im unauflösbaren Dauerstreit und der damit verbundenen chronischen Dauerverstimmung Hauptmerkmale gestörter Familien. Man könnte in funktionierenden Familien von einer gelungenen Streitkultur sprechen: Ihre Mitglieder haben gelernt, sich als faire Partner immer wieder streitend zu einigen und auch bei Nicht-Einigung miteinander auszukommen.
Damit dies möglich wird, bedarf es weiter – zumindest nach der Einschätzung von Forschern wie Robert Beavers (1977) und David Reiss (1981) – eines gemeinsamen Wertsystems oder, wie Reiss es nennt, eines Familienparadigmas. Es ist gekennzeichnet durch von den Mitgliedern geteilte und nicht infrage gestellte Grundannahmen und Vorstellungen über Lebensstil, Rechte und Pflichten innerhalb der Familie. Und es finden sich Rituale, in denen sich der Familienzusammenhalt immer wieder bezeugt und durch die er sich auch immer wieder festigt.
David Olson (1976) vermochte zu zeigen, dass sich die genannten Kriterien zum Teil schon relativ leicht bei jungen Paaren ermitteln und zu Voraussagen verwerten lassen. Er stellte einen einfachen, aus je zehn auf vier Dimensionen bezogenen Fragetest zusammen, um damit vorauszusagen, welche Paare nach fünf Jahren noch zusammensein und welche sich wieder trennen würden. Die vier Dimensionen waren: 1. keine unrealistischen Erwartungen, 2. Wertschätzung für bestimmte Eigenschaften bzw. Verhaltensweisen des Partners, 3. Bereitschaft und Fähigkeit zur Kommunikation vor allem in dem Sinne, dass sich immer wieder ein gemeinsamer Aufmerksamkeitsfokus schaffen und erhalten ließ, und 4. Bereitschaft zu und Fertigkeit in Konfliktbewältigung, vor allem im

Sinne einer Fähigkeit und Bereitschaft zum Aushandeln von Kompromissen. Die Trefferquote der richtigen Voraussagen lag bei 85%.

Wynnes Modell impliziert, dass eine dauerhaft erfolgreiche Paarbeziehung – also auch eine Paarbeziehung, worin die Fusion von Partner- und Elternschaft gelingt – eine Reihe von Stadien zu durchlaufen hat, die sich als care giving, communication, joint problem solving, mutuality und schließlich intimacy konzipieren lassen. Auf deutsch ließen sich diese mit Fürsorge, Kommunikation, gemeinsames Problemlösen und Gegenseitigkeit übersetzen. Wynne zufolge kann es innerhalb jedes dieser Stadien zu pathologischen Ausschlägen nach drei Richtungen kommen. Zum Beispiel kann Fürsorge im Sinne von Überfürsorglichkeit, Gleichgültigkeit und Feindseligkeit gestört sein. Kommunikation zeigt sich störbar im Sinne amorpher Kommunikationsabweichungen (wie diese von Wynne und Singer näher beschrieben wurden), von eingeengter Kommunikation und fragmentierter Kommunikation usw. Interessanterweise kommt in diesem Modell der Intimität für das Funktionieren von Partner- und Elternschaft eine nur untergeordnete Bedeutung zu.

Wynne geht davon aus, dass, soll die Fusion von Partnerschaft und Elternschaft gelingen, die genannten Stadien auseinander hervorgehen bzw. aufeinander aufbauen müssen. Das würde der Vorstellung entsprechen, dass Partner eine Phase des Sich-Kennenlernens und des Sich-an-sich-Gewöhnens und des Sich-Zusammenraufens durchlaufen müssen, ehe erwartet werden kann, dass sie den Anforderungen, die sowohl Partnerschaft als auch Elternschaft stellen, gewachsen sein werden.

(Helm Stierlin, Normale versus gestörte Familien: Bedingungen für das Gelingen der Fusion von Partnerschaft und Elternschaft aus der Sicht der systemischen Praxis, in: Alois Herlth/Ewald J. Brunner/Hartmann Tyrell/Jürgen Kritz [Hrsg.], Abschied von der Normalfamilie? Partnerschaft kontra Elternschaft, Axel Springer Verlag, Berlin 1994, S. 175ff.)

Entwerfen Sie vor dem Hintergrund dieses Textes einen Familienratgeber in Form eines Faltblattes.

P Projektvorschlag zum selbstständigen Weiterarbeiten

A Umfrage: Was ist mir an der Familie wichtig?
Wie lange und wofür brauche ich die Familie?
Bereiten Sie nach der gleichen Methode wie bei der Umfrage „Die ideale Familie“ (S. 85) Karten vor, die Sie für eine kleine Umfrage benutzen können.
Solche Umfragen sind natürlich nicht repräsentativ.

B Interview: Welche Bedeutung hat die außerfamiliale Erziehung (Tagesmütter, Kindergruppen, Nachbarschaftshilfen, ...)?
Versuchen Sie herauszufinden, ob es solche Einrichtungen in Ihrer Nähe gibt.
Erstellen Sie einige Thesen und versuchen Sie durch entsprechende Interviews Argumente bzw. Gegenargumente für die Thesen zu finden.
Eine These könnte z.B. heißen:
Die außerfamiliale Erziehung ist wichtiger als die familiale Erziehung.

C Collage: Wie ich mir meine zukünftige Familie vorstelle (Familienfoto 2020).
Ein ,living apart together'-Modell? –
Vgl. Sie den nachfolgenden Text.

Mit Blick auf die Zukunft kollektiver Lebensformen halte ich es für zuhöchst unwahrscheinlich, dass es in absehbarer Zeit noch einmal ein Muster des Zusammenlebens geben wird, das so dominant und langlebig sein könnte wie das der „bürgerlichen" Ehe und Familie. [...]
Theoretische Erwägungen lassen in einer individualisierten Gesellschaft einen Beziehungstyp als am relativ besten den Bedingungen der Moderne (oder Post-Moderne) angepasst erscheinen, dessen Mitglieder „getrennt zusammenleben". „Living apart together" hat sich inzwischen als Fachterminus eingebürgert. [...]
Das „living apart together" erscheint geeignet, das ebenso banale wie ernsthafte Problem – und die damit verbundenen Belastungen und Konflikte – zu reduzieren, einen gemeinsamen Alltag immer wieder neu strukturieren zu müssen, indem der *gemeinsame* Teil des Alltags verringert wird. [...]
Das „living apart together", mit dem hier im Wesentlichen gemeint ist, dass die Lebenssphären der daran Beteiligten mehr oder weniger getrennt sind und relativ autonom geregelt werden, kann in verschiedensten Arrangements auftreten: Am deutlichsten würde dieses Modell in der Führung jeweils eigenständiger Haushalte durch die Partner zum Ausdruck kommen. Diese könnten räumlich mehr oder weniger getrennt sein (z.B. zwei Wohnungen in einem Haus oder zwei Wohnungen in verschiedenen Häusern).

(Hans-J. Hoffmann-Nowotny, Lebensformen und Lebensstile unter den Bedingungen der [Post-] Moderne; in: Familiendynamik, 16. Jg., 4/91, S. 316)

D Familienberatung:

Informieren Sie sich über die Aufgaben einer Familienberatung und stellen Sie zusammen, welche Einrichtungen und welche Personen helfen können, falls es in Familien mal nicht so gut klappt!

E Familienlexikon:

Entwerfen Sie ein ,Familienlexikon', ähnlich dem hier vorgelegten!

Familie von A bis Z

Familie **ade**!	Nein, das nicht, aber Familie anders!
Familien**bett**	Ein höchst umstrittene Angelegenheit.
Familien**clo**	Einziger Ort, wo sich Mami ab und zu – wenn überhaupt – zurückziehen kann (bis Papi Hilfe braucht)
Familien**drama**	Die tragischen Ereignisse nehmen zu. Die Zeitungen berichten allerdings nur von den spektakulärsten.
Familien**ehre**	Trägt viel dazu bei, dass es Familiendramen gibt.
Familien**fest**	Meistens am schönsten, wenn alles vorüber ist.
Familien**glück**	Das heißt für jeden Menschen etwas anderes.
Familien**hotel**	Sehr empfehlenswert für „ganz normale Ferien".

Familien**i**dylle	Wenn Familie Huber sich nichts anmerken lässt.
Familien**j**ojo	Auf und ab, auf und ab, auf und ab, ab, ab …
Familien**k**rankheit	Zum Beispiel Fernsehen.
Familien**l**eben	– So und anders!
Familien**m**anagement	Die Mutter macht, der Vater bezahlt.
Familien**n**amen	Lassen in Kürze erkennen, ob man normal, „stief“ oder sonst was ist.
Familien**o**lé	Spanischer Ausdruck für: „Es lebe die Familie – so und anders!“
Familien**p**olitik	„Worte sind schön, doch Hühner legen Eier!“ (Afrikanisches Sprichwort)
Familien**q**uartett	Kann man nur spielen, wenn man normal ist und zwei Kinder hat.
Familien**r**at	Radiosendung im Schweizer Radio DRS I, jeweils Dienstagabend, 20–21 Uhr.
Familien**s**eelsorge	Mutti ist die Beste!
Familien**t**isch	Wenn Papi heimkommt, die Kochkünste von Mami lobt und die Kinder ruhig essen.
Familien**u**nglück	Wenn Familie Huber sich immer noch nichts anmerken lässt.
Familien**v**ersicherung	Früher war es der Trauschein.
Familien**w**appen	Etwas vom wenigen, das im Zusammenhang mit „Familie“ Bestand hat.
Familien-„**X**“	für ein „U“ vormachen.
Familien**y**azee	Würfelspiel, meist mit Gewinnern und Verliererinnen.
Familien**z**ulage	Viele würden sie brauchen, nur wenige kriegen sie (Schweizer Verhältnisse).

(Brigitte Legatis-Roth/Ruth Schnelli-Näf, Familienleben so und anders!, © Verlag pro juventute, Zürich 1993, S. 101f.)

Hinweise

Familienhelferspiel, Verlag Ravensburg

- Verena Krähenbühl/Hans Jellouschek/Margret Kohaus-Jellouschek/ Roland Weber, Stieffamilien: Struktur–Entwicklung–Therapie, Lambertus Verlag, Freiburg im Breisgau 1995
- Gerhard Bliersbach, Schwierige Verhältnisse – Über das Innenleben von Stieffamilien, in: Psychologie heute, Januar 1999, Seite 36ff.
- Dorothea und Hania Luczak, Familien-Psychologie: Die unheimliche Macht des Clans, in: GEO 3/2000, S. 16ff.

2.3 Der Kindergarten – die erste pädagogische Institution im Leben der meisten Kinder

(Zeichnung: Florian Stiller)

Jede Schülerin/jeder Schüler bringt einen typischen Gegenstand mit, der für sie/ihn die eigene Kindergartenzeit repräsentiert. Alle setzen sich in einen Stuhlkreis (wie im Kindergarten), zeigen den anderen ihren Gegenstand und berichten der Reihe nach, welche Gefühle und Erinnerungen der Gegenstand verkörpern soll. Versuchen Sie im Anschluss daran Fragen und Thesen zum Thema Kindergarten zu formulieren.

Einführung

Die ersten Wochen im Kindergarten

Die erste Woche: „Vorsicht ist die Mutter der Porzellankiste" oder ‚die Orientierungsphase'

(Zeichnung: Maria Wolf-Filsinger)

In der ersten Woche warten die Neulinge zunächst ab, halten sich im Hintergrund und beobachten das Kindergartengeschehen aus der Ferne. Da ihnen der Kindergartenalltag nicht geheuer ist, beteiligen sie sich noch nicht von sich aus an Aktivitäten mit anderen Kindern. Vielmehr müssen die Neuen erst einmal die vielen auf sie einstürmenden Reize in ihrer Bedeutung erfassen und auf Gefahrensignale hin überprüfen. So findet sich der Neuling in einem ihm fremden, großen Gebäude mit vielen Türen und unbekannten Räumen wieder, wo er sich verirren und verloren gehen kann. Als eines unter vielen soll er sich mit seinen Wünschen und Bedürfnissen an eine fremde Person wenden, die von einer Unmenge lärmender Kinder belagert wird. In einer solchen Situation kann z.B. das Bedürfnis, auf die Toilette gehen zu müssen, zu einem schier unüberwindlichen Problem werden.

Die Kinder sind in der ersten Woche ständig bemüht, das sie umgebende Chaos zu entwirren und zu ordnen. Zu diesem Zweck beziehen sie gleichsam einen ‚Beobachterposten'. Aus sicherem Abstand heraus versuchen sie, die Ereignisse im Kindergarten danach zu beurteilen, inwieweit sie mit früheren Ereignissen und Erfahrungen vergleichbar sind. Je nachdem, wie sehr ihre Vorerfahrungen mit der momentanen Situation übereinstimmen, können die Neulinge altbekannte und bewährte Verhaltensmuster einsetzen oder müssen neue entwickeln.

Die Zurückhaltung der Kinder im Umgang mit den andern ist also sinnvoll, weil sie eine ungehinderte Informationsaufnahme garantiert. So können sich die Neulinge voll und ganz auf die im Kindergarten herrschenden Spielregeln konzentrieren. Ohne diese erste Orientierung sind soziale Eingliederungsbemühungen nicht möglich: Erst wenn sich die Neuen sicher fühlen, die mit dem Kindergarten-Eintritt verbundenen Anforderungen (Trennung von der vertrauten Bezugsperson, neue räumliche Umgebung, neue zusätzliche Bezugsperson, neue soziale Rolle und damit verbundene Erwartungen) bewältigen zu können, sind sie bereit, erste Kontaktversuche zu unternehmen und eine mögliche Ablehnung zu riskieren.

Die Kinder, die den Kindergarten schon länger besuchen, zeigen Verständnis für die besondere Situation der Neuen. Sie ‚beschnuppern' die neuen Kinder und sind Spielregelverletzungen gegenüber noch tolerant.

Die zweite Woche: „Hoppla, jetzt komm ich!“ oder ‚die Durchsetzungskrise‘

(Zeichnung: Maria Wolf-Filsinger)

Nachdem sich die Neulinge mit den Räumlichkeiten vertraut gemacht haben und die wichtigsten Spielregeln des Kindergartenalltags kennen, gehen sie nun mehr aus sich heraus und starten die ersten Kontaktversuche. Sie setzen alle ihnen zur Verfügung stehenden Mittel ein, um in die bestehende Gruppe aufgenommen zu werden. Ihre Möglichkeiten reichen dabei von Sich-interessant-und-beliebt-Machen über Sich-Einschmeicheln bis hin zur Nachahmung ‚alteingesessener‘ Kindergartenkinder. Die Neuen versuchen, die Aufmerksamkeit auf sich zu lenken und sich ‚in Szene zu setzen‘. Allerdings müssen sie dann damit rechnen, dass sie anecken: Zum einen führt ein solches Verhalten zu Konkurrenz mit den anderen Neulingen, die ebenfalls ‚ankommen‘ wollen; zum andern geraten sie in Konflikte und Rivalitäten mit den langjährigen Kindergartenkindern, die ihr Ansehen in der Gruppe gefährdet sehen und deshalb ihre Schonhaltung den Neuen gegenüber aufgeben. Die Situation spitzt sich zu. Der Machtkampf um eine angesehene soziale Position (Anführer, Gruppenclown etc.) findet vor allem in der zweiten Woche statt.

Die Durchsetzungsversuche erfordern den vollen Einsatz der Kinder und zehren an ihren Kräften. Das Hin und Her der Auseinandersetzungen lässt die Kinder unausgeglichen und empfindlich werden und zeigt sich auch in körperlicher Erschöpfung.

In dieser Phase machen die Erzieher(innen) in stärkerem Umfang als gewohnt die Erfahrung, zum Schlichten von Streitereien herangezogen zu werden: Zum einen kommt es – wie bereits erwähnt – in dieser Phase sowieso vermehrt zu Konflikten, zum anderen sind die Neuen (noch) zu unerfahren, um die Streitereien unter sich auszumachen.

Die dritte Woche: „Mit Geschick und Spucke fängt man eine Mucke“ oder ‚von allgemeinen zu besonderen Maßnahmen‘

Nach den beiden ersten ereignisreichen und anstrengenden Wochen sind die Hauptauseinandersetzungen vorüber. Die alteingesessenen Kinder haben inzwischen von den Neuen Notiz genommen. Mit zunehmender Kindergartenerfahrung haben die Neulinge Einblick in das Rollen- und Machtgefüge der Gruppe gewonnen. Sie wissen nun, welche Kinder angesehen und beliebt sind und welche einen starken Einfluss auf die Gruppe ausüben. Dieses Wissen nutzen sie für sich. Während sie zu Beginn ihres Kindergartenbesuchs keine Unterschiede machten und mit allen Kindern gut auszukommen versuchten, gehen sie ab diesem Zeitpunkt zu gezielteren Eingliederungsbemühungen über,

indem sie vor allem angesehenen Kindern den Hof machen. Ihr Ziel ist es, die bisher erreichte Position in der Gruppe zu festigen und auszubauen. So zeigen sie sich gerne im Gefolge der beliebten Kinder und hoffen auf diese Weise, etwas von deren Attraktivität abzubekommen und sich so aufzuwerten. Um das erwählte Vorbild auf sich aufmerksam zu machen, überhäufen sie es mit Geschenken und anderen Zuneigungsbeweisen. Die Neuen nehmen bei den Kindergarten-Autoritäten so etwas wie eine ‚Satelliten-Rolle' ein: Sie umschwärmen sie und richten sich nach ihnen aus. Diese Gunstbezeugungen beanspruchen jedoch die volle Aufmerksamkeit der Neulinge, sodass ‚Gut-Wetter-Aktionen' und allgemeine Bemühungen um die *gesamte* Gruppe nachlassen. Die Neuen können in dieser Phase den anderen, weniger attraktiven Kindern gegenüber nicht mehr so zuvorkommend und aufgeschlossen sein.

(Zeichnung: Maria Wolf-Filsinger)

Die vierte Woche: „Übung macht den Meister" oder ‚der Alltag kehrt wieder ein'

Die meisten Neulinge scheinen sich nach vierwöchigem Kindergartenbesuch so weit eingewöhnt zu haben, dass die größten Anfangsschwierigkeiten überwunden sind. ‚Normalisierungsprozesse' zeigen sich in sämtlichen Verhaltensbereichen.

(Bettina Haefele/Maria Wolf, Aller Kindergarten-Anfang ist schwer. Hilfen für Eltern und Erzieher, Don Bosco Verlag, München, 5. Aufl. 1994, S. 10–17; gekürzt)

1. Beschreiben Sie mithilfe des Textes das Verhalten der „Neuen" im Kindergarten.
2. Welche Erklärungen geben die Autorinnen für dieses Verhalten? Ergänzen Sie diese Erklärungen durch eigene Überlegungen.
3. Wie sollten die Erzieherinnen und Erzieher auf dieses Verhalten reagieren?
4. Vergleichen Sie die Situation der Neuen im Kindergarten mit Ihrer Situation zu Beginn der Jahrgangsstufe 11. Lassen sich vergleichbare Prozesse feststellen?

Bauarbeiter verändern den Kindergartenalltag

Auf dem Außengelände unseres Kindergartens beginnen eines Tages Bauarbeiter, die Erde auszuheben. Am zweiten Tag erkundigen die 4-5-jährigen Kinder sich bei mir, was da vor sich gehe. Mir selbst erscheint diese Frage unwichtig, da die Arbeiten im Auftrag der anliegenden Schule ausgeführt werden und mit unserem Kindergarten nichts zu tun haben. Ich sitze gestresst über Büroarbeiten, die ich viel drängender finde als die Frage der Kinder. Ich speise sie mit einem „Weiß ich auch nicht" ab und schicke sie gereizt weg. Dabei hinterlasse ich sehr deutlich den Eindruck, dass sie mich mit Nichtigkeiten gestört haben.

Kaum sind die Kinder aus der Tür, komme ich „zur Besinnung". Ich lasse meine Listen und Abrechnungsbücher liegen, laufe hinter den Kindern her und sage ihnen, dass sie Recht gehabt hatten mit ihrer Frage. Sie hatten mich neugierig gemacht. Auch ich möchte nun gerne wissen, was genau vor unserer Tür geschieht. Ich bin froh, dass sie mich auf diese Frage gestoßen haben. Ich mache ihnen den Vorschlag, zusammen zu den Bauarbeitern zu gehen und diese selbst zu fragen. Die Männer scheinen überrascht, dass sich die Kinder für ihre Arbeit interessieren. Zugleich wirken sie unsicher, weil sie nicht wissen, wie Kindern auf solche Fragen geantwortet werden kann. Sie wollen uns zunächst glauben machen, dass das Loch, das sie da gebuddelt haben, der Beginn einer neuen U-Bahn-Linie sei. Die Kinder lassen sich nicht irritieren, sondern beginnen mit den Männern über diese Möglichkeit zu diskutieren. Sie sagen, dass das unmöglich wahr sein könne, weil die nächste U-Bahn-Station sich unweit vom Kindergarten befinde. Schließlich erfahren wir, dass es sich um Kanalisationsarbeiten handelt.

Als die Kinder wieder in die Gruppe gehen, bleiben sie angeregt im Gespräch. Es wird sehr deutlich, was sie beeindruckt: vor allem die Menschen selbst, dann aber auch die Männer in ihrer Berufsbekleidung, mit ihren Werkzeugen, ihre Art zu sprechen, sich zu bewegen und ihre Tätigkeit. Die Kinder signalisieren großes Interesse an dieser Erwachsenengruppe. Immer wieder stehen sie in den nächsten Tagen bei den Bauarbeitern, sehen ihnen zu und suchen das Gespräch. Schließlich schlagen die Erzieherinnen den Kindern vor, die Männer zum Frühstück in ihre Gruppe einzuladen. Eine Kinderabordnung geht zur Baugrube, um den Bauarbeitern die Einladung zu überbringen. Diese verweisen auf „den Boss", der das entscheiden müsse. Es gelingt den Kindern, diesen zur Zustimmung zu bewegen. Dabei stellt sich auch heraus, dass die Frühstückspausen der Kinder und der Bauarbeiter unterschiedlich sind. Man muss sich auf eine gemeinsame Zeit einigen, was Rücksprachen und Koordination erfordert.

Es muss auch geklärt werden, was den Männern zum Frühstück anzubieten ist. Diese geben die Auskunft, dass sie ihr Brot selbst dabei hätten, ein „Pott Kaffee" aber prima wäre. Zur Vorbereitung des Ereignisses überlegen sich alle Kinder der Gruppe zusammen mit der Erzieherin Fragen, die sie an die Gäste stellen wollen.

Dann findet das gemeinsame Frühstück statt. Die Männer müssen sich auf kleine Kinderstühle hocken und finden, dass das eine lustige und ungewohnte Erfahrung ist. Sie packen ihre Frühstücksbrote aus, die sie in Brotdosen transportieren, die mit kräftigen Gummibändern zusammengehalten werden. Ihre Brote erscheinen gegenüber den Schnittchen der Kinder riesig. Bevor sie sie auspacken, legen sie ihre Arbeitshandschuhe ab. Während des Frühstücks entwickelt sich ein lebhaftes Gespräch, in das sich die Bauarbeiter nach und nach einlassen können. Dieses Gespräch wird aufgenommen, um es später in der Gruppe abhören zu können und zur Verarbeitung wieder lebendig werden zu lassen. Die Kinder interessiert nicht nur der Beruf, sie fragen auch danach, ob die Männer Kinder haben, wo sie wohnen, ob ihnen Spaß macht, was sie tun, wer ihre Frühstücksbrote macht, wie sie kräftig genug für ihre Arbeit werden, wie sie gelernt haben, das tun zu können, ob sie reich dabei werden. Es wird ein langes Frühstück, zu dessen Ende ein Bauarbeiter der Kindergruppe seine Arbeitshandschuhe schenkt.

In den folgenden Tagen bauen die Kinder vorzugsweise mit diesen Arbeitshandschuhen – egal, ob es ihnen dabei schwerer fällt, die kleinen Bausteine zu greifen oder nicht. Es ist ein Ernst in ihr Spiel gekommen, den sie hoch bewerten. Es entwickeln sich Streitereien um dieses Paar Handschuhe, so dass wir uns entschließen, mehrere Paare anzuschaffen. Das Bauen wird zur bevorzugten Tätigkeit der Gruppe. Aber die Kinder merken auch, dass das „Baumaterial", das ihnen zur Verfügung steht, nicht „echt" ist, nicht so echt wie die Handschuhe, die sie zum „Bauen" benutzen.

So entschließen wir uns, eine Ladung Ziegelsteine zu ordern. Ein Kipplaster lädt den Ziegelsteinberg an der Straße ab, und wir alle – Kinder und Erwachsene – müssen die Steine auf unser Gelände schaffen. Dabei werden wir sehr erfindungsreich: Wir bilden Ketten und geben die Steine von einem zum anderen weiter. Wir finden Eimer, Kisten, Schubkarren und andere Behältnisse zum Transport und merken dabei auch, dass gegenseitige Hilfe sehr nützlich ist. Vor allem aber erleben wir, dass jetzt die Arbeitshandschuhe gebraucht werden: Sie verhindern Druckstellen und Verletzungen, schützen auch vor der Kälte der Ziegelsteine. Einige Tage wird im Außengelände mit den Ziegelsteinen gebaut: Mauern, Grundrisse, Platten werden gelegt und geschichtet. Die Kinder erleben die Brüchigkeit bei zu heftigen Stößen und sehen mit Erstaunen das „weiße Pulver“, das von den Steinen abfällt. Sie probieren aus, wie eine Mauer am besten hält, und entdecken den versetzten Fugenbau. Sie achten sowohl auf die Steine als auch auf die Handschuhe, weil ihnen beides wichtig genug ist. Andere Kinder beschäftigen sich weiter mit den Bauarbeitern und schauen ihnen bei der Arbeit zu, stellen ihre Fragen und bekommen dann und wann ein Teilchen von der Baustelle geschenkt, das sie in ihr Spiel integrieren.

Einzelne Kinder holen sich einen Fotoapparat aus der Gruppe und machen Aufnahmen von den Bauarbeitern. Uns faszinieren die Ausschnitte, die sie fotografieren. Wir staunen über die Motive, die sie wählen und die ahnen lassen, was die Kinder beeindruckt. Die Fotos werden mit den Kinder entwickelt und im Gruppenraum ausgehängt.

Schließlich regen wir die Kinder dazu an, die Ziegelsteine „in echt“ zu verbauen. Sie lernen, Mörtel anzumischen (und wir auch!) und bauen gemeinsam mit einer Erzieherin eine große Kiste im Außengelände, in der in Zukunft die Materialien für das Spiel im Freien aufbewahrt werden sollen.

Parallel dazu fällt uns auf, dass die Kinder über die Berufe ihrer Eltern zu erzählen beginnen. Wir entschließen uns, diese Tätigkeiten, wann immer möglich, in den Kindergartenalltag einzubeziehen. So kommt in der Folgezeit eine Mutter – gelernte Friseuse – in die Gruppe und frisiert vor den Augen aller Kinder einer Erzieherin die Haare. Ein Vater – Elektriker – entwickelt mit den Kindern kleine Schaltwerke mit Batterien und Klingeln. Ein anderer Vater – Busfahrer – nimmt uns auf eine Fahrt mit; eine weitere Mutter besuchen wir vor Ort an ihrem Arbeitsplatz. Die Menschen, die regelmäßig zu uns in den Kindergarten kommen, beziehen wir ein: die Fensterputzer, die Lieferanten, den Postboten. Sie werden in Gespräche gezogen und dazu überredet, die Kinder bei ihrer Tätigkeit mithelfen zu lassen. Unser Postbote – gelernter Tischler – fertigt schließlich in seiner Freizeit mit den Kindern zusammen den Deckel für die gemauerte Materialkiste.

Auch die Erzieherinnen werden von den Kindern nach ihrem Beruf gefragt. Die Kinder sind erstaunt darüber, dass das, was diese täglich mit ihnen zusammen tun, ihr Beruf ist, und interessieren sich nun mehr für deren Privatleben. Das führt dazu, dass einige Kolleginnen einen Tag mit den Kindern in ihrer Wohnung verbringen und mit ihnen kochen, einkaufen, staubsaugen, Betten machen, weil die Kinder genau diesen Alltag anschaulich miterleben und ihren Beitrag dazu leisten wollen.

So haben die Bauarbeiter über Wochen den Kindergartenalltag verändert.

(Erika Kazemi-Veisari, Offene Planung im Kindergarten, Herder, Freiburg 1996, S. 11ff.)

1. Beschreiben Sie die Aktivitäten der Kindergartengruppe.
2. Welche Ziele werden die Erzieherinnen mit ihrer Arbeit verfolgen?
3. Vergleichen Sie diese Beschreibung der Kindergartenarbeit mit Ihren eigenen Erfahrungen (als Kind oder Praktikant/in) im Kindergarten. Wären Sie gerne in einem solchen Kindergarten gewesen?
4. Welche Fragen ergeben sich für Ihre Weiterarbeit am Thema?

Warum gibt es öffentliche Einrichtungen zur Kindererziehung? Ein Blick in die Geschichte

Organisation von Kinderbewahranstalten

Die Frage, ob die Leitung der Kinder in diesen Anstalten männlichen oder weiblichen Personen anvertraut werden müsse, kann eigentlich nur zugunsten der Letzteren beantwortet werden, wenigstens sollte der größte und wesentlichste Theil der Beschäftigung mit den Kindern der weiblichen Hand überlassen bleiben. Denn es gilt ja, in diesen Anstalten den Kindern die Mutter zu ersetzen. [...]
Da viele dieser Anstalten von Frauenvereinen gegründet worden sind, welche die Beaufsichtigung und Unterhaltung derselben übernommen haben, so ist auch in dieser Beziehung wünschenswerth, dass die Pflege der Kinder vornehmlich weiblichen Händen anvertraut sei, damit zwischen diesen Pflegerinnen und den beaufsichtigenden Vereinsgliedern ein natürlicher und leichter Verkehr möglich wird. Aus diesem Grunde wäre es wünschenswerth, auch an die Spitze einer solchen Anstalt eine Frau zu stellen, und somit die gesammte Führung derselben lieber einer Vorsteherin (Hausmutter), als einem Manne zu übergeben. Da aber bei den ärmlichen Verhältnissen solcher Anstalten die an denselben wirkenden Persönlichkeiten immer werden aus den untern Ständen genommen werden müssen, und in diesen gerade die älteren unverheiratheten Personen selten die Eigenschaften besitzen, welche von einer solchen Vorsteherin gefordert werden, und da andererseits der Verkehr mit den Eltern der Kinder manche Schwierigkeiten darbietet, denen nur der Mann recht begegnen kann, so wird, wie es auch in den meisten Fällen wirklich ist, es immer das Beste bleiben, ein wohlwollendes und gemüthliches, nicht kinderreiches, aber auch nicht kinderloses Ehepaar an die Spitze des Ganzen zu stellen. Aber auch in diesem Falle bleibt es wünschenswerth, dass die Frau sich nicht bloß mit der Aufsicht über das Haus, das Mobiliar und die Effecten der Schule und mit der Sorge für die allezeit höchst nöthige Reinlichkeit und Ordnung beschäftige, sondern dass sie an den mit den Kindern vorzunehmenden Beschäftigungen und Spielen einen persönlichen und nicht zu beschränkten Antheil nehme, denn nur so kann die Aufgabe der Kleinkinderbewahranstalt, den Kindern die Familie und vornehmlich die Mutter zu ersetzen, erfüllt werden. [...]
Leider ist es gewöhnlich nicht so, sondern die Theilung der Geschäfte zwischen Mann und Frau ist in den meisten Fällen eine solche, dass die Hausmutter sich ganz auf die äußeren Dinge des Hauswesens beschränkt, und der Hausvater ganz den persönlichen Verkehr mit den Kindern übernimmt. Diese Trennung, hauptsächlich durch das so oft hervortretende Ungeschick der Frauen zur Leitung der Kinder hervorgerufen, ist eine dem Wesen der Kinderbewahranstalt ganz widersprechende und muss ganz die Wirksamkeit derselben in hohem Grade schmälern. Damit sie nicht nöthig werde, bleibt zu wünschen, dass der Hausmutter eine Gehülfin, eine zweite jugendlichere Wärterin, zur Seite gestellt werde. Die Thätigkeit derselben besteht darin, dass sie gewisse Arbeiten für das Hauswesen übernimmt und an der Sorge für die Kinder, namentlich für einzelne, welche durch besondere Umstände die Beschäftigung mit der Gesammtheit stören, sich betheiligt, auch wohl gelegentlich nach Anweisung selbst einmal ein Spiel der Kinder leitet. Das Vorhandensein einer solchen Gehülfin oder Unterwärterin ist aus vielen Gründen wichtig, unter denen wir nur den einen hervorheben, dass dadurch die unun-

terbrochene Thätigkeit der Kinderbewahranstalt, welche eine der Hauptbedingungen ihres Bestehens ist, gesichert wird. Diese Anstalten müssen nämlich eigentlich das ganze Jahr hindurch, mit Ausnahme der Sonn- und Festtage, geöffnet sein, und dürfen keine Ferien eintreten lassen, wenn sie nicht die Eltern in Verlegenheit setzen und durch die Vorsorge, welche nun doch für die Kinder anderweitig getroffen werden muss, gleichgültig gegen die Bewahranstalt machen wollen. Es muss daher vorgesehen sein, dass die Hausmutter oder der Hausvater gelegentlich abwesend, krank usw. sein, und die Anstalt dennoch ihre Wirksamkeit fortsetzen kann. Der Fall, dass aus solchen Gründen die Kinder nach Hause geschickt werden müssen, *darf nicht eintreten*, und müsste, wenn er öfter wiederkehrt, das Vertrauen zur Anstalt ganz zerstören, weil unter den Verhältnissen, denen diese Anstalten entgegentreten wollen, angenommen werden muss, dass die zurückgeschickten Kinder die elterliche Wohnung verschlossen finden und völlig ohne Aufsicht sind. [...]

Eigentliche Lehrer oder Lehrerinnen an diesen Anstalten zu beschäftigen, scheint weder nöthig, noch wird es leicht ausführbar sein. Einer Anstalt, die, wie wir voraussetzen, aus dem Hausvater, der Hausmutter und einer Wärterin besteht, können recht gut bis 50 Kinder anvertraut werden. [...]

Das Local der Kleinkinderbewahranstalt wird, wie die Verhältnisse bei uns sind, selten durch selbstständige und dem Zweck derselben besonders gewidmete Gebäude dargeboten werden können. [...]

Bei uns wird das nöthige Local gewöhnlich in Privathäusern gemiethet werden müssen. Es ist dabei zunächst darauf zu sehen, dass die Wohnung des leitenden Ehepaares nicht nur in demselben Hause sich befinde, sondern, wo möglich, in unmittelbarer Verbindung mit den zur Aufnahme der Kinder bestimmten Localitäten stehe. Eine zweite kaum zu umgehende Forderung ist die, dass diese Localitäten sich zur ebenen Erde befinden, und dass dort, wo dieses nicht der Fall ist, wenigstens gute und mit niedrig gestellten Handleitern [Geländern] versehene Treppen vorhanden sind. Unbedingt erforderlich erscheinen: 1. ein größeres Aufenthaltszimmer, welches im Winter und bei schlechtem Wetter und für gewisse Beschäftigungen immerwährend zugleich Spiel- und Beschäftigungszimmer ist; 2. ein kleineres Zimmer, in welchem entweder zu Zeiten die kleinsten Kinder für besondere Spiele vereinigt, oder einzelne derselben, die das Bedürfnis des Schlafes empfinden, zur Ruhe gebracht werden können, zu welchem Zwecke dann auch einige Matratzen vorräthig sein müssen; 3. wenigstens eine geräumige Kammer, theils zum Ablegen der Bekleidungsstücke, die etwa gegen Kälte und Nässe von zu Hause mitgebracht worden sind und welche, wenn sie in dem Hauptzimmer blieben, eine schädliche Feuchtigkeit verursachen würden, theils zur Aufbewahrung von mitgebrachten Esswaren etc.; 4. ein geräumiger Spielplatz im Freien, wo möglich im Garten. Endlich ist auch 5. für die geeignete Anlage und Zugänglichkeit eines geheimen Gemaches Sorge zu tragen.

Das ad 1 bezeichnete Hauptzimmer muss außer dem Raum für die nöthigen Bänke, auf jedes Kind etwa 12–14 Zoll gerechnet, Tisch und Schränke noch einen ausreichenden freien Raum für die vorzunehmenden körperlichen Uebungen und ruhigeren Bewegungsspiele enthalten. [...]

Für 50 Kinder wäre demnach ein Zimmer von 30 Fuß Länge und 20 Fuß Breite erforderlich. Da die Erhaltung und Befestigung der Gesundheit der Kinder einer der Hauptzwecke dieser Anstalten ist, so wird namentlich bei diesem Hauptzimmer darauf gesehen werden müssen, dass es hell sei und doch kein blendendes Licht habe, dass daher die Fenster wo möglich nicht nach der Mittagsseite liegen und, wenn dies dennoch nicht vermieden werden kann, mit Fensterladen und dunklen Vorhängen versehen seien, um die größte Hitze und das stärkste Licht abzuwehren, dass auch die Mauer des Zimmers nicht weiß angestrichen sei, dass der Fußboden nicht feucht sei, dass endlich für reine

Luft durch die sorgsamste Reinlichkeit im Innern und durch Oeffnen der Fenster gesorgt werde. [...]

Die Geräthschaften für das zweite Zimmer und die Kammer ergeben sich aus der Bestimmung derselben; zu denselben tritt als besonders wünschenswerth eine Vorrichtung zum Waschen, so an der Wand befestigt, dass die größeren Kinder selbst hinzutreten und sich reinigen können. Neben dem Hauptzimmer ist für die Anstalt ein Spielplatz im Freien das unentbehrlichste und wichtigste Erfordernis. [...]

(Quelle: Flashar: Artikel „Kleinkinderschulen, Kinderbewahranstalten, Warteschulen, Kindergärten", in: Schmid, K. A. [Hrsg.]: Enzyklopädie des gesamten Erziehungs- und Unterrichtswesens. Gotha 1865, Bd. IV, S. 30–56, hier S. 50–53; In: Elisabeth Dammann, Helga Prüser [Hrsg.], Quellen zur Kleinkinderziehung. Die Entwicklung der Kleinkindschule und des Kindergartens, München 1981, S. 65–68)

Friedrich Fröbel: Nachricht und Rechenschaft von dem Deutschen Kindergarten [1843]

Nach der Gründung des deutschen Kindergartens vor drei Jahren dünkt es uns jetzt an der Zeit zu sein, von seinem Bestehen und Fortgange öffentlich Rechenschaft zu geben. Um uns darin einzuführen und um denen, die noch wenig von ihm gehört haben, nicht unverständlich zu sein, scheint es uns zweckmäßig, das Entstehen und die Aufgabe dieses Unternehmens in kurzen Umrissen ins Gedächtnis zurück zu rufen.

Der deutsche Kindergarten wurde aus dem tiefgefühlten Bedürfniss entsprechender Pflege der Kinder, vor ihrem Eintritt in die Schule, am Guttenbergsfeste 1840, einem Tage, der auf das allgemeine Lichtwerden hinwies, als ein gemeinsames deutsches Erziehungswerk gestiftet. Er ruht auf der Überzeugung, dass die Einzelerziehung der vorschulfähigen Kinder in der Familie, wie sie im Ganzen jetzt ist und unter den bestehenden Verhältnissen sein kann, für die Forderungen der Zeit nicht ausreiche. Seine Absicht geht darum dahin, den Familien und den Gesammtheiten dafür die nöthige Hilfe zu bringen. Als diese Hilfe bedürfen sie einmal Anstalten zur Aufsicht und Entwicklung ihrer Kinder und dann tüchtige Wärterinnen und Erzieherinnen. In der ersten Beziehung sind für die unteren Volksklassen die Bewahranstalten entstanden. So sehr man diese wichtig finden muss, so wird man sie doch zum größten Theil noch als mangelhaft erkennen. Was das zweite, die Bildung der Kindermädchen etc., betrifft, so ist dafür im Ganzen noch sehr wenig geschehen. Wie kann nun diesem Doppelbedürfnisse abgeholfen werden? – Dieß ist die Aufgabe, welche der deutsche Kindergarten zu lösen strebt.

Sein Zweck ist also nach der einen Seite, Kinder des vorschulfähigen Alters nicht nur in Aufsicht zu nehmen, sondern ihnen eine ihrem ganzen Wesen entsprechende Bethätigung zu geben; ihren Körper zu kräftigen, ihre Sinne zu üben und den erwachenden Geist zu beschäftigen; sie sinnig mit der Natur und Menschenwelt bekannt zu machen; besonders Herz und Gemüth richtig zu leiten und zum Urgrunde alles Lebens, zur Einigkeit mit ihm hinzuführen. Im Spiele sollen sie freudig und allseitig, alle Kräfte übend und bildend, in schuldloser Heiterkeit, Einträchtigkeit und frommer Kindlichkeit sich darleben, für die Schule und kommenden Lebensstufen sich wahrhaft vorbereiten, wie die Gewächse in einem Garten unter dem Segen des Himmels und der aufsehenden Pflege des Gärtners gedeihen.

Nach der andern Seite ist sein Zweck, Personen, namentlich junge Leute beiderlei Geschlechts, in der rechten Leitung und Beschäftigung der Kinder zu unterweisen, den Müttern gute Gehilfinnen in der Pflege der Kleinen, den Familien bessere Wärterinnen

und Erzieherinnen, den Bewahranstalten und anderweitigen Kindergärten geschickte Kindermütter und einsichtige Kinderführer zu geben.

Drittens muss aber auch der deutsche Kindergarten, um eine bessere Kindheitspflege zum Gemeingut zu machen, das Bekanntwerden und die Verallgemeinerung des entsprechenden Spielmaterials, d.i. angemessene auf die stufenweise Entwicklung des Kindes und in dem Wesen des Menschen begründete Spiele und Spielweisen sich zum Zweck setzen: wozu noch ein allgemeines Mittheilungsmittel, ein öffentliches Blatt gehörte zur Besprechung der in diesem Kreise sich zeigenden Wünsche, Bedürfnisse, Bestrebungen, Fortschritte etc., sowie zum Verbande der hier und dort entstandenen Kindergärten unter sich und mit dem allgemeinen deutschen Kindergarten.

Eine Musteranstalt also für Kinderpflege.
Eine Uebungsanstalt für Kinderführer und Führerinnen,
eine Anstalt, welche angemessene Spiele und Spielweisen zu verallgemeinern sucht, eine Anstalt endlich, mit welcher alle in solchem Geist wirkende Eltern, Mütter, Erziehende und ganz besonders sich bildende Kindergärten durch ein von ihr herauszugebendes Blatt in lebensvollem Zusammenhange stehen können,
dieß soll der Deutsche Kindergarten sein.

Um ihm die zur Verwirklichung alles dieses nöthige Grundlage, namentlich Grundeigenthum, Gebäulichkeiten und überhaupt alles dasjenige zu verschaffen, was im Fortgange der Entwickelung eine solche Anstalt bedarf, wurde der Weg durch Unterzeichnungen von Beiträgen zu 10 Thlr. Cour. gewählt, mit dem im Plane ausgesprochenen Zweck: dass das hierdurch auszuführende Erziehungswerk das bleibende, sich stets fortentwickelnde Eigenthum aller Unterzeichnenden, namentlich der deutschen Frauen und Jungfrauen sei. Das Vertrauen stützte sich dabei auf den Edelmuth der einsichtigen Menschenfreunde, welche die Zeit mit ihren Bedürfnissen erkennen und im Keime die künftige Saat erblicken: vor allem aber auf den frommen Sinn der Frauen und Jungfrauen, indem ja dem weiblichen Geschlechte die früheste Erziehung, die Pflege der Kindheit zunächst vom Schöpfer ans Herz gelegt ist. Die Frauenwelt, die in der Kindheitpflege ihr gemeinsames Band findet, soll sich hierdurch ein Werk gründen, woraus ihr alles das zufließt, was sie zur Erfüllung ihrer heiligen Pflichten und zur Erreichung ihrer hohen Bestimmung bedarf. Also auf die tiefe fromme Liebe der Frauen ist der Kindergarten gebaut, im Vertrauen zu dem, der als Vater will, dass keines seiner Kinder verloren gehe, und im Geiste dessen, der in ihnen das Himmelreich erblickt und der ihren Frieden, die reine Menschheit, behütet und gepflegt wissen will. [...]

(Günter Erning [Hrsg.], Quellen zur Geschichte der öffentlichen Kleinkinderziehung, Kastellaun, Saarbrücken 1976, S. 95ff.)

1. Vergleichen Sie mithilfe der beiden Quellen die „Kinderbewahranstalt“ mit dem Kindergarten Fröbel’scher Prägung.
2. Warum war es zu Beginn des 19. Jahrhunderts notwendig, öffentliche Institutionen für Kleinkinderziehung zu gründen?

Zur gesellschaftlichen Funktion vorschulischer Einrichtungen

Fragen wir uns, welche gesellschaftlichen Bedingungen zu Beginn des 19. Jahrhunderts zur Gründung der ersten Kleinkinderschulen und Kleinkinderbewahranstalten führten, so lassen sich drei Voraussetzungen nennen:

- Veränderte Produktionsformen bedingten die Gründung und die Ausbreitung der Manufakturen, was eine Trennung von Familie und Produktionsstätte zur Folge hatte. Damit verlor die Familie eine wichtige erzieherische Funktion, denn die heranwachsenden Kinder konnten nun nicht mehr durch Nachahmung des beruflichen Handelns ihrer Angehörigen bruchlos in die Berufsrolle hineinwachsen.
- Die Entstehung der Klasse des besitzlosen Proletariats mit Frauen- und Kinderarbeit brachte eine Verschlechterung der allgemeinen Lebensbedingungen, und hieraus folgte eine hohe Kindersterblichkeit, ein Absinken des Bildungsniveaus und die Gefährdung der psychischen und physischen Entwicklung der Kinder und Jugendlichen.
- In der geistesgeschichtlichen Bewegung der Aufklärung wurde das Bürgertum selbstbewusster und beanspruchte politische Mitbestimmung im Staat.

Aus diesen hier skizzierten gesellschaftlichen und geistesgeschichtlichen Voraussetzungen lassen sich die zwei Funktionen ableiten, die die öffentlichen Einrichtungen für Vorschulkinder haben sollten:

- Sie sollten zum einen für die Kinder der unteren Schichten ausfallende Erziehungsaufgaben der Familie wahrnehmen, und
- sie sollten zum anderen einen allgemeinen Bildungs- und Erziehungsauftrag erfüllen, der den neuen Bedürfnissen des sich von der Vorherrschaft des Adels emanzipierenden Bürgertums entsprach.

Wenn auch beide Aspekte nicht strikt voneinander zu trennen sind, weil sie in einem interdependenten Verhältnis zueinander stehen, so lässt sich an der geschichtlichen Entwicklung der Kleinkindpädagogik zeigen, dass sich je spezifische Einrichtungen für die Kinder aus unteren Schichten mit sozialfürsorgerischer Absicht und für die Kinder des gebildeten Bürgertums und des aufgeklärten Adels vornehmlich mit erzieherischer Zielsetzung bildeten.

(Wilma Grossmann, Kindergarten. Eine historisch-systematische Einführung in seine Entwicklung und Pädagogik, Beltz Verlag, Weinheim, 2. erw. Aufl. 1994, S. 15–20)

1. Vergleichen Sie Ihre Einschätzung der Entstehungsgründe für Bewahranstalt und Kindergarten mit den Ausführungen der Autorin.
2. Erläutern Sie an diesem Beispiel das Verhältnis von Erziehung und gesellschaftlichen Rahmenbedingungen.

Der pädagogische Ansatz: Situationsorientierung in der Kindergartenerziehung

Ein Beispiel aus der pädagogischen Arbeit im Kindergarten

In einer Kindertagesstätte in B. S. arbeiten Michael und Gundula nun schon seit elf Jahren. Beide sind in einer Gruppe zusammen, wobei es den Unterschied zwischen „Gruppenleitung“ und „Zweitkraft“ nicht gibt. Aufgrund von gemeinsam besuchten Fortbildungsveranstaltungen entstand bei den Mitarbeiterinnen der Einrichtung der Wunsch, die eigene, schon vor Jahren geschriebene Konzeption zu überarbeiten und mithilfe eines Referenten neu zu gestalten. Da es gerade bei der Konzeptionserstellung bzw. Konzeptionsüberarbeitung unumgänglich ist, dass der Referent die Situation der realen Arbeit zumindest in Ansätzen erkennt, wurden Gruppenbesuche verabredet und diese Termine gemeinsam mit den Kindern festgelegt. Zur abgesprochenen telefonischen Terminbestätigung wunderte es daher den Referenten auch nicht, dass eine Kinderstimme am Telefon war und den Termin durchgab. Wie sich später herausstellte, wählte Michael die Nummer und gab dann Johannes den Hörer in die Hand, der den Rest souverän meisterte.

Schon beim Eintritt in die Eingangshalle fiel die Freundlichkeit, Lebendigkeit und Ungezwungenheit der Einrichtung auf. Da waren keine „Katalogmöbel fein säuberlich“ aufgestellt, sondern zwei Sitzgruppen, auf denen einige Eltern saßen, Kaffee miteinander tranken und sich unterhielten. An der dem Eingang gegenüberliegenden Seite war in der Nähe der Wand ein großer Walfisch (aus feinem Maschendraht, überklebt mit Zeitungspapier und tiefblau angemalt), in dem vier Kinder auf einer Decke lagen und gemeinsam ein Bilderbuch betrachteten. Damit sie in dem Walfisch sehen konnten, war eine kleine Lichtquelle dorthin verlegt (mit Klingeldraht und einer 6-Volt-Birne). Andere Kinder wiederum spielten in einer Ecke mit Duplo-Steinen und hatten sich offensichtlich vorgenommen, einen sehr, sehr hohen Turm zu bauen. Neben dem „großen, maulgeöffneten Walfisch“ war eine Wand ganz mit unterschiedlichen Materialien versehen, vom selbstgewebten Wollteppich über zusammengebundene Reisighölzer, von kleinen Fellstückchen über senkrecht untereinander gespannte Gitarrensaiten, von selbstgebrannten Tonstäben bis zu Glaskugeln, Stoffgirlanden, Seilen, Schaumstofffiguren, Schaumgummiblöcken in unterschiedlichen Größen und weiteren gegenständlichen Materialien. Das konnte nur eine Tastwand sein.

Die Gruppentüren standen teilweise auf, teils waren sie geschlossen und teilweise waren sie angelehnt. Während des faszinierten Betrachtens und dem spontanen Wunsch des Besuchers, mal selber in dem Walfisch zu verschwinden oder die Tastwand mit verbundenen Augen zu „be-fühlen“, um zu erraten, was das Erfühlte alles sein könnte, kam schon ein ca. 4-jähriges Mädchen auf den Besucher zu und fragte ihn, was er denn möchte. Nach einer kurzen Erklärung meinte sie, sie wisse jetzt schon, wer der Besucher sei, nahm ihn bei der Hand und führte ihn in eine Gruppe mit der Bezeichnung „Eichhörnchen“ und rief laut in die Gruppe: „Hier ist unser Besuch, der mal gucken wollte, was wir spielen.“ Einige Kinder schauten auf, andere schienen es nicht gehört zu haben oder hören zu wollen, und einige Kinder und Michael begrüßten den Besucher. Tasche und Mantel wurden abgelegt, ein Kind bot sofort seine Hilfe an, den Mantel zur Garderobe zu bringen, und tat es dann auch gerne. Zum ersten Blickwerfen in die Runde bestand kaum Zeit, denn schon fragten einige der hinzugekommenen Kinder, woher der Besucher denn käme, ob er ein Auto oder den Bus benutzt hätte („ein Bus ist nämlich umweltfreundlicher, musst du wissen“), ob er Lust habe, in der Tobeecke mitzumachen („da kannst du richtig ins Schwitzen kommen“), oder ob er im Garten helfen könne, Bretter zu einer Leiter „zusammenzukloppen“, damit „man besser auf den Kirschbaum rauf-

käme“. Und dennoch blieb ein wenig Zeit zum Rundblick: Der Raum war groß und freundlich und in viele Ecken unterteilt. Was dabei am meisten auffiel, war eine zweite Ebene in Form eines Hauses. Auf ihr befanden sich kleine Zimmer mit kleinen Fenstern und, nach der Lebendigkeit zu urteilen, hätten eine ganze Reihe von Kindern dort drin sein müssen. Der Raum war also nicht in „offene Funktionsecken“ unterteilt, sondern war durch Regale, Decken und eine Kartonwand tatsächlich so abgeteilt, dass von einer „wirklichen Raumteilung“ gesprochen werden konnte. Alle Kinder – soweit das bei einem ersten Überblick gesagt werden konnte – waren vor allem in kleineren Gruppen (zu zweit und dritt) damit beschäftigt, einer Aktivität nachzugehen. Hier malten zwei Kinder auf einem Plakat verschiedene Obstsorten, dort wurden mit Hilfe von Gundula einfache Holzstiegen zusammengezimmert. Woanders wiederum bemalten Kinder eine Papierbahn mit bunten Schlangenlinien, und ihnen gegenüber saßen Kinder, die mit ihren Puppen Kunststücke vornahmen. Michael lächelte dem Beobachter freundlich zu und fragte ihn, ob er denn eine Idee habe, was die Kinder denn wohl vorhatten. Und Heike, eine 4-Jährige, sprang dabei ganz aufgeregt auf und ab und rief: „Ja, rate mal, ja rate mal, was wir hier Tolles machen!“ Und während sie dazu ein wenig tanzte, kamen andere Kinder hinzu, fassten sich bei den Händen und bewegten sich im Rhythmus zu ihrer gesungenen Frage. Sie öffneten ihren Kreis, baten Michael zu sich, der dann dazukam, den Kreis betrat und lustige Tanzbewegungen ausführte. Die Kinder begannen noch lauter zu lachen, und der Beobachter überlegte, was es denn sein könnte. In der Zwischenzeit kamen immer mehr Kinder dazu, auch aus dem Flur, und schließlich wurde das Ganze zu einer großen tanzenden Schlange, die in den Garten hopste, tanzte, hüpfte und vorwärtssprang. Auch der Beobachter ging mit nach draußen und wurde dann von den Kindern umringt. Nun begannen die Kinder, Hinweise zu geben: „Es ist schön.“ / „Es ist bald.“ / „Es wird bestimmt lustig.“ / „Und ganz viele Menschen kommen.“ / „Und Obstkuchen gibt es auch.“ / „Und die Tische werden ganz schön mit Tischdecken bedeckt.“ Die Antwort, dass es eine Zirkusvorstellung wird, wurde mit lautem Lachen und einem vielstimmigen „Nein“ quittiert. Tja, schließlich gab der Beobachter und Gast zu verstehen, dass es eigentlich nur ein „Fest“ sein könne, und die Kinder applaudierten nun mit vollen Kräften. Es stellte sich heraus, dass in den letzten Wochen die Nachbarn, die in unmittelbarer Nähe der Kindertagesstätte wohnten, ein paarmal über die Lautstärke der Kinder klagten, worauf sich diese entschlossen, ein *Nachbarschaftsfest* zu veranstalten. Vorbereitend wurden einige Nachbarn besucht, ihnen erklärt, dass Kinder gerne laut sind und sich bewegen. Mit Hilfe und Unterstützung von Michael und Gundula malten sie Plakate, hängten diese in der Umgebung auf und verteilten sie in den Geschäften; auch Handzettel zum Verteilen wurden hergestellt (mit selbstgeschöpftem Papier) und das Ganze unter das Thema *„Mit Nachbarn lachen, essen und spielen“* gestellt. Und weil gerade Obsternte war und die Kinder im Kindergarten mit den Früchten der Kindergarten-Obstbäume allerhand Speisen herstellten, sollte das Ganze eine riesige Obstfete werden. Die Vorbereitung lief auf vollen Touren, und einige Kinder aus der „Eichhörnchengruppe“ hatten besonders viel Freude daran, mit der Erzieherin aus der „Ponygruppe“ Verkleidungen aus Stoffresten und Pappmaché zu werken: Verkleidungen, die riesige Obstsorten darstellten, in die dann einige der Kinder hineinkriechen konnten und alles zu einem Spiel verwenden wollten. Jetzt wurde dem Besucher auch die Vielzahl der unterschiedlichen Aktivitäten der Kinder klar, genauso wie die zu Anfang gestellte Frage, ob er nicht bei dem „Zusammenkloppen“ einer Leiter behilflich sein könnte.

(Armin Krenz, Der „Situationsorientierte Ansatz“ im Kindergarten, Herder Verlag, Freiburg 1991, S. 56ff.)

1. Arbeiten Sie Ziele und Methoden der pädagogischen Arbeit in diesem Kindergarten heraus.
2. Vergleichen Sie diese Art der pädagogischen Arbeit mit Ihren eigenen Kindergartenerfahrungen.

Das Konzept der Situationsorientierung

Zunächst soll noch einmal kurz die Zielsetzung des Ansatzes auf den Punkt gebracht werden. Erzieher/innen in Kindergärten, die sich dem „Situationsorientierten Ansatz in der sozialpädagogischen Praxis" verpflichtet fühlen, *möchten Kindern* – in enger Zusammenarbeit mit Eltern – *die Möglichkeit geben*,

- *Lebensereignisse und erlebte Situationen*, die die Kinder beschäftigen,
  - *nachzuerleben* (auf der emotionalen Ebene),
  - *diese zu verstehen* (auf der kognitiven Ebene) und
  - *aufzuarbeiten bzw. zu verändern* (Handlungsebene),
- damit sie die Erfahrung machen,
  - *gegenwärtiges Leben zu verstehen und praktische Situationen bewältigen zu können.*
- Dabei werden die
  - *individuellen* Erfahrungen und Erlebnisse eines jeden Kindes – soweit wie möglich – berücksichtigt mit dem Ziel,
  - eigene, *lebenspraktische Fähigkeiten* (Kompetenzen) aufzubauen und zu erweitern,
  - *Erfahrungshorizonte* zu vergrößern,
  - *Selbstständigkeit weiterzuentwickeln* und
  - sich selbst als ein Teil von anderen Menschen zu begreifen, als ein Teil der Ökologie zu verstehen und damit selbstbewusst, kompetent und solidarisch zu denken und zu handeln.
- Dabei wird das Schwergewicht der Arbeit
  - auf der *Vernetzung von Situationen im Kindergarten und außerhalb des Kindergartens* liegen, um künstlich hergestellte, idealtypische Situationen möglichst zu vermeiden.

Sicherlich ist es schwer, Kinder und ihre Lebenssituationen in den Mittelpunkt der Betrachtung zu ziehen und sich von den vielfältigen Erwartungen, die auch von außen an die Einrichtung gestellt werden, etwas bzw. stärker als bisher zu lösen. Und dennoch ist es zunächst eine Frage der Mitarbeiter/innen selbst, *welche Ziele real von Bedeutung sein sollen/werden.* Handlungsschritte vollziehen sich immer erst in den Köpfen der Menschen, und ihre Bewertung gibt den Ausschlag dafür, *wie gearbeitet* und *was getan* wird. Handeln ist damit eine Folge eigener Gedanken und nicht umgekehrt.
Ist die Frage der *Zielsetzung* beantwortet – und dies geht sicherlich nicht von heute auf morgen (!!!) – und findet dabei auch die Zielsetzung eine *gefühlsmäßige Zustimmung,* können die weiteren Schritte eines situationsorientierten Arbeitens folgen.
Situationsorientiertes Arbeiten vollzieht sich am besten auf der Grundlage einer Schrittfolge, die einerseits zwar „mechanisch" aufgebaut ist, andererseits aber keineswegs eingrenzend wirkt. Die Voraussetzung dazu ist die Entscheidung *für* den „Situationsorientierten Ansatz in der sozialpädagogischen Praxis".

Schrittfolge des situationsorientierten Arbeitens:

I. ● Vergegenwärtigung der Lebensbereiche der Kinder und ihres Umfeldes

↓

II. ● Sammlung von Situationen

↓ ↓

III. ● Analyse der Situationen und ihrer Zusammenhänge

↓ ↓ ↓

IV. ● Auswahl von Situationen

↓ ↓ ↓ ↓

V. ● Planung eines Projekts (mit Kindern)

↓ ↓ ↓ ↓ ↓

VI. ● Gemeinsame Durchführung des Projekts

↓ ↓ ↓ ↓ ↓ ↓

VII. ● Auswertung des Projekts

(Armin Krenz, Der „Situationsorientierte Ansatz“ im Kindergarten, Herder Verlag, Freiburg 1994, S. 33, Schaubild S. 84f.)

1. Formulieren Sie mit eigenen Worten Zielsetzung und Vorgehensweise des situationsorientierten Ansatzes, wie er aus der obigen Darstellung und dem Beispiel hervorgeht.
2. Welche Anforderungen werden an eine Erzieherin/einen Erzieher gestellt, die/der ein Projekt nach diesem Ansatz durchführen möchte?

Vertiefung

Erzieherinnen im Stress

Geht man von den Richtlinien aus, die mit viel Elan in den Siebzigerjahren für die pädagogische Arbeit im Vorschulalter entwickelt worden sind, scheint die Bewältigung des Alltags nicht schwer. Da werden nur etwa hundert Lernziele vorgegeben. Das einzelne Kind soll danach *„Sprechlust und Mitteilungsbedürfnis entwickeln“, „ermuntert werden, mit vielfältigen Materialien und Medien kreative Leistungen zu vollbringen“, „sich im Rahmen der sittlichen Werte und geltenden Verhaltensnormen orientieren können“*, wobei nicht erläutert wird, welche dieser Werte und Verhaltensnormen denn da gemeint sind, es soll *„sich mit seiner Geschlechtlichkeit auseinander setzen“, „lernen, nicht aufhebbare Widersprüche zu ertragen, die Fähigkeit zum Rollenhandeln erwerben“*. Der Erzieherin wird ein *„Erziehungsstil“* vorgeschrieben, *„der das Kind weder mit autokratischen und starren Erziehungsformeln einengt noch durch beliebiges Gewährenlassen verunsichert.“*

In der Praxis lassen sich Kinder jedoch nicht gern auf geduldiges „Abarbeiten“ von Lernzielkatalogen ein. Zwanzig Kinder verlangen von ihren Erzieher(inne)n viel zur gleichen Zeit. Eine ganz normale Situation: Drei wollen gern „Mensch-ärgere-Dich-nicht“ spielen, drei andere lieber „Memory“, zwei können sich nicht darüber einigen, wer mit dem Spielzeugauto fahren darf, ein anderes Kind möchte gern erzählen, dass es gestern auf dem Land war und zugesehen hat, wie richtige Kühe gemolken werden. Zwei Jungen haben neues Spielzeug mitgebracht und möchten gern – wie gestern Abend in der Tagesschau gesehen – „Wüstenstürmer“ sein; es findet sich nur niemand, der den Gegenpart übernehmen möchte. Inzwischen haben die mit dem Auto ihren Konflikt geregelt, das unterlegene Kind weint und will getröstet sein. Auf den Schoß möchte aber auch noch ein anderes Kind, weil es seine Traurigkeit über den gestrigen Streit zwischen Mama und Papa mit in den Kindergarten gebracht hat. Zwei Jungen und ein Mädchen haben sich eine Höhle gebaut und ihre Kleidung davor abgelegt, was den Verdacht erregt, dass sie miteinander etwas spielen, was im Vorschulprogramm noch nicht vorgesehen ist. Zwei weitere plagt der Hunger, eins möchte vorgelesen haben, wie Lotta in die Schule geht, und gerade in diesem Moment sind die beiden letzten Kinder beim Gespensterspielen mit der Decke über die eigenen Füße gestolpert. Die beiden Kinder, die die zehnprozentige Überbelegung der Gruppe ausmachen, sind mit Masern zu Hause geblieben.

Ist man zu zweit, kann man sich die Bewältigung der Anforderungen noch einteilen. Die eine organisiert zwei Spielrunden und setzt sich mit anderen Kindern zum Vorlesen hin, die andere betreibt „Krisenintervention“, schlichtet Streitigkeiten und tröstet. Oder man versucht einen anderen Weg: Jede bietet ein Spiel an in der Erwartung, dass alle Kinder neugierig genug sind, von ihrem gegenwärtigen Tun abzulassen und sich anzuschließen. Das hat man immerhin in der Fachschule gelernt und in der Ausbildung geübt.

Oft jedoch – und insbesondere wenn eine Betreuungsperson mit 20 Kindern allein ist – funktioniert das nicht. Dann muss die Gruppe anders „in den Griff“ bekommen werden. Die Psychologin Annemarie Tausch hatte Ende der Sechzigerjahre ermittelt, dass über 80% aller Äußerungen von Erzieher(innen) gegenüber den Kindern zwischen drei und sechs Jahren Befehle oder Fragen waren: Tu dies, lass jenes! Was macht ihr da denn schon wieder? usw. Das entsprach zum einen Teil sicherlich damaligen Erziehungsvorstellungen, war aber auch schon Ausdruck von Überforderung durch die Verhältnisse. Inzwischen ist eine neue Generation von Erzieher(inne)n tätig, die im Prinzip ein anderes Verhältnis zu ihren Kindern aufbauen wollen – in der Praxis aber doch wieder zu Löwenbändigern werden müssen.

Um den Gruppenbetrieb halbwegs überschaubar zu gestalten, ist man eher geneigt, den Kindern ein Programm vorzusetzen und darauf zu drängen, dass es eingehalten wird: „Jetzt machen wir das und nichts anderes.“ Regeln des Zusammenlebens werden nicht mehr besprochen und diskutiert, sondern durchgesetzt. Konflikte werden entschieden, statt mit den Kindern mühsam zu üben, wie sie gelöst werden können. Die Selbstständigkeit der Kinder wird damit natürlich wenig gefördert. Das wiederum führt dazu, dass sie, statt einfache Konflikte selbst zu lösen, Spiele selbst zu organisieren u.a., weiterhin darauf warten, dass die Erzieherin sich einschaltet und festlegt, was zu geschehen hat. Der Erwachsene greift immer wieder ein, kann sich nicht auf die Rolle des Ansprechpartners, Ideengebers zurückziehen und sich gezielt den Kindern widmen, die besondere Unterstützung brauchen. Er bleibt in der Rolle des Vorturners.

Verschärft werden diese Probleme dadurch, dass Erzieher(inne)n kaum Zeit für Vor- oder Nachbereitung der Arbeit mit den Kindern zugebilligt wird wie auch für das Gespräch und die Zusammenarbeit mit den Eltern. Dabei beobachten Erzieher(inne)n immer wieder Problemsituationen, die eine gründliche Beschäftigung erforderten, die es notwendig machten, sie gezielt und vorbereitet in der Gruppe anzugehen und auch mit den Eltern zu besprechen. In unserem Ausgangsbeispiel sind das so unterschiedliche Dinge wie das Kriegsspielzeug, das Interesse der Kinder an ihrem Körper und der Sexualität, die Unkenntnis der Stadtkinder über die Natur, die Einwirkung familiärer Konflikte auf den Kindergarten, die handgreifliche Lösung von Konflikten. Weitere kommen hinzu, wenn zum Beispiel eine größere Zahl ausländischer Kinder mit ihren zusätzlichen Schwierigkeiten in die Gruppe integriert werden muss. Jedes dieser Probleme erfordert im Grund ein durchdachtes Erziehungsprogramm, abgestellt auf die besondere Situation in der Gruppe.

Dabei soll diese Aufgabe von Menschen bewältigt werden, denen man ihren Beruf keineswegs attraktiv macht. Seit hundert Jahren ist es ein Frauenberuf. 1986 kamen auf 129 000 Erzieherinnen und Kinderpflegerinnen – das sind die in Tagesstätten überwiegend mit der Kinderbetreuung Beschäftigten – gerade 7500 Männer mit gleicher Tätigkeit. Das hat im Übrigen auch Auswirkungen auf die Kinder. Viele von ihnen leben in der Familie nur mit der Mutter zusammen; die Chance, zumindest im Kindergarten zum Ausgleich auf eine männliche Bezugsperson zu treffen, ist gering. Frauenberufe sind nicht besonders hoch angesehen, und sie werden schlechter bezahlt als die der Männer. Eine kinderlose, unverheiratete Berufsanfängerin konnte 1990 mit einem Anfangsgehalt von 1700 DM netto rechnen, nach zwanzig Jahren Tätigkeit im günstigen Fall mit etwa 2300 DM. Ist frau dann verheiratet und hat zwei Kinder, kann sie es auf etwas mehr als 2500 DM bringen. Zwanzig Jahre ist allerdings ein Zeitraum, den nur ein Teil der Erzieherinnen in dieser Tätigkeit hinter sich bringt. Aus West-Berlin wird berichtet, dass sie es im Durchschnitt nur fünf Jahre in diesem Beruf aushalten. Verständlich, wenn frau nach relativ kurzer Ausbildungszeit (inklusive des praktischen Teils überwiegend drei Jahre) mehr oder weniger allein mit einer so großen Zahl von Kindern gelassen wird.

(Heidi Kaiser/Jürgen Moysich, Der Kindergarten-Notstand, Piper Verlag, München 1991, S. 119ff.)

1. Wie beschreiben die Autoren den Arbeitsalltag von Erzieherinnen und Erziehern?
2. Welche Konsequenzen ergeben sich daraus für die pädagogische Arbeit?
3. Wie müssten die Arbeitsbedingungen geändert werden um eine pädagogisch sinnvolle Arbeit zu ermöglichen?

Kindergartenplätze für alle Kinder? Der Kindergarten als Bestandteil des Bildungssystems

Tageseinrichtungen für Kinder – eine gesellschaftliche Verantwortung

Tageseinrichtungen, die Kindertagesstätte (Kita), die Krippe, der Hort, die Eltern-Kinder-Tagesstätte, der Kinderladen oder die selbst organisierte Eltern-Kind-Gruppe und die Tagespflege/Tagesmutter, sind für Kinder Orte, an denen sie Geborgenheit finden und Anregungen zur Auseinandersetzung mit ihrer Umwelt erhalten. Es sind Orte, an denen Mädchen und Jungen ihrem Forscherdrang nachkommen können, wo sie Verantwortung übernehmen und entsprechend ihren Fantasien gestalten können, wo sie Gesprächen lauschen und sich an ihnen beteiligen können.

Kinder verbringen mit zunehmendem Alter mehr Zeit in außerhäuslichen Situationen: im Zusammensein mit Gleichaltrigen, mit jüngeren und älteren Kindern, mit älteren und jüngeren Erwachsenen, sie wollen Erfahrungen sammeln, Wissen und Fähigkeiten erwerben und ihr Können erweitern. Sie sind offen für Umwelt und Natur, für Leben und Sterben, für individuelle Betätigung und Gruppenaktivität, für die eigene und fremde Kultur. Sie wollen verstanden und akzeptiert werden. Sie wollen Räumlichkeiten, in denen sie ihre Ideen zwanglos umsetzen können, wollen toben und Ruhe genießen können, wollen selbst bestimmen und Angebote zur Verfügung gestellt bekommen.

„... darfst auch du in den Kindergarten."
(Zeichnung: Paulmichl; in: RuhrNachrichten v. 25.11.1995)

Fast alle 5-, 6- und 7-jährigen Kinder besuchen einen Kindergarten oder eine ähnliche Tageseinrichtung. Die hohe Zahl verdeutlicht, dass außerhäusliche Erziehung, Bildung und Betreuung des Kindes ab einem bestimmten Lebensalter in Deutschland zur kulturellen Selbstverständlichkeit geworden ist. Selbst Kinder dieses Alters aus Mehrgenerationenhaushalten, in denen also eine teilweise Betreuungsfunktion durch andere Familienmitglieder wie z. B. die Großeltern des Kindes übernommen werden könnte, besuchen nicht seltener eine Tageseinrichtung als Kinder aus einem Zweigenerationenhaushalt.

Entwicklungen im Arbeitsfeld der Tageseinrichtungen nach Einführung des Rechtsanspruchs auf einen Kindergartenplatz

Der Rechtsanspruch auf einen Kindergartenplatz wurden am 27. Juli 1992 im Zuge der Verabschiedung des Schwangeren- und Familienhilfegesetzes KJHG verankert. Als flankierende soziale Maßnahme sollte er ab 1. Januar 1996 dazu beitragen, dass Frauen ihre Schwangerschaft annehmen können. Der Rechtsanspruch auf den Kindergartenplatz sollte außerdem eine Garantie dafür bieten, dass den Müttern gegenüber anderen jungen (berufstätigen) Frauen nach Ausschöpfung des Mutterschaftsurlaubs keine Nachteile entstehen.

Dieser Rechtsanspruch wurde und wird im Westen und im Osten Deutschlands unterschiedlich bewertet. Die Fachöffentlichkeit im Westen begrüßt ihn als sozial- und bil-

dungspolitisch bedeutsame Entwicklung, weil er eine neue Balance in der privaten und öffentlichen Zuständigkeit für Kinder festschreibt. Es gab und gibt aber im Westen auch Stimmen, die den Rechtsanspruch eher kritisch sehen und – zumindest in der gegenwärtigen Lage der öffentlichen Haushalte – in der beschlossenen Form ablehnen.
Aus der Perspektive der Betroffenen in den neuen Bundesländern bedeutet der Rechtsanspruch auf einen Kindergartenplatz keine Verbesserung gegenüber der Situation in der DDR. Hier hatte bereits ein flächendeckendes Platzangebot in Krippen, Kindergärten und Horten mit Öffnungszeiten von 6.00 bis 18.00 Uhr bestanden. Die Beschränkung des Rechtsanspruchs auf die Altersguppe der 3- bis 6-Jährigen ist demgegenüber ein Rückschritt. Die neuen Bundesländer haben den Rechtsanspruch in ihren Landesgesetzen deshalb auf andere Altersstufen und auf Ganztagsplätze ausgedehnt. Seit der Wende waren die vorhandenen Plätze massiv reduziert worden. Gründe hierfür waren die zurückgehende Nachfrage wegen abnehmender Geburtenzahlen, die Abmeldung der Kinder durch arbeitslose Eltern, die die teurer gewordenen Plätze nicht mehr bezahlen konnten, sowie die Auflösung von Angeboten im Zuge der Abwicklung von Betrieben. Die Ausgestaltung des Rechtsanspruchs führte viele Kommunen und Länder, die sich zum Teil in äußersten Finanzschwierigkeiten befanden, an den Rand ihrer Leistungsfähigkeit, was gegenüber der früheren Situation zu Verschlechterungen der Standards führte.

Definitionen und Definitionsmängel im Zusammenhang mit dem Rechtsanspruch auf einen Kindergartenplatz

Der Gesetzgeber hat darauf verzichtet, bei der Formulierung eines Rechtsanspruchs auf einen Kindergartenplatz eindeutig zu definieren, welchen Umfang und welche Qualität dieses Angebot haben soll. „Kindergartenplatz" bezeichnet eine ganze Palette sozialpädagogischer Angebote mit halb- und ganztägiger Öffnung, mit und ohne Mittagsbetreuung, mit altersheterogen und altershomogen zusammengesetzten Gruppen, mit großen und kleinen Altersmischungen in Kinderhäusern, Tagesheimen, Kindertagesstätten, Kindergärten, Kinderläden und anderen Orten für Kinder, in denen alle Kinder zwischen 3 und 6 Jahren professionell betreut, gebildet und erzogen werden. Für Kinder aus Zuwandererfamilien besteht der Rechtsanspruch auf einen Kindergartenplatz nur dann, wenn sie rechtmäßig oder aufgrund ausländerrechtlicher Duldung ihren gewöhnlichen Aufenthalt im Inland haben. Der Kindergarten muss aber für alle in Deutschland lebenden Kindern zugänglich sein. Die dem entgegenstehenden gesetzlichen Regelungen müssen im Interesse des Wohles dieser Kinder abgeändert werden, d. h., der Rechtsanspruch auf einen Kindergartenplatz muss für alle in Deutschland lebenden Kinder gelten. Dies hat unabhängig vom aufenthaltsrechtlichen Status der Kinder oder ihrer Eltern zu gelten.

(Bundesministerium für Familie, Senioren, Frauen und Jugend [Hg.], Zehnter Kinder- und Jugendbericht, Bonn 1998, S. 188, 194f.)

Zweites Gesetz zur Ausführung des Gesetzes zur Neuordnung des Kinder- und Jugendhilferechtes (Gesetz über Tageseinrichtungen für Kinder – GTK) vom 29. Oktober 1991 in der Fassung vom 30. November 1993

§ 2 Auftrag des Kindergartens
(1) Der Kindergarten ist eine sozialpädagogische Einrichtung und hat neben der Betreuungsaufgabe einen eigenständigen Erziehungs- und Bildungsauftrag als Elementarbereich des Bildungssystems. Die Förderung der Persönlichkeitsentwicklung des Kindes und die Beratung und die Information der Erziehungsberechtigten sind von wesentlicher Bedeutung; der Kindergarten ergänzt und unterstützt dadurch die Erziehung des Kindes in der Familie.

(2) Der Kindergarten hat seinen Erziehungs- und Bildungsauftrag im ständigen Kontakt mit der Familie und anderen Erziehungsberechtigten durchzuführen und insbesondere

1. die Lebenssituation jedes Kindes zu berücksichtigen,
2. dem Kind zur größtmöglichen Selbstständigkeit und Eigenaktivität zu verhelfen, seine Lernfreude anzuregen und zu stärken,
3. dem Kind zu ermöglichen, seine emotionalen Kräfte aufzubauen,
4. die schöpferischen Kräfte des Kindes unter Berücksichtigung seiner individuellen Neigungen und Begabungen zu fördern,
5. dem Kind Grundwissen über seinen Körper zu vermitteln und seine körperliche Entwicklung zu fördern,
6. die Entfaltung der geistigen Fähigkeiten und der Interessen des Kindes zu unterstützen und ihm dabei durch ein breites Angebot von Erfahrungsmöglichkeiten elementare Kenntnisse von der Umwelt zu vermitteln.

(3) Der Kindergarten hat dabei die Aufgabe, das Kind unterschiedliche soziale Verhaltensweisen, Situationen und Probleme bewusst erleben zu lassen und jedem einzelnen Kind die Möglichkeit zu geben, seine eigene soziale Rolle innerhalb der Gruppe zu erfahren, wobei ein partnerschaftliches, gewaltfreies und gleichberechtigtes Miteinander, insbesondere auch der Geschlechter untereinander, erlernt werden soll. Die Integration behinderter Kinder soll besonders gefördert werden. Behinderte und nichtbehinderte Kinder sollen positive Wirkungsmöglichkeiten und Aufgaben innerhalb des Zusammenlebens erkennen und altersgemäße demokratische Verhaltensweisen einüben können. Auch gegenüber anderen Kulturen und Weltanschauungen soll Verständnis entwickelt und Toleranz gefördert werden.

1. Worin sieht die Sachverständigenkommission, die den Kinder- und Jugendbericht verfasst hat, die zentralen Aufgaben des Kindergartens?
2. Brauche **alle** Kinder einen Kindergartenplatz? Erörtern Sie und nehmen Sie begründet Stellung. Berücksichtigen Sie dabei die Ausführungen im Kinder- und Jugendbericht sowie den gesetzlichen Auftrag, wie er in NRW formuliert ist.
3. Die Einlösung des Rechtes auf einen Kindergartenplatz kann sehr unterschiedlich aussehen (siehe Text S. 116f.). Erkunden Sie in Ihrer Gemeinde den Versorgungsgrad, die zeitlichen und personellen Bedingungen und wie dies in der Öffentlichkeit diskutiert wird.

Pädagogische Anwendung

Kinder wahrnehmen und verstehen

Portrait eines Kindes

Beschreiben Sie möglichst konkret und detailliert ein Kind aus Ihrer Umgebung. Lassen Sie hierbei zunächst auch ganz subjektive Eindrücke zu.

Kinder verstehen lernen: Beobachtungen werden zu Beachtungen

Informationen, die wir aus Beobachtungen gewinnen, sind nie eindeutig, sondern immer mehrdeutig und bedürfen der Entschlüsselung. Beobachtungen sind immer eine Selektion, d.h., sie wenden sich einem Ausschnitt zu und versuchen, aus ihm Kenntnisse zu gewinnen. Zugleich richten sie sich auf eine komplexe Wirklichkeit, auf die ganze Person Kind. Darin liegen Chancen und Gefahren.

Die Chance besteht darin, ein Kind durch Beobachtungen zu beachten, statt es nur flüchtig und in Ausschnitten wahrzunehmen. Zu einer Chance wird es auch dann, wenn aus Be(ob)achtungen Fragen anstatt Feststellungen gewonnen werden, denn nur so wird der Tatsache Rechnung getragen, dass sich ein Kind entwickelt und verändert; dass es von Anbeginn und zu jedem Zeitpunkt seines Lebens eine vielschichtige Persönlichkeit ist, die denkt, fühlt, handelt, sich ausdrückt und sich mit sich und seiner Mitwelt auseinander setzt. Schon deshalb müssen Be(ob)achtungen wiederholt und in immer neuen Situationen, aus veränderten Blickwinkeln durchgeführt werden. Äußerungen wie: „Das ist typisch für das Kind", „es ist immer so" werden weder Vielfalt noch Veränderungen gerecht und sortieren Kinder als fest gezeichnete Muster. Be(ob)achtungen sind – richtig verstanden – ein immer wieder neuer Such- und Entdeckungsprozess, ein Lernvorgang für diejenigen, die be(ob)achten.

Be(ob)achtungen sind keine fertigen Abbildungen von Wirklichkeit, die nur aufzulesen sind. Be(ob)achtungen sind immer auch Konstruktionen, ausgerichtetes Wahrnehmen, Auswahl. Sie sind in diesem Sinne jederzeit subjektiv. Normen, Erwartungen, Interessen, Gefühle fließen ein in Be(ob)achtungen, in das, was aufgenommen wird, und in die Art und Weise, wie das Aufgenommene interpretiert wird. Beobachtungen sind eine besondere Form der Beachtung und Wahrnehmung. Darin liegen Gefahren. Denn Be(ob)achtende neigen dazu, quasi automatisch nach Bestätigung von Vorannahmen zu suchen und das davon Abweichende als negativ zu registrieren. Wenn Be(ob)achtung als aktive und intensive Auseinandersetzung des Be(ob)achtenden mit dem Kind und mit Situationen verstanden wird, dann ist in diese Auseinandersetzung gerade auch der „besondere Blick" als Gefahr kritisch aufzunehmen. Das Augenmerk ist dann darauf zu richten, warum welche „Auffälligkeit" als negativ bewertet wird; welche Normen, Erwartungen und Unsicherheiten diese Bewertung mitbestimmen. Genau diese Subjektivität muss auch Gegenstand von Diskussionen und Reflexionen im Mitarbeiterteam werden. Denn nur der Austausch verschiedener Wahrnehmungen und Bewertungen kann den Blick vielseitiger ausrichten und einseitige Feststellungen korrigieren helfen.

Be(ob)achtungen sind keine Bestandsaufnahme. Wird eine Be(ob)achtung zum Anlass für Gespräche, für Reflexionen und neue Suchprozesse, so hat das zur Folge, dass sich das Verhältnis der Erzieherinnen zum Kind verändert. Verändert sich dieses Verhältnis aber, so wird sich auch das konkrete Verhalten dem Kind gegenüber wandeln, was wiederum zu bisher unerwarteten Be(ob)achtungsergebnissen führen kann.

Durch kontinuierliche und kritisch reflektierte Be(ob)achtungen kommt Bewegung in unser Denken und Handeln; wir lernen und entwickeln uns, nähern uns auf vielfältige Art dem Kind. Wenn wir uns nicht die Mühe machen, zu be(ob)achten, werden wir uns um viele Entdeckungen bringen und wenig Grund sehen, unser Verhalten neu auszurichten. Bleibt aber unser Verhalten unverändert, so werden wir mit dem Kind auch immer wieder dieselben Erfahrungen machen; unsere Kommunikation mit dem Kind verfestigt sich – es entwickeln sich Vorurteile.

Be(ob)achtungen sind somit eine wichtige Kommunikationsform zwischen Erwachsenen und Kind. Indem Erzieherinnen das Kind immer wieder neu wahrnehmen und kennen lernen, lernen sie selbst; sie werden flexibler, veränderten Situationen Rechnung zu tragen, Entwicklungsprozesse zu bejahen und zu unterstützen. Und schließlich: Unsere Be(ob)achtungen beeinflussen das Verhalten des Kindes. Es nimmt unsere Beachtung und unser Verhalten als Folge der Beachtung wahr. Das Kind richtet sich in diesen Beachtungsprozessen, die es als Wertschätzung (oder im Negativfall als Abschätzungsverhalten) sensibel registriert, ein und definiert sich in ihnen.

(Erika Kazemi-Veisari, Von Kindern lernen – mit Kindern leben, Herder, Freiburg 1995, S. 13ff.)

1. Was versteht die Autorin unter Beobachtung?
2. Verdeutlichen Sie mit Hilfe von Beispielen Chancen und Gefahren der Beobachtung von Kindern.
3. Betrachten Sie unter diesen Gesichtspunkten die Kinderportraits, die Sie in Ihrem Kurs angefertigt haben.

Die Wirklichkeit menschlichen Verhaltens ist so komplex, dass wir, wie die Autorin betont, nur ausschnitthaft und durch „unsere Brille“ wahrnehmen. Die erziehungswissenschaftliche Beobachtung versucht nun, im Gegensatz zur alltäglichen „naiven“ Beobachtung, ein möglichst objektives Bild zu erhalten. Dazu ist es nötig,

- die Beobachtung systematisch anzulegen (nach Plan: Ziel der Beobachtung, Verlauf, vorüberlegte und definierte Beobachtungskategorien);
- nur kurze Zeitintervalle, die möglichst gleichmäßig verteilt sind, zu beobachten, da man nicht über einen langen Zeitraum beobachten kann;
- unter natürlichen (z.B. Spielplatz, Kindergarten ...) bzw. künstlichen Bedingungen (z.B. Beobachtungslabor mit einseitig durchsichtigen Spiegeln) zu beobachten;
- teilnehmend bzw. nicht-teilnehmend (Beobachter bleibt unauffällig am Rand des Geschehens oder gliedert sich bewusst ein) zu beobachten;
- offen (die beobachteten Personen wissen, dass und warum sie beobachtet werden) bzw. verdeckt (die beobachteten Personen kennen nicht den Grund der Anwesenheit des Beobachters bzw. sehen ihn nicht) zu beobachten.

Um einen Einblick in die Probleme einer systematischen Beobachtung zu erlangen, ist es sinnvoll, dies in Kleingruppen oder Partnerpaaren auszuprobieren. Als Anregung soll folgendes Beobachtungsprotokollblatt dienen, welches Sie nach Ihren Gegebenheiten abwandeln können:

Beobachtungsprotokoll

Datum: Zeitdauer:

Beobachtungsziel:

Beschreibung des Beobachtungsorts, der Beobachtungssituation:

Beobachtungskategorien:

Name(n) des Beobachters/der Beobachter:

Beobachtungssituation	Beobachtetes Verhalten	Bemerkung/ Interpretationen

Beobachtungssituationen könnten auf dem Spielplatz, nach Absprache im Kindergarten oder auch auf dem Pausenhof der eigenen Schule geschaffen werden. Sinnvoll ist es, arbeitsteilig unterschiedliche Formen der Beobachtung zu wählen (s.o.) und die Erfahrungen mit den Beobachtungsverfahren zu vergleichen. Denkbar ist es auch, im Kurs eine simulierte Beobachtungssituation zu schaffen, indem eine Kleingruppe einen (beliebigen) Arbeitsauftrag bekommt, etwa ein Schulfest zu planen, und die anderen Kursteilnehmer diese bei der Gruppenarbeit beobachten. Kriterien für die Beobachtung von Kleingruppen können dem Exkurs zum Lernen in Gruppen entnommen werden (s. S. 213ff.)

P Projektvorschlag zum selbstständigen Weiterarbeiten

A Kindergartenerkundung:

Nehmen Sie Kontakt zu Ihrem ehemaligen Kindergarten oder einem Kindergarten in der Nachbarschaft auf.
Ein Tipp: Nachmittags sind in der Regel nicht so viele Kinder im Kindergarten und die Erzieherinnen und Erzieher haben mehr Zeit und Ruhe.
Überlegen Sie sich vorher Fragen, die aus dem Unterricht erwachsen sind und dort nicht geklärt werden konnten.
Gehen Sie möglichst in 2er- oder 3er-Gruppen und vereinbaren Sie vorher, wer wie die Antworten auf Ihre Fragen festhält (z. B. auch mit Fotoapparat und Kassettenrekorder).
Möglich ist sicherlich auch, Erzieherinnen/Erzieher als Experten in die Schule einzuladen. Auch hier müssen vorher Fragen erarbeitet und eine Dokumentation der Antworten vorbereitet werden (s. hierzu die Methode: Expertenbefragung).
Interessant könnte es auch sein, Konzeptionen unterschiedlicher Kindergärten zu vergleichen (z.B. evangelische, katholische, städtische oder Kindergärten in freier Trägerschaft) und zu untersuchen, ob der situationsorientierte Ansatz Berücksichtigung findet.
Als Gegenleistung für die Informationsbereitschaft der Kindergärten könnte der Kurs ein Flugblatt oder ein Plakat entwerfen, welches für den Kindergarten wirbt, z.B. bei solchen Zielgruppen, die ihre Kinder nicht so häufig in den Kindergarten schicken, aber die Unterstützung des Kindergartens gut brauchen könnten (etwa ausländische Familien).

B Pädagogischer Stadtführer:

Außer den Kindergärten gibt es noch andere pädagogische Institutionen in Ihrer Stadt. Für Schülerinnen und Schüler, Eltern und Lehrerinnen und Lehrer gibt es in der Regel keinen Überblick, welche pädagogischen Institutionen ihnen in welcher Frage weiterhelfen können.
Der Kurs könnte arbeitsteilig einen pädagogischen Stadtführer erstellen. Jede pädagogische Institution wird dort nach einem vorher vereinbarten „Steckbrief" vorgestellt. Auf einem Stadtplan könnten die Orte verzeichnet werden.
Das Ergebnis könnte als Broschüre veröffentlicht werden. Vielleicht hat das örtliche Jugendamt und/oder die Lokalpresse Interesse an einem solchen Projekt und unterstützt es.

2.4 Kulturspezifische Aspekte von Erziehung

(Zeichnung: © Hayati Boyacıoğlu, Berlin)

Schreiben Sie spontan Ihre Gedanken und Ideen zu dem Bild auf einen Zettel.
Sammeln Sie im Kurs alle Gedanken und Ideen.
Ergeben sich daraus Fragen und/oder Anregungen für die Arbeit zum Thema ‚Kulturspezifische Aspekte von Erziehung'?
Halten Sie diese Fragen schriftlich fest und überprüfen Sie sie nach Abschluss der Reihe.

Einführung

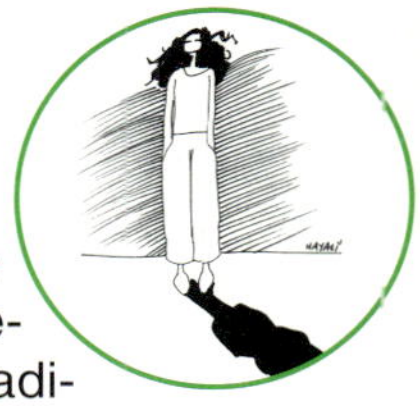

Die für dieses Kapitel gewählten Materialien beziehen sich vor allem auf die Vielfalt türkischer Kultur. Diese Auswahl begründet sich damit, dass die hier lebenden türkischen Mitbürger und Mitbürgerinnen die längste Gastarbeitertradition in der BRD haben; zudem stellt die türkische Bevölkerung den größten Anteil der in der BRD lebenden Ausländer und Ausländerinnen.

Selbst- und Fremdwahrnehmung

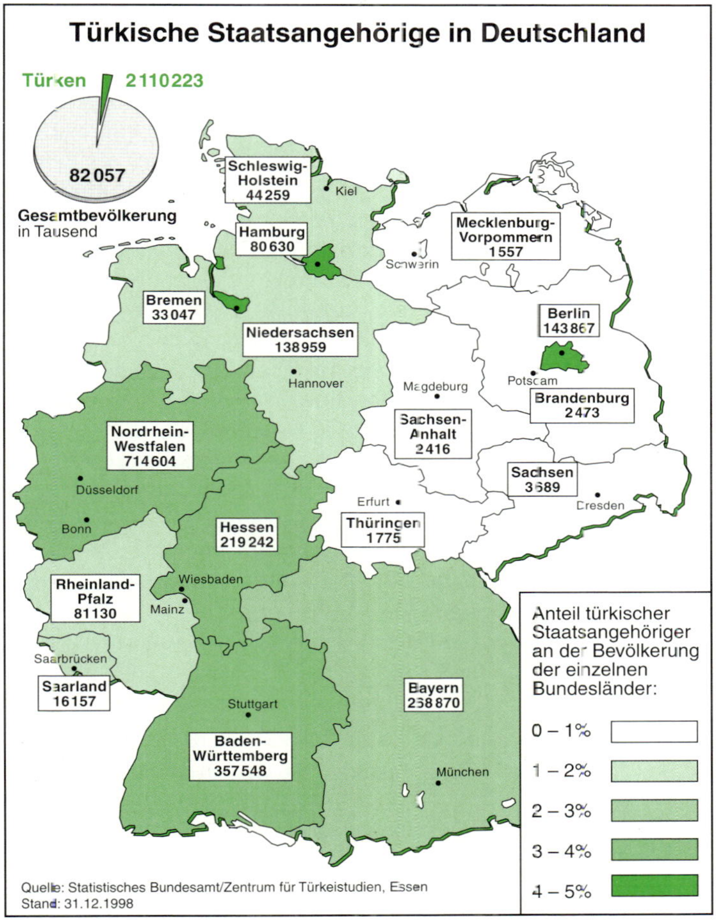

„Sieht man die Sache objektiv, so ist meine Angst unbegründet"

Unsympathisch und auch teilweise bedrohlich fand ich eine große türkische Gruppe Jugendlicher, die meist freitags vollzählig zur Disko erschien. Die Gruppe besteht aus hauptsächlich 13–16-jährigen Jungen und umfasst etwa 20 Personen. Untereinander sind sie nochmal gesondert in Untergruppen strukturiert, doch konnte ich das nur oberflächlich beobachten. Zu zwei Türken hatte ich einen näheren Kontakt durchs Rommé-spielen bekommen, so dass ich diese beiden nicht mehr als bedrohlich empfand. Es ist auch eher dieses Homogene jeder Großgruppe, was mich verunsichert. Die meisten türkischen Jungen kommen aus der näheren Umgebung, einige aber auch aus Stadtteilen,

die als „türkische Hochburgen“ gelten. Hochburgen deshalb, weil dort eben ausgesprochen viele türkische Familien leben. Direkt hinter den Stadtteilen liegen die großen Eisen- und Stahlwerke, die ihren Arbeitern in diesen Stadtteilen billige Wohnungen anbieten. Was die Jungen motiviert, so zahlreich zur Disko zu kommen, ist mir nicht ganz klar. Die meisten sind in der pubertären bzw. nachpubertären Phase und versuchen, sich die Mädchen „an Land zu ziehen“. Und das eben verstehe ich nicht, denn zur Disko erscheinen durchschnittlich nur fünf Mädchen, von denen drei täglich im Haus sind. Was weiterhin interessant war zu beobachten, ist das „Herdenverhalten“ der Jungen. Einer geht draußen eine Zigarette rauchen, alle folgen. Erst habe ich nur das ständige Rein und Raus wahrgenommen, und als ich Sabine (Erzieherin) danach fragte, meinte diese nur: „Uns geht das auch total auf die Nerven. Vielleicht haben sie ja Hemmungen alleine in der Disko zurückzubleiben, oder sie erzählen sich draußen wichtige Dinge, frag sie doch mal.“ Am miesesten fand ich die Situationen, wenn mir im Gang eine Gruppe von sechs Leuten entgegenkam und ich dann an ihnen vorbei musste. Anfangs tat ich dann schon mal so, als hätte ich etwas vergessen, und drehte mich auf dem Absatz um, oder ich ließ den Schlüssel fallen, damit sie vor mir abbiegen konnten. Das konnte ich natürlich nicht ständig „bringen“. Die Jungen sollten meine Unsicherheit ja nicht merken, denn dann hätten sie mich in der Hand. Also ging ich dazu über, die Selbstsichere zu spielen, mit erhobenem Kopf, energischem Schritt und festem Blick. Ich zwang mich, ihrem Blick nicht auszuweichen, damit sie keine Ängstlichkeit feststellten. Manchmal grinste ich auch einfach nur. Wenn wir uns dann fast gegenüberstanden, machten sie mir Platz und versuchten nicht, mir den Weg zu versperren, was man bei deutschen Jungen in dem Alter oft antrifft. Trotzdem rechnete ich oft noch mit einer Gemeinheit, wie Beinchen stellen oder einen Klaps auf den Po, was mich dazu brachte, innerlich angespannt an ihnen vorbeizugehen. An dem ersten Disko-Freitag forderte mich Kerem, ein türkischer Junge, den ich vom Rommèspielen her kannte, zum Blues-Tanzen auf. Okay, dachte ich mir, das bringst du jetzt, allein um den anderen zu zeigen, dass man durchaus auf mich zugehen kann, und um zu zeigen, dass ich keine Vorurteile habe. Während ich mit ihm tanzte, ging auch glatt das Getuschel unter den anderen Jungen los.

(Andreas Gruschka u.a.: Aus der Praxis lernen. Arbeitsbuch für die Ausbildung in Erziehungsberufen, Cornelsen, Berlin 1995, S. 37)

1. Wie nimmt die Praktikantin die türkischen Jugendlichen wahr, wie nimmt sie sich selbst wahr?
2. Beschreiben Sie, welche Faktoren die Wahrnehmung der Praktikantin beeinflusst haben könnten.
3. Wie deuten Sie das Verhalten der türkischen Jugendlichen? Hätten Sie sich diesen Jugendlichen gegenüber genauso verhalten?

Reflexion

Tja, woraus resultiert nun meine Antipathie und Ängstlichkeit? Aus meiner eigenen Sozialisation; seit 24 Jahren wohne ich im gleichen Haus. In unserer Umgebung wohnen keine Ausländer und haben auch nie welche gewohnt. Es kamen höchstens mal Zigeuner, die ich als Kind exotisch und geheimnisvoll fand. In meinem Wohnfeld gab es nur zwei große Cliquen: die meines Alters und die der meist vier bis fünf Jahre älteren Geschwister. Auf dem Gymnasium waren ebenfalls so gut wie keine Ausländer, in dem Jugendheim, welches ich ab und zu besuchte, kann ich mich an keine erinnern. Erst mit 16, 17 kam ich flüchtig mit ihnen in Kontakt. Es ergab sich einfach nicht anders. Die Feindlichkeit gegenüber Ausländern konnte ich deshalb auch nicht nachvollziehen. Ich

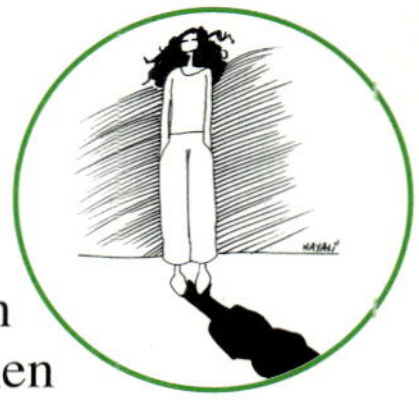

hatte nie Erfahrungen mit ihnen gemacht, also auch keine negativen. So blieben sie mir fremd, und ich konnte sie nur aus der Distanz beobachten. Durch Zufall sah ich vor Jahren im Eschhaus den Film „Yol“, der mir einiges über türkische Lebensgewohnheiten, Alltag und Kultur nahe brachte. Vielleicht habe ich auch Angst, mich falsch zu verhalten, denkt man an die Rolle der Frau in der türkischen Familie und an die Vorurteile mancher Türken gegenüber deutscher Frauen. All das beschäftigt mich nun wieder verstärkt. Aus meinem Mangel an Erfahrung im Umgang mit Türken neige ich dazu, Verhaltensweisen deutscher Jugendlicher auf türkische zu projizieren. Dabei habe ich im Nachhinein festgestellt, dass ich überhaupt nichts zu befürchten habe. Wenn ich jetzt so die Szene im Gang vor Augen habe, so ist es vielleicht eine Art „Urangst“, Panik dem männlichen Geschlecht gegenüber, die Angst, sich nicht wehren zu können, ausgeliefert, handlungsunfähig zu sein. Was für ein Quatsch! Sieht man die Sache objektiv, so ist meine Angst echt unbegründet, denn was sollen die Jungen im Jugendheim schon mit mir machen?! Da ist die S-Bahn-Haltestelle wesentlich gefährlicher, und da überkommt mich keine Panik. [...]

(Aus: Andreas Gruschka u.a., a.a.O., S. 38)

1. Wie erklärt sich die Praktikantin die Entstehung des Bildes, das sie von den türkischen Jugendlichen hat?
2. „...Ich meine, dass wir das Fremde brauchen,
   um das Eigene als Eigenes zu erfahren.
   Wir brauchen aber auch ein eigenes,
   um mit dem Fremden umzugehen,
   und wie wir mit dem fremden zurande kommen,
   wird allemal davon abhängen, wie wir mit uns selber und dem Eigenen umgehen.“

   (Alexander J. Seiler)

   Diskutieren Sie, in welchem Verhältnis Fremdes und Eigenes zueinander stehen.

Die Türken kommen

Treffpunkt in der Stadt
Die Karstadt-Cafeteria
Dort begegnen sich
Einheimische und Fremde

Gleich mir gegenüber
Die blonde junge Frau
Mutter eines kleinen Jungen
Nippte an ihrem Kaffee

Der Kleine, quirlig, lebhaft
Nicht zu bremsen der Schlingel
Die Mutter verlor die Geduld
Stefan, Stefan!

Bleib hier, sonst kommen die Türken
Rutschte ihr heraus
Lauf da nicht rum
Komm sofort her

Betroffen
Stand ich auf, ging ihm nach
Streichelte sanft seine Wange
Stefan, du bist in Ordnung

Er strahlte mich an
Seine Augen glänzten
Ich bin Türke, sagte ich
Und der Kleine lachte mich an

(Bahattin Gemici, Sing' weiter dein Lied, Verlag Ortadoğu, Oberhausen 1989, S. 48f.)

1. Welche Gründe können Sie für das jeweilige Verhalten der drei im Gedicht genannten Personen nennen?
2. Wie hätten Sie als Beobachter/Beobachterin der Situation reagiert?

Tauschen Sie sich mit Hilfe der Fotos über Ihre Fremdheitserfahrungen aus, indem Sie sich die Bilder zunächst eine Weile anschauen und sich für eines entscheiden, das Sie am stärksten befremdet. Notieren Sie in Ihrem Journal, was Ihnen an dem Bild fremd erscheint, und halten Sie fest, welche Gefühle das bei Ihnen auslöst. Was sagt diese Wahrnehmung über Sie selbst aus? Tauschen Sie sich anschließend im Stuhlkreis über Ihre Ergebnisse aus.

(Fotos: © Brigitte Kraemer)

(Foto: © Murat Türemis/laif)

(Foto: © Jürgen Bindrim/laif)

(Foto: © Murat Türemis/laif)

(Foto: © Hans-J. Ellerbrock/Bilderberg)

Im Folgenden finden Sie drei Übungen, die Sie zur Auseinandersetzung mit Ihrer Selbst- und Fremdwahrnehmung anregen sollen. Lesen Sie die Beschreibungen der Übungen durch und entscheiden Sie sich für die Übungen, die Sie durchführen möchten.

Übung: „Mein Lebensbaum“

Dauer: ca. 30 Minuten

Jeder/jede von Ihnen malt auf einem Blatt einen Baumumriss. Schreiben Sie in diesen Umriss folgende Merkmale, die sich auf Ihre Ursprungsfamilie beziehen:

- Meine Eltern
- Meine Geschwister
- Familienoberhaupt einkreisen
- Wer waren die wichtigsten Personen (als ich Kind war)?
- Woher stammt die Familie ursprünglich (Großeltern)?
- Die Feiertage, die wir gemeinsam gefeiert haben
- War Religion wichtig?
- Das Familienmotto (Beispiel: „Was sollen die Nachbarn sagen!“)
- Was wurde über Ausländer gesagt?
- Was wurde angesprochen über Menschen, die eine andere Hautfarbe haben?
- Eine sehr gute und eine sehr schlechte Erfahrung mit einem Menschen einer anderen ethnischen Herkunft

Finden Sie sich in Dreiergruppen zusammen und tauschen Sie Ihre Lebensbäume untereinander aus.

(Aus: Ellen Johann/Hildegard Michely/Monika Springer: Interkulturelle Pädagogik. Methodenhandbuch für sozialpädagogische Berufe, Cornelsen, Berlin 1998, S. 96)

Übung: „Ich bin stolz auf mich/Was mir an mir gefällt“

Dauer: ca. 15 Min.

Versammeln Sie sich im Kreis. Der Spielleiter/die Spielleiterin wirft einen Ball. Nur die Person, die den Ball hat, darf sprechen: Ich bin stolz auf mich bzw. was mir an mir gefällt. Danach wird der Ball weitergeworfen.

(Aus Ellen Johann u.a., a.a.O., S. 102)

Teilen Sie anschließend den anderen mit, wie es Ihnen bei dieser Übung ging. Was war ungewohnt, was war schwer, was fiel leicht?

Übung: „Was mir an meiner ethnischen Gruppe gefällt!“

Dauer: ca. 30 Min.

Spielarrangement wie bei der vorangegangenen Übung. Der Ball wird im Kreis zugeworfen. Die Person im Ballbesitz darf sprechen: Was mir an meiner ethnischen Gruppe gefällt.

(Aus Ellen Johann u.a., a.a.O., S. 102)

Tauschen Sie sich anschließend über Ihre Erfahrungen aus.

Grundbegriffe und Grundthesen

Erziehung in anderen Kulturen am Beispiel der Türkei

Bevor Sie die nachstehenden Texte lesen und erarbeiten, überlegen Sie zunächst selbst, was Sie über die türkische Kultur und über den Islam wissen bzw. was Sie damit verbinden und welche Voreinstellungen Sie dazu haben. Sammeln Sie stichwortartig alle Einfälle.

Die erzieherische Bedeutung der Religion als Bestandteil von Kultur

Grundzüge islamischer Glaubenslehre

Der Islam ist, wie das Christentum, eine monotheistische Religion: Sie kennt nur einen Gott. Das religionsgeschichtliche Fundament ist die von Muhammed empfangene Offenbarung von Gottes Wort. In der muslimischen Überzeugung stellt diese Offenbarung die letzte und einzig unverfälschte dar, in der Gott die Menschen ermahnte, ihr Glück in der ihm zu erweisenden Verehrung und Ergebenheit zu suchen.
Der Islam stützt sich auf verschiedene Glaubens- und Erkenntnisquellen (101): Im Koran sind die zentralen Glaubenssätze, die religiösen Grundpflichten und Empfehlungen für über diese Pflichten hinausgehende Verhaltensweisen enthalten. Die Glaubenssätze umfassen (1) den Glauben an einen einzigen Gott, (2) den Glauben an die Engel, deren Aufgabe die Überbringung göttlicher Offenbarung ist, (3) den Glauben an den Koran, das letzte der heiligen Bücher, (4) an die Propheten Gottes, die im Koran vorkommen und deren letzter und erhabenster Muhammed ist, (5) den Glauben an ein jüngstes Gericht, bei dem die Menschen für ihre irdischen Taten im Jenseits zur Verantwortung gezogen werden und (6) den Glauben an die Vorsehung.
Für alle Muslime verbindlich sind 5 religiöse Grundpflichten, die 5 „Säulen" des Islam, die zur Stützung des Islam, des Glaubens und des sozialen Verhaltens dienen: Die erste Pflicht des Muslims ist das Glaubensbekenntnis an einen einzigen Gott als das oberste Prinzip des Handelns. Die zweite Pflicht ist das Gebet, das jeder erwachsene Muslim fünfmal am Tag zu verrichten hat. Den Ort für das Gebet kann der Gläubige selbst bestimmen; wo der Gläubige sich auch befindet, kann er den Gebetsteppich ausbreiten und sich gen Mekka wenden und beten. Nach der dritten Pflicht ist jeder gesunde Muslim verpflichtet, im Monat Ramadan zu fasten. Die vierte religiöse Pflicht umfasst die Almosenabgabe. Jeder Muslim ist verpflichtet, einen gewissen Anteil seines Vermögens (1/40 seines Einkommens) an Arme und Bedürftige zu spenden. Als fünfte Pflicht sollte jeder Muslim einmal in seinem Leben eine Pilgerfahrt nach Mekka unternehmen, vorausgesetzt, er ist dazu physisch, wirtschaftlich und was seine sozialen Einbindungen betrifft in der Lage.
Wenn auch das Leben des Muslims in vielfacher Weise durch koranische Regeln und Richtlinien festgelegt ist, so bleibt doch ein viel größerer Bereich ohne genaue Vorschriften. In diesen offenen Fragen des Verhaltens richtet sich der Muslim nach dem traditionellen Verhalten und der traditionellen Lebensführung des Propheten Muhammed. Dieses Vorbild des Propheten ist die „Sunna" (davon die Bezeichnung „Sunniten" in Abgrenzung zu den „Aleviten", die neben dem Propheten auch noch dessen Schwiegersohn Ali verehren). Die Einzelheiten seines Verhaltens, Aussprüche und Bemerkungen des Propheten sind von seinen Zeitgenossen genau vermerkt und weitergegeben worden. Diese Überlieferungen tragen den Namen „Hadis".
Koran und Hadis sind zugleich die Hauptquellen des islamischen Rechts (Şeriat). Neben diesen beiden Hauptquellen sind die normsetzende Übereinstimmung (Icma) zu erwähnen, d.h. die Urteile der islamischen Würdenträger zu bestimmten Angelegenheiten, und der Analogieschluss (Kiyas), d.h. die logischen Regeln, die die islamischen Gelehrten für die untergeordneten Gebiete des Lebens von den Hauptquellen hergeleitet haben. Der Islam ist in dieser Gesamtheit ein alle Bereiche des individuellen wie des gesellschaftlichen Lebens durchdringendes Prinzip mit universalem Anspruch.
Das bisher geschilderte Bild des Islam stellt den Hochislam dar, von dem sich der Volksislam unterscheidet. (102) Volksislam ist die Sammelbezeichnung für vielfältige religiöse Phänomene im Zusammenhang mit den Lebensstationen des Einzelnen, Jahresfesten, regional-kulturellen Gegebenheiten, die über die am Koran, vor allem an Pflichten und Geboten wie den 5 „Säulen" des Islam orientierte Religionspraxis der Orthodoxie hi-

nausgehen, aber dennoch integrativer Bestandteil islamischer Volksfrömmigkeit sind. Im Volksislam, der eine starke emotionale Komponente enthält, finden sich häufig traditionelle Bräuche einer bestimmten Region, eines bestimmten Bevölkerungsteils, die aus den Zeiten vor dem Islam herrühren. Zum Teil widersprechen sie sogar den eigentlichen Lehren des Islam. Ein Beispiel ist die Verehrung heiliger Männer und Frauen, denen häufig besondere Wunderkräfte zugesprochen werden.

(Zentrum für Türkeistudien [Hrsg.], Türkei-Sozialkunde. Wirtschaft, Beruf, Bildung, Religion, Familie Erziehung, Leske + Budrich, Opladen 1994, S. 118f.)

Die fünf Säulen des Islam

Die fünf Säulen des Islam heißen die Pflichten, die jeder gläubige Muslim erfüllen soll. Sie sind die Grundlage des Islam und gelten auf der ganzen Welt für die Gläubigen, obwohl es sonst sehr große Unterschiede gibt.

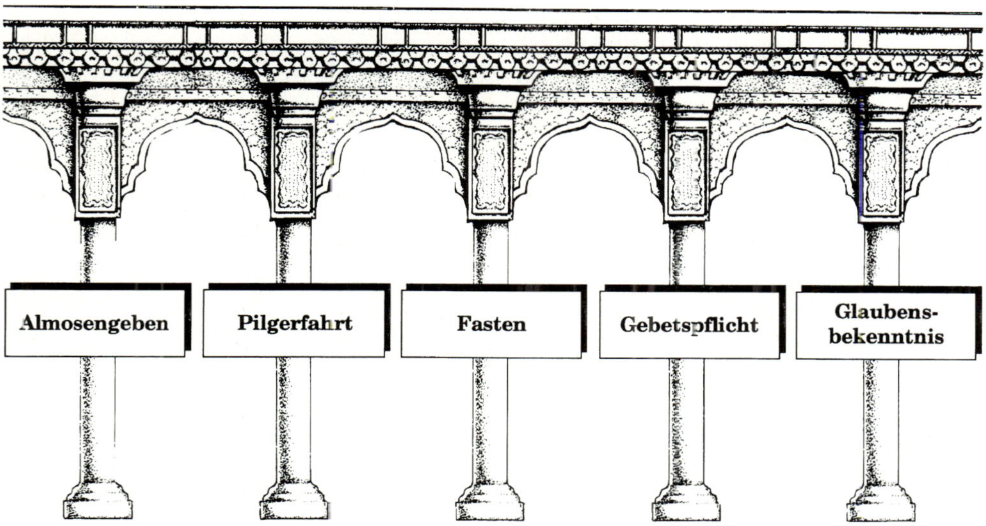

(Aus: Wolfgang Barth/Henny Küppers, Leben in der Türkei, Verlag an der Ruhr, 45472 Mülheim, 1994, S.22)

Gelebter Islam in der Migration

[…] Ein vor allem durch die Medien klischeehaft festgeschriebenes Islambild untermauert die häufig vorgebrachte Auffassung, eine „intolerante" oder sogar „fanatisierende" Religion erschwere oder verhindere die als notwendig erachtete Orientierung der türkischen Familien an der Lebensweise in der modernen Industriegesellschaft. […] In der Bundesrepublik leben heute rd. 1,8 Millionen Türken, fast alle gehören der islamischen Glaubensrichtung an. Die weit überwiegende Mehrheit zählt zu den Sunniten, die auch in der Türkei am stärksten vertreten sind. Daneben existiert eine alevitische Minderheit. Genaue Zahlen sind weder für die Türkei noch für die in der Bundesrepublik lebenden Türken bekannt. Nach Schätzungen liegt der Anteil der Aleviten in der Türkei zwischen 15 und 30%. Es kann davon ausgegangen werden, dass bei den in der Bundesrepublik lebenden Türken ein ähnliches Zahlenverhältnis vorliegt. Für die türkischen Aleviten in der Bundesrepublik gilt, was auch schon im Zusammenhang mit den Alevi-

ten in der Türkei angesprochen wurde, dass die Frau relative Freiheit genießt, dass es keine Geschlechtertrennung im Alltag und im Gottesdienst gibt, dass die Bedeutung auf dem Diesseits, dem Menschen und seiner Entscheidungsfreiheit liegt.

Bezogen auf die Frage nach dem Einfluss des Islam auf die in der Bundesrepublik lebenden Türken, ist festzuhalten: Selbst wenn man davon ausgeht, dass nur ein sehr geringer Teil der türkischen Migranten tief religiöse Orientierungen zur Richtschnur seines Denkens, Handelns und Fühlens macht, so ist trotzdem nicht zu verkennen, dass viele mehr oder wenige religiös begründete Sitten und Traditionen von einer großen Anzahl der Mitglieder dieser Gruppe allgemein geteilt werden und einen wichtigen Aspekt der Selbstdefinition unter den Lebensbedingungen der Migration ausmachen und eine Schutzfunktion in der Diaspora übernehmen können.

Hatte im angestammten Traditionsmilieu der (ländlichen) Türkei eine religiös orientierte Lebensführung oder Erziehung noch die Funktion, die Teilnahme am gesellschaftlichen Leben zu gewährleisten oder die Voraussetzungen hierfür zu entwickeln, bedingt eine am Normen- und Verhaltenskodex des Islam ausgerichtete Lebensweise in der Migration Verhaltensmuster, die von der Gesamtgesellschaft zum großen Teil abgelehnt werden und nur in „nichtöffentlichen" Gruppen Bestätigung finden. Die Frage, wie sich die türkischen Familien unter den veränderten Bedingungen einrichten, wie sie ihren traditionellen Glauben „leben", lässt sich jedoch kaum schematisiert beantworten.

So gibt es neben der kleinen Gruppe tief-religiöser und streng den Islam praktizierender Türken diejenigen, die bereits in der Türkei in einer ambivalenten Haltung zur Religion standen und sich unter der nun verringerten sozialen Kontrolle der Großfamilie noch weiter distanzieren, und diejenigen, die mit dem Islam in der modernen Arbeitsgesellschaft nicht mehr zurechtkommen und ihm zunehmend gleichgültig gegenüberstehen. Daneben gibt es die große Gruppe liberaler Muslime, die zwar gläubig sind, aber versuchen, sich mit ihrem Glauben in den deutschen Lebensverhältnissen einzurichten.

Das Beibehalten religiöser Lebensformen und islamischer Erziehung in der Migration dient für einen Teil der türkischen Familien bzw. Familienväter und Brüder der Absicherung der traditionell geprägten Familienstruktur gegenüber den gefürchteten gesellschaftlichen Einflüssen. Der „gelebte Islam" dient hier als Mittel, patriarchalische Familienstrukturen zu legitimieren und abzustützen. Im Bereich der Geschlechterrollen wird den traditionellen Autoritäten in der Familie (Eltern bzw. Ehemann) die eigene „Gefährdung" besonders deutlich und löst entsprechende Gegenpraktiken aus. [...]

Es gibt unter den muslimischen Migrantenfamilien auch diejenigen, die angeben, darunter zu leiden, in einer Gesellschaft zu leben, die mehrheitlich eine andere Religionszugehörigkeit hat. Dieses Leiden verweist jedoch eher auf andere Probleme, denn ein Leben ausschließlich nach islamischen Wertsetzungen und Normen wäre auch in der laizistischen Türkei kaum möglich. So werden es vielmehr die erlittenen Kränkungen der Migration sein, die zu einer Überhöhung der Bedeutung des Islam beitragen.

(Zentrum für Türkeistudien [Hg.], Türkei-Sozialkunde. Wirtschaft, Beruf, Bildung, Religion, Familie, Erziehung, Leske + Budrich, Opladen 1994, S. 125–127)

1. Stellen Sie Gemeinsamkeiten und Unterschiede in den islamischen Glaubensrichtungen der in Deutschland lebenden Familien heraus.
2. Prüfen Sie, welche Bedeutung Religion für Sie selbst hat.
3. Welche Bedeutung kann die religiöse Orientierung für Migrantenfamilien und für die Erziehung ihrer Kinder annehmen?

Koranschulen

Koranschulen: auf der Pflicht zur Lektüre des Korans beruhende, meist mit einer Moschee verbundene islamische Leseschule. In der BR Deutschland unterhalten islamische Vereine K., in denen türkische Kinder und Jugendliche in der Auslegung des Korans, in religiösen Traditionen und in islamischer Lebensweise unterrichtet werden.

(Meyers Lexikonredaktion in Zusammenarbeit mit Gerhard Eberle u. Axel Hillig [Hrsg.], Schüler-Duden Die Pädagogik, Dudenverlag, Mannheim/Wien/Zürich 1989, S. 236)

(Fotos: Henning Christoph/ DAS FOTOARCHIV)

1. Lassen Sie die Bilder eine Weile auf sich wirken. Tauschen Sie mit einem Mitschüler oder einer Mitschülerin spontan Gedanken, Einfälle, Empfindungen zu den Bildern aus.
2. Recherchieren Sie in Ihrer Stadt/Gemeinde, ob es dort Koranschulen gibt. Erkundigen Sie sich, wie diese in der Öffentlichkeit gesehen werden. Hierzu können Sie auch Informationen bei dem oder der Ausländerbeauftragen Ihrer Stadt/Gemeinde einholen. Befragen Sie türkische Mitschüler und Mitschülerinnen, ob sie Koranschulen aus eigener Erfahrung kennen.

Zentrale Werte und soziale Rangordnung

Türkisches Ehepaar mit seinen Enkelkindern (Ruhrgebiet) (Foto: © Brigitte Kraemer)

1. Beschreiben Sie die abgebildete Situation und erläutern Sie die Wirkung, die das Foto auf Sie ausübt. Worauf beruht diese Wirkung?
2. Stellen Sie sich vor, die auf dem Foto abgebildeten Großeltern unterhalten sich über die Erziehung ihrer Enkelkinder: Was könnten sie sagen?
3. Konnten Sie bereits selbst türkische Familien in vergleichbaren Situationen beobachten? Welche Schlüsse können Sie daraus über das Familienleben in türkischen Familien ableiten?

Werte und Normen bilden sich im Zusammenhang mit den Lebensbedingungen einer Gesellschaft oder Teilgesellschaft heraus. Innerhalb einer Gesellschaft variiert nicht nur die Bedingungslosigkeit, mit der die Einhaltung von Werten und Normen eingefordert wird, und die Grenze, ab der von einer Verletzung gesprochen wird, je nach einzelnen sozialen Gruppierungen, es nötigen auch die Veränderungen der je konkreten Lebensumstände dem Einzelnen, der Familie oder Gemeinschaft Lernprozesse auf, die zur Aufweichung eines zuvor uneingeschränkt gültigen Wertemusters führen. „Saygi", „Namus", „Seref", die drei zentralen Pfeiler eines Wertgefüges, das in seinem vollen Umfang ohnehin nur in der ländlichen Türkei Bedeutung hatte, unterliegen dem gleichen Prozess der Aufweichung.

• „Saygi" heißt in der Übersetzung soviel wie „Respekt" oder „Achtung" und regelt als zentraler Wert die Beziehungen zwischen den Familienmitgliedern und den Mitgliedern der Gemeinschaft. „Saygi" muss allen höher gestellten Personen entgegengebracht werden: Der Sohn schuldet dem Vater Achtung und Respekt, die Ehefrau dem Ehemann und

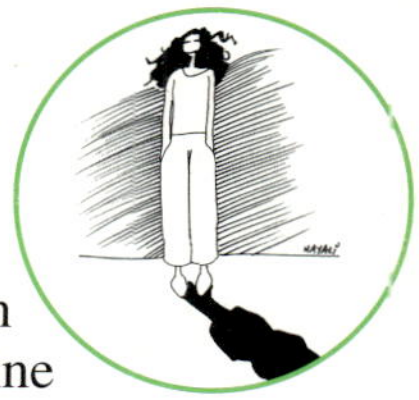

die jüngeren Geschwister den älteren. Im Lebenszyklus und in dem Maße, wie Jüngere und Niedergestellte nachwachsen, ändert sich die Stellung in diesem Beziehungsgefüge.
„Saygi" äußert sich in Handlungen und Verhaltensweisen, die unabhängig davon sind, was die eine Person von der anderen denkt. So kann der Sohn durchaus eine zum Vater konträre Meinung haben, mit den Anordnungen des Vaters nicht einverstanden sein, gleichwohl kommt dem Vater größte Achtung zu, und seinen Anweisungen ist ohne Widerspruch Folge zu leisten. „Saygi" drückt sich auch in der Form aus, in der Personen angesprochen werden. Höher Gestellte und Ältere werden nicht lediglich mit ihrem Namen, sondern mit ihrer sozialen Rolle, der vielleicht der Name hinzugefügt wird, angeredet. Der jüngere Bruder etwa spricht den älteren nicht mit dessen Vornamen an, sondern mit „agabey" (älterer Bruder) oder mit „Mehmet agabey" (älterer Bruder Mehmet).

• Der zweite zentrale Wert ist „Namus", was so viel bedeutet wie „Ehre" oder „Ehrenhaftigkeit". Die Bedeutung von „Namus" ergibt sich aus der klaren Grenzziehung zwischen dem inneren Bereich des Haushaltes – besonders dem Bereich der Frauen – und dem äußeren Bereich der – männlichen – Öffentlichkeit des Dorfes. Die Ehre einer Familie, und das heißt insbesondere die Ehre ihrer Männer, wird verletzt, wenn diese Grenze von Fremden überschritten wird, wenn jemand einen Angehörigen des Haushaltes, vor allem eine seiner Frauen, belästigt oder angreift. Der Verlust der Ehre würde den Verlust des sozialen Status in der Gemeinschaft, im Dorf bedeuten. „Namus" ist ein prinzipieller Wert, der keine Abstufungen zulässt: „Ehre" kann man nur haben oder nicht haben.
Der Ehrbegriff gilt für Männer und Frauen gleichermaßen. Nicht „ehrenhaft" ist z.B. jemand, der stiehlt oder lügt oder ehebrecherische Handlungen vollzieht. Die Ehre einer Frau steht in direkter Verbindung mit ihrer Keuschheit, die Ehre des Mannes bemisst sich eher danach, ob man sich auf sein Wort verlassen kann, ob er sich nicht an fremdem Eigentum vergreift und ob er seine Frau, seine Schwester und seine Töchter, aber auch alle sonstigen Angehörigen seines Haushalts schützt.

• „Şeref", der dritte zentrale Wert, bedeutet so viel wie „Ansehen". Gemeint ist damit eine Verbindung aus Großzügigkeit, Wissen, andererseits auch Reichtum, Macht und Einfluss. „Şeref" wird also durch persönliche Vorzüge oder durch Vorzüge der Gruppe, der man angehört, erworben und ist deshalb bei den einzelnen Personen in unterschiedlichem Ausmaß vorhanden.
„Şeref" können vor allem Männer und auch ältere Frauen, die sich wegen ihres Alters relativ ungezwungen innerhalb der Öffentlichkeit bewegen dürfen, besitzen. Während der Wert „Namus" vor allen Dingen auf den Innenbereich des Haushaltes bzw. auf das Verhalten der Haushaltsmitglieder in Bezug auf den Haushalt bezogen ist, ist der Wert „Şeref" auf die Öffentlichkeit gerichtet.
Innerhalb einer engen Gemeinschaft, d.h. insbesondere auf dem Dorf, stehen diese drei zentralen Werte in einem untrennbaren Zusammenhang. Bringt man etwa dem Mann innerhalb seines Haushaltes wenig Respekt und Achtung entgegen, so wird darunter auch sein Ansehen in der Öffentlichkeit leiden. Ebenso verliert derjenige, der seine Ehre verloren hat, auch sein Ansehen. Alle diese Werte entfalten ihre Wirkung durch die Ritualien des Verhaltens. Wenn z.B. die Ehre verletzt wurde, so ist es zunächst notwendig, sie wiederherzustellen, unabhängig von der Frage, weshalb sie verletzt wurde. Wenn ein Mitglied eines Haushaltes angegriffen wird oder in Streit gerät, verlangt es die Ehre, ihm beizustehen – unabhängig von einer abstrakten Schuldfrage.
Alter und Geschlecht sind in der traditionellen, ländlichen Türkei die zwei hauptsächlichen Kriterien, nach denen sich der soziale Rang einer Person bemisst. Je nach der erreichten Stufe auf dieser Rangordnung bemessen sich auch die Freiräume bzw. Verhaltenseinschränkungen und Aufgaben.

• Die Stufen, über die ein männliches Familienmitglied in der sozialen Rangordnung aufsteigt, sind markiert durch die Beschneidung, die zwischen dem 6. und 10. Lebensjahr erfolgt, durch die Heirat, die Rückkehr vom Militärdienst und die Gründung eines eigenen Haushaltes. Noch innerhalb der Familie bemisst sich der Rang des Sohnes nach seiner Position in der Geschwisterfolge. Der jeweils älteste Sohn, der in Abwesenheit des Vaters auch die Aufgaben des Familienoberhauptes zu übernehmen hat, nimmt gleich nach dem Vater die oberste Stufe der Rangordnung innerhalb der Familie ein.

• Die Töchter der Familie stehen prinzipiell in der Rangordnung hinter den Söhnen zurück. Nach der Heirat wechseln die Mädchen in den Haushalt der Familie des Mannes. Dort nehmen sie in der Frauenhierarchie, an deren Spitze die Frau des Haushaltsvorstandes und Mutter des Ehemannes steht, als jüngste Schwiegertochter (Gelin) den untersten Rang ein. In den Haushalten, in denen mehrere Generationen unter einem Dach wohnen, übernehmen sie den größten Anteil der Hausarbeiten. Ihre Stellung verändert sich, wenn neue Schwiegertöchter ins Haus kommen, wenn sie ein Kind, vor allem wenn sie einen Sohn geboren haben. Die Spitze der Rangskala erreichen sie schließlich, wenn die eigenen Söhne wiederum Schwiegertöchter ins Haus bringen.

• In der Frauenhierarchie rangiert an oberster Stelle die Großmutter. Hat eine Frau mit 40 bis 50 Jahren ihr Maß an Arbeitsleistung erbracht und Kinder geboren und aufgezogen, sind diese Kinder gar Söhne, die ihrerseits schon wieder einen Hausstand gegründet und Kinder in die Welt gesetzt haben, dann kommt ihr äußerste soziale Anerkennung zu. Sie wird sich der Ehrerbietung ihrer Söhne und aller ihrer jüngeren Frauen des Haushaltes erfreuen und im Alter von Söhnen und Schwiegertöchtern versorgt werden. Als Greisin wird sie auch bei Besuchen und anderen Zusammenkünften im Kreise der Männer Platz nehmen dürfen.

In den Städten verliert diese festgefügte Rangordnung an Rigorosität. Die räumliche Trennung in separate Haushalte lässt die Bedeutung der Altersrangfolge in den Hintergrund treten. Zwar ist heute auch auf dem Land die Kleinfamilie, d.h. der Zwei-Generationen-Haushalt, die am weitesten verbreitete Familienform, gleichwohl sind die Beziehungen der einzelnen Haushalte, die sich aus einer Familie abgespalten haben, dichter. In den Städten weicht zunehmend auch die hierarchisch angeordnete Beziehung der Geschlechter zueinander zunehmend einem mehr egalitären Verhältnis. Von Bedeutung ist dabei die in der Tendenz zunehmende Erwerbstätigkeit der städtischen Frauen. Insgesamt werden sich die traditionell bestehenden Unterschiede zwischen ländlichen und städtischen Regionen, sowohl was die Werteorientierung als auch was die sozialen Positionierungen der Familien- und Gemeinschaftsmitglieder betrifft, zunehmend verschieben. Von Bedeutung ist dabei die umfängliche Binnenmigration innerhalb der Türkei. Die in die Städte abgewanderten Familien nehmen langfristig die städtischen Orientierungen an und tragen diese, da ein reger Besuchsverkehr zu den Heimatdörfern die Regel ist, in die ländlichen Regionen zurück.

(Zentrum für Türkeistudien [Hrsg.], Türkei-Sozialkunde. Wirtschaft, Beruf, Bildung, Religion, Familie, Erziehung, Leske + Budrich, Opladen 1994, S. 98f.)

1. Kennen Sie in der deutschen Kultur vergleichbare Normen und Werte?
2. Können Sie fünf Werte und Normen nennen, die Sie in Ihrer Erziehung erfahren haben und die für Sie eine zentrale Bedeutung erlangt haben?
3. Welche Unterschiede stellen Sie fest zwischen den zentralen Werten und der sozialen Rangordnung in städtischen und ländlichen Gegenden der Türkei? Wie sind diese Unterschiede zu erklären?

Schulische Erziehung türkischer Kinder und Jugendlicher

Erinnerungen an die Schule

„Die Volksschule habe ich bis zur dritten Klasse besucht, dann bekam meine Mutter Rheuma, und ich musste zu Hause bleiben und sie pflegen."

Franger 1984, S. 56

„Unsere Schule bestand aus einem Zimmer, und alle fünf Klassen wurden dort zusammen unterrichtet. Der Lehrer gab immer pro Klasse eine Stunde Unterricht, die anderen Klassen hörten zu."

Straube/König 1982, S. 108

„In unserem Dorf gab es eine dreiklassige Grundschule. Die erste Klasse hatte alleine Unterricht, die zweite mit den Drittklässlern zusammen, die vierte und fünfte Klasse wieder in einem Raum. Es gab sowieso nur drei Lehrer.
Wie jeder Schüler kauften wir Hefte, Bleistifte und ein schwarzes Schulkleid mit weißem Kragen. So sehr schön waren meine Sachen nicht, aber das kümmerte mich nicht [...].
Am ersten Schultag versammelten wir uns alle auf dem Schulhof. Wir wurden in einer Reihe aufgestellt. Wir sangen die Nationalhymne. Wir gingen nach drinnen, das heißt in die Klasse. Wir bekamen unsere Plätze und setzten uns hin, wir begannen mit dem Unterricht. Zuerst lernten wir die Buchstaben [...]. Zu Hause war niemand, der mir bei meinen Hausaufgaben half. Meine Mutter konnte nicht lesen und schreiben [...] In unserem Dorf gab es keinen Strom; mit der Gaslampe las ich meine Bücher."

Yusuf Toprakoğlu

Ich bin im Dorf zur Schule gegangen. Meine Mutter durfte noch nicht zur Schule gehen, aber zu meiner Zeit sind auch die Mädchen zur Schule geschickt worden. Früher galt das als ayip (unanständig).
Aber unsere Schule war klein. Wir hatten nur ein Klassenzimmer. Eine Lehrerin hat die erste und zweite Klasse am Nachmittag unterrichtet. Ein Lehrer hat morgens ungefähr 5 Stunden die Klassen drei, vier und fünf unterrichtet. Jede Klasse hat in einer Reihe gesessen. Der Lehrer konnte sich natürlich immer nur mit einer Klasse beschäftigen.

Eine türkische Schülerin

Die Schriftstellerin Aysel Özakin erzählt von ihrer Erfahrung in der türkischen Schule:

Ich bin sieben Jahre alt.
Schule heißt für mich: Jeden Tag einen schwarzen Kittel und einen weißen, steifgestärkten Kragen tragen und jedes Mal, wenn man den Kopf wendet, spüren, wie sich der Kragen in den Hals bohrt. Im Hof nach Reihen ausrichten. Beim Sitzen die Hände auf dem Tisch halten. Fünf Stunden still sitzen. Lernen, dass man mit dem Nachbarn nicht reden darf. Nur den Lehrer anschauen, nur dem Lehrer zuhören, nur an den Lehrer denken.

Ich bin acht Jahre alt.
Ich bin Türkin, ich bin aufrichtig, ich bin fleißig. Mein oberstes Gebot lautet: Ich muss die Kleinen schützen und die Großen achten. Mein Ideal ist, vorwärts zu gehen und meine Heimat mehr als mich selbst zu lieben. Mein Leben soll meiner türkischen Heimat geweiht sein. Wir stehen alle gleichzeitig auf, die ganze Klasse. Ohne uns zu bewegen, ohne zu lachen, schreien wir laut.
Samstag heißt für mich: Mit der ganzen Schule gegen Mittag im Hof Habt-Acht stehen. Die Kleinen vorne, die Großen hinten, bilden wir eine geometrische Form. Der größte Schüler steht allein auf einer Stufe. Mit gespitztem Mund brüllt er ‚Hab' keine

Aaaangst!‘ Wenn er zum zweiten Mal ‚Hab‘ keine Aaaangst!‘ ruft, fangen wir an, die Nationalhymne zu singen: ‚Hab‘ keine Angst, das Banner am Horizont wird nie untergehen!‘

(Wolfgang Barth/Henny Küppers, Leben in der Türkei, Verlag an der Ruhr, Mülheim 1994, S. 31f.)

Grundriss eines Schulgebäudes in Haceri

A = Klassenraum
B = Flur
C = Abstellraum
a = Tafel
b = Gestell für Buchstaben
c = Regal
1 = Block Klasse 3
2 = Block Klasse 4
3 = Block Klasse 5

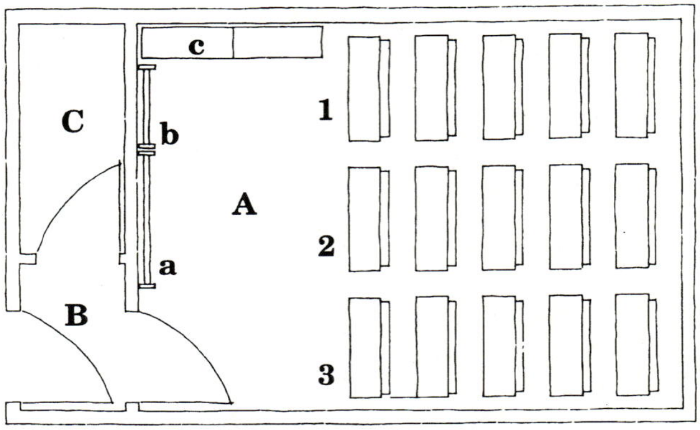

(Aus: Wolfgang Barth/ Henny Küppers, Leben in der Türkei, Verlag an der Ruhr, 45472 Mülheim)

Vergleichen Sie die schulische Erziehung in der Türkei mit der deutschen hinsichtlich der formalen Strukturen, der Unterrichtsmethoden und der Lern- bzw. Erziehungsziele.

Schulischer Eid

Der Unterricht beginnt. Der Lehrer betritt die Klasse. Die Schüler stehen auf. Der Lehrer grüßt die Schüler mit *Günaydin* (Guten Morgen). Die Schüler antworten mit *Sag ol* (Danke). Bevor die Schüler sich setzen, legen sie einen Eid ab.

Hier ist der Text:

Türküm, doğruyum, çaliskanim
Yasam, büyüklerimi saymak, küçüklerimi korumak
Vatanimi milletimi özümden çok sevmektir
Ülküm yükselmek ileri gitmektir
Varliğim Türk varliğina armağan olsun
Ey bu günümüzü gösteren ulu Atatürk
Açtigin yolda, kurduğun ülkede gösterdiğin amaçta
hiç durmadan
Ne mutlu Türküm diyene.

Die Übersetzung lautet:

Ich bin Türke, aufrichtig und fleißig.
Mein Gesetz ist, die Größeren (Älteren) zu achten,
die Kleineren (Jüngeren) zu beschützen.
Mein Vaterland mehr als mich selbst zu lieben.
Mein Ideal ist, vorwärts zu gehen
und einen höheren Entwicklungsstand zu erreichen.
Meine Existenz soll der türkischen Existenz
gewidmet sein.
Großer Atatürk, der uns diese Tage ermöglicht hat,
ich schwöre, ständig auf dem Weg,
den du für uns eröffnet hast,
in dem Land, das du für uns errichtet hast,
vorwärts zu gehen.
Wie glücklich ist, wer sagen kann: Ich bin Türke.

(Wolfgang Barth/Henny Küppers, Leben in der Türkei, Verlag an der Ruhr, Mülheim an der Ruhr 1994, S. 33)

1. Welches Ziel wird Ihrer Ansicht nach mit dem Sprechen des Eides verfolgt?
2. Diskutieren Sie, ob es an deutschen Schulen möglich wäre, einen vergleichbaren Eid einzuführen. Wie könnte er lauten?

Leben zwischen zwei Kulturen – Problemlagen türkischer Jugendlicher in der BRD

(Zeichnungen: © Hayati Boyacıoğlu, Berlin)

1. Worauf machen die Karikaturen aufmerksam?
2. Entsprechen die Bilder, die hier von jugendlichen türkischen Mädchen gezeichnet werden, Ihrer Wahrnehmung?

Einfach anders

Eigentlich weiß man doch schon alles über sie: Sie tragen Kopftücher, und manchmal sieht man darunter nur noch Augen und Nase. Sie laufen in den knappsten Tops herum und auf den höchsten Plateausohlen dieser Welt. Sie schleppen mit der Linken fünf Einkaufstüten und zerren mit der Rechten ein „Aaaane!!" plärrendes Kind hinter sich her. Sie haben ständig ihr Handy am Ohr, und man trifft sie in Scharen bei H&M in der Dessousabteilung. Sie sitzen mit keuschem Kopftuch an der Supermarktkasse, und sie flirten wie verrückt. Sie sind „bis an die Toppen" geschminkt – aber wehe, ein Mann schaut sie zu lange an: Dann kommt der große Bruder.

Irgendwie wird man nicht schlau aus ihnen. Also schreiben Sie doch mal etwas über die Türkinnen in Deutschland. Wie geht's ihnen hier und heute? Und wie sind sie denn so? Nichts einfacher als die Antwort auf diese Fragen: anders. Sie sind anders: anders als all die Klischees, die über sie existieren. Anders als die jeweils andere. Anders, als sie morgen vielleicht schon sein werden. Rund 900 000 türkische Frauen leben in Deutschland, und zumindest eines haben sie gemeinsam: Kaum eine andere Bevölkerungsgruppe ist so heterogen, so mit Stereotypen beladen und so in Veränderung begriffen wie sie.

Da gibt es Frauen wie Azize Özgan, die auch nach 25 Jahren in Deutschland für jeden Behördengang ihren Sohn als Dolmetscher braucht. Dabei ernährt die 60-Jährige mit ihren Putzjobs die ganze Familie. Wie die meisten Frauen der ersten „Gastarbeiter"-Generation wird sie demnächst ein Pendelleben führen, im Winter in der Türkei, im Sommer bei den Kindern und Enkeln in Deutschland. Das Pendeln zwischen den Ländern und Kulturen überdeckt die Isolation, in die türkische Frauen wie Azize Özgan geraten, wenn mit dem Ausscheiden aus dem Arbeitsleben auch noch die letzte Brücke zur deutschen Mehrheitsgesellschaft zusammenbricht. Azize Özgans Heimat wird mehr denn je „Familie" heißen. Vielleicht wird sie noch zu den geselligen Nachmittagen im türkischen Seniorenclub gehen, wo sich Männer und Frauen nun im Alter ganz offiziell öffentlich begegnen dürfen.

Was hat ein Mädchen wie Esra mit dieser Frau zu tun, außer dass Azize Özgan Esras Mutter sein könnte? Esra, die 18-jährige Schönheit in Stretchjeans und sexy Pullover, Esra, der die Männer hinterherschauen, wenn sie durch ihren Heimatbezirk Kreuzberg geht, der ihr längst „zu dreckig" und „zu abgewrackt" ist. Esra, die mehr vom Leben will als ihre Eltern, die von schnellen Autos, von Weltreisen und vom Psychologiestudium träumt – und die tatsächlich nicht einmal einen schlecht bezahlten Ausbildungsplatz als Schneiderin oder Arzthelferin findet.

In der Hierarchie der Lehrstellenanwärter rangieren türkische Mädchen, selbst wenn sie in Deutschland geboren sind, auf allerunterster Stufe. Dabei liegen ihre Noten deutlich über denen ihrer männlichen Mitschüler. Hochmotiviert und leistungsorientiert seien die jungen Türkinnen – vor allem die mit dem Kopftuch –, loben Pädagogen. Gerade türkische Mädchen, dies betonen auch Bildungsforscher, bemühen sich intensiv um die eigene Berufsplanung und werden dabei, entgegen landläufigen Annahmen, von ihren Eltern durchaus unterstützt.

Doch die Realität läuft dem Wunschziel diametral entgegen: Ein Großteil der türkischen Mädchen hat gegen die deutsche Konkurrenz mit höheren Schulabschlüssen keine Chance oder scheitert an den Vorurteilen der Betriebe. Nur jedes dritte türkische Mädchen schafft den Sprung in eine Ausbildung, bei den deutschen Altersgenossinnen ist es immerhin jede Zweite. Eine frühe Heirat, altbekannte Emanzipationsfalle, dient dann häufig als Ersatzstrategie, um in der eigenen Umgebung anerkannt zu werden. Eine andere Falle stellen sich einige türkische Frauen beinahe trotzig selber: Mit ihrem Kopftuch schmälern sie zusätzlich ihre ohnehin geringen Berufsaussichten.

Esra dagegen zeigt aller Welt gern und stolz ihre dunklen Locken. Dennoch ist da nichts Trennendes zwischen ihr und ihren Freundinnen, die das Kopftuch tragen. Keine abfällige Bemerkung, kein Blick von oben herab, kein moralischer Zeigefinger von der anderen Seite. Für Esra ist das Stück Stoff nicht Symbol für Rückständigkeit oder weibliche Unterdrückung, sondern einfach „Ansichtssache".

Auch innerhalb der wachsenden Gemeinde der Kopftuchträgerinnen sind die muslimischen Bekleidungsregeln längst nicht gleichbedeutend mit fundamentalistischer Religiosität. Für viele ist das Kopftuch eher selbstbewusstes Bekenntnis zur eigenen Identität. Die heimlichen Doppelstrategien im Kampf um persönliche Freiräume und die kleinen (Selbst-)Betrügereien im Umgang mit verbotenen Lieben sind den Mädchen mit Kopftuch genauso vertraut wie Esra, die von sich sagt: „Ich bin gläubige Muslimin, der Koran gibt mir Halt, aber es reicht mir, wenn ich abends für mich alleine bete."

Den Spagat zwischen zwei Kulturen und ihren einander widersprechenden Moralvorstellungen haben die meisten Mädchen dieser zweiten und dritten Generation besser eingeübt, als es oft scheint. Zugleich hat gerade diese Generation ein denkbar negatives Selbstbild: 50 Prozent der jungen türkischen Männer, so ergab eine Umfrage in Berlin, suchen sich ihre Ehepartnerinnen in der Türkei, weil die in Deutschland aufgewachsenen Türkinnen zu verdorben wären. Wer weiß schon, ob sie – ehernes Gelübde, das auch die Mädchen selbst kultivieren – noch Jungfrauen sind. Aber auch gut 20 Prozent der jungen Frauen wollen lieber einen in der Türkei aufgewachsenen Mann heiraten. Die eigenen Landsleute in Deutschland gelten als „arrogante Angeber" und „verantwortungslose Hallodris".

Diese Partnersuche in der alten Heimat – teils von der Familie als Zweckheirat arrangiert – hat längst eine immer wieder nachwachsende vierte Generation von Türkinnen in Deutschland geschaffen: junge „Heiratsmigrantinnen", in der Heimat oft gut ausgebildet, die nach der „Familienzusammenführung" in Deutschland beruflich und sprachlich in ein Vakuum fallen. Doch in der Erwartung, diese Ehefrauen seien dadurch hübsch gefügig, fallen auch türkische Männer auf ein Stereotyp herein. Heftige Ehekrisen mit lautstarken Krächen belehren sie dann oft eines Besseren: Die Frauen, die sie gesucht und gefunden haben, sind nicht *die* Türkinnen, sondern *wie* Türkinnen – anders eben.

(Vera Gaserow, Einfach anders, in ZEITPunkte Nr. 2/1999: Türken in Deutschland, S. 40f.)

Das Kopftuch – nicht notwendig ein Zeichen der Rückständigkeit
(Foto: © Hans-J. Ellerbrock/Bilderberg)

1. Welche Themenkreise spricht der Text an?
2. Überlegen Sie, welche Themen Sie am stärksten interessieren, und formulieren Sie konkrete Fragen und Hypothesen, die Sie klären möchten.

Problemlagen türkischer Mädchen in der BRD – zwei Fallbeispiele

Beispiel 1 – Zeynep

Zeynep wächst bis zum Alter von 6 Jahren in K. auf. Gemeinsam mit Großeltern und Eltern zieht sie dann nach Ankara um, wodurch sie auch einen Schulwechsel einschließlich einer Klassenwiederholung erlebt. Sie fühlt sich dort anfangs fremd und nicht anerkannt. Erst allmählich findet sie Freunde. Als sie im 2. Schuljahr ist, ziehen ihre Eltern nach Deutschland. Zeynep bleibt bei den Großeltern. Sie leidet sehr darunter. Sie fühlt sich allein gelassen und nicht verstanden von ihrer Umwelt. Zu ihren Großeltern hat sie kein gutes Verhältnis. Sie empfindet sie als streng und erhält auch Schläge. In dieser Situation hat sie keinen Ansprechpartner. Schließlich bittet sie ihre Eltern in einem Brief, sie nachzuholen.

Die Eltern wollen, dass sie die Schule in der Türkei beendet. Auf ihr Drängen hin nehmen sie sie aber in den Ferien mit nach Deutschland, wo sie in einem kleinen Dorf wohnen. Sie bekommt dort eine Ohrentzündung, die behandelt werden muss. Dadurch kann sie bei den Eltern in Deutschland bleiben.

Zeynep wird trotz ihres Schulbesuchs in der Türkei in die erste Klasse einer Grundschule eingestuft, in der sie die einzige Ausländerin ist. Z. versteht kein Deutsch. Dies hat zur Folge, dass sie ungewollt an einem Kirchenbesuch teilnimmt, worüber die Mutter verärgert ist. Sie kommt auch mit den deutschen Mitschülern nicht aus.

Wenn sie auf Deutsch von Mitschülern angesprochen wird, rennt sie weg, weil sie nicht weiß, ob es gut oder böse gemeint ist. Schließlich lernt sie nachmittags ein türkisches Mädchen kennen, mit dem sie eine feste Freundschaft schließt und viel Zeit verbringt. Auch die Eltern schließen Freundschaft untereinander.

Aufgrund von Spekulationen des Hausbesitzers muss Zeynep mit ihrer Familie in einen anderen Ort umziehen, wodurch sie wieder die Schule wechseln muss. Abermals wird sie ins 1. Schuljahr eingestuft, weil sie immer noch kein Deutsch versteht. Zeynep empfindet diesen Wechsel wiederum als sehr schwierig. Sie verliert die Lust an der Schule und bleibt dem Unterricht wiederholt fern, weil sie sich nicht in die Klasse traut.

Nach einem halben Jahr wird sie ins 3. Schuljahr hochgestuft. In dieser Klasse verändert sich ihre Situation zum Positiven. Es entwickelt sich ein enges Vertrauensverhältnis zur Klassenlehrerin. Sie erhält begleitend Hilfe von der Mutter einer Mitschülerin, mit der sie sich anfreundet. Allmählich werden ihre schulischen Leistungen besser sowie auch ihr Verhältnis zu den Mitschülern.

Schon vor ihrem Nachzug zu den Eltern in die Bundesrepublik ist für Zeynep aufgrund vorgängiger Erfahrungen Migration als Wechsel aus einer vertrauten in eine fremde Umgebung negativ besetzt.

Die Binnenmigration in die Großstadt Ankara hat sie erlebt als Verlust sozialer Kontakte, als soziale Isolation, die nur schwer überwindbar ist.

Die gleichzeitige Migration beider Elternteile in die Bundesrepublik erlebt sie als Verschärfung sozialer Deprivation, als Verlust der Vertrauenspersonen, die weder durch die Großeltern noch durch andere Bezugspersonen ersetzt werden können. Im Gegenteil, es wird dadurch Misstrauen erzeugt, das sich störend auf die sozialen Beziehungen, z.B. zu Gleichaltrigen, auswirkt und Isolationstendenzen verstärkt.

Ihr starkes Bedürfnis nach Nähe zu den Eltern artikuliert Zeynep in einem Brief, der quasi ein Hilferuf an ihre Eltern ist. Aufgrund ihres Drängens gelingt es ihr, in der Ferienzeit zunächst vorübergehend nach Deutschland geholt zu werden, obwohl ihr Wunsch nicht dem Willen der Eltern entspricht, die das Weiterführen der Schulzeit in der Türkei als vorrangig ansehen. In dieser Situation erkrankt Zeynep, sodass eine langwierige Behandlung erforderlich ist. Es ist anzunehmen, dass es sich bei dieser Krankheit um ein psychosomatisches Symptom handelt, ausgelöst durch die Angst vor wiederholter Trennung von den Eltern. Dadurch erzwingt sie ihr Verbleiben bei den Eltern. Zeyneps subjektive Orientierung zum Zeitpunkt der Einreise ist also nicht der Wunsch, in der Bundesrepublik zu leben, sondern ausschließlich die Befriedigung ihres Bedürfnisses nach Nähe zu den Eltern. Dafür muss sie sich auf Rahmenbedingungen wie Besuch einer deutschen Schule einlassen, die sie zur Sicherung des Erkämpften eingehen muss, die aber nicht von ihr selbst gewollt sind.

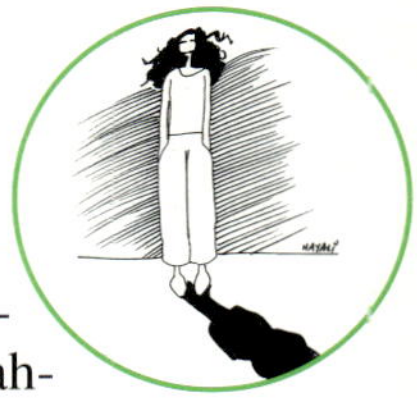

Der erste Kontakt mit der deutschen Umwelt erfolgt für sie durch die Eingliederung in das deutsche Schulsystem, die Aufnahme in ein erstes Schuljahr. Hier werden ihr keine Eingliederungshilfen angeboten, sondern sie wird voll in die fremde Situation, fremde Sprache, fremde Umgebung etc. hineingeworfen.

Ihre Kommunikationsfähigkeit in einer anderen Sprache, ihre bereits erbrachten schulischen Leistungen scheinen dabei keinerlei Beachtung, geschweige denn Anerkennung, zu finden, sie wird als ausschließlich mit Defiziten behaftet angesehen. Die von Zeynep bereits in der Türkei erworbene Negativeinstellung gegenüber Migration erlebt hier eine Steigerung. So ist es nicht verwunderlich, dass sie in dieser Extremsituation fehlender Kommunikationsfähigkeit einerseits ihr Misstrauen gegenüber sozialen Kontakten beibehält, auf Annäherungsversuche Gleichaltriger mit Flucht reagiert und andererseits nach Vertrautem sucht und sich darauf orientiert (Freundschaft mit türkischen Mädchen). Dies wird über ihr Elternhaus auch nicht aufgelöst, denn ihre Eltern reagieren ebenfalls auf die fremde Umgebung mit Orientierung auf die eigene kulturelle Gruppe und werden durch die Missachtung ihrer anderen Kulturzugehörigkeit, sei es mit Absicht oder aus Achtlosigkeit (Beispiel: Kirchenbesuch), darin bestärkt.

Diese Krisensituation erfährt eine weitere Verschärfung durch den der Familie aufgezwungenen Ortswechsel, mit dem ein erneuter Schulwechsel einhergeht. Wiederum erlebt sich Zeynep als Opfer gesellschaftlicher Missstände und erfährt die Machtlosigkeit ihrer Eltern.

Für Zeynep wiederholt sich an dem neuen Ort zunächst die Erfahrung von Stigmatisierung und sozialer Isolation, was von ihr beantwortet wird mit zunehmender Resignation und zunehmenden Fluchtversuchen, um sich den an sie gestellten Forderungen (Schulbesuch, Deutsch lernen etc.) zu entziehen.

Eine Wende tritt nach einem halben Jahr ein, erstaunlicherweise in Verbindung mit einer Aufstufung vom 1. in das 3. Schuljahr, also an sich einer Situation, in der die Leistungsanforderungen sogar zunehmen. Trotzdem verändert sich an dieser Stelle Zeyneps Situation grundlegend zum Positiven: Sie findet sowohl im Leistungsbereich den Anschluss als auch den Anschluss an die Mitschüler.

Dieser gravierende Wandel liegt in der Person der Klassenlehrerin begründet. Sie wendet sich Zeynep zu und nimmt sie so an, wie sie ist. Ihr gelingt es, zu Zeynep ein Vertrauensverhältnis aufzubauen, aus dem Zeynep Selbstvertrauen und Stärke entwickeln kann: „Sie hatte keine Kinder, und da hat sie ihre Liebe ganz uns gegeben.“ (S. 7)

Sie vermittelt über die Schule hinaus eine begleitende Betreuung für Zeynep, deren Wirkung darin begründet liegt, dass sie sie aus ihrer sozialen Isolation führt und ihr gleichzeitig tragfähige soziale Beziehungen und Anerkennung verschafft.

(Lena Schaumann/Ingrid Haller u.a., Lebenssituation und Lebensentwürfe junger türkischer Frauen der zweiten Migrantengeneration. Forschungsbericht, Hess. Landesregierung, Elektra, Wiesbaden 1988, S. 39–42)

Schreiben Sie einen Bericht über das Leben Zeyneps, aus der Sicht von Zeynep:
Wie würde sie ihr Leben schildern?
Achten Sie darauf, vor allem ihre möglichen Gefühle auszudrücken.

Beispiel 2 – Esin

Esin lebt seit ihrem dritten Lebensjahr in der Bundesrepublik. Bis zum Alter von sieben Jahren wohnt sie mit ihrer Familie in einem deutschen Mittelschichtgebiet einer Kleinstadt. „Wo wir wohnten war sehr … gute Häuser und reiche Gegend, ne“.

Ihre Wohnbedingungen in einem Zwei-Familien-Haus bei einem älteren deutschen Ehepaar liegen allerdings unter dem Standard der Umgebung (kleine Räume, kein Bad, gemeinsame Toilettenbenutzung mit den Hausbesitzern).

Da sie die einzigen Türken in der Gegend sind, leidet ihre Mutter sehr unter Einsamkeit: „Die erzählt mir auch heute noch davon, dass sie damals, ähm, äh sie wollte auch unbedingt mit anderen Türkisch reden und wir hatten niemand.“

Esin empfindet zunächst auch Fremdheit: „Mit der Zeit kam mir alles sehr fremd vor, die Menschen und so, und ... und da hatten sie 'ne andere Sprache und, ich und mein Vater und meine Mutter, wir immer unter uns geredet, konnten nie die anderen verstehen.“

Insbesondere durch die Einschulung in eine Vorschule lernt Esin schnell Deutsch und findet Kontakte zu den Mitschülern. Sie hat eine koreanische Freundin und fühlt sich dort sehr beliebt.

„Weil ich ziemlich (lacht), ha ha, die Jungens zusammengeschlagen hab' damals.“ Daraufhin bauen sich auch Nachbarschaftskontakte auf.

Aus dieser Zeit memoriert sie als herausragende Erlebnisse:

• Sie wird von Nachbarskindern in deren Garten eingeladen: „Ganz toll war das, einmal dort eingeladen, und die hatten Schaukel und die, was weiß ich, Sandkasten, ne, und so Fahrrad, so was hatt' ich net, Fahrrad.“ Sie drängt daraufhin ihre Eltern, ihr ein Fahrrad zu kaufen:
„Ich immer: Ich will'n Fahrrad, und wenn nit, dann klau' ich mir eins.“
Als ihr dieser Wunsch nicht erfüllt wird, entwendet sie das Fahrrad einer Freundin mit der Absicht, es später wieder zurückzubringen. Da sie jedoch bis spät in die Nacht hinein fährt, wird sie mit dem Fahrrad erwischt. Ihr Vater nimmt an, dass sie das Fahrrad gestohlen hat und verprügelt sie zur Strafe.

• Auf einem nahe gelegenen Gartengelände nimmt Esin auf Einladung der Besitzer an einem Grillfest im Sommer teil. Da sich alle leicht bekleidet sonnen, legt auch Esin ihre Kleidung bis auf den Slip ab und spielt mit den Kindern Verstecken. Als sie sich wieder ankleiden will, findet sie ihre Kleidung nicht wieder. Wie sie ihrer Mutter so gegenübertritt, ist diese entsetzt: „Was sollen die Leute denken?“ Esin erhält daraufhin wieder Prügel.

Esin bezeichnet sich selbst als freches Kind, das immer wieder gegen die Gebote der Eltern verstößt, z.B. kehrt sie oft erst in der Nacht heim, obwohl sie zur Essenszeit zu Hause sein soll.

Aber auch wenn Esin mit ihrem jüngeren Bruder zu Hause spielt, gibt es Ärger, weil sich die Hauseigentümer über den Krach beschweren.

Der Vater bestraft in solchen Fällen seine Kinder mit Prügel, was wiederum von den Hausbesitzern kritisiert wird:

„Kinder darf man nicht schlagen und so, die müssen einfach spielen, und wenn schon, dann muss man mit denen reden und so ... Und mein Vater: Nix, Schläge ist besser.“

[...]

Aufgrund der beengten Wohnverhältnisse und des zunehmenden Streits mit Nachbarn (z.B. „klaut“ Esin in Nachbargärten Obst) zieht die Familie schließlich in ein Gebiet um, in dem fast nur Türken wohnen.

Esin fühlt sich dort zunächst sehr fremd:

„Und kam ich halt und war total blöd und so, Scheißhäuser und so, weil, wo wir wohnten, waren sehr ... gute Häuser und reiche Gegend, ne. Und alle Kopftücher, da kam mir alles fremd vor, obwohl meine Mutter auch Kopftuch getragen hat, ne, aber ... bei uns da, damals die Gegend war sehr schlimm, und Kopftücher und dies und das, alles drum und dran, ne. Hab' ich gedacht: Ist denn das denen nicht zu heiß? und so, immer, Gedanken gemacht, und da hab' fand ich's nit gut, ne, dort ne, fehlte mir halt, ich hab's richtig vermisst so mit meinem, wo ich früher gewohnt hab, naja' ... Und dann konnt ich kein Wort Türkisch, doch Türkisch schon, aber ich konnte so richtig Türkisch überhaupt eigentlich nicht, ne, weil, ich hab' wo ich in A. gewohnt hab' , bin ich ... irgendwie wie Deutsche erzogen worden ... total wie 'ne Deutsche, mit Deutschen gespielt, kannte, ich war also die einzige Ausländerin da ... war sehr beliebt und so, ne, bei, mit jedem ... Und naja, wenn du dann halt herkommst, gucken sie dich an erstmal, und ich immer vor die Tür gesetzt, war immer traurig, die Kinder immer alle miteinander gespielt ... naja, und Türkisch konnt' ich auch nit, und die immer: Ha, 'ne Türkin, und kann kein Türkisch! Immer gehänselt und so. Naja, bei so was bin ich dann, hab' ich immer zugeschlagen."

Allmählich verändert sich das Verhältnis:

„Und dann, ich weiß nicht, mit der Zeit, dann hat's, sind wir dann, weil, von uns, das Mädchen ihre Eltern, hab' ich gesehen, dass die dann ab und zu mal zu uns gekommen sind, weil, wir waren die Neuen, ne, und da mussten ja alle hinkommen und so, ne … Ja, mit der Zeit dann, ging's dann besser, wir haben dann auch miteinander gespielt, nur die haben mich immer geärgert, dass ich immer so ziemlich, öhm, offen mich angezogen habe, ne, dass sich's nit gehört hier so anzuziehen und ... ich immer kurze Hose und so, ganz kurzes Oberteil, ... Und, ähm ... da mit dem Spielen und so, das ging dann, weil ich immer fast die Beste war und: Ja, komm zu mir, die immer, ja komm zu mir, mit der Zeit ging's dann. Die Eltern sind auch ab und zu mal gekommen, und die Tochter auch dann, und dann ging das schon besser. Und dann war ich sehr beliebt beim Laufen, Schnelllaufen war ich immer fast die Beste."

Gleichzeitig drängt sowohl ihre Mutter als auch die türkische Nachbarschaft auf Anpassung an die „Sitten von Türken", nicht nur weil Esin unter Türken lebt, sondern auch weil sie nun „langsam erwachsen" wird.

„Ja, mir wurde... vieles verboten... Ich konnte mir nichts mehr so leisten, wie ich so früher mich angezogen oder ... meine Frechheit, das konnten die Nachbarn net haben, meinten: Du bist hier nicht da, wo du zwischen den Leuten gewohnt hast, so, bei den Deutschen, hier ... bist du woanders, ne, und ich hab' das nie verstanden und so, klar, kannste auch nicht verstehen..." [...]

Parallel zum Wechsel in die türkische community beginnt auch Esins Grundschulzeit. sie kennt niemanden aus ihrer Klasse, findet aber allmählich Anschluss: „Ich kannte die nicht, ne, war ganz fremd, und 'n Freund hatte ich auch nit. Naja, mit der Zeit, dann ging's dann schon, in den Pausen und so ..."

Im 4. Schuljahr beginnt sie, gemeinsam mit Schulkameraden heimlich zu rauchen: „Naja, und, natürlich, ich hab' da immer welche gesehen, die Älteren, immer geraucht und so, ich fand das immer schön, ne. Wie sie dann, hier gezogen haben und so, angeben wollt' ich auch damit."

Etwa im gleichen Alter erwacht ihr Interesse für Jungen:

„So zwischen 13 oder 12 war ich da, glaub' ich, ... hat sich dann, so, hmm, die Jungens interessieren und so, auch so langsam angefangen (lacht). Ach, wir haben uns gleich, jeder war hübsch angezogen, vielleicht war der mal schön, der mal schön, der hatte schöne Augen und sofort, oh, echt (lacht)!!... Aber nie was Ernstes, wir immer ... und den angemacht, mal den, und die wollten auch was von uns, und wir die immer verarscht, ne, immer!"

Esin wechselt nach dem 4. Schuljahr in die Hauptschule über. Sie beklagt, dass ihr von da an verschärfte Restriktionen auferlegt werden:
„Ja damals war's, tja, je älter man wird, desto schlimmer wird's mit den Eltern, strenger... Da durft' ich... fast damals nie etwas, ich immer, nie zu spät nach Hause kommen [...]. In der Grundschule, da fing's schon langsam an... aber ... auf der Hauptschule, im 5. Schuljahr, wurd's schon schlimmer... Weil, es wurde dir alles verboten, alles, fast alles. Und wir immer erst das getan." Als Begründung für die Verbote sagen ihre Eltern: „Du, du, du lebst zwar in Deutschland, ne, aber du wirst net... unsere Sitte ist nicht so wie Deutsche, ne."
Konkrete Konfliktpunkte sind insbesondere:

• Abends ausgehen:
„Ich wollte auch mal weggehen, aus, klar, ich ging aus, aber... es gab Grenzen, ne."

• Rauchen in der Öffentlichkeit:
„Ich rauche manchmal auf der Straße, ne, und so, ne, jetzt net mehr... Ein Arbeiter, Arbeitskollegen von meinem Vater haben's gesehen … Natürlich, die sofort haben's meinem Vater gesagt, ist ja wohl klar!"

• Kontakt zu Jungen:
„Oder wenn ich mich mit jemandem unterhalte auf der Straße, ne ... ein guter Kumpel, ne, Jungs, ne, von meiner Klasse, ne [...]. Und die immer: Ja deine Tochter, redet da mit 'nem Jungen in der Ecke da und so." Esin leidet darunter, dass ihre Eltern ihr nicht stärker vertrauen: „Ich hab' dann immer gesagt: Vertraut mir! Solange ihr mir vertraut, vertrau' ich euch auch und dann... kommen wir näher zusammen, ne... Aber solange ihr mir immer misstraut, ne, gegenüber, dann kann ich euch irgendwie net...meine Wärme zeigen." [...]

Nach dem Schulabschluss bemüht sich Esin um einen Ausbildungsplatz. Nach einigen vergeblichen Versuchen findet sie schließlich eine Stelle, in der sie auch jetzt noch ist. Obwohl sie mit Deutschen zusammenarbeitet, hat sie keine tiefe Freundschaft zu einem deutschen Mädchen: „Ich hab' zwar Freundinnen, aber ... net so richtige jetzt wie früher. Jetzt bin ich eher mit... also mit türkischen Mädchen zusammen. Weiß nit, ob die Deutschen einen so verstehen können, die sind schon anders ... als wir Türken [...]. Die, die verstehen dich nit, wie kannst du so leben, und so, gesagt: Hast du noch nie mit einem Jungen geschlafen, ne. Die können, die verstehen das nicht, ich sag: Das ist ... Ich find' das so viel besser, ne. Und, ich mein' die verstehen das nicht [...].
Ich telefonier' ab und zu mal mit meinen Freundinnen, mit den deutschen und so, ne... die kommen mal zu mir, wir reden über dieses und dieses und jenes und dann... sehen wir uns net mehr wieder. Vielleicht ein paar Monate danach, so ist das, keine enge Freundschaft so..."

(Lena Schaumann/Ingrid Haller u.a., Lebenssituation und Lebensentwürfe junger türkischer Frauen der zweiten Migrantengeneration. Forschungsbericht. Hess. Landesregierung, Elektra, Wiesbaden 1988, S. 46–52)

1. Erstellen Sie zur besseren Übersicht in tabellarischer Form die Lebensläufe von Esin und Zeynep mit den wichtigsten Daten.
2. Vergleichen Sie die Lebensläufe von Esin und Zeynep. Wie erleben Esin und Zeynep die Realität in der BRD und wie reagieren sie auf diese Realität?
3. Erklären Sie die Ursachen der unterschiedlichen Reaktionen der beiden Mädchen auf die Migration.
4. Zeigen Sie Bedingungen für eine gelingende Migration auf.

5. Stellen Sie sich vor, Esin würde eine Beratungsstelle aufsuchen.
   a) Diskutieren Sie, welche Hilfen eine Sozialarbeiterin Esin anbieten könnte um den Konflikt zwischen Esin und ihren Eltern zu lösen. Wie sollte die Sozialarbeiterin reagieren? Welche pädagogischen Ziele sollte sie verfolgen und wie lassen sich diese begründen?
   b) Wie könnte eine argumentative Auseinandersetzung zwischen Esin, ihren Eltern und der Sozialarbeiterin aussehen? Welche unterschiedlichen Argumente und Positionen lassen sich für die am Konflikt Beteiligten ausmachen? Stellen Sie dies in einem Rollenspiel dar.

Psychosoziale Befindlichkeit jugendlicher Ausländer und Ausländerinnen in der BRD

J. Mansel und K. Hurrelmann haben mithilfe einer repräsentativen Jugendstudie versucht die Ursachen für eine erhöhte psychosoziale Belastung jugendlicher Ausländer und Ausländerinnen in der BRD aufzuzeigen. Der folgende Text beschreibt diese Ursachen.

Bei der Darstellung der potenziell Stress erzeugenden Bedingungen in den vorangegangenen Abschnitten wurden die gravierendsten Unterschiede bei jungen Deutschen und Ausländern in der Wahrnehmung ihrer Lebenssituation im Bereich der beruflichen Ausbildung bzw. der ersten Erwerbsarbeit nach dem Statusübergang von der Schule in den Beruf ermittelt. Die in dieser Lebensphase erfahrenen strukturellen Benachteiligungen sind für die jungen in der Bundesrepublik Deutschland aufwachsenden Ausländer mit Sicherheit ein gravierender Belastungsfaktor. Aber sie allein können nicht den Haupteffekt für die höhere emotionale Anspannung ausmachen. Da sich die jüngeren Ausländer im Rahmen der schulischen Ausbildung trotz der objektiv ungünstigeren Bildungschancen gegenüber den Deutschen nicht benachteiligt fühlen, hätten in diesem Falle die Differenzen im Ausmaß der psychosozialen Belastung zwischen der jüngeren und älteren Alterskohorte der Ausländer erheblich höher ausfallen müssen als bei den Deutschen. Für die Ausländer ließen sich jedoch keine spezifischen Alterseffekte im Ausmaß der psychosozialen Belastung nachweisen. Offensichtlich verarbeiten die jungen Ausländer die erfahrenen Benachteiligungen im Statusübergang dergestalt, dass sie sie als die Folge ihrer nicht-deutschen Nationalität erklären. Sie erfahren tagtäglich, dass Nicht-Deutsche in der Bundesrepublik Deutschland benachteiligt werden. Damit empfinden sie sich nicht selbst als Verursacher, sodass sie diese Belastungen offensichtlich ohne erhebliche Belastungssymptome zu ertragen lernen.

Auch eine unzureichende Integration in die „Gastgesellschaft" scheint nicht die Hauptursache für die erhöhte Belastung der jungen Ausländer zu sein. Eine mangelhafte Integration müsste sich insbesondere in der Interaktion in der Gleichaltrigengruppe einerseits in der Freizeit und andererseits in der Schule niederschlagen. Bei dem Vergleich der potenziell Stress erzeugenden Bedingungen in der Freizeitsituation und auch bei der Akzeptanz durch die Klassengemeinschaft ließen sich jedoch keine Unterschiede ermitteln.

Dass ausländische Jugendliche ihre Position in der Gleichaltrigengruppe ähnlich wie Deutsche wahrnehmen, ist aber nur bedingt ein Indikator für das Ausmaß der Integration. Für den Fall, dass die Gleichaltrigengruppe ausschließlich oder überwiegend aus Personen der eigenen Ethnie besteht, sagt das Ausmaß der Anerkennung und die Position in der Gleichaltrigengruppe nichts über die tatsächliche Integration in die „Gastgesellschaft" aus. Dass dies bei den ausländischen Jugendlichen nicht selten der Fall ist, geht mit Beobachtungen einher, aus denen gefolgert wird, dass die Ausländer in „zwei Kulturen" leben. Und gerade dieser Faktor kann dann zu Belastungen und Schwierigkeiten führen. Hintergrund der Probleme ist demnach, dass die Mehrzahl der Nach-

kommen von Arbeitsmigranten aus Südeuropa in Familien aufwächst, die in Wohngebieten mit einem hohen Ausländeranteil leben. [...]
Ausländische Kinder und Jugendliche wachsen deshalb häufig in Lebensräumen auf, die in Kultur und Lebensstil, in Normen und Wertvorstellungen nicht in Einklang stehen mit denen der Deutschen. Spätestens mit der Einschulung werden die ausländischen Kinder aber mit der Lebensweise der Deutschen und deren Vorstellungen über angemessenes Verhalten und im „Gastland" geltende Kommunikationsformen konfrontiert. [...]
Das Aufwachsen in zwei sich teilweise widersprechenden Kulturen kann nun – so die Vermutung – zu inneren Spannungen und Konflikten bei ausländischen Kindern und Jugendlichen, zu Verunsicherungen und Ungewissheiten über richtiges und angemessenes Handeln und letztendlich zu Orientierungslosigkeit führen. Das Leben in den zwei Kulturen und der Versuch, beiden Kulturen gerecht zu werden, kann für sie zu einer enormen Belastung werden. Unter diesen Bedingungen fällt es schwer, ein in sich konsistentes Normen- und Wertesystem zu entwickeln. Die Entwicklung eines positiven Selbstkonzeptes und einer eigenständigen Identität wird behindert.
Ist das Aufwachsen in zwei unterschiedlichen Kulturen Ursache für die erhöhte psychosoziale Belastung, so müssten die konkreten Hintergründe sich vor allem in der familialen Interaktion in Form häufiger Meinungsverschiedenheiten und in weniger guten Beziehungen zu den Eltern niederschlagen, wenn die Eltern auf die Einhaltung der Regeln der Migrantenkultur pochen, aber auch in der Interaktion in der Schule, wenn Lehrer und Mitschüler darauf drängen, dass sich die Ausländer den Regeln der „Gastkultur" unterordnen. Bei den potenziell Stress erzeugenden Bedingungen im Rahmen der schulischen Interaktion konnten wir jedoch nur marginale Unterschiede in der Wahrnehmung der Situation durch Ausländer und Deutsche ermitteln. [...]
Was bleibt – und dies wird mit den Belastungsindikatoren, die unserer Studie zugrunde liegen, so gut wie überhaupt nicht erfasst –, sind die alltäglichen Diskriminierungen, die sozialen Benachteiligungen und die Ablehnung, die die Ausländer bei der Integration mit den Einheimischen, in den deutschen Verwaltungseinrichtungen und Behörden durch ihren rechtlichen Status und die Medienberichterstattung erfahren. [...] Wir sehen in diesem Bereich ganz entscheidende Faktoren für Benachteiligungen und Belastungen von Ausländern in der Bundesrepublik Deutschland und werden deshalb auf einige wesentliche *Strukturen der Ungleichbehandlung* eingehen.
Probleme kann dabei den Ausländern bereits die Überbetonung der kulturellen Unterschiede als Hintergrund für erhöhte psychosoziale Belastung, für sozial auffälliges und gegebenenfalls abweichendes Verhalten bereiten. Im politischen Diskurs werden nämlich mit dieser Sichtweise die Probleme und Schwierigkeiten, die junge Ausländer mit ihrem Leben in der Bundesrepublik Deutschland haben, überwiegend auf die „kulturelle Andersartigkeit" zurückgeführt und damit ihnen selbst angelastet bzw. auf ihr Verhalten zurückgeführt. Sie gelten als die Verursacher ihrer prekären Situation. [...]
Dass sich die Mehrzahl der in der Bundesrepublik Deutschland lebenden Ausländer in so genannten *„Ausländergettos"* ballt, ist nur bedingt das Resultat einer freiwilligen Entscheidung der Migrantenfamilien. Zwar ist eine Vielzahl der Ausländer, die unter der Prämisse in die Bundesrepublik gekommen sind, im „Gastland" in möglichst kurzer Zeit möglichst viel Geld zu verdienen, um sich danach mit dem Verdienten in der Heimat eine eigenständige Existenz aufzubauen, eher bereit, auch unter solchen Wohnbedingungen zu leben, die von der Mehrheit der einheimischen Bevölkerung nicht mehr akzeptiert werden, aber zugleich wurden und werden die Ausländer durch den Ausschluss von einem Teil des Wohnungsmarktes an den Rand des Wohnungsmarktes und in diese Wohnviertel gedrängt.

Zum Zweiten wird häufig übersehen, dass das Entstehen und der Rückzug in eine eigenständige Migrantenkultur im „Gastland“ zwar nicht nur, aber auch eine Reaktion auf erfahrene soziale Diskriminierungen und Diskreditierungen, auf Benachteiligung, auf die Behandlung als Statusniederer, als Person mit geringer Handlungskompetenz und als Mensch zweiter Klasse ist. Je mehr die Ausländer von Einheimischen zurückgewiesen werden, desto mehr steigt die Wahrscheinlichkeit des Rückzugs in die eigene Gruppe, wo sie als Gleichgestellte akzeptiert und ihre Bedürfnisse nach Gemeinsamkeit befriedigt werden. [...] Solange sie sich als „Menschen zweiter Klasse“ behandelt fühlen, werden sie die grundlegenden Wertmaßstäbe der „Gastkultur“, aufgrund derer sie als minderwertig angesehen werden, nicht akzeptieren können und versuchen, ihre Kinder vor der Übernahme der Kultur zu bewahren.

Diskriminierungserfahrungen machen die Arbeitsmigranten nicht nur in der alltäglichen Interaktion mit den Deutschen, die Benachteiligungen resultieren auch aus den *politischen und rechtlichen Strukturen* der bundesrepublikanischen Gesellschaft. Allein die Existenz des *Ausländergesetzes* macht deutlich, dass die Ausländer als Bevölkerungsgruppe in der Bundesrepublik einen gesonderten Status innehaben. In § 2, Abs. 1 des AuslG wird festgeschrieben, dass in der Bundesrepublik lebende Ausländer eine Aufenthaltserlaubnis benötigen, die sie gegebenenfalls im jährlichen Rhythmus verlängern lassen müssen. Die Erteilung der Aufenthaltserlaubnis basiert dabei auf einer Kann-Bestimmung, d.h., dass auch ein seit längerer Zeit hier lebender Ausländer keinen Rechtsanspruch auf Verlängerung seines aufenthaltsrechtlichen Status hat (§§ 2 und 9 des AuslG). Diese zu einem Leben in der BRD notwendige Erlaubnis kann zusätzlich auch räumlich auf spezifische Regionen beschränkt werden (§ 7 AuslG). Diese Rechtsgrundlage bewirkt, dass die Arbeitsmigranten in ständiger Unsicherheit über ihren weiteren Verbleib in der Bundesrepublik Deutschland leben müssen. [...]

Die aus diesen Diskriminierungen und Degradierungen resultierenden Belastungen müssen in ihren Wirkungen als so massiv eingestuft werden, dass es verwundert, dass die Ausländer bei den hier berücksichtigten Formen der psychosozialen Belastung lediglich bei der emotionalen Anspannung und die Ausländerinnen zusätzlich bei der negativen Selbstwertschätzung höher als die Deutschen belastet sind und sich nicht auch in weiteren psychosozialen und gesundheitlichen Beeinträchtigungen niederschlagen.

(Jürgen Mansel/Klaus Hurrelmann: Psychosoziale Befindlichkeit junger Ausländer in der Bundesrepublik Deutschland, S. 182–188. In: Bundesarbeitsgemeinschaft Kinder- und Jugendschutz [Hg.], Soziale Probleme, Heft 2, Centaurus Verlagsges., Pfaffenweiler 1993, S. 165–192)

1. Nennen Sie stichwortartig die wesentlichen Stress erzeugenden Faktoren.
2. In dem Text von Klaus Hurrelmann und Jürgen Mansel ist die Rede von Diskriminierungserfahrungen, die auf den rechtlichen und politischen Strukturen der BRD beruhen.
   a) Nennen Sie neben den im Text genannten Diskriminierungen weitere Ihnen bekannte Diskriminierungen, die auf rechtliche und politische Strukturen zurückzuführen sind.
   b) Welche Diskriminierungserfahrungen von Ausländern und Ausländerinnen in der alltäglichen Interaktion mit deutschen Staatsbürgern und Staatsbürgerinnen sind Ihnen bekannt?
   c) Informieren Sie sich bei dem oder der Ausländerbeauftragten Ihrer Stadt oder Gemeinde über Diskriminierungen und Problembelastungen von Ausländern und Ausländerinnen.
3. Worin besteht die Hauptursache für die erhöhte Belastung jugendlicher Ausländer und Ausländerinnen?
4. Diskutieren Sie pädagogische Möglichkeiten, der von Mansel und Hurrelmann aufgezeigten Problematik entgegenzuwirken.
5. Ist bei dieser Problematik allein von der Pädagogik Hilfe zu erwarten?

Kinder unter dem Druck zweier Fronten

Die Kinder und Jugendlichen türkischer Herkunft befinden sich oft im Spannungsfeld zwischen ihrer ethnischen Gemeinschaft und der deutschen Gesellschaft und erleben einen Anpassungsdruck von beiden Seiten. Wegen ihrer vermeintlichen Fremdartigkeit werden sie von den Deutschen und, wegen ihrer nicht traditionellen Lebensweise, von ihren in der Türkei lebenden Landsleuten abgelehnt. [...]
Die Kinder erfahren von beiden Seiten einen enormen Druck. Beide Gesellschaften sind nicht bereit, in Deutschland lebende Kinder und Jugendliche türkischer Herkunft so zu akzeptieren, wie sie sich entwickelt haben. Wenn die Kinder und Jugendlichen den erwarteten Anpassungsleistungen nicht entsprechen können, bekommen sie Ablehnung zu spüren. Dieses bedeutet für sie eine zusätzliche Belastung.
Dieser Druck auf Kinder und Jugendliche wird noch vonseiten der türkischen und kurdischen Organisationen verstärkt. Von den Vereinen und Moscheen bis zu den politischen Organisationen versuchen alle, die Kinder und Jugendlichen zu beeinflussen und sie für ihre jeweiligen Aktivitäten und Ziele zu organisieren. Z.T. wird versucht, sie möglichst von den „deutschen Lebensweisen" abzugrenzen und sie für ihre Ziele zu gewinnen. Mit Hilfe von der in der Bundesrepublik herausgegebenen türkischen Presse gelingt es einigen Organisationen sogar, Kinder und Jugendliche auf der Basis des Nationalismus und der Religion zu radikalisieren und für ihre Zwecke zu instrumentalisieren.
Es ist nicht selten, dass Kinder und Jugendliche, die auf der ethnisch-religiösen Grundlage in verschiedene Lager gespalten sind, noch gegeneinander aufgehetzt werden (kurdisch-türkische Konflikte, fundamentalistisch-laizistische oder sunnitisch-alevitische). [...] An Wochenenden werden Kinder und Jugendliche unter Druck in die Moscheen und in den Ferien mehrwöchig in die religiösen Internate und Koranschulen geschickt.
[...] In den letzten Jahren sehen viele Eltern die Erziehung in den religiösen Schulen als Diziplinierungshilfe für ihre Kinder, weil sie nicht mehr in der Lage sind, die Probleme der Kinder zu verstehen und damit umzugehen. Die allerletzte Strafmaßnahme ist sogar das Zurückschicken der Kinder in die Türkei.
Diese Beispiele zeigen, dass die Kinder und Jugendlichen unter großer Anspannung und unter einem von vielen Seiten ausgeübten Druck leben. In vielen Bereichen werden sie daran gehindert, sich frei zu entfalten und sich auf die Bewältigung ihrer hier existierenden Probleme zu konzentrieren. In vielen Fällen ist ein Rückzug in ihr ethnisches Umfeld die Folge, nicht selten kehren sie beiden Gesellschaften den Rücken. Kinder und Jugendliche türkischer Herkunft haben keine eigenen Initiativen (z.B. Kinderbüro oder eigene Beauftragte), in denen sie sich gegenseitig stärken können, um sich gegen den auf sie ausgeübten Druck zu wehren und ihre Situation zu reflektieren.

(Ekrem Yildiz: Kinderrechte und -unrechte aus der Sicht türkischer und kurdischer Kinder in der Bundesrepublik Deutschland. S. 150–168. In: Ursula Carle/Astrid Kaiser [Hg.], Rechte der Kinder, Schneider-Verlag, Baltmannsweiler 1998, S. 159–160)

Welche möglichen langfristigen Folgen deutet Ekrem Yildiz als Ausdruck der festgestellten Diskriminierungserfahrungen der in Deutschland lebenden muslimischen Jugendlichen an?

In seinem Aufsatz macht Ekrem Yildiz auf die besondere Problemlage kurdischer Kinder und Jugendlicher aufmerksam:
„Da in der Bundesrepublik Deutschland die Staatsangehörigkeit entscheidend ist, werden sie [die Kurden] von den deutschen Behörden als Türken registriert und dementsprechend behandelt. Die offizielle Umgangsweise hat für die kurdischen Kinder und Jugendlichen Konsequenzen. Sie werden in der Bundesrepublik Deutschland nicht als

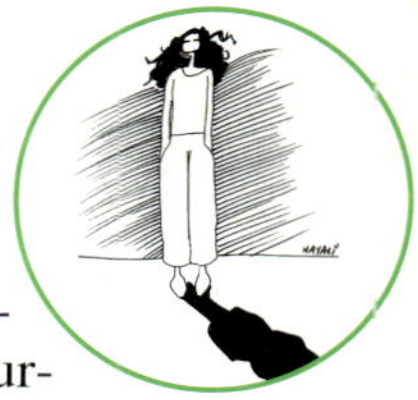

eigenständige Volksgruppe anerkannt und können so bestimmte Rechte nicht in Anspruch nehmen.
Mit Ausnahme einiger Bundesländer wie Niedersachsen, Hamburg und Bremen können kurdische Kinder im Gegensatz zu türkischen Kindern ihre Muttersprache nicht in der Schule lernen […]. Als ebenfalls diskriminierend empfinden kurdische Kinder die Tatsache, dass ihre Mütter und Väter ihren neugeborenen Kindern keinen kurdischen Nahmen geben können. Deutsche Standesämter richten sich bei der Namensgebung der Kinder nach Listen, die sie von türkischen Konsulaten erhalten, und akzeptieren keine kurdischen Namen […]."

(Aus: Ekrem Yildiz, a.a.O., S. 151–152)

Artikel 2 der von den Vereinten Nationen durch Resolution angenommenen Kinderrechtskonvention besagt:
„(1) Die Vertragsstaaten achten die in diesem Übereinkommen festgelegten Rechte und gewährleisten sie jedem ihrer Hoheitsgewalt unterstehenden Kind ohne jede Diskriminierung unabhängig von der Rasse, der Hautfarbe, dem Geschlecht, der Sprache, der Religion, der politischen oder sonstigen Anschauung, der nationalen, ethnischen oder sozialen Herkunft, des Vermögens, einer Behinderung, der Geburt oder des sonstigen Status des Kindes, seiner Eltern oder seines Vormunds.
(2) Die Vertragsstaaten treffen alle geeigneten Maßnahmen, um sicherzustellen, dass das Kind vor allen Formen der Diskriminierung oder Bestrafung wegen des Status, der Tätigkeit, der Meinungsäußerungen oder der Weltanschauung seiner Eltern, seines Vormunds oder seiner Familienangehörigen geschützt wird."

(Zit. nach: Ursula Carle/Astrid Kaiser [Hg.]: a.a.O., S. 192)

Beurteilen Sie vor dem Hintergrund des Artikels 2 der UNO-Kinderrechtskonvention die Situation türkischer und kurdischer Kinder und Jugendlicher in Deutschland.

Übung: Erinnerung an Diskriminierung in der Kindheit

Finden Sie sich zu Paaren zusammen und denken Sie dann über die Frage nach, welches Ihre früheste Erinnerung an Diskriminierungen oder an diskriminierende Personen sind. Jede Person hat 10 Minuten Zeit, der anderen die Erinnerungen zu erzählen.

(Aus: Ellen Johann u.a., a.a.O., S. 70)

Reflektieren Sie anschließend im Plenum:
– Wie groß ist der Anteil unter Ihnen, der bereits Diskriminierungserfahrungen erlebt hat? Welcher Art waren diese?
– Sind Sie bereits dazu aufgefordert worden, andere auszuschließen oder zu diskriminieren?
– Wie haben Sie sich gefühlt, als Sie diskriminiert wurden/zu Diskriminierung aufgefordert wurden oder selbst andere diskriminiert haben?
– Woher rühren diskriminierende Einstellungen und Haltungen?
– Wo erleben Sie heute konkrete Diskriminierungen aufgrund Ihres Geschlechts, Ihrer Kulturzugehörigkeit, Ihrer Religionszugehörigkeit, Ihres Alters etc.?
– Entwickeln Sie konkrete Lösungsvorschläge zum Abbau der von Ihnen erlebten Diskriminierungserfahrungen.

Diskutieren Sie, welche pädagogische Relevanz die Diskussion um die doppelte Staatsbürgerschaft hat, und nehmen Sie Stellung dazu.

Vertiefung

Die Wechselbeziehung zwischen Kultur und Erziehung

Erziehung wurde und wird oft als ein unabhängiger, autonomer Akt, als „reiner pädagogischer Bezug“ begriffen, der nur den Leitvorstellungen des Erziehers einerseits und dem Eigengesetz und der Reifung des Zöglings andererseits unterworfen ist. Erziehung wird aber gerade in jüngerer Zeit auch nicht selten als technologischer Prozess verstanden, in dem ein Erziehungstechnologe nach vorgegebenen Plänen Verhaltensmodifikationen am jungen Menschen, der völlig als Objekt gesehen wird, herbeiführt. Die modernen Verhaltenswissenschaften, insbesondere die Sozialisationstheorie und die Ethnologie, machen aber darauf aufmerksam, dass hier eine Täuschung vorliegt. Ein näherer Blick auf das Erziehungsgeschehen lehrt nämlich, dass sich Erziehung, das heißt Menschwerdung und Menschsein überhaupt, nur im Medium, im Umraum einer jeweiligen Kultur vollziehen kann.

Unter Kultur wollen wir hier das Gesamt der vom Menschen hervorgebrachten und vorgefundenen Bedingungen verstehen, die ihm die verantwortliche Führung seines Lebens erlauben und ihm eine unverwechselbare eigenständige Prägung geben. Die Konstituentien der Kultur wie Sprache, Gesellschaftssystem, Weltanschauung, Wertsystem und geographischer Raum bestimmen auch Wesen und Charakter der Erziehung.

Andererseits setzt Kultur immer schon den erzogenen Menschen als Kulturträger voraus. Kultur kann ohne Erziehung, das heißt ohne Tradierung ihrer Grundstrukturen nicht fortbestehen. Kultur ist also auf Erziehung angewiesen, denn der heranwachsende Mensch muss lernen, die überkommene Kultur auszufüllen und weiterzuentwickeln: Der Mensch ist nicht nur „Geschöpf der Kultur“, sondern auch „Schöpfer der Kultur“ (Landmann), aber er muss erst in diese Schöpferrolle hineinwachsen.

(Friedrich Karl Rothe, Kultur und Erziehung – Umrisse einer Ethnopädagogik, Weltforum Verlag, Köln 1984, S. 1)

1. Belegen und erläutern Sie die von Rothe dargestellte These.
2. Welche Konsequenzen ergeben sich aus der These für die Zielsetzung einer interkulturellen Pädagogik?

Kulturmelange

Durch den vermehrten Kulturkontakt verändert sich nicht nur Altes, es entsteht auch Neues. Elemente aus verschiedenen Kulturen gehen ungewohnte Kombinationen miteinander ein; neue Lebensformen entstehen. […] So empfinden wir den französischen Hata Yogi nicht unbedingt als typischen Franzosen. Wenn dieser dann auch noch Russisch als erste Muttersprache spricht und Rastalocken trägt, so ist für viele klar, es handelt sich um einen „Gspinnerten“, einen der eigenen Gesellschaft entfremdeten Individualisten. Die Welt scheint aber zunehmend von solchen Menschen bevölkert. […]

Das Basteln am eigenen Leben ist zur Kollektiverfahrung unserer westlichen Welt geworden. „Normal“ ist nach Ansicht des Soziologen Ulrich Beck nur noch, dass unser Leben nicht mehr primär vom äußeren Umfeld bestimmt wird, sondern Ergebnis eigener Entscheidungen ist. Die Normalbiografie wird zur Wahlbiografie. Zukunft leitet sich nicht mehr nur aus Herkunft ab. Anders als früher müssen Traditionen ausgewählt oder neu erfunden werden. Identität, wie sie insbesondere Großstadtmenschen erleben, ist nicht länger durch die Tradition verbürgt und abhängig von Herkunft, Sprache, Religion

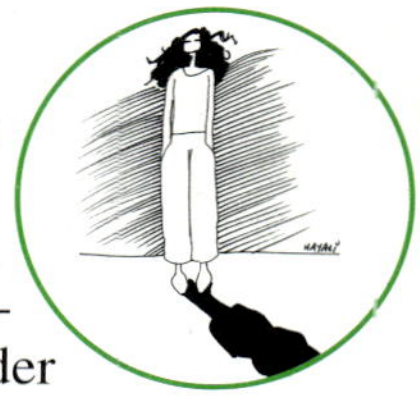

oder phänomenologischen Merkmalen – jene Kriterien, mit denen herkömmlich eine „ethnische Identität“ bestimmt wurde. In dem Maße, wie diese Kriterien im Leben der Großstadt unwichtig werden oder ganz verschwinden, bedienen sich die Menschen anderer Faktoren, die jedoch die gleichen Funktionen erfüllen. Neue Bezugspunkte können die Mitgliedschaft in einem Sportverein sein oder Aktivitäten wie Graffitimalen. Musikrichtungen wie der Hip-Hop aus den innerstädtischen Gettos Amerikas eroberten die Jugendszenen weltweit. Mittelstandsnachwuchs aus Halle und Osnabrück hört begeistert die Songs von Ice Cube und Public Enemy, die dem Frust der schwarzen Kids Ausdruck geben. Wer ein echter Hip-Hopper ist, trägt New Yorker Großstadtlook und begeistert sich für die NBA. Rödelheimer Rap und Tic Tac Toe erobern die Hitparaden und deuten die Erfahrungen der US-Rapper bundesrepublikanisch um.

Biografien können durch Ereignisse beeinflusst werden, die völlig zeit- und ortsunabhängig von der eigenen Existenz sind. Identität wird gleich einem Flickenteppich individuell zusammengefügt (Becks „Patchwork-Identität“). Dabei scheint die Suche nach den kulturellen Wurzeln zur Lebensaufgabe von immer mehr Menschen zu werden. [...] Sieht man in der Literatur einen Spiegel gesellschaftlicher Entwicklung, fällt die Häufung literarischer Auseinandersetzungen mit dem Thema *Multikulturalität* und der Suche nach der eigenen Kultur auf. Der Australier Adid Khan beschreibt in seinem Erstlingswerk *Seasonal Adjustment* die Reise des in Bangladesh geborenen Iqbal, der nach 18 Jahren Abwesenheit besuchsweise in sein Geburtsland zurückkehrt. Die Auseinandersetzung des Protagonisten in Begleitung seiner jungen, in Australien aufgewachsenen Tochter mit seiner Familie und der Kultur Bangladeshs wird zur interkulturellen Herausforderung. Die Tochter stellt all die Fragen, die sich auch dem westlichen Besucher aufdrängen. Vor ihrem Reiseantritt unterhalten sich Vater und Tochter über Weihnachten in Bangladesh:

– *Dieses Jahr gibt es (zu Weihnachten) weder Truthahn noch Pudding. Bitte fang nicht an zu meckern.*
– *Das ist aber ungerecht, warum nicht?*
– *Weil Weihnachten von den meisten Menschen dort nicht gefeiert wird.*
– *Und warum nicht?*
– *Sie sind keine Christen.*
– *Aber was sind sie dann?*
– *Muslime.*
– *Wie du?*
– *Na ja, so ähnlich. Sie praktizieren ihre Religion viel strenger als ich.*
– *Aber du magst doch Weihnachten auch so gerne. Du stopfst dich jedes Mal mit Truthahn und Weihnachtspudding voll!*
– *Also hör mal!*
– *Entschuldigung*
– *Bei mir ist das etwas anders.*
– *Warum anders? Du bist doch auch einer?*
– *Was heißt ‚einer'?*
– *Ein Muslim.*
– *Ja, schon irgendwie. Das ist schwer zu erklären.*
– *Papi?*
– *Ja?*
– *Bin ich eine Christin?*
– *Hmm ... Nicht richtig. Mami ist eine.*
– *Wie fühlt sich das an, wenn man Christ ist?*

– *Weiß ich nicht, Kleines. Ich war nie einer.*
– *Sind die Christen anders als die Muslime?*
– *In manchen Dingen unterscheiden sie sich schon.*
– *Papi?*
– *Was denn?*
– *Ich würde gerne eine Christin sein. Darf ich?*
– *Wenn du alt genug bist, kannst du dir aussuchen, was du sein möchtest. Warum willst du denn Christin sein?*
– *Die Kinder in meiner Schule sind es, und ich will genauso sein wie sie.*

Nicht nur Individuen, sondern immer mehr Gruppen von Menschen fallen aus den herkömmlichen kulturellen und gesellschaftlichen Kategorien. Der Ethnologe Hannerz arbeitet mit dem Begriff der *Kreolisierung*, der Vermischungen, Widersprüchen und durchlässigen Grenzen von Bedeutungssystemen gerecht zu werden versucht. [...]

Der aus der Linguistik stammende Begriff der Kreolisierung bezeichnete ursprünglich die neu entstandenen Sprachen in der Karibik und Westafrika, die eine Mischung aus der jeweiligen Kolonialsprache und afrikanischen Sprachen sind. Er suggeriert Kreativität und Ausdrucksrichtung. Auf Kultur übertragen, versucht der Begriff jener neuen kulturellen Diversität gerecht zu werden, die mehr auf Verbindungen und weniger auf Autonomie der einzelnen Kulturen basiert. Kreolisierte Kulturen entstehen aus der Begegnung, den wechselseitigen Abhängigkeitsbeziehnungen zwischen Gesellschaften. Kultur wird diesem Verständnis zufolge als ein Fluss von Bedeutungen angesehen, die in ständiger Bewegung sind, alte Beziehungen auflösen, neue Verbindungen eingehen. Eine in Berlin lebende katholische Ecuadorianerin ist mit einem homosexuellen Deutschen verheiratet und lebt in einer Wohngemeinschaft mit fünf Lateinamerika-begeisterten Schwaben, die jeden Freitag Salsa tanzen. Die gelernte Biochemikerin verdient sich ihren Unterhalt als Haushaltshilfe und bringt ihrer Arbeitgeberin Spanisch bei. Sie selbst liest begeistert Herta Müller. Ihre beste Freundin stammt aus Äthiopien, und die beiden unterhalten sich auf Englisch.

Alltagsbeispiele kreolisierter Identitäten zeigen, wie verwoben die Bezugspunkte vieler Menschen heute schon sind und dass Herkunft nicht mehr zwingend Ausgangspunkt jeder Selbstdefinition sein muss. Die einzelnen Einflüsse stammen oft aus unterschiedlichen Kulturen und sind selbst keine Ur-, sondern Mischformen.

(Joana Breidenbach/Ina Zukrigl: Tanz der Kulturen. Kulturelle Identität in einer globalisierten Welt, Kunstmann, München 1998, S. 81–86)

1. Charakterisieren Sie die hier skizzierte gesellschaftliche Entwicklung.
2. Was ist unter dem Begriff „Patchworkidentität“ zu verstehen?
3. Finden Sie Beispiele für „Kreolisierungstendenzen“ aus Ihrem Umfeld.
4. Wie kann und muss Pädagogik auf die von Breidenbach/Zukrigl konstatierte „Kreolisierung“ reagieren?
5. Was verstehen Joana Breidenbach und Ina Zukrigl im Vergleich zu Friedrich K. Rothe unter dem Begriff „Kultur“? Nehmen Sie Stellung.

Pädagogische Anwendung

Als Antwort auf die mit der Migration ausländischer Mitbürger und Mitbürgerinnen einhergehenden Probleme entwickelten sich Konzepte interkulturellen Lernens und einer multikulturellen Gesellschaft. Im Folgenden soll dargestellt werden, was sich hinter den Schlagwörtern „Multikulturelle Gesellschaft“ und „Interkulturelles Lernen“ verbirgt.

Multikulturelle Gesellschaft und interkulturelles Lernen

Multikulturelle Gesellschaft

Das Konzept einer multikulturellen Gesellschaft ist ein Friedenskonzept. Es geht davon aus, dass es möglich und erstrebenswert ist, dass Menschen unterschiedlicher Nationalität, Hautfarbe, Ethnie auf einem Territorium nicht nur friedlich gleichberechtigt zusammenleben, sondern auch voneinander lernen können und Konflikte zwischen Mehrheit und Minderheit auf dem Weg des Diskurses gelöst werden. Das setzt rechtlich-politische und soziale Integration voraus. Davon sind wir noch weit entfernt. Wenn auch mittlerweile einige Straßenzüge in Großstädten orientalischen Charakter tragen, so darf es nicht darüber hinwegtäuschen, dass dies eben nicht zuletzt auch wegen seiner *exotischen Anziehungskraft* geduldet wird und um soziale Konflikte einzugrenzen. Solange Flüchtlinge in Sammelunterkünften leben müssen, verpflegt durch Essenspakete, Arbeitsverbot und Einschränkung der Bewegungsfreiheit, getrennt von Familienangehörigen und Freunden, ihnen alles genommen wird, was ihre kulturelle Identität ausmacht, von ausländerfreundlichen Gruppen ab und zu aus ihrem Getto geholt werden, *um bei einem Fest einen kulturellen Beitrag zu leisten,* solange nehmen wir sie und ihre Kultur nicht ernst. Kultur ist umfassender, *Kultur ist gesellschaftliche Praxis, Lebenspraxis, Orientierungssystem* – differenziert nach Alter, Geschlecht, sozialem Status, etc. Kultur vermittelt Identität, Boden unter den Füßen.

Interkulturelles Lernen

1. Interkulturelles Lernen will die Bedingungen aufzeigen und die Voraussetzungen dafür schaffen, dass Ausländer und Deutsche gemeinsam leben sowie miteinander und voneinander lernen können. Es betrifft nicht nur die Jugendarbeit, sondern die Gesellschaft als Ganzes und die Art und Weise, wie in einer Gesellschaft mit ethnischen Minderheiten umgegangen wird. Es leistet nicht nur Orientierung für das Jugendhaus, sondern es verlangt eine völlige Neuorientierung auch in der Gesellschaft:
Die Bereitschaft, die anderen Kulturen wahrzunehmen und sich mit ihnen unter Relativierung des eigenen Standpunktes auseinander zu setzen, ihre Formen und Ausdrucksarten auch da ernst zu nehmen, wo sie uns (den Deutschen) fremd vorkommen, Anpassungsleistungen nicht nur von den Ausländern, sondern auch von den deutschen Jugendlichen und Erwachsenen zu erwarten. Interkulturelle Erziehung in diesem Sinne leugnet die Konflikte nicht, sondern schließt die Bewältigung von Konflikten ausdrücklich mit ein.
Deutsche und ausländische Jugendliche haben in einzelnen Bereichen unterschiedliche Deutungsmuster, Deutsche und Ausländer besitzen unterschiedliche Orientierungen und Verhaltensformen, die ein Zusammenleben und ein Miteinanderumgehen erschweren können. Bei Kommunikationen mit Angehörigen einer ethnischen Gruppe kann das Gefühl von Fremdheit in besonderer Weise auftreten. Erst wenn Konflikte und Fremdheit nicht mehr geleugnet oder verdrängt, sondern bewusst aufgenommen werden, ist eine Voraussetzung für interkulturelle Erziehung gegeben. Dabei wird interkulturelles Lernen in kleinen Schritten vor sich gehen müssen und sich nicht von heute auf morgen erledigen. Einer der ersten zielt auf die Wahrnehmung der anderen Kultur und Relativierung des eigenen Standpunktes.
2. Einen zweiten Schritt stellt die Toleranz anderer Kulturen und die Akzeptanz der Sinnhaftigkeit dieser Kulturen (auch Religionen) sowie ein Ernstnehmen ihrer Lebenspraxis dar. Dies erfordert die Bereitschaft aller Gesellschaftsmitglieder, die eigene Plausibilität und Würde der jeweiligen Kultur und Religion zu verstehen und zu akzeptieren, auch und gerade dann, wenn deren Formen den eigenen Gewohnheiten, vielleicht sogar den eigenen Selbstverständlichkeiten der eigenen Kultur entgegenstehen.

3. In einem dritten Schritt wird es dazu kommen, dass die jeweils anderen Kulturen als gleichwertig akzeptiert werden. Zumindest in diesen ersten drei Schritten bleibt die ständige – manchmal als Bedrohung angesehene – Erfahrung von Fremdheit, von Unberechenbarkeit, bestehen, erreicht wird aber ein reflektierter und nicht mehr von (gerade uns Deutschen so eigener) selbstverständlicher Abwertung begleiteter Umgang mit der Fremdheit.

4. Erst in einem vierten Schritt kann vielleicht erwartet werden, dass Elemente der anderen Kultur auch für die eigene akzeptiert werden und als erstrebenswert gelten.

„Ich bin stolz, anders zu sein“

Schüler der Marschallstraßen-Grundschule über ihre Erfahrungen:

„Ich war gestern aus der Türkei gekommen und stand zum ersten Mal in einer deutschen Klasse. Ich musste mich in die allererste Reihe setzen. Das war mir im Grunde ganz recht, weil so die anderen Schüler sich nicht andauernd umdrehen und mich anstarren konnten. Irgendwie war ich da vorne geschützt. Ich fiel gleich auf. Die meisten Schüler trugen damals schon Jeans, und ich kam an in einem rosafarbenen Cordrock mit Weste. Das war sozusagen mein bestes Stück, ich hatte es gerade zum Abschluss in der Türkei bekommen. Und hier war es peinlich. Später bekam ich keine Noten, weil ich nicht ausreichend Deutsch konnte. Das war für mich ein bisschen erniedrigend. Ich wollte ja mitstreiten. Die Eingliederung in das Schulgeschehen war schwierig. Ich meldete mich, und wenn ich aufgerufen wurde, sprang ich auf und begann mit lauter Stimme zu sprechen. Sofort fingen alle anderen an zu lachen. Ich wurde jedesmal knallrot.
Schließlich fragte mich meine Lehrerin, ob das in der Türkei so üblich wäre, und ich sagte ja. Es verging viel Zeit, bis ich mir dieses Verhalten abgewöhnt hatte. Ich hatte ja auch niemanden, der auf mich zugegangen wäre. Obwohl meine Lehrerin sehr bemüht darum war. Ich habe dann sehr schnell versucht, mein Aussehen zu verändern: Die Haare wurden immer kürzer, dann kam der Kajalstift für die Augen, die ersten Jeans. Das ist wie ein Überlebenskampf. Ich wollte ja nicht immer eine Außenseiterin bleiben, und ich wollte nicht immer alleine hinten in der Ecke stehen. Es war für mich vielleicht leichter als für andere, weil ich deutsche Verwandte hatte und im Allgemeinen nicht für eine Türkin gehalten wurde. Es gab noch eine Marokkanerin in der Klasse, die eine relativ dunkle Hautfarbe hatte. Sie hatte es viel schwerer als ich.“

Fremd sein = Mängel haben
Während Einheimische das Fremde oft als Abweichung, als Abwesenheit von Normalität wahrnehmen, ist der Begriff für Betroffene ebenfalls negativ besetzt. Fremd sein heißt: angestarrt werden, (unangenehm) auffallen und dabei nicht wissen, was gleich auf mich zukommt – „Fremd sein, wenn man alleine ist“. Ein türkisches Kind kommt neu in eine Kindergruppe. Ali spricht nicht oder jedenfalls kein Deutsch. Erst als eine türkischsprachige Erzieherin zu der Gruppe stößt und sich mit Ali unterhält, nehmen die anderen Kinder in der Gruppe wahr, was es mit den fremden Lauten auf sich hat, die sie bis jetzt für Gestammel gehalten haben mögen. „Ach, kann er denn sprechen?“, fragen sie. „Er spricht Türkisch“, erklärt die Erzieherin.
„‚Merhaba‘ heißt zum Beispiel ‚Guten Tag‘. Das könnt ihr auch sagen.“ Die anderen wollen mitmachen. Mit einem Mal ist Ali kein Mängelwesen, sondern hat eine besondere Fähigkeit, von der auch andere lernen können.
Die Frage, wie Kinder mit Fremden umgehen, ist kaum zu trennen von der Frage, wie wir als Pädagoginnen und Pädagogen ihre Wahrnehmung des Fremden gestalten. „Das fängt ja auf dem Spielplatz schon an. Da siehst du die deutschen Mütter alle zusammen

auf einer Bank sitzen. Und auf einer anderen Bank sitzen die türkischen Mütter. Wenn es genug Bänke gibt, sitzen deutsche Mütter nach Möglichkeit noch jede allein auf ihrer Bank. Aber die Kinder gehen immer aufeinander zu, wenn man sie lässt."

Der Druck zur Anpassung ist groß. Hinter der Annahme „Alle Menschen sind gleich" steht allzu oft ein heimliches „... vorausgesetzt, sie sind so wie wir". Wenn Rahmenbedingungen außerordentlich günstig sind, mögen einzelne auch unter diesem Druck noch ihren Weg finden.

„Früher war es für mich schwer, offen zu sagen, dass ich Türkin bin. Erst als ich in der Ausbildung war, habe ich angefangen nachzudenken. Ich habe eben etwas von beiden Seiten. Heute habe ich einen Weg gefunden. Ich bin stolz, anders zu sein." Ein „Anderssein", das sich bekennen kann, anstatt verschämt zu sein, bedeutet auch: wachsen können, Wissen und Erfahrungen haben sowie insgesamt mehr Wahlmöglichkeiten haben. Wichtig ist zu wissen, wer ich selbst bin, meine Geschichte und meinen Hintergrund zu kennen und dabei offen zu sein für Neues. „Ich habe auch immer bei Religionsstunden mitgemacht. Es ist mir egal, welchen Glauben andere Menschen haben. Für mich war das nicht anders, als zum Mathematikunterricht zu gehen. Meine Zeit dort ist ja nicht verloren, weil ich etwas über andere Menschen erfahren kann. Ich habe immer über mich selbst nachgedacht und auch Vorbilder gehabt. Ich bin ich selbst. Und ich entscheide, was für mich ein guter Weg ist oder nicht."

Vielfalt statt Fremdheit

Begegnung mit Fremden sollte eine Chance für alle sein, die eigenen Möglichkeiten zu entfalten. Die Frage ist, ob wir als Erwachsene Kindern diese Chance vermitteln.

Die Frage ist auch, was Schulen und andere Einrichtungen tun können, um diesen Prozess zu erleichtern.

Der Satz „Alle Menschen sind gleich" wäre zu erweitern: „Alle Menschen sind gleich, aber trotzdem sind wir alle verschieden." Ohne daraus gleich ein Problem zu definieren (in der Art von: „Ausländer" sind ein Problem oder haben eines). Kann es nicht spannend sein, miteinander umzugehen und Gelegenheit zu finden, sich anderen Menschen zu öffnen? An jeder Stelle des Schullebens bzw. im Unterricht ergeben sich Ansatzpunkte, um zu zeigen, wie jede/r Welt anders erlebt, wie wir aber auch von außen unterschiedlich geprägt sind.

„Nachdem wir jetzt das Erntedankfest mit allen im Stadtteil vertretenen Konfessionen gemeinsam in der evangelischen Kirche gefeiert haben, kamen die türkischen Mädchen aus dem 4. Schuljahr und sagten, als Nächstes sollten wir eine gemeinsame Feier in der Moschee haben. Aber sie müssten dann ein Kopftuch benutzen. Wir haben dann darüber gesprochen, dass das in diesem Fall für uns alle gilt. Weil wir ehren wollen, was für andere Menschen wichtig ist. Für die gesamte Klasse war klar, dass das Kopftuch keine Diffamierung, sondern eine Wahlmöglichkeit ist."

Die Gemeinschaftsgrundschule an der Marschallstraße in Gelsenkirchen versucht, in Zusammenarbeit mit anderen Einrichtungen den Weg der Einheit in der Vielfalt mit allen Betroffenen und Beteiligten zu gehen. Wer durch das Gebäude streift, bemerkt schon an der äußeren Gestaltung, dass hier Menschen verschiedener Kulturen leben und lernen. Über den Stadtteil hinaus richtet sich dabei der Blick auch auf das globale Dorf Welt mit seinen Schwierigkeiten und Möglichkeiten. Ausstellungstische und Wandbilder informieren derzeit über die Ergebnisse des Projekts ‚Wie leben indianische Kinder?'.

„Es geht nicht um Gegenüberstellung, dieses ‚Ich deutsch – du Ausländer'. Es geht darum, in der Vielfalt zu zeigen, wie wir sind. Die höhere Wertigkeit des Fremden entsteht ja dadurch, dass wir gerade nicht gegenüberstellen, sondern verschiedene Lebensformen vorstellen.

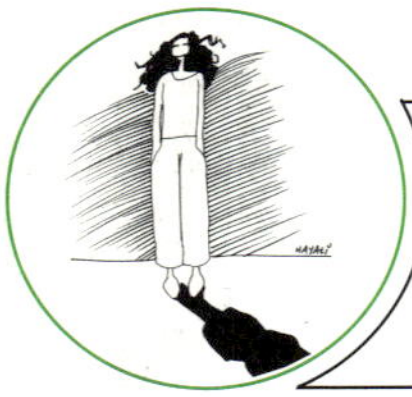

Ein-Spruch

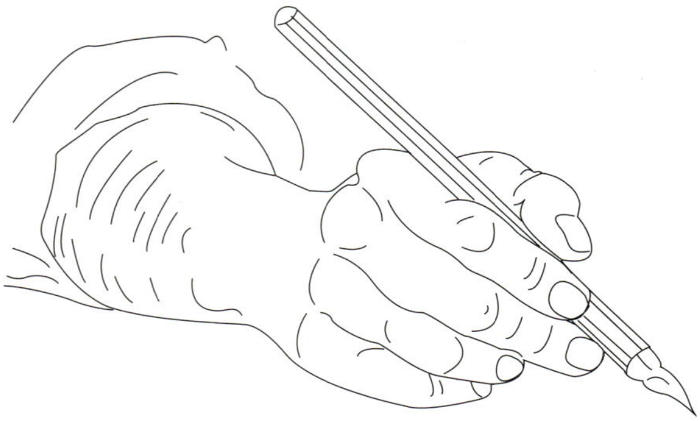

„Das Problem der Multikulturalität besteht darin, dass wir keine Multikulturalität bekommen, sondern Ethnozentrismus. Die Leute reden nicht mehr miteinander, weil sie sich Sorgen machen, der andere könnte sich verletzt fühlen. Wenn Sie heute mit dem Vertreter einer anderen Rasse sprechen, ist Ihre Konversation so steril, dass Sie aus lauter Angst, ihn zu beleidigen, nie über Wesentliches reden."

(Sam Pickering)

(Shosana Gilbert, Die multikulturelle Schule funktioniert nicht, Süddeutsche Zeitung vom 23. Juni 1993)

1. Schreiben Sie einen Kommentar zu dem Zitat und beziehen Sie Stellung dazu.
2. Ist das Gegenteil auch richtig?
3. Welche Konsequenzen hat die Aussage von Sam Pickering für Erziehung?

Projektvorschlag zum selbstständigen Weiterarbeiten

A Befragen Sie ausländische Mitbürger und Mitbürgerinnen darüber, wie sie erzogen wurden bzw. wie sie ihre eigenen Kinder erziehen.
Diese Befragung kann in Form von Straßeninterviews erfolgen. In vielen Städten und Gemeinden gibt es jedoch auch Ausländerzentren oder Asylantenwohnheime.
Veröffentlichen Sie Ihre Ergebnisse auf einer Stellwand in Ihrer Schule.

B Führen Sie eine Expertenbefragung mit einer Sozialarbeiterin oder einem Sozialarbeiter durch, die ausländische Jugendliche beraten und betreuen. Mit welchen Aufgaben und Problemen werden sie konfrontiert?

C Erkunden Sie in Ihrem Wohnort, in welchen Einrichtungen nach interkulturellen Konzepten pädagogisch gearbeitet wird. Erste Informationen dazu erhalten Sie beim örtlichen Ausländeramt bzw. bei der oder dem Ausländerbeauftragten der Stadt oder Gemeinde.

Hinweise

Einen umfassenden Einblick in die türkische Kultur und in die Problemlagen türkischer Jugendlicher, die in der BRD aufwachsen oder dort zeitweilig leben, geben folgende Bücher und Filme:

- Ismet Elçi, „Sinan ohne Land“, Verlag Clemens Zerling, Berlin 1988
- Tahar Ben-Jelloun, „Papa, was ist ein Fremder?“ – Gespräch mit meiner Tochter, Rowohlt Berlin Verlag, Berlin 1999

- Izzet Akay/Jasmin Akay, „Sinan Ohneland“, Deutschland 1988 (ZDF)
- Hanno Brühl, „Sehnsucht“, Deutschland 1990 (WDR)

2.5 „Als ich in deinem Alter war…! – Erziehung in den 50er-Jahren

(Titelbild von Magda Trott, Försters Pucki, Titania Verlag, Stuttgart)

Die Pucki-Buchreihe gehört zu den beliebtesten und meistverkauften Kinderbüchern der 50er- und 60er-Jahre. Hier ein Auszug aus dem Anfang des ersten Bandes:

Klein-Hedis Freunde

Durch den im Frühlingssonnenschein liegenden Garten des Försters Sandler schritt langsam und bedächtig die vierjährige Hedi. Der frische Wind blies die weißblonden Löckchen in das gerötete Antlitz, aus dem ein Paar strahlend blaue Augen schauten. Zärtlich wiegt sie auf den Armen ihr Puppenkind. Es war kein schönes Kind, es hatte eine abgeschlagene Nase und zerkratzte Wangen. Aber das machte nichts; Hedi liebte Diana von ganzem Herzen. Ihr zur Seite trottete Harras, der braune Jagdhund. Er machte einen würdevollen Eindruck und schaute Hedi oftmals an, als wollte er sagen: Ich weiß genau, dass ich auf die Tochter meines Herrn aufpassen muss, weil unsere Pucki sehr übermütig sein kann. Habe ich sie nicht kürzlich aus dem Bach geholt, als sie die ersten Veilchen pflücken wollte? „Oh – wie das alles wächst! – Sieh nur Harras, wie das wächst!“

(Quelle: ebd., S. 3)

- Welchen Eindruck vermitteln Buchumschlag, Text und Leseeindruck?
- Welches Bild der 50er-Jahre entsteht?
- Welche Fragen und Thesen zur weiteren Bearbeitung können formuliert werden?

Einführung

Erster Schultag, Ostern 1958

1. Beschreiben Sie die Fotos möglichst genau und überlegen Sie, wie der erste Schultag dieses Schülers ausgesehen haben könnte. Was wird in seiner Schultüte gewesen sein?
2. Was wird in seinem Kopf vorgegangen sein? Begründen Sie Ihre Vermutungen.
3. Interviewen Sie Personen in Ihrem Verwandten- oder Bekanntenkreis, die in den 50er-Jahren ihre Kindheit oder Jugend erlebten, und befragen Sie diese nach ihren Erfahrungen mit Erziehung in Elternhaus und Schule.

Was fällt uns zu den 50er-Jahren ein?

Ein kollektives Tafel-Brainstorming
Der Kurs versammelt sich im Halbkreis vor der aufgeklappten Tafel. Alle sind mit Kreide ausgestattet und schreiben ihre Assoziationen stichpunktartig an die Tafel. Danach kann das Notierte gesichtet, erklärt, strukturiert (z.B. mit farbiger Kreide), interpretiert und in Zusammenhang mit Erziehung gebracht werden. Zum Schluss ergeben sich daraus vielleicht Fragen und Thesen für die weitere Arbeit.

Schülerin/Schüler sein in den 50er-Jahren

Vom Zauber des Lernens in der Stille

Man muss das heute erklären. Eine Zwergschule ist keine Lehranstalt des Schaustellergewerbes. Sie war in den Fünfzigerjahren eine kleine, also zwerghafte Dorfschule, in der mehrere Klassen gleichzeitig unterrichtet wurden. Ihre Abschaffung galt als Fortschritt. Doch ich, als ehemaliger Zwerg, kann sagen: Es war zauberhaft. Unsere vier Grundschulklassen teilten sich die beiden Lehrer und die beiden Räume des Schulhauses. Während ein Jahrgang, sagen wir, das Große Einmaleins durchnahm, kritzelte der andere still eine Aufgabe vor sich hin. Eine unglaubliche Konzentrationsleistung. Ein handfestes antinarzisstisches Training. Natürlich hörten wir Stillen ab und zu hin, was der Lehrer in gedämpftem Ton mit den Älteren durchnahm. Aber wir verstanden, dass die jetzt Unterrichteten sich bemühten, uns nicht zu stören. Die Atmosphäre im Raum war Teil der zu lösenden Aufgabe. Man konnte es hören, sehen, fühlen, wie 20 Kinder sich bemühten, zwei synchrone Schulstunden über die Bühne zu bringen. In der Schulstube stand ein großer Kanonenofen. Im Herbst hackten die Älteren auf dem Schulhof Holz, im Winter kamen zwei von ihnen etwas früher, um anzuheizen. Als drei von uns aufs Gymnasium in die Stadt wechselten, stand der Rest der Dorfklasse am Mittag des ersten Schultages an der Bushaltestelle, um uns „Abtrünnige“ zu verprügeln. Da wusste ich, dass etwas zu Ende und ich kein Zwerg mehr war.

(Wolfgang Büscher, in: GEO Nr. 1/1998, S. 44f.)

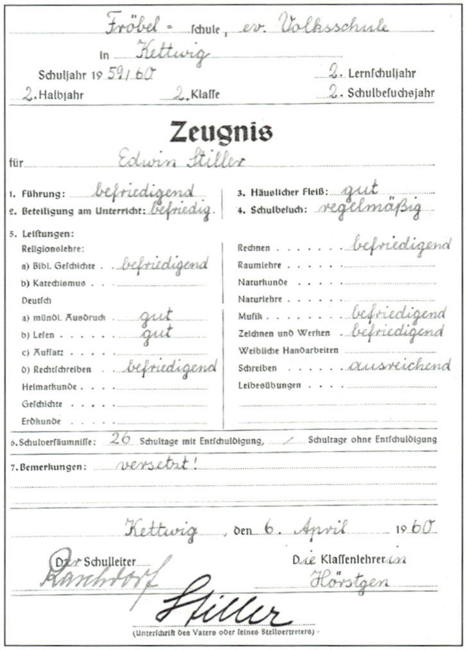

Fröbel-schule, ev. Volksschule
in Kettwig
Schuljahr 1959/60 — 2. Lernschuljahr
2. Halbjahr — 2. Klasse — 2. Schulbesuchsjahr

Zeugnis

für Edwin Stiller

1. Führung: befriedigend
2. Beteiligung am Unterricht: befriedig.
3. Häuslicher Fleiß: gut
4. Schulbesuch: regelmäßig
5. Leistungen:

Religionslehre:		Rechnen	befriedigend
a) Bibl. Geschichte	befriedigend	Raumlehre	
b) Katechismus		Naturkunde	
Deutsch		Naturlehre	
a) mündl. Ausdruck	gut	Musik	befriedigend
b) Lesen	gut	Zeichnen und Werken	befriedigend
c) Aufsatz		Weibliche Handarbeiten	
d) Rechtschreiben	befriedigend	Schreiben	ausreichend
Heimatkunde		Leibesübungen	
Geschichte			
Erdkunde			

6. Schulversäumnisse: 26 Schultage mit Entschuldigung, / Schultage ohne Entschuldigung
7. Bemerkungen: versetzt!

Kettwig, den 6. April 1960

Der Schulleiter — Die Klassenlehrerin
Hörstgen

Stiller
(Unterschrift des Vaters oder seines Stellvertreters)

(Aus: Eugen Sauter, Kindheit auf dem Lande in den 50er-Jahren, Wartberg-Verlag, Gudensberg-Gleichen, S. 26/27)

1. Was scheint Ihnen an diesen Materialien typisch für die 50er-Jahre zu sein? Was sagt dies aus über Kind-Sein bzw. Schülerin/Schüler-Sein in den 50er-Jahren?
2. Wo liegt der deutlichste Kontrast zur Gegenwart?
3. Vergleichen Sie das vorliegende Zeugnis mit Ihrem Zeugnis aus der 2. Klasse.
4. Welche Fragen ergeben sich für die Weiterarbeit?

Kind sein in den 50er-Jahren

James Dean und die ‚Wilden Engel' vom Borsigplatz

Ludwig Mann (Jahrgang 1940) und Werner Kullmann (Jahrgang 1944) wachsen nach dem Krieg in zwar unterschiedlichen, aber für beide Jungen problematischen Familienverhältnissen auf – Werner verliert seinen Vater mit dem 6. Lebensjahr durch Scheidung der Eltern; Ludwig dagegen hat quasi gleich zwei Väter.

L. M.: 1951 kam mein Vater aus russischer Kriegsgefangenschaft wieder, den ich eigentlich gar nicht kannte. Ich war schon 11 Jahre alt und hatte den vorher nie gesehen. Es dauerte eine ganze Zeit, bis wir beide uns verstanden hatten. Für mich war eigentlich mein Vater der Großvater [...] Es gab auch viele Probleme dadurch, dass er (der Vater) Schwierigkeiten mit meinem Großvater hatte [...] Ich als Junge, ich wusste nicht, soll ich jetzt mit meinem Großvater oder soll ich mit meinem Vater [...] Der hat nie mal gesagt, so jetzt ist 9 Uhr, ab ins Bett. Der hat höchstens mal gefragt: Wollt ihr jetzt schlafen gehen? Dann ist der Großvater dazwischen und sagt, die Blagen müssen ab ins Bett.

W. K.: Als meine Mutter mit mir allein war, musste die auch arbeiten gehen. Ich bekam dann aber keinen Schlüssel, sodass ich nach der Schule immer draußen warten musste [...] Meine Mutter hat mich schon da in gewissen Dingen sehr vernachlässigt. Nach der Arbeit ging sie oft gleich weg, ohne mich mit Essen zu versorgen. [...]

L. M.: Bei uns, das war 'ne einfache Erziehung. Wenn mal einer was gemerkt hat, dann wurde nicht lange gefackelt, da gab's was hinter die Ohren. Da wurde nicht diskutiert oder was. Zack, das war die schnelle Methode. Auch so, wir hatten ja noch in der Schule die Prügelstrafe. Wenn man dann nach Hause gekommen ist und hat gesagt, man hat ein paar durch die Hände bekommen, weil man auf dem Schulhof Blödsinn gemacht hat oder so, dann hat man zu Hause noch mal 'ne Tracht Prügel bekommen: Der Lehrer hatte immer Recht. [...]

W. K.: Wie gesagt, das Haus war zur Hälfte weggebombt, und wir wohnten im ersten Stock. Überall war der Putz los, und ich hab' immer Späßchen gehabt, mit 'ner Stange große Flächen von dem Putz abzubrechen.

Das hat nie einer gemerkt, dass ich das war. Im Keller waren Ratten. Unsere Wohnung war ein großes Zimmer, das war durch einen Vorhang unterteilt. Die Wohnung war nicht tapeziert, Holzfußboden. [...]

L. M.: In der Schule haben wir immer auf die Tafel geschrieben und hatten nur ein Heft. Aber da durfte man nur mit Bleistift reinschreiben, weil das hinterher wieder ausradiert wurde. Wenn man ein neues Heft haben wollte, musste man 3 Säcke Altpapier sammeln und abgeben.

W. K.: Auch wenn ich mal die Schule geschwänzt habe, war ich immer in den Trümmergrundstücken. Wir haben auch Steine gepickt für 'ne Baufirma. Da bekamen wir dann für 3 Steine 1 Pfennig. [...]

Wir haben auch Schrott gesammelt und beim Klüngelpitter verkauft. Das war immer 'ne Mordsanstrengung, wenn ich überlege, was wir für 5 Pfennige alles gemacht haben. [...]

L. M.: Da erinner' ich mich, dass wir immer sehr viel Hunger hatten und dass ich so mit sechs Jahren mit dem Großvater die erste Hamsterfahrt ins Münsterland gemacht habe.

W. K.: Dann kam ich in die Kreuzschule, da hatte ich auch einen anderen Schulweg. Das waren dann auch wieder neue Abenteuer. Wir haben schon mal Kohlen gesammelt auf dem Bahndamm, die die Züge da verloren hatten. Das musste ich noch morgens vor der Schule machen. Oder in den Schrebergärten haben wir Erdbeeren geholt. [...]

W. K.: Wir konnten auch in den Trümmern spielen. Wir haben uns das immer spannend gemacht. Wir haben uns dann vorgestellt, da wären noch Tote. Einmal haben wir einen alten

Keller voll mit Holz und altem Plunder gefunden. Wir hatten uns Fackeln gemacht, aber vergessen, die anschließend wieder auszumachen. Auf jeden Fall, wir waren schon zu Hause, da kam auf einmal die Feuerwehr, weil der Keller in Flammen stand. Die kriegte auch raus, dass wir das waren, aber es passierte uns nichts. [...]

W. K.: Banden gab's immer. Banden gab's auch schon, als ich 10 war. Wenn wir irgendwas hatten, dann waren wir 'ne Bande. Auch wenn wir mit Knicker gespielt haben, ne. Wenn wir fünf Mann waren, dann waren wir 'ne Bande. Das war ganz klar. Wir waren immer 'ne Bande. 'Ne Bande, was sich heute schlimm anhört, das war damals nicht schlimm. 'Ne Bande wurde erst später schlimmer, das wurde dann krimineller.

W. K.: Auf den Garagendächern hinter unserem Haus haben wir uns immer verschanzt und ‚unsere Festung' dann verteidigt gegen den Angreifer. Da flogen dann schon mal Pfeile und Steine. Da mussten wir dann immer aushandeln, wer schon tot war und wer nicht. Das waren immer richtige Kämpfe, aber eher so halbernste [...] Denn wir haben uns im Grunde genommen ziemlich gern gehabt. Wir kannten uns jedenfalls gut [...] Ah, und dann kamen wir zurück und waren aufgeregt. „Wir haben 'ne Riesenschlägerei gehabt" und „die Hüttenmannstraße haben wir sicher im Griff, da können wir nochmal hingehen". Das hat immer Laune gemacht. [...]

L. M.: Bei Schule erinnere ich mich nur daran, dass es die ersten Jahre noch die Prügelstrafe gab. Dass man wegen jedem Schittgen auch in der Schule mit dem Rohrstock Senge bekommen hat. Und das nicht zu knapp. Und die ersten Jahre, dass man da sein Mittagessen bekam [...] Die Lehrer, das waren so alte Preußenköpfe: Zucht und Ordnung in der Schule. Jeden Morgen, wenn der Lehrer reinkam, aufstehen, beten, noch 'n Lied singen und dann ging der Trallala erst richtig los. [...]

L. M.: Und wie es damals in Eving so üblich war, wurde man Berglehrling auf der Schachtanlage Minister Stein. Ich weiß noch, wie wir damals auf der Zeche mit 350 Lehrlingen angefangen sind und es für uns gar keine Arbeit gab. Wir mussten tagelang Drähte gerade hämmern, und wenn der Draht gerade war, haben wir ihn dem Vorarbeiter gezeigt. Der hat ihn dann wieder krumm gemacht, und dann haben wir ihn wieder gerade gebogen. Das ging tagelang so. Die schlimmste Arbeit im Bergbau als Lehrling war am Leseband. Man musste jedes halbe Jahr einen Monat zum Leseband. Am Leseband musste man die Steine aus den Kohlen raussuchen. Das war eine schwere Arbeit, eintönig und 'ne Idiotenarbeit.

W. K.: Das fand ich echt 'ne Sauerei mit der Schlägerei. Genauso in der Lehre. Da hat mich mal ein Geselle volles Rohr in den Arsch getreten, weil ich was vergessen hatte. Also, das find ich überhaupt nicht gut. Damals nicht und heute nicht [...] Trotzdem, früher das war schon ziemlich hart. Da bekamste in der Schule Prügel und in der Lehre.

W. K.: Konflikte gab's laufend. Wegen Benzingeld fürs Moped oder wegen Ersatzteilen fürs Fahrrad. Oder weil sie nicht da war und ich was zu essen haben wollte. Konflikte gab's auch wegen des Mannes, den meine Mutter später geheiratet hat. Der hat sich richtig platt machen lassen von meiner Mutter. Das macht mich richtig sauer, dass sich ein Mann so platt machen lässt von 'ner Frau. Also, es gab viele Konflikte zu Hause. Ich glaub' , das fing so mit 15, 16 Jahren an. Das war nicht nur das Geld.

Das war auch, wenn ich nach Hause kam, und keiner da war. Ich hab' immer das ganze Geld zu Hause abgegeben. Erst hab' ich 3 DM die Woche Taschengeld bekommen. Später 20 DM im Monat.

Aber das verfährste, wenn du den ganzen Tag auf dem Hobel sitzst, auch wenn das Benzin billiger war. [...]

L. M.: Wir nannten uns der ‚Schrecken der Fauster Straße' , weil wir ja auf der Fauster Straße wohnten. Das nannte sich damals aber noch Bande [...] Wenn wir in der Clique waren, waren wir stark. Wenn wir im Park saßen unter dem Pilz, dann sind die anderen alle woanders hergegangen, die Erwachsenen. Zu Hause und auf der Arbeit hat man immer nur Befehle bekommen, und da war man wenigstens jemand.

(Heinz H. Krüger/Hans J. von Wensierski, James Dean und die ‚Wilden Engel' vom Borsigplatz; in: Lutz Niethammer u.a. [Hrsg.] „Die Menschen machen ihre Geschichte nicht aus freien Stücken, aber sie machen sie selbst." Einladung zu einer Geschichte des Volkes in NRW, Bonn 1984, S. 205f.)

1. Was erfahren Sie über die Lebensumstände der beiden Befragten?
2. Was erfahren Sie über Erziehung? Bearbeiten Sie diese Aufgabe auf dem Hintergrund der Erziehungsdefinition aus Kapitel 1.
3. Welche Fragen ergeben sich für die Betrachtung der Erziehung in den 50er-Jahren?

Grundbegriffe und Grundthesen

Die Lebenswelt der 50er-Jahre – Kindheit, Familie und Erziehung

Die eigene Erziehung und die Erziehung der eigenen Kinder 1954–1984

Was heißt strenge Erziehung?

1955 wurden die Jugendlichen gefragt, wie sie die eigene Erziehung im Elternhaus einschätzen: sehr streng, streng, gütig-milde, zu milde? 1984 wiederholten wir die Frage wörtlich, und zwar stellten wir sie Jugendlichen und Erwachsenen (Tabelle unten). Uns interessierte die Fragerichtung „Strenge der Erziehung". Verständlicherweise behagte unserem zeitgenössischen Sprachempfinden die Ausdrucksweise für das Gegenteil, „gütig-milde" bzw. „zu milde", keineswegs – wie sich zehn Jahre zuvor das Emnid-Team unter Leitung V. Graf Blüchers daran gestört hatte. Diese verbesserten die Antwortvorgaben in „nicht streng" und „überhaupt nicht streng", differenzierten sinnvollerweise zwischen Vater und Mutter – und verunmöglichten damit leider ihr erklärtes Ziel, die Umfrage der 50er-Jahre zu wiederholen.

Strenge der Erziehung im Elternhaus. Vergleich Jugend '55, Jugend '84, Erwachsene '84
- Angaben in Prozent -

	Jugend '55[1] 15–24 J. (n = 1464)	Jugend '84[2] 15–24 J. (n = 1472)	Erwachsene '84[3] 45–54 J. (n = 729)
sehr streng	9	3	19
streng	36	32	44
gütig-milde	50	60	36
zu milde	4	4	1
K. A.	1	–	–
	100	99	100

Quellen: 1) Fröhner (1956, 169); 2) Frage 10; 3) Frage 10
Fragetext: „Wie sind Sie (du) Ihrer Meinung nach selbst erzogen worden: sehr streng, streng, gütig-milde, zu milde?"

[...] Die Frage wurde natürlich in das Wiederholungsprogramm aufgenommen, weil wir deutliche Unterschiede zwischen der Jugend in den 50er- und der Jugend in den 80er-Jahren erwarteten. Vergleichen wir die Antworten, die Jugendliche '55 und '84 auf die Frage nach der Strenge der Erziehung zu Hause gaben, so finden wir – fast keine Differenz. Magere 10 Prozentpunkte hat sich die Einschätzung der elterlichen Erziehung in Richtung gütig-milde verschoben. Das zwingt uns, über den subjektiven Charakter einer solchen Bewertungsfrage nachzudenken. Die Maßstäbe für Strenge waren ja nicht in der Frage enthalten, sondern dem Gutdünken der Befragten anheim gegeben. Nun mag es sein, dass „streng" in den 50er- und in den 80er-Jahren für die Erzogenen etwas anderes heißt.
Beispielsweise ist es nahe liegend, dass Jugendliche 1955 manche elterlichen Verhaltensweisen als „gütig-milde" einstuften, die heutige Jugendliche – mit gesteigerter Sensibilität für Erziehungskritik – als „streng" definieren; etwa weil sie latente autoritative Ansprüche hinter einer freundlichen Fassade wahrzunehmen meinen.
Bei solchen Überlegungen hilft uns ein Blick auf die Antworten der Erwachsenen '84 weiter. Die Elterngeneration antwortet nämlich so, wie wir es erwarten durften. 63% stufen ihre Erziehung als streng bis sehr streng ein. Sie bewerten damit ihre Erfahrungen mit häuslicher Erziehung bedeutend kritischer, als sie es drei Jahrzehnte zuvor als Jugendliche taten. Damals, 1955, antworteten Vertreter der gleichen Generation nur zu 45% mit der Einschätzung streng/sehr streng. [...]

Zeitvergleiche

gedrückter und strenger

Ich tät schon sagen, dass die Jugend in den 50er-Jahren anders erzogen worden ist, eben nicht so locker wie heute, dass jeder, sagen wir mal fast, machen kann, was er will. Es ist da einfach viel gedrückter und strenger zugegangen wie heut'. Ich hab' das ab und zu mal vorgehalten gekriegt: „Wenn wir das früher gemacht hätten!" Es hat auch andere Bestrafungen gegeben, z.B. Schläge und Hausarrest, was ich eigentlich nie gekriegt hab' .
(Friseurlehrling, weiblich, 18 Jahre, Hauptschule)

behütet

In den 50er-Jahren war man noch viel mehr behütet und aufgehoben im Elternhaus.
(Lehrer, 46 Jahre)

Gehorsam aus Mitleid

Man war damals gehorsamer und folgsamer. Wenn Mutter etwas gesagt hat, dann wurde das getan. Und man hatte nicht das Bedürfnis zu rebellieren oder auch ein bisschen lauter zu sein. Ich hätte mich das also nie getraut, weil mir auch meine Mutter Leid getan hätte.
(Hausfrau, 1 Kind, 45 Jahre, ehemals Fotografin und Fotomodell)

Es ist übrigens nicht einfach, den Bedeutungshof richtig anzugeben, den „Strenge" in der Erziehung der 50er-Jahre besitzt, und sich der Frage zu stellen, ob die Bedeutung des Begriffs sich bei Erziehern und Erzogenen seither deutlich gewandelt hat, wie eigentlich zu vermuten. Dazu wären sprachliche Inhaltsanalysen notwendig. Immerhin wird aus der Emnid-Umfrage 1955 so viel deutlich:

„Strenge Erziehung" hat für viele Jugendliche der 50er-Jahre einen positiven Bedeutungshof. Darauf weist R. Fröhner (1956, 42) als Berichterstatter der dritten Emnid-Jugendstudie (1955) selbst hin. Bemerkenswert sei, dass fast alle Jugendlichen, die angeben, streng erzogen worden zu sein, „gleichzeitig äußern, dass sie es bei ihren eigenen Kindern genau so oder ähnlich halten würden. Nur 6 Prozent unter den streng Erzogenen würden andere bzw. ganz andere Erziehungsmethoden für richtiger halten. Das heißt, dass die Jugendlichen, die ihrer Meinung nach streng erzogen worden sind, diese straffe Erziehung größtenteils auch bejahen, und dass nur eine Minderheit diese Charakterisierung im Sinne einer negativen Kritik auffasst."

Die Kritik beginnt erst mit dem Zusatz „zu streng". Dass erwachsene Autoritäten in ihrem persönlichen Umkreis „zu streng, zu kleinlich" seien, darüber beschweren sich 1953 19% der 15–24-Jährigen (Emnid 1954, 161f.). Darunter verstehen die Jugendlichen – es handelte sich um eine offen gestellte Frage – „zu kleinlich", „nörgelt zu viel", „jagt mich immer hin und her", „zu genau", „immer knöllerisch und nörgelt immer", „ein liebevoller Tyrann, der uns aus zu großer Liebe ausgesprochen drangsaliert", „beobachtet zu viel". Genauer müssen wir sagen, dass die zeitgenössischen Jugendforscher, die die Frage seinerzeit vercodeten, diese Kritik der Jugendlichen unter den Begriff „zu streng, zu kleinlich" subsumierten. Eine charakteristische Beschwerde einiger Jugendlicher Mitte der 50er-Jahre, die unter die gleiche Rubrik fallen könnte, heißt übrigens: „Kommandoton", „kommandiert", „brüllt zu viel", „zu viel Feldwebel" (S. 164).

Erwachsene '84 wurden in einer offenen Frage um Auskunft darüber gebeten, welche Probleme sie damals in den 50er-Jahren selber als Jugendliche hatten (Frage 19). Probleme mit den Eltern, mangelndes Verständnis und insbesondere Strenge der Erziehung durchs Elternhaus rangieren dabei mit 13% Nennungen hoch in der erinnerten Problemliste. Frauen beziehen sich häufiger auf dieses Problem als Männer (16% zu 8%). Die Jüngeren unter den Befragten (45–47-Jährige) führen Erziehungs- und Elternprobleme zahlreicher als die älteren (50–54-Jährigen) an (17% zu 8%). Bei 45–47-jährigen Frauen der Elterngeneration steigt der familiäre Problemgehalt auf 24% Nennungen an.

Sind diese Unterschiede als Generationenfrage oder als Frage des Lebensalters zu verstehen? Aufgrund unserer empirischen Unterlagen können wir darüber nicht gut eine Entscheidung herbeiführen.

Gehorsam – Ordnung – Selbstständigkeit 1951–1983

Die bekannteste und unseres Wissens einzige Zeitreihe, die bis Anfang der 50er-Jahre zurückreicht, stammt aus allgemeinen Bevölkerungsumfragen von Emnid. Diese wiederholt zitierte Reihe basiert darauf, dass die Befragten sich möglichst für eine von drei Gruppen von Erziehungszielen entscheiden sollen: Gehorsam und Unterordnung, Ordnungsliebe und Fleiß, Selbstständigkeit und freier Wille.

Der Fragetext lautet: „Auf welche Eigenschaften sollte die Erziehung der Kinder vor allem hinzielen: Gehorsam und Unterordnung, Ordnungsliebe und Fleiß oder Selbstständigkeit und freien Willen?" Den Emnid-Forschern ging es dabei laut eigenem Bekunden (Emnid Informationen 8/9/1983, 22) ursprünglich um das Gegensatzpaar von „autoritär" und „demokratisch"; eine Dichotomie, die in der Debatte um Erziehungs- und Führungsstile seinerzeit eine erhebliche Bedeutung hatte (Lewin; Lippitt; Tausch/Tausch). Man habe „die zusätzliche Antwortmöglichkeit ‚Ordnungsliebe und Fleiß' mit der Absicht eingeführt, den Befragten ein Ausweichen aus dem strikt dichotomischen Schema zu ermöglichen. Die Ergebnisse machten aber bereits bei den früheren Befragungen eine starke Korrelation zwischen der dritten Alternative und der Kategorie ‚Gehorsam und Unterordnung' sichtbar."

(Jugendwerk der Deutschen Shell [Hrsg.]: Jugendliche und Erwachsene '85. Generationen im Vergleich, Bd. 3, Jugend der fünfziger Jahre – HEUTE, Opladen 1985, S. 151ff. [Auszüge])

Erziehungsziele 1951–1998. Elterliche Erziehungsziele in der Bundesrepublik Deutschland (ohne neue Länder) im Zeitverlauf

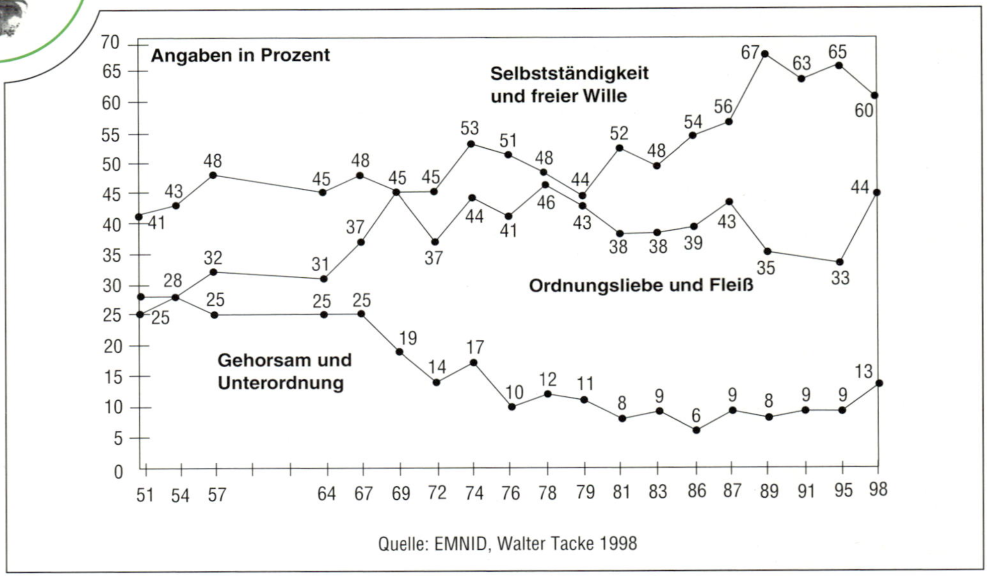

(© EMNID/Thomas Gensicke)

1. Formulieren Sie die zentralen Ergebnisse der Vergleichsstudie zur Erziehung in den 50er-Jahren.
2. Welche wichtigen Unterschiede ermitteln die Jugendforscher bzw. Jugendforscherinnen für die Erziehung in den 80er-Jahren?
3. Auf welche methodischen Untersuchungsprobleme sind die Jugendforscher bzw. Jugendforscherinnen bei ihrer Arbeit gestoßen?
4. Kommentieren Sie die Weiterentwicklung der Erziehungsleitbilder bis 1998.

Ein Blick in Erziehungsratgeber

Vorwort

An dich habe ich gedacht bei diesem Buch, junge Mutter, als ich dich beim Alarm zum Bunker rennen sah, ein Kind auf dem Arm, ein anderes an der Hand, hastend, und scheltend zu dem dritten hin, das noch hinter dir trabte.

Dein Gesicht war von Sorge und Hetze angespannt, fast verzerrt, dein Rücken vornübergebeugt, eine Haarsträhne fiel dir in die heiße Stirn, mit dem Handrücken strichst du sie unwirsch zurück, – du, die du das Recht und die Pflicht hättest, froh und schön durchs Leben zu gehen. Ach, deine Freude erlosch schon früh an jenem Tage in der Fülle der Pflichten. Keine Minute der Besinnung gönntest du dir, und so wurden deine Kinder unruhig und widerwillig und belasteten dich doppelt.

An dich habe ich gedacht, du hübsche junge Frau, strahlend und gepflegt, die du im Kaffeegarten mit deiner niedlichen Fünfjährigen am Tisch saßest. Du hattest ihr das Sonntagskleidchen angezogen, das deine geschickten Hände gerade am Tage vorher fertig gestellt hatten. Auch dein Kind strahlte und war glücklich und einig mit dir. Vor jedem stand ein Tellerchen mit Eis; die Sonne schmolz es schnell; das Kind war ungeschickt, und die Flüssigkeit tropfte auf das neue Kleid; du konntest dich nicht halten, scharfe Klapse fielen auf die Kinderhände. Der kleine Mund, der eben noch so zutraulich geplappert hatte, war aufgerissen im Schreien und Schreck. War denn das Vergehen deines Kindes so groß? Oder waren die Schläge nur Ausdruck deines großen Ärgers, der gewiss berechtigt war? Der Fleck auf dem Kleid war doch wohl nicht unheilbar; aber der Riss in der Seele deines Kindes heilte nur langsam; die Narbe blieb.

An dich habe ich gedacht, du tüchtige, du übertüchtige Hausfrau. Wie hell und klar waren deine Fensterscheiben, wie glänzte der lackierte Fußboden, kein Stäubchen trieb sich auf den Möbeln umher, in Reih und Glied standen Töpfe und Teller. Du ruhtest nicht, bis nach jeder Mahlzeit deine Küche wieder in Ordnung war, alles weggeräumt, und die saubere Decke kreuzweis über dem Küchentisch lag. Früh am Morgen standest du auf, wenn du dir eine große Wäsche vorgenommen hattest, und stolz blicktest du auf die schneeweißen wehenden Laken schon morgens um zehn Uhr.

Niemand durfte dir in die Ordnung des Haushaltes hineinfahren, sie stand bei dir an erster Stelle, in deinem Leben, in deiner Seele.

Und deine Kinder? Ja, die Kinder mussten sich eben einordnen. Früh schon lernten sie, dass die Decken nicht zum Herunterziehen, der Fußboden nicht zum Rollen für das Pferdchen, das Papier nicht zum Zerknittern oder Bekritzeln, und das Brennholz nicht zum Bauen da war. Spieleifer – ganz gut und schön –, aber die Hände durften beileibe nicht im sauberen Kittelchen abgewischt werden. Auch das ewige Fragen war unerwünscht und das Helfenwollen der ungeschickten kleinen Hände. Mutter macht das lieber selbst – Mutter hat jetzt keine Zeit – das wurde gewohnter Klang im Ohr des Kindes. Beim Zubettgehen ging es flott und scharf zu, Trödeln, Erzählen oder gar mit offenen Augen träumen, das gab es nicht. Spielzeug ins Bett nehmen, mit der Puppe im Arm einschlafen – nein, solche Dinge wolltest du gar nicht erst den Kindern angewöhnen, am besten überhörte man solche Bitten einfach. Sie hatten ihr sauberes Bett, ihr nahrhaftes Essen, ihre frisch gewaschenen Kleider, sie wurden zu Ordnung und Pünktlichkeit, zu gutem Benehmen und fleißigem Lernen erzogen, du tatest wahrhaftig deine Pflicht an ihnen. [...]

So soll es nun zu einer der Aufgaben dieses Buches gehören, die Erkenntnisse der psychologischen Wissenschaft so einfach und „natürlich“ mit hineinzubeziehen, dass man möglichst gar nicht merkt, dass es sich um „Wissenschaft“ überhaupt handelt.

Solche Betrachtungen sollen nicht etwa den ursprünglichen Mutterinstinkt, der den rechten Weg unbeirrbar findet, ersetzen, sondern sollen diesen Instinkt wecken und stärken; denn er ist ja manches Mal so verkümmert, dass wir erschreckt stehen bleiben, wie verständnislos doch zuweilen eine Mutter ihr Kind behandelt, als sei es ein Spielzeug oder ein lästiges Anhängsel, als hätte sie es gar nicht selbst getragen und geboren.

Dies Buch soll versuchen, die ursprüngliche Begabung der Mutter zur Einfühlung in das Kind von neuem aufzurufen; nur dieser Aufgabe, nicht einer „Bildungsbereicherung“, soll die gelegentliche Heranziehung der wissenschaftlichen Kinderforschung dienen.

Immer sollen wir den natürlichen, unverfälschten, gläubigen beschwingten Mutterinstinkt höher stellen als die wissenschaftlichen Forschungen, das entspricht der gottgegebenen Ordnung.

So entstand in der Mitte des Krieges der Wunsch in mir, durch dieses Buch zu den Müttern zu sprechen und sie zu stärken in ihrem Glauben an die Richtigkeit der leisen inneren Stimme ihres Mutterherzens, die von den überzeugenden Aufrufen der Propaganda, dem Schmettern der Fanfaren und den Alarmsirenen der Bombennächte grell übertönt wurde. Ja, das wollte ich, ihnen zeigen, dass die andere Welt, wo Gottes Atem weht, immer noch da war.

So schrieb und schrieb ich mit heißem Herzen, nicht kämpferisch, – denn ich wollte ja nicht nur zu denen sprechen, die in einer Front mit mir standen. Im Gegenteil: Ich wollte gerade diejenigen, die sich willig für die Zwecke der Gewaltherrschaft hatten einspannen lassen, unmerklich hinüberziehen in das Reich der ewigen Ordnungen, wohin sie als Mütter ja gehörten, und wo alle Fronten aufgehoben sind.

Aber dann kam das Ende. Ganz langsam gewöhnten sich unsere Lippen wieder daran, die Wahrheit auszusprechen ohne Todesangst. Auch in dem, was ich noch an diesem Buch zu schreiben hatte, durfte ich nun offen sprechen. Man wird es spüren, z.B. in den letzten Teilen der Kapitel „Die heilige Wahrheit“, und „Die heilige Freude“, dass sie bereits unter geistiger Freiheit geschrieben sind.

Mütter! Was alles ist in eure Hand gelegt! Ihr seid mitverantwortlich, bedenkt es, für das, was die kommende Generation in Leistung oder Versagen, in Schuld oder Rechttun vollbringt. Ihr erzieht den Menschen von morgen! Nicht nur euren erwachsenen Söhnen und Töchtern, – ihr seid unserm Volk, ihr seid der Geschichte verantwortlich. Denn in der Kinderstube beginnt, was später im Völkerleben sich auswirkt.

Und ich glaube, ihr braucht heute noch genau so sehr wie in den vergangenen Jahren Zuspruch, Stärkung, Klarheit und Besinnung, um das Urteil des Herzens und die Kraft des Glaubens wiederzugewinnen.

Und wir brauchen euch! Euch in erster Linie! Die Familie, das Volk, die Welt braucht euch, – wenn unser Stern Erde je wieder zu einer Wohnstätte werden soll für Menschen, die Gott nach Seinem Bilde schuf.

Auszug aus dem Kapitel „Die heilige Einfalt“

DER JUNGE WILL HERRSCHEN / Immer sind die bösen Triebe nur Verzerrungen von Gesundem. So hat auch jeder Junge den gesunden Trieb, Gewalt zu haben über etwas, – und sei es ein Tier oder ein Spielzeug, – zu führen oder zu herrschen.

So will einer das Spiel bestimmen und seinen Kameraden ihre Rolle zudiktieren. Dem einen gelingt‘s, dem andern nicht. Der allerbeste Prüfstein dafür, ob er die innere Berechtigung zum Herrschen hat, ist das Verhalten der kleinen Kameraden: Erkennen sie ihn an oder nicht? Denn er hat ja kein Machtmittel in der Hand als die suggestive Art seines Wesens, einen gewissen Gerechtigkeitssinn, ohne den kein Zusammenspiel von Kindern von Dauer ist, und drittens die Fähigkeit, ein Spiel niemals langweilig werden zu lassen.

Wenn dein Junge über die drei Dinge verfügt, – und das erkennst du daran, dass die Kameraden ihm fröhlich gehorchen, – so lass ihn herrschen, vielleicht tobt sich in der Harmlosigkeit des Spieleifers sein Drang zum Herrschen genügend aus. Denn wenn du jetzt meinst, diesen Drang unterdrücken zu müssen, aus Furcht, einen herrschsüchtigen Menschen heranzuziehen, so erreichst du vielleicht gerade das Gegenteil: das unterdrückte Begehren bricht später hemmungslos hervor und richtet Unheil an.

Aber trotzdem beobachte oft still das Spiel und halte dein Kind zur *Gerechtigkeit und Rücksichtnahme* an. Lass es fühlen, dass die beglückendste Aufgabe des Herrschers die des Gralsritters ist, den Bedrängten und Schwachen beizustehen, den Rechtlosen zu ihrem Recht zu verhelfen.

DAS MÄDCHEN WILL GLÄNZEN ODER LIEBEN / Wir haben ganz unwillkürlich im vorigen Absatz uns einen Jungen vorgestellt und alles, was wir hier sagen, trifft auch wohl eher für die Jungen als für die Mädchen zu. Nicht immer allerdings; denn auch bei den kleinen Mädchen finden wir im Spiel tüchtige Herrscherinnen, und dann gilt für die Erziehung das Gleiche wie für die Jungen; zuweilen aber liegt beim Mädchen nur scheinbar ein Herrschenwollen vor, in Wirklichkeit aber der Trieb zu glänzen, zu gefallen, die eigene kleine Person ins rechte Licht zu rücken; darum ist solches Mädchen auch wohl am besten „in Form", wenn Erwachsene zusehen, während ein Junge seine kleinen Herrschertaten am liebsten ohne Zeugen vollführt. Mit Trauer sieht man oft schon bei kleinen Mädchen ein Bewusstwerden sich entwickeln, das Reize hervorhebt, und manchmal fast als Koketterie bezeichnet werden könnte. Da sollte jede Mutter, Großmutter und Tante, – ja, ebenso sehr die Väter, Großväter und Onkel, sich fragen, wo sie da gesündigt haben an der frischen Kinderseele. Wenn man Szenen in der Bahn und unterwegs beobachtet, so ist es einem manchmal ganz unbegreiflich, mit welcher Blindheit oft die Geltungssucht kleiner Mädchen durch Bewunderung unterstützt wird, und sei es nur durch die lächelnde Aufmerksamkeit der fremden Mitfahrer. Hier müsste jeder sich verantwortlich fühlen und durch Gleichgültigkeit das kleine Persönchen von der Nichtigkeit seines Getues überzeugen.
Der Grundzug des Mädchens ist aber doch unverkennbar die Mütterlichkeit. Es will seine Puppen, seine Tiere pflegen, betreuen, weniger beherrschen. Aber es will sie auch ganz umhegen, sie sollen möglichst unselbstständig ganz in seine Hand gegeben sein.
Das Mädchen will, was es liebt, auch ganz besitzen; andere Ansprüche, andere Rechte werden eifersüchtig abgewehrt. Gefährlich wird diese Anlage, wenn diese Liebe sich in Egoismus verkapselt und gar nicht mehr das Wohl des Pfleglings, und sei es auch nur eine Puppe, meint, sondern im Grunde nur das eigene Selbst.

(Alma de l' Aigle, Eltern-Fibel. Die ewigen Ordnungen in der Erziehung, Hoffmann und Campe Verlag, Hamburg 1948, 4.–7. Tausend 1950, S. 5ff.; die Schreibweise vieler Wörter wurde gemäß den Regeln der neuen Rechtschreibung geändert.)

Ein weiterer Erziehungsratgeber aus den 50er-Jahren

1. Das Erziehungsverständnis des Autors:

Fassen wir zusammen: Ein Kind bilden, erziehen, emporheben heißt, dem Kinde helfen, das zu werden, was es in seinen Anlagen und Fähigkeiten ist; ihm helfen, die Fülle und Reife seiner Persönlichkeit zu erreichen, alle seine in der Tiefe schlummernden Gaben wirksam werden und es endlich selbst zum Besitz Gottes gelangen zu lassen, – in dem unsere Glückseligkeit beschlossen ist. Erziehung kann darum folgendermaßen definiert werden: Sie ist die Wissenschaft (die Gesamtheit der theoretischen Grundlagen) und die Kunst (die Gesamtheit der angewandten Verfahrensweisen), die es dem Kinde nicht nur möglich, sondern auch leicht machen, „es selbst zu werden", indem sich sein ganzes Wesen als das keimhafte Vorgegebene und das Verheißene so entwickelt, dass es als erwachsener Mensch, herrlich erblüht, sein Leben in Fülle und Schönheit leben kann zum Wohl der andern und zur Ehre Gottes, seines Schöpfers und Meisters.

2. Praxisbeispiele

Das Kind an Ordnung gewöhnen
Schließlich ist es wichtig, das Kind an Ordnung zu gewöhnen. In jedem Kinde schlummert ein kleiner Tyrann, der nach Bestätigung verlangt und seine Wünsche und Launen all denen, die in seine Nähe kommen, aufzwingen will. Wenn die Eltern so schwach sind

und den Rat des Dichters „Wir dürfen den Kindern keine Mühe, auch keine leichte, auferlegen“, annehmen, wenn sie alle seine Forderungen gelehrig erfüllen und alles aufbieten, um dem Kind die geringsten Schwierigkeiten und Schmerzen zu ersparen, nähren und entfesseln sie seinen Egoismus, dessen erste Opfer sie selbst sein werden. Das einzige Mittel, solchen Katastrophen vorzubeugen und der Kinderseele schönes Gleichmaß zu geben, ist: ihm von Anfang an gute Gewohnheiten einzupflanzen. Das ist gewiss nicht leicht. Die Eltern können sich auf dieser frühesten Altersstufe noch nicht an das Denkvermögen und den Willen wenden, die noch im Unbewussten ruhen, sie haben lediglich die äußeren und inneren Sinne des Kindes als Stützpunkte. Darum brauchen sie eine gute Kenntnis des Seelenlebens, viel Geduld und viel Ausdauer.

So schwierig dieses Unterfangen auch sein mag: es ist notwendig. James Mill sagt: „Es ist eine Tatsache, dass die ersten Gewohnheiten den Charakter des Menschen wesentlich bestimmen.“ Die rein an die Sinne gebundenen und gleichsam passiven Gewohnheiten bahnen denen des sittlichen Lebens den Weg. Eltern aber, die gute Gewohnheiten jeglicher Art in einem Alter grundlegen, in dem sie die Kinder leicht nach ihren Wünschen formen können, schaffen ihnen die Möglichkeit, sich selbst ausgezeichnete Gewohnheiten mit geringerer Mühe und wenig Kampf zu erwerben, wenn der Wille erwacht ist und die Persönlichkeit sich zu entfalten beginnt. Ihren Leib an Ordnung gewöhnen bedeutet daher, ihnen gute Gesundheit und friedvolles, harmonisches Seelenleben zu sichern.

Unter den entstehenden Gewohnheiten sind vor allem zwei zu pflegen: *Regelmäßigkeit* und *Abhärtung*.

Zunächst die Regelmäßigkeit. Der kleine Körper, die Organe, der Appetit, ja sogar die Schreie des Säuglings müssen gehorchen lernen. Vom ersten Tag an sollen die Mahlzeiten dosiert und zu bestimmten, vorher festgesetzten Zeiten gereicht werden; das Kind muss den notwendigen Schlaf bekommen; wenn es ohne Grund schreit, müssen wir unnachgiebig sein und es still in seinem Bettchen liegen lassen. Sehr bald wird das Kleinkind begreifen, dass es nicht schreien soll; das Stillesein wird ihm zur Gewohnheit werden. Wenn ein Kind gehorsam, ein Schüler folgsam ist, so haben sie es in der Wiege gelernt. Durch diese Gewöhnung der ersten Stunde, fortgeführt und auf alle Lebensbereiche ausgedehnt, erreichen wir, dass wir ein leicht erziehbares und gut erzogenes Kind vor uns haben, das in späteren Jahren kraftvoll, gut und in treuer Pflichterfüllung lebt.

Eine gewisse strenge Lebensführung und wirkliche Abhärtung müssen mit der Regelmäßigkeit Hand in Hand gehen. Nichts schadet dem Kleinen mehr als übertriebene Schmeichelei und zur Unzeit angebrachte Zärtlichkeiten. Wir haben in den Darlegungen über die Einführung in das Geheimnis des Lebens davon gesprochen, dass zu viel Weichlichkeit die Seele kraftlos und schwach werden lässt und unfähig macht, sich auf der abschüssigen Bahn des Vergnügens und des Lasters aufzuhalten, ohnmächtig, den Schwierigkeiten des Lebens ins Auge zu sehen und sie zu besiegen.

Vaterlandsliebe

Die Sorge für andere muss sich erweitern und auf alle bis zu den Grenzen des Vaterlandes erstrecken, ohne sich jedoch vor den Angelegenheiten der anderen Völker und der gesamten Menschheit zu verschließen. Es ist Aufgabe der Eltern, den Herzen ihrer Kinder eine tiefe, jedoch nicht enge Liebe zum Heimatland einzupflanzen. – Sie müssen ihnen die Geschichte ihres Landes erzählen; es ist eine „erhebende Geschichte“, die zu hören die Kinder nicht müde werden. Sie sollen von denjenigen sprechen, die es verteidigt haben, von den Künstlern, die es verschönerten, von den Männern und Frauen des Geistes, die es mit Schätzen bereicherten, und von den Heiligen vor allem, die seinen Ruhm begründet haben. Welch ergreifender Bericht lässt sich vom Leben der hl. Johanna geben! Die Eltern mögen sich nicht scheuen, den Kindern auch Leid und Trauer

ihres Landes nahe zu bringen, wenn sich die Gelegenheit dazu ergibt. Sie können damit den Wunsch wecken, für die Wohlfahrt des Landes zu arbeiten und sich für das Vaterland zu opfern.

Abendunterhaltung zu Zweien

Gewöhnen wir unsere Kinder daran, sich zu beherrschen, damit sie nicht andern lästig werden? Die Spielsachen, die Arbeit, die Geschwister zu achten?
Halten wir sie dazu an, verträglich und zuvorkommend zu sein, andern einen Dienst zu erweisen und Freude zu machen, glücklich zu sein im Glück der anderen?
Vertrauen wir ihnen kleine Aufgaben im Hause an, um sie an frohes Helfen zu gewöhnen?
Verlangen wir von ihnen Höflichkeit im Umgang mit Angestellten, mit Arbeitern, die im Hause beschäftigt werden, mit Geschäftsleuten und Verkäufern, wenn wir sie zu Besorgungen fortschicken?
Erinnern wir sie Weihnachten daran, dem Jesukind in der Gestalt seiner Armen ein Opfer zu bringen und einen Teil ihrer Süßigkeiten oder Spielsachen wegzugeben? Behalten wir dabei im Auge, dass sie solch ein Geschenk frei und gern geben?
Raten wir ihnen, sich einer Jugendgruppe anzuschließen, damit sie dort Selbstvergessen, Großzügigkeit, Verbundenheit mit andern lernen?
Versuchen wir, unseren Kindern das harte, schwere Leben des Arbeiters begreiflich zu machen?
Ist unsere Art, die Armen aufzunehmen und ihnen zu helfen, für unsere Kinder ein gutes Beispiel?

(Joseph Duhr, Erziehen eine Kunst. Handbuch der praktischen Erziehungslehre [aus dem Französischen übersetzt], Schöningh Verlag, Paderborn 1955)

Bearbeiten Sie in arbeitsteiliger Gruppenarbeit die Auszüge aus den Erziehungsratgebern unter folgenden Fragestellungen:

1. Charakterisieren Sie das Verständnis der Autoren von Erziehung.
2. Wie äußert sich dieses Verständnis in ihren praktischen Vorstellungen?
3. Versuchen Sie diese Positionen in den Hintergrund der 50er-Jahre einzuordnen: Welche politischen, gesellschaftlichen und ökonomischen Faktoren werden die jeweiligen Autoren dazu gebracht haben, solche Erziehungsratschläge zu erteilen? Nutzen Sie hierbei die bisher verwendeten Materialien und evtl. den folgenden Text zum sozialen Wandel.
4. Erörtern Sie den politischen Gehalt der erzieherischen Ratschläge. Beachten Sie dabei, dass die Befreiung vom Nationalsozialismus erst wenige Jahre zurücklag.
5. Vielleicht finden Sie bei Eltern oder Großeltern auch noch andere Erziehungsratgeber oder so genannte Benimmbücher, wie das „1x1 des guten Tons“ aus den 50er-Jahren. Vergleichen Sie diese Erziehungsratgeber aus den 50er-Jahren mit aktuellen Ratgebern.
6. Wie würde eine ‚Abendunterhaltung zu Zweien' in den 90er-Jahren aussehen? Schreiben Sie einen fiktiven Dialog oder konzipieren Sie ein Rollenspiel.

Vertiefung

Sozialer Wandel und seine Auswirkungen auf Kindheit, Familie und Erziehung

Tendenzen der ökonomischen Entwicklung und der politischen Kultur in der Bundesrepublik

Es wäre vermessen, auf wenigen Seiten eine differenzierte Darstellung der ökonomischen und der politisch-kulturellen Entwicklung unserer Republik vornehmen zu wollen. Es geht uns vielmehr darum, zentrale Entwicklungen und Ereignisse in der Geschichte der vergangenen 35 Jahre in Erinnerung zu rufen, von denen wir annehmen, dass sie Lebensbedingungen und Bewusstsein der Kinder- und Jugendgenerationen prägten. Vor dieser groben Folie sind Differenzierungen, Ungleichzeitigkeiten und gegensätzliche Prozesse vor allem in der Bedeutung für die unterschiedlichen sozialen Klassen, für die Land- und Stadtbevölkerung, für Männer und Frauen in den einzelnen Kapiteln dieses Buches herauszuarbeiten, soweit dies möglich ist.

Die ersten Jahre nach Faschismus und Krieg waren von zwei Momenten bestimmt: vom materiellen Überlebenskampf und von der Suche nach einer neuen politischen Identität. Die Wirtschaftspolitik der Besatzungsmächte und der ersten Regierungen zielte ebenso wie das Handeln der Unternehmer und der einzelnen Bürger auf Aufbau, Investition, geringen Verbrauch, Akkumulation. Unterstützt von internationaler (westlicher) Kapitalhilfe, von investitionsfreundlichen Gesetzen und einer enormen binnenwirtschaftlichen und, für industrielle Güter, auch außenwirtschaftlichen Nachfrage, verringerte sich bei extensiver Arbeitszeit allmählich die anfangs hohe Arbeitslosigkeit. Partiell stimmten die Interessen der Unternehmer und der Arbeitnehmer überein: Beseitigung der Trümmer, Aufbau der Betriebe, Schaffung von Arbeitsplätzen, Bau von Wohnungen und einer nutzbaren Infrastruktur; Schaffung sozialen Friedens durch steigende Löhne und Ausbau der Sozialgesetzgebung.

Die Rückerinnerung an Schwarzmarkt und Care-Pakete, kalte Wohnungen im Winter, an Kartoffel- und Holz-Sammelfahrten und an den Aufbau aus Trümmern lässt oft vergessen, dass der Nation noch anderes verloren gegangen war: ihre politisch-kulturelle Identität. In den Faschismus war, in der einen oder anderen Weise, nahezu die gesamte Nation verstrickt. [...]

Der 8. Mai 1945 war zwar Symbol für die Kompromittierung der bürgerlich-politischen Kultur (einschließlich der traditionellen antisemitischen und nationalistischen Komponenten), aber er konnte angesichts der politischen Realität nicht Ausgangspunkt für sozialistische Strukturen und Werte werden. In dieser Doppelseitigkeit zog sich das Adenauer-Deutschland darauf zurück, die *vorpolitisch-familialen Werte* zu den politisch einzig sicheren zu erklären, suggerierte selbst eine patriarchalische Herrschaftsstruktur und grenzte alle Widerstände durch direkte Unterdrückung aus. Angesichts des moralischen Desasters nicht nur des deutschen Faschismus, sondern auch des von ihm leicht absorbierten Bürgertums, auch angesichts der kampflosen Unterwerfung der organisierten Arbeiterschaft, gab es nur eine politisch-kulturelle Linie der Kontinuität: den *Anti-Kommunismus*. In idealer Weise verknüpfte er den Anti-Bolschewismus der Nazi-Zeit mit dem Kalten Krieg und mit der ideologischen Anbindung an den ‚Freien Westen' und damit mit dem militärisch-ökonomischen System der bürgerlichen Demokratien.

Vorpolitisch-kleinbürgerliche Familientugenden einerseits und Anti-Kommunismus andererseits waren also die zwei Grundlinien der restaurativen Adenauer-Ära, der ‚bleiernen Zeit' der 50er-Jahre. Dem zugeordnet war ein *euphorischer Pro-Amerikanismus*,

der vor allem die jungen Intellektuellen, die Jugendlichen und die politischen Meinungsträger prägte. Der Pro-Amerikanismus drückte sich nicht nur in der offiziellen Westorientierung und in der Dankbarkeit für die materiellen und ideologischen Aufbauhilfen aus. Auch die jungen Intellektuellen sahen in der Anlehnung an amerikanische Kultur – vom Jazz über Bluejeans bis zu den Filmen James Deans – eine Chance, der kulturellen Zerstörung durch den Faschismus und der konformistischen Enge der 50er-Jahre einen geborgten, individualistischen Protest entgegensetzen zu können. Pro-Amerikanismus hatte also unterschiedliche Bedeutungen; erst der Vietnamkrieg zerstörte die Fiktion einer moralisch-demokratisch reinen Gesellschaft, und damit wurde auch das Ende der kulturellen Amerika-Orientierung eingeleitet.

Diese Republik lebte im Wesentlichen von der Verdrängung, die am besten durch fleißige Geschäftigkeit und das Anklammern an vorgeblich unpolitische, althergebrachte Alltagsnormen organisiert werden konnte. Jeder, der die bürgerliche Wohlanständigkeit und den Konsens des Schweigens brach, wurde ausgegrenzt. Erinnert sei an den Vorwurf der Nestbeschmutzung. Die Kommunisten boten sich für diesen Zweck am besten an. Aber auch die rückkehrenden Emigranten, die aktiven Anti-Faschisten wurden zu Fremden im eigenen Land (wenn sie sich nicht ebenso dem Syndrom von Fleiß und Schweigen unterwarfen). Das Gleiche geschah einer großen Zahl verzweifelt schreibender Literaten und Wissenschaftler (vgl. Vaterland – Muttersprache, 1979). Der lähmende Konsens des ‚das tut man nicht', diese Unkultur des Konformismus, ist die offizielle Philosophie der 50er-Jahre. Wer dagegen – und gegen das anti-kommunistische Ideologem – rebellierte, wurde verfolgt und ausgegrenzt: die kommunistischen Antifaschisten; die unverstandenen ‚Halbstarken' in ihrem hilflosen proletarischen Protest; die Sozialdemokraten, die regelmäßig, kämen sie an die Macht, als der ‚Untergang Deutschlands' und als Moskaus 5. Kolonne bezeichnet wurden; nicht zuletzt die jugendlichen Intellektuellen, die sich im Rückzug auf ausländische Kultur (den gettchaften Jazzkeller, den existenzialistischen Literaturzirkel) ihr „Abseits als sicheren Ort" (P. Brückner 1980) suchten.

Während sich so eine kapitalistische Gesellschaft unter dem Schutzschild der bürgerlichen Demokratien etablierte, vollzog sich zugleich ein starker sozialer Wandel: Die Städte gewannen zunehmend an Attraktivität, auch die Flüchtlinge siedelten sich vorwiegend in Stadträumen an. Der Anteil der Landbevölkerung, vor allem der agrarisch Tätigen, sank. Zugleich verstärkten sich die „neuen Mittelschichten" durch das Anwachsen der Angestelltentätigkeiten, des Dienstleistungs- und Zirkulationssektors. Deren Orientierung war auf sozialen Aufstieg, technischen Fortschritt, moralische Flexibilität und Wachstum gerichtet – Werte der späteren sozialliberalen Politik.

Wandel der Lebensbedingungen von Kindern und Jugendlichen

An welchen konkreten Stellen, in welchen Erscheinungsformen haben die ökonomischen, politischen und kulturellen Verhältnisse das tägliche Leben der Kinder und Jugendlichen betroffen? Alltag findet an bestimmten Orten, in bestimmten Institutionen, in Interaktion mit bestimmten Personengruppen und in bestimmten Herrschaftsverhältnissen statt. Wie waren die Familienwohnungen, das Gelände in der Nachbarschaft, die Kindergärten, Schulen und Freizeiteinrichtungen jeweils beschaffen? Mit was für Personen konnten Kinder und Jugendliche umgehen? Welche Medien der Welterfahrung gab es? Welches waren jeweils die vorherrschenden Interaktionsformen, welches die vorherrschenden sozialen Deutungen, Erziehungsnormen und Erziehungsstile der Eltern und Lehrer? Antworten auf solche Fragen finden sich in den Beiträgen dieses Buches. Das Bild des gesamten Wandlungsprozesses der Lebensbedingungen von Kindern und Jugendlichen seit 1945, das den Generationsanalysen zugrunde liegt, kann der Leser sich daraus zusammensetzen.

Das Ende des Zweiten Weltkrieges brachte mit der Zerstörung der Systeme gesellschaftlicher Arbeitsteilung die kurzfristige Rückkehr zu gleichsam vorindustriellen Lebensformen: zum Zusammenleben in Großfamilien, zur privaten Organisation und Herstellung von lebensnotwendigen Gütern und zu Verhältnissen, in denen es für Kinder keine besonderen Räume, keine besonderen Gegenstände und außer der Schule keine besonderen Institutionen gab. Säkulare gesellschaftliche Prozesse der Entwicklung von Kindheit und Jugend in industriellen Gesellschaften wurden in dieser besonderen Nachkriegssituation teils vorübergehend aufgehoben, teils beschleunigt: Abwesenheit der Väter und Zusammenrücken mit Verwandten und Freunden nach Verlust der Wohnung durch Bombenkrieg, Flucht oder Evakuierung durchbrachen häufig die Tendenz der isoliert lebenden Kleinfamilie, Mangel an Spielzeug, Kinderzimmern und Zeit zur Kinderbetreuung, unbeaufsichtigtes Spielen im Freien, Notwendigkeit zum Improvisieren sowie die Beteiligung an der Beschaffung des Lebensunterhalts für die Familie – vom Holzsammeln bis zum Schwarzhandel – betraf Kinder und Jugendliche aller sozialen Schichten und hob viele der Ungleichheiten zwischen bürgerlichen Kindern, Arbeiterkindern und Kindern auf dem Lande, die sich in den ersten Jahrzehnten des Jahrhunderts bereits abgemildert hatten, vorübergehend fast auf.

Kinder verdankten ihre relativ große Freiheit in der unmittelbaren Nachkriegszeit wohl mehr der Tatsache, dass die Erwachsenen wenig Zeit für sie hatten, als der vorübergehenden Lockerung konventioneller Denkweisen und Lebensformen nach dem Zerbrechen der ideologischen Zwänge des Nationalsozialismus. Von der neu aufgenommenen Diskussion reformpädagogischer Konzepte unmittelbar nach Kriegsende haben die Kinder und Jugendlichen wenig zu spüren bekommen. Sehr schnell etablierte sich nach wenigen Jahren mit der bürgerlich-konservativen Politik auch wieder das sozial-selektive viergliedrige Schulsystem mit weitgehend traditionellem Curriculum und autoritär-patriarchalischem Stil. Auch die Familien stellten sich rasch wieder als patriarchalische Kleinfamilie her, nachdem die Väter, soweit sie den Krieg überlebt hatten, zurückgekehrt waren und der extreme materielle Mangel nach der Währungsreform überwunden war. Die Mütter, die sich und ihre Kinder selbstständig im Krieg ‚durchgebracht' hatten, beschränkten sich wieder darauf, Mann und Kindern als ordentliche Hausfrau zu dienen. Die Kinder und Jugendlichen mussten sich – in allen sozialen Schichten – in die tradierte Rolle des behüteten, nicht an der Sicherung des Lebensunterhalts beteiligten bürgerlich-kleinbürgerlichen Kindes fügen, das sich den Normen und Lebensweisen der Kleinfamilie anzupassen hatte. In den meisten Fällen hatten tradierte Erziehungsnormen und Erziehungsstile auch in den ersten Nachkriegsjahren weiter gegolten, waren aber oft nicht durchzusetzen gewesen. Jetzt lebten sie unreflektiert weiter fort. Ihre autoritäre Durchsetzung diente dazu, Wohlanständigkeit zu demonstrieren.

Materieller Mangel und Sparsamkeit ließen kaum noch besondere Ausstattungen der Kinder und Jugendlichen zu. Bis Ende der 50er-Jahre gab es wenig Kinderzimmer, wenig Spielzeug, keine besonderen Kinder- und Jugendmoden. Im öffentlichen Bereich wurden besondere Maßnahmen für Kinder nur ergriffen, wo es unumgänglich war: Für die „Schlüsselkinder" der – noch wenigen – erwerbstätigen Mütter wurden Kindergärten und Horte eingerichtet. Wo Wiederaufbau der Städte und wachsender Autoverkehr Kinderspiel auf der Straße gefährlich werden ließ, wurden seit Anfang der Fünfzigerjahre allmählich Spielplätze und organisierte Sportmöglichkeiten gebaut. Im Ganzen lässt sich sagen, dass sich die bundesrepublikanische Gesellschaft in den Fünfzigerjahren weder materiell noch pädagogisch besonders mit Kindern und Jugendlichen befasste.

(Ulf Preuss-Lausitz u.a., Kriegskinder. Konsumkinder. Krisenkinder. Zur Sozialisationsgeschichte seit dem Zweiten Weltkrieg, Beltz Verlag, Weinheim 1983, S. 15–17 [Auszüge])

1. Welche politischen, wirtschaftlichen und kulturellen Rahmenbedingungen beschreiben die Autoren?
2. Ergänzen Sie diese Beschreibungen durch eigene Recherchen.
3. Welche Auswirkungen auf Kindheit, Familie und Erziehung haben diese Rahmenbedingungen? Versuchen Sie diese Zusammenhänge in einem Schaubild darzustellen.

Pädagogische Anwendung

Veränderte Lebenswelt heute – veränderte Erziehung

Kinder sind Seismographen ihrer Umwelt

Kindheit bedeutet für viele, in einer ungesicherten sozialen Bindung aufzuwachsen, in einer Wettbewerbsgesellschaft zu leben, in der allein individuelle Leistung und sonst gar nichts zählt, in einer Freizeitwelt zu sein, die durch Konsum und kommerziellen Wettbewerb gekennzeichnet ist. Kinder sind der zunehmenden Verstädterung ausgesetzt, Spiel- und Freizeitflächen werden knapper, das unmittelbare Wohnumfeld steht als Lebens-, Spiel- und Erfahrungsraum nicht zur Verfügung. Bleiben nur die von den Erwachsenen vorbereiteten und selbst genutzten Räume, die konsequent auch von den Kindern aufgesucht werden.

Kinder gehen mit den alltäglichen Anforderungen, die denen der Erwachsenen so ähnlich geworden sind, spontaner und unverstellter um als die älteren. Sensibel und empfindlich wie sie sind, spiegeln sie in ihrem Gesicht, ihrer Haut und ihrem Verhalten die Anspannung und Unzulänglichkeiten des alltäglichen Lebens zurück, die wir Erwachsenen vielleicht gar nicht mehr in der gleichen Intensität erfahren und erleben. Sie zeigen uns unverstellt, wie ihre Lebenswelt und ihre Umwelt auf sie wirkt und wo sie diese Umwelt überfordert.

So gesehen sind Kinder soziale, kulturelle und auch gesundheitliche Seismographen, ja sie sind sogar politische Seismographen, die Erwachsene in aller Deutlichkeit auf die Unzulänglichkeiten unserer Lebensorganisation hinweisen. Kinder sind in den Alltag unserer Erwachsenengesellschaft voll einbezogen, aber sie haben noch nicht die Abgebrühtheit und die Verdrängungsmechanismen zur Verfügung, mit denen wir diese Welt ertragen und erträglich machen. Deswegen sind ihre Lösungen für die eigene Lebensgestaltung mitunter viel pfiffiger und einfallsreicher als die von uns Erwachsenen, deswegen sind aber auch oft ihre Leiden viel stärker, weil sie sie unvorbereitet und unbeeinflussbar treffen.

Kinder als „kleine Erwachsene“ – wenn diese These stimmt, dann wirft sie ein Schlaglicht auf die Umorganisation des gesamten Lebenslaufs des Menschen in Industriegesellschaften heute. Die Lebensdauer hat sich immer mehr verlängert. Die durchschnittliche Lebenserwartung liegt heute schon bei 75 und mehr Jahren.

Der Lebenslauf besteht heute aus einer Vielzahl von Übergängen zwischen den einzelnen Lebensphasen. Das bedeutet: Das prägende Gewicht einer einzelnen Lebensphase für die Persönlichkeitsentwicklung verliert zwangsläufig an Bedeutung. So gesehen werden die Spielräume für die eigene Gestaltung des Lebenslaufes größer, auch weil durch den Eintritt in jeweils neue Lebensabschnitte Korrekturen des Lebensplans vorgenommen werden können.

Der Druck, dem Leben Sinn zu geben

Mit der Vielfalt von Lebensphasen und ihrer offenen Definierbarkeit schwindet aber auch die symbolische Bedeutung, die ein einzelner Lebensabschnitt noch haben kann.

Der psychologische Preis dieser Entwicklung darf nicht übersehen werden: Welche subjektive und objektive Deutung ein einzelner Lebensabschnitt hat, ist nicht mehr, wie vielleicht noch in der ersten Hälfte unseres Jahrhunderts, durch einigermaßen klare symbolische Vorgaben geregelt. Es fehlt an kulturellen Symbolen, an Zeremonien und Riten, die Anhaltspunkte dafür geben, in welcher Phase des Lebenslaufes man sich gerade befindet und was das für einen selbst und für die Umwelt bedeutet. So kommt es, dass ein Kind von zehn Jahren sich heute als Jugendlicher fühlen und definieren, ein Jugendlicher von 16 Jahren sich als Erwachsener empfinden, umgekehrt aber auch ein Erwachsener von 30 sich auf der Stufe eines 15-Jährigen fühlen und befinden kann.

Diese Situation ist historisch gesehen übrigens gar nicht so neu. Die „Kindheit" ist eine recht späte Erfindung in der Sozialgeschichte des Abendlandes – eine Erfindung, die nun offenbar obsolet geworden ist.

Es lohnt sich, erneut in dem schönen Buch von Philippe Aries zu lesen, das im Original den Titel trägt „Das Kind und das Familienleben unter dem Ancien Regime", in der englischen Übersetzung „Kindheit im Wandel der Jahrhunderte" und in der deutschen Fassung „Geschichte der Kindheit" heißt. In dieser spannenden und eigenwilligen historischen Studie zeigt Aries, wie nach dem Zerfall der offenen mittelalterlichen Gesellschaft Kindheit und Jugendalter als soziale Konstruktionen entstehen, geradezu erfunden werden, und in eine enge und klar strukturierte Familienkonstellation eingehen. Das wichtigste Ergebnis dieser Studie ist: Kindheit hat es nicht immer gegeben, jedenfalls nicht in dieser Abgrenzung zum Erwachsenenalter und heute auch zum Jugendalter, die wir als typisch und als selbstverständlich wahrnehmen. Im Mittelalter jedenfalls gab es diese Abgrenzung nicht. Kinder lebten schon gleich nach der Säuglingszeit in einem ganz natürlichen Verhältnis mit den Erwachsenen, trugen die gleichen Kleider, verrichteten die gleichen Arbeiten, sahen und hörten die gleichen Dinge wie die Erwachsenen. Aries beschreibt das so:

Im Mittelalter und am Anfang der Neuzeit – in den unteren Schichten auch noch viel länger – waren die Kinder mit den Erwachsenen vermischt, sobald man ihnen zutraute, dass sie ohne die Hilfe der Mutter oder der Amme auskommen konnten, ... also mit etwa sieben Jahren. In diesem Augenblick traten sie übergangslos in die große Gemeinschaft der Menschen ein, teilten ihre Freunde, die jungen wie die alten, die täglichen Arbeiten und Spiele mit ihnen. Die dem Gemeinschaftsleben eigene Dynamik zog alle Altersstufen und Stände in ihren Sog, ohne irgendjemandem Zeit zur Einsamkeit und zur Intimität zu lassen. Innerhalb dieser sehr intensiven, in hohem Maße kollektiven Lebensformen gab es keinen Raum für einen privaten Sektor. Die Familie erfüllte eine Funktion – sie sorgte für den Fortgang des Lebens, der Besitztümer und der Namen –, für das Gefühls- und Geistesleben spielte sie jedoch keine große Rolle.

Erst vom 15. Jahrhundert an entstand dann unsere Familie, wie wir sie heute kennen, und wurde zu einer zentralen Erziehungsanstalt der Gesellschaft. Sie war um das Kind herum konzentriert und verstand ihre Aufgabe darin, eine „Formung" der jungen Menschen vorzunehmen und sie auf das Leben in der Gesellschaft vorzubereiten. Als später die demokratische und industrielle Massengesellschaft entstand, trat neben die Familie die Schule, später der Kindergarten, um die Erziehung, Bildung und Ausbildung der Kinder und der Jugendlichen zu übernehmen. Kindheit wurde damit zur Familienzeit, Jugend zur Schulzeit. Und nun, am Ende des 20. Jahrhunderts, beginnen diese klaren Konturen des Sozialisationsprozesses wieder zu verschwimmen.

Gebt den Kindern mehr Macht!

Natürlich werden von dieser Entwicklung nicht alle Kinder gleich stark betroffen. Sie können auch nicht alle in der gleichen Weise auf sie reagieren. Typisch für die Kindheit heute, genauso wie für das Erwachsenenleben, ist eine ungeheure Breite von Erscheinungsformen.

Besonders auffällig ist, dass sich die Schere zwischen Arm und Reich immer weiter öffnet. Wir haben inzwischen im Bundesgebiet Tausende von Straßenkindern, die ohne ihre Eltern und ohne jede finanzielle und soziale Unterstützung zwischen Hochhäusern und Brücken ihr Leben fristen. Wir haben es mit Hunderttausenden von Kindern zu tun, die in Armut leben und in Obdachlosenvierteln hausen müssen. Daneben gibt es immer mehr Kinder, denen von ihren Eltern ein Dreizimmer-Appartement mit eigenem Bad und mit Fernseh- und Videoanlage vom Feinsten geboten wird.

Keine Frage: Das Kind aus den armen Verhältnissen ist auf eine andere Weise „frühreif“ als das aus den reichen Verhältnissen. Das arme Kind wird in den Zigarettenkonsum und in den Konsum inzwischen auch von illegalen Drogen hineingetrieben, das reiche Kind kompensiert seine Probleme möglicherweise mit psychosomatischen Störungen und Lese-Rechtschreib-Schwächen.

Politische Standardlösungen für den Umgang mit der veränderten Situation von Kindern heute kann es deswegen nicht geben. Da unsere Kinder durch den Zwang der Verhältnisse notgedrungen zu „kleinen Erwachsenen“ geworden sind, müssen wir sie nun auch wie Erwachsene behandeln. Und das heißt: Sie müssen viel stärker als bisher an allen politisch relevanten Entscheidungen des Alltags beteiligt werden. Sie dürfen nicht länger nur Anhängsel einer brüchig gewordenen Partnerbeziehung ihrer Eltern sein, sondern müssen selbst über ihre Bindungen und Beziehungen entscheiden dürfen, sobald sie es können. Sie dürfen nicht mehr von den Eltern in die Schullaufbahn hineingeschubst werden, die diese gerne für sich gewünscht hätten, sondern sie müssen auf eigene Faust und nach eigenem Gusto die Bildungslaufbahn auswählen, die ihnen behagt.

Geben wir Kindern in allen ihren Lebensbereichen mehr Selbstbestimmungsmöglichkeiten und lassen wir sie in aller Form an der Gestaltung des Alltagslebens mitwirken! Das bedeutet auch eine Beteiligung an den in einer demokratischen Verfassung zumindest symbolisch so wichtigen Wahlen. Ein Wahlalter, das mit 18 beginnt, ist unter den gegebenen Umständen ein Witz.

(Klaus Hurrelmann, Die alten Kinder, in: Psychologie heute, 10/1994, S. 72ff.; Klaus Hurrelmann ist Professor für Sozial- und Gesundheitsforschung an der Universität Bielefeld und Sprecher des Sonderforschungsbereiches ‚Prävention und Intervention im Kindes- und Jugendalter‘.)

1. Vergleichen Sie die Ausführungen des Autors zur Situation der Kinder heute mit den Ergebnissen zur Lebenssituation der Kinder in den 50er-Jahren. Was hat sich geändert? Warum hat es sich geändert?
2. Diskutieren Sie die Handlungsvorschläge des Autors. Sind es die ‚richtigen“ Konsequenzen, die aus dem sozialen Wandel gezogen werden?

P Projektvorschlag zum selbstständigen Weiterarbeiten

(Rainer Noltenius; Abbildungen aus: „Alltag, Traum und Utopie“, Schriften des Fritz-Hüser-Instituts, Reihe 1: Ausstellungskataloge, Band 7; © Klartext Verlag Essen, 1988, S. 78, 145)

- Suchen Sie Kinder- und Jugendbücher, Informationen über Literatur und Film, Werbung und Musik der 50er-Jahre.
  Filmtipp: „Denn sie wissen nicht, was sie tun“ (mit James Dean).
- Welchen Einfluss haben diese kulturellen Faktoren auf Kindheit, Jugend und Erziehung gehabt?
- Erstellen Sie mit Ihren Fundstücken eine Ausstellung.
- Thematische Recherchen zu den 50er-Jahren können in der Dauerausstellung zur Geschichte der Bundesrepublik selbstständig oder mit Führung (nach Anmeldung) durchgeführt werden:

  Haus der Geschichte • Museumsmeile
  53048 Bonn • Tel.: 0228/9165-0 • Fax: 0228/9165-302
  Di–So. 9.00–16.00 Uhr • Eintritt frei

- Ergiebiges Material zur Erziehung in den 50er- bis 90er-Jahren findet man in dem Buch von Klaus Poell/Wolfgang Tietze/Elke Toubartz, Wilde Zeit: Von Teddyboys zu Technokids, Verlag an der Ruhr, Mülheim 1996.
  Das in diesem Buch vorhandene Bildmaterial ist geeignet, in Form einer Wand-

zeitung einen Überblick über Einflussfaktoren und Normen in der Erziehung in den letzten 40 Jahren zu gewinnen – der Einfluss kulturhistorischer und politischer Faktoren auf Erziehungsprozesse wird so sehr deutlich. Eine derartig gestaltete Ausstellung bietet viele Möglichkeiten der Zusammenarbeit mit dem Fach Geschichte.

- Am 26.8.1956 erschien die erste Ausgabe der Bravo (das Cover sehen Sie hier abgebildet), in der Anfangszeit noch als „Die Zeitschrift für Film und Fernsehen", dann als „Die Zeitschrift mit dem jungen Herzen. Film-Fernseh-Schlager", ab 1958 ohne Untertitel – zu dieser Zeit schon als typische und damals einzige Jugendzeitschrift.
  Sehr aufschlussreich ist ein Vergleich der damaligen Bravo-Ausgabe mit heutigen Bravo-Exemplaren (Idee: Anke Böse, Recklinghausen). In Zeitungsarchiven oder in Antiquariaten findet man Exemplare aus dieser Zeit. Auch ein Vergleich des Fernsehangebots lohnt sich. Der hier abgedruckte Ausschnitt stammt aus dem ersten Bravo-Heft.

Sonnabend

25. August

16⁰⁰ Wer, was, wann?
Die Vorschau auf das Programm der kommenden Woche.

16²⁰ Umschaltung

16³⁰ Aus Kopenhagen
Radweltmeisterschaften 1956
Straßenrennen der Amateure
Sprecher Kurt Brumme und Walter Bosshardt (Ende ca. 18.30)

Hat der deutsche Meister Brinkmann eine Chance?

19⁰⁰ Nur für Bayern
Die Münchener Abendschau
(Ende der Sendung: 19.30)

19⁰⁰ Nur für Hessen und Südwestdeutschland
Von Rhein, Main und Neckar
(Ende der Sendung: 19.30)

20⁰⁰ 1001 Macht
Das Berliner Kabarett „Die Stachelschweine" in Bayern

21⁰⁰ Aus München
Was bin ich?
Robert Lembkes Rätselspie[l]

Struppi — Rob. E. Lembke

Anschließend:
Das Wort zum Sonntag
Es spricht Oberkirchenrat Dr. Thomas Breit, Augsburg
(Ende des Programms: 22.15)

Sonntag

26. August

12⁰⁰ Aus Frankfurt
Der internationale Frühschoppen
Übertragung des hessischen Rundfunks mit 6 Journalisten aus 5 Ländern; Gastgeber: Werner Höfer
(Ende der Sendung: 12.30)

13³⁰ Vom Nürburgring
Rennen der Tourenwagen
Sprecher Heinz Schaaf
Bildregie: Peter Müller

Aus Baden-Baden
Fürstenberg-Pferderennen
Sprecher Horst Scharfenberg und Heinz Eil; Bildregie: Rolf von Maydell; Gesamtleitung: Roderich Dietze
(Ende der Sendung: 16.25)

16³⁰ Aus Kopenhagen
Radweltmeisterschaften 1956
Straßenrennen der Berufsfahrer
Sprecher Kurt Brumme und Walter Bosshardt (Ende 18.00)

Bleibt der Belgier Stan Ockers Weltmeister?

20⁰⁰ Aus Zürich
Bitte recht freundlich!
Mit Peter Frankenfeld, Lys Assia,
Les Bogdadis (Akrobaten), Charly Wood (Parodist), Kinito und Jolanda (Illusionisten) und das Orchester von Radio Lugano
Regie: Ettore Cella und John Olden
Gesamtleitung: Erwin Fuchs

22⁰⁰ Umschaltung

22⁰⁵ Wochenspiegel
Zusammenfassung der Tagesschau
(Ende des Programms: 22.30)

Informationen zur politischen Bildung, Heft 256: „Deutschland in den 50er-Jahren", hg. von der Bundeszentrale für politische Bildung, Bonn 1997 (kostenlos)

3 Reflexionen: Erziehung heute: Erwartungen, Probleme, Möglichkeiten, Grenzen

(Zeichnung: Uli Olschewski/CCC)

Formulieren Sie einen Untertitel zu dieser Karikatur.

Vorstellungen von Erziehung – Versuch einer Bilanz

Nachdem Sie sich nun schon einige Monate mit dem komplexen Gebiet der Erziehung auseinander gesetzt haben, sollen Sie jetzt die Gelegenheit erhalten Bilanz zu ziehen, zu Thesen und Fragen Stellung zu nehmen und sich so eine eigene, begründete erste Position zu erarbeiten.
Bevor wir Ihnen dazu die entsprechenden Materialien vorstellen, sollen Sie eine erste Gelegenheit zu einer visuellen Bilanzierung haben:

„Um einen Begriff von der logischen und organischen Struktur Ihres Themas zu gewinnen, ist die Ausformung des Themas in Naturformen hilfreich. Bilden Sie *Themenbüsche* und *Themenbäume*. Der Stamm ist der Kerngedanke Ihrer Arbeit, die Äste sind die Verzweigungen des Themas. Das Astwerk gliedert sich von Teilgedanken zu Untergedanken und Konkretionen. Ein kleines Gedankensystem zum Thema ist ein Busch, ein großes Gedankensystem kann als Baum erscheinen. [...] Zeichnen Sie einen Baum Ihrer Einfälle.“

(Lutz v. Werder, Kreatives Schreiben in den Wissenschaften, Berlin/Milow 1992, S. 43)

Versuchen Sie Ihr Verständnis von Erziehung in einem solchen Baumbild auszudrücken.
- Welchen Baum stellen Sie sich vor?
- Was bildet die Wurzeln, was den Stamm?
- Trägt er Früchte?

An-Sichten

(Foto: Robert Michel, Berlin)

Vorgehensweise:

1. Was sehe ich?
   Stichpunktartig das Bild beschreiben.
2. Was fällt mir dazu ein?
   Schnellschreiben: In 6 Minuten alles, was zu dem Bild assoziativ im Kopf umhergeht, notieren.
3. Was sagt es mir?
   Die Assoziationen durchgehen und das mir Wichtige markieren oder unterstreichen. Dann einen kurzen Text schreiben, bei dem der erste und der letzte Satz gleich ist.

Der Machbarkeitswahn der Erzieher

„Gebt mir ein Dutzend gut gebaute Kinder und meine eigene spezifizierte Welt, um sie darin großzuziehen, und ich garantiere, dass ich irgendeines aufs Geratewohl herausnehme und es so erziehe, dass es irgendein beliebiger Spezialist wird, zu dem ich es erwählen könnte – Arzt, Jurist, Künstler, ja sogar Bettler und Dieb, ungeachtet seiner Talente und Neigungen, Absichten, Fähigkeiten und Herkunft seiner Vorfahren."

John Broadus Watson, der dies zu Beginn des Jahrhunderts geschrieben hat, darf damit als einer der Urväter des erzieherischen Machbarkeitswahns gelten. Seine Nachfahren, eine Gilde von aktiven Menschheitsbeglückern, glauben auch heute noch fest daran, dass man durch Lob und Tadel, durch geschicktes Reden, raffinierte Appelle an die Vernunft, frühzeitige Förderungen, klugen Umgang mit Heranwachsenden – kurz: durch ein überschaubares, womöglich wissenschaftlich fundiertes Methodenarsenal die Ziele für das Kind erreicht, die man will. Im erzieherischen Machbarkeitswahn versammeln sich wohl jene, die, durchaus opferbereit, nur „das Beste für das Kind" wollen, wie auch jene, die eine stromlinienförmige Anpassung des Nachwuchses an die eigenen Interessen herbeisehnen, auf dass es ein pflegeleichter werde.

Indessen verzweifelt oder resigniert so mancher Lehrer, so mancher Vater und so manche Mutter ob ihrer vermeintlichen Inkompetenz, wenn die ihnen anvertrauten oder eigenen Kinder so ganz anders werden, als sie sollen. Wenn sie, trotz getreulicher Anwendung all der Erziehungstips und -rezepte, trotz wissenschaftlich sanktionierter „richtiger" Erziehung depressiv oder drogensüchtig, kriminell oder verhaltensauffällig werden oder einen von den Eltern angestrebten Akademikerberuf partout nicht attraktiv finden.

Für gescheiterte Eltern oder Erzieher kennt der erzieherische Machbarkeitswahn kein Pardon. Sein Credo „Richtigmachen bringt Erfolg – Falschmachen bringt Misserfolg" genießt den Glanz einer bewährten Maxime. Es darf nicht sein, dass Richtigmachen Misserfolg erzeugen kann und Falschmachen Erfolg. Das hieße ja, dem Leben Absurdität und Undurchschaubarkeit, Zufälliges und Schicksalhaftes zu unterstellen. Im Machbarkeitswahn lässt es sich beruhigter leben: Wer in der Erziehung scheitert, hat Fehler gemacht – ist also selber schuld.

Nichts davon hält einer nüchternen, erfahrungswissenschaftlichen Analyse stand. Der Blick in Biografien oder in Untersuchungen zur langfristigen Auswirkung von Erziehungs- und Umgebungseinflüssen in Kindheit und Jugend lehrt schlicht, dass ein Kind trotz ungünstiger Erziehung gedeihen kann. Und dass die gleiche Erziehung, auf verschiedene Kinder angewendet, krass unterschiedliche Effekte hat. Auch wissenschaftlich kontrollierte Erziehungsversuche produzieren Fehlschläge. Glückliche Kinder aus glücklichen Familien können problematische Erwachsene werden – und selbst eineiige Zwillinge, die in derselben Familie und Schule groß werden, können sich wie Jekyll und Hyde unterscheiden.

Solche den Machbarkeitswahn störenden Ergebnisse werden systematisch verheimlicht. Was die Hochschulen und anderen Institutionen als „erfolgreiche" Regeln für „richtiges" Erziehen der Öffentlichkeit verkaufen, ist statistischer Trug: Verschwiegen wird Erziehern und Eltern die Quote der „Ausnahmen" und die oft minimale Größe des Effekts, der sich bei Anwendung einer „richtigen" Regel einstellt. Und angegeben wird so gut wie nie, bei wie vielen Kindern oder Jugendlichen sich die empfohlenen Maßnahmen gar zum Schaden auswirken können, also – in der Sprache der Beipackzettel von Arzneien formuliert – kontraindiziert sind. Auch ist diese Fahrlässigkeit bei der Vermarktung erzieherischer Erkenntnisse keineswegs mit dem saloppen Spruch „Ausnahmen bestätigen die Regel" abzutun: Bei erzieherischen Regeln ist die Ausnahmequote schlicht zu hoch.

Natürlich macht man sich Gedanken darüber, warum das so ist. Natürlich ist die Einsicht

(Zeichnung: Ernst Volland/CCC)

nicht mehr ganz neu, dass die Entwicklung des jungen Menschen von einer Vielzahl von Faktoren gesteuert wird, die sich zu allem Überfluss noch gegenseitig beeinflussen und dadurch die überraschendsten Wirkungen – je nach der Kombination im Einzelfall – hervorzaubern können, und dass paradoxe Effekte dabei nicht auszuschließen sind.

Nicht zur Kenntnis genommen aber wird, dass dieser „multifaktorielle Genese“ genannte Grundgedanke, der nahezu täglich durch neue Untersuchungen gestützt wird, zu einer eher pessimistischen Einschätzung erzieherischer Effekte führen muss. Tatsächlich tragen erzieherische Faktoren allenfalls ein Scherflein zur Befindlichkeit des Heranwachsenden bei – ansonsten wird er, und ziemlich mächtig, durch alles geprägt, was in seiner Umwelt existiert.

Die Idee vom beliebig formbaren Kind, das an alles angepasst und zu allem hingebogen werden kann – das etwa mit vier Jahren die Nacht allein im Haus verbringt, während die Eltern auswärtigen Vergnügen nachgehen, oder das mit zwei Jahren einem wöchentlich 40-stündigen Fremdbetreuungsstundenplan mit wechselnden Instanzen ausgesetzt wird –, hält aber auch noch aus einem anderen Grund der Wirklichkeit nicht stand:

Kinder setzen Manipulationsversuchen ihre natürliche Widerspenstigkeit entgegen und zeigen den Konstrukteuren von Erziehungsplänen, wie weit ihre Eigendynamik die Kluft zwischen Plan und Realität auseinander spreizen kann. Erziehungsziele scheitern nicht nur, weil es viele unkontrollierbare Miterzieher gibt, sondern auch, weil die psychische Natur des Kindes der pädagogischen Unterwerfung feste Grenzen setzt. Und last not least ist bereits der kleine Mensch fähig, das, was er erlebt, wahrnimmt oder erfährt, einer eigenen stringenten Psycho-Logik zu unterwerfen und daraus Schlüsse zu ziehen, die uns, je nachdem, überraschen, verblüffen oder entsetzen.

Erziehungswissenschaftler haben schon vor Jahren und nach jahrzehntelanger Beschäftigung mit der Materie diesen durch und durch verunsichernden Zustand der Erziehungskunst beschrieben. So etwa Wolfgang Brezinka: „Unser Wissen reicht jedoch im konkreten Fall selten so weit, dass erzieherische Handlungen mehr sein können als Eingriffe ins Unbekannte mit unbekanntem Ausgang.“ Oder Karl Josef Klauer: „Wir haben keine zureichende Kenntnis davon, mit welcher Wahrscheinlichkeit welche – erwünschten oder unerwünschten – Ergebnisse folgen, wenn ein erzieherischer Eingriff gesetzt wird. Es ist eigentlich erschreckend, sich dies einmal klarzumachen ...“

Erschreckend ist jedoch vor allem, wie die Öffentlichkeit und die von ihr finanzierten Erziehungs-, Bildungs- und Sozialklempner mit dem unzweifelbar und ernüchternd geringen Wissensstand umgehen. Die Strategien der erzieherischen Machbarkeitstheoretiker/innen erinnern fatal an die vorökologische Zeit, als vernetztes, systemisches Denken, Denken in Wechselwirkungen, Nebenwirkungen und Folgewirkungen noch unbekannt war. Während man heute die Pharma-Industrie mit Fug und Recht verpflichtet, Nebenwirkungen und Kontraindikationen ihrer Arzneien bekannt zu geben, verzichtet die Erziehungswissenschaft hierauf locker und erntet gar Publicity und Anerkennung, wenn die Komplexität der Wirklichkeit verschwiegen, wenn simples Ursache-Wirkungs-Denken, wenn monokausale Theorien zu ebenso uniformen Maßnahmen führen. Neue Unterrichtsmethoden werden rigoros eingeführt, flächendeckende Betreuungsinstitutionen für Kleinkinder gefordert, die familiäre Behütung von Kindern als Über-

behütung geächtet, die Mütter für Verhaltensstörungen verantwortlich gemacht, das Fernsehen als Hauptfaktor für Entwicklungsschädigungen der Kinder gebrandmarkt und das alles mit einer eifernden Sicherheit, die durch nichts gerechtfertigt ist. Hier sind pädagogische Kernkraftwerke in Betrieb (und weitere in Planung). Die Sorge ist berechtigt, dass künftige Generationen mit der Entsorgung des dort produzierten pädagogischen Fallouts überfordert sein werden.

Wieso auch soll der jeweils zur Zeit gültige Wissensstand über die Erziehung als Grundlage reichen, um mit Rasenmäher-Diagnosen im komplexen Entwicklungsweg junger Menschen analysierend und handelnd herumfuhrwerken zu dürfen? Wenn man schon von anderen Wissenschaften nichts gelernt hat, so sollte wenigstens der Umstand, dass sich das erziehungswissenschaftliche Wissen jährlich um einige tausend Publikationen erweitert, zu denken geben. Das komplexe Geschehen Erziehung – das wäre zwingend daraus zu folgern – ist ständig wissenschaftlich unterbestimmt. Drastische praktische Konsequenzen auf grob unvollständiger und im nächsten Jahr bereits überholter Wissenschaft zu gründen hat fatale Konsequenzen.

Aus dieser Fatalität befreit uns allerdings nicht der Verzicht auf Erziehung, wie hin und wieder angeraten wird. Denn wo Unglück droht, bleibt uns keine andere Wahl, als das einzusetzen, was man vermeintlich dagegen tun kann. Auch wenn es schmerzlich wenig ist. Wir haben uns jedoch an das Scheitern von Erziehung auch dann zu gewöhnen, wenn wir nach bestem Wissen und Gewissen gehandelt haben. Aus der Erkenntnis unserer begrenzten Möglichkeit muss eine neue Bescheidenheit erwachsen, die den Umgang mit denen humaner macht, die in der Erziehung gescheitert sind und scheitern. Fehl am Platze sind da oberlehrerhafte Besserwisserei und unsinnige Schuldzuweisungen. Unumgänglich ist der Verzicht auf Paradeziele, die sich nur unter Inkaufnahme unkalkulierbarer Risiken erreichen lassen. Erziehung muss ökologisch sanfter werden.

(Rainer Dollase, Der Machbarkeitswahn der Erzieher, GEO Nr. 4 v. 30.3.1992, S. 176f.)

1. Diskutieren Sie die ‚Nebenwirkungen' von Erziehung.
2. Wie lässt sich aus der Sicht des Autors zu der Frage Stellung nehmen, inwieweit fehlende oder misslungene Erziehung zur Gewalt führt?
3. Welche Konsequenzen für die Gestaltung von Erziehung zieht der Autor?

Ein-Spruch

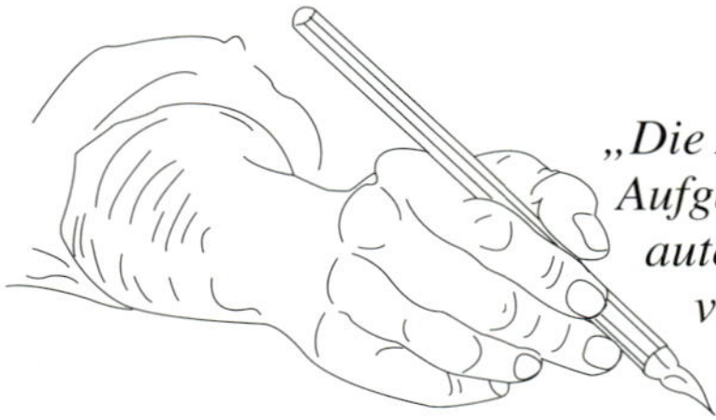

„Die Abwehr des Rechtsextremismus ist eine Aufgabe für alle. [...] Das Ideal der ‚antiautoritären Erziehung' hat nicht nur Reste vom Kadavergehorsam beseitigt, die Emanzipationspädagogik hat zugleich auch die Tugenden des Kompromisses und der Solidarität in Frage gestellt. Sie hat unversehens individuelles Wohlleben, Rücksichtslosigkeit und Egoismus auf den Thron gesetzt. Die Folgen zeigen sich nun: vom rücksichtslosen Spekulantentum in Banken, Unternehmen – Gemeinwirtschaft und Gewerkschaften eingeschlossen – bis hin zur Gewalt im Fernsehen, in der Schule und bis zur Gewalttat solcher, die nie lernen konnten, sich einzufügen, weil sie keine Chance hatten, echte Gemeinschaft zu erleben. Uns allen stellen sich deshalb die Fragen: Was ist in unserer gesellschaftlichen Erziehung falsch gelaufen? Was müssen wir tun, um die Fehlentwicklungen zu überwinden?"

(Helmut Schmidt, Ex-Bundeskanzler, in: DIE ZEIT vom 16.7.1993)

„Die als Nazis kostümierten Kids, die so schrecklich normale Monster sind, weisen auf Schwächen hin, die jedem Lehrer und Erzieher und allen Eltern geläufig sind: Sie gehören einer verlorenen Generation an, die sich selbst (und der Glotze) überlassen blieb. [...] Niemand hat ihnen je eine Grenze gezogen und sich als Vorbild angeboten: nicht die Eltern und nicht die Verwandten, weder die Nachbarn noch die Freunde, erst recht nicht Lehrer, Ausbilder oder Vorgesetzte."

(Claus Leggewie, Soziologe, in: DIE ZEIT vom 5.3.1993)

Wer sagt
was
mit welchen Mitteln
und welcher Absicht
zu wem ???

Ist das Gegenteil auch richtig?

Mein Kommentar:

Sündenböcke

(Zeichnung: © Marie Marcks)

Marie Marcks ist Karikaturistin und bedient sich daher der zeichnerischen Darstellung. Wenn sie einen Leserbrief zu den Zitaten von Schmidt und Leggewie geschrieben hätte, wie könnte dieser aussehen?

Krisen und Chancen der Erziehung

Die „Spiegel"-Ausgabe 9/1995 trug auf der Titelseite die Überschrift: „Das Ende der Erziehung".
Wie könnte ein Titelbild dazu aussehen?
Was wären die zentralen Aussagen des Artikels?
Was denken Sie über eine solche Überschrift?

Das folgende Interview erschien in der oben angesprochenen „Spiegel"-Ausgabe.

„Achtung ist ein Fixpunkt". – Ein Gespräch mit dem Soziologen Oskar Negt

SPIEGEL: Herr Negt, ist die Erziehung am Ende?

Negt: Sie ist heute viel schwieriger geworden. Es gibt mehr Herausforderungen an die Erwachsenen, sich auf Auseinandersetzungen mit den Kindern über Normen und Wertorientierungen einzulassen, weil nichts mehr selbstverständlich ist.

SPIEGEL: Die Erwachsenen kapitulieren oft vor renitenten Sprösslingen.

Negt: Ich halte es für fundamental, dass die Eltern zu einer erzieherischen Haltung ermutigt werden.

SPIEGEL: Viele Eltern fürchten sich davor, Fehler zu machen.

Negt: Erziehung ist keine isolierte Angelegenheit von einzelnen Schulklassen oder einzelnen Familien. Es ist eine gefährliche Täuschung, wenn man glaubt, als einzelner Erzieher rückgängig machen zu können, was die Gesellschaft verändert hat.

SPIEGEL: Manche Soziologen sprechen von der Individualisierung der modernen Gesellschaft als dem entscheidenden Entwicklungstrend. Danach würde Erziehung mehr und mehr zur Privatsache.

Negt: Wer so denkt, löst die Idee von der Gesellschaft als Ganzem auf. Das hat natürlich Folgen: Dem einzelnen Menschen werden Dinge aufgebürdet, die er nicht lösen kann.

SPIEGEL: Konkreter bitte.

Negt: Ich glaube, das Unglück vieler guter, bemühter Lehrer besteht darin, sich selber Schuldgefühle zu machen, weil sie es nicht schaffen. Sie quälen sich mit Fragen, warum ihre Angebote die Jugendlichen nicht erreichen.

SPIEGEL: Vielleicht entspringen diese Schuldgefühle der Furcht, hinter den Idealen der 68er Bewegung zurückzubleiben.

Negt: Die Hinwendung der 68er zur Erziehung hatte einen Grund: Die Generation der Erwachsenen, die im Dritten Reich Mitläufer waren, erschien innerlich verderbt und nicht mehr zu verändern. So wandte man sich der Kindererziehung zu, um die neue Generation von Grund auf besser auszustatten.

SPIEGEL: Doch viele brachen die alternativen Experimente ab, weil sie den Eindruck hatten, Wissen und Leistung kämen zu kurz.

Negt: Wir, die wie ich an der Glocksee-

Soziologe Negt
„68er Kinder stehen nicht schlecht da"
(Foto: NOVUM/Walter Schmidt)

schule in Hannover ein 68er Experiment mitgetragen haben, waren der Meinung, dass ein emotional entwickeltes Kind bestimmte kognitive Lernprozesse sehr schnell nachholt. Aus der Perspektive der Lebensleistung stehen die Glocksee-Kinder von damals heute nicht schlechter da als die anderer Schulen.

SPIEGEL: Wieso entstand dann die Abneigung gegen die 68er Schule?

Negt: Zunächst setzte Reform-Routine ein. Die Lehrer verließen sich mehr und mehr auf Schemata. Die Eltern wiederum dachten, sie hätten genug getan.

SPIEGEL: Das Nachlassen des Eifers war aber nicht die einzige Ursache.

Negt: Man darf nicht vergessen, dass wir 1968 Vollbeschäftigung hatten. Bis Mitte der Siebziger war die Arbeitsgesellschaft kein Problem. Aber mit der deutlicher werdenden Krise bemächtigte sich der Sozialdarwinismus, das Denken in Gewinner/Verlierer-Kategorien, der Eltern und Schüler.

SPIEGEL: Heute sind viele Eltern unsicher, weil sie ihren Kindern nicht sagen können, auf welche Arbeitswelt sie treffen werden. Ist die Erziehungsorientierung an der Arbeitswelt obsolet geworden?

Negt: Beide Sphären sind entkoppelt, was Vor- und Nachteile hat. Ich kann Ihnen sagen, dass meine besten Studenten die sind, die sich um Berufsausbildung wenig Gedanken machen. Sie sind es auch, die am schnellsten Jobs finden.

SPIEGEL: Die Kehrseite der unsicheren beruflichen Zukunft ist die Null-Bock-Haltung.

Negt: Die Zahl der Demotivierten, Lustlosen wird immer größer. Sie flüchten in Drogen oder in die falsche Sicherheit der Sekten.

SPIEGEL: Was sollen Eltern tun, wenn ihr Sprössling lieber wilde Autorennen fährt, als der Vernunft zu folgen?

Negt: Wenn er einen Rest an Empfindsamkeit anderen Menschen gegenüber bewahrt hat, muss man ihn an das Leid erinnern, das er anderen zufügt – und auch den Eltern.

SPIEGEL: Und wenn er sich auf die Brutalität der Gesellschaft beruft?

Negt: Dann würde ich sagen: Du siehst das schon richtig, aber das ist kein Grund, das Elend der Welt zu vermehren. Für Kriege bist du nicht unmittelbar verantwortlich, aber wenn du einen anderen totfährst, dann trägst du die Verantwortung.

SPIEGEL: Das klingt ganz nach dem kategorischen Imperativ Immanuel Kants.

Negt: Heute ist die Frage von Imperativen wichtig. Kinder müssen wissen, was man als Elternteil billigt und was nicht.

SPIEGEL: Selbst, wenn man sie nicht überzeugt?

Negt: Möglicherweise produziert man mit einer Ablehnung zusätzlichen Widerstand. Aber ich bin sicher, dass in einem Nein oft ein Stück wichtige Anerkennung steckt. Nur so kann man Kindern Strukturen vermitteln. Und in dem Maße, wie Kinder eine Struktur bekommen, entstehen bei ihnen Verhaltenssicherheiten. Das sind auch Entlastungen. Ein Kind kann nicht unter 20 Alternativen wählen.

SPIEGEL: Welche Werte stehen außerhalb jeder Diskussion?

Negt: Zum Beispiel Achtung. Sie ist ein Fixpunkt.

SPIEGEL: Erstaunlich. Da spricht ein alter 68er wie ein Konservativer.

Negt: Im Sinne Kants: Behandle andere Menschen nie bloß als Mittel, sondern immer zugleich als Zweck. Das kann sogar ein Elfjähriger einsehen. Ich erkenne die Wünsche des anderen an.

SPIEGEL: Klingt schön. Aber wie ist das zu erreichen?

Negt: Wir müssen die Erziehungsdiskussion wegführen von dieser jammernden Haltung: Das führt auch zu Schuldzuweisungen an die ganze junge Generation. Es hat auch keinen Sinn, in eine depressive Einstellung zu verfallen und gar nicht erst anzufangen. Wir müssen Achtung üben.

SPIEGEL: Wie trainiert man so etwas?

Negt: In der Schule, die immer mehr die Erziehungsarbeit übernimmt, muss ein junger Mensch beispielsweise den pfleglichen Umgang mit sich und anderen lernen. Das ist eine Frage des Wissens, nicht nur der Gefühle. Es stellt sich das Problem: Wie grenze ich mich ab und wogegen?

SPIEGEL: Das hört sich wie psychologische Nabelschau an.

Negt: Nein. Solches Wissen müssen Kinder, die ja immer seltener mit Geschwistern aufwachsen, mit dem Kopf lernen, wie einen Wissensstoff durch Rollenspiel einüben.

SPIEGEL: Erzieher bewirken oft das Gegenteil.

Negt: Wir können nicht wissen, was aus unseren Kindern wird. Aber was man sich vorwerfen könnte, ist, dass man sich nicht auf Auseinandersetzungen mit ihnen eingelassen hat. Dass man nicht gesagt hat, was für einen wichtig ist und was nicht.

(SPIEGEL-Gespräch mit Prof. Oskar Negt, in: DER SPIEGEL, Nr. 9 v. 27.2.1995, S. 46f.)

1. Welche Aussagen haben Sie besonders beeindruckt oder stoßen bei Ihnen auf Widerspruch?
2. Stellen Sie einige dieser Fragen aus dem Interview pädagogisch tätigen Menschen.
3. Der Umgang mit Kindern wird auch in den Medien immer wieder kontrovers diskutiert. Die beiden unter den Adressen http://archiv.zeit.de/zeit-archiv/daten/pages/199841.verwoehnen_3_.html (Albert Wunsch, Droge Verwöhnung – Plädoyer für eine andere Erziehung) und http://www.archiv.zeit.de/zeit-archiv/daten/pages/199842.replik_.html (Susanne Mayer, Mal an die eigene Nase fassen – Werden Kinder zu sehr verwöhnt? Eine Replik auf Albert Wunsch) im Internet abrufbaren Artikel machen dies deutlich.
   Stellen Sie die dort vorgetragenen Argumente gegenüber und bilden Sie sich eine eigene Meinung.

Bereits im Einführungskapitel ‚erziehen und erzogen werden‘ haben Sie sich mit dem Fall Kaspar Hauser vertraut gemacht.
Der Autor Friedrich Koch hat sich unter noch weiter führenden Gesichtspunkten mit diesem Fall beschäftigt, die wir Ihnen im Folgenden vorstellen wollen:

Der Eifer der Pädagogen und ihrer Mitstreiter ließ übersehen, dass Kaspar Hauser nicht nur einem schnöden Mord erlag, sondern auch ein Opfer jener Erziehung war, die die allein-selig-machenden bürgerlichen Tugenden auf ihre Fahnen geschrieben hatte. Kaspar Hauser wurde ein Opfer der Schwarzen Pädagogik.
Diese These mag überraschen, da wir gewohnt sind, den Namen Kaspar Hauser mit dem Problem der Nicht-Erziehung, mit Bildsamkeit und Erziehungsbedürftigkeit zu verbinden. Diese Sichtweise hat natürlich ihre Berechtigung.
Aber das Problem des Erziehungs-Entzugs bzw. der Erziehungsbedürftigkeit ist nur der *eine* Aspekt der Hauser-Figur. Der andere ist die systematische Abrichtung des Menschen auf die Forderungen des bürgerlichen Tugendkatalogs, auf die Gebote von Ordnung und

Reinlichkeit, Dankbarkeit, Ehrlichkeit, Gehorsam, Fleiß, Bescheidenheit und Keuschheit. Gelingt diese Abrichtung, so bleibt das System die Anerkennung nicht schuldig. Lässt der Zögling – aus welchen Gründen auch immer – Nachlässigkeiten und Mängel in der Befolgung der Tugend-Gebote erkennen, so gerät er in einen unentrinnbaren Kessel von Drangsalierung und Verfolgung. Die Geschichte Kaspar Hausers enthält eindrucksvolle Zeugnisse für das Belohnungs- und für das Vernichtungssystem der Schwarzen Pädagogik.

Schwarze Pädagogik ist ein polemischer Begriff. Er kennzeichnet die Ziele und Methoden, mit denen Kinder und Jugendliche seit dem 18. Jahrhundert konfrontiert wurden, um gesellschaftsfähiges Verhalten zu erzeugen. [...]

In den Katalog der dringlich geforderten Eigenschaften gehörten vor allen Dingen Reinlichkeit und Ordnungsliebe, Dankbarkeit, Vertrauen, Gehorsam, Fleiß, Ehrlichkeit, Keuschheit, Bescheidenheit und ein ausgeglichenes heiteres Gemüt.

Kinder, deren Erzieher die Ziele und Regeln dieser Autoren ernst nahmen, hatten nur wenige unbewachte Augenblicke zu erwarten. Ständige Kontrolle und Gemütserforschung, permanente Anweisungen und Belehrungen, dauernde Vorhaltungen und beispielhafte Exerzitien sollten die Aneignung der Tugenden gewährleisten. Nützten diese Maßnahmen nicht oder wenig, so hatten empfindliche Strafen einzusetzen, die die Kleinen einsichtig machen sollten.

Kaspar Hauser, so wird in den nächsten Abschnitten gezeigt, bedurfte dieser Erziehungsprinzipien nicht. Er erfüllte bei seinem Auftreten den gesamten Katalog der bürgerlichen Tugendgebote, mitunter übertraf er sogar die hochgespanntesten Erwartungen der Pädagogen.

Er gab ein Musterbeispiel für Ordnung und Reinlichkeit, war von unendlicher Dankbarkeit und Ehrlichkeit, zeigte bedingungslosen Gehorsam, übte unendlichen Fleiß und war in allem demütig und bescheiden. Nicht zuletzt seine Keuschheit brachte die Erzieher und alle, die ihn bei seinem Erscheinen kennen lernten, zu der Überzeugung, einem paradiesischen Wesen zu begegnen, das sie sich als Ausgangspunkt der Pädagogik wünschten. [...]

Hatte er es in der ersten Zeit mit den positiven Bestätigungen des bürgerlichen Erziehungssystems zu tun, so erfolgte in der letzten Zeit seines Lebens die negative Sanktionierung, die zu seiner Vernichtung beigetragen hat. [...]

Am Ende seines Lebens jedoch wurde er zum „schwierigen Fall“. Am 10. Dezember 1831 wurde Kaspar Hauser dem Lehrer Johann Georg Meyer in Ansbach übergeben. Er bezog ein Zimmer in dessen Haus und erhielt täglich Unterricht. [...]

Meyers Erziehungsmethoden sind nur die übersteigerten Maßnahmen, die die bürgerliche Pädagogik zur Beherrschung der Kinder für angebracht hielt. Mit dem abgrundtiefen Misstrauen gegenüber dem Kinde wurden Methoden in Gang gesetzt, die die Kinder in die Randständigkeit trieben.

[...] Kaspars Tugenden verkehren sich ins Gegenteil. Aus seiner *Ordnungsliebe* wird Liederlichkeit, aus *Dankbarkeit* Undank, aus *Ehrlichkeit* der Hang zur Lüge, aus *Gehorsam* offene Widersetzlichkeit, aus *Fleiß* Faulheit, aus *Bescheidenheit* Frechheit, aus *Keuschheit* Amoralität und Lasterhaftigkeit. Schwarze Pädagogik treibt den Zögling zu jenem Verhalten, das sie mit ihren Methoden so emsig verhindern möchte. [...] Meyer blieb der Methode des Misstrauens treu – bis in den Tod seines Schützlings.

Als Hauser am 14. Dezember 1833 mit der tödlichen Verwundung ins Haus stürzte, blieb der Lehrer kühl und unbestechlich. Nüchtern vermerkte er in dem Verhalten seines Zöglings Merkmale, die ihm „höchst unnatürlich und daher sehr auffallend“ erschienen.

Meyer und seine Frau registrierten theatralische Gesten, vermissten sachdienliche Information. „Er deutete nicht eben auf seine Wunde, sondern stellte sich bald vor mich hin,

streckte unter fürchterlicher Gebärdung die Hände mehr vor und über sich hinaus und ließ mich die Wunde erst suchen."
Als Meyer sie gefunden hatte, erfolgte sein schneller Tadel, „dass er dießmal den dümmsten Streich gemacht habe". Die Wunde interessierte den Pädagogen nicht weiter. Es ging ihm nicht um das Wohl seines Schützlings, sondern um die Vollstreckung des Prinzips der Schwarzen Pädagogik. Dieses hieß in der gegebenen Situation: Nachforschung und Kontrolle der von Hauser behaupteten Umstände. An dieser Stelle scheint es gerechtfertigt, Kaspar Hauser nicht nur im übertragenen Sinne als ein Opfer der Erziehung zu verstehen. Statt seinen Zögling ins Bett zu bringen, statt ihm einen Notverband anzulegen und umgehend den Arzt zu verständigen, ließ sich der Lehrer von dem tödlich Getroffenen in den Hofgarten führen und die Stelle zeigen, an der die Tat geschehen sein sollte. [...]
Der Kaspar-Hauser-*Komplex* meint die frühe Verlassenheit des Säuglings und des Kleinkindes. Jene Isolation also, die die Disposition für die Unfähigkeit, sich in die menschliche Gemeinschaft zu integrieren, zur Folge hat.
Das Hauser-*Syndrom* charakterisiert das Endprodukt einer langen Phase der Vernachlässigung. [...]
Der Kaspar-Hauser-*Effekt* hingegen bezieht sich auf die erzieherischen Vorstellungen und Maßnahmen, mit denen Kaspar in unterschiedlicher Weise konfrontiert wurde, als er unter den Menschen lebte.
Mein Begriff charakterisiert einen negativ verlaufenden Erziehungsvorgang. Dieser Prozess ist gekennzeichnet durch eine dogmatische Vorstellung von dem Wesen des Kindes und seiner Rolle in der Gesellschaft. Er geht von radikal vereinseitigten Zielvorstellungen aus, die ich mit den verabsolutierten Einzeltugenden der bürgerlichen Gesellschaft vorgestellt habe. Die Durchsetzung der Tugendgebote erfolgt mit Methoden, die zwanghaft sind. Die Fixierung auf die Norm lässt dem Erzieher keinen Raum, weder für alternative Zielvorstellungen noch für abweichende methodische Maßnahmen. Das Instrumentarium dieses Erziehungsprozesses besteht aus den Faustregeln der Schwarzen Pädagogik. Sie lassen der Spontaneität und einer eigenen Entwicklung des Kindes keinen Spielraum. „Hoffnungsvoll" verläuft dieser Prozess, wenn es dem Erzieher gelingt, die lebendigen Impulse des Kindes zu unterdrücken. Als gelungen wird die Erziehung bezeichnet, wenn sie erreicht, dass das Kind die vorgegebenen Normendiktate zu seinen eigenen Bedürfnissen uminterpretiert. Scheitert die Erziehung, so gerät der Zögling in einen Kessel pädagogisch verstandener Verfolgung. Am Ende dieses Prozesses steht die Ausgliederung. Sowohl die negative Konsequenz dieser Erziehung als auch die – im Sinne ihrer Vollstrecker – positive Entwicklung des Kindes haben eines gemeinsam: Sie führen beide zur Desintegration. Die Erziehungszwänge lassen den Menschen unbehaust, weil sie ihm den Weg zu einer Selbstfindung versperren. Das Ergebnis dieses Erziehungsvorgangs ist die Einsamkeit, sowohl die des vordergründig Angepassten als auch die desjenigen, der sich den Anforderungen widersetzt hat. Das ist der Kern dessen, was der Kaspar-Hauser-Effekt beschreibt. Er meint nicht die räumliche Ausstoßung des Kindes, sondern seine erzieherisch bedingte Vereinsamung inmitten der Gesellschaft. Dieser Vorgang ist nicht nur historisch zu verstehen, sondern hat seine kaum eingeschränkte Bedeutung auch für die Gegenwart. [...]
Meine These ist, dass sich der bürgerliche Moralkodex weitgehend erhalten hat und dass sich lediglich in den Methoden der Vermittlung partielle Modifizierungen aufweisen lassen.

(Friedrich Koch, Der Kaspar-Hauser-Effekt, Über den Umgang mit Kindern, Opladen 1995, S. 23, 31, 58ff., 72f., 83)

1. Versuchen Sie weitere Informationen über Kaspar Hauser zu bekommen. War Kasper Hauser für die damalige Zeit ein so genannter ‚Musterknabe'?
2. Diskutieren Sie: Gibt es auch heute noch einen Kasper-Hauser-Effekt?
3. Welche Elemente sollte Ihrer Meinung nach – in Abgrenzung zu einer ‚Schwarzen Pädagogik' – eine ‚Weiße Pädagogik' haben?

Friedrich Koch stellt in seinem Buch Überlegungen darüber an, welche wichtigen Voraussetzungen durch eine Erziehung gegeben sein sollen, damit dem Kind zu seiner Entfaltung verholfen werden kann. Dabei setzt er sich auch mit dem polnischen Arzt und Pädagogen Janusz Korczak (geboren 1878 oder 1879) auseinander.

- Niemand erzieht zu Ordnung und Sauberkeit, der die Kinder in ein eng vorgegebenes System zu pressen versucht;
- niemand erzieht zur Dankbarkeit, der die spontanen Impulse und Bedürfnisse der Kinder ignoriert;
- niemand erzieht zur Ehrlichkeit, der sie mit Strafen oder logischen Folgen zu erreichen versucht;
- niemand erzieht zu Gehorsam durch die Überbetonung der personalen Autorität oder durch scheinbare Sachzwänge;
- niemand erzieht zu Fleiß durch offene Drangsaliererei oder durch überspannte stumme Erwartungen;
- niemand erzieht zur Bescheidenheit, der von vornherein die Rechte des Kindes einschränkt;
- niemand erzieht zu sexueller Verantwortung, der die kognitiven, affektiven und genitalen Interessen der Kinder und Jugendlichen unterdrückt. [...]

Es geht darum, an die richtige Reihenfolge der erzieherischen Voraussetzungen zu erinnern. Das Erziehungsziel, meist Ausgangs- und Endpunkt aller pädagogischen Reflexion, ist auf den zweiten Rang zu verweisen. Die oft alles verdrängende und am meisten interessierende Frage nach der richtigen Methode ist allenfalls von drittklassiger Bedeutung. Fundament jeder erzieherischen Praxis aber ist die Liebe zu dem Kind.

Liebe ist ein weiter Begriff. Von dem säkularisierten Bibelspruch „wer seinen Sohn liebt, der züchtigt ihn" (vergl. Hebräer 12, 6; Offenbarung 3, 19; Sprüche 3, 12) bis hin zu den modernen Formen der „overprotection" kann ihm im Erziehungsalltag alles untergeordnet werden. Im Namen der Liebe werden Kinder verhätschelt, bevormundet, drangsaliert, missbraucht, misshandelt und vernichtet.

Lässt sich der Begriff operationalisieren und für die Erziehungspraxis relevant gestalten? Es gibt einen Versuch des großen polnischen Arztes und Pädagogen Janusz Korczak. Sein Hauptwerk, in dem er diesen Versuch unternimmt, lautet in der deutschen Übersetzung „Wie man ein Kind lieben soll". [...]

Korczak, der sich mit seinem Hauptwerk „Wie man ein Kind lieben soll" gleichfalls an Eltern und Erzieher gewandt hat, lag nichts ferner, als Ratschläge geben zu wollen. Schon die Übersetzung des Titels ins Deutsche hätte wahrscheinlich seinen Widerspruch hervorgerufen. „Jak kochac dziecko" heißt wörtlich übersetzt „Wie ein Kind lieben". Das war im Sinne einer offenen Frage gemeint und nicht als Ankündigung fertiger Antworten, wie die deutsche Übersetzung vermuten lassen könnte. [...]

Das Nicht-Wissen war ihm die Voraussetzung für die Liebe zum Kind und für die Achtung seiner Existenz. Die Achtung vor jedem einzelnen Kind ließ keine Pauschalisierungen zu.

„Dies ‚Ich-weiß-Nicht‘ ist in der Wissenschaft der Ur-Nebel, aus dem neue Gedanken auftauchen. Für einen Verstand, der nicht an wissenschaftliches Denken gewöhnt ist, bedeutet ein ‚Ich-weiß-Nicht‘ eine quälende Leere.

Ich will lehren, das wunderbare, von Leben und faszinierenden Überraschungen erfüllte schöpferische ‚Ich-weiß-Nicht‘ der modernen Wissenschaft in Bezug auf das Kind zu verstehen und zu lieben.

Es geht mir darum, dass man begreift: Kein Buch und kein Arzt können das eigene wache Denken, die eigene sorgfältige Betrachtung ersetzen.“ [...]

Die überlieferten Erziehungsbücher spiegeln Kommunikationsprozesse auf der Subjekt-Objekt-Ebene, und zwar im doppelten Sinne. Da sind zunächst einmal die Verfasser, die sich als kompetente Experten für den ratlosen Leser empfehlen. [...]

Korczak, dem Erziehungsratgeber dieses Schlages nicht unbekannt gewesen sind, bezieht auch hier eine genaue Gegenposition. Er misstraut den unumstößlichen Wahrheiten und möchte um jeden Preis vermeiden, dass die Leserschaft seine Gedanken als gültigen Erfahrungsschatz missversteht. Viel wichtiger sind ihm daher Irrtümer, weil sie zum Nachdenken Anlass geben.

„[...] Verleger drucken manchmal goldene Worte großer Geister; wie viel nützlicher wäre es doch, eine Sammlung von irrigen Meinungen zu veröffentlichen, die von den Klassikern der Wahrheit und der Wissenschaft verkündet worden sind.“

Die Subjekt-Objekt-Ebene zeigt sich in den überlieferten Schriften schließlich auch in dem Erziehungsverständnis. Meist wird der Erziehungsvorgang aus der Perspektive der Erziehenden beschrieben. [...]

Erziehung ist ein einseitiger Kommunikationsfluss, mit dem die Eltern und Erzieher auf das Kind einwirken. Dieser Prozess gilt als geglückt, wenn das Kind sich den Zielvorstellungen des Erwachsenen fügt, als gescheitert, wenn der staunende Leser sehen muss, dass die als erfolgreich angepriesene Methode andere – möglicherweise entgegengesetzte – Folgen zeitigt.

Korczak setzt diesem eindimensional verstandenen Erziehungsvorgang ein dialogisches Verständnis der Pädagogik entgegen. [...]

Der Erzieher muss sich selbst erkennen, seine Vorstellungen reflektieren und versuchen, seinen eigenen Weg zu gehen. Dieser eigene Weg ist immer nur ein Teilstück. Das Ziel muss immer wieder neu erkundet werden, Umorientierungen und Umwege sind einzuplanen. So gesehen, ist jeder Erzieher – auch der erfahrenste – immer wieder ein Anfänger, und so ist es nur logisch, dass es Korczak nicht möglich ist, vom hohen Rosse her Ratschläge zu geben. Was er seinem Leser vermittelt, sind Zweifel, eigene Fehler und Fehleinschätzungen, aus denen sich die Notwendigkeit einer Neureflexion ergibt.

[...] Er war kein Büchergelehrter und kein Systematiker. Er schrieb aus seinen Erlebnissen und folgte beim Schreiben seiner Intuition. ‚Poetische Pädagogik‘ oder ‚erzählende Pädagogik‘ wird diese Form genannt. Sie ist nur schwer zu referieren, ohne dem Gehalt und dem humanen Impuls seiner Schriften Abbruch anzutun. Korczak muss selbst gelesen werden. Ein längeres Zitat soll dafür Anreiz sein und zugleich die Antwort Korczaks auf die Frage nach der Zukunftsorientierung der Erziehung wiedergeben:

„Wir sollten auch die gegenwärtige Stunde achten, den heutigen Tag. Wie soll es (das Kind, F.K.) morgen leben können, wenn wir es heute nicht bewusst, verantwortungsvoll leben lassen?

Wir sollten nicht treten, nicht vernachlässigen, nicht das Morgen fesseln, es nicht auslöschen, nicht eilen, nicht hetzen. Wir sollten jeden einzelnen Augenblick achten, denn er stirbt und wiederholt sich nicht, und immer sollten wir ihn ernst nehmen; wird er verletzt, so bleibt eine offene Wunde zurück, wird er getötet, so erschreckt er uns als ein Gespenst böser Erinnerungen.

Lassen wir das Kind doch unbeschwert die Freude des frühen Morgens genießen und vertrauen. Das Kind will es eben so. Die Zeit ist ihm nicht zu schade für ein Märchen, für ein Gespräch mit seinem Hund, fürs Ballspielen, fürs genaue Betrachten eines Bildes, fürs Nachzeichnen eines Buchstabens – aber all das mit Freude. Es hat Recht. In unserer Naivität fürchten wir den Tod und wissen nicht, dass das Leben ein Reigen vergehender und wieder neu entstehender Augenblicke ist. Ein Jahr – das ist nur der Versuch, die Ewigkeit im Alltag zu begreifen. Ein Augenblick dauert so lange wie ein Lächeln oder ein Seufzer. Eine Mutter möchte ihr Kind erziehen; aber dies wird sie nicht erwarten: dass ständig eine andere Frau einen anderen Menschen verabschiedet und begrüßt.

Unbeholfen teilen wir die Jahre in mehr oder weniger reife auf; es gibt gar kein unreifes Heute, keine Hierarchie des Alters, keinen höheren oder tieferen Rang des Schmerzes und der Freude, der Hoffnung und Enttäuschung. Wenn ich mit einem Kind spiele oder spreche – dann haben sich zwei gleichwertig reife Augenblicke in meinem und in seinem Leben verbunden; wenn ich mit einer Kinderschar zusammen bin, dann begrüße oder verabschiede ich immer ein Einzelnes einen Augenblick lang mit einem Blick oder einem Lächeln. Wenn ich in Gegenwart eines Kindes ärgerlich bin, dann vergewaltigt und vergiftet nur mein böser, rachsüchtiger Augenblick den reifen und wichtigen Augenblick in seinem Leben.

Verzichten um des Morgens willen? Welche Verlockungen prophezeit er? Wir entwerfen ein Bild in übertrieben dunklen Farben. Die Voraussage erfüllt sich: das Dach stürzt ein, weil das Fundament des Gebäudes vernachlässigt wurde."

(Friedrich Koch, Der Kaspar-Hauser-Effekt, Über den Umgang mit Kindern, Opladen 1995, S. 123f., 126–132, 135f.)

1. Diskutieren Sie den von dem Autor herausgehobenen Aspekt der Liebe in der Erziehung.
2. Charakterisieren Sie die pädagogischen Vorstellungen des Autors.
3. Informieren Sie sich über die Lebensgeschichte von Janusz Korczak.
4. Diskutieren Sie die Tragfähigkeit des ‚dialogischen Verständnisses von Erziehung' für den pädagogischen Alltag. Inszenieren Sie dazu in Ihrem Kurs eine Podiumsdiskussion, bei der dieser Ansatz dem Verständnis von Kommunikationsprozessen auf der Subjekt-Objekt-Ebene gegenübergestellt wird.
5. Vergleichen Sie Janusz Korczaks Antworten auf die Frage nach der Zukunftsorientierung der Erziehung mit anderen Ihnen in diesem Buch vorgestellten Aufsätzen.
6. Diskutieren Sie die These: ‚Die Erziehung von heute ist die Erziehung von morgen!'.

Sie haben sich jetzt über einen längeren Zeitraum mit pädagogisch orientierten Fragestellungen beschäftigt und Einsichten in erziehungswissenschaftliche Fragestellungen, Denkweisen und Modelle bekommen.

Das folgende Mobile mit der Überschrift ‚Erziehung' soll Sie noch einmal ermuntern alle für Sie besonders wichtigen Aspekte aufzugreifen und in je ein ‚Mobileschild' zu schreiben. (Ihr Fachlehrer fertigt Ihnen sicherlich eine Kopie an.)

Vielleicht ist es Ihnen ja auch möglich, die Aspekte zu ordnen und in ein ‚gewisses Gleichgewicht' zu bringen.

Erziehung

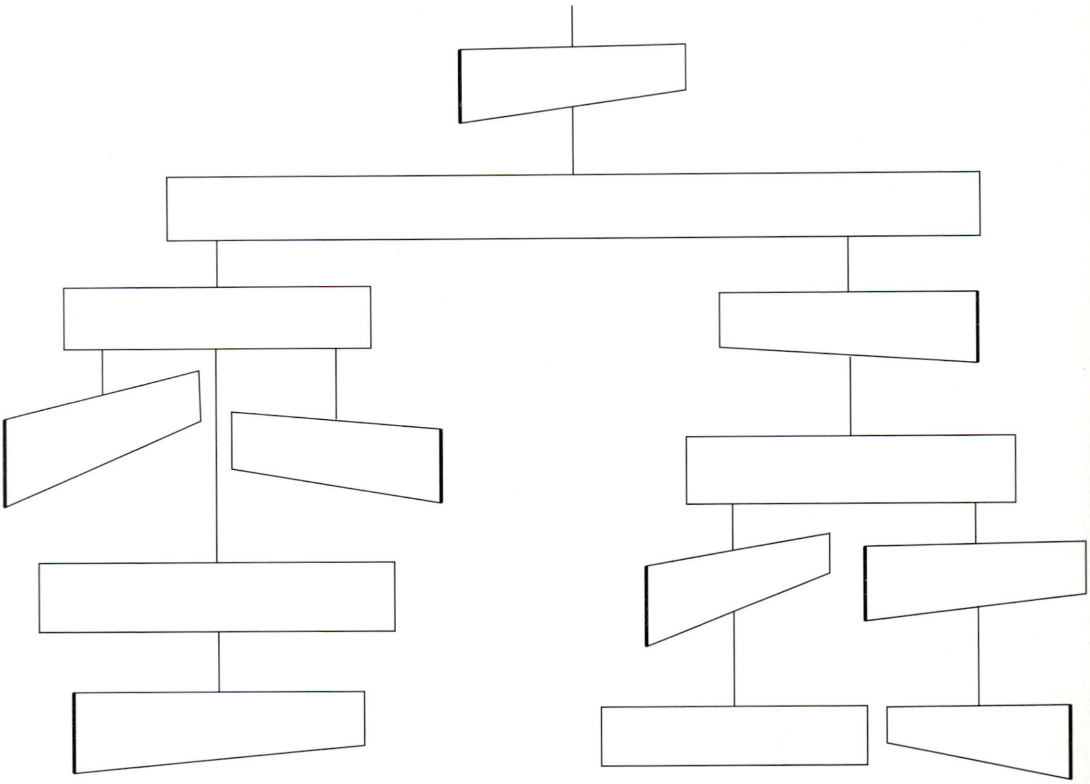

4 Perspektiven: Kinderrechte

Kinder-Wege – Leidenswege?

Aus dem Prospekt der „Kampagne für die Rechte des Kindes“:

Einige unserer Probleme

(terre des hommes, Eulenspiegel, Nr. 27/1988, S. 3, zit. nach: Deutsche Lehrer-Zeitung)

Auf welche Probleme von Kindern in aller Welt machen die Sprechblasen aufmerksam?

Befragen Sie Kinder: Welche Probleme nennen Kinder für die Bundesrepublik Deutschland?

Die zehn Rechte der Kinder

1. Gleichheit
   Das Recht auf Gleichheit, unabhängig von Rasse, Religion, Herkunft und Geschlecht.
2. Entwicklung
   Das Recht auf eine gesunde geistige und körperliche Entwicklung.
3. Persönlichkeit
   Das Recht auf einen Namen und eine Staatsangehörigkeit.
4. Versorgung
   Das Recht auf ausreichende Ernährung, auf Wohnung und ärztliche Betreuung.
5. Betreuung
   Das Recht behinderter Kinder auf eine besondere Betreuung.
6. Liebe
   Das Recht auf Liebe, Verständnis und Fürsorge.
7. Erziehung
   Das Recht auf unentgeltlichen Unterricht, auf Spiel und Erholung.
8. Hilfe
   Das Recht sofortiger Hilfe bei Katastrophen und Notlagen.
9. Schutz
   Das Recht auf Schutz vor Grausamkeit, Vernachlässigung und Ausnutzung.
10. Frieden
   Das Recht auf Schutz vor Verfolgung und eine Erziehung im Geiste weltumspannender Brüderlichkeit und des Friedens.

Die Rechte der Kinder wurden von der Generalversammlung der Vereinten Nationen am **20. November 1959** beschlossen. Zusätzlich haben die Vereinten Nationen **1989** eine Konvention zu diesen Rechten ausgearbeitet.
131 Staaten haben diese inzwischen unterzeichnet und sich verpflichtet, die Rechte der Kinder in den Gesetzen ihres Landes zu berücksichtigen. Damit das auch geschieht, brauchen die Kinder beherzte Anwälte.

(Zit. nach: DLZ 42/95, Okt. 1995, S. 9)

Die Rechte der Kinder wurden von Reinhardt Jung ‚in die Sprache der Menschen übersetzt, für die diese Konvention gedacht ist' (Ders., Die Rechte der Kinder, terre des hommes, Osnabrück 1997).

1. Diskutieren Sie die beiden folgenden persönlichen Rechte:
– Du hast das Recht „unlogisch" zu sein.
– Du hast das Recht selber zu entscheiden, ob du das, was dir andere als Fehler vorwerfen, ändern willst.
(Aus: Die zwölf persönlichen Rechte, Medienzentrum ‚Kontra für Nichterwachsene', Berlin, zit. nach E&W, 12/1996, S. 9)

2. Christina hat folgende Rechte formuliert:
1. Wir wollen machen, was wir wollen.
2. Kinder sollen entscheiden, ob sie wollen oder nicht wollen.
3. Kinder dürfen entscheiden, mit wem sie spielen wollen.
4. Ich möchte gerne einmal mit dem Fahrrad nach Osnabrück fahren.
5. Ich will einmal die Wohnung für mich alleine haben und alle Kinder einladen.
6. Kinder sollen entscheiden, ob sie sich schön machen wollen oder lieber in alten Sachen bleiben wollen.

(Aus: Ursula Carle/Astrid Kaiser [Hg.], Rechte der Kinder, Schneider Verlag, Baltmannsweiler 1998, S. 106)
Welches Verständnis von Erziehung aus der Sicht Christinas wird hier deutlich?

3. Aus der ‚Meckerecke' des Kindergipfels 95 in Berlin (Veranstalter: Münchner Kindergipfel-Verein und Deutsches Kinderhilfswerk Berlin) stammt das folgende Zitat:
„Die Wünsche der Kinder gehören nicht in eine Schatzkiste, sondern an Luftballons, dass sie in die weite Welt getragen werden." (Zit. nach: DLZ 42/95, Okt. 1995, S. 9)

4. In welchem Verhältnis stehen Kinderrechte und Erziehung? Schreiben Sie Ihre Einschätzung auf.

Kinderstimmen

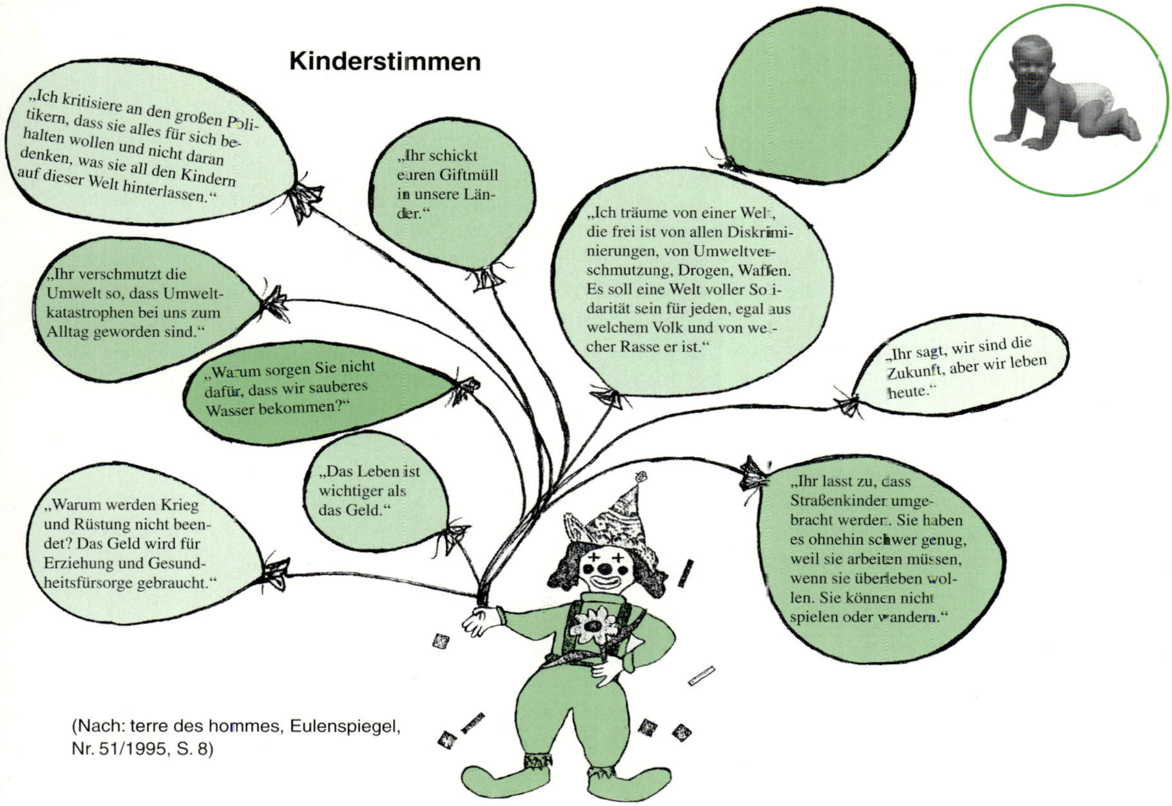

(Nach: terre des hommes, Eulenspiegel, Nr. 51/1995, S. 8)

1. Sammeln Sie weitere Kinderstimmen bzw. Wünsche von Kindern, indem Sie z.B. eine untere Klasse Ihrer Schule oder eine Grundschulklasse befragen.
   Legen Sie den Kindern dazu die obige Abbildung vor und lassen Sie sie von den Kindern kommentieren bzw. ergänzen. So können die Kinder die für sie besonders wichtigen Luftballons rot ausmalen, die etwas weniger bedeutsamen gelb, unbedeutsame einschwärzen, Luftballons können mit einer entsprechenden Farbgebung von den Kindern ergänzt werden, ...
2. Geben Ihrer Meinung nach die Rechte der Kinder auch die Wünsche der Kinder wieder oder sind noch weitere ‚Luftballons' zu starten?
3. Unternehmen Sie mit den Kindern eine Luftballonaktion.
   Wo sollten die Luftballons landen?

Hinweise:

- In dem bereits oben erwähnten Buch von Ursula Carle und Astrid Kaiser finden sich neben weiteren Informationen über Kinderrechte auch viele praktische Aktionsvorschläge.
- Sehr aufschlussreiche Materialien kann man (auch in der nötigen Kursstärke) unter der folgenden Adresse erhalten:
  Manfred Dreyer u.a., Die weltweiten Kinderrechte, aus der Reihe: Jugendrotkreuz für die Schule, Deutsches Rotes Kreuz, Friedrich-Ebert-Allee 71, 53113 Bonn

Politik für Kinder – Politik mit Kindern?

Bei aller Zustimmung zu der Notwendigkeit einer Politik für Kinder wird über die angemessenen Konzepte für eine Kinderpolitik und über geeignete Maßnahmen, diese umzusetzen, teilweise heftig gestritten. Die Debatte um kinderpolitische Konzeptionen polarisiert sich zwischen Ansätzen, die entweder eher emanzipatorische oder eher ordnungspolitische Funktionen hervorheben. Der erstgenannte Ansatz betont die autonome Subjektstellung der Kinder und ihre prinzipielle Gleichrangigkeit gegenüber Erwachsenen. „Obwohl das Kind von der Unterstützung der Familie und der Erwachsenen abhängig ist, hat es autonome Rechte, Bedürfnisse und Wünsche, die alle ernst genommen werden müssen … In allen ein Kind betreffenden Angelegenheiten muss die eigene Meinung des Kindes, seinem Alter und Entwicklungsstand entsprechend, akzeptiert und berücksichtigt werden“ (Alanen 1996, S. 424). Entsprechend liegen Schwerpunkte dieser kinderpolitischen Konzeption in der Umsetzung und dem Ausbau von Kinderrechten sowie in der Schaffung von Beteiligungsmöglichkeiten. Die Gegenposition sieht das Kind sehr viel stärker in seiner Abhängigkeit und Schutzbedürftigkeit gegenüber den Erwachsenen und unterstreicht entwicklungsbedingte Unterschiede zwischen Kindern und Erwachsenen. Hier geht es um eine Politik, die sich an Vorstellungen des Kindeswohls orientiert und die Notwendigkeit hervorhebt, dass die Erwachsenen anwaltschaftliche Funktionen im Hinblick auf die Vertretung der Bedürfnisse und Interessen von Kindern zu übernehmen haben. „Kinder haben nicht die gleiche Möglichkeit, ihre soziale Lebenswelt zu konstituieren und zu gestalten wie die Erwachsenen. Diese müssen sich dann in die Situation der Kinder versetzen“. Dieser Ansatz steht dem sozialökologischen Konzept nahe, das die wechselseitigen Beziehungen zwischen Kindern und Erwachsenen hervorhebt. Kinder und Jugendliche setzen sich in eigener Aktivität mit der physischen und sozialen Umwelt von Anfang an nach Maßgabe ihrer Fähigkeiten auseinander und bringen neue Vorstellungen und vermehrtes Können in die Gesellschaft ein.

Kontroversen zwischen diesen Positionen entfalten sich vor allem an dem Problem, wie weit Kinder unabhängig von ihren Familien gefördert werden sollen, welcher Raum ihnen in der Übernahme der Sinn- und Werttraditionen zugestanden werden soll und welche Einschränkungen ihrer Handlungsfähigkeit ihrem Schutz dienen oder unnötige Begrenzungen darstellen.

Politik für Kinder bewegt sich zwischen diesen Polen und muss mit den darin angelegten Spannungen und Ambivalenzen umgehen. Gefahren bestehen einerseits in einer bevormundenden Haltung, die Kinder nicht ernst nimmt und ihnen den Respekt versagt, und auf der anderen Seite in einer Überforderung der Kinder durch Abwälzung der erwachsenen Verantwortung. Es geht sowohl darum, dass Kinder angemessene Beteiligungsmöglichkeiten erhalten, als auch darum, dass sich Erwachsene für die Belange von Kindern einsetzen und die Lebensverhältnisse mit Blick auf das Wohlergehen von Kindern analysieren und wirkungsvoll gestalten. […]

Auf der kommunalen Ebene sind im Rahmen der Jugendhilfe in den vergangenen Jahren Themen wie die Vernachlässigung von Kleinkindern, fehlende Krippen- und Hortplätze, Arbeit mit Kindern in Freizeiteinrichtungen und Angebote der Kinderkulturarbeit stärker in den Blick geraten. Die erhöhte Aufmerksamkeit für die Belange der Kinder hat durch die Auseinandersetzung über den Rechtsanspruch auf einen Kindergartenplatz und dessen Umsetzung einen weiteren Schub erhalten. […]

Viele Belange von Kindern werden auf der kommunalen Ebene entschieden und gestaltet. Dabei spielen die Jugendämter eine wesentliche Rolle. Ihre Ausnahmestellung in der Gemeindeordnung durch die Zweiteilung in den Jugendhilfeausschuss und die Verwaltung bietet viele Möglichkeiten einer effektiven Politik für Kinder, die jedoch oft nur unzureichend ausgeschöpft werden.

Zentraler und traditioneller „Kristallisationspunkt“ auf der örtlichen Ebene ist der Kinder- und Jugendhilfeausschuss. Seine gesetzlich vorgeschriebenen Aufgaben – Erörterung der Problemlagen junger Menschen und ihrer Familien sowie Anregungen und Vorschläge für die Weiterentwicklung der Kinder- und Jugendhilfe; Jugendhilfeplanung und Förderung der freien Jugendhilfe – lassen großen Spielraum für Qualität und Quantität kinder- und jugend(hilfe)politischer Aktivitäten.

(Bundesministerium für Familie, Senioren, Frauen und Jugend [Hg.], Zehnter Kinder- und Jugendbericht, Drucksache 13/11368, Bonn 1998, S. 281, 282, 283)

1. Nehmen Sie Stellung: Politik für Kinder – Politik mit Kindern. Wo gibt es Möglichkeiten, wo gibt es Grenzen?
2. Sollte von der Bundesregierung ein Bundeskinderbeauftragter bestellt werden?
3. Informieren Sie sich in Ihrer Stadt über die Aufgaben des Jugendamtes und die Arbeit des Jugendhilfeausschusses.
(Das Kinder- und Jugendhilfegesetz finden Sie auch in Phoenix, Band 2, S. 376f.)

Rechte – konkret!

Demokratie in der Schulklasse – das Beispiel Klassenrat

Begreift man die Schulklasse als institutionellen Ort zwischen dem Individuum und der Schule als „polis“, dann sind in ihr demokratische Lernprozesse anzulegen. Eine soziale und demokratische Kultur in der Schulklasse und in der Schule zeigt sich in der Art des Sprechens und des Umgangs der Kinder miteinander, im Helfen bzw. Verweigern von Hilfe, in der Gestaltung der Spiele, in den Sozial- und Arbeitsformen, im Austragen von Konflikten und Streits. Damit Kinder eine demokratische Kultur in der eigenen Schulklasse erfahren können, sind einige Voraussetzungen zu schaffen.

„Grundlage jeder demokratischen Gemeinschaft sind gelebte Vorstellungen über die Beziehungen der Kinder untereinander sowie die Beziehungen zu Erwachsenen und zur Institution Schule. Grundlagen dieser in einer Demokratie notwendig geteilten Vorstellungen sind zum Beispiel:

- *die Möglichkeit der Teilhabe an politischen Informationen*
- *Teilhabe an Entscheidungen,*
- *das Recht, seine eigene Deutung in die Diskussion einbringen zu können,*
- *das Wissen um die eigene Würde und die des anderen,*
- *die prinzipielle Gleichheit aller Beteiligten,*
- *Toleranz gegenüber anderen Personen und Meinungen,*
- *das Recht, vorhandene Verhältnisse infrage stellen zu können, die Akzeptanz von Konflikten als Ausdruck der Unterschiedlichkeit von Interessen“* (Beck u. Scholz, 1996, S. 18)

Die Gestaltung von Selbst- und Mitbestimmungsmöglichkeiten in der Schulklasse, die Wahrnehmung eigener Rechte, die Besprechung von Konflikten, die Befähigung zur Übernahme von Verantwortung und zum politischen Engagement ist die Basis für Demokratie-Lernen in der Schule. Im Klassenrat können Fragen, Probleme und Konflikte in der Schulklasse und zwischen Lehrkräften und Schülerinnen und Schülern thematisiert und bearbeitet werden. […]

Die Klassenversammlung in der Freinet-Pädagogik dient der Festlegung von Regeln für die Zusammenarbeit, der Präsentation von Arbeitsergebnissen, der Besprechung weiterer Arbeitsvorhaben, der Bestandsaufnahme der Situation in der Schulklasse und der Suche nach Lösungen für vorhandene Probleme. In der Klassenversammlung können auch Arbeitsergebnisse bilanziert und benotet werden. Célestin Freinet (1896–1966) begriff die Klassenversammlung als Form gemeinsamer Gewissenserforschung, als Ermunterung zur Äußerung der eigenen Meinung, als Möglichkeit zur Selbstkritik und zur Förderung des Gemeinschaftsempfindens und zum Lernen persönlicher Unterordnung unter akzeptierte Ordnungsregeln. Durch die offen geäußerte Kritik und ihre Besprechung in der Klassenversammlung werde zur Klärung der Situation in der Klasse beigetragen. Sie fördere Offenheit und gegenseitiges Verstehen und ermutige zu einer Haltung persönlicher Verantwortung für „das Leben unserer Klasse".

Freinet berichtet von der Praxis der Klassenversammlung in seiner Dorfschule. Sie findet am Ende der Woche statt. Ein „Vorsitzender" (Diskussionsleiter) und sein „Sekretär" (Protokollant) übernehmen die Leitung. Der „Schriftführer" liest den Rechenschaftsbericht der letzten Klassenversammlung vor. Dann werden Finanzen und Fragen der Tagesordung besprochen. Anschließend kommt es zur Lektüre der Wandzeitung, die ein wichtiges strukturierendes Element der Klassenversammlung ist und eine Betrachtung über das in der vergangenen Woche abgelaufene Leben ermöglicht, weil sie während der Woche in der Klasse aushing. Sie kann in Spalten unterteilt sein: „Wir üben Kritik – Wir beglückwünschen – Wir fordern!" oder „Ich kritisiere – ich finde gut – ich schlage vor – ich habe durchgeführt".

Die Wandzeitung fungiert als eine Art gemeinsames Tagebuch, in das die Kinder im Laufe einer Schulwoche ihre Kritik, Wünsche und Einsprüche, ihre Sicht auf Fehler und Irrtümer namentlich eintragen. Der „Schriftführer" liest die Wandzeitung in der Klassenversammlung vor. Die jeweiligen Gesichtspunkte werden sofort diskutiert; dann wird gegebenenfalls nach Lösungen für die Probleme gesucht. Daran schließen sich die Abstimmungen (durch einfaches Handheben) über bestimmte Lösungsvorschläge an. So schulen die Kinder ihre Entscheidungsfähigkeit. Nach der Besprechung der Wandzeitung erörtert die Klassenversammlung weitere anstehende Probleme.

(Hanna Kiper, Kinder lernen, für ihre Rechte einzutreten – Das Beispiel Klassenrat, in: Ursula Carle/Astrid Kaiser [Hrsg.], Rechte der Kinder, Schneider Verlag, Baltmannsweiler 1998, S. 116f.)

1. Diskutieren Sie die hier vorgeschlagenen Methoden, demokratische Rechte wahrzunehmen. Können Sie sich eine Klassenversammlung für Ihren Kurs oder andere Klassen/Kurse vorstellen?
2. Informieren Sie sich über die Freinet-Pädagogik.

Themenkreis 1.2

Wie eignen sich Menschen ihre Welt an und wie kann dies für die Persönlichkeitsentwicklung pädagogisch gefördert werden?

1 Einführung: Erfahrungen mit Lernen

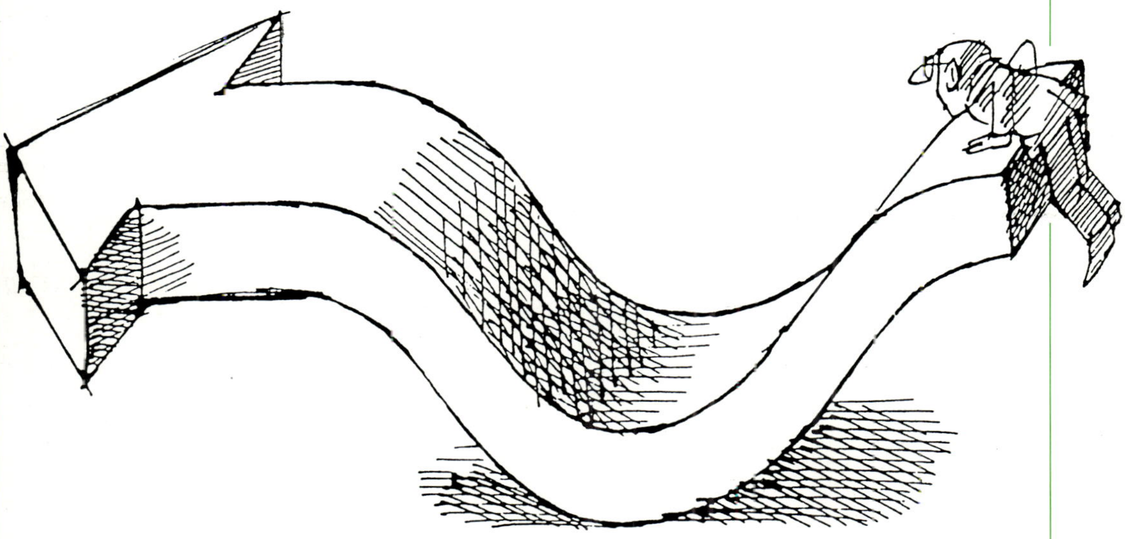

(Zeichnung: Jules Stauber/CCC)

„Lernen heißt: Entdecke, was dir möglich ist!“

(Fritz Perls)

Biografisches Schreiben:
Eine Situation, in der ich etwas (nicht) gelernt habe (lerne, lernen werde…)

War es schwer/leicht? Wie habe ich gelernt? Was hat es für mich bedeutet?

a) in der Kindheit:

b) in der Gegenwart:

c) in der Zukunft:

> Können Sie einen ‚roten Faden' entdecken, der sich durch die Lernsituationen zieht? Etwas, was das Lernen z.B. in allen Situationen erleichtert oder erschwert hat? Nutzen Sie für Ihre Aufzeichnungen Ihr Journal.

Das Journal

Im Pädagogikunterricht beschäftigen wir uns mit Themen und Fragen, die alle Beteiligten auch ganz persönlich, unsere Lebensgeschichte, unsere Zukunftsträume, unsere Ängste und Wünsche usw. betreffen.
In der Lernpsychologie geht man heute davon aus, dass nur das Lernen für uns sehr bedeutsam und verändernd ist, welches uns auch als Person anspricht.
Aber nicht jede/jeder möchte vor allen Kursmitgliedern, mit jeder/jedem oder gar mit dem Lehrer/der Lehrerin über solche persönlichen Dinge sprechen. Deshalb suchten wir nach einem Weg, auf dem jede/jeder seinen persönlichen Fragen nachgehen kann und sich auf diesem Weg ein Stück Begleitung im Dialog (auch im Schreibdialog) über die Eintragungen holen kann.
Das Journal ist eine Mischung aus persönlichem Tagebuch, Notizbuch für Gedanken zum Thema, Skizzenbuch für Pläne, Raum für Collagen, Gedichte, Fotografien usw. Viele bekannte Wissenschaftler und Künstler (Leonardo da Vinci, Charles Darwin, Sigmund Freud, Albert Einstein, Karl Marx u. a.) haben ein solches Journal geführt. So können Ideen gesammelt, Erfahrungen festgehalten, Einschätzungen dokumentiert und Entwicklungen für eine spätere Betrachtung festgehalten werden.
„Das Führen eines Journals kann den Schreiber lehren, wer er ist, woher er kommt und wohin er will. Es leistet ein wenig Selbstanalyse und Selbsterfahrung in wissenschaftlichen Lernprozessen.“ (Lutz von Werder)
Für Erzieher und solche, die es werden, hat das Führen eines Tagebuches noch eine weitere Bedeutung. Janusz Korczak (vgl. die Wabe 2 in Band 2, Themenkreis 3.1), der bedeutende polnische Arzt, Schriftsteller und Pädagoge, der zusammen mit seinen Waisenkindern von den Nazis umgebracht wurde, sieht im Tagebuch für den Erzieher die einzig angemessene Form seine alltägliche erzieherische Arbeit zu reflektieren, sich selbst und den Kolleginnen und Kollegen, mit denen Tagebücher ausgetauscht wurden, Rechenschaft abzulegen und eine Erziehung der Erzieher zu ermöglichen. Auch die von ihm betreuten Kinder führten Tagebuch und tauschten sie mit ihm sowie mit anderen Kindern.

> Versuchen Sie einmal neben einem normalen Hausheft (für Mitschriften und Hausaufgaben) ein solches Journal zu führen.
> - Gliedern Sie es in zwei Bereiche: 1. Persönliches/Biografisches
>   2. Wissenschaftliches
> - Bereiche des Journals können Sie einspaltig führen. Ein anderes Kursmitglied oder Ihr Lehrer/Ihre Lehrerin kann in die andere Spalte Kommentare, Fragen, Anregungen schreiben und Sie in sein/ihr Journal.

Das Bild des Wanderers

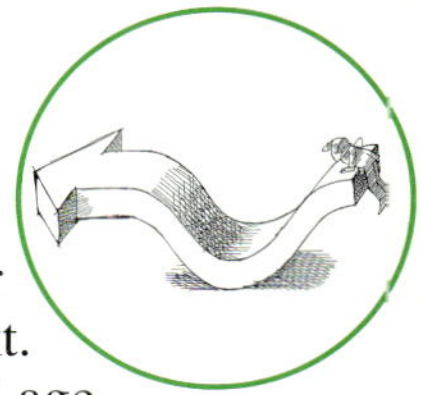

„…Lernen wie Wandern ist stets eigenes Tun, ist eine Aufgabe, die nicht delegiert werden kann. Wandern wie Lernen ist die Überwindung eines Weges, der sich zwischen verschiedenen Positionen, zwischen vorher und nachher erstreckt. Der Weg ist leicht oder schwierig, eben oder steil bergauf führend, je nach der Lage des Ziels.
Der gewählte Weg kann direkt oder auf Umwegen oder gar am gewählten Ziel vorbei führen.
Weg und Ziel sind zu wählen, eine Entscheidung muss gefällt werden. Deshalb bedarf Lernen wie Wandern orientierender Hinweise, die aber die eigene Entscheidung über den Weg nicht abnehmen. So kann ich einen Weg wählen, der gut bekannt ist, weil er bereits zuvor tausendfach beschritten wurde. Jede Unwägbarkeit nach Möglichkeit ausschließend, studiere ich voll Vertrauen die Wegbeschreibung meiner Vorgänger, um dann sicher das Ziel erreichend festzustellen, dass diese sich nicht geirrt haben – oder vielleicht doch?
Nicht aber das Erreichen eines Ziels allein markiert die Veränderung des Zustands. Schon der erste Schritt ist Veränderung und wirkt verändernd…“

(Ingrid Zimmermann/ Otto Inhester, Das besonders andere Lehrbuch, Vincentz Verlag, Hannover 1992, S. 36ff)

Ingrid Zimmermann und Otto Inhester waren in der Alten- und Krankenpflege tätig; Otto Inhester arbeitet jetzt in der Fortbildung sowie als Autor bzw. Verleger.

1. Welches Verständnis von „Lernen“ haben die Autoren?
2. Wie wird sich dies in ihrer Arbeit mit alten und kranken Menschen geäußert haben?
3. Welche Aufgaben haben nach diesem Bild vom Lernen die Erziehenden?

Methode: Protokoll

1. Funktionen:
– Dokumentation
– kollektives Gedächtnis
– Arbeitsersparnis durch Arbeitsteilung
– Information für Fehlende
– Hilfe zur Klausurvorbereitung

2. Form:
– *„Kopf“*
Protokoll LK EW 11/2 vom: …
Protokollant/in: …
abwesend: …
Thema der Stunde bzw. Tagesordnungspunkte: …
Materialien: …

– *Merkmale*
Ein Protokoll ist ein sachliches Schreiben, in dem Informationen mitgeteilt werden. Deshalb muss es klar und unmissverständlich abgefasst sein. Kennzeichen eines Protokolls sind die Themen- und Zielorientierung sowie die Konzentration auf das Wesentliche. Es wird im Präteritum oder im Präsens geschrieben, Zitate werden in indirekter Rede wiedergegeben.

3. Arten: *Verlaufsprotokoll*

- hält den genauen Ablauf zeitlich und sachlogisch fest; es stellt die jeweiligen Thesen, Argumente und Einwürfe in logisch-zeitlicher Abfolge dar;
- Standpunkte der Teilnehmer werden klar herausgestellt (z.B. bei Diskussionen);
- auch Nebensächliches wird berichtet, aber ohne den roten Faden zu verlieren
- Beispiele: Landtags- und Bundestagsprotokolle, Gerichtsprotokolle, Protokolle über Experimente ...

Ergebnisprotokoll

- hält die wesentlichen Ergebnisse (Abmachungen, Entscheidungen, Unterrrichtsinhalte) in systematisch gegliederter und prägnanter Form (Tagesordnungspunkte, Themenkomplexe) fest;
- hält offene Fragen für eine weitere Diskussion fest;
- auf Abschweifungen, Nebensächlichkeiten, Verfahrenserläuterungen wird verzichtet
- Beispiele: Unterrichtsprotokolle, Konferenzprotokolle ...

4. Umfang: höchstens zwei DinA4-Seiten; Schreibmaschine oder gut lesbare schwarze Schrift

5. Abgabe: vor der nächsten Stunde

Methode: Mitschreiben im Unterricht

A: Notizen beim Zuhören

- nicht wörtlich, nur Stichpunkte
- Gliederung der Stunde beachten
- Festhalten von wichtigen Zahlen, Daten, Fakten ...
- Festhalten des Tafelbildes

Notizen zu Hause möglichst bald überarbeiten!

B:

Fach/Datum:

Hinweise auf:

- Gliederung
- Untertitel
- Schlagwörter

C:

- eigene Gedanken
- offene Fragen
- Querverweise

Nachdenken übers Lernen

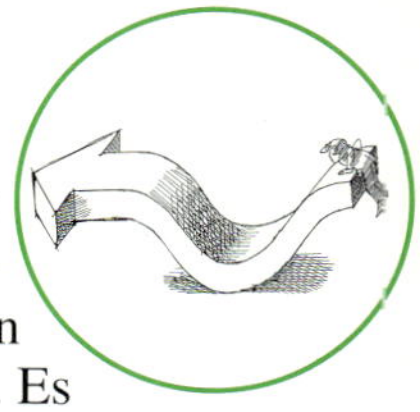

Kaum hat man angesetzt „Lernen, das ist doch ganz einfach, das ist …“ – da kommt man ins Grübeln. Lernen hat was mit Schule zu tun – aber ein Kind „lernt“ auch laufen und sprechen. Erwachsene haben „ausgelernt“ – oder lernen „lebenslang“? Man hat „mal was gelernt“ bedeutet in der Regel, dass man das Gelernte vergessen hat. Es wird behauptet, man müsse das Lernen lernen – oder könne das Lernen verlernen. Wo soll man da anfangen? Wann und wie stellt sich überhaupt das Problem, was Lernen ist?
Es stellt sich für Eltern ernsthaft, wenn ihre Kinder zur Schule gehen, aber es stellt sich schon früher.
Irgendwo müssen wir anfangen. Lernen gehört eindeutig zu den nicht delegierbaren Arten des Tuns. So, wie man andere nicht für sich schlafen lassen kann und nur „selber essen“ fett macht, kann man andere nicht für sich lernen lassen. Was man nicht selbst gelernt hat, hat man eben nicht gelernt. Wir können uns sicher weiterhin darüber einigen, dass ein Kind bei Geburt sozusagen noch keine einzige gesellschaftliche Erfahrung im Sinne von Können, Wissen, Moralvorstellungen drauf hat und auch deshalb völlig ausgeliefert und hilflos ist, woraus folgt, dass Lernen seine einzige Chance ist, um zu verstehen – und mitzumischen. Wenn man also nur selbst lernen kann und lernen die Lebensmöglichkeiten verbessert, muss es im ureigensten Interesse jedes Menschen sein zu lernen. Genauer: wenn ein Mensch besser leben will, muss er lernen.
Aktives und motiviertes Lernen – ohne Wenn und Aber – wird jedoch eigentlich nur den Kleinstkindern zugestanden. Wenn sie laufen lernen, sieht man ihnen direkt an, dass sie es selber wollen, und man sieht auch, warum: sie können sich schneller fortbewegen und – da die Hände entlastet sind – besser zu- bzw. eingreifen.
Lästig werden Erwachsenen dann eher die „Nebenerscheinungen“: ein Kind, das laufen kann, kann auch weglaufen – und die neuen Eingriffsmöglichkeiten können zerstörend wirken. Ein Kind muss weiter(es) lernen, sonst wird es fürchterlich.
Ich denke, ab hier setzen notwendige Lenkungsprozesse ein. Ein Kind muss lernen, wie es mit dem Messer zwar sein Brot, nicht aber seinen Finger zerschneidet. Es muss lernen, eine Treppe nicht runter zu fallen, sondern zu steigen. „Es muss“ bedeutet hierbei ganz klar: im eigenen Interesse. Und dabei können Erwachsene Kinder unterstützen – in beiderseitigem Interesse. Nicht nur, weil ihnen das blutende Kind nicht egal ist – sondern auch, weil man mit einem Messer wirklich viel Unheil stiften kann, Eltern und deren Sessel (zer)schneiden …
Aber irgendwie und unversehens ändern sich die Vorstellungen bezüglich des Lernens, je älter die Kinder werden: man verlässt sich nicht mehr auf das, was sie lernen wollen, sondern denkt darüber nach, was sie lernen sollen. Solche Überlegungen sind durchaus sinnvoll, denn ein Kind kann gar nicht wissen, was es alles zu lernen gibt – und insbesondere die Wissenschaften haben eine Systematik, die es zu entschlüsseln gilt. Man muss Kindern also auch Lernangebote machen, und man kann ihnen helfen, bei den Grundlagen anzufangen und so die einer Wissenschaft innewohnende Logik zu verstehen. Ein Kurzschluss wäre es aber anzunehmen, dass Lernen auch einfach reaktiv sein kann, durch bestimmte Bedingungen „auszulösen“.
Dann wird aus der Gedankenfigur des „Unterstützens“ die der „Förderung“. Der Unterschied besteht darin, dass Unterstützung sozusagen vom Kind angefordert wird (das sich mit dem Messer schneidet, das – etwas später – fragt, um Hilfe bittet), während „Förderung“ von Erwachsenen ausgeklügelt wird, sowohl die Ziele als auch die Inhalte und Methoden betreffend. Wenn in diesem Zusammenhang gesagt wird, ein Kind „muss“ lernen, handelt es sich um Soll-Vorstellungen, wobei sowohl das Lernziel als auch der Lerninhalt per Lehr-Methode gleichsam gegen das Kind durchgesetzt werden muss. Weil es dies nicht lernen will – oder weil es überhaupt nicht lernen will? Diese Frage ist nicht so einfach zu beantworten.

Wenn man Kleinkindern Spielzeug gibt, damit sie was lernen, denkt man eher, dass sie ohne Spielzeug eben nichts lernen können. Wenn man ihnen aber das „richtige“ Spielzeug gibt, damit sie das Richtige – und nicht per falschem Spielzeug was Falsches – lernen, denkt man Kinder eher als lernbegierig – aber gleichsam als Lernroboter. Sie lernen, was man ihnen bietet, können sich nicht dazu verhalten. Ebenso ist es, wenn man Kindern die „richtigen“ Vorbilder geben will – und falsche von ihnen fern zu halten versucht. Dann nimmt man an, Kinder ahmen einfach alles wahllos nach, deshalb muss man aufpassen. Wenn man ihnen jedoch ab 6. Lebensjahr das Lernen verordnet (per Schulpflicht), portioniert (per Lehrplan) und rationiert (das bekommen wir später) und von einem Be-Lehrer abhängig macht, glaubt man einerseits, dass Kinder von sich aus nicht lernen wollen – andererseits, dass sie quasi automatisch alles lernen, was sie (vom Be-Lehrer per Stoff) vorgesetzt bekommen.

Wie ist das gemäß diesen Vorstellungen? Kinder sind lernbegierig *und* wollen nicht lernen. *Und* gleichzeitig lernen sie wahllos jeden Inhalt, der ihnen (an)geboten wird. Vermutlich spiegelt dieser Widerspruch das Dilemma von Eltern wider – und führt uns auch zu jenen Situationen, wo sich die Frage, was Lernen ist, ernsthaft stellt und zum *Problem* wird. Trotz richtigem Spielzeug und richtigem Vorbild (der Eltern) verhält sich ein Kind irgendwie „falsch“, hat also was Falsches „gelernt“ – und obwohl ein Kind gesetzestreu regelmäßig am Unterricht (in der Schule) teilgenommen hat, kann es *nicht,* was von ihm erwartet wird, hat also nicht gelernt. Die Lern-Modelle sind also nicht nur widersprüchlich – sie hauen (in der Praxis) auch nicht hin.

In der Regel redet man sich hier auf die Bequemlichkeit der Kinder heraus: sie lernen das, was einfacher ist, und so, wie es ihnen einfacher erscheint. Damit fasst man das Problem aber nur in andere Worte, statt es zu analysieren und zu lösen. Dennoch ist der Kern der Aussage: Automatisches Lernen gibt es nicht. Auch zum be-lehrten Lernen gehören wohl zwei: einer, der lehrt – und einer, der lernt. Der Nürnberger Trichter funktioniert nicht. Ebenso gehören zum Nachahmen zwei: einer, der vormacht, und einer, der nachmacht. Und derjenige, der lernt bzw. nachmacht, muss Gründe dafür haben.

Vieles, was als „gelernt“ bezeichnet wird, ist auch gar nicht gelernt: ein Säugling, der „gelernt hat“, nachts Ruhe zu geben, hat wohl einfach resigniert. Ein unordentliches Kind kann einfach noch keine Ordnung (oder will nicht), und ein Kind, das die sich typisch weiblich und typisch männlich gebärdenden Vorbilder aus dem Fernsehen nachmacht, experimentiert evtl. einfach damit. Weil es erst was lernen will: wie fühlt man sich in Kleid und Petticoat und Pumps – und wie reagieren die Eltern darauf (insbesondere, wenn man ein Junge ist und das Experiment auf dem Spielplatz veranstaltet)?

Bleibt die Frage bezüglich der „Bequemlichkeit“. Kindern wird unterstellt, sie wären zu bequem zum Lernen – würden aber lernen, wenn es um bequeme Inhalte ginge. Oder ist es so, dass das, was man sich für sie zu lernen ausgedacht hat, ihnen unbequem ist? Treibt man ihnen mit seinen Soll-Vorstellungen den Wunsch zu lernen schließlich aus?

Nun gilt es allerdings auch in der täglichen Praxis als Gemeinplatz, dass niemand lernt, wenn er nicht lernen will („Kind könnte, wenn es wollte“) – deshalb muss man etwas dafür tun, dass derjenige, der lernen soll, auch lernen will. Dies, was da zu tun ist, nennt man „motivieren“ oder „sanktionieren“. Und oft tut man so, als wäre es das Gleiche. Motivieren würde aber bedeuten, ein Kind neugierig zu machen oder ihm deutlich zu machen, welche Vorteile es hätte, wenn es etwas Bestimmtes lernen würde.

Allerdings gelingt das nur, wenn das, worauf ein Kind neugierig sein sollte, an seinen Fragen anknüpft. Und wenn es durch das, was es lernen soll, wirkliche Vorteile hat und auch erkennen kann. „Sanktionieren“ hingegen bedeutet, dass man ihm fürs Lernen bzw. Nicht-Lernen was verspricht – also Gummibärchen oder Fernsehentzug, gute oder schlechte Zensuren in der Schule.

Belohnung und Bestrafung brauchen also mit dem zu Lernenden nichts zu tun zu haben. Ob ein Kind dann lernt oder nicht, hängt sicher davon ab, ob es die Belohnung haben bzw. der Bestrafung entgehen will – was es dabei lernt, ist eine andere Frage. Für die Sanktion genügt es in der Regel, anderer Leute Wissen richtig nachzuplappern – bzw. anderer Leute Verhaltensweisen nachzuahmen. Dann hat ein Kind eigentlich nichts gelernt im Sinne von begriffen – es ist u. U. einfach gut dressiert. Abgesehen davon, dass Dressur gefährlich ist, auch deshalb, weil dressierte Menschen unzuverlässig sind – liegt das Problem darin, dass man Menschen durch verordnetes Lernen aktives Lernen auch austreiben kann. Wer immer Antworten auf Fragen, die er gar nicht gestellt hat, bekommt und nachplappern soll, ver-lernt, eigene Fragen zu stellen, überhaupt noch zu haben. Wem immer gesagt wird, was er zu tun und zu lassen hat, fragt nicht mehr nach dem Sinn. So kann es leicht passieren, dass man zwar ein fleißig lernendes Vorzeige-Kind hat, das aber bezüglich der Frage nach dem Sinn resigniert hat. Aus dem kleinen Läufer-Lernling, der keine Mühe scheute, laufen zu lernen, ist ein Kind geworden, das sich für rein gar nichts mehr zu interessieren scheint. Glücklicherweise „gelingt“ das wohl nur in Ausnahmefällen, es sieht eher oft so aus als ob. Weil die wirklichen Lern-Interessen nicht als solche gesehen werden – oder nicht mehr zu sehen sind, weil ein Kind ihnen hinter dem Rücken der Lern-Verordner und Be-Lehrer nachgeht.[…]

Große Rathausplatzverspannung Erlangen 1977; Idee und Durchführung Eva und Willem Heer

(Foto: Eva + Willem Heer)

(Gisela Ulmann, Nachdenken übers Lernen, in: Kinderschutz aktuell 1/1993, S. 6f.)

Gisela Ulmann arbeitet als Diplom-Psychologin an der Freien Universität Berlin. In ihrem Artikel zeigt sie die elementare Bedeutung des Lernens auf, aber sie macht auch auf Probleme aufmerksam, die mit menschlichem Lernen verbunden sind.

1. Formulieren Sie die zentralen Aussagen der Autorin in Thesen.
2. Welche Forderungen könnte der Deutsche Kinderschutzbund im Anschluss an solche Thesen stellen?

Definition: Lernen

Damit eine gemeinsame Verständigung über den Gegenstand Lernen besser möglich ist, brauchen wir eine Definition des Begriffs. Hier eine aktuelle wissenschaftliche Definition:

In der Umgangssprache wird der Begriff des Lernens besonders im Zusammenhang mit der Schule gebraucht. Dort lernt man Schreiben, Lesen, Rechnen, erwirbt erdkundliches

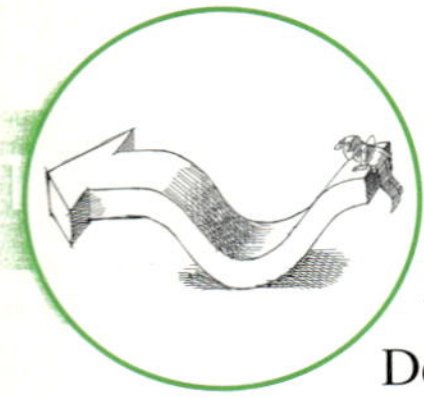

und geschichtliches Wissen usw. Auch der Erwerb bestimmter sozialer Umgangsformen wird in diesem Verständnis gelernt. Im Mittelpunkt dieser Auffassung von Lernen steht die *pädagogische Situation.* Prototypen sind der vom Lehrer organisierte Unterricht und die erziehenden Eltern.

Der psychologische Lernbegriff ist wesentlich weiter gefasst. Hier sprechen wir auch vom Lernen von Angst und Sicherheit, vom Erwerb von Vorlieben und Abneigungen, der Ausbildung von Gewohnheiten, der Befähigung zu planvollem Handeln und problemlösendem Denken. Ein solches Denken Lernen findet im *Alltag* außerordentlich häufig statt. Gemeinsames Merkmal aller dieser Lernprozesse ist die (unmittelbare oder sozial vermittelte) *Erfahrungsbildung.*

Von Lernprozessen abzuheben sind die weitgehend durch Vererbung festgelegten und im Verlauf der *Reifung* auftretenden Verhaltensmöglichkeiten (z. B. die motorische Entwicklung im ersten Lebensjahr, u. a. das fälschlicherweise so genannte Gehenlernen). [...]

Abb. 3

Menschliche Aktivität = f (P,U)
(Reaktion, Verhalten, Denken, Handeln)

Menschliche Aktivität kann als abhängig von Faktoren in der Person und in der Umwelt angesehen werden. Lewin (1969) nennt diese Gesamtsituation den „psychologischen Lebensraum". In der Abb. 3 wird dies in einer Formel ausgedrückt.

Hierbei ist zu betonen, dass der Zusammenhang zwischen P und U am besten als *Interaktion* oder *Wechselwirkung* aufgefasst werden kann. Das Gewicht der beiden Faktoren Person und Umwelt kann im Einzelfall sehr unterschiedlich sein. Menschliche Aktivität kann sich entweder mehr auf *Anpassung an die Umwelt* oder mehr auf aktive *Gestaltung der Umwelt* beziehen. Im ersten Fall wird das Verhalten in starkem Maße durch Umweltreize kontrolliert. Wir sprechen in diesem Zusammenhang von der *Außensteuerung* des Verhaltens. Im zweiten Fall geht die Aktivität schwerpunktmäßig von der Person aus. Beim planvollen Handeln sprechen wir deshalb von *Innensteuerung.*

Beispiele:

– *Außensteuerung*
  Der Probealarm von Luftschutzsirenen löst bei manchen Menschen Angst aus. Falsches Parken wird dann unterlassen, wenn regelmäßig kontrolliert wird und eine empfindliche Strafe droht.
– *Innensteuerung*
  Ein Student gliedert ein Thema für ein Referat in eine Reihe von sinnvollen Gesichtspunkten.
  Jemand plant eine Urlaubsreise und besucht frühromanische Kirchen.

Foppa beschreibt den Gegenstand der Lernpsychologie folgendermaßen: „Letzten Endes geht es jedoch immer um die Frage, auf welche Weise sich der Organismus den mannigfachen Anforderungen seiner Umwelt anpasst". Dieser Aussage ist nur zuzustimmen, wenn man den Begriff der Anpassung weit fasst und darunter auch eine aktive Form der Beeinflussung der Umwelt, z. B. durch planvolles Handeln, versteht. Aus diesem Grund erscheint es vorteilhafter, im Zusammenhang mit Lernen nicht mehr von Anpassung, sondern von *Auseinandersetzung mit der Umwelt* zu sprechen.

Im Zuge dieser mehr außen- oder mehr innengesteuerten *Auseinandersetzung mit der Umwelt* kommt es zur Bildung von *Erfahrungen,* die in der Zukunft neue Aktivitäten beeinflussen. Dies ist das wesentlichste Merkmal des Lernens. [...]

Der Prozess des Lernens führt zu dem Produkt des Neuerwerbs oder Veränderung psychischer *Dispositionen,* d. h. zur Bereitschaft und Fähigkeit, bestimmte seelische oder körperliche Leistungen zu erbringen. Manchmal spricht man in diesem Zusammenhang auch von Erwerb eines „Verhaltens*potenzials*“. Lernen ist durch relativ überdauernde Veränderung im Organismus gekennzeichnet, während die Leistung (Performanz) von momentanen Bedingungen (z. B. Motivation, Ermüdung usw.) abhängt. Das eigentliche Lernen besteht also im Erwerb von Dispositionen, d. h. von Verhaltens- und Handlungs*möglichkeiten*.

Der psychologische Begriff des Lernens schließt nicht nur das durch Unterricht absichtlich und planvoll organisierte Lernen ein. Lernen ist auf keinen Entwicklungsabschnitt beschränkt. Sowohl der Säugling als auch der alte Mensch verändern laufend ihren Erfahrungsschatz. Lernen meint nicht nur den Erwerb einzelner, isolierter Dispositionen, sondern auch Aufbau einer individuellen Persönlichkeit durch Aneignung der menschlichen Kultur in einem individuellen Lebensweg.

(Edelmann, Walter, Lernpsychologie. Eine Einführung, 5., vollständig überarbeitete Auflage 1996, S. 4f.; Weinheim: PSYCHOLOGIE VERLAGS UNION; Professor Dr. Walter Edelmann ist Hochschullehrer an der Technischen Universität Braunschweig.)

1. Welche bisher schon erarbeiteten Aussagen zum Thema Lernen greift der Autor in seiner Definition auf und welche neuen Aspekte präsentiert er?
2. Im Anschluss an diese Definition kann im Kurs gemeinsam überlegt werden, mit welchen Formen und Bereichen des Lernens sich der Kurs im Verlaufe des Halbjahres auseinander setzen soll.

Exkurs: Lernen in Gruppen

„Wenn man allein träumt,
ist es nur ein Traum;
wenn man gemeinsam träumt,
ist es der Anfang der
Wirklichkeit.“

(D.H. Camara)

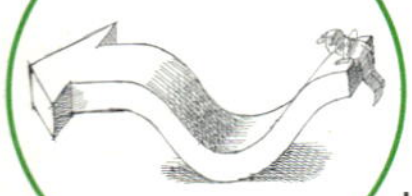

Gruppenarbeit – muss das sein?

In allen gesellschaftlichen Bereichen ist die Fähigkeit, in einer Gruppe zu leben und zu arbeiten, immer wichtiger geworden. Wenn Sie sich heute auf eine Stelle bewerben, wird das Personalmanagement auch überprüfen, ob Sie teamfähig sind. Auch die Richtlinien für das Fach Erziehungswissenschaft spiegeln diese Entwicklung insofern wider, als diese den Erwerb von Methodenkompetenz – und hierzu gehört auch die Sozialkompetenz für Teamarbeit – als eine zentrale Qualifikation und Voraussetzung für die Studierfähigkeit fordern.
Um diese Ziele zu erreichen, benötigen Sie jedoch Hilfen, die das Lernen in Gruppen erleichtern. Aus diesem Grund bieten wir Ihnen mit diesem Exkurs eine Fülle von Material zur Bedeutung des Lernens und Arbeitens in Gruppen und konkrete methodische Hilfen zur Verbesserung des Gruppenklimas und damit der Lernatmosphäre sowie Material zu Lerntechniken für die Gruppenarbeit.

1. Reflektieren Sie Ihre Erfahrungen mit Gruppenarbeit und listen Sie mögliche Vor- und Nachteile der Gruppenarbeit auf. Sie können diese Aufgabe entweder in Einzel-, in Partner- oder in Gruppenarbeit durchführen.
2. Stellen Sie Ihre Ergebnisse vor und diskutieren Sie diese.
3. Die in der Einleitung zu diesem Exkurs formulierte gesellschaftliche Entwicklung beruht u. a. auf der Erkenntnis des „Leistungsvorteils einer Gruppe" gegenüber der Einzelarbeit. Können Sie die Hypothese vom „Leistungsvorteil einer Gruppe" bestätigen?
4. Erkundigen Sie sich, welche Selbsthilfegruppen es in Ihrer Stadt gibt. Tipp: In vielen Städten gibt es Kontaktstellen für Selbsthilfegruppen, die Ihnen ausführliche Hinweise geben können. Führen Sie ein Expertengespräch mit einer Selbsthilfegruppe (z.B. Anonyme Alkoholiker oder Stotterer-Selbsthilfegruppe) durch: Wie und warum ist die Selbsthilfegruppe entstanden? Wie arbeitet die Gruppe? Gibt es einen Gruppenleiter/eine Gruppenleiterin? Inwieweit hilft die Gruppe bei dem Gesundungsprozess? Warum gibt es heute so viele Selbsthilfegruppen?

Methode: Expertenbefragung

Die Expertenbefragung ist eine Unterrichtsmethode, bei der Fachleute aus der Praxis zu einem bestimmten Thema interviewt werden. Expertenbefragungen bieten sich zu vielen Themen im Pädagogikunterricht zur Ergänzung und Vertiefung des theoretisch Erarbeiteten an. Vielfach ermöglicht eine Expertenbefragung eine Erweiterung, Differenzierung oder Korrektur des bisher im Unterricht auf der Basis von Texten und anderen Materialien Erarbeiteten.
Als eine Sonderform der Expertenbefragung kann man die Befragung von Betroffenen betrachten. Im Unterschied zu fachlich ausgebildeten Experten und Expertinnen ist bei der Befragung von Betroffenen vor allem zu berücksichtigen, dass diese eine stärkere, insbesondere emotionale Nähe zum Thema besitzen, die zu anderen Wertungen und Sichtweisen führt als die fachlich fundierte, distanziertere Haltung der fachlich ausgebildeten Experten und Expertinnen. Aufgrund der unterschiedlichen Perspektiven und aufgrund des unterschiedlichen Grades an Nähe bzw. Distanz zum Geschehen können sich diese beiden Formen der Befragung sinnvoll ergänzen. Wichtig ist, dass Sie den aufgezeigten Unterschied berücksichtigen und in Ihre Planung und Auswertung einbeziehen.

Gespräche mit Betroffenen sind jedoch aufgrund der emotionalen Nähe zum Thema nicht immer unproblematisch, so dass sich bestimmte Gespräche verbieten. Beispielsweise sollten Sie von der Einladung eines/einer Betroffenen dann Abstand nehmen, wenn sich der/die Betroffene z.B. als Schauobjekt missbraucht fühlen könnte. Verzichten sollten Sie z.B. auch bei einem Besuch einer therapeutischen oder psychiatrischen Einrichtung auf die Räume der Klienten und Klientinnen. Positive Erfahrungen liegen jedoch mit folgendem „Modell" vor: Zum Unterrichtsgegenstand „Drogenabhängigkeit" wurden Mitarbeiter und Mitarbeiterinnen einer Entgiftungsstation eingeladen, die die pädagogische Konzeption dieser Einrichtung vorstellen wollten. Dieser Einladung schlossen sich aus eigener Motivation einige Klienten und Klientinnen der Station an, um über ihre Erfahrungen mit dieser Form der Entgiftung zu berichten.

Bevor Sie eine Expertenbefragung durchführen können, müssen Sie sich eine Reihe von Fragen beantworten:

1. Wo soll die Expertenbefragung stattfinden?

a) Soll der Experte/die Expertin in den Unterricht eingeladen werden?
b) Soll die Befragung am Arbeitsplatz des Experten/der Expertin stattfinden? (Hierbei ist weiterhin zu überlegen, ob die gesamte Kursgruppe an der Befragung teilnehmen soll oder ob nur einige „Abgeordnete" diese Aufgabe übernehmen sollen.)

2. Wie soll die Befragung formal gestaltet werden?

a) Soll der Experte/die Expertin zunächst ein Referat halten und die Kursgruppe stellt anschließend Fragen?
b) Soll die Befragung von vornherein in Form eines Interviews stattfinden? (Hierbei ist zu klären, wer die Fragen stellt: alle Kursmitglieder oder vorher bestimmte Sprecher bzw. Sprecherinnen?)
c) Soll der Experte/die Expertin als Berater bzw. Beraterin in eine Unterrichtsaktivität, wie z.B. ein Simulationsspiel, einbezogen werden?

3. Welche Vorbereitungen müssen getroffen werden?

Außer den o.g. Fragen sollten Sie folgende Fragen mit der Kursgruppe klären, damit die Expertenbefragung gelingt:

a) Welche Fragen sollen gestellt werden? (Sammeln Sie hierzu vorher Fragen im Unterricht und halten Sie diese schriftlich fest.)
b) Wer informiert den Experten/die Expertin über das im Unterricht Vorausgegangene, das Ziel der Expertenbefragung und über die Fragen, die der Kurs stellen will?
c) In welcher Form sollen die Ergebnisse festgehalten werden? (Sollen sich alle Kursmitglieder Notizen machen oder sollen zwei Schüler/Schülerinnen ein Protokoll führen oder soll die Befragung mit einem Kassettenrekorder aufgenommen werden?)
d) Welche Sitzordnung soll gewählt werden? (Bei Expertenbefragungen ist eine Sitzordnung zu empfehlen, die eine lockere, entspannte Atmosphäre ermöglicht.)
e) Wer informiert die Schulleitung über den Besuch?

Eine fast normale Klasse
… aus der Sicht ihrer Lehrerinnen und Lehrer

„Die Kinder sind eben heutzutage reine Egoisten, die wollen immer nur haben und das sofort. Von Gemeinschaft keine Rede und von Zusammenarbeit schon gar nicht. Ehe die sich mal auf etwas Gemeinsames geeinigt haben, vergehen Stunden. Meistens muss ich dazwischen gehen, sonst verkrachen die sich noch ganz. Ich halte dieses ewige Diskutieren und Aushandeln nicht lange aus. Schließlich bestimme ich, was gemeinsam gemacht wird.“

„Bei mir klappt die Arbeit nur, wenn ich Einzelarbeit verordne. Gruppenarbeit habe ich schnell wieder aufgegeben. Die streiten sich um alles und jedes. Jeder macht, was er will. Unterrichtsgespräche enden im Chaos, wenn ich nicht straff führe und die Störer bestrafe!“

„Ich fühle mich wie ein Dompteur im Affenkäfig. Der Unterrichtsstoff türmt sich schon wie ein Riesenberg vor mir auf. Ich komme immer mehr unter Druck. Wie sollen Kinder denn gemeinsam lernen, wenn sie so verschieden sind? Während die einen überfordert sind, sind die anderen absolut unterfordert. Die Zeit reicht nicht, um Unterrichtsstoff und soziale Prozesse in den Griff zu bekommen.“

„Manchmal bin ich total überrascht, dass die Schüler zusammenhalten können. Wenn es darum geht, gegen etwas oder mich zu sein, halten die wie Pech und Schwefel zusammen.“

„Und überhaupt, die Klasse ist viel zu groß, als dass sich da von selbst eine funktionierende Gruppe entwickeln kann.“ […]

… aus der Sicht der Schülerinnen und Schüler

„Die Lehrer wollen ja gar nicht, dass wir etwas gemeinsam machen. Im Unterricht spricht der Lehrer uns zwar oft als Gruppe an, zum Beispiel sagt er ‚Heute wollen wir ein Diktat schreiben‘, aber eigentlich meint er jeden Einzelnen. Es wird ja auch nur jeder einzeln bewertet. Richtige Gruppenarbeit machen wir nicht.“

„Schon unsere Sitzordnung verhindert Gruppengefühle. Jeder hat zwar einen bzw. zwei Nachbarn, aber eigentlich lernt jeder für sich allein.“

„Zu einer Gruppe gehört nicht nur, dass wir gemeinsam lernen. Dazu gehört vor allem, dass wir uns besser kennen lernen möchten. Wir müssen viel mehr voneinander wissen, um zusammenhalten zu können. Aber in der Schule gibt es dazu nur die Zeit in den Pausen oder wenn wir einfach im Unterricht reden.“

„Die Lehrer sehen entweder nur die Einzelnen oder gleich die ganze Klasse. Mit 28 anderen gleichzeitig, so viele sind wir ja, kann sich kaum mal Gemeinsamkeit ergeben. Ich möchte mir aussuchen können, mit wem ich in einer kleineren Gruppe zusammensitze. Wenn alle in ihrer Sitzgruppe zufrieden wären, könnte die ganze Klasse ein paar Dinge pro Schuljahr gut zusammen machen.“

„Erstmal will ich, dass es mir gut geht. Ich will, dass mich die Lehrer so sehen, wie ich bin. Und die Mitschüler auch. Weil das bei den meisten nicht so ist, muss ich alles versuchen, um aufzufallen. Wenn es nicht über gute Leistungen geht, störe ich eben.“

„In unserer Klasse gibt es ganz schön viele, die finde ich einfach doof. Was die schon für Klamotten anhaben. Wir sind so verschieden, was soll ich mit denen zusammen machen. Wenn wir nicht zufällig in einer Klasse wären, ich würde die überhaupt nicht beachten.“

„Wir lernen in der Schule nicht, wie man besser miteinander auskommt. Die Lehrer sagen zwar oft, wir sollen zusammenarbeiten und gut miteinander auskommen, aber wie das Ganze gehen soll, das sagen sie uns nicht.“ […]

(Horst Oelze, Klassen müssen entwickelt werden, in: Lernende Schule. Für die Praxis pädagogischer Schulentwicklung, Heft 3/1998, Friedrich Verlag, Seelze 1998, S. 4f.)

Vervollständigen Sie ausgehend von den Zitaten folgenden Satz: „Damit Gruppenarbeit funktionieren kann …“

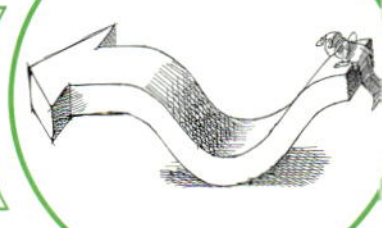

Das schöpferische Potenzial einer Klasse

Gruppen können erst dann produktiv arbeiten, wenn in ihnen ein *Wir*-Gefühl vorherrscht. In diesem *Wir* sind die einzelnen Ich und die verschiedensten Kleingruppen „aufgehoben“. Das *Wir*-Gefühl drückt aus: Wir benötigen einander, um uns wohlzubefinden und um gemeinsame Ziele zu erreichen; wir gehören zusammen, aber trotzdem hat der Einzelne, die Untergruppe einen eigenen Freiheitsraum. Hier hat sich ein Gruppenklima entwickelt, das von Offenheit, Vertrauen und Akzeptanz geprägt ist. „Wir sind wirklich eine gute Gruppe“ heißt: Die persönlichen Bedürfnisse und die Gruppenaufgaben halten sich in einer wechselseitigen Balance. Jedes Mitglied ist entsprechend seinen Fähigkeiten am Gruppenprozess und an den Produkten der Gruppe beteiligt. *Selbstorganisation* ist ein Gütezeichen für eine produktive Gruppe.
Aber auch in einer guten Gruppe gibt es Probleme und Konflikte, es gibt Auseinandersetzungen um Macht und Einfluss. Eine solche Gruppe zeichnet jedoch aus, dass sie weiß, dass Konflikte zum Zusammenleben gehören und dass es gemeinsame Verfahren gibt, um sie so zu lösen, dass niemand verliert. Konflikte und ihre Bewältigung lassen eine Gruppe wachsen.

(Aus: Horst Oelze, a.a.O., S. 5–6)

Gruppenarbeit ist also nicht von vornherein geeignet, effektiver zu lernen und zu arbeiten, sondern diese Fähigkeit und Bereitschaft muss erst erworben werden. In diesem Prozess wollen wir Sie mit den folgenden Materialien unterstützen.

Sind wir eine funktionierende Gruppe, in der Lernprozesse unterstützt werden?

Fragebogen:

Im Folgenden finden Sie einige Aussagen zur Gruppe. Fertigen Sie Kopien an und kreuzen Sie an, inwieweit die Aussagen auf Sie bzw. Ihre Kursgruppe zutreffen. (1 = stimmt genau, 2 = stimmt weitgehend, 3 = stimmt ein wenig, 4 = stimmt eher nicht, 5 = stimmt weitgehend nicht, 6 = stimmt überhaupt nicht)

	1	2	3	4	5	6
1. Freiwilligkeit:						
Ich bin freiwillig in dieser Kursgruppe.	❑	❑	❑	❑	❑	❑
2. Vielfalt der Meinungen:						
a) In unserer Gruppe werden Ansichten und Meinungen anderer angehört.	❑	❑	❑	❑	❑	❑
b) Alle Gruppenmitglieder haben genügend Zeit und Möglichkeiten, ihre Gedanken und Haltungen einzubringen.	❑	❑	❑	❑	❑	❑
c) Andere Standpunkte werden gelten gelassen.	❑	❑	❑	❑	❑	❑

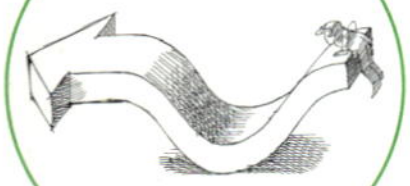

	1	2	3	4	5	6
3. Aktiv sein dürfen:						
a) Die Gruppenleitung reißt alle Arbeit an sich.	❑	❑	❑	❑	❑	❑
b) Gemeinsame Diskussionen stehen im Vordergrund der Kursarbeit.	❑	❑	❑	❑	❑	❑
c) Interessen der Kursmitglieder können durchgesetzt werden.	❑	❑	❑	❑	❑	❑
d) Wir haben eine lohnende Aufgabe.	❑	❑	❑	❑	❑	❑
4. Mehrheitsentscheidungen annehmen:						
a) Mehrheitsentscheidungen werden in unserem Kurs angenommen und mitgetragen.	❑	❑	❑	❑	❑	❑
b) In unserem Kurs ist es möglich, dass sich jemand zeitweise zurückzieht, weil er/sie nicht hinter einer Sache stehen kann.	❑	❑	❑	❑	❑	❑
5. Kein Druck von außen:						
a) Unser Kurs hat die Möglichkeit, freie Entscheidungen im Rahmen der gegebenen Grundbedingungen zu treffen.	❑	❑	❑	❑	❑	❑
b) Unser Kursleiter/unsere Kursleiterin übt Druck aus.	❑	❑	❑	❑	❑	❑
6. Nicht abwertend über Abwesende reden:						
Bei uns in der Gruppe wird nicht über Abwesende geredet, sondern mit ihnen.	❑	❑	❑	❑	❑	❑
7. Konflikte austragen:						
a) Konflikte werden im Kurs nicht verdrängt.	❑	❑	❑	❑	❑	❑
b) Konflikte werden mit psychischem und/oder physischem Druck ausgetragen.	❑	❑	❑	❑	❑	❑
8. Eine Gruppe braucht ein Ziel:						
Unsere Gruppe hat ein gemeinsames Ziel.	❑	❑	❑	❑	❑	❑
9. Reflektion über die Handlungen:						
In unserem Kurs wird reflektiert, wenn etwas gut oder nicht gut läuft.	❑	❑	❑	❑	❑	❑
10. Wenige Mitglieder:						
Jeder/jede von uns kann mit jedem/jeder gut in Kontakt treten.	❑	❑	❑	❑	❑	❑
11. Eine Gruppe braucht psychologische Beziehungen untereinander:						
a) In unserem Kurs werden nur Sachprobleme besprochen.	❑	❑	❑	❑	❑	❑
b) Über das Beziehungsgeschehen in unserem Kurs wird nicht geredet.	❑	❑	❑	❑	❑	❑
12. Beständigkeit:						
In unserem Kurs wechseln die Zielsetzungen häufig.	❑	❑	❑	❑	❑	❑
13. Eine Gruppe braucht ein „Nest“:						
a) Unser Kursraum ist von uns selbst gestaltet.	❑	❑	❑	❑	❑	❑

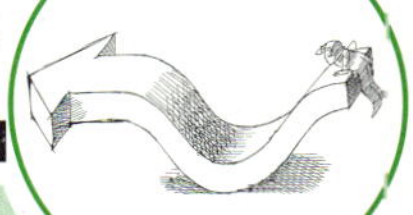

	1	2	3	4	5	6
b) Ich fühle mich in unserem Raum wohl und heimisch.	❑	❑	❑	❑	❑	❑
14. Eine Gruppe braucht das Miteinander:						
a) In unserer Gruppe wird gemeinsam entschieden.	❑	❑	❑	❑	❑	❑
b) Außenseiter gibt es in unserem Kurs nicht.	❑	❑	❑	❑	❑	❑
15. Freiraum:						
a) Unser Kurs wird nicht dauernd kontrolliert (z.B. von Lehrern/Lehrerinnen).	❑	❑	❑	❑	❑	❑
b) Ich kann mich in diesem Kurs frei entfalten und meine Bedürfnisse befriedigen.	❑	❑	❑	❑	❑	❑
c) In unserem Kurs ist auch Raum für Privates.	❑	❑	❑	❑	❑	❑
d) Wenn es jemandem in unserem Kurs schlecht geht, bekommt er/sie Hilfe von der Gruppe.	❑	❑	❑	❑	❑	❑

(Nach: Josef Griesbeck, Eine Gruppe leiten. Einstiege. Ziele. Hilfen, München 1983, S. 52-56)

1. Diskutieren Sie, nachdem Sie den Fragebogen ausgefüllt und die Ergebnisse vorgestellt haben, die unterschiedlichen Antworten im Hinblick auf die Frage, ob der Kurs Ihrer Ansicht nach als Gruppe im oben erarbeiteten Sinne bezeichnet werden kann.
2. Sollten Sie bei Ihrer Diskussion zu dem Ergebnis kommen, dass Ihr Kurs noch keine richtige Gruppe ist, erstellen Sie eine Liste von notwendigen Veränderungen. Klären Sie, ob und inwieweit Sie selbst bereit sind Veränderungen mitzutragen.

Was braucht eine Gruppe um effektiv lernen zu können?

Lerngruppen brauchen die Bereitschaft zum Feedback und zur Reflexion

Dass Lernen in und durch Gruppen sowohl für die Gruppe als auch für ihre einzelnen Teilnehmer und Teilnehmerinnen positiv wirksam werden kann, setzt u.a. die Bereitschaft der Gruppenmitglieder voraus, sich in die Gruppe einzubringen und gruppendynamische Prozesse sowie das eigene individuelle Gruppenverhalten zu reflektieren. Zugleich können Sie somit Ihre eigenen Veränderungen des Gruppengeschehens beobachten und kontrollieren. Die folgenden Übungen sollen Ihnen bei dieser Aufgabe helfen. Wählen Sie das Verfahren, das Ihnen am meisten zusagt. Es ist sinnvoll, die (kopierten) nachstehenden Fragebögen jeweils zu Beginn und am Ende einer Unterrichtsreihe oder einer Unterrichtseinheit auszufüllen und die Ergebnisse miteinander zu vergleichen.

Lesen Sie zunächst die vorgestellten Verfahren zur Reflexion des Gruppenverhaltens durch und nehmen Sie Stellung:

1. Inwieweit sind Sie bereit, die Übungen durchzuführen?
2. Welche Bedenken hätten Sie? Welche Gründe können Sie für mögliche Bedenken anführen?
3. Suchen Sie sich einen Schüler oder eine Schülerin aus, dem oder der Sie etwas Positives und etwas Negatives sagen. Sie können dies in schriftlicher oder mündlicher Form tun. Tauschen Sie sich anschließend im Kurs über Ihre Erfahrungen aus.

Ein-Punkt-Frage

Ein sehr einfaches Beispiel einer Prozessanalyse stellt die „Ein-Punkt-Frage“ zum Gruppenprozess dar, bei der jedes Gruppenmitglied einen Antwort-Klebepunkt platziert (vgl. Abb.).

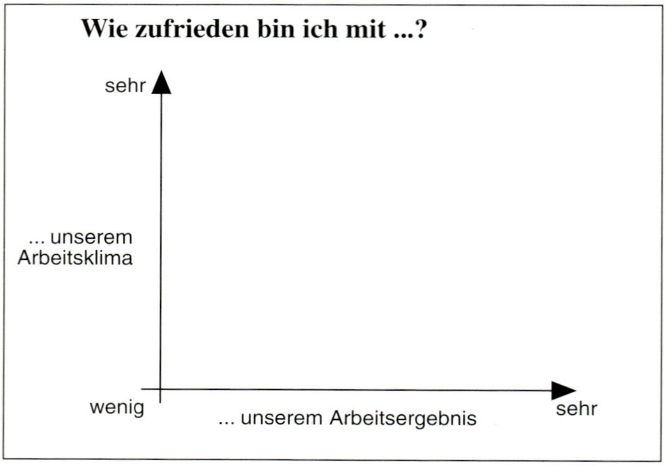

Abb.: Rückmeldung zum Gruppenprozess

(Elmar Philipp, Vom Einzelkämpfer zum Team, in: PÄDAGOGIK Nr. 2/1995, S. 36ff.)

Fragen zur Gruppenprozessanalyse

Geben Sie auf einer Skala von 1–9 den betreffenden Wert an.

1. Heute fühlte ich mich in der Gruppe										
nicht wohl	1	2	3	4	5	6	7	8	9	sehr wohl.
2. Ich fühlte mich den anderen gegenüber										
unfrei, gehemmt	1	2	3	4	5	6	7	8	9	frei, gelöst,
voreingenommen	1	2	3	4	5	6	7	8	9	unvoreingenommen.
3. Ich wurde von der Gruppe heute										
ausgeschlossen	1	2	3	4	5	6	7	8	9	angenommen.
4. Unsere Gespräche empfand ich als										
nicht sachbezogen	1	2	3	4	5	6	7	8	9	sachbezogen,
unrealistisch	1	2	3	4	5	6	7	8	9	realistisch.
5. Die Teilnehmer/innen waren heute										
nicht bereit	1	2	3	4	5	6	7	8	9	sehr bereit,
andere Meinungen zu hören und aufzunehmen.										

6. Die gemeinsame Arbeit war für mich heute
uninteressant 1 2 3 4 5 6 7 8 9 sehr interessant.

7. Die Arbeitsschritte bzw. die bearbeiteten Handlungsziele haben mich heute
nicht interessiert 1 2 3 4 5 6 7 8 9 interessiert.

(Monika Jostes/Reinhold Weber, Projektlernen, Handbuch zum Lernen von Veränderungen in Schule, Jugendgruppen und Basisinitiativen, AOL Verlag, Lichtenau 1992, o.S.)

Das Ergebnis der Befragung können Sie mithilfe folgenden Schemas in der Gesamtgruppe auswerten:

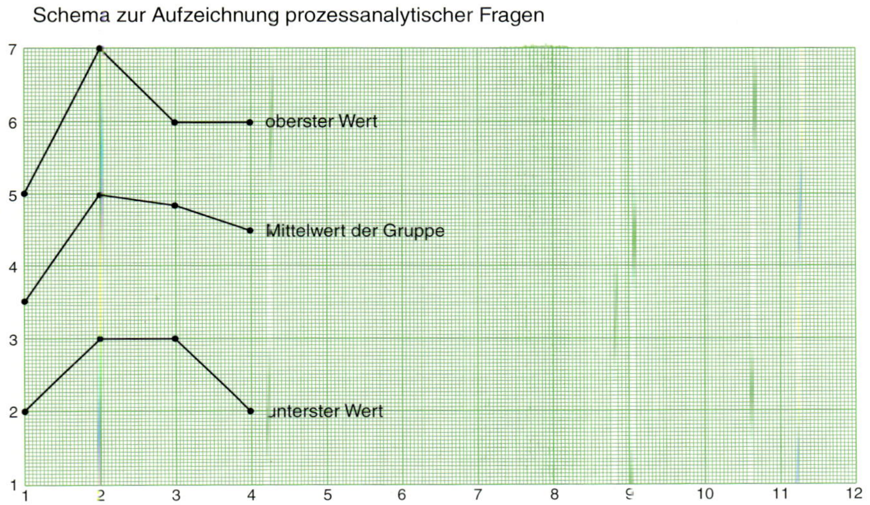

(Klaus Antons, Praxis der Gruppendynamik. Übungen und Techniken, Hogrefe, Verlag für Psychologie, Göttingen 1992, S. 204)

Fragen zur Analyse der persönlichen Fähigkeiten und Verhaltensweisen in Gruppen

1. Habe ich meine Gedanken klar ausgedrückt?
2. Habe ich die Fähigkeit gezeigt, aufmerksam und verstehend zuzuhören?
3. Habe ich anderen gesagt, was ich fühle?
4. Habe ich dazu geneigt, die Gruppe in die Hand zu nehmen?
5. Wie wurde mein Verhalten im Kurs kommentiert oder bewertet?
6. Hatte ich Verständnis für die Gefühle anderer in diesem Kurs ?
7. Konnte ich Konflikte und Widerstände in der Gruppe aushalten?
8. Konnte ich Zuneigungsäußerungen und Freundlichkeiten aushalten?
9. Konnte ich andere in der Gruppe beeinflussen?
10. War ich bereit, mich von anderen beeinflussen zu lassen?

(Vgl. Klaus Antons, Praxis der Gruppendynamik, Hogrefe, Verlag für Psychologie, Göttingen 1992, S. 210)

Kopieren Sie die Fragen und malen Sie hinter jede Frage ein lachendes bzw. weinendes Gesicht, je nachdem, ob Ihre Antwort positiv oder negativ ausfällt.

Die Auswertung des Fragebogens kann auf verschiedene Arten durchgeführt werden:

a) Sie können sich einen Partner oder eine Partnerin wählen, mit dem/der Sie Ihre Antworten besprechen, oder
b) wenn Sie möchten, können Sie Ihre Antworten der gesamten Kursgruppe mitteilen, oder
c) die gesamte Kursgruppe schreibt ihre Antworten zu den jeweiligen Fragen anonym auf Zettel, die anschließend eingesammelt und ausgewertet werden.

Lerngruppen müssen sich entwickeln

(Zeichnung: Katharina Joanowitsch)

Phasen der Teamentwicklung oder: „Wie spät ist es in unserem Team?“

Jede Gruppe hat so etwas wie ein Eigenleben und eine eigene Geschichte. Teams unterliegen Wachstumsprozessen von einer zufälligen Ansammlung von Individuen bis zum Stadium der „reifen“ Gruppe. Diese Prozesse sind in der Gruppenforschung näher untersucht und zu einem vierstufigen idealtypischen Verlaufsmodell zusammengefasst worden:

Phase 1: Testphase oder „Forming“
In dieser Startphase will jedes Gruppenmitglied für sich die Frage beantworten: „In welcher Beziehung stehe ich zu dieser Gruppe?“ Um darauf eine Antwort zu bekommen, wird auf dieser Stufe in der Tat viel „getestet“, und zwar nach je individuellen Mustern: Ein Gruppenmitglied ist äußerst diskret und zurückhaltend, währenddessen andere Feuerwerke von Liebenswürdigkeiten abbrennen. Auf der Inhaltsebene wird die Aufgabenstellung vorsichtig formuliert, es wird nach geeigneten Verfahren und Methoden

gesucht. Auf der Beziehungsebene ist man unsicher und erprobt, welches Verhalten von der Gruppe akzeptiert wird.

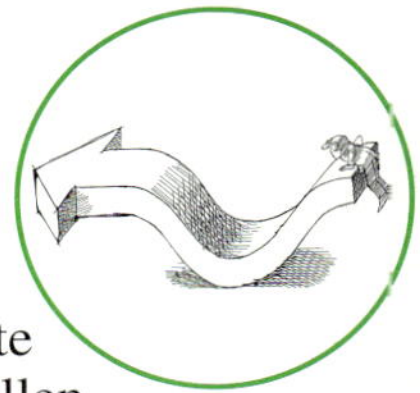

Phase 2: Nahkampfphase oder „Storming“
Die Phase steht ganz im Zeichen des zögernden Aufbaus von Beziehungen. Erste Bündnisse werden eingegangen: Bestimmte Mitglieder übernehmen Schlüsselrollen, werden stärker im Gruppengeschehen hervorgehoben. Auf der inhaltlichen Ebene der Aufgabenbearbeitung werden Vorbehalte bis hin zum offenen Widerstand gegen die Gruppenaufgabe formuliert. Konflikte zwischen Untergruppen keimen auf, es kommt zu Polarisierungen zwischen einzelnen Mitgliedern.

Phase 3: Organisierungsphase oder „Norming“
Die ausgetragenen „Nahkämpfe“ haben (im günstigen Falle) dazu beigetragen, dass die Gruppe arbeitsfähig geworden ist: Alle Mitglieder möchten jetzt mit der gemeinsamen produktiven Arbeit beginnen; alle sind daran interessiert, die Funktionsfähigkeit der Gruppe zu verbessern. Auf der sachlogischen Ebene werden Meinungen und Einstellungen offen ausgetauscht. Die Gruppenbeziehungsebene ist bestimmt durch die Entwicklung des Gruppenzusammenhalts und der Gruppennormen.

Phase 4: Verschmelzungsphase oder „Performing“
Jetzt ist der Entwicklungsprozess der Gruppe in sein letztes Stadium getreten: Man kann von der „reifen“ Gruppe sprechen, die eine große Geschlossenheit aufweist. Man setzt sich füreinander ein, hat Spaß und Freude an der gemeinsamen Arbeit. Auf der Sachebene werden alle vorhandenen Energien der Aufgabe gewidmet. Die Gruppe ist jetzt äußerst kreativ. Das Gruppenklima stützt die Aufgabenbearbeitung, zwischenmenschliche Probleme werden gut gelöst.
Ein solches Phasenmodell kann helfen, den Stand und die Entwicklungsmöglichkeiten schulischer Arbeitsgruppen einzuschätzen. In einer „Teamentwicklungs-Uhr“ (vgl. Abb.) zeichnet jedes Teammitglied ein, „wie spät“ es nach seiner persönlichen Meinung in der Gruppe ist. Das so zustande gekommene „Gruppenbild“ wird dann mit der Perspektive diskutiert, wie Veränderungen und Verbesserungen erreicht werden können.

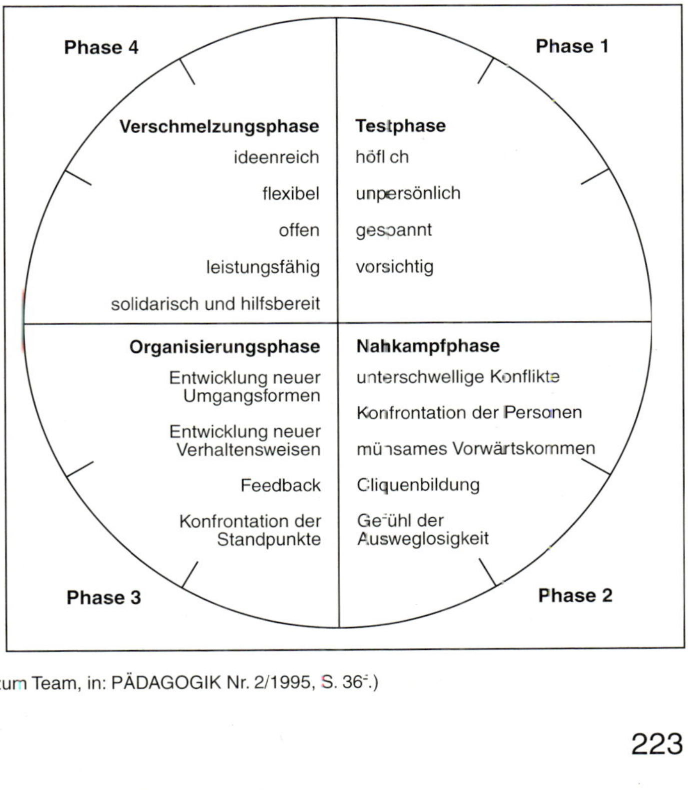

Abb.: „Teamentwicklungs-Uhr“

(Elmar Philipp, Vom Einzelkämpfer zum Team, in: PÄDAGOGIK Nr. 2/1995, S. 36f.)

1. a) Woran sind die im Text genannten Stadien einer Gruppe erkennbar?
   b) Vergleichen Sie die genannten Gruppenstadien mit der Gruppenentwicklung Ihrer Kursgruppe. Können Sie die Stadien wiederfinden?
2. Entwerfen Sie in Einzelarbeit eine Teamentwicklungs-Uhr für Ihren Kurs. Vergleichen Sie Ihre „Uhren“ miteinander.
3. Welche Aufgaben müssen Gruppenleiter und -leiterinnen sowie Teilnehmer und Teilnehmerinnen erfüllen, damit eine Gruppe die genannten Stadien erfolgreich bewältigen kann?
   Nehmen Sie die folgende Tabelle zu Hilfe.
4. Geben Sie Ihrem Lehrer/Ihrer Lehrerin ein schriftliches Feedback über die Ausführung seiner/ihrer Leitungsfunktion. Wenden Sie dabei folgendes Muster an:
   Gut finde ich…
   Nicht so gut finde ich…
   Ich fände es besser, wenn …

Phasen des Gruppenprozesses

Orientierung	Machtkampf	Vertrautheit/ Intimität	Differenzierung	Abschiede
„Wo bin ich hier gelandet?“ Unsicherheit und Angst in der Gruppe *Wichtig: Kontakt ermöglichen, Interessen und Erwartungen klären, klare Strukturen vorgeben*	„Wie die Furien …“ Auseinandersetzungen um Macht und Einfluss, der eigene Status wird eingebracht und verteidigt *Wichtig: Auseinandersetzungen zulassen und klären, nicht einseitig Partei ergreifen*	„Das Eis ist gebrochen“ Sicherheit, Vertrauen, Offenheit in der Gruppe *Wichtig: Die Ziele und Aufgaben der Gruppe nicht aus den Augen verlieren, Kreativität der Gruppe zulassen*	„Wir sind wirklich eine gute Gruppe“ Balance von persönlichen Bedürfnissen und Gruppenaufgaben *Wichtig: Beteiligung und Eigenverantwortung der Teilnehmer gewährleisten*	„Schade, dass es zu Ende geht“ *Wichtig: Bilanz der geleisteten Arbeit ziehen*

(Horst Oelze, in: Lernende Schule. Für die Praxis pädagogischer Schulentwicklung, Heft 3, Friedrich Verlag, Seelze, S. 68)

Lerngruppen brauchen produktive Rollenfunktionen

Rollenfunktionen in der Gruppe

In jeder Gruppe entwickeln sich bestimmte Rollenfunktionen, die den unausgesprochenen Zielen der Gruppe dienen, damit diese ihre Arbeit fortsetzen kann. Es lassen sich dabei deutlich eine Reihe von Rollen herauskristallisieren, die sich aus der Bemühung des Einzelnen ergeben, das jeweilige entstehende soziale System einer Gruppe weiter zu entwickeln. Rollen werden unterschieden in Rollen, die vorwiegend Aufgabenrollen sind, und solche, die vorwiegend Erhaltungs- und Aufbaurollen sind. Darüber hinaus gibt es auch störende Rollen, die gegen jede konstruktive Beteiligung an der Gruppenarbeit gerichtet sind.

Aufgabenrollen

▲ *Initiative und Aktivität:*
Lösungen vorschlagen, neue Ideen vorbringen.
▲ *Informationssuche:*
Frage nach genauerer Klärung von Vorschlägen, Forderung nach ergänzenden Informationen oder Tatsachen.
▲ *Meinungserkundung:*
Versuche, bestimmte Gefühlsäußerungen von Mitgliedern zu bekommen, die sich auf die Abklärung von Werten, Vorschlägen oder Ideen beziehen.
▲ *Informationen geben:*
Angebote von Tatsachen oder Generalisierungen.
▲ *Meinungen geben:*
Äußerung einer Meinung oder Überzeugung, einen oder mehrere Vorschläge betreffend.
▲ *Ausarbeiten:*
Abklären, Beispiele geben, versuchen sich vorzustellen, wie ein Vorschlag sich auswirkt, wenn er angenommen wird.
▲ *Koordinieren:*
Aufzeigen der Beziehungen zwischen verschiedenen Ideen oder Vorschlägen; Versuch, diese zusammenzubringen.
▲ *Zusammenfassen:*
Zusammenziehen verwandter Ideen und Vorschläge.

Erhaltungs- und Aufbaurollen

▲ *Ermutigung:*
Freundlichsein, Wärme, Antwortbereitschaft gegenüber anderen.
▲ *Regeln bilden:*
Formulierung von Regeln für die Gruppe, die für Inhalt, Verfahrensweisen oder Bewertungen gebraucht werden.
▲ *Folge leisten:*
Den Gruppenentscheidungen folgen.
▲ *Ausdruck der Gruppengefühle:*
Zusammenfassung, welches Gefühl innerhalb der Gruppe zu spüren ist.
▲ *Auswerten:*
Überprüfen der Gruppenentscheidungen.
▲ *Vermitteln:*
Harmonisieren, verschiedene Standpunkte miteinander versöhnen.
▲ *Spannung vermindern:*
Negative Gefühle durch einen Scherz ableiten, beruhigen.

Negative Rollen, die Spannungen erzeugen

▲ *Aggressives Verhalten:*
Arbeiten für den eigenen Status, indem andere kritisiert oder blamiert werden.
▲ *Blockieren:*
Durchkreuzen der Weiterentwicklung der Gruppen durch Ausweichen auf Randprobleme.
▲ *Rivalisieren:*
Die größte Rolle spielen, die Führung an sich reißen.
▲ *Clownerie:*
Jux veranstalten, Witzeln, Nachäffen.

▲ *Beachtung suchen:*
Versuche, die Beachtung auf sich zu ziehen.

▲ *Sich zurückziehen:*
Passives Verhalten, Tagträumen.
(Vgl. Klaus Antons: Praxis der Gruppendynamik, Göttingen u. a. 1975, S. 226ff.)

(Aus: Günther Gugel, Methoden-Manual „Neues Lernen", Beltz, Weinheim 1999, S. 37)

Bei den Spannungsrollen muss man sich vor der Tendenz in jeder Gruppe hüten, andere oder sich selbst zu beschuldigen, bei denen vorübergehend dieses Verhalten auftritt. Es ist sinnvoller, solches Verhalten als Symptom dafür wahrzunehmen, dass es um die Fähigkeit der Gruppe schlecht bestellt ist, individuelle Bedürfnisse ausreichend durch gruppenzentrierte Arbeit zu befriedigen. Hinzu kommt, dass die Aspekte zu einzelnen Verhaltensweisen individuell verschieden sein können. So kann unter Umständen ein zunächst aggressiv erscheinender Beitrag auf durchaus positive Weise die Luft reinigen und einer Gruppe neue Impulse geben.

(Klaus Antons: Praxis der Gruppendynamik. Übungen und Techniken, Hogrefe, 5., überarb. und erg. Aufl. Göttingen/Toronto/Zürich 1992, S. 228)

1. Prüfen Sie für sich selbst, welche Rollen Sie häufig in Gruppenarbeitsphasen übernehmen, indem Sie hinter die einzelnen o.g. Rollen ein lachendes, ein weinendes oder ein neutrales Gesicht zeichnen.
   Wenn Sie möchten, können Sie anschließend Mitschüler und Mitschülerinnen um ein Feedback bitten, um so Ihr Selbstbild mit einem Fremdbild zu vergleichen.
   Suchen Sie sich eine Rolle aus, die Sie während der kommenden Unterrichtszeit bewusst ausprobieren möchten.
2. Auch die Gruppenleitung übernimmt Rollenfunktionen, so z.B. die Rolle des Gruppenmotors, des Showmasters, des Gesprächsleiters, des Organisators, des Experten, des Kollegen, der Klagemauer, des Stimmungsmachers, des Partners, des Informationsvermittlers, des Ratgebers, des Sündenbocks, des Blitzableiters, des Imitators, des Besserwissers, des Protokollanten, des Lotsen, des Dirigenten, des Prügelknaben, des Dienstboten, des Kontrolleurs, des Wanderpredigers, des Spielleiters oder des Künstlers (vgl. Günther Gugel, a.a.O., S. 17).
   Welche Leistungsfunktion halten Sie für die Betreuung von Gruppenarbeiten für wichtig? Gibt es Rollenfunktionen, die Sie bei Ihrem Lehrer oder Ihrer Lehrerin gerne häufiger wahrnehmen würden?

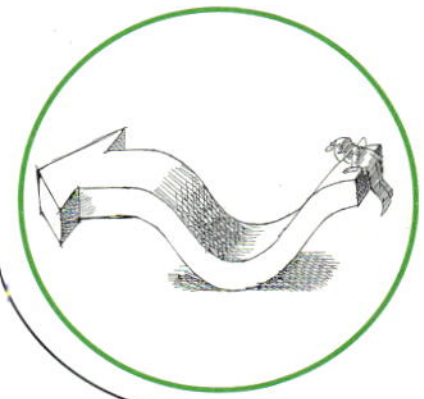

Ein-Spruch

Wenn ich vermeide, mich einzumischen,
sorgen die Menschen für sich selber.
Wenn ich vermeide, Anweisungen zu geben,
finden die Menschen selbst das rechte Verhalten.
Wenn ich vermeide zu predigen
bessern sich die Menschen selber.
Wenn ich vermeide, sie zu beeinflussen,
werden die Menschen sie selbst.
(Laotse)

Wer sagt
was
mit welchen Mitteln
und welcher Absicht
zu wem ???

Ist das Gegenteil auch richtig?

Mein Kommentar:

Ob eine Gruppe tatsächlich zu einer Gruppe wird, ob die gruppendynamischen Kräfte einer Gruppe positiv wirksam werden und somit zur persönlichen Entwicklung ihrer einzelnen Teilnehmer und Teilnehmerinnen führen können, hängt zu einem großen Teil vom Führungs- bzw. Erziehungsstil des Gruppenleiters/der Gruppenleiterin ab. Lesen Sie dazu zunächst in der Wabe „Erziehungsverhalten/Erziehungsstile" den Text „Erziehungsstile: permissive, autoritäre und demokratische Erziehung".

1. Diskutieren Sie die oben genannten einzelnen Stile hinsichtlich der jeweiligen Möglichkeiten der Gruppenentwicklung.
2. Ist es möglich und sinnvoll, Gruppen ausschließlich demokratisch zu führen?

Führung durch die Gruppe?

Führung ist lediglich eine bestimmte Art der Interaktion. Diese Definition geht davon aus, dass es für die Zusammenarbeit einer Gruppe notwendig ist, dass die Teilnehmer eine gewisse Arbeitsteilung vornehmen müssen. Diese Arbeitsteilung ordnet den verschiedenen Teilnehmern verschiedene Rollen zu, und diese Rollen werden mit einem ganz bestimmten Verhalten verbunden. Demgemäß ist also auch die Führungsaufgabe nur eine ganz bestimmte Rollendefinition in der Gruppe und resultiert aus dem Zwang zur Arbeitsteilung.
Moderne Gruppentheorien versuchen sogar, den Begriff der Führung ganz fallen zu lassen, und sprechen nur noch von einer spezifischen Interaktionsweise einer Gruppe. Damit kommen wir zur Forderung nach einer Führung durch die Gruppe selbst. Führung wird hier nicht mehr als die Funktion eines Leiters oder Vorsitzenden angesehen, sondern als eine Funktion der Gruppe selbst. In einer solchen Gruppe sind die verschiedenen Rollenfunktionen zugleich Führungsfunktionen, die ständig wechseln und an denen alle in dem Maß ihrer individuellen Fähigkeiten spontan und voll partizipieren. Da wir in dieser Form der Führung wenig geübt sind, sind wir meistens noch relativ stark auf einen festen Leiter fixiert, und wir werden verhaltensunsicher, wenn wir gezwungen sind, Kooperation in einer Gruppe selbst organisieren zu müssen. Führung durch die Gruppe selbst ist also nur möglich, wenn das dazu erforderliche neue Verhalten eingeübt wird.
Ungeübte Gruppen sind in der Regel nicht fähig, sich selbst im Sinne einer „Führung durch die Gruppe“ zu strukturieren. Hier ist zunächst ein partizipativer Leitungsstil notwendig. Hierbei geht es darum, aus einer kooperativen Grundhaltung heraus die Gruppe zu kooperativen Verhaltensweisen untereinander zu führen. Der Leiter ist Vorbild in dem Sinne, dass er die anderen Teilnehmer als gleichwertige Partner achtet – mit einem Recht auf Selbstbestimmung und Selbstentfaltung. Die Gruppe wird zum Raum, in dem gelernt werden kann: Anhören anderer Meinungen, Tolerieren des Andersseins, gegenseitiges Mitteilen von Interessen und Bedürfnissen, die Fähigkeit, eigene Ansichten und eigene Interessen in angemessener Form zu vertreten.

(Rainer E. Kirsten und Klaus W. Vopel: Kommunikation und Kooperation. Ein gruppendynamisches Trainingsprogramm, iskopress, Salzhausen 2000)

1. Welche Voraussetzungen müssen gegeben sein, damit eine Gruppe sich selbst führen kann?
2. Diskutieren Sie folgenden Satz: „Die Aufgabe von Pädagoginnen/Pädagogen besteht darin, sich überflüssig zu machen.“

Lerngruppen brauchen Strategien zur Konfliktbearbeitung

Die Dallas-Methode

Systematisches Vorgehen bei einer partnerschaftlichen Konfliktsteuerung/-lösung

Eine konfliktfreie Gruppe gibt es nicht; es gibt bestenfalls Gruppen oder Gruppenmitglieder, die ihre Konflikte nicht wahrhaben wollen und verdrängen. Dies ist auch verständlich, da jeder Konflikt bestehende Motive hemmt, frustriert und uns zeigt, dass die gewünschte Sicherheit und Harmonie getrübt ist. Der Umgang mit bestehenden Konflikten ist individuell sehr verschieden und hängt von der Lerngeschichte, der Lebenserfahrung und damit der „Reife“ der Beteiligten ab. So kann man konfliktträchtige Partner verspotten, abwerten, ignorieren oder eliminieren, man kann Konflikte durch Abstimmung und Mehrheitsbeschlüsse unterdrücken, man kann Allianzen bilden, Kompromisse suchen, die Beteiligten bei der Lösung in die Pflicht nehmen, integrieren und versuchen, die Probleme partnerschaftlich, zum gemeinsamen Vorteil, zu lösen. Allerdings müssen wir dabei auch

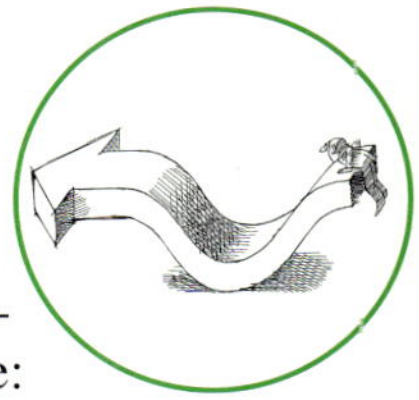

akzeptieren können, dass nicht alle Konflikte lösbar sind und es auch „partnerschaftliche Trennungen“ gibt, die für die Beteiligten aber nachvollziehbar sind. Im Folgenden werden die einzelnen Schritte dargestellt, die eine Konfliktlösung im Sinne einer partnerschaftlichen Lösung, eines „Nicht-Nullsummenspiels“, ermöglichen. *Böning* (1991) bezeichnet das Vorgehen einprägsam als **„Dallas“**-Methode:

• *Definieren des Problems und Analyse der Situation:* Ein Konflikt entsteht, wenn eine bestehende („Ist-“)Situation mit einer vereinbarten, gewünschten („Soll-“)Situation nicht übereinstimmt. Wichtig ist es zuerst, das bestehende Problem klar herauszuarbeiten, ein Problembewusstsein bei den Betroffenen zu schaffen, damit eine Bereitschaft entsteht, sich damit produktiv auseinander zu setzen.

• *Aktivieren und Motivieren der Beteiligten:* Hierzu ist zu klären, wie hoch eigentlich die Bereitschaft der einzelnen „Konfliktpartner“ ist, sich emotional und intellektuell mit dem Konflikt auseinander zu setzen und wie sie den Unterschied zwischen der Ist- und der Soll-Situation bewerten. Welche Wünsche stehen hinter den Vorwürfen? Welche Vorteile/Nachteile hätten die Beteiligten, wenn sie sich engagieren? Wie können die Betroffenen motiviert werden, und welche gemeinsamen Ziele bestehen?

• *Lösungsmöglichkeiten erarbeiten:* Welche Lösungsmöglichkeiten wurden bisher schon mit welchem Erfolg versucht? Welche Lösungsmöglichkeiten sehe ich, sehen die anderen (Brainstorming: Sammeln aller Einfälle, ohne sie zu werten)? Schließen sich Lösungswege aus oder ergänzen sie sich? Sinnvollerweise werden die Lösungsvorschläge gesammelt und auf einer Pinnwand visualisiert.

• *Lösungsmöglichkeiten bewerten und Entscheidung treffen:* Hier kann eine individuelle Bewertung der Vorschläge (z.B. mit jeweils drei Klebepunkten) durchgeführt werden, um die Gruppenmeinung darzustellen. Werden noch weitere Informationen benötigt? Welche Lösungsvorschläge sind realisierbar, und mit welchen Konsequenzen muss gerechnet werden? Welche Kompromisse erscheinen möglich, damit alle Betroffenen die Entscheidung mittragen und realisieren können? Kann die Entscheidung klar und eindeutig gefällt werden?

• *Ausführen der Entscheidungen:* Welche Anweisungen müssen wie detailliert an wen weitergeleitet werden, damit die Handlungsanweisung allen Betroffenen klar ist, in welcher Zeitspanne sind welche Kontrollen vorgesehen?

• *Situation neu bewerten:* Nach entsprechend vereinbarter Zeit sind die Kontrollen (Verhaltensänderungen) zu bewerten, d.h., ein erneuter Ist-Soll-Vergleich wird durchgeführt. Der Konflikt ist bewältigt, wenn die Ist-Situation sich der Soll-Situation angeglichen hat. Dies sollte in jedem Fall zu einer positiven Rückmeldung führen. Welche neuen Probleme sind möglicherweise bei wem entstanden?

(Peter R. Wellhöfer, Gruppendynamik und soziales Lernen. Theorie und Praxis der Arbeit mit Gruppen, Enke, Stuttgart 1993, S. 72f.)

1. Schreiben Sie auf kleine Zettel aktuelle Konfliktsituationen, die Sie demnächst angehen wollen. Sammeln Sie die Beschreibungen und hängen Sie sie an eine Pinnwand. Wählen Sie in Kleingruppen einzelne Situationen aus und besprechen Sie das Vorgehen bei der Konfliktbewältigung nach dem „Dallas“-Schema. Berichten Sie anschließend in der Gesamtgruppe über Ihre Erfahrungen mit diesem Schema.
2. Bereiten Sie in Kleingruppen ein Rollenspiel zu einem persönlichen Konfliktfall vor und nehmen Sie das Rollenspiel mit der Videokamera auf. Diskutieren Sie, ob und inwiefern die Dallas-Methode systematisch angewendet wurde und inwiefern der Konflikt durch diese Methode gelöst werden konnte. (Aufgabenstellung nach: Peter R. Wellhöfer: Gruppendynamik und soziales Lernen. Theorie und Praxis der Arbeit mit Gruppen, Stuttgart 1993, S. 73)

Themenzentrierte Interaktion (TZI)

Diese Regeln gehen zurück auf die Regeln der „themenzentrierten interaktionellen Methode“ von Ruth Cohn, die wir durch weitere Regeln ergänzt haben. Es wird keinem Gruppenmitglied möglich sein, diese Kommunikationsregeln sofort zu befolgen. [...]
Vielen Gruppenteilnehmern erscheinen einige dieser Regeln zunächst unsinnig und unlogisch, und sie erleben erst, nachdem sie mit ihnen gearbeitet haben, dass diese Regeln sehr nützlich und wichtig für sie gewesen sind. Diese Regeln sollten deswegen nicht vorher diskutiert und in Frage gestellt werden, sondern nach dem Gruppenprogramm sollte über die Erfahrung mit diesen Regeln und über die Möglichkeit ihrer Übertragung reflektiert werden.
Diese Regeln sind auch kaum theoretisch als ‚objektiv richtig‘ aufzufassen, sondern als kompensatorische Regeln, die dem Menschen in unserer Gesellschaft helfen, bestimmte Kommunikationsfertigkeiten einzuüben, die er nicht gelernt hat. [...]

1. Sei dein eigener Chairman
Bestimme selbst, was du sagen willst. Sprich oder schweig, wann du es willst. Versuche, in dieser Stunde das zu geben und zu empfangen, was du selbst geben und erhalten willst. Sei dein eigener Chairman (Vorsitzender) – und richte dich nach deinen Bedürfnissen, im Hinblick auf das Thema und was immer für dich sonst wichtig sein mag. [...]
Diese Regel soll dir zwei Dinge besonders deutlich machen:
a) Du hast die Verantwortung dafür, was du aus dieser Stunde für dich machst.
b) Du brauchst dich nicht zu fragen, ob das, was du willst, den anderen Gruppenmitgliedern gefällt oder nicht gefällt. Sag einfach, was du willst. Die anderen Gruppenmitglieder sind auch ihre eigenen Chairmen und werden es dir schon mitteilen, wenn sie etwas anderes wollen als du.

2. Störungen haben Vorrang
Unterbrich das Gespräch, wenn du nicht wirklich teilnehmen kannst, zum Beispiel wenn du gelangweilt, ärgerlich oder aus einem anderen Grund unkonzentriert bist. Ein ‚Abwesender’ verliert nicht nur die Möglichkeit der Selbsterfüllung in der Gruppe, sondern er bedeutet auch einen Verlust für die ganze Gruppe. [...]

3. Wenn du willst, bitte um ein Blitzlicht
Wenn dir die Situation in der Gruppe nicht mehr transparent ist, dann äußere zunächst deine Störung und bitte dann die anderen Gruppenmitglieder, in Form eines Blitzlichts auch kurz ihre Gefühle im Moment zu schildern.

4. Es kann immer nur einer sprechen
Es darf nie mehr als einer sprechen. Wenn mehrere Personen auf einmal sprechen wollen, muss eine Lösung für diese Situation gefunden werden. ‚Seitengespräche’ sind also zu unterlassen oder als Störung in die Gruppendiskussion einzubringen.

5. Experimentiere mit dir
Frage dich, ob du dich auf deine Art verhältst, weil du es wirklich willst. Oder möchtest du dich eigentlich anders verhalten – tust es aber nicht, weil dir das Angst macht? Prüfe dich, ob dein Verhalten Annäherungs- oder Vermeidungs-Verhalten ist. Versuche, öfter neues Verhalten auszuprobieren, und riskiere das kleine aufgeregte körperliche Kribbeln dabei. Dieses Kribbeln ist ein guter Anzeiger dafür, dass du für dich ungewohntes und neues Verhalten ausprobierst.

6. Beachte deine Körpersignale
Um besser herauszubekommen, was du im Augenblick fühlst und willst, horche in deinen Körper hinein. Er kann dir oft mehr über deine Gefühle und Bedürfnisse erzählen als dein Kopf.

7. ‚Ich‘ statt ‚Man‘ oder ‚Wir‘

Sprich nicht per ‚Man‘ oder ‚Wir‘, weil du dich hinter diesen Sätzen zu gut verstecken kannst und die Verantwortung nicht für das zu tragen brauchst, was du sagst. Zeige dich als Person und sprich per ‚Ich‘. Außerdem sprichst du in ‚Man‘- oder ‚Wir‘-Sätzen für andere mit, von denen du gar nicht weißt, ob sie das wünschen.

8. Eigene Meinungen statt Fragen

Wenn du eine Frage stellst – sage, warum du sie stellst. Auch Fragen sind oft eine Methode, sich und seine eigene Meinung nicht zu zeigen. Außerdem können Fragen oft inquisitorisch wirken und den anderen in die Enge treiben. Äußerst du aber deine Meinung, hat der andere es viel leichter, dir zu widersprechen oder sich deiner Meinung anzuschließen.

9. Sprich direkt

Wenn du jemandem aus der Gruppe etwas mitteilen willst, sprich ihn direkt an und zeige ihm durch Blickkontakt, dass du ihn meinst. Sprich nicht über einen Dritten zu einem anderen und sprich nicht zur Gruppe, wenn du eigentlich einen bestimmten Menschen meinst.

10. Gib Feed-back, wenn du das Bedürfnis hast

Löst das Verhalten eines Gruppenmitgliedes angenehme oder unangenehme Gefühle bei dir aus, teile es ihm sofort mit und nicht später einem Dritten. Wenn du Feed-back gibst, sprich nicht *über* das Verhalten des anderen, denn du kannst nicht wissen, ob du es objektiv und realistisch wahrgenommen hast. Sprich nicht in einer bewertenden und normativen Weise. Vermeide Interpretationen und Spekulationen über den anderen.
Sprich zunächst einfach von den Gefühlen, die durch das Verhalten des anderen bei dir ausgelöst werden. Danach kannst du versuchen, das Verhalten des anderen so genau und konkret wie möglich zu beschreiben, damit er begreifen kann, welches Verhalten deine Gefühle ausgelöst hat. Lass dabei offen, wer der ‚Schuldige‘ an deinen Gefühlen ist. Du benötigst dabei keine objektiven Tatsachen oder Beweise – deine subjektiven Gefühle genügen, denn auf diese hast du ein unbedingtes Recht.
Versuche vor deinem Feed-back die Einwilligung deines Gesprächspartners einzuholen, ihm dieses zu geben.

11. Wenn du Feed-back erhältst, hör ruhig zu

Wenn du Feed-back erhältst, versuche nicht gleich, dich zu verteidigen oder die Sache ‚klarzustellen‘. Denk daran, dass dir hier keine objektiven Tatsachen mitgeteilt werden können, sondern subjektive Gefühle und Wahrnehmungen deines Gegenübers. Freu dich zunächst, dass dein Gesprächspartner dir sein Problem erzählt, das er mit dir hat. Diese Haltung wird dir helfen, ruhig zuzuhören und zu prüfen, ob du auch richtig verstanden hast, was er meint. Versuche zunächst nur zu schweigen und zuzuhören, dann von deinen Gefühlen zu sprechen, die durch das Feed-back ausgelöst worden sind, und erst dann gehe auf den Inhalt ein.

(Lutz Schwäbisch/Martin Siems, Anleitung zum sozialen Lernen für Paare, Gruppen und Erzieher, Kommunikations- und Verhaltenstraining, Rowohlt, Reinbek 1974, S. 266ff.)

1. Führen Sie ein Gespräch über ein frei gewähltes Thema und beachten Sie dabei die o.g. Regeln.
2. Diskutieren Sie, ausgehend von den Erfahrungen, die Sie mit diesen Regeln gemacht haben, ob und inwiefern Sie diese Regeln für Ihre Arbeit im Kurs für geeignet halten.
3. Welche der beiden vorgestellten Konfliktlösungsstrategien (Dallas-Methode – TZI) halten Sie für geeigneter zur Konfliktlösung?
4. Diskutieren Sie abschließend, inwiefern Konflikte und deren Lösung in Gruppen eine erzieherisch positive Bedeutung haben.

Lerngruppen brauchen klare Regeln

Im Folgenden finden Sie die Gruppenregeln einer Klasse 5 einer Gesamtschule.

Das Gesetz der Kerngruppe 507

A) Die Grundrechte

§ 1 Ich soll kein Geheimnis verraten.
§ 2 Ich will nicht ausgelacht werden.
§ 3 Ich soll konzentriert arbeiten können.
§ 4 Ich soll beim Arbeiten nicht gestört werden.
§ 5 Ich soll sagen können, was ich denke.
§ 6 Ich soll meine Fähigkeiten entwickeln können.
§ 7 Ich will nicht ausgeschlossen werden.
§ 8 Ich soll gleichberechtigt sein.
§ 9 Ich soll freundlich behandelt werden.
§ 10 Ich will, dass mir zugehört wird.

In der gleichen Weise legten wir fest, welche Regeln für den Unterricht gelten sollen, und zwar für die Schülerinnen/Schüler und für Lehrerinnen/Lehrer.

Wichtige Bestimmungen sind z.B.:

1. für Schülerinnen/Schüler
- Ruhe! zuhören
- Melden
- Nicht ablenken, nicht ablenken lassen
- Jede/r ist für ihren/seinen Platz und den gesamten Unterrichtsraum verantwortlich.

2. für Lehrerinnen/Lehrer
- sie sollen gerecht sein
- sie sollen Mädchen und Jungen gleich behandeln
- sie sollen die Wünsche und Interessen der Schülerinnen/Schüler ernst nehmen.

Über die Maßnahmen, die helfen sollen, dass die Regeln eingehalten werden, haben wir am längsten geredet. Wir einigten uns dann auf folgende:

F) Maßnahmen, die helfen sollen, dass die Regeln eingehalten werden:

1. Wer sich an die Regeln hält, wird belohnt (nach Absprache).
2. Sanktionen und Strafen:
- Lehrer/Lehrerinnen und Schüler/Schülerinnen erinnern sich an die Regeln und ermahnen sich gegenseitig.
- Lehrer/Lehrerinnen verhängen Auszeit vor der Tür (mit Aufgabe vor der Tür)
- Zusatzaufgaben machen
- Versäumte Minuten nachholen
- Ein schriftlicher Bericht über den Regelverstoß
- Das KG-Gericht tagt
- Elterngespräch
- KG-Konferenz

Die gemeinsame Arbeit an dem Gesetz hat uns zusammengeschweißt: Wir mussten uns über die Punkte einigen, auch wenn es ganz unterschiedliche Vorschläge gab.
Als wir das Gesetz fertig hatten, waren wir alle ganz stolz und haben eine kleine Feier gemacht, bei der alle, auch die Lehrerinnen/Lehrer, das Gesetz unterschrieben haben.

(Horst Oelze: Die Kerngruppe 507/707: Ich sind auch ein Wir, in: Lernende Schule. Für die Praxis pädagogischer Schulentwicklung, Friedrich Verlag, Heft 3/1998, Seelze 1998, S. 16f.)

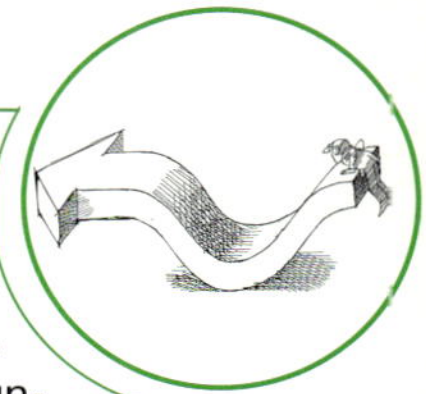

Lassen Sie sich von den „Gesetzeswerken“ anregen und notieren Sie in Einzelarbeit auf Karteikarten, was für Sie persönlich beim gemeinsamen Leben und Lernen in der Kursgruppe besonders wichtig ist. Hängen Sie die Karten anschließend übersichtlich an eine Wand und bewerten Sie die Aussagen mit Punkten. Entwickeln Sie daraus von allen getragene Verabredungen für die Zusammenarbeit in Ihrem Kurs. Hängen Sie diese Verabredungen für alle sichtbar in Ihren Kursraum und treffen Sie Vereinbarungen darüber, wie mit Regelverstößen umgegangen werden soll (vgl. Gesetz der Kerngruppe 507).

Lerngruppen brauchen Lerntechniken – Die Technik der Kleingruppenarbeit

Vorbereitung

Zur effektiven Kleingruppenarbeit gehört vor allem eine gute Vorbereitung. Folgende Aspekte sollten vor jeder Kleingruppenarbeit abgeklärt werden:

- Was ist unser Ziel? (schriftlich festhalten)
- Wie lautet unser Arbeitsauftrag? (schriftlich für jede Kleingruppe fixieren)
- Welche Materialien benötigen wir? Sind diese vorhanden?
- In welcher Form sollen die Ergebnisse festgehalten werden? (als Wandzeitung, Collage, Videofilm, Mobile, szenische Darstellung, Protokoll, Thesenpapier)
- Wie viel Zeit steht zur Verfügung? Sind Pausen eingeplant?
- Welche Gruppe arbeitet an welchem Ort?
- In welcher Gruppengröße wollen wir arbeiten (am geeignetsten ist eine Gruppengröße zwischen 4 und 6 Personen)?
- Wo hält sich der Lehrer/die Lehrerin während der Gruppenarbeit auf?
- Auf welche Art und Weise sollen die Gruppen gebildet werden? Zur Gruppenbildung bieten sich verschiedene Möglichkeiten an: nach Zufall (durch Abzählen, Kartenziehen, Bonbons oder Luftballons ziehen etc.), nach Sympathie, nach Interesse.

Durchführung

Die Kleingruppenarbeit erweist sich in der Durchführung als besonders effektiv, wenn die einzelnen Gruppenmitglieder bestimmte Aufgaben übernehmen, die die Arbeit kontrollieren.

Folgende Funktionen sollten deshalb auf die einzelnen Teilnehmer und Teilnehmerinnen verteilt werden, wobei es ratsam ist, die einzelnen Rollenfunktionen in jeder Gruppensitzung zu wechseln.

- *Gruppenleiter/-leiterin:* Der Gruppenleiter oder die Gruppenleiterin sorgt dafür, die Arbeit zu strukturieren und das Vorankommen der Arbeit zu unterstützen.
- *Zeitwächter/Zeitwächterin:* Der Zeitwächter bzw. die Zeitwächterin achtet auf die Einhaltung des abgesprochenen Zeitrahmens und erinnert die Gruppe daran.
- *Protokollant/Protokollantin:* Der Protokollant oder die Protokollantin hält die Ergebnisse fest und stellt diese auch vor, wobei er oder sie jedoch von den anderen unterstützt wird. Sollte sich die Kleingruppenarbeit über mehrere Stunden erstrecken, ist es sinnvoll, wenn das Protokoll von mehreren Gruppenmitgliedern geschrieben wird, um zu vermeiden, dass in der Folgesitzung die bisherigen Ergebnisse nicht vorliegen, weil der Protokollant oder die Protokollantin z.B. aus Krankheitsgründen abwesend ist. Folgendes Formblatt hilft Ihnen, als Gruppe bewusst zu planen und auch Zwischenergebnisse zu dokumentieren. Dieses Formblatt kann unabhängig von der Präsentationsform, die die Gruppe für sich wählt, bei jeder Kleingruppenarbeit verwendet werden.

GRUPPENPROTOKOLL

Gruppe: Datum:

Gesprächsleitung:

Protokollant/in:

Ziele:

Material:

Vorgehensweise:

Ergebnisse:

Weitere Planung:

- *Prozessbeobachter/beobachterin:* Der Prozessbeobachter oder die Prozessbeobachterin achtet auf das Verhalten der einzelnen Gruppenmitglieder und sorgt dafür, dass eventuelle Störungen thematisiert werden.

Ergebnispräsentation

Damit die Auswertung nicht zu ermüdend wird, ist es sinnvoll, dass alle Kursmitglieder die Ergebnisse zunächst in aller Ruhe allein sichten und sich dazu Fragen oder Kommentare notieren, die anschließend im Plenum geklärt bzw. diskutiert werden.

(Nach: Landesinstitut für Schule und Weiterbildung [Hg.]: Methodensammlung. Anregungen und Beispiele für die Moderation, Redaktion für Schule und Weiterbildung, Landesinstitut, 3. Aufl. Soest 1997, o. S.)

Hinweise

Wichtige Informationen und Anregungen für die pädagogische Leitung von Gruppen sowie Ideen für Gruppenübungen und -spiele finden Sie beispielsweise in folgenden Büchern:

- Klaus Antons: Praxis der Gruppendynamik. Übungen und Techniken; Hogrefe, 5., überarbeitete und ergänzte Aufl. Göttingen 1992
- Urlrich Baer (Hrsg.): 666 Spiele für jede Gruppe für alle Situationen, Kallmayersche Verlagsbuchhandlung, Seelze (Velber) 1994
- Wolfram Jokisch: Steiner Spielkartei. – Bayrischer Mütterdienst der Evang.-luth. Kirche Stein (Hrsg.): Elemente zur Entfaltung von Kreativität, Spiel und schöpferischer Arbeit in Gruppen, Ökotopia, 4. Aufl. Münster 1994.
- Monika Jostes/Reinhold Weber, Projektlernen. Handbuch zum Lernen von Veränderungen in Schule, Jugendgruppen & Basisinitiativen, Weber, Zucht & Co., Kassel 1992
- Udo Kliebisch, Kommunikation und Selbstsicherheit. Interaktionsspiele für Jugendliche, Verlag an der Ruhr, Mülheim 1995

BLICK-RICHTUNG:

Die für diesen Kursabschnitt relevante Leitfrage: „Wie eignen sich Menschen ihre Welt an und wie kann dies für die Persönlichkeitsentwicklung pädagogisch gefördert werden?" weist auf ein Merkmal menschlicher Organismen hin, die im Laufe ihres Lebens einer ständigen Veränderung unterworfen sind. Dabei ist nicht nur die körperliche Veränderung gemeint, sondern besonders im Kontext pädagogischer Fragestellungen das Verhaltensrepertoire des Menschen. Wissen und Fertigkeiten, Gefühle und Einstellungen verändern sich von der Geburt bis zum Alter, Lernprozesse finden also ständig statt. Diese durch Lernprozesse ausgelösten Verhaltensänderungen sind dabei einer Beobachtung nicht immer zugänglich und sind manchmal der Person selber nicht bewusst. Die im Laufe des Lebens gemachten Lebenserfahrungen, die je individuelle Lerngeschichte ist dabei ein wichtiger Einflussfaktor für das Lernen und damit auch für die Entwicklung einer Persönlichkeit. Lernen hat somit auch immer einen altersspezifischen Aspekt: Lernprozesse werden im Kleinkindalter anders zu charakterisieren sein als im Jugendalter, wobei auch die Frage von Bedeutung ist, inwiefern Lernerfahrungen im frühen Alter Auswirkungen auf später haben.
Modelle bzw. Theorien zu Lernen und Entwicklung versuchen Aneignungsprozesse zu erklären und die Struktur in der Abfolge von Lernschritten unter lebensgeschichtlichen, u.U. auch altersspezifischen Gesichtspunkten zu erfassen. Ein Verstehen dieser Vorgänge hilft, pädagogisch förderlich Einfluss zu nehmen und somit bei der Persönlichkeitsentwicklung hilfreich zu sein.
Die so genannten klassischen Themen der Lerntheorien finden Sie in den Waben 1, 2 und auch 4. In der Wabe 3 werden Sie neuere Ansätze zum Thema Lernen kennen lernen. Die Wabe 2 betont den Entwicklungsaspekt beim Thema Lernen, u.a. werden die für verschiedene Altersstufen typischen kognitiven Lernvorgänge untersucht. Die Wabe 5 bietet die Möglichkeit einer Zusammenarbeit mit dem Fach Biologie. Die nachfolgenden Seiten zum fächerübergreifenden Lernen bieten Ihnen dazu konkrete Hinweise.
Eine Möglichkeit für die Auswahl einer Sie interessierenden Wabe besteht darin, sich in arbeitsteiligen Gruppen mit den folgenden Einführungsbeispielen auseinander zu setzen: „Peter hat Angst" (S. 239), „Die seltsame Vermehrung" (S. 270), „Lerngeschichte" (S. 308), „Vor-Bilder und Idole" (S. 332, Brecht-Text), „Fragebogen" (S. 363). Finden Sie, falls möglich, Lerngeschichten, die nach einem ähnlichen Muster ablaufen, und versuchen Sie das dahinter liegende Lernverständnis in einem ersten Zugang zu verstehen – eine Visualisierung kann weiterhelfen. Danach können Sie sich nach einer Abstimmung für ein vertieftes Vorgehen anhand der Waben entscheiden.
Aus unserer Sicht eignen sich die Waben 1 und 4 und der Abschnitt *Grundbegriffe und Grundthesen* von Wabe 5 besonders für ein Selbststudium. Die Bedeutung des Lernens für den Erziehungsprozess und damit für die Bewältigung von Lebenssituationen wird in allen Waben ausdrücklich thematisiert.
Anregungen zur Untersuchung eigenen Lernverhaltens und zur Optimierung eigener Lernstrategien finden Sie insbesondere in den Waben 1, 3 und 5. Hier angesprochene Lerntechniken werden aus entsprechenden fachwissenschaftlichen Zusammenhängen begründet. Die Überschriften der einzelnen Waben sollten es Ihnen ermöglichen, entsprechende Schwerpunkte zu erkennen.
Dieser Band 1 von *Phoenix* soll Ihnen einen ersten Einblick in pädagogische Fragestellungen geben. Wie würden uns freuen, wenn Sie die in dem Abschnitt *Perspektiven* gestellte Frage: „Pädagogik – ein Fach für mich?" bejahen (vgl. dazu auch Seite 381: „10 gute Gründe, das Fach Pädagogik zu wählen") und eventuell einen Leistungskurs Pädagogik wählen würden.

Methodische Anregung: Fächerübergreifende Perspektiven: Wie können EW-Kurse mit Biologiekursen zusammenarbeiten?

1. Inhaltliche Basis

Die EW-Richtlinien legen fest, dass der Bereich Lernen in der Jahrgangsstufe 11, 2. Halbjahr thematisiert werden muss. Bei der konkreten inhaltlichen Ausgestaltung haben Fachlehrerinnen/-lehrer und Kurse große Spielräume (der gesamte Themenkreis 1.2 in Phoenix kann hier genutzt werden).
Im Halbjahr 11/1 könnte die Frage der Erziehungsbedürftigkeit fächerübergreifend thematisiert werden (Einführung: „erziehen und erzogen werden"). Im Themenkreis 2.1 (Phoenix, Band 2) können die Wabe zur geschlechtsspezifischen Entwicklung und die Wabe zu psychischen Krankheiten Ausgangspunkte für ein fächerübergreifendes Projekt mit dem Fach Biologie sein. In den Themenkreisen 2.1 und 3.2 können Menschenbilder auch aus biologischer Sicht betrachtet werden (Phoenix, Band 2).
Im Fach Biologie werden anknüpfbare Lernbereiche den Jahrgangsstufen 12 und 13 zugeordnet: Verhalten, Fitness und Anpassung, neuronale Verschaltung und Sinne, Genetik.

2. Ziele fächerübergreifenden Lernens Biologie–EW

- *Zusammenhänge erkennen:* Der Mensch bildet eine Ganzheit. Die Wissenschaften trennen diese Ganzheit aus analytischen Gründen, benötigen aber die gegenseitige Vervollständigung.
- *Differenzen wahrnehmen:* Der Streit z.B. um die Einflüsse von Anlage und Umwelt macht deutlich, dass Biologen und Pädagogen hier unterschiedliche Akzente setzen und zu unterschiedlichen Konsequenzen kommen. Auch im Menschenbild und im Wissenschaftsverständnis können deutliche Differenzen auftauchen, die es offenzulegen und im Diskurs auszutragen gilt.
- *Multiperspektivisch denken:* Das Zusammentragen unterschiedlicher Fachperspektiven zu einem gemeinsamen Gegenstand vertieft das jeweilige Fachwissen und öffnet den Blick für andere mögliche Perspektiven.
- *Gemeinsamkeiten formulieren:* Bei allen Unterschieden gilt es auch die Gemeinsamkeiten zu betonen. So gelten dieselben Grundsätze empirischen Forschens, wenn Lernexperimente durchgeführt werden. Es ist notwendig, zu gemeinsamen Definitionen von Grundbegriffen (etwa: Lernen, Instinkt, Intelligenz ...) zu kommen, um blockierende Interferenzen zu vermeiden.
- *Kontroversen austragen:* Der Streit um Anlage und Umwelt, die Auseinandersetzung um ein rein behavioristisches Wissenschaftsverständnis, die Kritik an der Übertragbarkeit von Tierexperimenten auf den Menschen usw. – dies wären lohnende Themen für Streitgespräche.

3. Organisationsformen

Wenn es das Schulcurriculum der Biologie-Fachschaft erlaubt, wäre eine Kooperation im Schulhalbjahr 11/2 realisierbar. Es spricht aber auch nichts dagegen, wenn der Pädagogikkurs 11/2 mit einem Biologiekurs 12/2 zusammenarbeitet.
Ein Schüler/Schülerinnen-Lehrer/Lehrerinnen-Team aus beiden Kursen kann die Vorbereitung auf der Basis eines gemeinsamen Lerngegenstandes leisten.
Die Kurse können korrespondieren, Anfragen und Thesen austauschen und sich wechselseitig Referenten zur Verfügung stellen. Gemeinsame Veranstaltungen kön-

nen durchgeführt werden (Experimente, Expertenbefragungen, Ausstellungen, Streitgespräche u.Ä.). Gemeinsame Projekttage oder Präsentationstage können durchgeführt werden.
Gemeinsame Materialien und Medien können zusammengestellt werden. So bietet z.B. die Zeitschrift „Unterricht Biologie" (Friedrich Verlag) vom Oktober 1996 Unterrichtsmaterialien zum Thema „Instinkt und Intelligenz" an, die von beiden Fächern genutzt werden könnten. Bücher und Filme von Frederic Vester (z.B. Denken, Lernen und Vergessen) werden sowohl in Biologie wie auch in Pädagogik häufig eingesetzt.

Gemeinsame Projekte können durchgeführt werden:

- Lernen lernen: Broschüre mit Lerntipps oder eine Ausstellung zum Thema Lernen für die Jahrgangsstufe 5 kann Endprodukt gemeinsamer Arbeit sein.
- Lernstrategien für Oberstufenschüler und -schülerinnen: Fachmethoden, Recherchetechniken und Lernstrategien zur Verbesserung des eigenen Lernverhaltens können gemeinsam entwickelt bzw. ausgetauscht werden.
- Lernbehinderungen und sonderpädagogische Einrichtungen können theoretisch oder durch Exkursionen erkundet werden, dies hätte auch einen berufsorientierenden Effekt.

2 Das Wabenmodell

2.1 Mit Zuckerbrot und Peitsche? – Klassische Lerntheorien

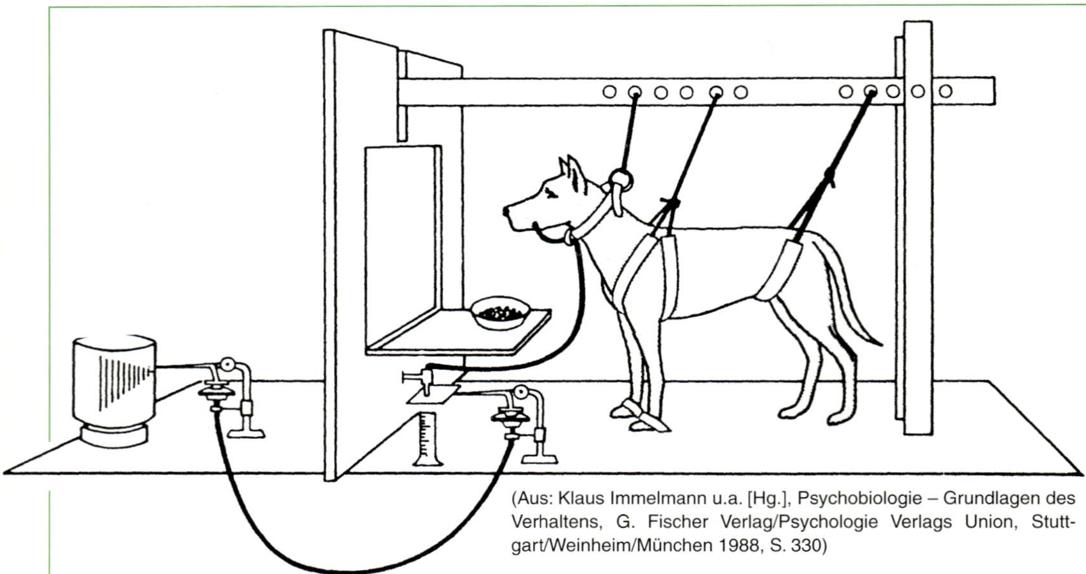

(Aus: Klaus Immelmann u.a. [Hg.], Psychobiologie – Grundlagen des Verhaltens, G. Fischer Verlag/Psychologie Verlags Union, Stuttgart/Weinheim/München 1988, S. 330)

„Die erste und wichtigste Aufgabe, die vor uns liegt, besteht also darin, die natürliche Neigung aufzugeben, unsere eigene subjektive Sicht der Dinge auf die Reaktion des Tieres im Experiment zu übertragen, und statt dessen unsere gesamte Aufmerksamkeit darauf zu lenken, die Korrelation zwischen externen Phänomenen und der Reaktion des Organismus zu untersuchen."

(Iwan Pawlow, 1890)

Einführung

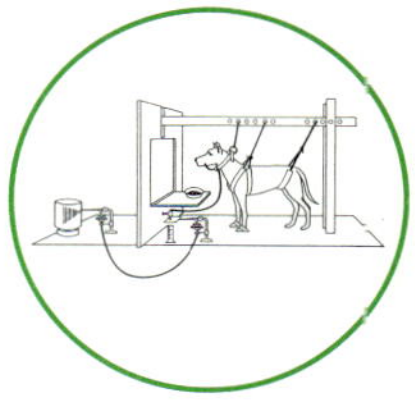

Beispiele aus dem Alltag

1. „Peter hat Angst“

Ein kleiner Junge, der 3-jährige Peter, war in Behandlung bei einem Hals-Nasen-Ohren-Arzt. Wegen einer Mittelohrentzündung wurde ihm ein Trommelfell durchstochen. Als er aus der Narkose erwachte, verspürte er starke, stechende Schmerzen im Ohr. Er sah den Arzt im weißen Kittel über sich gebeugt und schrie und weinte fürchterlich. Als er eine Woche später mit seiner Mutter zum Friseur ging, fing er sofort, als er den Friseur in seinem weißen Kittel sah, fürchterlich an zu weinen und zu schreien und weigerte sich, im Friseurstuhl Platz zu nehmen.
Die Mutter, die den Friseur gut kannte, bat ihn, dem Jungen die Haare nach Feierabend zu Hause und ohne Kittel zu schneiden. Dies war auch ohne Probleme möglich. Um das Haus des HNO-Arztes machte das Kind noch lange Zeit einen großen Bogen.

2. „Eva will nicht mehr essen“

Eva G. (12,3 Jahre alt) wurde am 4.6.1971 in der Universitätsklinik Münster stationär aufgenommen. Sie wurde wegen eines bedrohlichen Kräfteverfalls von einem praktischen Arzt eingewiesen. Sie wog bei einer Größe von 146,5 cm 27,3 kg (Idealgewicht: ca. 46 kg).
Zur familiären und persönlichen Situation der Patientin:
Der Vater ist 50 Jahre alt, Metzgermeister, körperlich gesund. Er wird als zurückhaltend, ‚stiller Typ‘ geschildert, der sich um seine Kinder kaum kümmert und vor allem in Ruhe gelassen werden will. Er ist viel außer Haus, häufig in Gastwirtschaften, kommt fast täglich betrunken zurück. Er ist abends müde und gleichgültig, will bestimmte Programme im Fernsehen sehen, was mit den übrigen Familienmitgliedern häufig zu Konflikten führt. Die Mutter ist 43 Jahre alt, gesund. Auch sie ist zurückhaltend, wortkarg, eher schüchtern. Bei näherem Kontakt wirkt sie aufgeschlossen und herzlich, macht einen mütterlichen Eindruck. Sie scheint der ganzen Familiensituation (selbstständige Metzgerei, 4 Kinder) nicht gewachsen zu sein, bedauert selbst, dass sie sich um die Kinder, insbesondere um die Patientin, nicht genug kümmern kann.
Eva hat einen älteren Bruder und zwei jüngere Schwestern, denen sie sich in vielen Bereichen unterlegen fühlt. In der Schule hat sie kaum Kontakt.
Das häusliche Milieu ist ganz durch die eigene Metzgerei geprägt. Beide Eltern sind hier ständig tätig. Die Mahlzeiten werden – wie in manchem Geschäftshaushalt – sehr eilig eingenommen; wer gerade Zeit hat, nimmt teil. Eine geordnete Tischrunde kommt selten zustande. Man isst ziemlich viel Fleisch, was die Patientin auch gerne mag. Der Tisch wird in der Küche gedeckt und nicht besonders reizvoll hergerichtet (immer das gleiche Plastiktuch). Die jüngeren Geschwister essen ziemlich unmanierlich; so benutzt z.B. die 11-jährige Schwester statt der Gabel häufig die Finger, worüber die Patientin sehr ärgerlich ist.
Eva ist für ihr Alter ziemlich klein und war bisher eher etwas korpulent, empfand sich selbst als zu dick, meinte vor allem, sie habe zu dicke Beine. Über Ostern 1971 waren die Eltern verreist, die Kinder blieben bei der Großmutter alleine zu Hause. Am Ostermontag unternahm Eva mit ihrer Freundin einen Ausflug zum Teutoburger Wald. Als die Eltern abends zurückkehrten, fanden sie die Patientin irgendwie verändert, sie war bedrückt, sehr müde und einsilbig. Den folgenden Sonntag verbrachte sie bei ihrer Freundin und brachte abends 2 Kalorientabellen mit. Eva hatte bereits in der vergangenen Woche etwas weniger gegessen, was den Eltern jedoch nicht besonders aufgefallen war. Nunmehr hielt sie sich an ihre Kalorien-Tabelle und schränkte den Genuss von Kar-

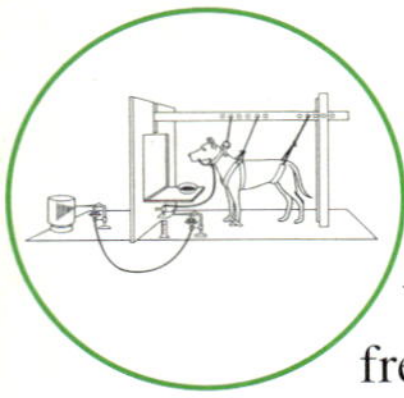

toffeln, Brot, Süßigkeiten, Milch, Obst drastisch ein. Sie aß morgens eine halbe Scheibe trockenes Brot, mittags eine kleine Kartoffel und ein wenig Gemüse, abends wiederum eine halbe Scheibe trockenes Brot und trank einen Schluck Wasser. Wenn man sie wegen der kleinen Essensmengen ansprach, wurde sie frech und aggressiv; allmählich legte sich das aber, und die Patientin wurde zunehmend apathisch. Sie sagte, dass sie wohl essen möchte, es fiele ihr jedoch – wenn sie an Essen dächte – immer sogleich die Kalorientabelle ein und sie könne dann kaum noch etwas zu sich nehmen.

Die Mutter und die Großmutter kümmerten sich jetzt sehr viel um Eva und redeten ihr gut zu. Als dies nach einer Woche nichts half, versuchte die Mutter es mit Gewalt und Drohungen. Auch das half nichts. Eva nahm immer mehr ab und musste schließlich in die Klinik eingeliefert werden.

(Berichtet nach Prof. Dr. Hans E. Kehrer, Behandlung der Pubertätsmagersucht mit Verhaltenstherapie, in: Der Nervenarzt 43/1972, Berlin 1972, S. 129 ff.)

3. Signallernen

Auf bestimmte Signalreize reagiert jeder Mensch normalerweise ganz reflexartig: Jemand hinter mir knallt mit Wucht ein Buch auf den Tisch. Ich spanne mich an, drehe mich um, habe ganz kurz ein unbehagliches Gefühl.

Der Arzt gibt mir einen Schlag auf die Kniescheibe. Mein Bein streckt sich. Ein Grashalm kitzelt meine Nase. Ich muss niesen.

Ich sehe etwas, was mir besonders gut schmeckt. Ich spüre, wie sich in meinem Mund Speichel ansammelt. […]

Als kleines Kind hat mich einmal eine Katze angesprungen. Dadurch, dass es so plötzlich kam, habe ich mich fürchterlich erschrocken. Noch heute gehe ich nicht zu Leuten, die Katzen haben, in die Wohnung. Ich lehne solche Leute überhaupt immer etwas ab.

(Frauke Teegen u.a., Sich ändern lernen. Anleitung zur Selbsterfahrung und Verhaltensmodifikation, Rowohlt, Reinbek 1985, S. 30)

(Zeichnung: © Marie Marcks)

1. Beschreiben Sie Unterschiede und Gemeinsamkeiten der hier berichteten Lernvorgänge.
2. Tauschen Sie sich in Gruppen über ähnliche Lernerfahrungen aus.
3. Welche Fragen und Thesen ergeben sich aus Ihrem bisherigen Diskussionsstand?

Grundbegriffe und Grundthesen

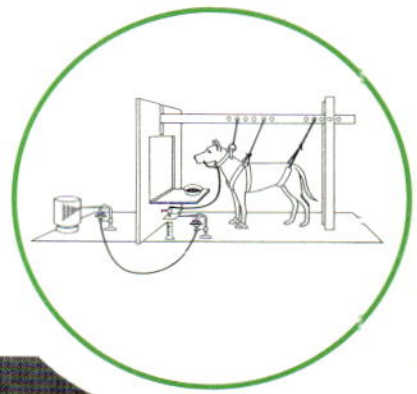

Klassische Konditionierung

Iwan Pawlow in seinem Labor in St. Petersburg

Der spanische Dichter Lope de Vega (1562 – 1635) erzählt in einem seiner Werke, *Der Priester der Jungfrau (El capellán de la Virgen),* von einem jungen Mönch, der wegen zahlreicher Vergehen wiederholt damit bestraft wurde, seine Mahlzeiten auf dem Boden einzunehmen. Dabei ärgerten ihn aber immer wieder die zahlreichen Katzen des Klosters, denn sie stahlen ihm häufig die besten Häppchen. Der Versuch, die Tiere wegzujagen, brachte praktisch keine Erfolge. Der Mönch probiert daraufhin eine andere Methode: In einer dunklen Nacht steckte er alle Tiere in einen Sack. Zunächst hustete der Mönch, um daraufhin kräftig auf die Katzen einzuschlagen. „Sie jaulten und schrien wie eine höllische Orgel." Der Mönch pausierte sodann kurze Zeit, um die Prozedur noch einmal zu wiederholen: erst das Husten und dann die Prügel. Schließlich zeigte sich, dass die Tiere bereits „wie der Teufel stöhnten und schrien", nachdem sie nur das Husten gehört hatten. Die Katzen wurden daraufhin aus dem Sack gelassen. Immer wenn der Mönch später einmal wieder vom Fußboden zu essen hatte, beobachtete er aufmerksam seine Umgebung. „Wenn sich ein Tier meinem Essen näherte", so erklärte er, „brauchte ich nur zu husten; … und wie die Katze daraufhin das Weite suchte!"
Was Lope de Vega beschrieb, war nichts anderes als die Anwendung von Lerngesetzen, auf die mehr als drei Jahrhunderte später zuerst ein junger Doktorand an der amerikanischen Universität von Pennsylvania, Edwin Twitmyer, im Rahmen seiner Untersuchungen aufmerksam geworden ist. Von seinen Beobachtungen berichtete er im Jahre 1904 auf einem Psychologiekongress. Der Leiter der Vortragsreihe (William James) war von den Ausführungen aber offenbar sehr gelangweilt, denn er kündigte eine Mittagspause an, ohne den Zuhörern die sonst übliche Gelegenheit zur Diskussion zu geben. Wegen dieses geringen Interesses verfolgte Twitmyer die begonnenen Arbeiten nicht weiter. Fast zur gleichen Zeit war aber ein russischer Physiologe auf die gleichen Zusammenhänge aufmerksam geworden. Es handelte sich um Iwan Pawlow, der durch einen Nobelpreis gerade international bekannt geworden war. Während der russischen Revolution erkannten die neuen Machthaber sofort seine Bedeutung als Wissenschaftler. Sie boten ihm

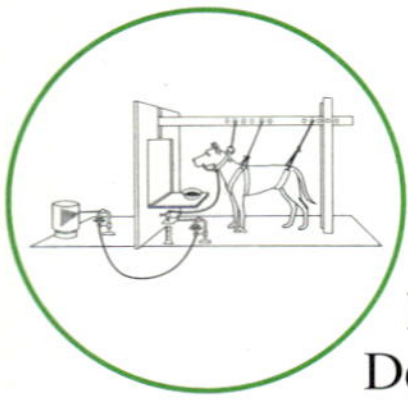

zusätzliche Lebensmittelrationen an. Pawlow war aber vor allem an der Fortsetzung seiner Forschungsarbeiten interessiert. Deshalb nahm er das Angebot erst an, nachdem man ihm auch Futter für seine Hunde zugesichert hatte.
Pawlows Beobachtungen gehören inzwischen fast schon zum Allgemeinwissen. Dennoch ist eine Beschreibung sinnvoll, weil über 60 Prozent der von Pawlow geprägten Begriffe noch heute von Psychologen verwendet werden, die das Lernverhalten von Tieren untersuchen.

Der angeborene Reflex als Ausgangspunkt Klassischer Konditionierung

Als Physiologe wusste Pawlow, dass seine Versuchstiere – er bevorzugte Hunde – reflexhaft Speichel absonderten, sobald ihr Futter mit der Mundschleimhaut in Berührung kam. Bei einem Reflex handelt es sich um eine automatische Reaktion auf einen jeweils spezifischen Reiz. Die reflexhafte Reiz-Reaktionsverbindung ist angeboren; sie stellt also kein Ergebnis des Lernens dar. Den Reiz, der reflexhaft eine bestimmte Reaktion auslöst, bezeichnet man auch als unkonditionierten Reiz (UCS; UC für unkonditioniert [engl. *unconditioned*] und S für Stimulus). Diesem UCS folgt eine unkonditionierte Reaktion (UCR; R für *Response*).
Jeder Mensch, der sich einmal einer gründlichen medizinischen Untersuchung unterzogen hat, konnte sicherlich die Prüfung einiger seiner Reflexe miterleben. Der Arzt leuchtet mit einer Taschenlampe in das geöffnete Auge seines Patienten und löst damit eine Pupillenverkleinerung aus. Im Rahmen der gleichen Untersuchung schlägt er möglicherweise mit seinem Hämmerchen leicht auf eine bestimmte Stelle der Kniescheibe und bewirkt damit ein ruckartiges Nach-vorne-Schnellen des freihängenden Unterschenkels. Diese und zahlreiche weitere Reflexe lassen sich am menschlichen Körper beobachten, sofern keine Erkrankungen des Zentralnervensystems vorliegt.
Pawlow hätte mit seinen Arbeiten vielleicht niemals einen Beitrag zur Lernpsychologie geleistet, wenn er beim Studium seiner Hunde nicht auf eine Merkwürdigkeit aufmerksam geworden wäre. Er beobachtete, wie die Drüsen in der Mundschleimhaut in Funktion traten, obwohl sie noch gar nicht mit Futter in Berührung gekommen waren. Pawlow stellte bei einem Versuchstier Speichelabsonderungen fest, nachdem Helfer in den Experimentalraum gekommen waren und mit Blechgefäßen klapperten. Diese Beobachtung konnte Pawlow sich physiologisch nicht erklären. Wieso erfolgte bereits eine Speichelabsonderung, obwohl die Tiere ihr Futter noch gar nicht wahrnehmen konnten? Sollte es neben den natürlichen noch weitere Auslöser der Speichelsekretion geben? Waren Lernprozesse für die bemerkenswerten Reaktionen der Tiere verantwortlich? Zur Beantwortung solcher Fragen führte Pawlow seine heute weithin bekannten Experimente durch.

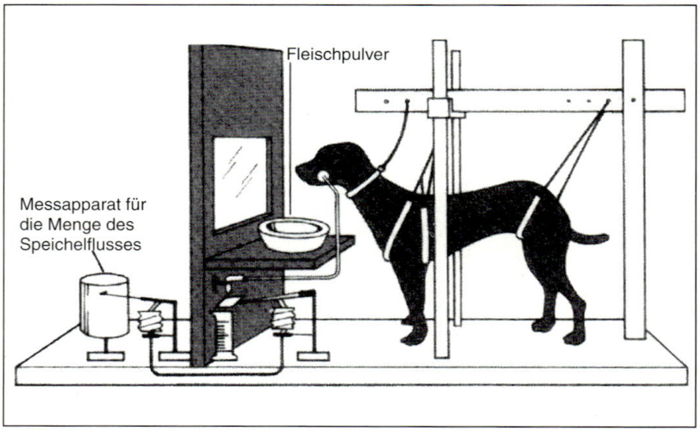

Pawlows Konditionierungs-Apparat

Vom neutralen zum konditionierten Reiz

Pawlow achtete in seinen Experimenten darauf, dass alle Einflüsse hochgradig kontrolliert

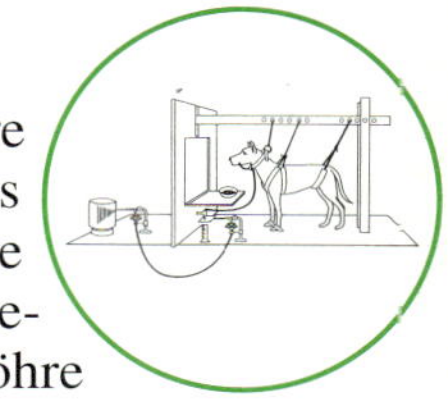

blieben. Offenbar war es möglich, dass die Speicheldrüsen nicht nur auf ihre natürlichen Reize ansprachen. Damit nichts auf die Versuchstiere einwirkte, was sich dem Einfluss Pawlows entzog, erfolgte die Durchführung der Experimente fortan in einem schallisolierten Raum. Die Versuchstiere wurden an einem speziell entwickelten Gestell festgeschnallt (s. Abbildung). Durch eine kleine Röhre konnte der Speichelfluss eines Tieres direkt abgeleitet und einem Gefäß zugeführt werden, das eine Skala zur Messung der jeweils abgeflossenen Menge besaß. Pawlow wollte wissen, ob einer unkonditionierten Reaktion, also der Speichelsekretion, ausnahmslos der unkonditionierte Reiz vorausgehen muss oder ob auch andere Reize die Auslöserfunktion übernehmen können. Zu Beginn des Experiments hatte Pawlow sich davon überzeugt, dass die Speicheldrüsen nach Darbietung eines Klingelreizes nicht in Funktion traten; in Hinblick auf diese besondere Reaktion war der akustische Reiz also ein neutraler Reiz (NS; engl. *neutral stimulus*). Das Tier reagierte auf das Klingeln lediglich mit einer gewissen Unruhe, aber nicht mit einer Speichelabsonderung. Nach dieser Prüfung bot Pawlow das Klingelzeichen (den neutralen Reiz) und unmittelbar darauf das Futter (den unkonditionierten Reiz) dar, das den Speichelfluss auf natürliche Weise auslöste. Er wiederholte diese Aufeinanderfolge (NS→UCS→UCR) mehrere Male. Schließlich führte er eine entscheidende Neuerung ein: Er bot nur das Klingelzeichen dar, ohne diesem aber Futter (UCS) folgen zu lassen. Nach dieser Veränderung der experimentellen Bedingung machte Pawlow eine aufschlussreiche Beobachtung: Die Speichelreaktion erfolgte nunmehr auch nach dem Ertönen der Klingel. Damit hatte der ursprünglich neutrale Reiz die Funktion eines konditionierten Reizes (CS; C für konditioniert nach dem englischen Begriff *conditioned*) erworben. Sofern ein konditionierter Reiz das Reflexverhalten (hier also den Speichelfluss) auslöst, spricht man von einer konditionierten Reaktion (CR). Pawlow nannte den konditionierten Reflex zunächst einen „psychischen" Reflex. Später missfiel ihm dieser Begriff jedoch, und seine Mitarbeiter mussten fünf Kopeken Strafe bezahlen, wenn sie ihn weiterhin benutzten.

Durch kleine Veränderungen der experimentellen Bedingungen stellte Pawlow fest, dass eine Konditionierung nur stattfindet, wenn der neutrale Reiz (NS) während der Lernphase dem unkonditionierten Reiz zeitlich vorausgeht (also NS → UCS). Es ist wie bei einem Warnsignal vor einem unbeschrankten Bahnübergang, das seine Funktion nur erfüllt, wenn es vor dem Eintreffen des Zuges blinkt. Ein neutraler Reiz wird niemals zu einem konditionierten Reiz, wenn er zeitlich nach dem unkonditionierten Reiz auftritt; auch eine Signalanlage, die erst nach der Vorbeifahrt des Zuges blinkt, wäre nutzlos.

(Gerd Mietzel, Wege in die Psychologie, Klett-Cotta, Stuttgart 1996, S. 162ff.)

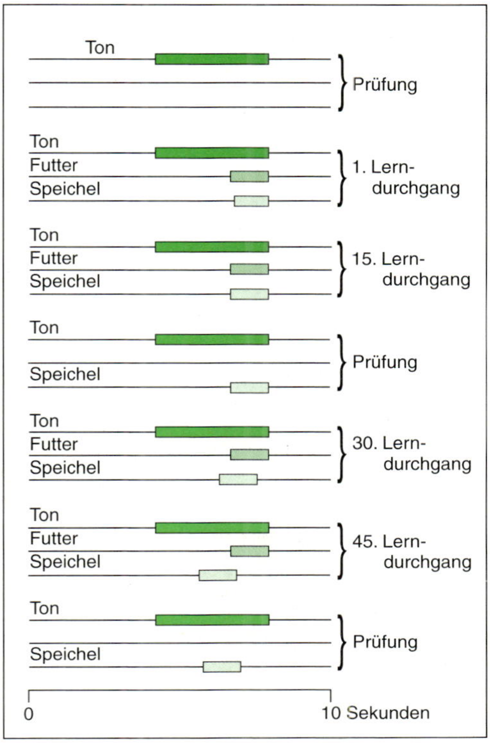

Abb.1: Grundmuster der klassischen Konditionierung

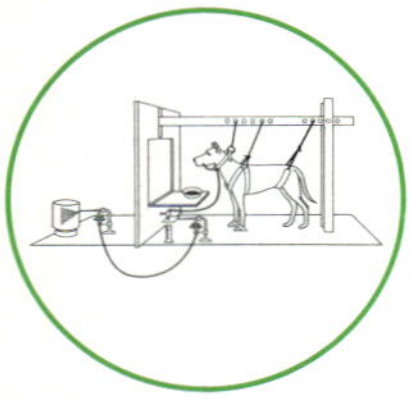

Abb. 2: Unterscheidungslernen beim klassischen Konditionieren

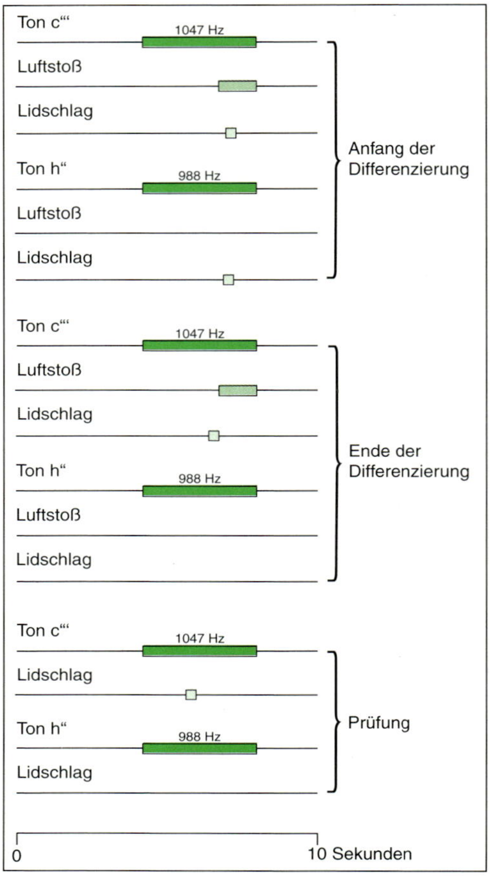

(Funkkolleg „Psychobiologie – Verhalten bei Mensch und Tier", Studienbegleitbrief 7, S. 24, 41; hrsg. vom Deutschen Institut für Fernstudien an der Universität Tübingen (DIFF), Tübingen 1986/87)

Abb. 3:

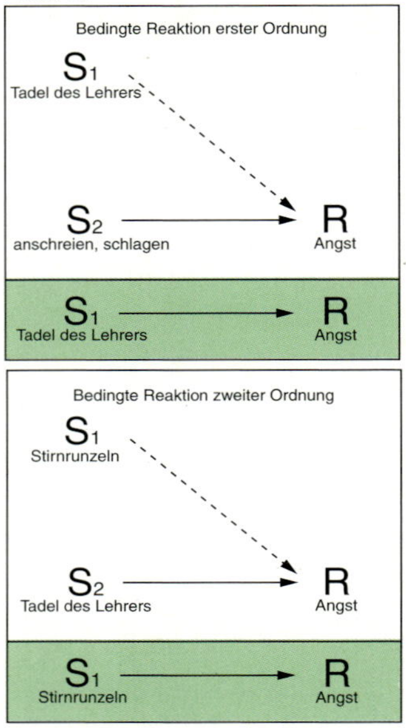

Abb. 4:

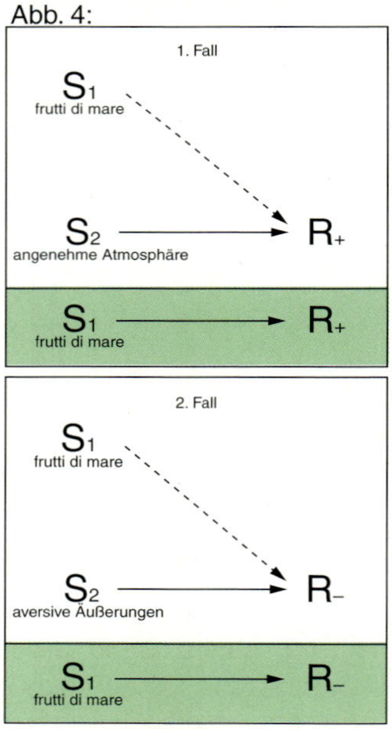

Abb. 5:

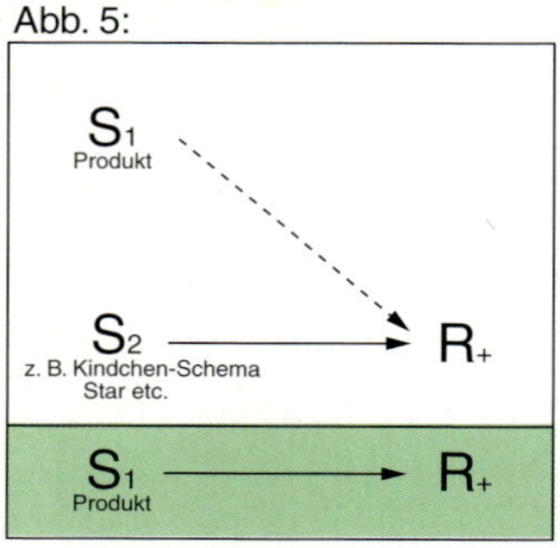

1. Kennzeichnen Sie die unterschiedlichen Reize und Reaktionen in der Abbildung 1 (Grundmuster der klassischen Konditionierung) und Abbildung 2 (Differenzierungsprozess).
2. Erarbeiten Sie eigene Schemata zu den Vorgängen der
   - Löschung
   - Generalisierung
   - Hemmung.
3. In unterschiedlichen Bereichen unserer alltäglichen Erfahrung finden wir Beispiele für Lernvorgänge, die zumindest teilweise auf Konditionierungsprozesse zurückzuführen sind.

   Formulieren Sie Thesen zu den in den Abbildungen 3-5 dargestellten Lernprozessen (S = Reiz, R = Reaktion, + = positiv, – = negativ).

   Wie weit geht der Einfluss solcher Konditionierungsprozesse? Erörtern Sie.

(Edelmann, W. [1996], Lernpsychologie. Eine Einführung, 5., vollständig überarbeitete Auflage. Weinheim: PSYCHOLOGIE VERLAGS UNION, S. 73, 84, 87)

Glossar der behavioristischen Lernpsychologie

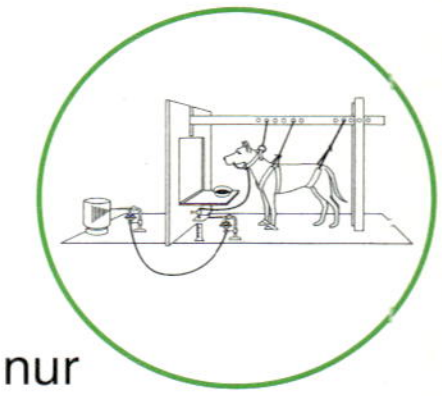

Bedingter Reiz: Ein ursprünglich neutraler Reiz wird durch die Kopplung mit einem unbedingten Reiz zu einem bedingten Reiz und löst die Reaktion aus, die vorher nur durch einen unbedingten Reiz ausgelöst wurde.

Bedingte Reaktion: Gelernte Reaktion, die durch den bedingten Reiz ausgelöst wird.

Behaviorismus: Der Begriff wurde von Watson 1913 geprägt und kennzeichnet eine Richtung der Lernpsychologie, die sich auf die Messung und Beschreibung beobachtbarer Vorgänge beschränkt und jede Mutmaßung über innere seelische Vorgänge als unwissenschaftlich betrachtet. Ziel des Behaviorismus ist es, Verhaltensgesetze zu formulieren.

Blackbox: Behavioristisches Erklärungsmodell für Lernvorgänge:

Unabhängige Variable: Reizsituation → Intervenierende Variable: Blackbox nicht beobachtbare Vorgänge im Individuum → Abhängige Variable: Verhaltensresultat

Diskriminierung: Zwei ähnliche Reize werden unterschieden und es erfolgt eine unterschiedliche Reaktion.

Generalisierung: Ähnliche, aber unterschiedliche Reize lösen die gleiche Reaktion aus.

Hemmung: Ein anderer Reiz (unbedingt oder bedingt) stört den Konditionierungsprozess.

Kontiguität: Räumlich-zeitliche Nähe von Reizen bzw. Reiz und Reaktion in der Übungsphase.

Löschung: Eine gelernte Reaktion wird immer schwächer und verschwindet schließlich wieder.

Neutraler Reiz: Ein Reiz, der keine spezifische Reaktion nach sich zieht.

Negative Verstärkung: Ein negativer Reiz wird nach einem gezeigten Verhalten entfernt.

Operationalisierung: Genaue Definition der Variablen, um sie messbar zu machen.

Positive Verstärkung: Ein positiver Reiz wird nach dem gezeigten erwünschten Verhalten hinzugefügt.

Strafe: Negative Konsequenz auf ein gezeigtes Verhalten

Übung: Häufige Kombination von unbedingtem und bedingtem Reiz bzw. gezeigtem Verhalten und Verhaltenskonsequenz in der Lernphase.

Unbedingte Reaktion: Ein Verhalten, welches angeboren-reflexartig auf einen Reiz ausgelöst wird.

Unbedingter Reiz: Ein Reiz, der reflexartig immer die gleiche Reaktion hervorruft.

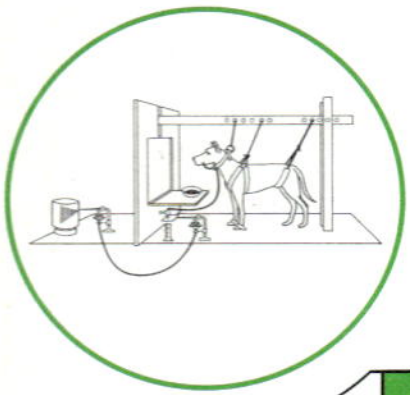

Trainieren Sie die Anwendung der Fachbegriffe an den in diesem Buch dargestellten Fallbeispielen!

Methode: Das Experiment in der Erziehungswissenschaft

Das Experiment gilt als das exakteste Forschungsverfahren in den Erfahrungswissenschaften, da es die methodologischen Prinzipien empirisch-analytischer Forschung optimal einlöst und die eindeutige Widerlegung oder Bestätigung von theoretischen Sätzen bzw. daraus abgeleiteten Hypothesen erlaubt. In der Phase der Theorieüberprüfung ist das Experiment daher an Präzision und Beweiskraft allen anderen erfahrungswissenschaftlichen Forschungsansätzen überlegen.

Experimentelles Vorgehen ist ausgezeichnet durch:

1. die planmäßige und wiederholbare Herstellung eines Beobachtungsvorganges;
2. die Isolation und Manipulation bzw. Variation der in der Hypothese als relevant erkannten Variablen;
3. die systematische Kontrolle aller Elemente dieses Beobachtungsvorganges.

Die wichtigsten Merkmale eines Experiments, die in nahezu allen bekannten Definitionen auftauchen, sind demnach Planmäßigkeit, Wiederholbarkeit und Variierbarkeit.

Merkmale des Experiments

Planmäßigkeit

Planmäßigkeit oder „Willkürlichkeit“ (Wundt, 1913) bedeutet das absichtliche Eingreifen des Untersuchers in die soziale Realität zu einem von ihm gewählten Zeitpunkt, um die Bedingungen der Situation gemäß seinen Intentionen zu verändern. Der Experimentator sucht demnach nicht einen Wirklichkeitsausschnitt zum Zwecke der Beobachtung auf, sondern stellt Realität absichtlich und planmäßig her. Experimente können in einer „künstlich“ hergestellten reizarmen und störungsfreien Situation stattfinden, die dem Experimentator eine nahezu perfekte Bedingungskontrolle gestattet, mit der Erziehungswirklichkeit aber überhaupt keine Ähnlichkeit mehr aufweist *(Laborexperiment).* Lernexperimente mit sinnlosen Silben oder Experimente zur Begriffsbildung, die das Sortieren von Karten mit abstrakt-geometrischen Figuren verlangen, sind klassische Beispiele für „lebensferne“ Experimente.

Experimente können aber auch völlig in den „natürlichen“ Ablauf des Erziehungsgeschehens eingebettet sein, wie das folgende Untersuchungsbeispiel zeigt:

Zur Überprüfung der Hypothese, ob kurze schriftliche Stellungnahmen des Lehrers unter den Prüfungsarbeiten seiner Schüler zu einer Leistungsverbesserung beitragen können, führte Page (1958) eine Untersuchung an zwölf Schulen in den Klassenstufen sieben bis zwölf durch. Der Unterricht in den am Versuch beteiligten Klassen verlief wie gewöhnlich. Informiert über den Untersuchungszweck waren lediglich die Lehrer. Sie schrieben nach einem vom Experimentator ausgeklügelten System unter die Arbeiten ihrer Schüler entweder selbst verfasste Stellungnahmen, vom Experimentator vorgefertigte Kommentare oder nur Zensuren. Die Auswirkungen dieser Behandlung wurden mit einem objektiven Test erfasst, der im Rahmen des normalen Unterrichts gegeben wurde. Nach den Ausführungen von Page schien keiner der ca. 2000 Schüler bemerkt zu haben, dass er an einem Experiment teilgenommen hatte.

Entscheidend ist hier aber nicht die Dimension der „Künstlichkeit“ oder „Lebensnähe“ von Experimenten, sondern der Erfolg des Experimentators in der Manipulation der experimentellen Bedingungen, sodass die infrage stehende Theorie optimal überprüft werden kann.

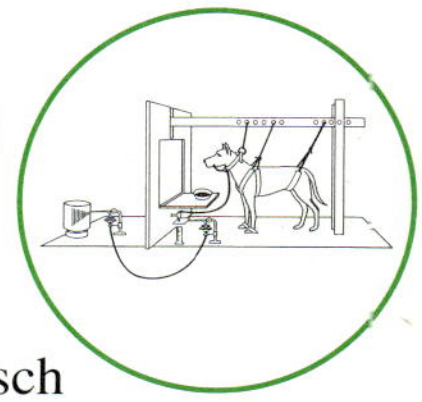

Wiederholbarkeit

Jedes konkret beobachtbare Geschehen ist ein absolut einmaliger, historisch unwiederholbarer Vorgang. Somit ist in diesem strikten Sinn prinzipiell kein Ereignis wiederholbar. Alle experimentell arbeitenden Wissenschaften gehen jedoch davon aus, dass Experimente repliziert werden können und – für einen gesicherten Kenntnisstand unabdingbar – repliziert werden müssen. Wiederholbarkeit als Forderung an das Experiment bedeutet in diesem Zusammenhang, dass die Bedingungen und Verhältnisse der Experimentalsituation in gewissen „Toleranzgrenzen" gleich bleiben.
Verdeutlichen wir dies an einem Beispiel: Düker und Tausch (1957) haben eine Untersuchung über die Wirkung der Veranschaulichung von Unterrichtsstoffen auf das Lernen und Behalten dieser Stoffe an 110 Schülern des fünften Schuljahres durchgeführt. Dabei zeigte sich, dass das Behalten von Unterrichtsstoffen durch die Veranschaulichung gefördert wird. Eine Replikation dieser Untersuchung mit denselben Schülern und demselben Lernstoff dürfte in diesem Fall kaum in Frage kommen, da die Schüler den Lernstoff bereits kennen. Eine Replikation ist jedoch dann möglich, wenn man den Begriff der Wiederholung in dem oben angegebenen Sinn erweitert. Das Experiment lässt sich dann mit einer vergleichbaren Schülerstichprobe ein zweites Mal durchführen.
Auch die anderen Bedingungen der Experimentalsituation, wie der unterrichtende Lehrer oder die Lernumgebung, werden nicht absolut gleich sein, doch genügen auch hier annähernd gleiche Bedingungen. Wiederholbarkeit eines Experimentes bedeutet speziell in der Erziehungswissenschaft fast immer Wiederholbarkeit mit neuen, vergleichbaren Personenstichproben, da die Personen des ersten Experiments „verändert" worden sind.

Variierbarkeit

Variierbarkeit wird bei einigen Autoren als entscheidendes Charakteristikum experimentellen Vorgehens in den Sozialwissenschaften angesehen. Sie sprechen erst dann von Experimentalforschung, wenn bestimmte Bedingungen oder Variablen variiert und andere zumindest in bestimmten Grenzen konstant gehalten werden. Variiert werden dabei meist die als relevant erkannten unabhängigen Variablen, während störende Variablen konstant gehalten werden.
Da die Begriffe „unabhängige" und „störende" Variable für das weitere Verständnis grundlegend sind, wollen wir im Folgenden eine Begriffsbestimmung vornehmen.

Exkurs über Arten von Variablen

Als Variable bezeichneten wir generell jedes Merkmal, das zumindest in zwei Ausprägungsgraden vorkommt. In ihrer einfachsten Form bedeutet daher die Aussage, dass im Experiment eine Variable oder Bedingung variiert wird, die An- oder Abwesenheit dieser Bedingung, z. B. Frustration vorhanden – Frustration nicht vorhanden.

Unabhängige (konstitutive) Variablen

In der experimentellen Forschung ist die *unabhängige* Variable die Variable, die vom Experimentator manipuliert oder variiert wird. Sie wird als konstitutiv für den erwarteten Effekt angesehen. Unabhängige oder konstitutive Variablen können Variablen sein, die sich *aktiv manipulieren* lassen, wie z. B. der Lehrstoff, die Lehrmethode, die Unterrichtsorganisation oder *attributive (organismische) Variablen,* wie z. B. Lehrer- und Schülermerkmale (Rasse, Geschlecht, Intelligenz, soziale Herkunft), die sich zwar nicht aktiv manipulieren, jedoch systematisch variieren lassen.

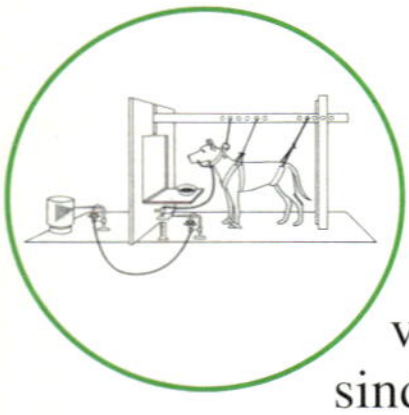

Abhängige Variablen

Diejenige Variable, die angenommenerweise von den unabhängigen Variablen beeinflusst wird, bezeichnet man als *abhängige* Variable. In ihr zeigen sich die vermuteten Effekte, die von den Variationen der unabhängigen Variablen bewirkt sind. Die Fragestellung oder Hypothese einer Untersuchung gibt jeweils an, welche Variablen als abhängige zu gelten haben. In Untersuchungen über die Auswirkungen verschiedener Lehrmethoden, verschiedener Organisationsformen des Unterrichts oder verschiedener Erziehungsstile wird häufig der „Lernerfolg" die abhängige Variable sein. „Lernerfolg" kann heißen: Lernleistungen in einem Unterrichtsfach, Veränderung von Attitüden, Veränderung von sozialen Verhaltensweisen u. a. m. Die Spezifizierung hängt von den Intentionen des Untersuchers ab.

Ebenso wie mehrere unabhängige können auch mehrere abhängige Variablen in eine experimentelle Untersuchung einbezogen werden. Generelle Aussagen, welche Klassen von Variablen als abhängige und welche als unabhängige zu verwenden sind, lassen sich natürlich nicht treffen. Dies hängt jeweils vom Untersuchungszweck ab. War der „Lernerfolg" im vorigen Beispiel die abhängige Variable, so ist er in der Fragestellung, ob die Beliebtheit eines Schülers abhängig ist von seinen Lernleistungen, die unabhängige Variable.

Externe (störende) Variablen

Alle Variablen – außer den konstitutiven –, die einen Einfluss auf die abhängigen Variablen ausüben oder ausüben könnten, werden als *extern* (störend) bezeichnet – extern hinsichtlich des vom Experimentator hypothetisch angenommenen Zusammenhangs zwischen den unabhängigen und abhängigen Variablen. Einer Grobklassifikation zufolge fallen in die Klasse der *inneren externen* Variablen oder Faktoren alle Personenmerkmale, wie Intelligenz, Motivation, sozialer Status, Geschlecht, Bildungsniveau etc., und in die Klasse der *äußeren externen* Faktoren alle Situationsmerkmale, wie Zeit, Raum, Lernmaterial, Organisationsform oder Klassengröße.

Der Experimentator ist nun mit der Schwierigkeit konfrontiert, die nahezu unübersehbare Menge von externen Faktoren unter Kontrolle zu halten. Je weniger dies gelingt, um so eher können externe Faktoren als Alternativerklärungen für die beobachteten Effekt herangezogen werden.

Kontrolle ist demnach der zentrale Gesichtspunkt experimenteller Forschung, dem wir uns in dem folgenden Abschnitt zuwenden wollen.

Logik des Experiments

Beginnen wir mit einer allgemeinen Hypothese: „Wenn Frustration, dann Aggression." Aus früher angestellten Überlegungen entnehmen wir, dass dieser allgemeingültig formulierte Zusammenhang an der Realität nicht überprüfbar ist, da in der Realität stets eine konkrete Form von Frustration und Aggression vorliegt. Der Experimentator steht daher bei Überprüfung dieser Hypothese vor folgender Aufgabe:

a) Er muss das Experiment so planen, dass aggressives Verhalten (abhängige Variable) nur durch die in der Experimentalsituation hergestellten Frustrationsbedingungen (unabhängige Variable) hervorgerufen wird und nicht auf irgendwelche externen Faktoren zurückgeführt werden kann. Es geht hier um die Frage, ob die experimentellen Behandlungen und nur diese den experimentellen Effekt hervorgerufen haben – eine Frage der *inneren Gültigkeit* eines Experiments;

b) Er muss das Experiment aber auch so anlegen, dass die experimentellen Befunde über die konkrete Experimentalsituation hinaus verallgemeinert werden können, d. h. aussagekräftig sind für den Realitätsbereich, auf den die allgemeine Hypothese abzielt. Es handelt sich hier um die *äußere Gültigkeit* eines Experiments.

Bei der Planung einer experimentellen Untersuchung ist daher die innere und die äußere Gültigkeit zu berücksichtigen, wobei unmittelbar evident ist, dass die innere Gültigkeit Voraussetzung der äußeren ist. [...]

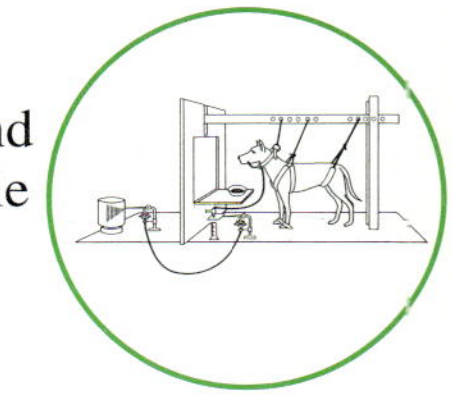

Phasen des Forschungsprozesses

Jeder Forschungsprozess durchläuft mehrere Phasen oder Stufen, unabhängig davon, um welchen Typ von Forschung es sich handelt. Der forschungslogische Ablauf einer Untersuchung lässt sich im Prinzip in dem folgenden Zyklus beschreiben:

1. Problemfindung und präzise Formulierung des Problems;
2. Analyse des Problems und Ableitung von Hypothesen, die empirisch überprüfbare Folgerungen enthalten müssen;
3. Wahl eines geeigneten Forschungsansatzes, geeigneter Methoden der Datenerhebung und einer geeigneten Stichprobe;
4. Datenerhebung und anschließende Analyse der Daten;
5. Interpretation der Ergebnisse im Hinblick auf die Problemstellung und die zugrunde liegende Theorie;
6. Theoretische und praktische Schlussfolgerungen, Entwicklung neuer Fragestellungen.

(Helmut Skowronek / Dieter Schmied, Forschungstypen und Forschungsstrategien in der Erziehungswissenschaft, Hoffmann und Campe, Hamburg 1977, S. 49ff)

Überprüfen Sie die in diesem Kapitel vorgestellten Experimente daraufhin, ob sie den hier dargestellten Kriterien genügen.

Auch wenn die Theorien zum klassischen und operanten Konditionieren zu Beginn des 20. Jahrhunderts bzw. in den 30er-Jahren entwickelt wurden, haben sie nichts an Aktualität eingebüßt. So liefern die Meta-Suchmaschinen weit über 100 Fundorte im Internet zu den Stichworten „Klassische" und „Operante Konditionierung". Sowohl im Vorlesungsbetrieb der Hochschulen wie auch in der experimentellen Forschungspraxis habe beide Ansätze noch ihren Platz. Da Internet-Adressen sich häufig ändern, geben wir hier nur die Anregung, sich der Suchmaschinen zu bedienen, um die aktuelle Bedeutung erfassen zu können.

Schülerexperiment 1

Fragestellung: Kann man eine Versuchsperson (VP) dazu bringen, auf Pfiff die Augen zu schließen?

Hypothese:
Unabhängige Variable:
Abhängige Variable:

Dauer: 30 Minuten

Material: Trillerpfeife, Blasebalg mit Schlauch (z. B. Camping-Zubehör), Trennschirm (z. B. Plakatkarton)

Versuchsperson: Kursmitglieder oder andere Schülerinnen/Schüler

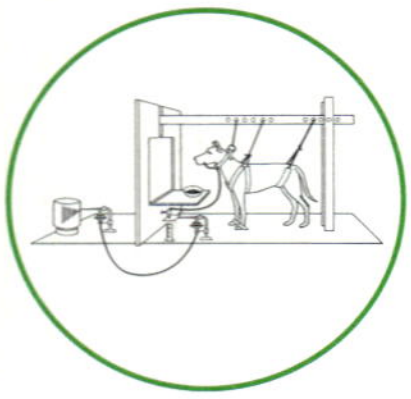

Aufbau: VP sitzt hinter Trennschirm, kann Versuchsleiter (VL) mit Trillerpfeife und Blasebalg nicht sehen.
Helfer hält das Ende des Schlauches in die Nähe eines Auges der VP. (Achtung: Augen nicht zu sehr mit Luft strapazieren!)
Ein Kursmitglied schreibt ein genaues Protokoll des Experiments.
Die anderen Kursmitglieder beobachten und machen sich Notizen.

Ablauf:	REIZ	REAKTION
1. Phase:	Pfiff	–
	Pfiff	–
	Pfiff	–
	Luftstoß	Lidschluss
	Luftstoß	Lidschluss
	Luftstoß	Lidschluss
	Pfiff	–
	Pfiff	–
2. Phase:	Luftstoß + Pfiff	Lidschluss
	Luftstoß + Pfiff	Lidschluss
	(mindestens 10-mal)	
3. Phase:	Pfiff	Lidschluss
	Pfiff	Lidschluss

Ergebnis:

Interpretation:

1. Formulieren Sie die dem Experiment zugrunde liegende Hypothese und bestimmen Sie unabhängige und abhängige Variable.
2. Welche Störgrößen können den Erfolg des Experiments verhindern?

Operante Konditionierung

Skinner, Begründer des radikalen Behaviorismus

Burrhus F. Skinner (1904–1990) war der eifrigste und extremste Verfechter des Prinzips der Wirkung. Er hat sich insbesondere bemüht, das instrumentelle oder operante Lernen, wie er es nannte, für Untersuchungszwecke effizient und schematisch zu gestalten. Er entwickelte dazu die nach ihm benannte Versuchskammer, die „Skinnerbox“.
Die bekannteste dieser Kammern ist für Ratten entworfen. Es ist ein würfelförmiger Behälter, in dem an einer Wand ein Hebelschalter angebracht ist. Unmittelbar neben dem Schalter ist ein Napf befestigt, in den ein elektromagnetisch betätigter Geber einzelne Pressfutterpillen verabreichen kann. Im einfachsten Fall ist der Hebelschalter elektrisch direkt mit dem Futtergeber verbunden. Setzt man eine hungrige Ratte in die Box, so zeigt sie zunächst spontan viele verschiedene Verhaltensweisen. Irgendwann aber drückt sie zufällig auf den Hebel und verursacht damit die Gabe einer Pille, die sie fressen kann;

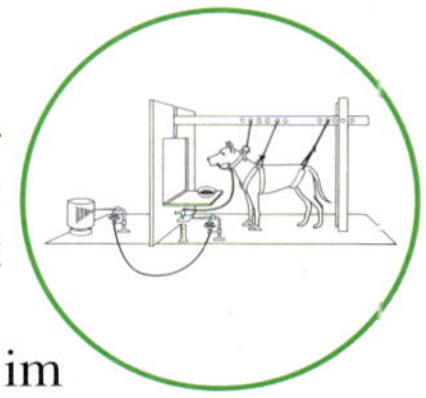

sie ist damit für den Hebeldruck belohnt worden. Es mag dann einige Zeit dauern, bis die Ratte wieder einmal den Hebel drückt und Futter bekommt, aber in der Regel beginnt sie spätestens dann regelmäßig den Hebel zu drücken: Sie hat den Zusammenhang zwischen Hebeldrücken und Futtergabe erfasst.
Skinner, als radikaler Vertreter des Behaviorismus, zog es vor, über Vorgänge im Inneren, im Gehirn des Tieres, keine Vermutungen anzustellen. Er wählte eine objektivere Beschreibung und sagte einfach, das Hebeldrücken sei durch die darauf folgende Futterpillengabe „verstärkt" worden. Dies ist die Grundlage des instrumentellen oder operanten Konditionierens, häufig auch als „Skinnersches Lernen" bezeichnet. Obwohl ähnliche Konditionierungsautomaten wie der eben beschriebene für alle möglichen Organismen konstruiert worden sind – von Bienen über Tauben (Tränkautomaten, wie sie in modernen Tierställen verwendet werden, sind übrigens weitere Beispiele) bis zu Affen, Babys, Kindern und Erwachsenen (man denke auch an Verkaufsautomaten) – ist nur wirklich das Prinzip wichtig: Ein Verhalten, auf welches ein appetitiv verstärkendes Ereignis folgt, wird vom Organismus zunehmend häufiger gezeigt.
Skinner hat vorgegeben, dass verstärkende Ereignisse empirisch identifiziert werden müssten. Aus der Kenntnis einer Art lässt sich aber meist ableiten, was für Ereignisse belohnend wirken könnten. Man kann zum Beispiel erwarten, dass für junge Hühnerküken Wärmestrahlen oder für wache einjährige Babys Sichtkontakte mit der Mutter verstärkend wirken sollten, also die Befriedigung des Wärme- und des Sozialbedürfnisses

Ratte in einer Skinnerbox und Versuchsanlage

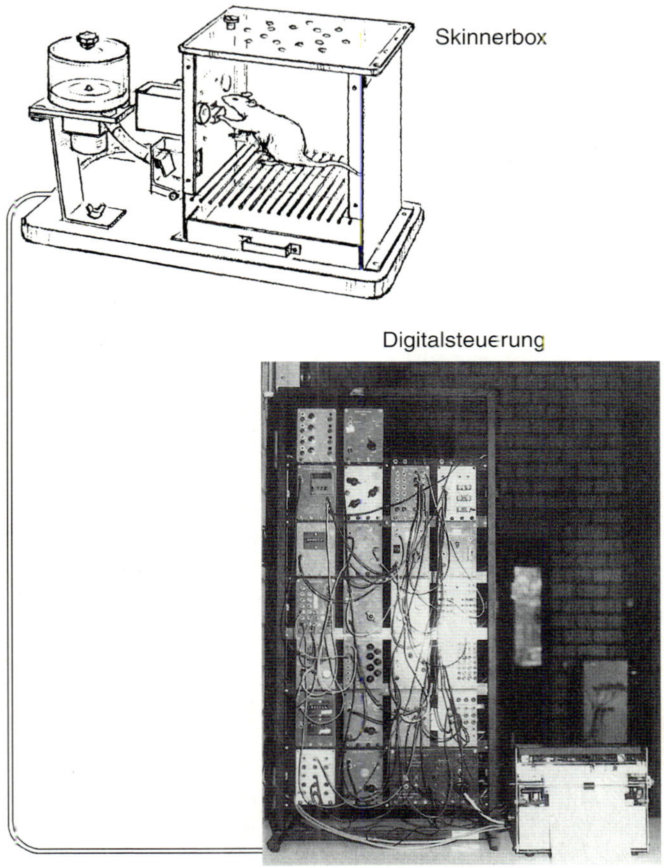

Die Hebelbetätigungen der Ratte werden von einer Registrier- und Steuerungsanlage, die für verschiedene Verstärkungspläne (Futterausgabe) programmierbar ist und auch die Reizvorgabe (Lichter) steuert, automatisch registriert und von einem Kumulativschreiber aufgezeichnet.

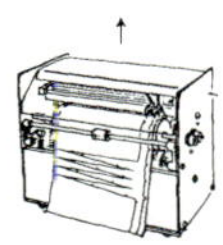

Kumulativschreiber für Details

(Aus: Funkkolleg „Psychobiologie – Verhalten bei Mensch und Tier", Studienbegleitbrief 7, S. 18; hrsg. vom Deutschen Institut für Fernstudien an der Universität Tübingen (DIFF), Tübingen 1986/87)

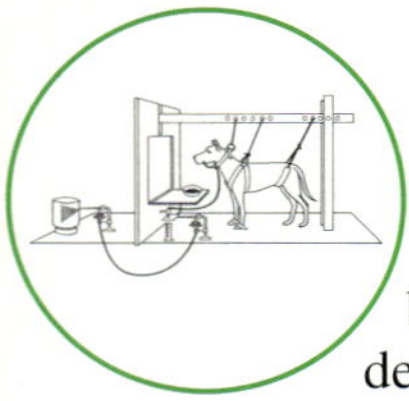

in diesen Fällen. Allgemeiner kann man mutmaßen, dass alle überlebens- und vermehrungsfördernden, also alle die Darwinsche Fitness steigernden Ereignisse primäre, angeborene appetitive Verstärker sind. Dass viele Verstärker angeboren vorgegeben sind, wird dadurch belegt, dass es gelungen ist, sie mit besonderen Gehirnstrukturen in Verbindung zu bringen. Dabei hat sich gezeigt, dass die künstliche elektrische Reizung solcher Strukturen belohnend wirken kann.

Ratten (aber auch Menschen, wie man aus Vorbereitungsuntersuchungen zu notwendigen hirnchirurgischen Eingriffen weiß), denen in entsprechenden Gehirngebieten feine Elektroden eingepflanzt wurden, sind bereit, mehr oder weniger beliebige Handlungen fortgesetzt auszuführen, nur um kurze schwache Reizstromstöße über diese Elektroden zu bekommen. Patienten beschreiben die Empfindungen bei solcher Selbsthirnreizung als „angenehm", manchmal auch schon etwas spezifischer als „sättigend", „sexuell aufreizend" usw.

Die Automatisierung des Lernprozesses in der Skinnerbox ist, wie bereits gesagt, kein wesentlicher Bestandteil des instrumentellen Lernens; sie illustriert nur deutlich das zugrunde liegende Prinzip. Tatsächlich wird auch in der Rattenbox, zur Beschleunigung des Lernvorganges, die Konditionierung üblicherweise mit einem nicht-automatischen Verfahren begonnen: der „Verhaltensformung". Es kann nämlich sehr lange dauern, bis die Ratte zufällig einige Male den Hebel betätigt. Um die Konditionierung schneller zu bewerkstelligen, beobachtet der Versuchsleiter das Tier und belohnt durch manuelles Auslösen des Futtergebers zunächst jede Hinwendung und Annäherung zum Hebel. In dem Maße, in dem das Tier dieses Verhalten steigert, wird die Annäherungsanforderung strenger gehandhabt und nur noch deutlichere Annäherung verstärkt – bis letztlich eben der Hebeldruck zustande kommt, der den Automatismus der Skinnerbox auslöst. Soll aber etwa Fellputzen bei Ratten mit Zugang zu paarungsbereiten Partnern verstärkt werden, dann ist eine Automatisierung äußerst schwierig. Die Beobachtungsgabe und Reaktions- schnelligkeit des Versuchsleiters können dann für den Erfolg der Konditionierung sehr wichtig sein. Optimales instrumentelles Lernen hängt nämlich davon ab, dass die Verstärkung unmittelbar der Handlung folgt. Verzögerte Belohnung ist deutlich unwirksamer. Bruchteile von Sekunden sind oft ausschlaggebend, mehrere Sekunden häufig vernichtend. Dieser Umstand wirkt sich bei der Anwendung des Prinzips im Humanbereich häufig erschwerend aus. Wird Belohnung für wünschenswertes Verhalten von Schülern zum Beispiel vom Lehrer mit allzu großer Verzögerung verabreicht, ist es nicht so wirksam wie der schnelle Zuspruch der Mitschüler auf nicht wünschenswertes Verhalten hin.

Verstärkungspläne

Was geschieht, wenn, nachdem die Auftretenshäufigkeit eines Verhaltens durch Verstärkung angehoben worden ist, letztere ausgesetzt wird? Natürlich fällt die Auftretenswahrscheinlichkeit der Handlung nach und nach ab, es kommt zur Abschwächung, ja zur Löschung *(Extinktion)* des Verhaltens, einem Prozess jenem nicht unähnlich, der schon für die klassische Konditionierung beschrieben wurde. Im Humananwendungsbereich stellt dies natürlich ein Problem dar. In einer Therapiesitzung kann der Psychologe wünschenswertes Verhalten verstärken. Sobald aber der Klient in seine normale Umwelt zurückkehrt, fällt häufig die Verstärkung weg. Skinner und seine Schüler haben durch ihre systematischen Studien Verfahrensweisen entdeckt, die diesem Effekt entgegenwirken. Es sind die „partiellen Verstärkungspläne". Hat ein Organismus, eventuell unter Zuhilfenahme der Verhaltensformung, eine Handlung durch dauernde Verstärkung gelernt, dann ist es möglich, ihn nur ab und zu für die Ausführung der Handlung zu verstärken, etwa nach der Regel, dass nur jede zweite, dritte usw. Handlung (Ratenplan) oder jeweils die erste Handlung nach einem Zeitintervall (Intervallplan) nach der letzten Verstärkung wieder verstärkt werden. Besonders wirksam sind die Verstärkungspläne, wo die Rate oder das Intervall zufällig um einen festgelegten Mittelwert variiert (variable Raten-, variable Intervall-Verstärkung, *Abb. 8*). Man beachte, dass die Organismen hier teilweise schon unter Extinktionsbedingungen handeln müssen. Das Bemerkenswerte ist aber, dass die instrumentellen Verhaltenshäufigkeiten, die gezeigt werden, sehr hoch sein können. Wird dann die Extinktionsbedingung

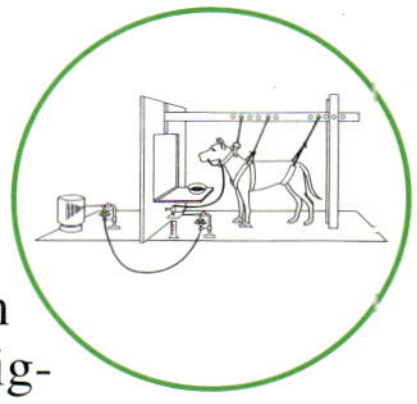

Abb. 8: Verstärkungspläne

Schrägstriche \ zeigen Verstärkung an.

A Die instrumentelle Reaktion wird nach jedem Auftreten verstärkt *(continuous reinforcement).*

B Festraten-Verstärkung *(fixed ratio reinforcement):* bei FR 10 wird jede 10. Reaktion verstärkt.

C Variable-Intervall-Verstärkung *(variable-interval reinforcement):* bei VI 20 wird im Mittel alle 20 Sekunden, zufällig variiert, verstärkt.

D Unter der Extinktionsbedingung (EXT) zeigt sich, dass die mit variablem Intervall konditionierte Reaktion langsamer löscht (nach VI 20) als eine stetig verstärkte (nach CR).

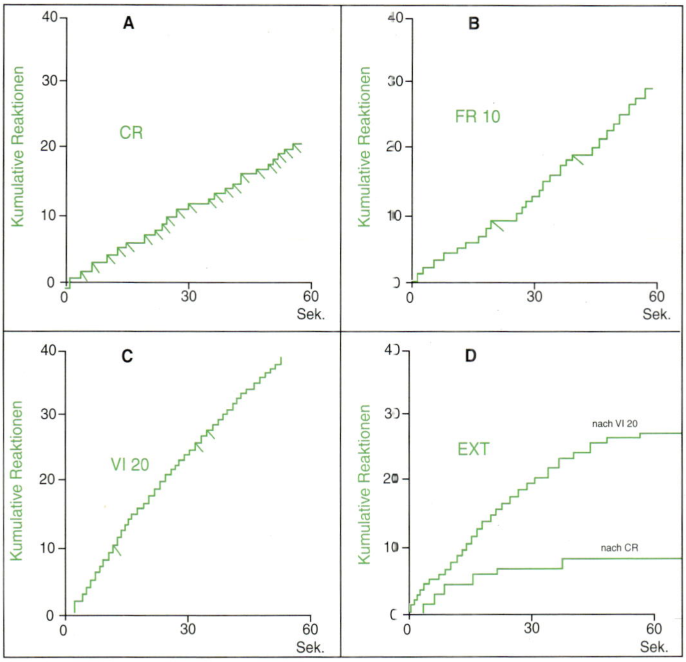

(Funkkolleg „Psychobiologie – Verhalten bei Mensch und Tier“, Studienbegleitbrief 7, S. 35 f., 38 f.; hrsg. vom Deutschen Institut für Fernstudien an der Universität Tübingen (DIFF), Tübingen 1986/87; Verf.: Eberhard Todt, Juan Daniel Delius)

eingeführt, zeigen die Tiere eine erhöhte Extinktionsresistenz: der Abfall der Handlungshäufigkeit verläuft nur langsam. Wenn der Organismus in die Extinktionsbedingung kommt, kann er schwerlich entscheiden, ob er sich zufällig in einem nicht verstärkten Abschnitt des Verstärkungsplanes befindet oder tatsächlich in einer Extinktionsphase. Im Anwendungsbereich ist bei diesem Verstärkungsplan allerdings nachteilig, dass er, neben der wünschenswerten Extinktionsresistenz, eine übermäßige Verhaltenshäufigkeit verursacht. Kontaktscheue Klienten sollen zwar ihr Annäherungsverhalten durch Verhaltenstherapie nachhaltig steigern – aber nicht übertreiben!

(Funkkolleg „Psychobiologie – Verhalten bei Mensch und Tier“, Studienbegleitbrief 7, S. 35 f., 38 f.; hrsg. vom Deutschen Institut für Fernstudien an der Universität Tübingen (DIFF), Tübingen 1986/87; Verf.: Eberhard Todt, Juan Daniel Delius; Hinweis: Prof. Delius verwendet statt des Begriffs ‚positive Verstärkung‘ den Begriff ‚appetitive Verstärkung‘.)

1. Formulieren Sie die von Skinner aufgestellten Lerngesetze als Hypothesen.
2. Warum ist eine variable Intervallverstärkung erfolgreicher als eine Immerverstärkung?
3. Welche Anwendungsmöglichkeiten in der Erziehung und in anderen Lebensbereichen können Sie sich vorstellen?

Ein aktuelles Konditionierungsexperiment

Versuchsanordnung, Reizmaterial und Testergebnisse

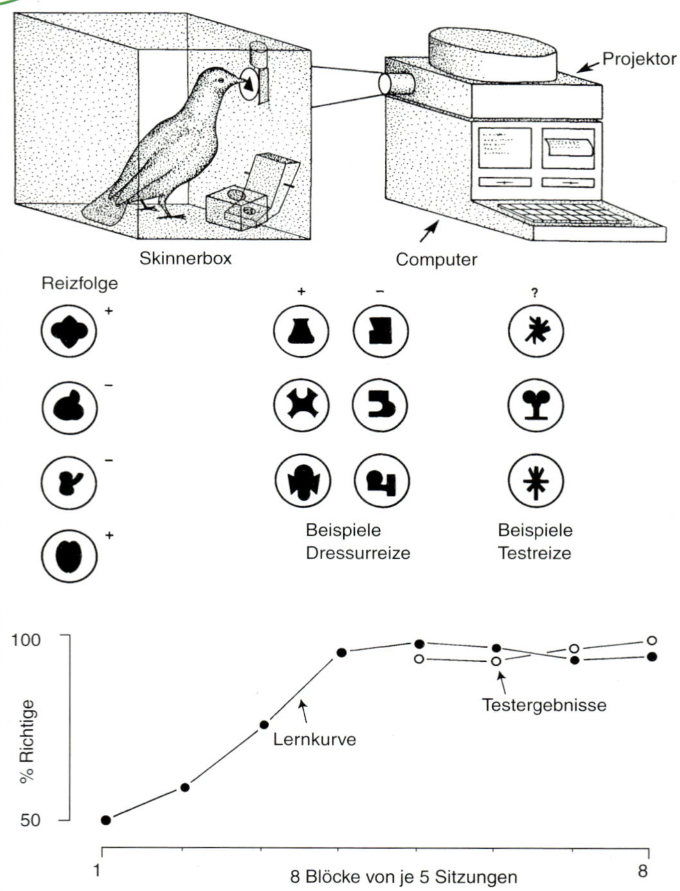

Tauben können Reize, die auf Pickscheiben projiziert werden, nach abstrakten Eigenschaften unterscheiden lernen. Erfolgt beispielsweise in der Lern- oder Dressurphase Verstärkung jeweils nur auf symmetrische Reize (+), nicht aber auf unsymmetrische (–), so picken die Tauben in der Testphase bei neuen Reizen sofort und fast fehlerfrei nur die symmetrischen an.

(Nach: J. D. Delius, Komplexe Wahrnehmungsleistungen bei Tauben, in: Spektrum der Wissenschaft 4/1986, S. 46-58)

Operante Konditionierung: Verstärkerarten, Verstärkungsformen

Verschiedene Arten von Verstärkern

1. Primäre und sekundäre Verstärker

Primäre Verstärker sind solche Konsequenzen eines Verhaltens, die ohne Lernprozess verstärkend wirken. Es sind dies beispielsweise Nahrung und Zärtlichkeiten, also Reize, die grundlegende, angeborene Bedürfnisse befriedigen. Sekundäre Verstärker sind solche Konsequenzen, die ursprünglich nicht verstärkend wirkten, sondern erst durch wiederholtes Zusammenvorkommen mit primären Verstärkern selbst zu Verstärkern wurden. Dieser Vorgang lässt sich als assoziatives Lernen erklären. Sekundäre Verstärker haben gegenüber primären häufig den Vorteil, dass es nicht so schnell zu einer Sättigung kommt. Geld ist für viele Menschen immer wieder ein Anreiz, während man Bonbons bald nicht mehr mag.

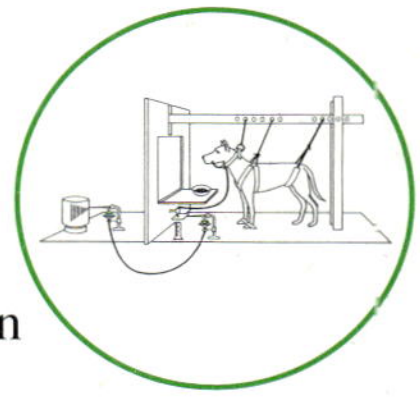

2. Vier Arten von Verstärkern

Es können folgende Formen von Verstärkern unterschieden werden:

- *Materielle Verstärker* sind beispielsweise Spielsachen, Bildchen, Radiergummis usw. oder Chips, die gegen solche Gegenstände eingetauscht werden können.
- *Soziale Verstärker* im sprachlichen Bereich sind Ausdrücke wie: Das gefällt mir prima, da warst du aber fleißig usw. Soziale Verstärker im nichtsprachlichen Bereich sind anerkennende Gesten, jemandem auf die Schulter klopfen oder ihm zuschauen.
- *Aktivitätsverstärker* sind Verstärker in Form beliebter Tätigkeiten, wie Filme ansehen, Ratespiele machen, Fußball spielen.
- *Informative Verstärker* sind solche Verstärker, die dem Lerner eine Mitteilung (Information) über die Erreichung eines Ziels geben. Beispiele: richtige Lösung einer Mathematikaufgabe, Ablesen der richtigen Geschwindigkeit auf einem Tachometer.

Die negative Verstärkung

Wie wir bereits wissen, führt der Vorgang der Verstärkung zu dem Ergebnis der Erhöhung der Auftretenswahrscheinlichkeit bzw. Intensivierung des betreffenden Verhaltens. In Falle der *negativen* Verstärkung wird dies durch Entzug einer aversiven Konsequenz erreicht, die auch negativer Verstärker genannt wird. In jedem Fall ist, wie der Begriffsname bereits sagt, auch die negative Verstärkung eine Verstärkung und darf auf keinen Fall mit der Bestrafung verwechselt werden, wie dies leider zuweilen auch bei prominenten Autoren geschieht.

Zwei Formen der negativen Verstärkung:

Es lassen sich zwei Formen dieser Art des instrumentellen Lernens unterscheiden:

- das Fluchtlernen (Flucht- und Abschaltverhalten)
- das Vermeidungslernen (Ausweich- und Vorbeugungsverhalten).

Von *Fluchtlernen* sprechen wir, wenn die Person direkt mit dem aversiven Ereignis konfrontiert wird und Maßnahmen ergreift, diesem zu entkommen. Der Fall des *Vermeidungslernens* liegt vor, wenn eine Person, durch einen Signalreiz gewarnt, rechtzeitig Vorsorge trifft, um das aversive Ereignis vorbeugend zu vermeiden. [...]

Beispiele für Flucht- und Abschaltverhalten:

- Manche Schmerzen können sehr schnell durch ein Medikament beendet werden. Dies führt unter Umständen zu einer häufigeren Einnahme dieses Präparates und kann als Schmerzmittelmissbrauch enden.
- In Notwehrsituationen wird jedes zur Verfügung stehende Mittel angewandt, um dem Angreifer zurückzuweisen.

Beispiele für Ausweich- und Vorbeugungsverhalten:

- Bei niedrigen Temperaturen tragen wir vorsichtshalber wärmere Kleidung, damit wir nicht frieren.
- Die Androhung eines Säumniszuschlages veranlasst uns, einen Rechnungsbetrag rechtzeitig einzuzahlen.

(Walter Edelmann, Lernpsychologie. Eine Einführung, 5., vollständig überarbeitete Auflage 1996. Weinheim: PSYCHOLOGIE VERLAGS UNION, S. 138, 147ff)

Operante Konditionierung: Bestrafung

Bestrafung I. Eine Bestrafung vom Typ I liegt vor, wenn ein negativer oder aversiver Stimulus auf eine bestimmte Reaktion hin erfolgt. Wenn man eins auf die Finger bekommt, weil man etwas vom Tisch genommen hat, wenn man angebrüllt wird, weil man uner-

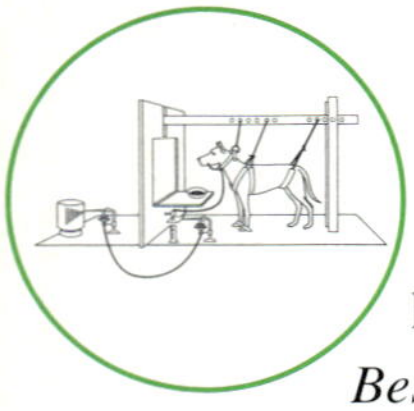

laubt auf die Straße gegangen ist, wenn man für seinen Aufsatz eine 5 bekommt, wenn man wegen andauernden Störens vom Unterricht ausgeschlossen wird – all dies sind Strafen, die in der Schule eingesetzt werden, um die Auftretenshäufigkeit eines bestimmten Verhaltens zu verringern. [...]

Bestrafung II. In der Schule ist eine andere Form der Bestrafung eher annehmbar. Sie besteht darin, eine positive Verstärkung abzubrechen, und hat zwei Erscheinungsformen – „Auszeit" und „Folgekosten".

1. *Auszeit* („time out") ist ein Verfahren, bei dem wir Schülern eine Verstärkung vorenthalten (... ihnen eine „Auszeit" vorschreiben), wenn sie bestimmtes unerwünschtes Verhalten zeigen. Wir können einem Schüler die Gelegenheit vorenthalten, einen Film oder ein Fernsehprogramm anzuschauen, an einem Projekt im Werkunterricht weiterzuarbeiten, an einer Sportveranstaltung teilzunehmen usw. [...]
2. *Folgekosten* („response cost") ist die zweite Variante des Bestrafungstyps II. Sie beinhaltet den kontingenten Entzug bestimmter Verstärker. Der Elfmeter beim Fußball, als Folge eines vorangegangenen Fouls, ist ein Beispiel für das Folgekostenprinzip. Eine einmal erworbene Verstärkung wird als Folge unangemessenen Verhaltens nicht weiter gewährt. Zur Bestrafung dagegen gehört die Konfrontation mit einem aversiven Ereignis als Folge eines unangemessenen Verhaltens. Wenn man bei Rot über die Kreuzung geht und dafür ins Gefängnis kommt, ist das ein Beispiel für Bestrafung. Wenn man für dieses Vergehen fünf Mark zahlen muss, ist das ein Beispiel für Folgekosten – die Beseitigung oder der Entzug von bereits erworbenen Verstärkern. [...]

(Nathaniel L. Gage/David C. Berliner, Pädagogische Psychologie, PSYCHOLOGIE VERLAGSUNION, Weinheim 1986)

	angenehmer Reiz	unangenehmer Reiz
Einer Situation nach einer Reaktion hinzugefügt		
Aus einer Situation nach der Reaktion entfernt		

(Nach: G.R. Lefrançois, Psychologie des Lernens, Springer, Berlin 1986)

1. Kopieren Sie die 4-Felder-Matrix und füllen Sie sie aus, indem Sie die Begriffe positive Verstärkung, negative Verstärkung und Strafe einsetzen.
2. Erörtern Sie Wirksamkeit und ethische Probleme des Einsatzes von Verstärkung und Strafe in der Erziehung zunächst in arbeitsteiliger Gruppenarbeit. Setzen Sie Ihre Ergebnisse dann in eine Podiumsdiskussion um.

Schülerexperiment 2

Fragestellung: Kann man eine VP dazu bringen, mehr Plural- als Singularsätze zu bilden, wenn man sie dafür lobt?

Hypothese:
Unabhängige Variable:
Abhängige Variable:

Dauer: 30 Minuten

Material: Din A4-Blatt mit 50 Verben

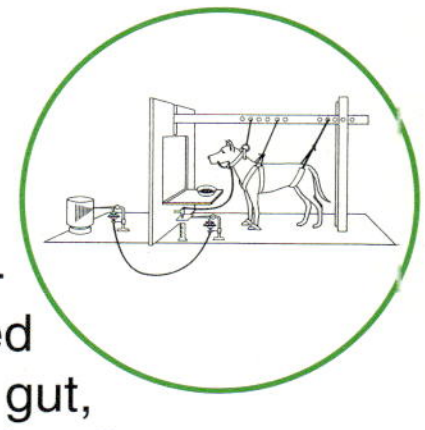

Versuchspersonen: Möglichst Schülerinnen und Schüler der Klasse 5

Aufbau und Ablauf: Den Kurs in Vierer-Gruppen aufteilen.
Pro Gruppe eine VP. Ein Gruppenmitglied führt Protokoll, ein Kursmitglied liest die Verben vor, ein Mitglied verstärkt die Pluralsätze mit Reaktionen wie „ja, gut, schön, prima“ (Achtung: nicht übertreiben!), Singularsätze werden ignoriert. Das vierte Gruppenmitglied beobachtet den Ablauf des Experiments auf Besonderheiten, die für die Interpretation des Gelingens oder Scheiterns wichtig sein könnten.
Variante: Bei gutem Gelingen kann von Immerverstärkung auf intermittierende Verstärkung gewechselt werden.

Ergebnis:

Interpretation:

1. Formulieren Sie die dem Experiment zugrunde liegende Hypothese und bestimmen Sie unabhängige und abhängige Variable.
2. Welche Störgrößen können den Erfolg des Experiments verhindern?
3. Operantes Konditionieren in modernen Lernprogrammen:
Lernprogramme für Kinder auf CD-ROM in den Bereichen Grammatik Deutsch, Fremdsprachen oder Mathematik arbeiten oft mit den Mitteln des operanten Konditionierens. Dies lässt sich schon mit kostenlosen Demo-CD-ROM's analysieren.
Überprüfen Sie:
• Welche Hypothesen Skinners werden genutzt?
• Welche Verstärker-Arten werden eingesetzt?
Anschließend können Sie einen Vergleich mit herkömmlichem Schulunterricht und eine Bewertung der Stärken und Schwächen solcher Lernprogramme vornehmen.
(Idee: Robert Kröger, Stud. ref., Recklinghausen)

Vertiefung

Darf man, was man kann?

Der kleine Albert und der Behaviorismus

Watson und seine Doktorandin Rosalie Rayner wählten als Versuchsperson ein elf Monate altes Kleinkind namens Albert B. Alberts Mutter war Amme in einem Krankenhaus für behinderte Kinder in Baltimore, und Albert hatte fast sein ganzes bisheriges Leben in diesem Krankenhaus verbracht. Sie beschrieben den Kleinen als phlegmatisch, ohne größere Gefühlsregungen, aber auch als vollkommen gesund. Obwohl ihnen bewusst war, dass sie sich vorgenommen hatten, in dem Kind eine „Phobie“ auszulösen, waren sie nicht sonderlich beunruhigt: Sie hatten den Eindruck, ihr Experiment würde dem Jungen „kaum schaden“, und „trösteten“ sich mit dem Wissen, dass „ohnehin Ängste entstehen würden, sobald das Kind die geschützte Umgebung des Krankenhauses verlassen und das raue Alltagsleben zu Hause beginnen würde“.
Den beiden Versuchsleitern war klar, dass sie – wenn es sich um einen Pawlow'schen Konditionierungsvorgang handeln sollte – einen unbedingten Reiz, einen so genannten UCS finden mussten, der eine angeborene Angstreaktion auslöst. Sie wählten ein lautes, unerwartetes Geräusch, indem sie mit einem Hammer auf ein 120 Zentimeter langes Stahlrohr schlugen. Als sie diesen Reiz zum ersten Mal an Albert ausprobierten, „verschlug es ihm

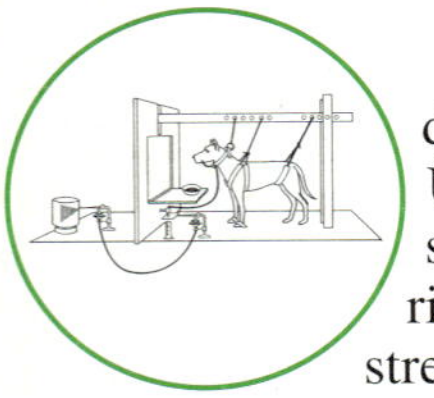

den Atem“, er „verzog die Lippen“, und nach einigen solcher unangenehmen Überraschungen begann er zu weinen. Die Forscher hatten ihren UCS offensichtlich gefunden. Als CS wählten sie eine weiße Versuchsratte. Vor dem Experiment zeigte Albert keinerlei Furcht vor der Ratte, im Gegenteil, er wollte sie gern streicheln und mit ihr spielen.

Das Experiment begann mit zwei Konditionierungsdurchgängen, in denen Albert die Ratte gezeigt wurde, kurz gefolgt von dem lauten Geräusch. Einige Tage später wurde Albert die Ratte gezeigt, ohne dass der Knall folgte, und man konnte beobachten, dass das Kind zögerte, sie zu berühren. Dann folgten fünf weitere Versuchsdurchgänge, in denen die Ratte und das Geräusch wieder gekoppelt waren. Zu diesem Zeitpunkt genügte es, ihm die Ratte zu zeigen, um ihn zum Weinen zu bringen.

Die Forscher waren nun überzeugt, dass sie in Albert durch die Konditionierung eine Phobie vor Ratten hervorgerufen hatten, und wollten nun herausfinden, wie weit sich diese Furcht auf andere Objekte ausgeweitet bzw. generalisiert hatte. Sie stellten fest, dass die Bauklötze, mit denen Albert oft spielte, keine Furcht auslösten, doch sie beobachteten Anzeichen von Furcht vor Tieren, die der Ratte in gewisser Weise ähnlich waren. Zum Beispiel schien Albert jetzt vor einem Kaninchen und einem Hund Angst zu haben. Watson und Rayner schlossen daraus, dass sich die Angst des Kindes vor der Ratte auf andere behaarte Tiere ausgeweitet hatte. Weitere Belege für die Generalisierung waren Alberts Quengeln, sobald er einen Seehund-Mantel oder die Maske eines Weihnachtsmannes (mit Bart) gezeigt bekam. Zunächst hatte er auch Angst vor Wattebäuschen, doch die überwand er schnell.

Fünf Tage, nachdem sie Alberts Reaktion auf all diese Objekte registriert hatten, stellten Watson und Rayner fest, dass Alberts Furcht vor der Ratte abgenommen hatte. Also führten sie einen weiteren Konditionierungsversuch durch und schlugen diesmal auch auf das Stahlrohr, sobald sie dem Kind ein Kaninchen oder einen Hund gezeigt hatten. Dieses Vorgehen verurteilte ihre folgenden Generalisierungsuntersuchungen einen Monat später zum Scheitern, denn Albert war ja inzwischen darauf konditioniert, sich auch vor diesen Reizen zu fürchten. Kurz danach kam Albert nach Hause und wurde nicht wieder gesehen.

Das war das ganze Experiment. Es gab keine Kontrollgruppe, kein sorgfältiges Aufzeichnen der CR und einige Verwirrung dadurch, dass auch Kaninchen und Hund als bedingter Reiz eingesetzt wurden, nicht nur die Ratte. Es ist sogar zu bezweifeln, ob Alberts Furcht vor der Ratte wirklich als Phobie bezeichnet werden kann. Die Forscher beobachteten lediglich, dass er keinerlei Furcht zeigte, solange er am Daumen lutschen konnte. Watson und Rayner berichteten: „In dem Augenblick, in dem die Hand den Mund erreichte, wurde er unzugänglich für den Angst erregenden Reiz. Wieder und wieder mussten wir ihm den Daumen aus dem Mund nehmen, bevor wir die bedingte Reaktion erzielen konnten.“ War für eine Phobie das wohl war? Und was für ein Experiment!

Aus ethischer Sicht ist es unwahrscheinlich, dass ein solches Experiment jemals wieder durchgeführt werden könnte. Die heutigen Psychologen sind durch ethische Richtlinien dazu verpflichtet, ihren Versuchspersonen keinen Schaden zuzufügen, und wenn doch ein Schaden entsteht, sind sie gehalten, etwas dagegen zu unternehmen. Heutzutage würde niemand erlauben, dass Albert einfach aus dem Krankenhaus entlassen wird, ohne dass versucht wird, ihm die erzeugte Angst wieder zu nehmen. Watsons und Rayners Experiment war auch aus methodischer Sicht vollkommen unangemessen. Ihr Vorgehen war kaum kontrolliert, ihre Messmethoden äußerst ungenau. Vergleichen Sie zum Beispiel die von Pawlow akribisch gezählten Speicheltropfen des Versuchshundes mit Watsons und Rayners Beschreibung von Alberts Reaktion auf den Pelzmantel („er quengelte“). Und dennoch ist das Experiment wahrhaft ein Klassiker. Es wird seither in fast jedem Psychologie-Lehrbuch zitiert und hat viele Psychologen davon überzeugt, dass es eine Alternative zur Freud'schen Psychoanalyse gibt. Das war Watsons Absicht, als er das

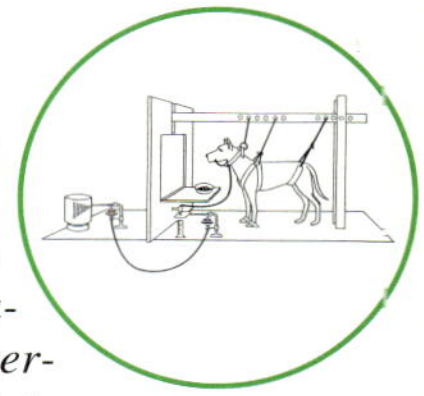

Experiment durchführte. In ihrem Aufsatz, in dem sie das Experiment schildern, schreiben Watson und Rayner zum Schluss:

Die Freudianer werden in 20 Jahren, wenn sie ihre Hypothesen nicht ändern, in der Analyse von Alberts Angst vor Pelzmänteln – angenommen, Albert käme in diesem Alter in eine Analyse – ihm vermutlich die Schilderung eines Traumes entlocken, den sie folgendermaßen interpretieren werden: Im Alter von drei Jahren versuchte Albert mit den Schamhaaren seiner Mutter zu spielen und wurde heftig dafür gescholten.

Es war vor allem dieses Experiment, das in Psychologen die Überzeugung weckte, neurotische Symptome wie Phobien könnten als Konditionierungen interpretiert werden, seien also gelernt und könnten vielleicht sogar auch wieder verlernt werden. So ist auch die Verhaltenstherapie, heute eine gut florierende Therapierichtung, eine direkte Folge dieses mit derart vielen Fehlern behafteten Experiments.

In diesem Fall, wie auch in anderen, konnte ein Experiment trotz schwerer methodischer Fehler einen enormen Einfluss auf die Forschung ausüben, und zwar vorwiegend deshalb, weil seine Ergebnisse so provozierend wirkten.

Nachwirkungen

Pawlow war die gesamten 20er- und den größten Teil der 30er-Jahre hindurch weiterhin als Forscher aktiv. Er weitete seine Forschungen über Konditionierungsvorgänge aus und interessierte sich immer stärker für Verhaltensstörungen. Als er 1936 starb, hinterließ er wesentliche Beiträge für unser Verständnis von Verhaltens- und Persönlichkeitsstörungen sowie neurophysiologischen Vorgängen. Einige seiner Vorstellungen mussten später zwar modifiziert werden, doch bis heute gilt, dass er in den meisten Dingen Recht behalten und die Entstehung des Behaviorismus maßgeblich beeinflusst hat. Es war vor allem Pawlow, der die Psychologen davon überzeugte, die Descartes'sche Dichotomie von Geist und Seele aufzugeben und seelische Vorgänge eher „von außen statt von innen" zu betrachten.

Auch Watsons klassisches Experiment sorgte in Fachkreisen für ein beträchtliches Aufsehen. Ein Film, den er während Alberts Konditionierungserlebnissen drehte, machte seine Forschungen zudem einem Laienpublikum bekannt. Watson glaubte, trotz der Fehler in seinem Experiment, bewiesen zu haben, worauf es ihm angekommen war: Ängste konnten durch Konditionierung hervorgerufen werden. Doch dabei blieb er nicht stehen. Das gesamte menschliche Verhalten, so behauptete er beharrlich, sei nichts weiter als eine Reihe von Konditionierungen. Und er verkündete seine behavioristische Botschaft schließlich in diesem berühmt gewordenen Ausspruch:

Geben Sie mir ein Dutzend gut gebaute, gesunde Säuglinge und meine eigene ganz spezielle Welt, in der ich sie aufziehen kann, und ich garantiere: Ich nehme zufällig irgendeinen heraus und trainiere ihn, ein beliebiger Spezialist zu werden – Arzt, Rechtsanwalt, Künstler, Kaufmann und, ja, selbst Bettler und Dieb, unabhängig von seinen Talenten, Vorlieben, Neigungen, Fähigkeiten oder der Rasse seiner Vorfahren.

(Steven Schwartz, Wie Pawlow auf den Hund kam…, München 1993, S. 62-67 [Auszüge])

1. Ergänzen Sie die methodische Kritik an der Vorgehensweise von Watson unter Bezugnahme auf den Exkurs zum Experiment.
2. Erörtern Sie die ethischen Grundsatzprobleme, die bei Experimenten mit Menschen immer wieder auftauchen.
3. Erörtern Sie die „behavioristische Botschaft" von Watson und schreiben Sie eine Stellungnahme dazu.

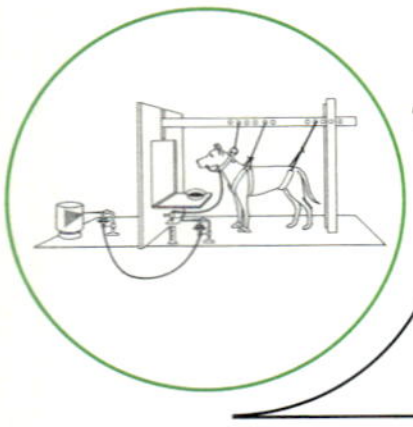

Ein-Spruch

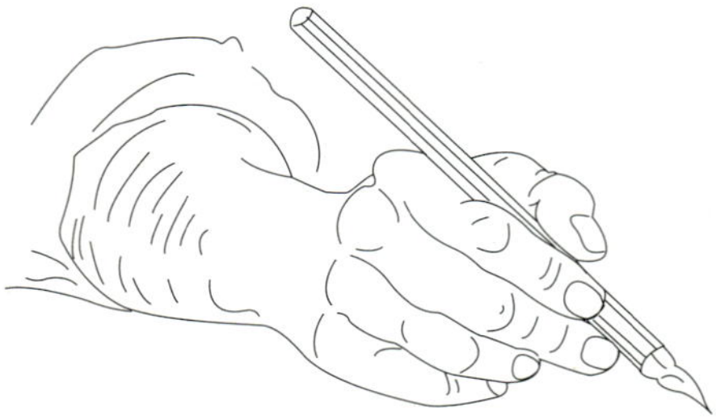

„Nun, wo wir wissen, wie positive Verstärkung funktioniert und warum die negative Verstärkung nicht funktioniert, können wir zielbewusster und daher auch nachhaltiger in unserem Kultur-Plan vorgehen. Wir können eine Art Aufsicht ausüben, unter der die Beaufsichtigten sich frei fühlen, obgleich sie einem Kodex gehorchen, der viel genauer ist, als es je zuvor in dem alten System der Fall war. Dennoch fühlen sie sich frei. Sie tun, was sie zu tun wünschen, nicht, was ihnen zu tun auferlegt wird. Das ist die Wurzel der ungeheuren Kraft, die in der positiven Verstärkung liegt – hier gibt es kein Sträuben und keine Revolte. Durch eine sorgsam ausgearbeitete Kulturaufsicht überwachen und lenken wir nicht das definitive Verhalten, sondern die Voraussetzungen dazu – die Motive, Wünsche, Neigungen."

(B.F. Skinner, Futurum Zwei. „Walden Two". Die Vision einer aggressionsfreien Gesellschaft, Reinbek 1972, S.233; Übers.: Martin Beheim – Schwarzbach; Hinweis: Skinner verwendet hier eine eigene Definition von negativer Verstärkung, die sich mit dem Begriff „Strafe", wie er in diesem Buch verwendet wird, deckt.)

Professor Skinner schrieb diesen utopischen Roman 1948 und entwirft darin die nach seiner Ansicht ideale Gesellschaft, die durch die perfekte Konditionierung aller Menschen realisiert werden soll.

Wer sagt
was
mit welchen Mitteln
und welcher Absicht
zu wem ???

Ist das Gegenteil auch richtig?

Mein Kommentar:

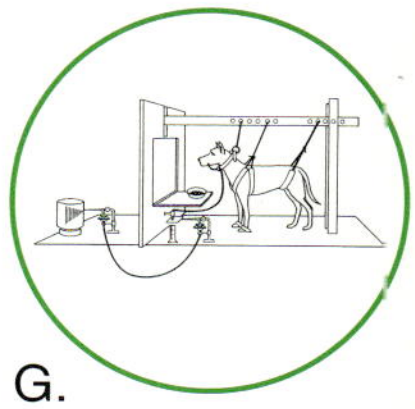

Pädagogische Anwendung

Verhaltenstherapie

Eine typische Form der „Token"-Verhaltenstherapie wurde im Fall Eva G. (s. „Eva will nicht mehr essen", S. 239) angewandt:

Das Mädchen wurde zunächst 4 Tage lang beobachtet. Es beteiligte sich – wenn auch zurückhaltend – an manchen Spielen, [...] ging niemals aus sich heraus, sprach wenig mit den Zimmergenossinnen. Die Mahlzeiten wurden gemeinsam eingenommen. Eva aß sehr wenig, so ähnlich wie sie das nach dem Bericht der Mutter zu Hause getan hatte. Ihr Gewicht nahm in den ersten 2 Tagen um 100 g zu, fiel in den nächsten 2 Tagen um 700 g ab.
Vom 8.6. an nahm Eva [...] das Mittag- und Abendessen, gelegentlich auch den Nachmittagskaffee alleine mit einer Therapeutin, selten mit einem Therapeuten, an einem besonders schön gedeckten Tisch mit ansprechendem Geschirr und Besteck ein. Die Therapeutin wandte sich ihr zu, wenn sie aß oder zu essen begann, unterhielt sich mit ihr über erfreuliche und sie interessierende Dinge, schwieg oder wandte sich ab, wenn sie nicht aß.
Nach einer Woche wurde dann zusätzlich ein Punktesystem eingeführt: Alle Speisen und Getränke, die die Patientin aß und die über ein gewisses Mindestmaß hinausgingen, wurden mit Punkten belohnt; hierzu war es notwendig, eine Punkteliste aufzustellen, in der die verschiedenen Nahrungsmittel und Getränke eine Bewertung fanden. Das Ergebnis wurde nach jeder Mahlzeit sofort notiert und die Punktebewertung dem Kind mitgeteilt. Es wurde weiterhin mit ihr besprochen, welche Vergünstigungen sie durch die Abgabe von Punkten erreichen konnte. Eva gab folgende Wünsche an: einen Hund, Gesellschaftsspiele, ins Kino gehen, stricken, Bücher, Besuch von Geschwistern, backen. Nachdem sie einige Punkte erworben hatte, wählte sie zunächst Schwimmen oder Gymnastik mit anderen Kindern, Verlängerung des Besuchs der Mutter, der vorher auf ganz kurze Zeit beschränkt worden war, Besuch und gemeinsamer Ausgang mit dem älteren Bruder o.ä.; die Anschaffung eines Hundes wurde von den Eltern zugesagt.
Bei Gewichtsabnahme drohte Punktabzug bzw. Rücknahme der Vergünstigungen.
Das Gewicht blieb etwa 17 Tage ziemlich unverändert, begann dann aber langsam zu steigen. Vom 27. Tag ab stieg es dann innerhalb von 8 Tagen steil um 4 kg bis auf 32 kg an. Innerhalb dieser Zeit besserte sich auch das Gesamtverhalten des Mädchens, es wurde lebhafter, aufgeschlossener, kontaktfreudiger, beteiligte sich an manchen gemeinsamen Unternehmungen; die Gewichtszunahme wirkte sich selbstverständlich auch im äußeren Aspekt aus. Bis zum Abschluss dieser Arbeit ist das Gewicht um weitere 2,5 kg auf 34,5 kg gestiegen. Die Patientin isst jetzt manchmal mehr als andere Kinder.

(Berichtet nach: Prof. Dr. Hans E. Kehrer, Behandlung der Pubertätsmagersucht mit Verhaltenstherapie, in: Der Nervenarzt 43/1972, Berlin 1972, S. 129ff.)

1. Analysieren Sie zunächst mithilfe des Ansatzes der operanten Konditionierung, wie aus dieser Sicht die Entstehung der Magersucht zu erklären ist.
2. Beschreiben Sie die charakteristischen Merkmale des Therapiekonzepts.
3. Erörtern Sie an diesem Beispiel mögliche Vor- und Nachteile dieses Konzeptes.

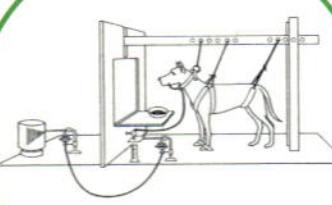

Verhaltenstherapie: Desensibilisierung und Aversionstherapie

Erläuterungen des Prinzips der Technik und des therapeutischen Vorgehens

Das Grundprinzip, das alle Lerntheorien verschiedener Schulen durchzieht, besagt, dass das Verhalten, zu jenem Teil, der nicht eindeutig organisch determiniert ist, gelernt ist. Das bedeutet, dass das Verhalten primär von Außenreizen gesteuert und dass die frühere Erfahrung und die erlebten Einflüsse von Außenreizen die aktuellen Reaktionen entscheidend bestimmen. Dieser Sachverhalt sollte den Patienten an einzelnen Beispielen verdeutlicht werden. [...]

Durchführung der systematischen Desensibilisierung

Vor der eigentlichen Desensibilisierung hat der Therapeut vier Hauptaufgaben zu erfüllen, wobei die beiden ersten Punkte nicht nur Voraussetzung für die Durchführung einer Desensibilisierung, sondern für alle Methoden der Verhaltenstherapie unerlässlich sind.

- Exploration,
- Erläuterung des Prinzips der Technik und des therapeutischen Vorgehens,
- Konstruktion der „Angsthierarchie“,
- Entspannungstraining.

Die Art der Exploration und ihre Stellung innerhalb der Therapie ist in großen Zügen für die meisten verhaltenstherapeutischen Methoden die gleiche. Sie ist grundsätzlich auf die vom Patienten vorgebrachten Beschwerden zentriert. Sie bezieht sich auf Verhalten und Empfindungen des Patienten in bestimmten Situationen, auf die Intensität, Häufigkeit und vor allem die Abhängigkeit des Auftretens der Beschwerden von Situation und Umgebung. Weiterhin wird gefragt, in welchem Ausmaß Vermeidungsreaktionen und damit Behinderungen in alltäglichen Lebensbezügen eintreten. Auch nach der Entwicklung dieser Schwierigkeiten und Beeinträchtigungen sollte gefragt werden. Meistens können die Patienten mehr oder weniger klare Aussagen über die ersten Situationen machen, in denen ihre Beschwerden zum ersten Male auftraten. Die Entwicklung des Symptoms ist aber nur insoweit von Interesse, als relevante Stimuli dadurch erschlossen werden können. Von größerer Bedeutung ist jedoch die Frage, welche Situationen und Stimuluskonfigurationen die Beschwerden zum aktuellen Zeitpunkt des Therapiebeginns auslösen und aufrechterhalten. [...]

Konstruktion der so genannten Angsthierarchie

Die Aufstellung der Angsthierarchie ist der wichtigste und meist auch der schwierigste Teil des systematischen Desensibilisierens. Die Exploration soll die Information über die Variablen ergeben, die für die Auslösung der Angst wichtig sind. Sehr häufig sind es der räumliche und zeitliche Abstand zum Phobieobjekt, die Größe und Ausprägung des Objektes selbst, die die Schritte innerhalb der Hierarchie bestimmen. Dies gilt vor allem für Phobien, deren Objekte real und fest umrissen sind (Hundephobie, Autophobie u. ä.). Ein Beispiel sei die Angsthierarchie einer Patientin, die unter der Vorstellung litt, Unterleibskrebs zu haben, aber panische Angst vor dem Besuch eines Gynäkologen hatte:

1. Sie hört eine Kollegin im Büro über einen Besuch beim Gynäkologen sprechen.
2. Sie meldet sich telefonisch in der Praxis an und bekommt einen Termin.
3. Es ist der Tag vor der Untersuchung, sie geht zu Bett und denkt daran, dass es morgen passieren wird.
4. Sie betritt das Wartezimmer.
5. Sie ist die letzte Patientin, die wartet, und weiß, dass sie als Nächste drankommt.
6. Die Sprechstundenhilfe ruft sie herein.
7. Sie spricht mit dem Gynäkologen.
8. Er fragt sie nach der Regelmäßigkeit ihrer Periode.
9. Er fragt sie nach ihrem Ausfluss.
10. Sie liegt auf dem Untersuchungsstuhl, mit den Beinen in den Stützen.

Die Konstruktion dieser Hierarchie ist einfach, da sie sich entlang des zeitlichen Kontinuums bewegt und in der zunehmenden Annäherung an die gefürchtete Situation besteht. […]

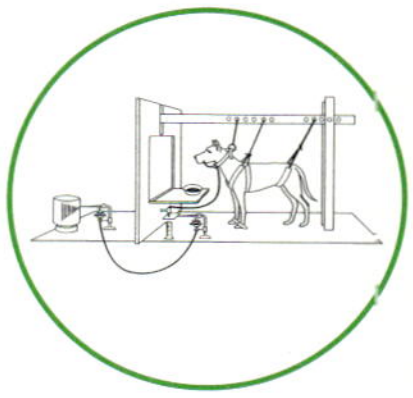

Entspannungstraining

Wolpe griff die Studien von Jacobson (1938) auf, der die Wirkung von tiefer Muskelentspannung als therapeutische Technik untersuchte. Ausgehend von der Grundidee der antagonistischen Wirkung der Muskelentspannung als parasympathische Reaktion gegenüber der Angstreaktion, ist die aktive Entspannung als eine Möglichkeit der Angsthemmung gefunden worden.

Durchführung der Gegenkonditionierung

In dem Stadium der Therapie, in dem eine tiefe Entspannung erreicht und die Hierarchie der Items aufgestellt ist, kann mit der eigentlichen Desensibilisierung begonnen werden. Zur einfachen Verständigung zwischen Therapeuten und Patient auch während der Desensibilisierung benutzt Wolpe ein simples quantitatives System. Der Zustand der absoluten Ruhe und Entspannung wird mit 0 festgelegt; die höchste vorstellbare Angst und Panik mit 100 suds („suds" = subjektive units of disturbance). Weder die objektive noch subjektive Validität der absoluten Werte der „suds" ist von entscheidender Bedeutung, da nur deren Verlauf während Entspannung und Therapie berücksichtigt wird.
Dem absolut entspannten Patienten wird dann die erste, noch nicht Angst erzeugende Szene der Hierarchie dargeboten, und er wird aufgefordert, sich die Situation so klar wie möglich vorzustellen. Anschließend erfolgt erneute Entspannung, und dann wird das erste Angst erzeugende Item dargeboten, die Vorstellung wird abgestoppt, und erneute Entspannung folgt. Da der Zustand der Entspannung nach Möglichkeit nicht unterbrochen werden soll, gleichzeitig jedoch der Therapeut ein größtmögliches Maß an Rückmeldung über die Empfindungen des Patienten benötigt, sind Fingerzeichen des Patienten oder Angaben in „suds" üblich. Es empfiehlt sich auch, besonders zu Beginn der Therapie, sich durch Fingerzeichen anzeigen zu lassen, wann eine dargebotene Szene in der Vorstellung des Patienten klar und lebendig ist. Die Signalisierung von Angst ist immer zu beachten und die Vorstellung der Szene sofort zu stoppen. Eine längere Darbietung Angst erregender Szenen oder der zu frühe Übergang zur Desensibilisierung *in vivo* kann zu Rückschlägen im Therapieverlauf führen. Die Frage, wie oft und wie viele Items innerhalb einer Sitzung dargeboten werden sollen, unterliegt starken, individuellen Variationen. Eine drei- bis viermalige Präsentierung einer Situation ist üblich, aber auch eine zehnmalige Darbietung kann benötigt werden. Die Dauer der klaren Vorstellung sollte etwa 5 bis 7 Sekunden, die Entspannungsintervalle 10 bis 20 Sekunden, wenn nötig auch länger sein. Die Gesamtdauer der Therapie kann von seltenen „Blitzheilungen" mit 5 bis 6 Sitzungen bis zu rund 100 Sitzungen betragen.

Die Aversionstherapie

Die Aversionstherapie stellt, auf deskriptiver Ebene betrachtet, die Umkehrung der Desensibilisierung dar. Während dort die autonome Angstreaktion auf bedrohlich erlebte Situationen durch die Assoziation mit angenehmen Gefühlen neutralisiert wird, ist bei den Symptomen, die üblicherweise mit Aversionstherapie behandelt werden, das gegenteilige Problem zu lösen.
Eine Aversionstherapie kann nach dem Modell des klassischen Konditionierens durchgeführt werden: ein UCS (Schock) wird unmittelbar vor der Darbietung von CS (Alkohol) appliziert: Der UCS führt zu UCR (Schmerzreaktion), die nach wiederholten UCS-CS-Paarungen mit dem CS (Alkohol) assoziiert wird.

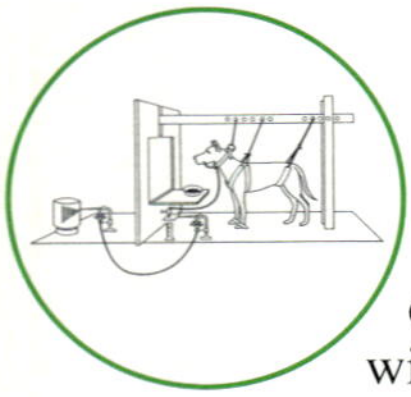

Erfolgt die Therapie nach operanten Modellen, so ist Lernen durch negative Bekräftigung (Strafe), Vermeidung- oder Fluchtlernen möglich. Die Paradigmen beider Lernmodelle, die Stimuluskontingenz und die Verhaltenskontrolle durch die Konsequenz des Verhaltens sind in jeder erfolgreichen Aversionstherapie wirksam.

Welche Form stärker zum Tragen kommt, ist eher eine Folge des spezifischen Therapieansatzes als grundsätzlich für die Aversionstherapie zu beantworten. So können beispielsweise Alkohol und homosexuelle Bilder als CS eingeführt und mit UCS (aversiver Reiz) verknüpft werden, oder es wird Alkoholtrinken oder die sexuelle Handlung als CR betrachtet und negativ bekräftigt. Weiterhin kann die Darbietung von Alternativhandlungen, die im Kontrollbereich des Patienten liegen, andere Lernprozesse nahe legen.

Neben dem klassischen Konditionieren sind theoretisch folgende operante Modelle diskutierbar:

- Lernen durch Strafe:
  In der Umkehrung des Lernens durch positive Bekräftigung wird durch die Strafe eine Reduzierung der Auftretenswahrscheinlichkeit erreicht.
- Lernen durch Flucht („escape"):
  Die Beendigung des aversiven Reizes durch eine Reaktion wirkt als positive Bekräftigung der Fluchthandlung.
- Lernen durch Vermeidung („avoidance"):
  Durch die Wahl einer Alternativhandlung wird das Auftreten eines Störreizes verhindert.

(Petra Halder, Verhaltenstherapie, Kohlhammer, Stuttgart 1973, S. 41ff. [Auszüge])

1. Welche Elemente des klassischen und operanten Konditionierens finden sich in diesen Therapiekonzepten wieder?
2. Welche darüber hinaus weisenden Elemente lassen sich nachweisen?
3. Erörtern Sie Vor- und Nachteile solcher therapeutischen Konzepte in pädagogischen Bereichen.

Literatur- und Filmtipp: Stanley Kubrik verfilmte den Roman „Uhrwerk Orange" von Anthony Burgess. In ihm wird die Hauptfigur Alex einer Aversionstherapie unterzogen. (Achtung: Filmszenen gehen stark an die Nerven!)

Verhaltenstherapie – Ein Beispiel aus einem Erziehungsratgeber

8. Übung: Zur Verhaltensbeobachtung

Zählen Sie eine Woche lang ein einfaches unerwünschtes Verhalten eines Ihrer Kinder aus (z. B. Schuhe nicht abstreifen beim Betreten des Hauses oder Mantel nicht aufhängen, usw.), indem Sie in diese Liste immer dann, wenn das Kind dieses Verhalten zeigt, einen Strich machen. Das zu beobachtende Verhalten sollte leicht beobachtbar sein, und es sollte nur eine bestimmte Verhaltensweise beobachtet werden. Unter Umständen kann es wichtig sein, das erwünschte Verhalten genauer zu beschreiben und zu beobachten.

Beschreibung des **unerwünschten** Verhaltens:

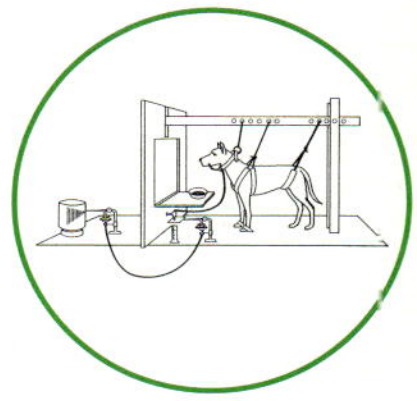

„Seit meine Eltern in diesem Kurs waren, sagen sie zu dem Kuchen ‚Verstärker'…"

Strichliste	*Gesamtzahl der Striche des Tages*
1. Tag:	
2. Tag:	
3. Tag:	
4. Tag:	
5. Tag:	
6. Tag:	
7. Tag:	
Gesamtzahl der 7 Tage:	

Besonders günstig, um die Veränderung der Häufigkeit (zur Kontrolle der geplanten Beeinflussung) in einem Blick zu übersehen, ist eine grafische Darstellung. Übertragen Sie deshalb die Tageshäufigkeiten auf die vorgegebene grafische Darstellung.

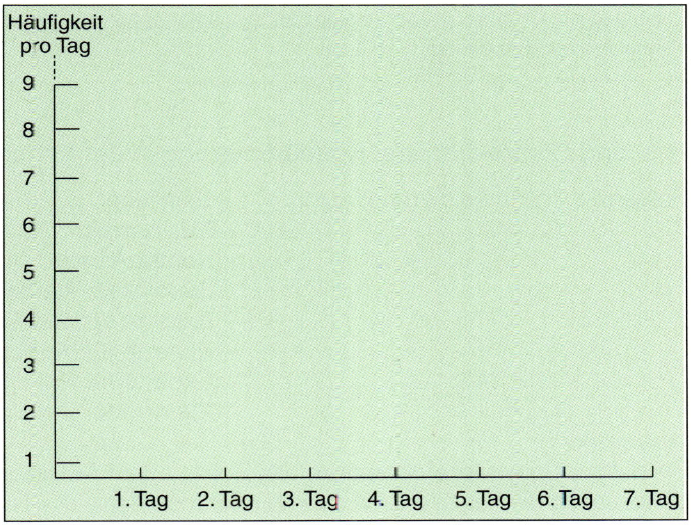

9. Übung: Beobachten Sie sich selbst

Beobachten Sie zwei Tage lang, *wie viele Befehle Sie erteilen.*
Als Hilfsmittel verwenden Sie vielleicht einen Zettel, den Sie mit sich tragen und auf dem Sie bei jedem Befehl einen Strich machen.

10. Übung: Positive Verstärkung

Nach genauer Durchführung der 8. Übung (also sieben Tage nach deren Beginn) überlegen Sie, wie Sie Ihr Kind jedes Mal sofort belohnen können, wenn es das entgegengesetzte – das erwünschte – Verhalten (z. B. Schuhe abstreifen oder Mantel aufhängen)

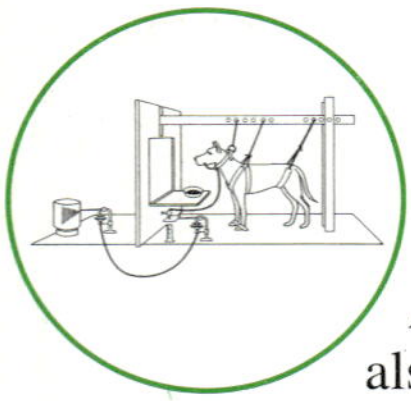

äußert. Sie sollen das erwünschte Verhalten positiv verstärken, entweder durch Lob oder einen materiellen Verstärker. Bedenken Sie, dass Sie einen Verstärker auswählen, der einen hohen Anreizwert für das Kind besitzt.

Ab dem achten Tag seit Beginn der Verhaltensbeobachtung bemühen Sie sich also, das erwünschte Verhalten konsequent unmittelbar nach seinem Auftreten positiv zu verstärken. In der folgenden Liste halten Sie die Häufigkeit der Verstärkungen fest.

Beschreibung des Verstärkers:

____

____

____

Strichliste	*Gesamtzahl der Verstärkungen pro Tag*
8. Tag:	
9. Tag:	
…	

(Meinrad Perrez/Beate Minsel/Heinz Wimmer, Was Eltern wissen sollten. Alltagspsychologie für Eltern, Lehrer und Erzieher, M. Pawlak Verlagsges., Herrsching 1992, S. 126ff.)

1. Erörtern Sie Vor- und Nachteile solcher „Übungen“. Entwickeln Sie gegebenenfalls Alternativen.
2. Beobachten Sie in Ihrem alltäglichen Umfeld solche Konditionierungsversuche? Wenn ja, beschreiben Sie diese.

Pro- und Kontra-Debatte: Konditionierung in der Erziehung

Folgende Rollen sind zu besetzen:
- Spielleiter
- Pro-Anwalt
- Kontra-Anwalt
- Experte für klassisches Konditionieren
- Experte für operantes Konditionieren
- Experte für Verhaltenstherapie
- Experte für Erziehungsfragen
- Experte für Ethik und Menschenrechte

Vorbereitung:
Bis auf die Spielleiter-Rolle sollten alle Rollen durch Arbeitsgruppen vorbereitet werden. Diese haben die Aufgabe ihrem Anwalt oder Experten einen Namen zu geben, seine Position vorzubereiten und sich auch auf die Argumentation der anderen Parteien einzustellen.

Ablauf:
1. Der Spielleiter stellt zu Beginn die Entscheidungsfrage: „Sollen im Bereich der Erziehung Methoden der Konditionierung eingesetzt werden?“
   Über diese Frage wird eine erste Abstimmung durchgeführt und das Ergebnis festgehalten. (Jeder sollte unabhängig von seiner Rolle abstimmen.)
   Zur Aufgabe des Spielleiters gehört es auch, auf die Einhaltung der Zeiten und Regeln zu achten.
2. Der Pro-Anwalt hält ein 3-Minuten-Plädoyer.
   Der Kontra-Anwalt hält ein 3-Minuten-Plädoyer.

3. Pro- und Kontra-Anwalt befragen abwechselnd die geladenen Experten. Die Befragung eines Experten durch einen Anwalt ist auf die Zeit von 5 Minuten begrenzt.
4. Der Kontra-Anwalt hält sein 3-Minuten-Schlussplädoyer. Der Pro-Anwalt hält sein 3-Minuten-Schlussplädoyer.
5. Der Spielleiter führt eine Abschlussabstimmung durch. Die Ergebnisse werden verglichen und evtl. Veränderungen diskutiert.

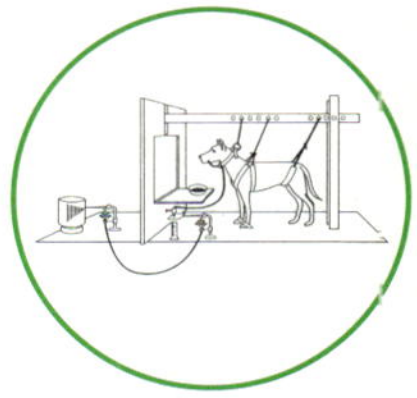

P Projektvorschlag zum selbstständigen Weiterarbeiten

Heute findet man in der Verhaltenstherapie nur noch selten eine ausschließlich am operanten Konditionieren orientierte Vorgehensweise.

Literaturhinweis: Bärbel Schwertfeger/Klaus Koch, Der Therapie-Führer, München 1993

Man versucht heute stärker auch zugrunde liegende Denkmuster zu problematisieren, den Menschen eine Einsicht in die Ursachen der Probleme zu vermitteln und ihnen eine neue Sichtweise nahe zu bringen.

Eine weitere Möglichkeit wird darin gesehen, dem Einzelnen zu helfen sich selbst „zu konditionieren“ bzw. zu „entkonditionieren“. So könnten Sie z. B.

- ein Problemverhalten auswählen und dieses zunächst beschreiben: Was ist typisch daran, was stört daran…?
- aufschreiben, ob und welche Signalreize das Problemverhalten steuern, also z. B.: Tritt es auf, wenn Sie mit bestimmten Leuten zusammen sind, wenn Sie in einer bestimmten Umgebung sind, wenn Sie bestimmte Dinge zu sich genommen haben, zu bestimmten Zeiten, verbunden mit bestimmten Gefühlen?
- genau festhalten, wie häufig und mit welcher Intensität das Problemverhalten auftaucht,
- ein Ziel der Verhaltensänderung formulieren,
- Verstärker auswählen, die für Sie wirksam sind und die Sie sich „gönnen“, wenn Sie auf den oben herausgestellten Signalreiz nicht auf die gewohnte Weise reagieren – also das von Ihnen definierte Problemverhalten nicht zeigen,
- diese Verstärker können Sie in eine Rangfolge bringen und so die besonders begehrten Verstärker für besonders schwierige Situationen reservieren. Sie sollten sich aber auch für jeden Schritt in die von Ihnen gewünschte Richtung verstärken.

Genauere Informationen zu solchen Verhaltensänderungsprogrammen finden Sie in folgendem Buch:
Frauke Teegen u.a., Sich ändern lernen, Reinbek 1985

Andere Möglichkeiten selbstständig weiter zu arbeiten wären z. B.

- Trainer an Volkshochschulen oder privaten Organisationen (wie z. B. den Weight-Watchers) befragen, wie dort Verhaltenstrainings durchgeführt werden,
- pädagogisch tätige Menschen befragen, was sie vom Einsatz von Belohnung und Bestrafung in der Erziehung halten und ob und wie sie diese „Erziehungsmittel“ einsetzen.

2.2

Einsichten – Kognitive Entwicklung und menschliches Lernen

(Foto: Ullstein–Horst Tappe)

Das Foto zeigt Jean Piaget (1896–1980), einen der bedeutendsten Psychologen unseres Jahrhunderts, im hohen Alter an seinem Arbeitsplatz.
Notieren Sie die spontanen Assoziationen, die Ihnen beim Betrachten des Bildes durch den Kopf gehen.
Wenn Sie sich nun ein Bild von Jean Piaget als Baby vorstellen und sich die Spanne vergegenwärtigen, die zwischen diesen Bildern liegt, welche Fragen und Thesen entstehen dann? Halten Sie diese im Kurs fest.
Wenn Sie Informationen zu Piaget, zu seinem Lebenslauf und seinem Werk erhalten wollen, können Sie diese z.B. im Internet unter folgender Adresse finden:
http://www.unige.ch/piaget/biod.html
(Das ist die Seite des Jean-Piaget-Archivs in Genf zu seiner Biografie.)

Einführung

Was passiert, wenn wir denken?

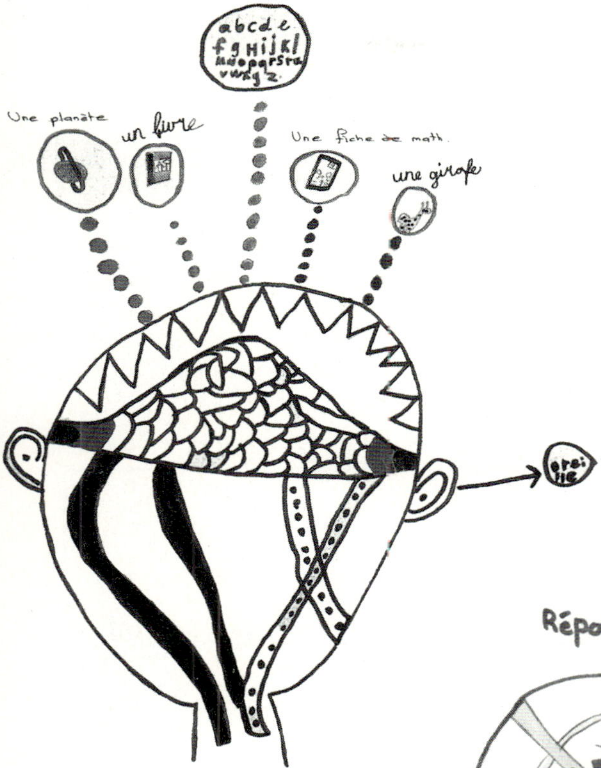

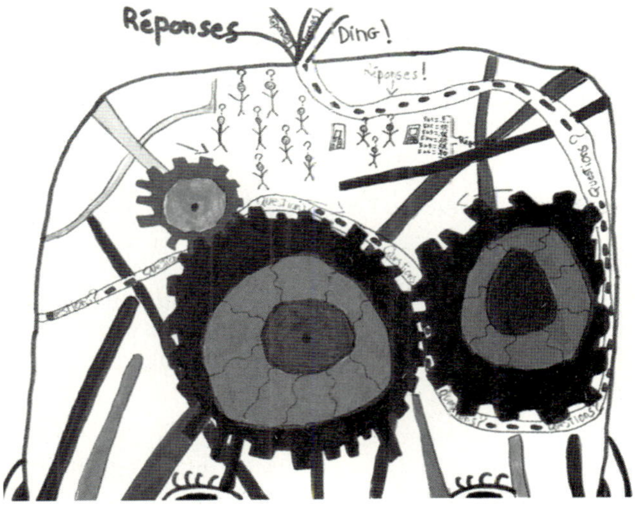

(Jean Piaget, „Agir et construire“. Ausstellungskatalog Genf 1996, S.101, 106; Was passiert, wenn wir denken? Diese Frage stellten die Veranstalter der Piaget-Ausstellung „Agir et construire“ 1996 an der Universität in Genf 500 Kindern im Alter zwischen 4 und 12 Jahren. Hier sind zwei der „Antwort“-Bilder abgedruckt.)

1. Wie interpretieren Sie die kindliche Darstellung unseres Denkens?
2. Wie würden Sie diese Frage beantworten? (mit Worten oder mit einem Bild) Welche Fragen und Thesen ergeben sich daraus für die weitere Arbeit?

Kinder denken anders

1. Die seltsame Vermehrung

Einmal ereignete sich Folgendes: Eine Mutter von zwei Kindern war wegen des ständigen Quengelns ihres Sohnes am Ende ihrer Geduld angelangt. Diesmal ging es um die Verteilung des Nachtischs. Die Mutter hatte ihrem Zehnjährigen zwei Stückchen Kuchen gegeben, ihrem Vierjährigen nur eines. Dem betrübten jüngeren Sohn hatte sie erklärt, er bekäme nur eins, weil er kleiner sei; wenn er größer ist, wird er auch zwei bekommen. Wie man sich vorstellen kann, war der Kleine mit dieser Logik nicht einverstanden und fuhr fort, sein Schicksal zu beklagen. Die Mutter verlor die Geduld. In einem Anflug von Sarkasmus griff sie seinen Teller und sagte: „Du willst zwei Stücke? Gut, du sollst zwei Stücke haben. Hier!“ – wobei sie seinen Kuchen in der Mitte durchschnitt. Sofort war Ruhe; der kleine Junge dankte seiner Mutter ernsthaft und machte sich zufrieden an seinen Nachtisch. Die Mutter und der ältere Bruder waren beide überrascht. Sie schauten den Kleinen an, als hätten sie einen Geist vor sich. Dann schauten sie sich gegenseitig an; in diesem Augenblick teilten sie eine eben gewonnene Einsicht in die Realität, die von der ihren recht verschieden war.

(Robert Kegan, Die Entwicklungsstufen des Selbst, München 1991, S. 50)

(WAZ, 4/96)

2. Was ist lebendig? Was ist tot?

„Die Anweisungen: Wir machen jetzt ein Spiel. Ich stelle euch einige Fragen, und wir wollen sehen, wer von euch antworten kann. Ihr wisst, was es heißt, etwas ist lebendig? Eine Katze ist lebendig, nicht? Nennt mir sonst noch etwas, was lebendig ist! Warum? Woher wisst ihr, dass es lebendig ist oder nicht? (Diese Frage wird bei jedem Objekt der Liste wiederholt.)

1. Stein – lebendig, weil er sich bewegt.
2. Bleistift – lebendig, weil er schreibt.
3. Knopf (zerbrochen) – wenn er zerbrochen ist, kann man ihn nicht mehr brauchen; er ist tot.
4. Taschenuhr – lebt, wenn sie die Zeit anzeigt; wenn sie das nicht kann, ist sie tot.
5. Schüssel (angeschlagen) – ist ebenso tot wie der kaputte Knopf.
6. Kerze – lebendig, nur wenn sie brennt. (Und wenn die Flamme ausgeht und dann wieder angezündet wird? Dann stirbt sie und wird wieder lebendig.)
7. Fahrrad – lebendig, weil es fährt.
8. Stuhl – lebendig, weil Menschen auf ihm sitzen.
9. Fluss – lebendig, wenn Menschen hineingehen.
10. Wolken – lebendig, weil sie sich immer bewegen.

11. Baum – lebendig, weil er rauscht und wächst.
12. Sonne – sie ist immer lebendig, weil Gott das macht.
13. Wind – lebendig, weil er bläst, aber wenn er nicht bläst, ist er nicht tot, er schläft nur.
14. Auto – lebendig, weil es fährt.
15. Vogel – lebendig, weil er fliegt; wenn Vögel erschossen werden, sind sie tot.
16. Feuer – lebendig, weil es sich bewegt.
17. Hund – lebendig, weil er spazieren geht.
18. Gras – lebendig, weil es wächst.
19. Käfer – ja, lebendig, weil er davonläuft.
20. Blume – lebendig, weil sie die Leute gießen.

Für dieses kleine Mädchen ist die Funktion eines Objekts sehr wichtig. Stühle und Flüsse sind nur lebendig, wenn sie von Menschen benützt werden, eine Illustration der [...] egozentrischen Einstellung.

(Mary Ann Pulaski, Piaget. Einführung in seine Theorie und sein Werk, Otto Maier Verlag, Ravensburg, S. 44)

3.Taïma über Knete und Kuchen

Taïma, sechs Jahre

– Weißt du, wann du Geburtstag hast?
– Der war schon. Am 1. Mai.
– Meiner ist im Juni, das habe ich dir ja schon gesagt. Siehst du die beiden Kugeln da? Weißt du, was das ist?
– Knete.
– Knete, genau. Und welche Farben hat die Knete?
– Rot.
– Und die da?
– Weiß.
– Die ist weiß. Sag mal, wenn du die beiden Kugeln aus Knete anschaust, kannst du mir dann sagen, ob sie gleich sind? Ist in der einen genauso viel Knete wie in der anderen?
– Ja.
– Sie sind gleich, oder?
– Ja.
– Bist du sicher oder nicht ganz sicher?
– Nein.
– Also bist du nicht ganz sicher? Glaubst du, dass die eine vielleicht größer ist als die andere? Dass an der einen mehr Knete dran ist als an der anderen?
(Taïma zögert und entscheidet sich dann.)
– Nein.
– Also sind beide gleich? Und weißt du, was wir jetzt machen? Wir tun so, als sei das Kuchen. Nicht richtiger Kuchen. Wir spielen nur. Dein Kuchen ist rot, und mein Kuchen ist weiß. Wenn wir den jetzt essen, haben wir dann gleich viel Kuchen gegessen?
– Ja.
– Ja. Schön. Und jetzt schau. Jetzt nehme ich meinen Kuchen und mache etwas damit. Sag mir, was ich damit mache. Schau einmal her, was ist das?
– Das ist eine Wurst.
– Eine Wurst also? Und was meinst du, was ist jetzt? Wenn ich diese Wurst esse und du deine Kugel aus Knete isst, haben wir dann alle beide gleich viel zu essen oder hat einer von uns mehr?

– Du hast mehr als ich.
– Ja? Und warum?
– Weil die länger ist.
– Na schön. Und wenn ich sie noch länger mache, siehst du, so, und noch länger, so?
– Dann haben Sie mehr.
– Habe ich dann immer mehr zu essen als du?
– Ja.
– Und wenn ich aus dem jetzt wieder eine Kugel mache wie vorhin, am Anfang, wie viel haben wir beide dann zu essen?
– Gleich viel.
– Wieder gleich viel?
– Ja.
– So. Und jetzt nehmen wir deine Kugel. Schau. Ich mache sie jetzt platt. So. Und wie sieht das jetzt aus, was ich gemacht habe?
– Wie ein Schnitzel.
– Ein Schnitzel? Na schön. Das Schnitzel hat aber eine komische Farbe! Das ist wohl nicht richtig gebraten, hmm?
– Ja.
– Gut. Dann isst du jetzt dein Schnitzel, und ich esse meine Kugel. Haben wir beide jetzt gleich viel zu essen? Oder hat einer mehr?
– Ja. (*Taïma lächelt und deutet auf sich.*)
– Du hast mehr? Warum?
– Weil meins dicker ist als das von Ihnen.
– Ist das dicker? Das ist doch ganz dünn. Schau.
– Das ist größer.
– Größer … Jetzt aber ehrlich. Hast du mehr?
– Ja.
– Ganz, ganz ehrlich. Bist du sicher?
– Ja.
– Aber als das auch eine Kugel war, genau so eine Kugel wie das da, wie viel haben wir da beide gehabt?
– Gleich viel.
– Gleich viel? Ist das denn jetzt anders geworden?
– Ja.
– Und damit es wieder gleich viel wird, was muss man da machen?
– Wieder eine Kugel machen
– Mit deinem Stück?
– Ja.

(Jean-Claude Bringuier, Jean Piaget. Im allgemeinen werde ich falsch verstanden, übers. von Enrico Heinemann und Reinhard Tiffert, EVA, Hamburg 1996, S. 59 – 61)

4. Wie Kinder sich die Welt erklären

Mit 4;6 sagt J.: „Die Wolken gehen sehr langsam, weil sie keine Füße und Beine haben: Sie machen sich lang wie Würmer und die Raupen, daher gehen sie so langsam." (S. 317)

Noch mit 6;5 sagt sie, als die Tür des Hühnerstalles vom Wind zugeschlagen wird und sie vor Schreck aufschreit: „Er ist böse, der Wind, er macht uns Angst." „Aber nicht absichtlich?" „Doch absichtlich. Er ist böse, er hat gesagt, dass wir böse wären." „Aber weiß der Wind, was er tut?" „Er weiß, dass er bläst." (S. 317)

Mit 3;6 fragt J. ihre Großmutter, indem sie ihre Augen, ihre Nase usw. berührt: „Wie wird das gemacht, die Großmutter? Hast du dich selbst gemacht?“ Danach: „Hat sie sich selbst gemacht? Wer hat sie gemacht?“ Einige Tage später: „Wie haben sich die Babys gemacht?“ Später: „Wie werden die Kinder gemacht?“ (S. 311)

Mit 4;2 auf dem Salève (einem Berg): „Man hat sie dahin getan, die Felsen. Das sind sehr starke Leute, die sie hingesetzt haben.“ „Hätte ich es gekonnt, ich?“ „Nein, du nicht, aber sehr starke Leute. Sie (die Felsen) waren zunächst klein, dann sind sie groß geworden.“ (S. 313)

Mit 4;3: „Das sind kleine Steine, die Berge, die sehr groß geworden sind. Sie sind lange klein geblieben, dann sind sie sehr groß geworden, immer größer. Da war vielleicht einer, der einen kleinen Stein hier hin geworfen hat, und der ist dann zum Salève geworden.“ (S. 313f.)

(Jean Piaget, Nachahmung, Spiel und Traum, Ernst Klett Verlag, Stuttgart 1993)

Von ungefähr drei Jahren an stellt das Kind sich und seiner Umgebung Reihen von Fragen, von denen die mit „warum“ beginnenden die bemerkenswertesten sind. Man kann dann untersuchen, in welcher Weise diese Fragen formuliert werden, denn die Art der Fragestellung gibt schon einen Hinweis auf die Art von Antworten oder Lösungen, die der Fragende zu erhalten erwartet. Es ist natürlich angezeigt, dieselben oder andere analoge Fragen bei der Befragung anderer Kinder wieder zu verwenden.
Eine erste allgemeine Feststellung drängt sich in dieser Hinsicht auf: die Warum zeugen von einer Vorkausalität zwischen der wirkenden Ursache und dem Endzweck und sie wollen, unter diesen beiden Gesichtspunkten, insbesondere einen Grund für die Phänomene finden, die für uns zufällig sind, die aber im Kind um so mehr das Bedürfnis nach einer finalistischen Erklärung wecken. „Warum gibt es zwei Salève (Berge bei Genf), einen großen und einen kleinen?“, fragt, zum Beispiel, ein sechsjähriger Knabe. Auf diese Frage haben fast alle Gleichaltrigen geantwortet: „Weil es einen für die großen Spaziergänge und einen für die kleinen braucht.“

(Jean Piaget/Bärbel Inhelder, Die Psychologie des Kindes, übers. von Lorenz Häfliger, Walter Verlag, Olten 1993, S. 111)

1. Beschreiben Sie die spezifische Art von Kindern zu denken und verwenden Sie Beispiele aus den Materialien als Beleg für Ihre Argumentation.
2. Können Sie die Beispiele durch Anekdoten aus Ihrer eigenen Entwicklungsgeschichte ergänzen? Auch Kinderbilder oder Beispiele aus der sprachlichen Entwicklung können Sie heranziehen.
3. Sammeln Sie im Kurs Thesen oder Fragen zur weiteren Arbeit.

Ein seltsames Erlebnis

Stellen Sie sich vor, Sie gehen zu einer Wahrsagerin und diese eröffnet Ihnen aus ihrem ‚Buch der Erkenntnis' Dinge, die sie eigentlich nicht wissen kann.
Sie gehen anschließend zu Ihrem Freund/Ihrer Freundin und unterhalten sich mit ihm/ihr über Ihr Erlebnis. Sie sind dabei noch sehr beeindruckt von den Fähigkeiten (!?) der Wahrsagerin, während Ihr Freund/Ihre Freundin eher skeptisch solchen Dingen gegenüber eingestellt ist.

Simulieren Sie dieses Gespräch in Partnerarbeit. Wählen Sie dazu einen Beobachter, der genau auf die Argumentationsstruktur Ihres Gespräches achtet.

Reflektieren Sie anschließend genau, wie Sie mit der ungewöhnlichen Tatsache umgegangen sind, dass die Wahrsagerin Dinge wusste, die sie eigentlich nicht wissen konnte.

Ihre gedankliche Grundstruktur (Summe Ihres bisherigen Wissens, Ihre Art zu denken, …)

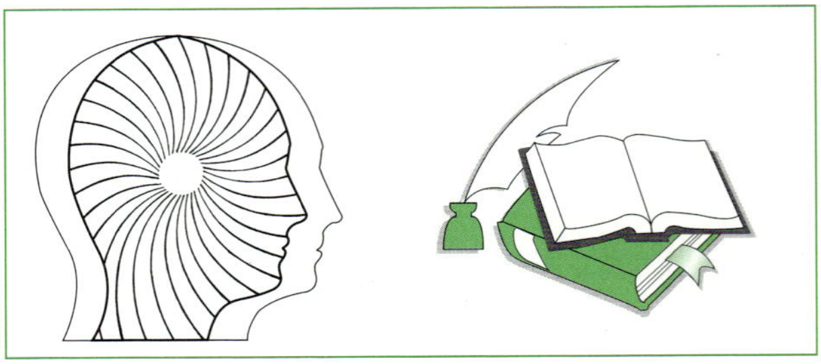

‚Buch der Erkenntnis' (ein neues, ungewöhnliches Erlebnis)

(Kopf-Zeichnungen aus: Hampden-Turner, Charles [1996], Modelle des Menschen. Dem Rätsel des Bewusstseins auf der Spur. Weinheim: Psychologie Verlags Union)

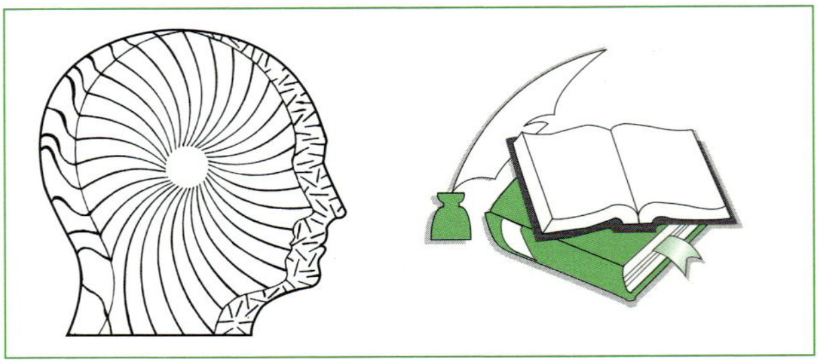

Schülerexperiment

Fragestellung: Wie kann man am besten Begriffe auswendig lernen?

Hypothese:
Unabhängige Variable:
Abhängige Variable:

Dauer: ca. 20 Minuten

Material: 2 Listen mit Begriffen

Versuchspersonen: Schülerinnen und Schüler aus anderen Kursen bzw. Klassen

Aufbau und Ablauf: VPs werden in zwei Gruppen aufgeteilt und erhalten Liste A oder B, noch umgedreht, sodass sie die Begriffe nicht sehen. Arbeitsanweisung: „Ihr seht gleich 24 Substantive, die ihr bitte auswendig lernt. Ihr habt dafür drei Minuten Zeit. Dreht dann, wenn der Versuchsleiter sagt, dass die Zeit um ist, das Blatt wieder um und notiert diejenigen Wörter, die ihr behalten habt. Dafür stehen euch drei Minuten zur Verfügung."

Liste A:
Apfel, Bulgare, Kirche, Braten, Hirsch, Maus, Suppe, Buche, Hospital, Pflaume, Weide, Auflauf, Erle, Kirsche, Schule, Birne,

Hase, Löwe, Spanier, Bahnhof, Franzose, Linde, Schwede.

Liste B:

Hase, Löwe, Maus, Hirsch
Linde, Buche, Weide, Erle
Suppe, Pudding, Auflauf, Braten
Franzose, Bulgare, Schwede, Spanier
Kirche, Schule, Bahnhof, Hospital
Apfel, Pflaume, Kirsche, Birne

Danach wird das Ergebnis von Kursmitgliedern ermittelt.

Ergebnis:

Interpretation:

1. Welche Faktoren haben auf das Ergebnis Einfluss gehabt?
2. Welche Konsequenzen kann man hieraus für schulisches und alltägliches Lernen ziehen?

Grundbegriffe und Grundthesen

Jean Piaget: Lebendiges Lernen

Dann ging ich nach Paris, wo bedeutende Erkenntnistheoretiker wie L. Brunschvicg und hervorragende Psychologen wie P. Janet lehrten. In dieser so anregenden Umgebung hatte ich aber vor allem das unverhoffte Glück, Th. Simon, dem Mitarbeiter des berühmten Alfons Binet, empfohlen zu werden und Zugang zum Laboratorium Binets zu erhalten, der kurz zuvor gestorben war. Das Laboratorium lag in einer Schule für Jungen aller Altersstufen und war erstaunlicherweise leer: Niemand arbeitete in Paris über die Intelligenz des Kindes. Simon gab mir die Aufgabe, die hervorragenden Tests des englischen Psychologen C. Burt für französische Verhältnisse zu standardisieren; ich muss aber gestehen, dass mir die Standardisierung kein sonderliches Vergnügen bereitete.
Schon bei meinen ersten Kontakten mit diesen kleinen Jungen hatte ich dann das Gefühl einer wahren Berufung. Zunächst gibt es nichts Sympatischeres als ein Kind, das man unter vier Augen befragen und dazu bringen kann, frei zu sprechen, um dabei Schritt für Schritt seine Suche nach einer Lösung zu verfolgen. Außerdem gibt es nichts Spannenderes als den Fortschritt der Denkprozesse in den Altersstufen zu verfolgen und die Art und Weise zu analysieren, in der die anfänglichen Schwierigkeiten überwunden werden. Ich kümmerte mich immer weniger um Standardisierung und begann, die klinische Methode anzuwenden, die damals im Gespräch war: die freie Unterhaltung mit den Kindern.
Diesmal befand ich mich auf dem Gebiet der Erkenntnis, der Intelligenz, des gedanklichen, nicht nur des organischen Lebens; aber hier begegnete ich meinem zentralen Problem wieder: dem der Erklärung des strukturellen Aufbaus in seinem Verhältnis zur Entwicklung, wobei ich die Psychologie des Kindes als „Autogenese der Entwicklung" betrachtete; mit Autogenese meine ich die organische Entwicklung des Individuums im Gegensatz zur Entwicklung der gesamten Art.

Mit einiger Naivität nahm ich an, ich würde dieser Art von Studien nur etwa fünf Jahre widmen müssen, um sie erschöpfend zu bearbeiten. Tatsächlich arbeite ich jetzt schon 50 Jahre lang daran, und sie sind noch keineswegs vollendet. Was können wir nun als ihren bisherigen Ertrag festhalten? Und wohin werden sie uns noch führen?

Ein erstes Ergebnis drängt sich von Anfang an und in zunehmenden Maße auf: Es ist die aktive und konstruktive Rolle des denkenden Subjekts im Vorgang des Erkennens, des denkenden Subjekts im Verhältnis zur einfachen Aufnahme, zur einfachen Kenntnisnahme der Eigenschaften des Objekts. Mit anderen Worten, jede Erkenntnis resultiert, wie schon KANT gesehen hat, aus einer Synthese, die von den Strukturen abhängt, welche dem Subjekt eigen sind: ich meine aber dass diese Strukturen nicht im Vorhinein gegeben sind, sondern sich nach und nach aufbauen, was im Übrigen die eigene Tätigkeit des Subjekts noch einmal betont.

(Jean Piaget, Lebendige Entwicklung, in: Zeitschrift für Pädagogik 20/1974, S. 1ff. [Auszug])

Entwicklung und Lernen

Der entscheidende Punkt unserer Theorie ist, dass Erkenntnis sich aus *Interaktionen* zwischen dem Subjekt und dem Objekt ergibt – aus Interaktionen, die *reichhaltiger* sind als alles, was die Objekte von sich aus liefern können. Lerntheorien wie die von Hull reduzieren Erkenntnis dagegen auf unmittelbare „funktionale Abbilder", welche die Wirklichkeit keineswegs bereichern. Wenn wir kognitive Entwicklung erklären wollen, müssen wir das Problem der *Invention* und nicht das bloßer Abbildung lösen. Und weder Reiz-Reaktions-Generalisierung noch die Einführung von Transformationsreaktionen kann Neuartigkeit oder Invention erklären. Dagegen sind die Konzepte von Assimilation und Akkommodation sowie das der operatorischen Strukturen (die von den Aktivitäten des Subjekts geschaffen, nicht bloß entdeckt werden) auf diese inventive Konstruktion gerichtet, welche jeden lebendigen Gedanken kennzeichnet.

Zum Abschluss dieser theoretischen Einführung in das Problem von Lernen und Entwicklung möchten wir noch darauf hinweisen, wie merkwürdig es ist, dass so viele amerikanische und sowjetische Psychologen – Angehörige großer Nationen, welche die Welt zu verändern beabsichtigen – Lerntheorien hervorgebracht haben, welche Erkenntnis auf ein passives Abbild äußerer Wirklichkeit reduzieren (Hull, Pawlow usw.), während doch menschliches Denken Wirklichkeit stets umformt und überschreitet. Äußerst wichtige mathematische Gebiete (z.B. jene, die mit der Kontinuumshypothese zu tun haben) haben keine Entsprechung in der physischen Realität, und alle mathematischen Techniken führen zu neuen Kombinationen, die die Realität bereichern. Will man einen angemessenen Lernbegriff darlegen, muss man zuerst erklären, wie es dem Subjekt gelingt, zu konstruieren und zu erfinden, nicht bloß, wie es wiederholt und abbildet.

(Jean Piaget, in: Reinhard Fatke [Hg.], Jean Piaget über Jean Piaget. Sein Werk aus seiner Sicht, übers. von Hainer Kober, Kindler, München 1981, S. 62ff.)

Wissenschaftliche Theorie entwickelt sich vor allem durch Kritik und Widerlegung von konkurrierenden Positionen weiter.

1. Welche Hauptkritikpunkte formuliert Piaget gegenüber dem Behaviorismus? Wenn Sie die Wabe über die klassischen Ansätze von Pawlow und Skinner im Unterricht behandelt haben, nutzen Sie Ihre Kenntnisse für die Argumentation. Wenn Sie die Wabe nicht thematisiert haben, können vielleicht orientierende Kurzreferate eingebracht werden, evtl. von Schülern/Schülerinnen mit Bio-LK.

2. Wie kann man seine Gegenposition und damit den Ausgangspunkt seiner Forschung zusammenfassen? (Die Begriffe Assimilation und Akkommodation werden im folgenden Text erläutert.)

Piaget erläutert seine zentralen Begriffe

Jean-Claude Bringuier: Dann erklären Sie mir: Was ist Assimilation und was Akkommodation?

Jean Piaget: Nun, die Assimilation ist eben der Beweis für die Existenz von Strukturen. Es ist die Tatsache, dass ein Stimulus in der Außenwelt, irgendein Reiz ein Verhalten nur insofern steuern und abwandeln kann, als er in vorhandene Strukturen integriert wird. Bei der Nahrungsaufnahme assimiliert der Organismus sein Milieu. Das bedeutet, das Milieu ist der inneren Struktur untergeordnet und nicht umgekehrt.

J.Cl. B.: Wenn ich Kohl esse, werde ich nicht zu Kohl, meinen Sie das?

J. P.: Ja. Ein Kaninchen, das Kohl isst, wird kein Kohlkopf. Vielmehr wird der Kohl zu Kaninchen, das bedeutet Assimilation. In psychologischer Hinsicht ist es dasselbe. Jeder beliebige Stimulus wird in innere Strukturen eingebaut.

J.Cl. B.: Und die Akkommodation?

J. P.: Es gibt keine Assimilation ohne Akkommodation, denn Assimilation ist ein allgemeines Schema, das auf eine besondere Situation angewandt wird und den jeweiligen Umständen entsprechend modifiziert werden muss. Das gilt für alle Stufen. Nehmen Sie einen Säugling, der die Möglichkeit entdeckt, einen Gegenstand zu ergreifen, den er sieht. Alles, was er sieht, wird von nun an in die Schemata des Greifens eingepasst, das heißt, es wird zu einem Objekt, das ergriffen, angesehen oder belutscht werden kann. Ob er aber ein großes Objekt ergreift, für dass er beide Hände braucht, oder ein ganz kleines Objekt, dass er mit den Fingern einer einzigen Hand umschließen kann, dazu muss er das Schema des Greifens jeweils modifizieren.

J.Cl. B.: Und dabei verändert das Baby den Kraftaufwand?

J. P.: Es verändert die Justierung. Eben das nenne ich Akkommodation. Sie ist die Anpassung des Schemas an die besondere Situation.

J.Cl. B.: Es passt die Geste an das Tun an …

J. P.: Genau. An das Objekt. Und die Akkommodation ist durch das Objekt bestimmt, während die Assimilation durch das Subjekt bestimmt ist. Entsprechend gibt es denn auch keine Akkommodation ohne Assimilation, denn stets wird die Akkommodation von etwas an ein beliebiges Verhaltensschema assimiliert, ebenso kann es keine Assimilation ohne Akkommodation geben, da das Schema der Assimilation allgemein ist und stets an die besondere Situation angeglichen werden muss. Ich habe als Beispiel vom Säugling gesprochen, aber mit einem Wissenschaftler, einem Physiker verhält es sich ebenso. Man hat eine Theorie, sie ist ein Assimilationsschema, und man kann sie an verschiedene Situationen anpassen. In der Mechanik gelten für ganz unterschiedliche Situationen die gleichen Prinzipien der Erhaltung der Bewegung. Die Anpassung dieses Assimilationsschemas an alle Situationen ist Akkommodation.

J.Cl. B.: Adaptation?

J. P.: Genau. Als Adaptation bezeichne ich allerdings lieber das Gleichgewicht zwischen Assimilation und Akkommodation. Denn bei der Adaptation gibt es immer zwei Pole:

Man hat den Pol Subjekt-Assimilation und den Pol Objekt-Akkommodation. Ich ziehe diese Begriffe vor, weil sie besser die Trennung von Subjekt und Objekt zeigen. Diese beiden Pole sind immer vorhanden. Wenn man dagegen einfach unkommentiert „Adaptation“ sagt, dann scheint es um's Objekt zu gehen, auf das Objekt abzuzielen. In Wahrheit ist die Adaptation ein umfassendes Ganzes mit zwei nicht voneinander zu trennenden Polen. Assimilation und Akkommodation.

J.Cl. B.: Und was ist mit der Äquilibration? Sie stellen diesen Begriff neben die beiden anderen …

J. P.: Das bedeutet so viel, dass Assimilation und Akkommodation in einem bestimmten Verhältnis zueinander stehen, das stabil sein kann. Bei einem Akt der Intelligenz gibt es ein Gleichgewicht, weil die beiden einander nicht beeinträchtigen, sich im Gegenteil gegenseitig unterstützen.

J.Cl. B.: Warum ist die Äquilibration nicht einfach ein Gleichgewicht?

J. P.: Weil sie ein Prozess ist und kein Kräftegleichgewicht. Hingegen bedeutet Gleichgewicht Rückkehr in einen fixen Urzustand.

J.Cl. B.: Also etwas Dynamisches?

J. P.: Ja. Sie ist die Selbstregulierung, von der ich vorhin gesprochen habe. Ein Gleichgewichtssystem ist ein solches, in dem alle Fehler korrigiert und jedes Übermaß nach oben oder nach unten ausgeglichen werden. Es ist kein statisches Gleichgewicht wie bei einer reglosen Waage, es ist die Regulierung eines Verhaltens.

J.Cl. B.: Ein Gleichgewicht, das sich auf einem immer neuen Niveau wieder einpendeln muss …

J. P.: Ein dynamisches Gleichgewicht, wie die Physiker sagen. Denn es ist niemals vollkommen, und es gibt immer störende äußere Faktoren.

J.Cl. B.: Es reagiert ständig, und das sorgt für ständige Neuerung …

J. P.: Ganz genau. Es ist der Prozess, der zum Gleichgewicht führt. Aber da das Gleichgewicht – Gott sei Dank – niemals erreicht wird, weil dazu das gesamte Universum assimiliert werden müsste …

J.Cl. B.: Läuft man ihm immer hinterher!

J. P.: Genau das, aber gerade das hält ja auch die Wissenschaft am Laufen. Wenn sie einmal vollendet ist… davon wird noch zu reden sein, aber ich glaube nicht, dass die Menschheit je so weit kommt.

J.Cl. B.: Schafft sie das nie?

J. P.: Was heißt Vollendung? Die Vollendung der Mathematik würde bedeuten … (Pause)

J.Cl. B.: Aber was Sie sagen, erweckt den Eindruck, dass sich das Kind intellektuell plötzlich verändert, einen sprunghaften Wandel vollzieht.

J. P.: Nein. Dieser Wandel vollzieht sich langsam. Plötzlich ist lediglich die abschließende Einsicht im Augenblick der Vollendung der Struktur. Einer solchen plötzlichen Einsicht begegnet man häufig während einer Befragung. Ein Kind tappt im Dunkeln, und ganz plötzlich hat es die Erleuchtung. „Ach so!“, sagt es und gibt eine Antwort, die mit dem Beginn der Befragung nichts mehr zu tun hat.

J.Cl. B.: Das ist fantastisch.

J. P.: Ja, aber diese Einsicht setzt natürlich einen vorangegangenen kognitiven Prozess voraus, der unbewusst, unter der Oberfläche abgelaufen ist. Und dann wird es schlagartig bewusst. Das Kind sieht die Dinge in der Außenwelt plötzlich völlig anders. Eben das kommt plötzlich, nicht die Konstruktion, sondern die Bewusstwerdung.

(Jean-Claude Bringuier, Jean Piaget. Im allgemeinen werde ich falsch verstanden, übers. von Enrico Heinemann und Reinhard Tiffert, EVA, Hamburg 1996, S. 76 – 78)

1. Legen Sie sich ein Glossar mit den Fachbegriffen von Piaget an. Nutzen Sie hierfür auch den anschließenden Text von Philip Zimbardo.
2. Erläutern Sie die Grundbegriffe anhand von Beispielen aus den Einstiegsmaterialien.
3. Versuchen Sie hier schon eine Erklärung für die spezifische Art, wie Kinder denken, zu formulieren.

Die Entstehung kognitiver Strukturen

Kognitive Strukturen sind sowohl das Ergebnis als auch die Voraussetzungen der Anpassung. Der Säugling in den ersten beiden Lebensjahren verfügt nur über Handlungsstrukturen, die sensomotorische Intelligenz, aus denen dann später verinnerlichte Strukturen oder Begriffe entstehen. Spezifische Strukturen nennt Piaget kognitive Schemata. [...] Es sind Schemata untereinander oder Schemata und Informationen (Umweltgegebenheiten), die im Gleichgewicht bzw. Ungleichgewicht stehen und auf die das Kind seine Aufmerksamkeit richtet.

Zur Veranschaulichung von Assimilation und Akkommodation kann man die Anpassungen betrachten, die vom Baby beim Übergang vom Trinken an der Brust zum Trinken aus der Flasche und schließlich zum Trinken aus der Tasse verlangt werden. Die Saugreaktion ist zu Anfang ein angeborener Reflex. Während es sich an die Flasche gewöhnt, kann das Baby immer noch viele Teile dieser Reaktionssequenz in unveränderter Weise benutzen, es assimiliert die Flasche an das Saugschema. Gleichzeitig jedoch muss es den Schnuller etwas anders in den Mund nehmen und daran saugen und es muss lernen, die Flasche im passenden Winkel zu halten (Akkommodation). Der Schritt von der Flasche zum Becher erfordert mehr Akkommodation, basiert aber immer noch auf den alten Fähigkeiten, Flüssigkeit zu saugen und zu schlucken.

Piaget betrachtete die kognitive Entwicklung als Ergebnis des ständigen Wechselspiels von Assimilation und Akkommodation.

- Die Assimilation bewahrt und erweitert das Bestehende und verbindet so die Gegenwart mit der Vergangenheit.
- Akkommodation entsteht aus Problemen, die die Umwelt aufgibt, aus Wahrnehmungen, die nicht zu dem passen, was man weiß und denkt.

Diese Diskrepanzen zwischen dem, was man sieht, und dem, was man denkt, beeinflussen die kognitive Entwicklung ganz wesentlich. Sie zwingen das Kind, angemessenere innere Strukturen und Prozesse zu entwickeln und ermöglichen dadurch einen kreativen und angemessenen Umgang mit neuen Herausforderungen. Sowohl Assimilation als auch Akkommodation sind also notwendig, jedoch aufeinander abgestimmt.

Durch diese beiden Prozesse wird das Kind immer weniger von der unmittelbaren Wahrnehmung und immer mehr vom Denken abhängig. Kognitive Entwicklung impliziert deshalb auch den Übergang vom Vertrauen auf den *Augenschein* zum Vertrauen auf *Regeln*. Die sensomotorischen Strukturen, die Handlungsschemata des Säuglings, sind abhängig von der Gegenwart von Gegenständen – z.B. Dingen, an denen das Kind saugen kann, die es beobachten oder ergreifen kann – aber nach diesem Stadium beinhalten die kognitiven Strukturen zunehmend symbolische Repräsentationen der äußeren Realität, die nun ihrerseits immer mehr und komplexere kognitive Operationen ermöglichen.

(Philip G. Zimbardo, Psychologie, übers. von Barbara Keller, Springer Verlag, Berlin 1995, S. 73f.)

1. Definieren Sie den Begriff „kognitive Struktur" mit Hilfe des Textes.
2. Versuchen Sie das Verhältnis von Lernen und Entwicklung zu bestimmen, indem Sie die Begriffe Assimilation, Akkommodation, Äquilibration und kognitive Struktur zueinander in Beziehung setzen.

Piagets Auffassung von der geistigen Entwicklung

Niemand hat zu unserem Wissen darüber, wie Kinder denken, wie sie schlussfolgern und Probleme lösen, mehr beigetragen als Jean Piaget (1896 – 1980). Fast 50 Jahre widmete er der Beobachtung der Entwicklung des Denkens bei Kindern. Piagets Erkenntnisse beruhen unter anderem darauf, dass er das Verhalten seiner eigenen Kinder von einem sehr frühen Alter an genau studierte. Er legte ihnen Probleme vor, beobachtete ihre Reaktionen, veränderte dann geringfügig die Problemstellung und beobachtete von neuem, wie sie darauf reagierten. Im Unterschied zu experimentell arbeitenden Psychologen heute, die in ihren Laboratorien mittels komplexer Versuchsanordnungen Informationsverarbeitungsprozesse erforschen, um zu einfachen Schlussfolgerungen zu gelangen, verwendete Piaget einfache Demonstrationen und sorgfältige Interviews, auf deren Grundlage er komplexe und weit reichende Schlüsse zog.
Piaget interessierte sich vor allem für die Natur der Veränderungen, denen das Denken des Kindes im Verlauf der kognitiven Entwicklung unterworfen ist. Wie überführt ein Kind spezifische konkrete Informationen, durch sinnliche Erfahrung erworben, in allgemeine abstrakte Begriffe, die nicht an das unmittelbare Vorliegen irgendeiner Reizgegebenheit gebunden sind? Um diese Frage beantworten zu können, untersuchte Piaget, wie Kinder bestimmte Situationen wahrnehmen und wie sie zum „Denken über" und „Wissen über" die Realität kommen. Er interessierte sich nicht dafür, *wie viel* Kinder wissen oder wissen können, sondern dafür, *wie* ihr Denken und ihre inneren Vorstellungen von der äußeren Realität sich auf verschiedenen Stufen ihrer Entwicklung verändern.

Stufen der kognitiven Entwicklung

!

Piaget unterschied zur globalen Einteilung der kognitiven Entwicklung vier qualitativ verschiedene Stufen. Er glaubte, dass alle Kinder diese Stufen in derselben Reihenfolge durchlaufen, obwohl das Entwicklungstempo unterschiedlich sein könne. Diese These wird **Invariabilitätsannahme** (Universalitätshypothese) genannt und ist von grundlegender Bedeutung in Piagets Theorie.

Die Stufen nannte er
- die sensomotorische Stufe (Säuglingsalter),
- die Stufe präoperationalen Denkens (Kindergarten und Vorschulalter),
- die *Stufe der konkreten Operationen* (Grundschulalter)
- und die *Stufe der formalen Operationen* (ab dem Jugendalter).

Auf den ersten Blick scheint Piagets Stufentheorie mit seiner Annahme der **funktionalen Kontinuität** von Entwicklung unvereinbar zu sein. Der Widerspruch löst sich auf, wenn man sich klarmacht, dass die Stufen Ergebnisse der kognitiven Entwicklung beschreiben: die unterschiedliche Qualität des Denkens in verschiedenen Altersabschnitten. Die Denkstrukturen sind jedoch, *zu jedem Zeitpunkt*, das Ergebnis von Assimilations- und Akkommodationsprozessen, die immer denselben Organisationsprinzipien unterliegen. Genau darin besteht die funktionale Kontinuität der geistigen Entwicklung. Adaptation (Assimilation und Akkommodation) und Organisation werden von Piaget als die *funktionalen Invarianten* des Entwicklungsprozesses bezeichnet. Kognitive Entwicklung ist aber nach Piaget auch deshalb – trotz der Diskontinuität der Stufen – als kontinuierlicher Vorgang zu verstehen, weil sie sich aus einer Abfolge von „Mikroprozessen" zusammenfügt. Diese kleinen Veränderungen in Form von Akkommodationen der vorhandenen Strukturen ergeben, bei Betrachtung des Gesamtbildes, die vier umfassenden Stufen, die wir jetzt ausführlicher beschreiben werden.

- Die sensomotorische Stufe (etwa von der Geburt bis zum Alter von zwei Jahren).

Das Kind erwirbt während der ersten zwei Jahre so viele kognitive Leistungen und Strukturen, dass Piaget die **sensomotorische Stufe** selbst wiederum in sechs Substufen unterteilte. Hier sollen lediglich die beiden wichtigsten Entwicklungen dieser Phase erwähnt werden: die Fähigkeit, angepasst zu reagieren, und die *Objektpermanenz*. Während seiner ersten Lebensmonate „weiß" ein Säugling nur „etwas im Sinne von Wiedererkennen und Antizipieren von vertrauten, wiederkehrenden Objekten und er ‚denkt' im Sinne eines Verhaltens solchen Objekten gegenüber … auf vorhersagbare, organisierte und oft adaptive Art" (Flavell 1979, S. 30). Während des ersten Jahres werden die sensomotorischen Sequenzen verbessert, kombiniert, koordiniert und integriert (Saugen und Greifen, Schauen und Bewegen z.B.). Sie werden abwechslungsreicher, denn das Kind erkundet immer neue Aspekte seiner Umgebung. Es entdeckt, dass seine Handlungen äußere Ereignisse beeinflussen, und beginnt Verhaltensweisen zu zeigen, die aussehen wie zielgerichtete, kognitiv gesteuerte Aktivitäten.

!

Gegen Ende des zweiten Lebensjahres ist die Fähigkeit, nicht gegenwärtige Ereignisse *symbolisch zu repräsentieren*, deutlich ausgebildet. Ein Kind verfügt dann über das innere Abbild eines Gegenstands, ohne dass dieser wahrnehmbar ist.

Bestandteil der Entwicklung der Fähigkeit, angepasst zu reagieren, ist die stetige Entwicklung der **Objektpermanenz** – Gegenstände werden wahrgenommen als Dinge, deren Existenz und Verhalten nicht von der Aktivität und der Aufmerksamkeit des Kindes abhängen. Bereits kurz nach der Geburt folgt der Säugling einem bewegten Objekt mit den Augen. Mit 2 – 3 Monaten betrachtet er die Stelle, an der ein Objekt aus dem Blickfeld verschwunden ist. Mit 4 – 8 Monaten erwartet er das Wiederauftauchen eines versteckt bewegten Gegenstandes oder sucht mit Blicken nach ihm. Als Nächstes findet er den Gegenstand, selbst wenn er ihn nicht sehen kann, unter zunehmend schwierigeren Bedingungen (8 – 18 Monate). Im Alter von etwa zwei Jahren „wird das Kind erwartungsvoll lächeln und dann jedes mögliche Versteck systematisch absuchen … es wird

spontan das Versteckspiel umdrehen und nun den Erwachsenen suchen lassen, was es versteckt hat …“ (Flavell 1985, S. 37, eig. Übers.). Es steht fest, dass Kinder in diesem Alter über eine innere symbolische Repräsentation eines Gegenstandes verfügen, die unabhängig von ihrer Wahrnehmung oder ihrer Handlung ist.

• Die präoperationale Stufe (Stufe des anschaulichen Denkens – ungefähr von zwei bis sieben Jahren).

Kinder treten als *naive Realisten* ins Leben. Das heißt, sie glauben, was sie sehen. Genau wie *Wissenschaftler,* die nach Regelhaftigkeiten im Fluss und in der Vielfalt der einzelnen Ereignisse suchen, werden Kinder allmählich der **Invarianzen** in der Umwelt gewahr, solcher Dinge, deren Identität gleich bleibt, obwohl die Anschauung sich ändert. Der Erwerb der Objektpermanenz war ein erstes Beispiel für den Aufbau einer Invarianz. Sie bildet den Ausgangspunkt für den nächsten Schritt, die Entdeckung, dass Gegenstände nicht nur eine beständige Identität haben, sondern dass die Identität von Dingen trotz der Veränderung des Aussehens erhalten bleibt. Dieses Denken charakterisiert die **präoperationale Stufe**. Zu Anfang dieses Entwicklungsabschnitts können Kinder zum Beispiel glauben, dass ein Junge ein Mädchen werden kann, wenn er mit Puppen spielt oder Mädchenkleider anzieht; gegen Ende wissen sie es besser. In einer Untersuchung betrachteten Dreijährige das hintere Körperteil einer Katze, der man eine Hundemaske über den Kopf gestülpt hatte. Sie nahmen an, dass die Katze nun zu einem Hund geworden sei. Sechsjährige hingegen glaubten eher, dass eine Katze nicht zu einem Hund werden könne (DeVries 1969).
Der vorausgegangene Erwerb der Objektpermanenz bereitet Kinder auch auf das darstellende (repräsentationale) Denken dieser Periode vor, ein Denken, das mehr von Symbolen als von sensomotorischen Beziehungen abhängt. Aber dennoch ist ihr Denken immer noch in stärkerem Maße von Anschauungen abhängig als von Begriffen und Regeln. Das hindert sie an der Ausführung bestimmter kognitiver Operationen. Deshalb werden die Bezeichnungen *präoperational* und *anschaulich* gebraucht, um die Denkprozesse dieses Entwicklungsabschnittes zu charakterisieren.

Das präoperationale Denken ist durch *Zentrierung* charakterisiert – die Aufmerksamkeit richtet sich auf einen einzigen Gegenstand oder ein einzelnes Merkmal. Das Kind kann nicht mehr als einen Wahrnehmungsgesichtspunkt gleichzeitig berücksichtigen. Die Zentrierung ist ein Aspekt des **Egozentrismus.** Egozentrismus meint hier nicht Ichbezogenheit, sondern die Schwierigkeit, sich eine Szene aus der Sicht eines anderen vorzustellen.

Piaget benutzte ein dreidimensionales Modell einer Berglandschaft und fragte Kinder, was ein Teddybär, den er auf der gegenüberliegenden Seite aufgestellt hatte, sehen könnte. Bis zum Alter von ungefähr 7 Jahren waren seine Vpn nicht in der Lage, die Landschaft aus der anderen Perspektive zu beschreiben (Piaget & Inhelder 1975). In späteren Untersuchungen anderer Autoren gelang das jedoch schon drei- und vierjährigen Kindern, wenn sie Szenen betrachteten, die ihnen vertrauter waren, und wenn es ihre Aufgabe war, bewegliche Szenerien so umzugestalten, dass sie die Sichtweise eines anderen erkennen ließen. Bei der Verwendung einer feststehenden Szenerie, wie sie von Piaget benutzt wurde, schnitten sie jedoch schlecht ab (Borke 1975).

Experiment

„Piagets Umschüttaufgabe“

Die Dezentrierung lässt sich an Piagets klassischer Studie zur Invarianz von Flüssigkeiten, von manchen auch als „Umschüttaufgabe“ bezeichnet, demonstrieren (s. Fotos). Wenn die gleiche Menge einer Flüssigkeit, zum Beispiel Limonade, in zwei Gläser gegossen wird, berichten alle 5, 6 und 7 Jahre alten Kinder, dass beide Gläser gleich viel enthalten. Wird jedoch die Limonade von einem Glas in ein anderes, höheres und schmaleres gegossen, gehen die Meinungen auseinander. Die Fünfjährigen wissen, dass das im schmalen hohen Glas dieselbe Limonade ist (qualitative Identität), glauben aber, dass sie irgendwie mehr geworden sei. Die Sechsjährigen sind unsicher, sagen aber auch, in dem hohen Glas sei mehr drin. Die Siebenjährigen „wissen“, dass es keinen Unterschied gibt. Die jüngeren Kinder verlassen sich noch auf den Augenschein, die älteren vertrauen jetzt auf eine Regel. Sie berücksichtigen auch zwei Dimensionen, Höhe und Breite. Die jüngeren Kinder hingegen richten sich allein nach der Höhe, einem normalerweise nützlichen Indikator für „mehr“.

Dieses 5-jährige Mädchen versteht, dass die beiden Behälter auf dem ersten Bild die gleiche Menge an Flüssigkeit enthalten. Wenn jedoch aus einem der beiden die Flüssigkeit in einen schmaleren und höheren Behälter umgegossen wird (zweites Bild), so zeigt es an, dass dieser mehr enthält (drittes Bild). Es hat also noch nicht den Begriff der Mengeninvarianz erworben. Dieser Versuch wird auch als „Umschüttaufgabe“ bezeichnet. Er ist eines von Piagets berühmten Demonstrationsexperimenten zur Gegenüberstellung des präoperatorischen und des konkretoperatorischen Denkens und verdeutlicht die neue Denkqualität bei Kindern, die über konkrete Operationen verfügen.

(Philip G. Zimbardo, Psychologie, übers. von Barbara Keller, Springer Verlag, Berlin 1995, S. 72ff.; © für die Fotos: Harper Collins College Publishers, New York)

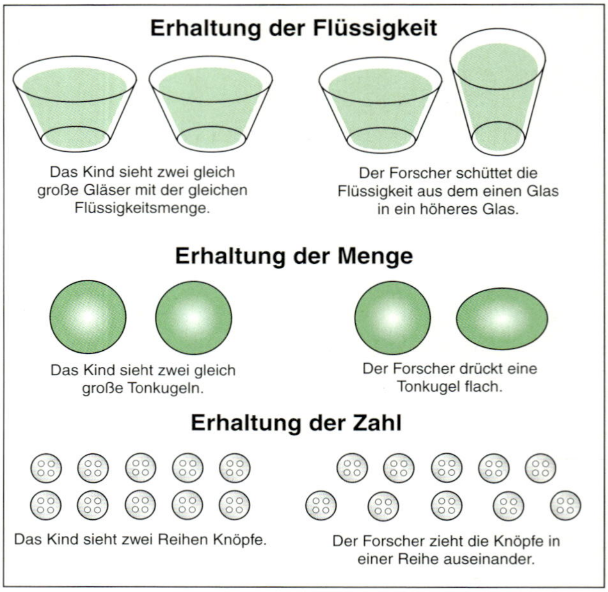

Illustration dreier Erhaltungsprobleme zur Messung konkret-operatorischen Denkens

(Paul H. Mussen/John J. Conger/Jerome Kagan/Aletha C. Huston, Lehrbuch der Kinderpsychologie, Stuttgart, 1993, S. 307)

Anthropomorphismus und magisches Denken von Kindern

Der Anthropomorphismus (Tendenz zur Vermenschlichung)

Infolge des noch stark wirksamen Egozentrismus, den wir auch in den sprachlichen Äußerungen schon beschrieben haben, besitzt das Kind keine Möglichkeit, zwischen *belebt* und *unbelebt zu unterscheiden*. Die einzige Erfahrungsgrundlage ist das eigene Erlebnis des Wollens, Wertens, Fühlens und Bewirkenkönnens, und dieses wird in die Außenwelt projiziert. Das Kind glaubt, dass alle Dinge seiner Umgebung mit den gleichen Fähigkeiten ausgestattet sind wie es selbst: Daher ist der Tisch, an dem man sich gestoßen hat, ein „böser" Tisch, der einem absichtlich wehgetan hat. Das Auto läuft, weil es schneller sein will als die Straßenbahn, und der Tautropfen auf der Blume ist eine Träne.

Das magische Denken

Das Denken im Vorschulalter wird auch als *magisches Denken* bezeichnet. Darunter versteht man die Tendenz – die man auch bei Primitiven findet –, Naturerscheinungen dem Wirken höherer Mächte zuzuschreiben. Es gibt für den Menschen tatsächlich nur zwei Möglichkeiten, Naturphänomene zu erklären, nämlich die magische und die naturwissenschaftliche. Ohne die Kenntnis naturwissenschaftlicher Zusammenhänge bleibt nur die magische Erklärung, die darin besteht, dass man die Ereignisse und Erscheinungen in der Umwelt dem Wirken höherer Kräfte zuschreibt oder irgendwelchen Kräften, die den Dingen selbst innewohnen und die diese willkürlich einsetzen. Durch Jahrtausende hat magisches Denken die Menschheit beherrscht.

(Lotte Schenk-Danzinger, Entwicklungspsychologie, 15. unveränd. Auflage, ÖBV & HPT, Wien 1981, S. 86)

Erläutern Sie anthropomorphistisches und magisches Denken von Kindern mit Hilfe der Beispiele aus dem Einstiegsteil.

Im Allgemeinen tritt die **Dezentrierung** (Dezentration) – die Fähigkeit, zwei oder mehr physikalische Dimensionen zur gleichen Zeit zu berücksichtigen – erst später in der Entwicklung auf.

- Konkrete Operationen (ungefähr von sieben bis elf Jahren).

Die Siebenjährigen haben, wie die Umschüttaufgabe zeigt, ein Verständnis dessen erworben, was Piaget **Erhaltung** nannte, in diesem Falle der Mengenerhaltung bei Flüssigkeiten (quantitative Invarianz). Das heißt, sie verstehen, dass sich Flüssigkeiten und feste Stoffe in ihrem Volumen oder ihrer Masse nicht ändern, wenn man nichts hinzugibt oder wegnimmt, auch wenn Form oder Aussehen verändert werden. Während der Stufe der **konkreten Operationen** erwerben Kinder auch andere Arten der Erhaltung, wie die Erhaltung von Zahlen und Flächen.

> Das Verständnis der *Erhaltung* zeigt, dass sie nun *geistige Operationen* ausführen können – das heißt, sie können Informationen geistig transformieren und die Reihenfolge der kognitiven Verarbeitungsschritte sogar umkehren. Sie verlassen sich nun eher auf Begriffe als auf das, was ihre Wahrnehmung sie sehen oder fühlen lässt.

Obwohl die Kinder nun fähig werden, Logik und schlussfolgerndes Denken zum Lösen konkreter Probleme einzusetzen, benutzen sie bei der Konstruktion und Begründung ihrer Schlüsse immer noch Symbole für konkrete Gegenstände und Ereignisse, keine Abstraktionen. Wo die Grenzen liegen, zeigt das beliebte Spiel der „20 Fragen", in dem es darum geht, mit so wenig Fragen wie möglich einen Gegenstand zu erraten, an den ein Mitspieler denkt. Ein Kind von 7 oder 8 Jahren benutzt gewöhnlich immer wieder dieselben spezifischen Fragen, die, falls treffend, auch gleich die richtige Antwort liefern (Ist es ein Vogel? Ist es eine Katze?). Ein paar Jahre später wird dasselbe Kind die Aufgabe systematisch angehen. Es wird sich ausgehend von allgemeinen Kategorien (Ist es ein Tier?) über untergeordnete Kategorien zu spezifischen Fragen vorarbeiten. Das bedeutet, dass es zu Anfang einige Fragen stellt, die selbst keine Antwort auf die „Was ist es?"-Frage liefern (Bruner, Olver & Greenfield 1971).

- Die Stufe der formalen Operationen (etwa von elf Jahren an).

> Die letzte Stufe der kognitiven Entwicklung nach Piaget, die Stufe der *formalen Operationen* (Stufe des abstrakten Denkens), unterscheidet sich dadurch von der vorhergehenden, dass logische Operationen nun nicht mehr an konkrete Probleme gebunden sind.

Das Kind ist jetzt fähig, mit Abstraktionen umzugehen, hypothetische Fragen zu stellen (Was wäre, wenn jemand Augen am Hinterkopf hätte?) und sich logische Beweise für abstrakte Probleme auszudenken. Die meisten Kinder verfügen ab der frühen Adoleszenz (Jugendalter) über die notwendigen kognitiven Strukturen, die sie brauchen, um von naiven Denkern zu Experten zu werden.

Die Herangehensweise Jugendlicher und Erwachsener an das Spiel der „20 Fragen" zeigt die Fähigkeit zum Umgang mit Abstraktionen und zum Erwerb einer Informationsverarbeitungsstrategie, die nicht durch die gestellten Fragen eingeschränkt wird. Sie strukturieren die Aufgabe selbstständig, beginnen mit umfangreichen Kategorien, dann formulieren und testen sie Hypothesen im Lichte dessen, was sie über Kategorien und Relationen wissen.

(Philip G. Zimbardo, Psychologie, übers. von Barbara Keller, Springer Verlag, Berlin 1995, S. 72ff.)

1. Erarbeiten Sie sich eine Überblicksmatrix (z.B. Stufe/Alter/Beschreibung/Beispiel).
2. Wodurch könnten die Übergänge von einer Stufe zur nächsten ausgelöst werden? Überlegen Sie Beispiele.
3. Welche Beobachtungen zu den einzelnen Stufen können Sie selbst beisteuern? Sie können hier auch Eltern und Geschwister befragen.
4. Nehmen Sie zu folgender Aussage Stellung: „Die ‚seltsame Art, wie Kinder Dinge sehen', ist auf eine mangelnde Intelligenz bei Kindern im Vergleich zu Erwachsenen zurückzuführen, Erwachsene sind einfach klüger als Kinder!"

Kinder als Forscher

Ist die Pfütze tiefer, als die Gummistiefel hoch sind? Gilt das Gesetz der Schwerkraft auch für Blumenvasen und Nachttischlampen? Funktioniert Mamas Filzstift tatsächlich an der Tapete?

Seien Sie beruhigt, liebe Eltern! Und auch ein bisschen stolz. Denn was Ihr Kind tut, unterscheidet sich in nichts von dem, was die Nobelpreisträger treibt: Wie ein Wissenschaftler ergründet es die Welt, um nach der ‚Methode von Versuch und Irrtum' herauszufinden, welche Eigenschaften und Funktionen die Dinge und Wesen haben.

Kinder werden als empirische Forscher geboren, sagen die beiden amerikanischen Entwicklungspsychologen Alison Gopnik und Andrew Meltzoff. Sie glauben, dass Kinder schon vom ersten Tag an Theorien entwickeln, revidieren und verbessern, im Lauf der Jahre aber geistig immer träger werden, bis sie, von Normen und Ideologien geprägt, als Erwachsene kognitiv erstarren: „Alles, was wichtig ist im Leben, hat man im Grunde schon im Kindergarten gelernt", sagt Alison Gopnik, die an der University of California in Berkeley lehrt.

Mit dieser These stellen Gopnik und Meltzoff eine Lehrmeinung auf den Kopf, die seit einem halben Jahrhundert die Vorstellung von der geistigen Entwicklung des Kindes geprägt hat. Sie stammt von dem Schweizer Biologen und Erkenntnistheoretiker Jean Piaget, der wie kein Zweiter untersucht hat, nach welchen Prinzipien sich die Explosion kindlicher Fähigkeiten abspielt.

Piaget zufolge werden Kinder mit nicht viel mehr als Reflexen geboren, weitgehend ohne Wissen und ohne eine Vorstellung von der Welt – wie ein blankes Stück Papier. Ihr kognitives Rüstzeug unterscheidet sich fundamental von dem der Erwachsenen. Geistige Fähigkeiten müssen sie erst erlernen, indem sie, getrieben von allerdings angeborener Neugier, an den Objekten die Welt begreifen. Allmählich, im Laufe von Monaten und Jahren, verfeinern sie dabei ihre Methoden. Sie machen Annahmen, untersuchen und ziehen Schlüsse, sie sammeln Beweise, formulieren Hypothesen, bestätigen oder widerlegen und kommen schließlich zu einer eigenen Logik, aus der ein immer wieder modifiziertes Weltbild entsteht.

Doch Tausende empirischer Untersuchungen der letzten Jahre zeigen deutliche Mängel an Jean Piagets eingängiger Theorie vom ahnungslosen Neugeborenen, das da langsam zum Wissenschaftler heranwachse.

Nicht nur Gopnik und Meltzoff, auch andere Psychologen fanden heraus, dass schon Kleinstkinder weit größere Erkenntnisfähigkeiten besitzen als ursprünglich angenom-

men. Offenbar kommen Kinder schon mit einem intuitiven Wissen über die belebte und unbelebte Natur auf die Welt. Sie verstehen auf ihre naive Art bereits die Grundregeln der Biologie, der Physik und der Psychologie. Vor allem aber beherrschen sie die Methode der Theorienbildung.

Piaget hat, so die neueren Studien, Babys und Säuglinge massiv unterschätzt. Ein banaler Grund dafür: Man kann sie nicht so leicht fragen. Und Piaget glaubte, dass sich die Sprachfähigkeit erst entwickelt, wenn das Verständnis für Dinge entstanden ist. Außerdem verfügte er nicht über eine Videokamera, das „Teleskop der Psychologen". Damit sind kindliche Reaktionen auch von Forschern zu untersuchen, die am eigentlichen Versuch gar nicht teilnehmen und deren Erwartungshaltung die Ergebnisse unbeeinflusst lässt.

Mittlerweile ist den Psychologen klar, dass bereits Kleinstkinder lebende Objekte – insbesondere Menschen – von unbelebten unterscheiden können, Distanz, Größe und Bewegung von Gegenständen richtig einschätzen und vermutlich von Anfang an wissen, dass sie Menschen sind. Das geht aus der Tatsache hervor, dass neugeborene Menschen – nicht aber neugeborene Menschenaffen! – schon wenige Minuten nach der Geburt Grimassen imitieren können. Piaget zufolge vermochten sie das erst mit etwa einem Jahr.

Den Babys wird für solche Versuche in einem abgedunkelten Raum ein kurzzeitig angeleuchtetes Gesicht vorgeführt, das beispielsweise den Mund aufmacht oder die Zunge herausstreckt. Das auf Videoband dokumentierte Babygesicht zeigt, wie das Kind auf die jeweils vorgegebene Mimik mit der „richtigen" Imitation reagiert.

Das frühe Imitieren mag unbedarften Beobachtern wie eine reflexartige, unkoordinierte Reaktion vorkommen. In Wirklichkeit ist es eine aus vielen Einzelschritten bestehende enorme Bewusstseinsveränderung. Denn zum Imitieren müssen Babys erstens ihr Gegenüber wahrnehmen, zweitens die Mimik des Gesichts interpretieren, drittens erkennen, dass es sich um eine Person handelt, viertens begreifen, dass sie selbst eine Person sind, um fünftens das Verhalten des Gegenübers auf das Ich zu übertragen.

All das wäre unmöglich, glauben die amerikanischen Forscher, besäßen die Kleinen nicht die angeborene Fähigkeit zur wissenschaftlichen Theoriebildung. Allein mit den fünf Sinnen könnten sie die auf sie einprasselnden Erfahrungen zwar aufnehmen, aber nicht verwerten. Die Welt bliebe ein unbegreifliches Chaos.

Gopnik und Meltzoff gehen so weit, die geistigen Leistungen eines Babys mit denen von Genies wie Albert Einstein zu vergleichen. Genau wie dieser den zunächst unbegreiflichen Zusammenhang zwischen Masse und Energie in einer einzigen Gleichung definiert hat, lernen Kinder innerhalb kurzer Zeit zuvor Unfassbares verstehen. Aus einfachen Sinneserfahrungen stellen die kleinen Gehirne abstrakte Theorien auf, die immer wieder mit der Erfahrungswelt abgeglichen werden. So lernen Neugeborene relativ schnell, dass, wenn sie (A) schreien, (B) die Mutter erscheint; erschließen sich aber im Lauf der Zeit, dass (B) nicht zwingend die Folge von (A) ist.

(Zeichnung: Spike Gerell)

Die Folge solcher Theoriebildung ist, dass Kinder irgendwann begreifen, dass Gegenstände nach unten fallen, wenn man sie loslässt. Dass man ein Spielzeugauto mit einer Schnur ziehen, aber nicht schieben kann. Oder dass ein Apfel, der in einem Karton versteckt wird, nicht für immer verschwunden ist. Zwar konstruieren Kinder ihre Theorien nicht explizit wie Wissenschaftler, die grübelnd am Schreibtisch sitzen und systematisch ihre Gedanken entwickeln, sondern intuitiv und vermutlich weitgehend unbewusst. Kinder denken nun einmal nicht wie Erwachsene. Aber weil ihre Theorien die gleiche Funktion wie jene in der Forschung haben, besitzen Kinder offensichtlich jene kognitive Ausrüstung, jene Denkmuster, die auch Wissenschaftler bei ihrer Arbeit benutzen.

(Reiner Klingholz, Kognitions-Forschung, in: GEO Spezial 1/1999, S. 50f.; die dem Artikel zugrunde liegende Veröffentlichung „Alison Gopnik/Andrew N. Meltzoff, Words, Thoughts and Theories, MIT Press 1997" liegt noch nicht in deutscher Übersetzung vor.)

1. Formulieren Sie die Kritik von Gopnik und Meltzoff zu einer zugespitzten These.
2. Was machen die Autoren für die neue Sichtweise verantwortlich? Lesen Sie hierzu auch das Kapitel zur „Neuen Säuglingsforschung".
3. Ist die These von Gopnik und Meltzoff eher eine Weiterentwicklung des Ansatzes von Piaget oder eine völlig neue Sicht kindlicher Entwicklung? Begründen Sie Ihre Einschätzung.

Kritik an Piaget

Stufenkonzepte der Entwicklung, wie das von Jean Piaget, werden zunehmend kritisch gesehen. So bemängelt man,

- dass sich Menschen in unterschiedlichen Entwicklungsbereichen unterschiedlich entwickeln (intraindividuelle Variabilität) und sich so nicht in allen Bereichen auf einer Stufe befinden. Ganz davon abgesehen, dass die Stufen in unterschiedlichen Modellen sehr unterschiedliche altersmäßige Entwicklungsabschnitte festlegen;
- dass sich die Menschen einer Altersstufe zu stark unterscheiden (interindividuelle Variabilität), um einer gemeinsamen Entwicklungsstufe zugeordnet werden zu können;
- dass kognitive Leistungen sehr stark von Vorwissen und Übungsgelegenheiten abhängen und somit die Ergebnisse von Entwicklungstests sehr stark von den Eingangsvoraussetzungen abhängen;
- dass sich Entwicklungsgesetze nicht unabhängig von kulturellen, sozialen und historischen Rahmenbedingungen ermitteln lassen und somit nicht zeitlos gültig sein können.

1. Versuchen Sie die Kritikpunkte nachzuvollziehen, indem Sie konkrete Beispiele für die einzelnen Punkte suchen.
2. Haben Ihre selbst durchgeführten Experimente Piagets Annahmen bestätigt oder haben Sie andere Ergebnisse erzielt? Wie interpretieren Sie die Übereinstimmung bzw. die Unterschiede?
3. Wie würde Piaget auf diese Vorwürfe antworten?
4. Wie schätzen Sie selbst Piagets Modell der kognitiven Entwicklung ein?

Schülerexperimente zu Piaget

Fragestellung: Lassen sich die Aussagen von Piaget über die besondere Art kindlichen Denkens in der präoperativen Periode durch Schülerexperimente mit Kindern im Kindergartenalter bestätigen?

Hypothesen: (Je nach Wahl der Experimente)
Unabhängige Variable:
Abhängige Variable:

Dauer: (Je nach Wahl der Experimente und Anzahl der VP's)
Material: (Je nach Wahl der Experimente und Anzahl der VP's)

Versuchspersonen: Kindergartenkinder (Geschwister oder Nachbarkinder) im Alter von 3 bis 6 Jahren

Aufbau und Ablauf: Es eignen sich vor allem das Matrix-Experiment (s.u.), das Experiment zur Klasseninklusion (S. 290), eine Befragung zum Animismus (Kinder über lebendig/tot, s. S. 270f.) und Experimente zum Erhalt der Menge (s. Schaubild S. 284: Flüssigkeit, Knete, Zahl).

Ergebnisse:

Interpretationen:

(Zur Interpretation lässt sich auch die Kritik an Piaget heranziehen, s. S. 288. Wichtig wäre bei Nichtbestätigung der Ergebnisse von Piaget, nach den Ursachen von Abweichungen zu suchen. Hilfreich kann hier auch ein Gespräch mit Erzieherinnen und Erziehern im Kindergarten sein.)

Matrix-Experiment

Erläutern Sie etwa fünfjährigen Kindern den Aufbau der Matrix. Lassen Sie jedes Kind herausfinden, dass in den Spalten die Formen übereinstimmen und in den Reihen die Farben. Lassen Sie die Kinder dies selbst entdecken und formulieren.
Nun legen Sie Ihren kleinen Probanden eine Anzahl von Karten zur Auswahl vor und bitten sie, die für das freie Feld passende auszuwählen. Sie werden feststellen, dass fünfjährige Kinder meist nur zufällig die richtige Ergänzung wählen, sie beachten nur eine Dimension, entweder die Farbe oder die Form. Die geforderte gleichzeitige Beachtung zweier Dimensionen, die logische Multiplikation im Sinne der Konjunktion von Farbe und Form, wird noch nicht geleistet (Piaget & Inhelder, 1973).

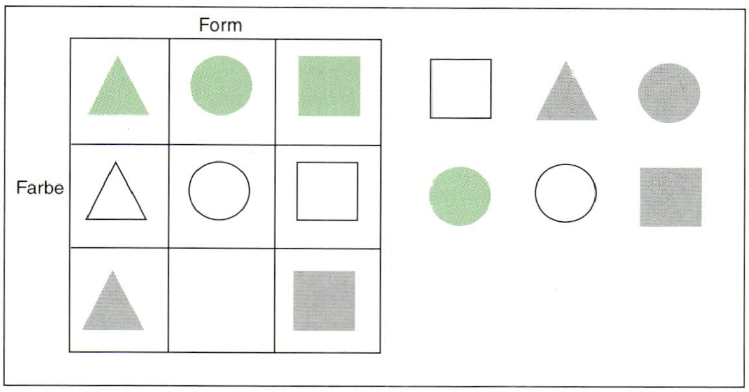

Experiment zur Klasseninklusion

Es entspinnt sich etwa folgendes Frage- und Antwortspiel: „Zeige mir die Erwachsenen.“ Das Kind zeigt korrekt. „Zeige mir die Kinder.“ Es zeigt diese. „Zeige mir die Knaben, zeige mir die Mädchen.“ Alles wird richtig gezeigt. Das Kind kennt also die Begriffe. Nun stellen Sie die entscheidende Frage: „Gibt es mehr Mädchen oder gibt es mehr Kinder?“ „Mehr Mädchen.“ „Sind es wirklich mehr Mädchen?“ „Ja, weil es weniger Knaben sind.“ „Aber ich habe nicht gefragt, ob es mehr Mädchen oder mehr Knaben gibt, ich habe gefragt, gibt es mehr Mädchen oder mehr Kinder? Zeig mir mal wieder die Erwachsenen, nun die Kinder, nun die Knaben und nun die Mädchen!“ Alles wird korrekt gezeigt. Also stellen wir nochmals die Frage: „Gib Acht! Gibt es mehr Mädchen oder gibt es mehr Kinder?“ Vielfach wird ihr kleiner Proband nun sagen: „Es gibt mehr Mädchen, weil es weniger *Kinder* gibt.“ Mit Kinder meint er aber nun die Knaben. Das Wort ‚Kinder‘ ändert also seine ursprüngliche Bedeutung.

Material zur Prüfung der Einsicht in die Klasseninklusion

(Rolf Oerter/Leo Montada, Entwicklungspsychologie, Psychologie Verlags Union, Weinheim 1995, S. 528f.)

Vertiefung

Thesen zum Aufbau der kognitiven Struktur durch entdeckendes Lernen

Das Ziel, das wir uns als Lehrer stellen, ist, dem Schüler nach besten Kräften ein fundiertes Verständnis des Gegenstandes zu vermitteln und ihn so gut wir können zu einem so selbstständigen und spontanen Denker zu machen, dass er am Ende der Schulzeit allein weiterkommen wird. Zum Abschluss werde ich auf die Frage zurückkommen, welche Charakteristika des Klassenzimmers und des Unterrichtsstils die Haltung des Entdeckenwollens fördern. Um die Diskussion auszurichten, möchte ich nun eine stark vereinfachte Unterscheidung machen. Ich unterscheide zwischen dem Lernen nach der *darbietenden Methode* und dem Lernen nach der *hypothetischen Methode.* Beim Ersteren werden Entscheidungen über Methode, Tempo und Stil der Präsentation in erster Linie durch den Lehrer als dem Darbietenden getroffen; der Schüler ist der Zuhörer. Wenn ich das mit Begriffen der strukturalen Linguistik ausdrücken darf, so muss der Sprecher ganz andere Entscheidungen treffen als der Zuhörer: Ersterer hat eine große Auswahl an Alternativen für das Strukturieren. Er nimmt den Satzinhalt vorweg, während der Zuhörer noch auf die einzelnen Worte gespannt ist; durch verschiedene Transformationen gestaltet er den Materialinhalt, doch dem Zuhörer sind diese internen Manipulationen überhaupt nicht bewusst. Bei der hypothetischen Methode kooperieren Lehrer und Schüler eher bei den in der Linguistik so genannten „Enscheidungen des Sprechers“. Der Schüler ist kein an die Schulbank gefesselter Zuhörer, sondern übernimmt einen Teil bei der Ausgestaltung und kann ab und zu die Hauptrolle dabei spie-

len. Ihm sind Alternativen bewusst und er kann sogar eine „Als-Ob“-Einstellung diesen gegenüber haben; wenn er Informationen erhält, kann er sie prüfen. Für beide Methoden kann man den Prozess nicht mit detaillierter Genauigkeit beschreiben. Ich meine aber doch, dass die vorausgegangenen Ausführungen das Gemeinte verdeutlichen können.

Sehen wir uns einmal an, welche Vorteile sich aus der Erfahrung des Lernens durch eigene Entdeckung ergeben können. Dies möchte ich gerne unter vier Punkten besprechen:

1. Der Zuwachs an intellektueller Potenz,
2. der Übergang von extrinsischen zu intrinsischen Belohnungen,
3. das Erlernen der heuristischen Methoden des Entdeckens und
4. die Hilfe für die Verarbeitung im Gedächtnis.

[…]

Nun möchte ich im Sinne einer Hypothese argumentieren; ich meine, wenn man das Entdecken beim Lernen betont, so wirkt sich das auf den Lernenden gerade so aus, dass aus ihm ein Konstrukteur wird. Was er antrifft, wird nicht nur so organisiert, dass er Ordnungen und Beziehungen entdeckt, es wird auch ein solcher Informationsfluss vermieden, der an den möglichen Verwendungszwecken dieser Information vorbeigeht. Wenn man so will, ist die Entdeckung eine notwendige Bedingung, um die Vielfalt der Problemlösungstechniken zum Transformieren von Informationen zu erlernen. Das dient dazu, die Informationen verwendungsfähiger zu machen, zu lernen, wie man die eigentliche Aufgabe des Lernens bewältigt. Die Übung im Selbstentdecken lehrt einen, Information so zu erwerben, dass sie für das Problemlösen weitaus fruchtbarer wird. Doch hat die Hypothese solch entscheidende Konsequenzen für den Menschen, dass wir es uns nicht leisten können, sie ungeprüft zu lassen – und die Überprüfung wird in den Schulen erfolgen müssen. […]

Das Problem, wie man ein Kind zu einer effektiven kognitiven Aktivität führt, liegt zum großen Teil darin, dass es von der unmittelbaren Kontrolle durch Belohnungen und Bestrafungen der Umwelt befreit wird, Das heißt, Lernen, das als Reaktion auf die Belohnungen durch Eltern oder Lehrer oder zur Vermeidung von Misserfolg beginnt, kann schnell zu einem Plan führen, bei dem das Kind Hinweise dafür sucht, wie man sich dem anpasst, was von ihm erwartet wird. Aus Forschungen über Kinder, die in der Schule früh „overachiever“ werden, wissen wir, dass sie wahrscheinlich danach streben, es „richtig zu machen“; sie sind weniger fähig, ihr Lernen in fruchtbare Denkstrukturen umzusetzen als Kinder, die das von Intelligenztests vorhergesagte Leistungsniveau genau erreichen. Unsere Tests zeigen bei solchen Kinder, dass die analytische Fähigkeit geringer ist als bei jenen, die nicht als „overachiever“ auffallen. Wie wir noch sehen werden, entwickeln sie mechanische Fähigkeiten und sind davon abhängig, dass sie eher „wiedergeben“ können, was man erwartet, als es so zu verwandeln, dass es zu ihren übrigen kognitiven Aktivitäten passt. […]

Ich möchte hier folgende Hypothese anbieten: Soweit es Lernen als eine Aufgabe angehen kann, bei der man etwas entdeckt, statt „etwas darüber zu lernen“, wird das Kind dazu neigen, seine Lernaktivitäten mit autonomer Selbstbelohnung durchzuführen; genauer gesagt, mit der Belohnung der Entdeckung selbst. […]

Um das Thema der Lernkontrolle zusammenzufassen, nehme ich nun an, dass in dem Maß, in dem Kompetenz- oder Tüchtigkeitsmotive das Verhalten kontrollieren, auch die Rolle der Verstärkung oder des „extrinsischen Vergnügens“ bei der Verhaltensformung aufgehoben wird. Das Kind kommt dazu, mit seiner Umgebung aktiver umzugehen und gewinnt seine Befriedigung aus der Bewältigung von Problemen. Symbolmethoden zur Repräsentation und Transformation der Umwelt entstehen und die Bedeutung von Reiz-

Reaktions-Sequenzen wird geringer. Um die Metapher zu verwenden, die David Riesman in einem ganz anderen Zusammenhang entwickelte, so bewegt sich das geistige Leben von einem Zustand der Außengeleitetheit, bei dem zufällige Reize und Verstärkungen wesentlich sind, zu einem Zustand der Innengeleitetheit; bei diesem wird die Entwicklung und Bedeutung der Tüchtigkeit zentral und dominant. […]

Nun zu der Hypothese. Meiner Meinung nach kann man nur durch Üben des Problemlösens und dadurch, dass man sich um Entdeckung bemüht, die heuristischen Methoden der Entdeckung lernen; je mehr man geübt ist, um so eher wird man das Gelernte zu einem Problemlösungs- oder Fragestil verallgemeinern können, der sich auf jede oder fast jede angetroffene Aufgabenart anwenden lässt. Diese Tatsache ist meines Erachtens einleuchtend, doch ist unklar, welche Trainingsverfahren und Lehrmethoden die größten Effekte haben. Wie lehren wir ein Kind, dass es etwa seine Misserfolge verringert, aber gleichzeitig ausdauernd ist, wenn es darum geht, eine Idee auszuprobieren; dass es das Risiko eingeht, sich schon bald eine Vorstellung zu machen, ohne sie gleichzeitig schon so früh und mit so wenig Beweismaterial zu formulieren, dass es stecken bleibt und auf passendes Beweismaterial warten muss; dass es überprüfbare Vermutungen aufstellt, die weder allzu dürftig begründet noch allzu unveränderbar sind usw.? Während man versucht, sich etwas auszudenken, ist es gerade nötig, sich im Fragen zu üben – doch in welcher Form? Nur von einem Punkt bin ich überzeugt. Ich habe noch nie gesehen, dass sich jemand durch eine andere Methode in der Kunst und Technik des Fragens verbessert, als sich am Fragen zu beteiligen. […]

Man kann ungeheuer viele Ergebnisse zitieren, um nachzuweisen, dass jede Informationsorganisation, die die gesamte Komplexität des Materials verringert, indem sie es in die kognitive Struktur einbaut, die jemand entwickelt hat, das Material leichter abrufbar machen wird. Kurz, wir können sagen, dass der von der Abrufseite aus betrachtete Gedächtnisprozess auch ein Prozess des Problemlösens ist: Wie kann Material im Gedächtnis „platziert" werden, sodass man es auf Anforderung bekommt? […]

Lassen Sie mich annehmen, dass Material, das jemand nach eigenen Interessen und kognitiven Strukturen organisiert, im Gedächtnis allgemein am ehesten zugänglich ist. Das heißt, es wird eher an Strecken platziert, die mit der eigenen Art des geistigen Reisens in Verbindung stehen.

Dieselben Einstellungen und Aktivitäten, die das „selbstständige Herausfinden" oder „Entdecken" von Tatbeständen charakterisieren, haben insgesamt offenbar auch den Effekt, dass sie Material im Gedächtnis schneller zugänglich machen.

(Jerome S. Bruner, Der Akt der Entdeckung, in: Heinz Neber [Hrsg.], Entdeckendes Lernen, Weinheim 1973, S. 16ff)

Gegenthesen: Kritik am entdeckenden Lernen und Plädoyer zum Aufbau der kognitiven Struktur durch expositorisches Lehren

Psychologische und pädagogische Grenzen des Lernens durch Entdecken

Der allgemeinste und am meisten metaphysische der zwölf Sätze ist die bekannte Behauptung, dass der Lernende eine Kenntnis oder eine Idee, die er erworben hat, nur *wirklich* besitzt, wenn er sie selbst oder durch eigene Einsicht entdeckt hat. Diese Ansicht hat ihren Urspung zum Teil in der Vergötterung des kreativen Entdeckungsaktes beim Problemlösen, im Verfahren des Aktivitätsprogramms für den Unterricht und in John Deweys überspitzter These, das eigentliche Kriterium der Intelligenz sei nicht die Fähigkeit, Kenntnisse zu erwerben, sondern die Fähigkeit, Probleme zu lösen. Zum Teil liegt dieser Ansicht auch die kind-zentrierte oder schüler-zentrierte Auffassung

zugrunde, jeder Mensch sei selbst am besten in der Lage, den Prozess des Lernens über die eigene Person und ihre Welt zu bestimmen und jede Einmischung in die Autonomie sei daher für die Lernergebnisse per definitionem schädlich. […]

Der Satz, dass jedermann jedes Stückchen Wissen, das er *wirklich* besitzen möchte, selbst entdecken muss, ist von vornherein nicht überzeugend, und er verkennt im Grunde den Begriff der Kultur. Denn das wohl charakteristischste Merkmal menschlicher Kultur, das sie von jeder anderen Art der sozialen Ordnung im Tierreich unterscheidet, ist gerade die Tatsache, dass die gesammelten Entdeckungen von Jahrtausenden jeder neuen Generation im Laufe der Kindheit und der Jugend übermittelt werden können und nicht von jeder Generation aufs Neue entdeckt zu werden brauchen. Dies Wunder der Kultur wird nur dadurch möglich, dass es so viel weniger Zeit bedarf, einen Gedanken anderen zu übermitteln und ihn in seiner Bedeutung zu erklären, als ihn sie selbst wiederentdecken lassen. […]

In jeder Generation können wir von einer Person daher nur erwarten, dass sie ein entsprechendes Fragment aus dem Bauwerk der Kultur internalisiert, das ihr von den verschiedenen pädagogischen Einrichtungen dargeboten wird. Hinsichtlich der Breite ihres Wissens können wir unmöglich erwarten, dass sie alles selbst entdeckt, was zu wissen von ihr erwartet wird. Die Aufgabe, sich nicht mit dem Kulturerbe zu begnügen, sondern ihm etwas Neues hinzuzufügen, betrifft eine ganze Generation, aber nicht jedes einzelne ihrer Mitglieder. Die Schule kann sich, wie wir noch sehen werden, praktisch nicht das Ziel setzen, dass *jedes* Kind „in neue ungeahnte Bereiche der Erfahrung hineinspringt“ und daraus mit Ideen zurückkehrt, „die mit dem, was vorangegangen ist, nicht im Zusammenhang stehen“. Die Schule kann nur hoffen, einem von tausend Kindern zu helfen, dies zu tun, oder – wahrscheinlicher – einem aus einer Million von Kindern.

Praktisch ist es jedoch unmöglich, die pädagogische Realisierung des Lernens durch Entdecken als primäre Methode des Lehrens von Schulfächern zu diskutieren, ohne den damit verbundenen außerordentlichen Zeitaufwand zu berücksichtigen. Diese Schwierigkeit betrifft nicht nur die Art des Entdeckens, bei der der Lernende ganz auf sich selbst angewiesen ist, sondern sie gilt in geringerem Maß auch für die „geplante“ oder „vorbereitete“ Art des Entdeckens. […] Wenn Schüler der Secondary School und Studenten alle Begriffe und Prinzipien, die in ihrem Lehrplan vorkommen, selbst entdecken müssten, würden sie in keiner Disziplin weit über die Anfangsgründe hinauskommen. Aber ebenso, wie es in der Elementary School geschieht, können Lehrer, die das völlig autonome Entdecken nicht als sakrosankt betrachten, auch später den zeitraubenden Nachteil der Entdeckungsmethode durch wohlüberlegte Hilfen und Hinweise erheblich abschwächen. […]

Die fünfte These, die der Theorie des entdeckenden Lernens zugrunde liegt, ist die Annahme, dass das Entwickeln der Fähigkeit, Probleme zu lösen, das *primäre* Lehrziel sei. Sie geht gleichzeitig von der Vorstellung aus, dass die Ziele, die zur Entwicklung der Fähigkeit des Problemlösens gehören, und die Ziele, die bei der Aneignung von Kenntnissen verfolgt werden, mehr oder weniger deckungsgleich sind, und dass der Lernende es irgendwie fertig bringt, alle wichtigen Kenntnisse zu erwerben, die er braucht, während er lernt, wie man Kenntnisse autonom entdecken kann. Aber wenn auch diese beiden Ziele miteinander verbunden sind und einander in gewisser Weise unterstützen, sind sie doch keineswegs identisch. Daher ist nicht zu unterstellen, dass Methoden, die eines der beiden Ziele begünstigen, notwendig auch das andere fördern und dass Prozess und Ziel des Unterrichts, wie Bruner (1961a) sagt, „ein und dasselbe“ sind.

Unabhängig davon, dass Kenntnisse oft für das Problemlösen nützlich sind, muss das Erwerben von Kenntnissen um ihrer selbst willen als erstes Ziel des Unterrichts angesehen werden. Trotz der Tatsache, dass ein großer Teil dessen, was Menschen im Laufe

ihres Lebens lernen, nicht unmittelbar nützlich und nicht auf irgendein dringendes Problem der sozialen Anpassung angewandt werden kann, sind die Menschen doch stark motiviert zu lernen, um sich selbst, die Welt und das menschliche Dasein besser verstehen zu können. Ein großer Teil dieses Wissens wäre jedoch als wertlos zu verwerfen, wenn seine Brauchbarkeit für Zwecke des Problemlösens als das einzige Kriterium dafür angesehen würde, ob sich das Lernen lohnt. Geht es um das Erwerben von Wissen als Selbstzweck, können wir seine Entwicklung also nicht den Techniken des Problemlösens und des Entdeckens überlassen. Diese Techniken fördern, wie wir schon zeigten, das Unterrichtsziel des Problemlösens, sind aber außer in der Elementary School und unter bestimmten anderen Umständen für die Übermittlung von Fachkenntnissen nicht sehr effizient. [...]
Zur Eignung für das Problemlösen gehört auch ein ganz anderer Typ von Fähigkeiten als die, welche für das Verstehen und Behalten von abstrakten Ideen erforderlich sind. Das Problemlösen verlangt Eigenschaften (Flexibilität, Findigkeit, Improvisationsfähigkeit, Problemsensibilität, Wagemut), die unter den Lernenden nicht so stark vertreten sind wie die Fähigkeit, verbal vorgelegte Stoffe zu verstehen. Viele dieser Eigenschaften können auch nicht erfolgreich gelehrt werden. Obwohl geeignete pädagogische Methoden die Fähigkeit des Problemlösens verbessern können, ist die Anzahl der Personen, die zu guten Problemlösern trainiert werden können, verhältnismäßig klein im Vergleich zu der Anzahl von Personen, die eine sinnvolle Kenntnis von verschiedenen Stoffgebieten erwerben können. Es wäre daher pädagogisch nicht zu rechtfertigen, diese Personen zu ignorieren und sich ausschließlich darauf zu konzentrieren, begabte Problemlöser auszubilden. [...]
Eine andere signifikante Schwierigkeit bei diesem Vorgehen besteht darin, dass seine Vertreter oft die Ziele des Wissenschaftlers mit den Zielen des Wissenschaftsschülers verwechseln. Sie versichern, dass diese Ziele identisch seien und dass daher die Schüler die Wissenschaft am effektivsten lernen können, wenn sie die Rolle des Junior-Wissenschaftlers übernehmen. Aber sind die Ziele des Forschers und des Wissenschaftsschülers wirklich identisch? Der Wissenschaftler widmet alle seine Zeit der Suche nach neuen allgemeinen oder angewandten Prinzipien in seinem Fach. Der Schüler dagegen strengt sich in erster Linie an, die gleichen elementaren Stoffe in diesem Fach zu lernen, die der Wissenschaftler in seiner Schulzeit gelernt hat, und auch noch ein wenig von der Methode und dem Geist wissenschaftlicher Untersuchung zu lernen.
Während es für den Wissenschaftler durchaus richtig ist, immer wieder neue Hypothesen aufzustellen und zu testen, ist es unserer Meinung nach nicht zu rechtfertigen, den Schüler dasselbe tun zu lassen – in Wirklichkeit oder in der Form des Wiederentdeckens. Die meiste Zeit des Schülers sollte dem guten rezeptiven Lernen gewidmet sein, und der Rest sollte dazu benutzt werden, Formen und Techniken der wissenschaftlichen Methode auszuprobieren.

(David P. Ausubel u.a., Psychologie des Unterrichts, Weinheim 1981, Bd. 1 S. 205ff., Bd. 2 S. 608ff. [Auszüge])

Ausubel möchte die Qualität des Unterrichts verbessern um auch in einem darbietenden Unterricht Schüler zu motivieren und die kognitive Struktur in optimaler Weise aufzubauen.
Hülshoff und Kaldewey fassen seine praktischen Ratschläge für angehende Studenten zusammen:

Ausubel beschäftigte sich mit der Frage, unter welchen Bedingungen am besten sinnvoller Lernstoff aufgenommen werden kann. Unter ‚sinnvoll/rezeptivem Lernen' versteht man die Aneignung von neuem, logisch strukturiertem Lernstoff, den der Lernende seinem bisherigen Wissenshorizont eingliedern kann.

Damit der Lernstoff tatsächlich aufgenommen werden kann, müssen drei Bedingungen erfüllt sein:

1. Dem Stoff muss objektiv *logische Bedeutung* zukommen, d. h. er muss grundsätzlich zu Begriffen, Regeln, Vorstellungen und Handlungen, z. B. eines Faches, in einer verständlichen Art und Weise in Beziehung gesetzt werden können (objektive Bedingung).

2. Damit der Lernende den dargebotenen Stoff sinnvoll rezipieren kann, muss er subjektiv über die notwendigen Fähigkeiten, Fertigkeiten, Vorstellungen, Begriffe und Regeln *(kognitive Struktur)* verfügen, die den Stoff auch für ihn sinnvoll erscheinen lassen (erste subjektive Bedingung).

3. Darüber hinaus muss der Lernende die *Absicht* haben, den Lernstoff auch sinnvoll aufnehmen zu wollen (zweite subjektive Bedingung).

Diesem sinnvoll/rezeptiven Lernen entsprechen grundsätzlich darbietende Lernverfahren, im Hochschulunterricht vor allem die Vorlesung. Idealtypisch sollte eine Vorlesung gemäß dieser Lerntheorie folgende Formalstruktur aufweisen:

1. *Vorinformation:* Kurze Übersicht über das, was gelesen oder vorgetragen wird; die wichtigsten Begriffe des Lernstoffes.

2. *Differenzierung:* Deduktives Vorgehen vom Umfassenden und Allgemeinen zum Speziellen.

3. *Integration:* Herstellen und Erklärung der logischen Verknüpfungen zwischen den dargebotenen Einzelinformationen.

4. *Schrittweises Vorgehen:* Die einzelnen Lernsequenzen müssen logisch aufeinander aufbauen.

5. *Konsolidierung:* Damit der aufgenommene Stoff sich fest im Langzeitgedächtnis verankert, muss für eine vollständige Klärung, für unterschiedliche Anwendungsmöglichkeiten, für das Aufweisen von Bezügen und für Wiederholung gesorgt werden. Dies ist notwendig, damit neu hinzukommender Lernstoff an stabilen und klaren Begriffen verankert werden kann.

Anwendung

Auch wenn manche dieser Erkenntnisse dem Leser als Selbstverständlichkeiten des Lernens erscheinen mögen, sollte man sich bewusst sein, dass ihre konsequente Anwendung dennoch für den Lernprozess außerordentlich nützlich ist:

- Vorlesungen vermitteln den notwendigen Vorstellungsrahmen und die ‚Ankerbegriffe', auf die selbstständiges Lernen, Seminare, Übungen und Praktika bezogen werden können.
- Wenn in Vorlesungen einer der angegebenen Schritte des darbietenden Lehrverfahrens – z. B. die Konsolidierung – fehlt, ist es sinnvoll, diesen selbst zu ergänzen.
- Dem Schritt der ‚Vorinformation' entspricht bei Referaten, Seminarvorträgen u. Ä. ein Arbeitspapier mit Gliederungen, Thesen, Begriffsdefinitionen usw.

(Friedhelm Hülshoff/Rüdiger Kaldewey, Mit Erfolg studieren; München 1979, S. 77f.)

1. Stellen Sie Thesen und Gegenthesen in einer Tabelle gegenüber.

2. Welcher Position können Sie sich eher anschließen? Begründen Sie Ihre Entscheidung.

3. Welche Konsequenzen haben die beiden Positionen für die Gestaltung von Schule?

Methode: Das mündliche Referat

Die Aussagen, die Hülshoff und Kaldewey über die expositorische Vorlesung gemacht haben, gelten auch für ein Schülerreferat im Pädagogikunterricht. Damit Ihre Mitschüler das Referat aktiv und aufgeschlossen verfolgen, müssen Sie aber noch einige Ratschläge beachten:

1. „Die Rede ist keine Schreibe!" Der Hörer muss direkt und situativ angesprochen werden. Daher ist es sehr wichtig, das Referat nicht abzulesen, sondern, gestützt auf einen Stichwortzettel, möglichtst frei vorzutragen.
2. Sprechen Sie mehrere Sinne bzw. Eingangskanäle an! Visualisierung ist sehr wichtig. So sollten Sie die Gliederung des Referates auf einer Folie oder auf einer Wandzeitung (farbig gestaltet) präsentieren. Suchen Sie Karikaturen oder Fotografien zu Ihrem Thema. Auch die Möglichkeit etwas tun zu können erhöht die Aufmerksamkeit.
3. Aktivieren Sie die Zuhörer! Sie können in der Einleitung Ihres Referates eine provokante These oder eine Frage formulieren und Ihre Mitschülerinnen und Mitschüler zur Stellungnahme oder Beantwortung auffordern. Im Schlussteil des Referates fordern Sie zu einer abschließenden Diskussion auf.
4. Helfen Sie Ihren Zuhörern bei der langfristigen Speicherung der Informationen durch ein Thesenpapier, auf dem die zentralen Aussagen nachzulesen sind und auf dem wichtige Statistiken oder Grafiken abgedruckt sind.
5. Stellen Sie Zusammenhänge zu Bekanntem her! Damit die Zuhörer die Informationen gut und schnell aufnehmen können, ist es notwendig, dass ihnen deutlich wird, auf welche Elemente ihrer kognitiven Struktur sie zurückgreifen müssen und welche Aspekte neu sind.
   Die Verknüpfung mit bekannten oder ähnlichen Sachverhalten, aber auch das Bewusstsein, dass es sich hier um Neues oder Gegensätzliches handelt, erleichtert die Aufnahme und das langfristige Behalten.
6. Üben Sie das freie Sprechen vor einer Gruppe. So können Sie z. B. eine **Fünf-Minuten-Rede** zu jedem beliebigen Thema halten, die folgenden Aufbau hat:

a) Standpunkt	(z. B. Entdeckendes Lernen ist der beste Weg zum Aufbau der kognitiven Struktur)
b) Begründung	(die entsprechenden Thesen von Bruner)
c) Beispiel	(aus der Reggio-Pädagogik)
d) Zusammenfassung	(daher bin ich der Meinung, dass…)
e) Appell	(daher sollte man…)

Ein Vorschlag zur Balance von Konstruktion und Instruktion

Modell zur Anregung von Variationen im Unterricht und im Lehrerverhalten

Modell zur Anregung von Variationen im Unterricht und im Lehrerverhalten

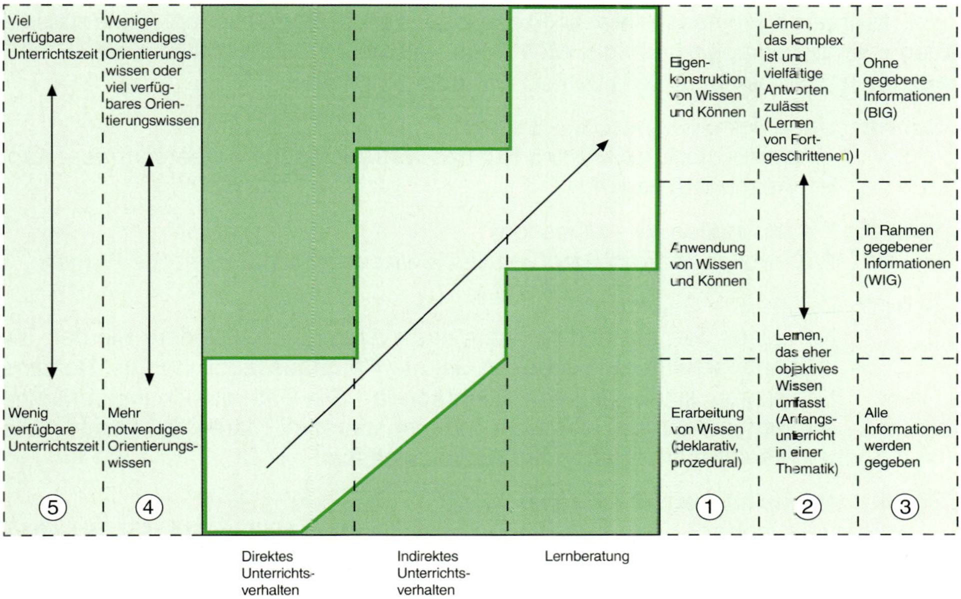

Begriffserklärungen:

- Deklaratives Wissen ist Faktenwissen, das in einer bestimmten Form strukturiert ist (wissen, was)
- Prozedurales Wissen ist „know-how" (wissen, wie), das Wissen, wie und unter welchen Bedingungen ich Wissen erwerben kann.

(Rolf Dubs, Lehrerverhalten, Verlag des Schweizerischen Kaufmännischen Verbandes (SKV), Zürich 1995, S. 43)

1. Von welchen Faktoren hängt es ab, ob entdeckende (Konstruktion) oder expositorisch-lehrende (Instruktion) Verfahren eingesetzt werden?
2. Spielen Sie unterschiedliche Lehr-Lern-Situationen mit Hilfe des Modells durch.
3. Dubs geht davon aus, dass es nicht *eine* richtige oder beste Form des Lernens gibt, hält es jedoch für sinnvoll, mit fortschreitendem Unterricht zu indirektem Unterrichtsverhalten des Lehrers und zur Eigenkonstruktion mit Lernberatung zu gelangen. Was halten Sie von dieser Position?

Methode: Systematisches Lesen

Der Prozess der Informationsverarbeitung ist ein höchst aktiver Prozess. Dies gilt auch für das Lesen von Texten. Die visuellen Impulse aktivieren beim Leser Elemente seines im Langzeitgedächtnis gespeicherten Vorwissens, mit deren Hilfe er die Bedeutung der kodierten Information entschlüsseln kann oder merkt, dass er zusätzliche Hilfestellungen braucht. All diese aktiven Denkleistungen erweitern wiederum sein im Langzeitgedächtnis gespeichertes Vorwissen.
Zur Erleichterung dieses aktiven Prozesses der systematischen Texterfassung haben Lernpsychologen einige Methoden entwickelt. Eine davon, die **SQ3R-Methode** von Robinson (1961), wollen wir Ihnen vorstellen.

1. Schritt: Überblick gewinnen (**S** – Survey)
Mit dem Aufbau des Textes/Buches vertraut machen: Überschriften, Kapitel, Abschnitte usw.

2. Schritt: Fragen stellen (**Q** – Question)
Was wollen Sie von dem Text/Buch wissen? Formulieren Sie Fragen.

3. Schritt: Lesen (**R** – Read)
Nun lesen Sie den Text langsam und systematisch. Gliedern Sie den Text in Sinnabschnitte und arbeiten Sie die Hauptaussagen heraus. Bei einer Kopie oder einem eigenen Buch können Sie Unterstreichungen/Markierungen vornehmen, dies aber äußerst sparsam! Klären Sie Fremdwörter und Fachbegriffe. Halten Sie Definitionen fest.

4. Schritt: Rekapitulieren (**R** – Recite)
Versuchen Sie auf Ihre Fragen zu antworten. Halten Sie dies schriftlich fest. Schreiben Sie ein Exzerpt (s.u.). Legen Sie eine Karteikarte an (s.u.).

5. Schritt: Repetieren (**R** – Review)
Versuchen Sie die zentralen Aussagen des Textes bzw. die Antworten auf Ihre Fragen aus dem Gedächtnis zu wiederholen. Wenn Sie eine Kartei angelegt haben, nutzen Sie diese als Lernkartei (s.u.). Am besten lässt sich das Repetieren mit einer Partnerin/einem Partner durchführen. Dies ist vor allem vor Klausuren sehr ratsam.

Das langfristige Speichern von Informationen, z. B. für die Abiturprüfung, gelingt wesentlich effektiver, wenn man die Informationen systematisch ordnet. Dies ist z. B. mit einer Exzerptkartei möglich. Ein Exzerpt ist eine wörtliche oder sinngemäße Wiedergabe eines Textes. Ein **wörtliches Exzerpt** wird in Anführungsstriche gesetzt, enthält die absolut identische Information und wird mit einer genauen Quellenangabe, wie bei den Quellenangaben in diesem Buch, versehen. Ein **sinngemäßes Exzerpt** enthält die Information in eigenen Worten. Auch hier ist eine Quellenangabe notwendig.

Methode: Arbeit mit Karteikarten

Karten-Nr.	**Datenleiste** Fach/Kurs/Halbjahresthema/Reihenthema
Begriffs- und Personenspalte Quellenangabe:	**Infoleiste** (Kartenthema) **Sachspalte** Erläuterung der Begriffs- und Personenspalte durch * das Wichtigste aus Unterrichtsmitschriften * wörtliche oder sinngemäße Zitate (Exzerpte) * Schaubilder etc.
Fragen- und Assoziationsleiste * weiterführende Fragen * Bezüge zu anderen Karten * Literaturhinweise	

Pro Halbjahr sollte eine Karteikartenfarbe gewählt werden.
Es empfiehlt sich, das Format Din A5 zu wählen.
Man kann mit unterschiedlichen Schreibfarben arbeiten und das Wichtigste z. B. in Rot schreiben.

Wenn die Karteikarten nur auf einer Seite beschriftet sind, kann man auf der anderen Seite Fragen notieren, auf die die Karteikarte Antwort gibt.
In einer Lernkartei kann man sich so in Wiederholungsphasen selbst die Fragen vorlegen, versuchen sie ohne die Karteikarteninformation zu beantworten und dann zur Selbstkontrolle mit der Karteikarteninformation vergleichen. Dies lässt sich besonders gut gemeinsam mit einem Partner/einer Partnerin machen.

Die Lernkartei kann man so aufbauen, dass die schwierigen Fragen, die man noch nicht beherrscht, ganz vorne im Karteikasten stehen, im mittleren Bereich die Karteikarten, die man relativ gut beherrscht, und ganz hinten die Karteikarten, die man völlig sicher beherrscht.

Eine Wiederholungsphase, die mehrmals pro Woche stattfinden sollte, sollte nicht länger als 15 Minuten dauern. Bei der Wiederholung sollten die Sachgebiete laut memoriert werden. Trainingsblöcke durch Entspannungsübungen trennen!

Pädagogische Anwendung

Piagets Spieltheorie

Eigener Vorschlag zur Klassifikation

Die Einteilung, die wir hier vorschlagen, bezieht sich ausschließlich auf die Struktur der Spiele. Sie scheint uns besser geeignet zu sein, die Entwicklung des Kinderspiels und seine Beziehung zu anderen Formen des Handelns und Denkens zu erfassen. Wir teilen die Spiele in drei Gruppen ein.

Die **erste Gruppe** bilden die **Übungsspiele**. Sie haben noch keine besondere Struktur und umfassen: rein funktionelle Aktivitäten, wie Lallspiele, die dem Spracherwerb vorausgehen; Wiederholungen in spielerischer Absicht von Verhaltensweisen, die anlässlich besonderer Bemühungen um Anpassung erworben wurden; stereotype Bewegungsspiele und Aktivitäten, die einen Übergang vom Spiel zu einer geregelten konstruktiven Tätigkeit darstellen.

Die **zweite Gruppe** umfasst die **Symbolspiele**, bei denen ein neues Strukturelement, nämlich das Symbol und damit die Fiktion, die Übungen im eigentlichen Sinne überlagert. Hierbei findet man unter anderem: symbolische Schemata, beispielsweise beim „Kopfkissenspiel" eines Kindes, das gewohnt ist, beim Einschlafen einen Zipfel seines Kopfkissens zu ergreifen, im Spiel dann mit dieser Geste so tut, als würde es einschlafen; die Anwendung des symbolischen Schemas auf neue Gegenstände, wenn zum Beispiel das gleiche Kind wieder Einschlafen spielt, diesmal aber mit einem Bett ohne Kopfkissen und es statt dessen nur den Zipfel eines Betttuches benutzt; die Assimilation eines Gegenstandes an einen anderen, besonders eines Gegenstandes an die eigene Person, wenn etwa dasselbe Kind spielt, seinen Teddybären einschlafen zu lassen, und diesen so hinlegt, dass er die Ecke des Kopfkissens festhält oder festzuhalten scheint; die Assimilation eines realen Vorgangs mit Reproduktion ganzer Szenen, denn in jedem Nachahmungsbeispiel kann man symbolische Elemente finden; die Reproduktion erlebter Szenen mit fantasievoller Erweiterung; die Spiele, bei denen reale Vorkommnisse wiederholt und mehr oder weniger bewusst umgestaltet werden. Hier handelt es sich um Kompensationsspiele, bei denen man im Anschluss an die Psychoanalyse und in Parallele zur Traumsymbolik bisweilen den Prototyp jeder spielerischen Aktivität gesehen hat; die Bewältigungsspiele, die vor allem zur Lösung familiärer Konflikte verwendet werden. Denken wir an das oben erwähnte Spiel eines Kindes mit seiner Puppe oder an den Fall jenes kleinen Mädchens, dessen Vater ihm unabsichtlich etwas wehtat, als er ihm half, mit einer Schaufel zu hantieren. Unmittelbar danach gab es seinem Vater einen Schlag mit der Schaufel und bat ihn zu wiederholen, was es gerade zu ihm gesagt hatte. Er tat das mit genau den gleichen Worten, die es gebraucht hatte, indem er selbst nun sprach, als sei er das Mädchen [vgl. Piaget 1945, S. 174[1]]. Es zeigt sich, dass es sich hier nicht einfach um eine Vergeltung, sondern um eine symbolische Verarbeitung handelt.

Schließlich sind noch zwei Arten von erst später aufkommenden Symbolspielen zu erwähnen: Die einen treten periodisch in Erscheinung. Sie verlaufen so, dass ein Kind zum Beispiel mitunter während ganzer Wochen eine für es zentrale Person mimt oder sich anlässlich jeder Situation und jeder Aktivität auf sie beruft. Die anderen sind Symbolspiele zu mehreren, bei denen die kollektive Form am individuellen Charakter des Symbols nichts ändert. Hier könnte man an Monologe im Kollektiv erinnern. Diese Spiele zu mehreren entwickeln sich jedoch rasch so weiter, dass die Teilnehmer nicht zögern, sich gegenseitig zu imitieren, um dann dazu überzugehen, aufeinander bezogene Rollen ein-

[1]Jean Piaget: Nachahmung, Spiel und Traum, frz. 1945, dt. 1975, Ernst Klett Verlag, Stuttgart

zunehmen. In seltenen Fällen kann es zur Aufstellung von Regeln dieses gemeinsamen Symbolspiels kommen. Die Mehrzahl der Regelspiele verläuft nach einem Kodex, der in einer präzise ausgearbeiteten Form weitergegeben wird.

Die **Regelspiele** (**dritte Gruppe**) umfassen schließlich zum einen Symbolspiele, die bisweilen im Rahmen überkommener Regeln ausgeführt werden, bei denen die Regeln aber die Oberhand über das Symbol gewinnen; zum anderen Regelspiele im eigentlichen Sinne, bei denen die ausgesprochen intellektuelle Form des Denkens die symbolische ersetzt hat.

(Jean Piaget, Intelligenz und Affektivität in der Entwicklung des Kindes, herausgegeben und übersetzt von Aloys Leber; mit einem Beitrag des Herausgebers: „Ein Schlüssel zum Verständnis menschlichen Verhaltens", Suhrkamp Verlag, Frankfurt am Main 1995, S. 135–137)

1. Ordnen Sie die drei Gruppen von Kinderspielen in das Modell der kognitiven Entwicklung von Piaget ein.
2. Welche entwicklungspsychologische und pädagogische Bedeutung haben die unterschiedlichen Spieltypen nach Piaget? Welche Rolle sollten Pädagoginnen und Pädagogen in diesem Zusammenhang einnehmen?
3. Piaget geht davon aus, dass die Grenze zwischen Spiel und anderen kindlichen Aktivitäten fließend ist und dass im Spiel die Assimilation überwiegt, während überwiegende Akkommodation ein Anzeichen für Nachahmungshandlungen ist. Nehmen Sie zu dieser Position kritisch Stellung.

Wie stellt sich Piaget eine gute Schule vor?

Lange Zeit hat die Schule ihre einzige Aufgabe in der Vermittlung von Kenntnissen gesehen, welche von den vorangegangenen Generationen erworben worden waren. Frühe Einübungen in die Methoden der Erwachsenen, so lautete die Devise. Das Gedächtnis des Schülers mit Wissen vollzustopfen und ihn in geistiger Gymnastik zu trainieren erschienen als das einzig Notwendige, weil man überzeugt war, die mentale Struktur des Kindes sei mit der des „fertigen" Menschen identisch. Also hielt man es für überflüssig, eine bereits vorhandene Denkfähigkeit, die nur genutzt zu werden brauchte, umständlich auszubilden. Im Rahmen solcher Vorstellungen geht die Schule zwar von einer unentbehrlichen sozialen Beziehung aus, diese muss aber lediglich zwischen Lehrer und Schüler vorhanden sein. Da der Lehrer im Besitz des genauen Wissens ist und jegliche Lerntechnik aus dem Effeff beherrscht, ist die Fügsamkeit der Kinder seiner Autorität gegenüber der optimale Weg, während geistiger Kontakt der Kinder untereinander nichts als Zeitverlust und möglicherweise sogar Fehlentwicklungen und Deformation bedeutet.

Drei Beobachtungen haben jedoch diese allzu schlichte Auffassung von den Aufgaben der Lehrer und der geistigen Erziehung erschüttert und die Pädagogen von der Notwendigkeit einer Zusammenarbeit unter den Kindern überzeugt.

Zunächst einmal kam es zu einer ganz banalen Feststellung, die sich aber nur sehr allmählich durchsetzte, dass es für den Lehrer gar nicht so leicht ist, sich den Schülern verständlich zu machen. Als auf den Einzelunterricht im Mittelalter hier Simultanunterricht bzw. der Unterricht in Klassen für Altersgenossen folgte, wiesen einige Fachleute bereits darauf hin, dass zwischen dem Wort des Lehrers und dem Verständnis des Schülers vermittelnde Instanzen erforderlich seien. Daher die „Helfer" oder „Monitoren" im „gegenseitigen Unterricht" bei Bell und Lancaster. Der vollen Tragweite des Problems wurde man sich jedoch erst mit der experimentellen Pädagogik in diesem Jahrhundert bewusst.

So stellte man fest, dass der Verbalismus das große Hindernis ist, das sich der Auffassungsgabe von Kindern entgegenstellt. Was in seinem Prinzip begründet liegt, dass nur der Lehrer spricht und die Kinder zuhören, und man darin das wesentliche Erziehungsinstrument sieht. Das Kind ist aber kein passives Wesen, dessen Hirn es vollzustopfen gilt, sondern ein aktives Wesen, dass in seiner spontanen Suche nach Wissen gefördert werden will. Dieser radikale Perspektivenwechsel bei den Vertretern der „aktiven Schule" läuft keineswegs auf Abschaffung des Unterrichts hinaus; dieser soll jedoch auf eine bescheidenere Rolle zurückgedrängt und der individuellen Arbeit untergeordnet werden: Jetzt geht es darum, dass Fragen, die sich die Schüler selbst stellen, beantwortet werden. Denn auch wenn man die Einzelarbeit berücksichtigen will, setzt dies voraus, dass Gemeinschaftsarbeit geleistet wird und Arbeitsgruppen gebildet werden, denn passives Aufnehmen von Wissen bedingt die Isolation der Schüler, während das selbstständige Erkunden Zusammenarbeit und Austausch mit sich bringt.
Des Weiteren hat man bemerkt – und dies sowohl in der Erziehungspraxis als auch bei der psychologischen Beobachtung –, wie wenig das rationale Denken beim Kleinkind vorgeprägt ist. Die Logik ist die Moral des Denkens, genau gesagt, sie besteht nicht aus angeborenen Mechanismen, die sich, einem unausweichlichen Determinismus entsprechend, durchsetzen, sondern aus Regeln, die sich dem kindlichen Bewusstsein gleichsam anbieten, d.h. die akzeptiert oder verworfen werden können. Noch bevor das kleine Kind geradlinig argumentieren kann, beginnt es, mit seiner Denkfähigkeit zu spielen und sie nach ihm eigenen Normen einzusetzen. Hauptaufgabe der geistigen Erziehung ist es also mehr und mehr, das Denkvermögen auszubilden und nicht das Gedächtnis mit bloßen Inhalten auszustatten. Bedürfnis nach Beweis und Prüfung, Objektivität der Beobachtung und des Experiments, formale Kohärenz der Behauptungen und Argumente, kurz, die experimentelle und die deduktive Disziplin: Das sind die hohen Ziele, auf die das Kind hingelenkt werden soll, denn es besitzt die entsprechenden Fähigkeiten nicht von vornherein. Also muss man sich die Frage stellen, ob die Autorität des Lehrers tatsächlich genügt, dieses Ideal durchzusetzen, oder ob sie sich nicht darauf beschränkt, die individuelle Fantasie durch eine schablonenhafte Wahrheit, d.h. eine Halbwahrheit, und die ursprüngliche Anomie durch eine intellektuelle Heteronomie zu ersetzen. Erneut stellt sich hier die Frage der Gruppenarbeit. Denn die Wahrheit lässt sich – das gilt für jede moralische Errungenschaft – nur durch freiwilliges Bemühen erobern, und beim Kind sind Zusammenarbeit und geistige Hilfsbereitschaft die natürliche Voraussetzung für das freiwillige Bemühen.
Schließlich und vor allem hat man bemerkt – diese dritte Feststellung ergänzt zwangsläufig die beiden ersten –, dass die Vernunft ein soziales Element der Zusammenarbeit in sich birgt. Einerseits haben die Erwachsenen-Gesellschaften den Soziologen gezeigt, wie sehr die Stringenz und die Formen des Denkens von einer Gemeinschaft zur anderen variieren. Ob diese Variationen nun lediglich die Wissenschaft und ähnliche geistige Errungenschaften betreffen, oder ob es sich, wie ebenfalls behauptet wurde, um qualitative Differenzen in der Struktur des Denkens und der Logik handelt, die Vernunft entwickelt sich jedenfalls in direkter Abhängigkeit von den sozialen Faktoren. Erbgut und übernommenes Wissen genügen mitnichten, um etwa eine selbstverständliche Reifung des individuellen Verstandes zur Rationalität zu gewährleisten. Was die praktischen Pädagogen ihrerseits wiederentdeckt haben, nachdem sie feststellten, dass das Kind nicht passiv, sondern aktiv ist und die Vernunft nicht nur nicht angeboren ist, sondern erst allmählich Gestalt annimmt, ist genau diese Prämisse der Soziologie: Sie haben entdeckt, dass das Leben in der Gruppe das natürliche Umfeld für jegliche geistige Tätigkeit ist, und die Zusammenarbeit unabdingbar für die Herausbildung des rationalen Denkens.

Und hier berühren wir den Kern des Problems: Wenn es stimmt, dass die Zusammenarbeit für die Ausbildung der Ratio unentbehrlich ist, dann gründet die Methode der Gruppenarbeit unmittelbar auf der Psychologie des Kindes. Ansonsten kann sie allerhöchstens ein bequemes Zusatzmittel darstellen, das sich der Lehrer beiläufig zunutze macht.

(Jean Piaget, Psychologische Anmerkungen zur Gruppenarbeit [1935], in: Jean Piaget, Über Pädagogik, übers.von Irene Kuhn und Ralf Stamm, Beltz, Weinheim 1999, S. 180ff. [Auszug])

1. Welche Kritik am herkömmlichen Schulsystem wird indirekt und direkt deutlich?
2. Wie begründet Piaget seine Vorstellungen zur Schulreform? Ziehen Sie zur Argumentation Ihr bisher erworbenes Wissen heran.
3. Sehen Sie in der Gegenwart Versuche, Piagets Erkenntnisse zu berücksichtigen? Beschreiben Sie diese Reformversuche.
4. Wie bewerten Sie Reformversuche?

„Wir kaufen dir deinen Schuh ab!“ – Aspekte der Reggio-Pädagogik

Die Pädagogik der Kindertagesstätten der norditalienischen Stadt Reggio Emilia gehört seit 25 Jahren zu den weltweit beachtetsten pädagogischen Konzeptionen. 1991 wurden sie als die besten vorschulischen Institutionen der Welt von einer Wissenschaftler/innengruppe der USA ausgezeichnet.

Bei meinem Besuch in einer kommunalen Kindertagesstätte in Reggio Emilia beobachtete ich Kinder, die in verschiedenen Kleingruppen arbeiten: Einige Kinder spielen in der Puppenecke, andere in der Bauecke, zwei Mädchen arbeiten am Leuchttisch, zwei Jungen malen an der Staffelei. Vier Kinder sind über Bildbände gebeugt, diskutieren über die abgebildeten Vögel, tauschen ihre Beobachtungen vom letzten Ausflug aus, ahmen die Flugbewegungen nach und setzen ihre Beobachtungen in Bleistiftzeichnungen um. Vier andere Kinder arbeiten mit Ton. Sie diskutieren mit einer Erzieherin über ihre Ausflugserlebnisse. Sie haben Waldfrüchte und Blätter mitgebracht, betrachten und betasten diese nun, riechen an ihnen, erleben sie mit allen Sinnen und drücken ihre Erfahrungen kreativ aus. Ein Mädchen gestaltet ein Ahornblatt nach, ein anderes einen langbeinigen Käfer.

Kinder sind Forscher

Ein Tisch ist vollkommen mit Papier umkleidet. An der Tischkante entlang sind gezeichnete Umrisse eines Schuhs zu erkennen. Fünf Kinder stehen zusammen und diskutieren miteinander. „Dein Schuh ist kleiner als meiner, aber der von Giovanni ist größer“, stellt Giulia fest. „Klar, wir brauchen einen Schuh, um den Tisch abzumessen“, sagt Luigi. „Es muss immer derselbe Schuh sein“, ergänzt Senia. Fabio richtet sich strahlend auf: „Und das ist mein Schuh. Mit dem wird der ganze Tisch vermessen. Dann können wir bald dem Schreiner sagen, wie unser neuer Tisch aussehen soll.“ – „Was machen wir, wenn morgen Fabio nicht mehr kommt?“, fragt Senia. „Hm“, überlegt Giovanni, „wir können uns einen anderen besorgen.“ – „Ach was“, ruft Senia, „Fabio muss seinen Schuh hier lassen. Wir kaufen dir deinen Schuh ab!“

Seit zwei Tagen sind diese Kinder damit beschäftigt, Möglichkeiten zu finden, den Tisch zu vermessen. Sie brauchen einen weiteren Tisch in der Gruppe, um genügend Platz für ihre Aktivitäten zu haben. Die Erzieherinnen haben nun nicht einfach einen Tisch beim Schreiner bestellt, sondern fünf Kindern vorgeschlagen, ihre Wünsche selbst dem Schreiner mitzuteilen.

Verschiedene Möglichkeiten haben sie diskutiert, ausprobiert und verworfen. Sie haben einen Tisch im Gruppenraum mit der Handspanne ausgemessen, jedes für sich. Sie merkten, das ist ungenau: Mal ist die Hand weiter gespreizt, mal enger zusammengezogen. Auch mit den Übergängen klappte es nicht so genau. Bald stellten sie fest: Die Größe ihrer Hände ist verschieden. Sie probierten es mit einem abgeschnittenen Stück Kordel. Aber auch das war problematisch. Wie eine Schlange rollte sie sich ein, wellte sich… es war unmöglich, eine exakte Größe auszumessen. Neue Ideen wurden ausprobiert und wieder verworfen. Jetzt sind sie dabei, mit dem Schuh von Fabio den Tisch zu vermessen.

In einigen Tagen werden sie dem Schreiner ihre Bestellung aufgeben, nachdem sie nach weiteren Versuchen zum exakten Vermessen des Tisches gekommen sind. Die Kinder kannten vor Beginn dieses Projekts zwar Zahlen und Nummern, aber nicht im Zusammenhang mit Metern und Zentimetern.

Über den ganzen Zeitraum arbeiteten die fünf Kinder selbstständig. Ein Kassettenrekorder nahm ihre Gespräche auf. Die Erzieherinnen beobachteten und fotografierten sie bei ihren Aktivitäten, griffen aber hier nicht ein. Den Kindern wurde so ermöglicht, frei auf ihre Weise zu experimentieren. Sie könnten auf Erlebtem und Erfahrenem aufbauen und sind somit Konstrukteure ihres Wissens. Diese eigenen Konstruktionen konnten sie weiterentwickeln und immer wieder neue Hypothesen bilden, bis sie zu einer zufriedenstellenden Lösung kamen.

(Elsbeth Krieg, Wir kaufen dir deinen Schuh ab! Aspekte der Reggio-Pädagogik, in: Päd extra 5/1995, S. 40ff. [Auszug])

1. Welches Verständnis von menschlichem Lernen steckt hinter dieser Vorgehensweise?
2. Stellen Sie einen Zusammenhang zu der Wahrnehmungsübung und dem Experiment her.
3. Welche Fragen oder Thesen ergeben sich für die weitere Arbeit?

P Projektvorschlag zum selbstständigen Weiterarbeiten

A Ähnlich wie in der Reggio-Pädagogik für den Elementarbereich gibt es im allgemein bildenden Schulwesen viele Versuche, Kindern entdeckendes Lernen möglichst konsequent zu ermöglichen. Die radikalsten Alternativen zum staatlichen Schulsystem bieten die „freien Alternativschulen“, also Schulen in freier Trägerschaft mit besonderem Profil.

Ein Beispiel für eine solche Schule ist die Glocksee-Schule (anerkannter staatlicher Schulversuch) in Hannover, die auch intensiv durch Erziehungswissenschaftler und Soziologen der Universität Hannover forschend begleitet wurde.
Adresse: Glocksee-Schule, Am Lindenhofe, 30519 Hannover, Tel.: 0511/16849197, Fax: 0511/8441149

In Stadtbüchereien finden sich zum Thema Alternativschulen zahlreiche ältere Veröffentlichungen.
Neueste Informationen und Kontakte gibt es durch den Bundesverband der Freien Alternativschulen, Wiemelhauser Str. 270, 44799 Bochum, Tel.: 0234/72648, Fax: 0234/ 76053 oder im Internet: http://www.paritaet.org/bfas/index.htm

- Manfred Borchert/Michael Maas (Hrsg.), Freie Alternativschulen – Die Zukunft der Schule hat schon begonnen, Bad Heilbrunn: Klinkhardt 1998
- Oskar Negt, Kindheit und Schule in einer Welt der Umbrüche, Göttingen: Steidl 1997

B An Ihrer eigenen Schule können Sie erkunden,

- ob und welche Regelungen es zu Projektwochen gibt;
- ob Kurse im normalen Unterricht Projekte durchführen;
- ob es Dokumentationen über solche Projektarbeiten gibt bzw. was mit den Ergebnissen passiert;
- ob es andere Formen entdeckenden Lernens an der Schule gibt, z.B. Freiarbeit, Wochenplanarbeit usw.;
- ob Schülergruppen an Wettbewerben teilnehmen (z.B. der Bundeszentrale für politische Bildung, Wettbewerbe „Demokratisch handeln", „Praktisch lernen" oder „Jugend forscht");
- welche Aussagen zu diesem Bereich im Schulprogramm gemacht werden.

2.3 Lernen und Persönlichkeit – ‚Ich verändere mich.'

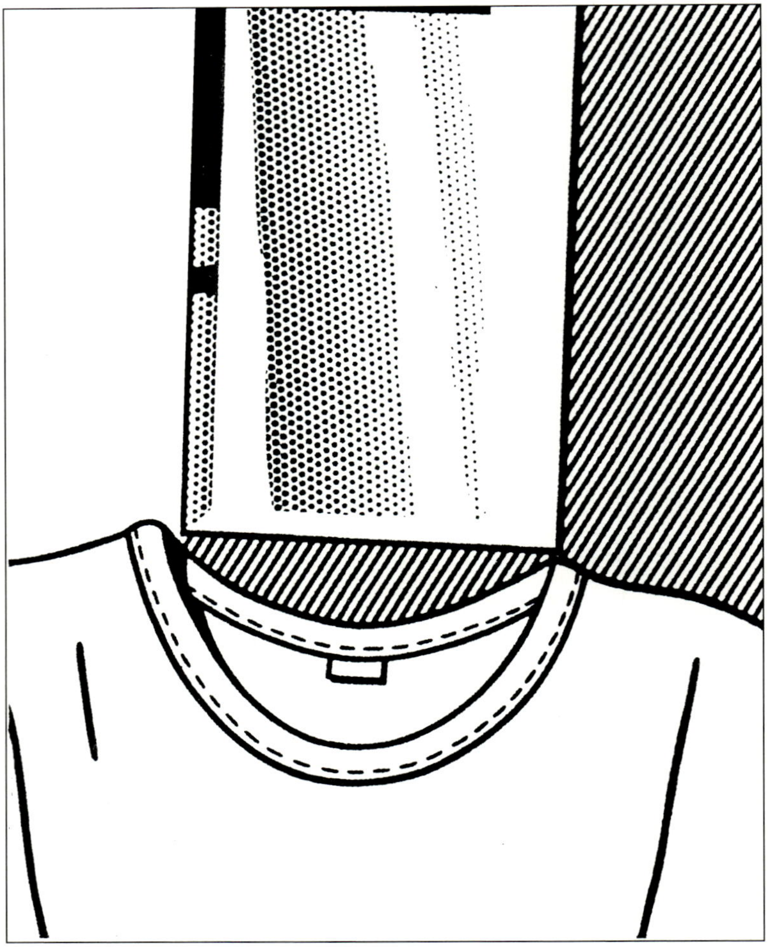

(Roy Lichtenstein, Self-Portrait, 1978; © VG Bild-Kunst, Bonn 2000)

Schreiben Sie alle Ihre Assoziationen zu diesem Bild auf.
Versuchen Sie einen Bezug zu dem Titel herzustellen.
Verändern Sie mit einfachen Mitteln das ‚Self-Portrait' von Roy Lichtenstein, sodass ein Selbstportrait von Ihnen entsteht.

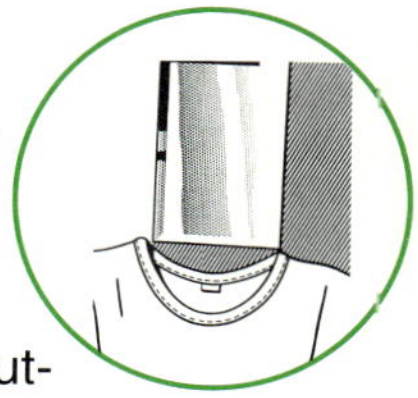

Das Aufnehmen und Verarbeiten von Informationen ist ein äußerst komplexer Vorgang, bei dem in der Regel jeder Mensch durch seine Sinne, Erfahrungen, inneren Befindlichkeiten usw. zu unterschiedlichen Reaktionen und Verhaltensweisen kommt.

In diesem Kapitel soll versucht werden den Bereich zwischen ‚Input' und ‚Output', die so genannte ‚Blackbox', genauer zu betrachten, um somit individuelle Verhaltensweisen besser verstehen zu können.

Es soll auch deutlich werden, dass die Möglichkeit von Verhaltensänderungen entscheidend von persönlichen Einstellungen abhängig ist, der Lernvorgang durch individuelle Verarbeitungsmuster und Überzeugungen bedingt ist und somit sehr stark von der Persönlichkeit des Einzelnen abhängt.

Einführung

Missverständnisse und wie man sie vermeidet

Sie: „Du siehst mich überhaupt nicht! Ich ziehe mich extra besonders schön an, wenn wir ausgehen, schminke mich ganz toll und verbringe viel Zeit vor dem Spiegel, um dir zu gefallen. Wenn ich dann aus dem Bad komme, bemerkst du das überhaupt nicht. Du stehst immer noch in deinen alten Jeans da und hast nicht einmal deine Haare gewaschen, und außerdem – in der Öffentlichkeit umarmst du mich ständig und siehst dabei nicht mal, wie uns alle Leute anstarren!"

Er: „Ich bin dir eben gern ganz nahe. Ich will, dass du spürst, wie gerne ich dich mag. Wenn du mich dann wegstößt, verletzt mich das sehr. Du zeigst mir nur die kalte Schulter! Und das mit den Jeans – darin fühle ich mich wohl. Das ist bequem und nicht so einengend wie dieser steife dunkle Anzug. Darin fühle ich mich immer wie auf einer Beerdigung."

(Daniela und Claus Blickhan, Denken, Fühlen, Leben, München 1989, S. 25,26)

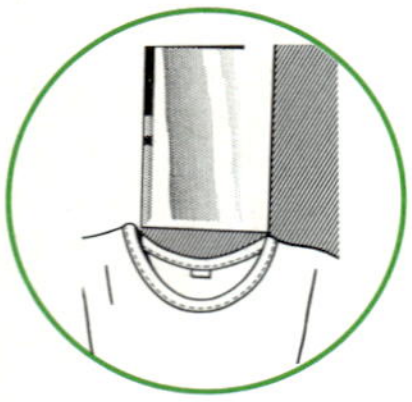

1. Erstellen Sie ein Wörterbuch für visuell, auditiv bzw. kinästhetisch orientierte Menschen (z. B. „leuchtet ein“ / „stimmt“ / „passt“).
2. Erfinden Sie eine neue Spielszene dieser Art und versuchen Sie eine Lösung aufzuzeigen.

Lerngeschichte

Als meine Tochter einst drei Jahre alt war, hörte ich einmal einen Schreckensschrei aus ihrem Schlafzimmer. Ich stürmte hinein, um zu schauen, was los war, und fand Jessica auf ihrem Bett sitzend; sie schrie, dass ein Monster in ihrem Raum sei. Als ich es nicht finden konnte, sagte sie, dass ich es erschreckt habe, als ich in den Raum gekommen sei, und dass es sich unter dem Bett versteckt habe. Wir ließen uns auf Hände und Knie nieder und schauten nach. Sie versicherte mir, dass dies ihr ganz eigenes Monster wäre. Ich sagte ihr, dass sie, da es ihr Monster wäre und sie es geschaffen habe, es in jede Größe bringen könnte, die sie wollte. Sie könnte es größer machen. Das war zu beängstigend. Sie könnte es auch kleiner machen. Das gefiel ihr und sie ließ es auf eine angenehme Teddybär-Größe zusammenschrumpfen. An diesem Abend gingen wir zum Essen aus, und es ging nicht anders, als dass Jessica ihr nun freundliches Monster mitnahm. Auf dem Heimweg kam Wehgeschrei vom Rücksitz, und Jessica erklärte unter Tränen, dass sie ihr Monster im Restaurant vergessen hatte. Ihr Bruder, ein pfiffiger Sechsjähriger, sagte: „Ist schon in Ordnung, Jess; ich habe es in meiner Tasche.“

(R. Bandler/W. MacDonald, Der feine Unterschied, NLP-Übungsbuch zu den Submodalitäten, Junfermann, Paderborn 1991, S. 26,27)

1. Wie kommt die Diskrepanz zwischen „Realität“ und Wahrnehmung zustande, bzw.: Warum sieht das Kind ein Monster, wo gar keins ist?
2. Versuchen Sie den hier zugrunde liegenden Lernvorgang durch ein Diagramm zu kennzeichnen:
   Ereignis ➔ … ➔ … ➔ Verhalten

Grundbegriffe und Grundthesen

In der Einführung wurde deutlich, dass es keinen Automatismus zwischen einem Reiz und einer Reaktion gibt. Auf der Wahrnehmungsebene gibt es individuelle Präferenzen, sodass Ereignisse sehr unterschiedlich wahrgenommen werden; auch auf der Verarbeitungsebene der zuvor wahrgenommenen Ereignisse gibt es erhebliche Unterschiede, die dann zu unterschiedlichen Einschätzungen und Verhaltensweisen führen. Diese Überlegungen sollen im Folgenden weiter ausdifferenziert werden

Lernen als konstruktiver Prozess

Betrachten Sie das folgende Bild so lange, bis Sie etwas erkennen können.

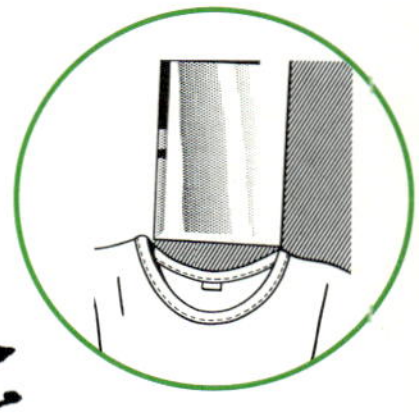

(Aus: Peter H. Lindsay, Einführung in die Psychologie, Springer, Berlin/Heidelberg/New York 1981, S. 8; Foto: R.C. James)

> Beschreiben Sie Ihren Wahrnehmungsvorgang möglichst genau und tauschen Sie sich aus. Diskutieren Sie: Nehmen wir mit den Augen wahr?
>
> Hinweis: In der Fachliteratur bezeichnet man diesen Vorgang als ‚Top-down-Prozess'!

Ist Wahrheitserkenntnis möglich? Oder sind unsere Weltbilder lediglich Erfindungen? Solche Fragen stellen (und beantworten) die Vertreter einer Erkenntnistheorie, die als Konstruktivismus Furore macht. Im folgenden Interview spricht Heinz von Foerster, einer der bedeutendsten Vertreter dieser Denkschule, über die vermeintliche Realität unserer Wahrnehmungen und das konstruktivistische Lebensgefühl.

Interview mit Heinz von Foerster (Auszüge)

Von Foerster: Es ist geradezu grotesk, von einer Abbildung der Außenwelt in der Innenwelt zu sprechen. Was unsere Sinne erregt, können wir nie wissen; wir wissen nur, was uns unsere Sinne aus diesen Erregungen vorzaubern.

Wie würden Sie den Erkenntnisvorgang beschreiben?

Von Foerster: Ich würde sagen: Es ist doch ein unglaubliches Wunder, das hier stattfindet. Alles lebt, es spielt Musik, es gibt Farben, Gerüche, Klänge und eine Vielzahl von Empfindungen. Aber all dies sind konstruierte Relationen; sie kommen nicht von außen, sie entstehen im Innern. Das ist doch etwas Unglaubliches.

Was folgt aus der Erkenntnis, dass sich jeder seine eigene Wirklichkeit konstruiert?

Von Foerster: Wenn man nur für einen Moment sagt: Das bist du, der diese Sicht der Welt produziert, das ist nicht draußen, das ist nicht irgendeine so genannte objektive Wirklichkeit, auf die man sich beziehen kann, dann entsteht eine merkwürdige Hervorhebung der Persönlichkeit, die etwas sagt. Aus den allgemeinen Urteilen „Es ist so!" werden Sätze, die mit „Ich finde, dass …" beginnen. Es entsteht eine vollkommen andere Relation zu den eigenen Aussagen.

Man wird bescheidener, weil man sich nicht mehr auf absolut Gültiges berufen kann?

Von Foerster: Man wird bescheidener und verantwortlich für die eigenen Erkenntnisse.

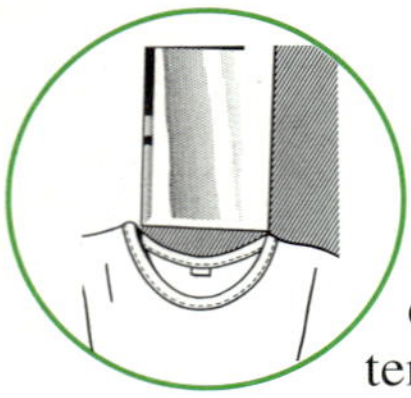

Man kann nicht mehr vom Zwang der Umwelt sprechen, man kann nicht mehr sagen: Ich hatte keine Wahl, denn natürlich gibt es immer viele Möglichkeiten. Man kann nicht mehr andere verantwortlich machen für das, was man sieht, denn man ist ja selbst derjenige, der diese Sicht konstruiert. Die Menschen erhalten ihre Verantwortung in größtmöglichem Maße wieder zurück, können sie nicht mehr an irgendeine übergeordnete Instanz, einen Boss oder irgendwelche äußeren Umstände abschieben. Sie werden Beteiligte. Das haben viele nicht gern.

Aber könnte man nicht auch sagen: Alles nur Konstruktion, alles egal! Die Konsequenzen aus der konstruktivistischen Weltsicht ließen sich auch als die Rechtfertigung für Gleichgültigkeit und Ignoranz interpretieren. Nichts ist mehr wirklich wichtig.

Von Foerster: Natürlich. Auch das schöne Goethe'sche Gedicht „Über allen Wipfeln ist Ruh'" lässt sich auf hunderttausend Arten interpretieren. Man kann auch den Satz von Jesus „Wenn dir jemand auf die eine Backe schlägt, so halte ihm auch die andere hin" als Aufforderung verstehen, die Leute auf die Backen zu schlagen. Denn, so könnte man ja sagen, nachdem man für eine gewisse Zeit immer auch die andere Backe hingehalten hat, sind die Leute encouragiert worden, auf Backen zu schlagen; sie müssten dann keine Angst vor Strafe haben! Was ich damit sagen will: Alles ist auf sehr vielfältige Weise verstehbar. Das ist das so genannte hermeneutische Grundprinzip oder, wenn man so will, die Hermeneutik des Hörers: Der Hörer und nicht der Sprecher ist es, der die Bedeutung einer Aussage bestimmt.

(Deutsches Allgemeines Sonntagsblatt, Nr. 30, 26. Juli 1996, Bernhard Pörksen im Gespräch mit Heinz von Foerster)

Hinweis:
Heinz von Foerster/Bernhard Pörksen (1998): Wahrheit ist die Erfindung eines Lügners. Gespräche für Skeptiker, Heidelberg: Carl-Auer-Systeme

1. Belegen und erläutern Sie die folgenden Essentials zum Konstruktivismus – so weit wie möglich – anhand des Interviews:
   „– Zugänglich ist uns nicht die äußere Realität, sondern die Wirklichkeit, das, was in uns etwas bewirkt.
   – Wir entdecken nicht eine vorhandene Welt, sondern wir erfinden Welten.
   – Objektivität der Erkenntnis ist nicht möglich, wohl aber Intersubjektivität, d.h. Verständigung mit anderen.
   – Lernen heißt nicht, Vorgegebenes abbilden, sondern Eigenes gestalten.
   – Nicht lineare Kausalität bestimmt unsere Welt, sonder Wechselwirkung."
   (Zit. nach: Horst Siebert, Lernen als Konstruktion von Lebenswelten, Verlag für akademische Schriften, Frankfurt 1994, S. 41)
2. „Gehirne – so lautet meine These – können die Welt grundsätzlich nicht abbilden,– sie müssen konstruktiv sein, und zwar sowohl von ihrer funktionalen Organisation als auch von ihrer Aufgabe her, nämlich ein Verhalten zu erzeugen, mit dem der Organismus in seiner Umwelt überleben kann. Dies Letztere garantiert, dass die vom Gehirn erzeugten Konstrukte nicht willkürlich sind, auch wenn sie die Welt nicht abbilden (können)" (Gerhard Roth, Das Gehirn und seine Wirklichkeit, Suhrkamp Verlag, Frankfurt a. Main 1995, S. 21)

   Diskutieren Sie vor dem Hintergrund dieses Zitates die Gleichung: ‚Wahrnehmen'= ‚Wahr'-‚Nehmen'.
3. Anknüpfend an Gerhard Roth formuliert Frieder Nake, Professor für Informatik:
   „Für unser Denken über uns in dieser Welt scheint es nützlich, die pragmatisch sichere Annahme von zwei begründeten Aspekten zu machen. Wir wollen von ihnen als Realität und der Wirklichkeit sprechen. Die Realität soll das sein, was unabhängig von mir und meinem Denken bleibt. Die Wirklichkeit hingegen das, was mit mir, meinem Denken und Wahrnehmen steht und fällt. Die Wirklichkeit schaffe ich erst im Denken. Die Realität nehmen wir im Gegensatz dazu als das, was wir mehr oder

minder einverständig als wirklich erfahren. Wir geraten in Schwierigkeiten, wenn wir genau festlegen wollen, was diese Realität sei. […] Nützlich an dieser Annahme ist die Möglichkeit, meine individuelle Welt von unserer Kollektiven zu unterscheiden." (Frieder Nake, Die virtuelle Realität entsteht im Kopf, in: Beilage der Frankfurter Rundschau zur Cebit, Seite 2, 16. März 1999).

Diskutieren Sie die Frage: Können wir uns auf unsere Wahrnehmung verlassen?

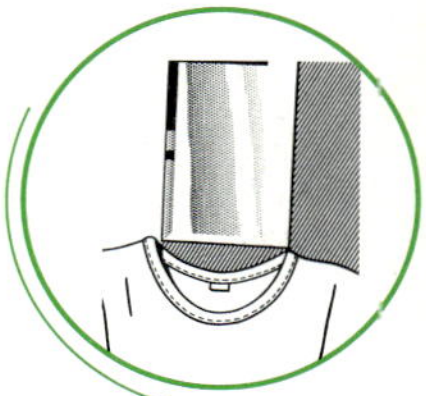

4. Interpretieren Sie aus der Sicht des Konstruktivismus die Lerngeschichte von S. 308. Ergänzen Sie u.U. das dort erarbeitete Diagramm.

Die Konsequenzen aus der Sichtweise des Konstruktivismus für die Pädagogik werden auch später noch einmal aufgenommen und diskutiert, so z.B. in der Wabe: *Einsichten – Kognitive Entwicklung und menschliches Lernen.*
In der Wabe: *„Denkste!" – Mein Hirn und ich* finden Sie ebenfalls Ergebnisse aus der neurobiologischen Forschung, die diesen Ansatz unterstützen.
Auch im Philosophieunterricht werden Sie sich mit Fragen zum Erkenntnisgewinn beschäftigen, vielleicht können Sie ja bereits ähnliche Problemkreise erkennen, ansonsten fragen Sie doch einmal nach!

Ein-Spruch

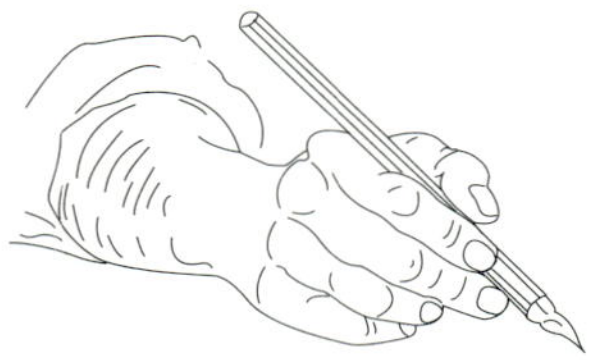

Vernünftige Menschen passen sich der Welt an.
Unvernünftige Menschen passen die Welt an sich an.
Deswegen hängt aller Fortschritt von unvernünftigen Menschen ab.

(George Bernard Shaw)

Wer sagt
was
mit welchen Mitteln
und welcher Absicht
zu wem ???

Ist das Gegenteil auch richtig?

Mein Kommentar:

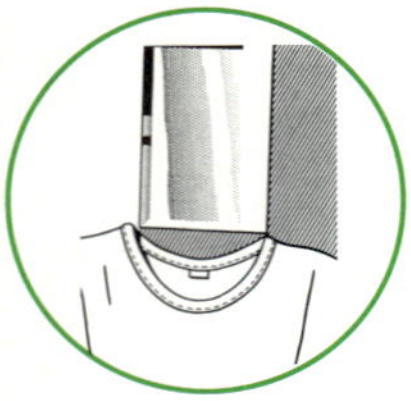

Wahrnehmungsfilter

Bevor die ‚phänomenale Welt' im Sinne des Konstruktivismus auf eine interne Landkarte, die „eigene Wirklichkeit", abgebildet wird, spielen noch diverse Einflussgrößen eine Rolle. Bereits in der Einführung haben Sie festgestellt, dass es unterschiedliche ‚Wahrnehmungsfilter' (Sinnesorgane) gibt, die einer Person einen sehr individuell geprägten Zugang zur „Wirklichkeit" ermöglichen.

Konflikte treten deswegen auf, weil wir verschiedene Landkarten der Realität haben. Die Landkarten in unserem Gehirn sind abhängig von:
– Tilgung – sensorische Daten, die wir übersehen, ausblenden oder vergessen,
– Verzerrung – persönliche Vorurteile, die unsere Wahrnehmungen verzerren,
– Generalisierung – eine globale Schlussfolgerung, die auf begrenzten Erfahrungen basiert.

Wir gehen alle in unseren Landkarten der Realität herum. Es ist die Aufgabe von MEIN/DEIN/UNSER, Wege zu finden, um unsere Landkarten zu erweitern, sodass sich die Ziele überschneiden.

(G.Z. Laborde, Kompetenz und Integrität – Die Kommunikationskunst des NLP, Junfermann, Paderborn 1992, S. 44)

1. Stellen Sie zu jedem ‚Filter' eine Gruppe zusammen.
   Überlegen Sie sich ein Beispiel für die Wirkung eines Filters und führen Sie diese in Form einer szenischen Darstellung den anderen Gruppen vor.
2. Welche weiteren Filter – außer den oben genannten – können Sie sich noch vorstellen?

Ein weiteres, wichtiges Verarbeitungs**muster** soll im Folgenden vorgestellt werden:

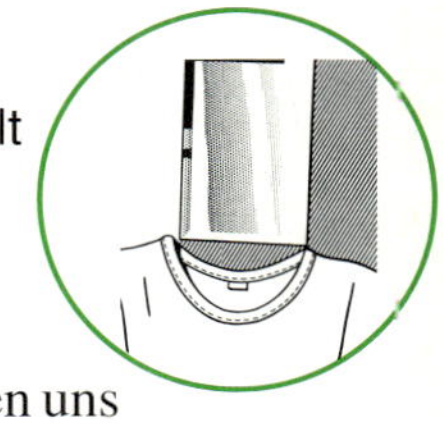

Glaubenssätze

Unsere Glaubenssätze haben starken Einfluss auf unser Verhalten. Sie motivieren uns und formen das, was wir tun. Es ist schwierig, etwas zu lernen, ohne daran zu glauben, dass es angenehm und vorteilhaft sein wird. Was sind Glaubenssätze? Wie werden sie gebildet, und wie erhalten wir sie aufrecht? […]
Wir alle haben einige Grundannahmen gemeinsam, die die physische Welt jeden Tag bestätigt. Wir glauben an die Naturgesetze. Wir spazieren nicht über den Rand von Hochhausdächern und müssen nicht jeden Tag neu testen, dass Feuer brennt. Wir haben auch viele Glaubenseinstellungen über uns selbst und die Art der Welt, in der wir leben, die nicht so klar definiert sind. Menschen sind nicht so konsequent und unveränderbar wie die Erdanziehungskraft.
Glaubenssätze und Einstellungen entspringen aus vielen Quellen – aus Erziehung, Modellieren von bedeutsamen anderen Menschen *(significant others),* Vergangenheitstraumata und wiederholten Erfahrungen. Wir entwickeln Glaubenssätze dadurch, dass wir unsere Erfahrungen mit der Welt und mit unseren Mitmenschen generalisieren, das heißt Verallgemeinerungen ableiten. Woher wissen wir, aus welchen Erfahrungen wir generalisieren sollen? Einige Einstellungen kommen fertig aus der Kultur und der Umwelt, in die wir hineingeboren werden. Die Erwartungen der bedeutsamen Menschen, die in unserer Kindheit um uns sind, prägen uns Glaubenseinstellungen ein. Hohe Erwartungen (vorausgesetzt, sie sind realistisch) bilden Kompetenz. Niedrige Erwartungen flößen Inkompetenz ein. Wenn wir noch jung sind, glauben wir, was uns gesagt wird, denn wir haben keine Möglichkeit, es zu überprüfen. Diese Glaubenssätze können überdauern, ohne durch unsere späteren Leistungen modifiziert zu werden.
Wenn wir etwas glauben, verhalten wir uns so, als sei es wahr. Dies macht es schwer, es zu widerlegen; Glaubensannahmen sind wie starke Wahrnehmungsfilter: Ereignisse werden im Sinne dessen, was man glaubt, im Sinne der Einstellung interpretiert, und Ausnahmen bestätigen die Regel. Was wir tun, hält die eigene Meinung aufrecht und verstärkt den Glauben. Glaubenssätze sind nicht einfach Karten von dem, was passiert ist, sondern Matrizen für zukünftige Handlungen.
Es sind Studien durchgeführt worden, in denen eine Klasse von Schülern in zwei Gruppen mit gleichem IQ (Intelligenzquotient) geteilt wurde. Den Lehrern wurde gesagt, dass die eine Gruppe einen hohen IQ habe, und man erwarte, dass sie besser abschneiden werde als die zweite Gruppe. Obwohl der einzige Unterschied zwischen den beiden Gruppen die Erwartung der Lehrer war (ein Glaubenssatz, eine Vorannahme), bekam die Gruppe mit „hohem" IQ in einem späteren Test viel bessere Zensuren als die zweite Gruppe. Diese Art der sich selbst erfüllenden Prophezeiung wird manchmal auch als Pygmalion-Effekt bezeichnet. […]
Positive Glaubenssätze sind wie Bevollmächtigungen oder wie eine Erlaubnis; sie geben uns die Freiheit zum Handeln, setzen unsere Fähigkeiten in Gang. Glaubenssätze schaffen Ergebnisse. Es gibt ein Sprichwort: „Ob du glaubst, dass du etwas tun kannst, oder ob du das nicht glaubst … *du hast immer Recht."*
Einschränkende Glaubenssätze und Einstellungen drehen sich meistens um ein „Ich kann nicht…". Betrachten Sie diesen Satz als einen einfachen Tatbestand, der nur für den gegenwärtigen Augenblick gilt. Zum Beispiel: „Ich kann nicht jonglieren" bedeutet: ich kann (nicht jonglieren). Es ist sehr einfach, nicht zu jonglieren. Jeder kann das. Zu glauben, dass „Ich kann nicht" eine Beschreibung Ihrer Fähigkeiten jetzt *und* in der Zukunft sei, wird ihr Gehirn darauf programmieren zu versagen, und dies wird Sie davon abhal-

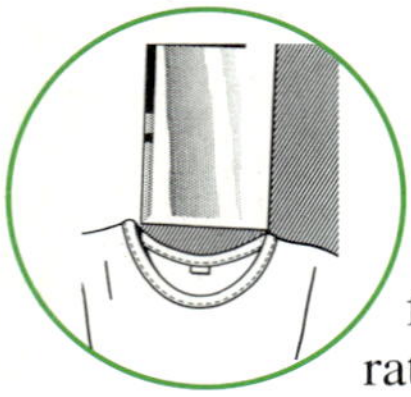

ten herauszufinden, was Ihre wahren Fähigkeiten sind. Negative Glaubenssätze haben keine Basis in der Erfahrung. […]
Glaubenssätze und Einstellungen sind uns nicht angeboren wie unsere Augenfarbe. Sie verändern und entwickeln sich. Wir denken anders über uns, wir heiraten, lassen uns scheiden, wechseln Freundschaften und verhalten uns anders, weil unsere Einstellungen sich ändern.
Glaubensannahmen können eine Sache der Wahl sein. Sie können Glaubenssätze fallen lassen, die Sie einschränken, und Einstellungen aufbauen, die mehr Spaß und Erfolg in Ihr Leben bringen. Positive Glaubenssätze erlauben Ihnen herauszufinden, was wahr sein könnte und wie fähig Sie sind. Sie sind wie Erlaubnisscheine, die uns die Welt des Möglichen entdecken und in ihr spielen lassen. Welche Einstellungen sind lohnenswert, weil sie Sie befähigen und unterstützen, Ihre Ziele zu erreichen? Denken Sie an einige Glaubenssätze, die Sie über sich selbst haben. Sind sie nützlich? Sind es Bevollmächtigungen oder Barrieren? Wir alle haben tiefe, zentrale Glaubenssätze über die Liebe und darüber, was im Leben wichtig ist. Wir haben viele andere Annahmen (über unser Glück und unsere Möglichkeiten), die wir geschaffen haben und verändern können. Ein wesentlicher Beitrag zum Erfolg ist es, Einstellungen zu haben, die Ihnen erlauben, erfolgreich zu sein. Kraftspendende *beliefs* garantieren nicht, dass sie jedes Mal erfolgreich sein werden, aber sie machen Sie ressourcenreich und fähig, letzten Endes den Erfolg davonzutragen. […]
Die Veränderung von Glaubenssystemen erlaubt Änderung des Verhaltens, und dieses verändert sich am schnellsten, wenn man auch die Fähigkeit oder Strategie bekommt, um die Aufgabe zu vollbringen. Man kann auch einen Glaubenssatz dadurch verändern, dass man das Verhalten ändert, aber dies ist nicht so zuverlässig. Manche Leute lassen sich auch durch wiederholte Erfahrungen nicht überzeugen. Sie sehen nur unzusammenhängende Zufälle.

(J. O'Connor/J. Seymour, Neurolinguistisches Programmieren: Gelungene Kommunikation und persönliche Entfaltung, Übers.: Gabriele Dolke, Freiburg 1992, S. 139-142)

Versuchen Sie für sich persönlich in Ihrem Journal eine Liste mit ‚einschränkenden' und ‚positiven' Glaubenssätzen aufzustellen.

Wahrnehmung

Das folgende Modell versucht den komplexen Bereich zwischen einem ‚externen Ereignis' und dem Verhalten transparent zu machen.

Wahrnehmung ist ein Vorgang, bei dem der Organismus Informationen aufnimmt und in seinem Gehirn verarbeitet. Das Ergebnis dieser Informationsaufnahme und -verarbeitung – unser ‚inneres Abbild' der Information – wird dabei ebenfalls mit dem Begriff Wahrnehmung bezeichnet.
Folgende Merkmale dienen einer genaueren Begriffsbestimmung der Wahrnehmung:

- Wahrnehmung von äußeren und inneren Informationen: Wir nehmen nicht nur Informationen aus unserer Umwelt, sondern auch Informationen aus unserem Körper (Schmerz, Hunger, Körperpositionen) wahr.
- Wahrnehmung erfolgt durch die Sinnesorgane. […]
- Wahrnehmung ist ein aktiver und selektiver Prozess: Entsprechend unserer Bedürfnisse und Ziele schenken wir solchen Informationen Aufmerksamkeit, die wir für unser Handeln benötigen. […]

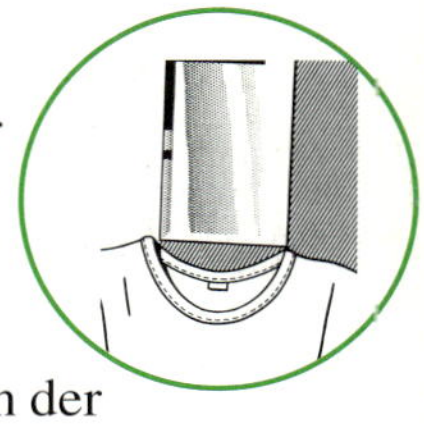

– Wahrnehmung ist ein konstruktiver und interpretierender Prozess: Wir wählen nicht nur bestimmte Informationen aus, wir konstruieren ein Wahrnehmungsbild, das teilweise mehr Informationen enthält als der dargebotene Reiz.

[…] Wahrnehmung ist ein Kompromiss zwischen den objektiven Informationen der Reizvorlage und dem, was wir sehen wollen!

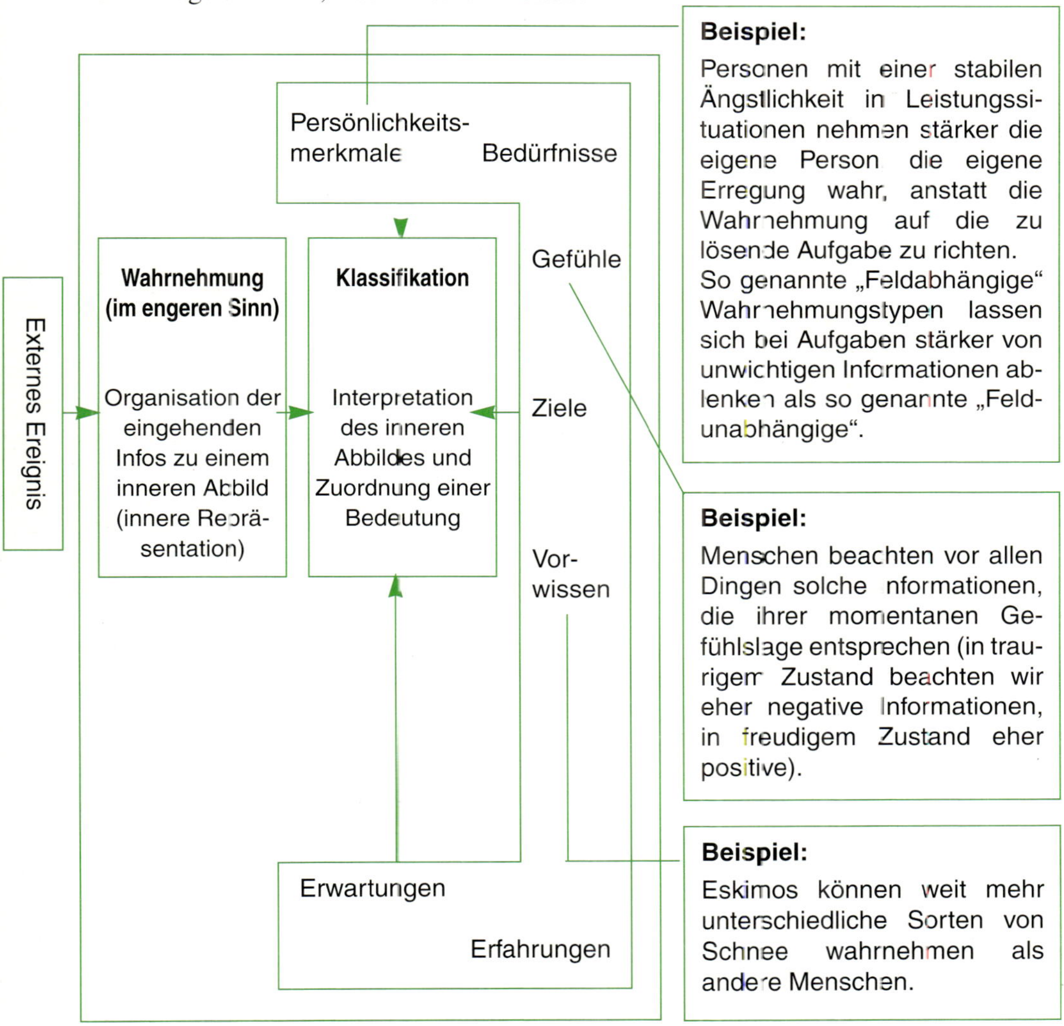

(Nach: Berthold Lacher, Allgemeine Psychologie, in: Klaus Heidenreich/Berthold Lacher [Hg.], Psychologie Training, Stark Verlag, Freising 1998, S. 23f., 27)

1. An welcher Stelle dieses Modells lassen sich die Begriffe Wahrnehmungsfilter und Glaubenssätze einordnen?
2. Versuchen Sie für ein Beispiel eines ‚externen Ereignisses' dieses Modell nachzuvollziehen. (So ein externes Ereignis kann z.B. ein für Sie unerwartetes kostbares Geschenk eines Bekannten sein.)
3. Diskutieren Sie die Aussagefähigkeit des Modells: Fehlen wichtige Aspekte? Werden Wechselwirkungen deutlich? Ist das (unterschiedliche) Verhalten von Menschen damit erklärbarer? …

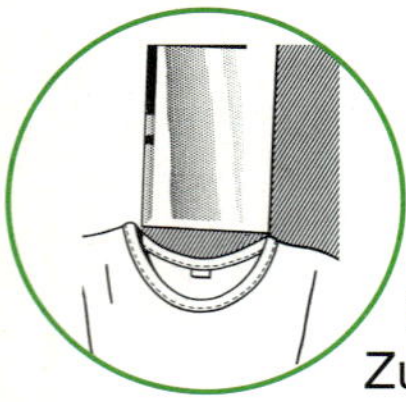

Der Weg vom ‚Input' zum ‚Output' vollzieht sich natürlich nicht als Einbahnstraße, hier haben wir es vielmehr mit einem Regelkreis zu tun, der von inneren Einstellungen, einem ‚inneren Plan', Strategien, dem Willen, … beeinflusst wird. Ein einfaches, sehr stark kybernetisch orientiertes Modell, das auf diesen Zusammenhang hinweist, ist das so genannte TOTE-Modell:

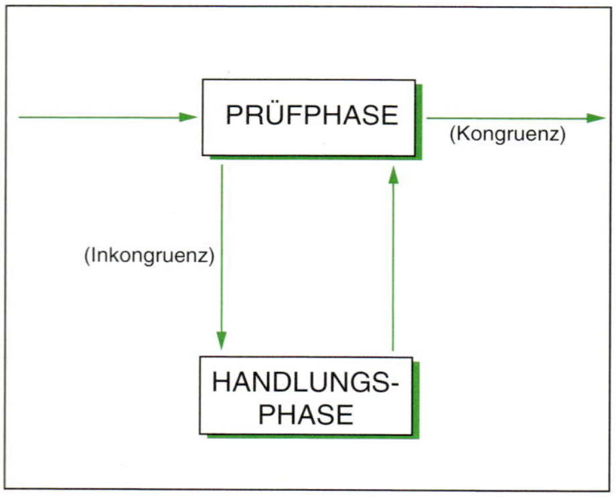

Abb. 1: Die Test-Operation-Test-Exit-Einheit (TOTE-Einheit)

(Aus: George A. Miller/Eugene Galanter/Karl H. Pribam, Strategien des Handelns, Stuttgart 1991, S. 34)

Das Stricken eines Pullovers wäre danach so zu interpretieren: Ein erstes „Testen" (zu dem der Anfangspfeil hinführt) ergibt, dass eine Unstimmigkeit *(Inkongruenz)* besteht: Die derzeit gegebene Lage *(Ist-Zustand)* stimmt nicht mit dem angestrebten Zustand *(Soll-Zustand:* dass ein fertiger Pullover vorliegt) überein. Diese Situationsbeurteilung, diese „Inkongruenz"-Feststellung (welche in der Grafik durch den nach unten führenden Pfeil symbolisiert wird), löst ein „Operieren", ein zweckdienliches Tätigwerden, aus, hier: das Stricken. Die durch dieses Operieren entstehenden Wirklichkeitsveränderungen („Gestricktes" kommt zustande) werden an die Urteilsinstanz rückgemeldet *(feedback)* und dort in einem weiteren „Test" mit jenem (überdauernd gleichbleibenden) Soll-Zustand verglichen.
Das Urteils-Ergebnis wird zunächst wieder „Unstimmigkeit" sein, weil das bis dahin Gestrickte noch nicht mit dem Soll-Zustand übereinstimmt. Folglich wird weiteres Operieren in Auftrag gegeben, das heißt, das Stricken wird weiter in Gang gehalten. Dies alles geschieht wieder und wieder, bis irgendwann einmal ein Testen, ein Vergleichsurteil, zu dem Ergebnis „Stimmigkeit" *(Kongruenz)* führt, weil das bis dahin Gestrickte mit dem Soll-Zustand völlig übereinstimmt. Dieses „Kongruenz"-Urteil hat die Beendigung der Handlung zur Folge *(exit);* es wird durch den nach rechts, zur nächsten Handlung, weisenden Pfeil symbolisiert.

(Klaus Immelmann/Klaus R. Scherer/Christian Vogel/Peter Schmoock [Hrsg.], Psychobiologie – Grundlagen des Verhaltens, Gustav Fischer Verlag/Psychologie Verlags Union, Stuttgart/Weinheim/München 1988, S. 385, 386; Verf.: Prof. Dr. Dietrich Dörner)

Nun werden Lernsituationen nicht gestrickt, dieses Modell macht aber deutlich, dass es zu einer ständigen Wechselbeziehung zwischen Individuum und Umwelt kommt, welche wiederum durch die besondere Struktur jedes Individuums beeinflusst wird; dazu gehören natürlich Wahrnehmungsaspekte, Filter, Glaubenssätze,… .

G. A. Miller, der Mitbegründer dieses Modells, schreibt dazu:

„Nicht mehr den Reflex, sondern den Rückkopplungskreis selbst wollen wir als Grundelement des Verhaltens ansehen." (George A. Miller/Eugene Galanter/Karl H. Pribam, Strategien des Handelns, Stuttgart 1991, S. 34)

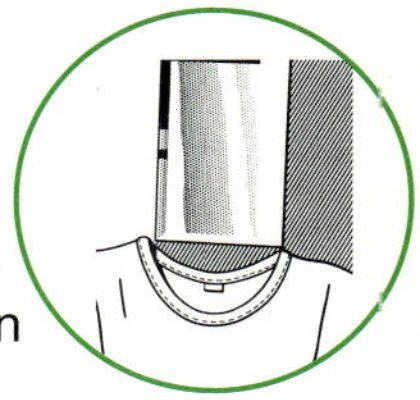

Verhaltensänderung – aber wie?

In diesem Abschnitt sollen Möglichkeiten aufgezeigt werden, wie Verhaltensänderungen und damit Lernen im Sinne des hier vorgestellten Modells vollzogen werden können.
In Anlehnung an die Grundannahmen der humanistischen Psychologie (vgl. Sie das Kapitel ‚Im Netz von Beziehungen – der systemische Ansatz', Themenkreis 2.1) wird von den Vertretern der hier dargestellten Sichtweise von Lernen ein bestimmtes Menschenbild vorausgesetzt. Dazu gehören *unter anderem* die folgenden Annahmen:

- Hinter jedem Verhalten gibt es eine positive Absicht, jedes Verhalten erfüllt im Leben eines Menschen eine positive Funktion.
- Jeder Mensch selbst hat genügend Kraft und Kompetenzen (Ressourcen) sein Verhalten in die von ihm gewünschte Richtung zu verändern.
- Eine Veränderung von Verhalten gelingt nicht, indem ich es zu unterdrücken versuche.

Diskutieren Sie diese Grundannahmen. Sind Sie der gleichen Meinung?

Besonders der letzte Punkt der drei Grundannahmen ist für die nachfolgenden Ausführungen über die so genannte ‚Reframing-Technik' von Bedeutung.
„Reframing ist eine Technik, um die eigenen Perspektiven zu verändern, sodass neue Möglichkeiten wahrgenommen werden."
(Aus: G.Z. Laborde, Kompetenz und Integrität, Die Kommunikationskunst des NLP, Junfermann, Paderborn 1992, S. 261)

Inhaltsreframing

Inhalts-Reframing: einer Aussage eine andere Bedeutung verleihen, indem man einen anderen Teil des Inhalts fokussiert und fragt: „Was könnte es noch bedeuten?"

(J. O'Connor/J. Seymour, Neurolinguistisches Programmieren: Gelungene Kommunikation und persönliche Entfaltung, Übers.: Gabriele Dolke, Freiburg 1992, S. 341)

(G.Z. Laborde, Kompetenz und Integrität, Die Kommunikationskunst des NLP, Junfermann, Paderborn 1992, S. 116)

1. Suchen Sie weitere Beispiele für diese ‚Reframing-Prozesse'.
2. ‚Reframen bedeutet Raumgewinn, um zu besseren Entscheidungen zu kommen.'
   ‚Reframen ist eine andere Bezeichnung für ‚eine rosarote Brille aufsetzen'.'
   Nehmen Sie Stellung zu diesen Aussagen.

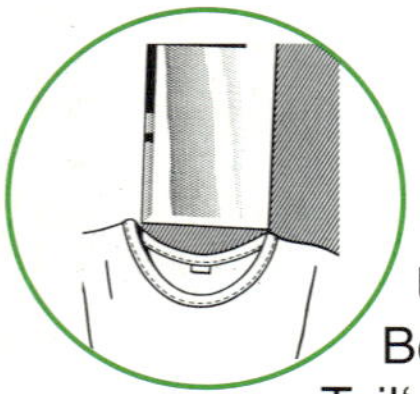

Das ‚Einfache Six-Step Reframing‘

Beim inhaltlichen Reframing muss der jeweilige Inhalt bekannt sein, um eine Umdeutung (von Bedeutung oder Kontext) vorzunehmen.
Bei der Idee des ‚Einfachen Six-Step Reframing‘ geht man davon aus, dass ein ‚Teil‘ des Menschen ihn davon abhält, etwas zu tun, was dieser eigentlich tun will. Um eine Veränderung des Verhaltens zu erwirken wird versucht Intention und (bisheriges) Verhalten zu trennen. Diese Reframing-Technik sollte nur unter fachkundiger Anweisung durchgeführt werden, in dem folgenden Textauszug war dies eine erfahrene Psychologin (weshalb auch folgerichtig von Klienten gesprochen wird).

Dem Umdeuten *(Reframing),* das ich jetzt vorstellen möchte, liegt das Fundament zugrunde, dass jedes Verhalten (ob internales oder externales), jedes Symptom und jede Kommunikation in irgendeiner Weise nützlich und sinnvoll ist. Die Struktur des Umdeutens gründet sich auf die Ansicht, dass Menschen über alle Ressourcen verfügen, die sie brauchen, um jedwede erwünschte Veränderung zu vollziehen. Ob dies nun wahr ist oder nicht – wichtig ist, dass sich dadurch, dass ich mein Verhalten so organisiere, als sei dies wahr, positive Veränderungen leichter bewerkstelligen lassen. Vergessen Sie nicht, dass wir Menschen die Welt nie direkt erfahren, sondern vielmehr Landkarten oder Modelle unserer Erfahrung von der Welt erschaffen, sodass die einzige Realität, die wir jemals kennen werden, eine subjektive Realität ist. Die Nutzanwendung dieser Philosophie bringt ungeheure Vorteile mit sich, da subjektive Realitäten verändert und umstrukturiert werden können. Es ist uns die Gelegenheit gegeben, unsere Realitäten in nützlicher und förderlicher Weise auszugestalten.
Damit Ihnen diese Zusammenhänge in konkreter Weise klar werden, möchte ich ein typisches Beispiel dafür bringen, wie ich mich dieser Auffassung bediene, um Veränderungen in den subjektiven Realitäten meiner Klienten zu produzieren: Während eines Seminars in New York bat mich ein Ehepaar wegen eines sehr spezifischen und etwas ungewöhnlichen Problems um Hilfe. Es schien, als sei der Teppichboden in seinem Haus sehr plüschig; man schien jeden Fußabdruck darauf zu sehen. Das war an und für sich natürlich kein Problem, aber die Frau war zwanghaft darum bemüht, den Teppich immer so zu staubsaugen, dass keine Fußabdrücke zu sehen waren. Da jedes Mal, wenn jemand darüberlief, Fußabdrücke entstanden, war sie sehr viel mit dem Staubsaugen beschäftigt. Sie machte damit alle verrückt, und die Sache war eine Quelle ungeheurer Spannungen zwischen ihr und ihrem Ehemann. Immer wenn sie den Teppich mit den Fußabdrücken sah, ließ es ihr keine Ruhe, bis sie nicht den Teppich gestaubsaugt hatte. Nachdem mir diese Schilderung gegeben worden war, fragte ich mich, wie Fußabdrücke auf dem Teppich denn von dieser Frau als positives Ereignis erlebt werden könnten, sodass sie also nicht das Bedürfnis empfinden würde, ständig mit dem Staubsauger umherzugehen. Diese Frage erleichterte mir die Aufgabe. Ich forderte sie auf, die Augen zu schließen und ihr mit Teppichen ausgestattetes Heim zu sehen. Und zu sehen, dass der Teppich perfekt war, dass sich jedes Härchen an der richtigen Stelle befand. Und während sie es genoss, den Teppich so perfekt zu sehen, sagte ich ihr, dass sie sich nun bewusst werden könne, dass in ihrem Haus vollkommene Stille herrsche; und während sie der Stille lausche, könne sie erkennen, dass sie ganz allein sei. Ihre Lieben seien fort und sie sei ganz allein mit ihrem perfekten Teppich. Erst jetzt, so sagte ich ihr, erkenne sie schließlich, dass jeder Fußabdruck, der auf dem Teppich erschien, ein Zeichen dafür sei, dass ihre Lieben in der Nähe seien, dass sie mit ihrer Familie zusammen sei. Jedes Mal in der Zukunft also, wenn sie einen Fußabdruck auf dem Teppich sähe, würde sie die Nähe ihrer Familie spüren und die Liebe, die sie für sie empfand. Wie Jahr für Jahr aufgehobene Muttertagsgeschenke könne man die Fußabdrücke warm anblicken. Schließlich erzählte ich ihr noch, wessen großer und kleiner Fuß für sie dahin getreten sei, um von ihr gesehen zu werden.

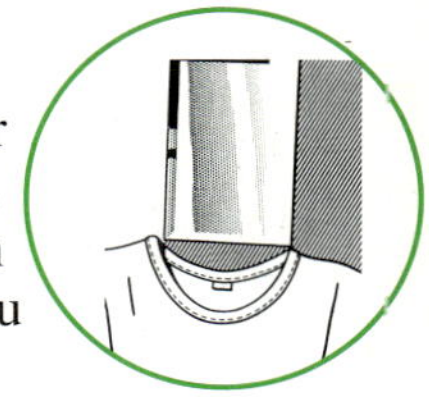

Ich deutete also die „Fußabdrücke auf dem Teppich“ so um, dass sie nicht mehr zwanghafte Sauberkeit, sondern vielmehr warme, liebevolle Gefühle auslösten. So merkwürdig dies klingen mag, aber es funktionierte bei ihr, und es ist ja auch wirklich viel sinnvoller, sich über Fußabdrücke zu freuen als sich über sie zu ärgern. […]
Die Trennung von Verhalten und Intention umfasst sechs explizite, aufeinander folgende Schritte:

1. *Identifizieren Sie das Verhalten.* Identifizieren Sie das spezifische unerwünschte Verhalten oder Symptom. Das Verhalten kann jedes beliebige physiologische Symptom oder jedwede Handlung sein, mit denen der Klient nicht aufhören kann. Oder es könnte sich um ein Verhalten handeln, das den Klienten daran hindert oder hemmt, in der gewünschten Weise zu handeln.
2. *Nehmen Sie Kontakt auf mit dem Teil, der das identifizierte Verhalten generiert.* Hier beginnt der Aufbau einer Brücke zwischen bewussten und unbewussten Prozessen. Der Klient benützt seinen eigenen internalen Dialog, um zu fragen: „Ist der Teil von mir, der dieses Verhalten produziert, bereit, mit mir zu kommunizieren“? Dann muss er ganz genau auf jede Reaktion achten – jeden Ton, jedes Bild, jedes Gefühl oder Wort. Der Therapeut passt zudem auf jede merkliche Reaktion im Verhalten auf, deren sich der Klient vielleicht gar nicht bewusst ist. […]
3. *Trennen Sie die Intention vom Verhalten ab.* Nachdem die Kommunikation hergestellt ist, besteht die Aufgabe darin, die Intention hinter dem Verhalten aufzudecken. Der Klient fragt also: „Was versuchst du für mich zu tun?“ […]
4. *Finden Sie drei neue Möglichkeiten, der Intention Genüge zu tun.* Üblicherweise gelingt einem dies dadurch, dass man sich Zugang verschafft zum kreativen Teil einer Person und ihn drei neue, befriedigendere Möglichkeiten, der Intention Genüge zu tun, finden lässt. […]
5. *Veranlassen Sie den ursprünglich identifizierten Teil, die neuen Möglichkeiten und (wenn nötig) die Verantwortung für die Generierung neuer Möglichkeiten zu akzeptieren.* Der Klient fragt nun den ursprünglichen Teil, ob er zustimmt, dass die drei neuen Wahlmöglichkeiten zumindest so effektiv sind wie das ursprüngliche, unerwünschte Verhalten. Wenn er „ja“ sagt (dabei wird immer der vorher festgelegte Kommunikationsmodus benutzt, um die Kontinuität sicher zu stellen), fragen Sie ihn, ob er bereit ist, die Verantwortung für die Generierung neuer Verhaltensweisen in passenden Kontexten zu übernehmen. […] Will er nicht die Verantwortung für die Generierung neuer Verhaltensweisen übernehmen (dies geschieht sehr selten), machen Sie einen Teil zugänglich, der diese übernehmen wird.
6. *Ökologische Überprüfung.* Für den letzten Schritt instruieren Sie den Klienten, innen nachzufragen, ob irgendein Teil etwas gegen die Verhandlungen, die stattgefunden haben, einzuwenden hat. […] Erheben sich während der ökologischen Überprüfung keine Einwände, so ist der Prozess vollständig und der Erfolg gesichert.

(Leslie Cameron-Bandler, Wieder zusammenfinden, NLP– Neue Wege der Paartherapie, Paderborn 1987, S. 119-123)

1. Strukturieren Sie das Fallbeispiel zu Anfang dieses Textes unter dem Gesichtspunkt des ‚Einfachen Six-Step Reframings‘!
2. ‚Reframen‘ ist eine Möglichkeit Verhaltensweisen zu verändern, also zu ‚lernen‘. Versuchen Sie eine Lerndefinition in diesem Sinn.
3. Vergleichen Sie das ‚Reframen‘ mit den Techniken des Behaviorismus.

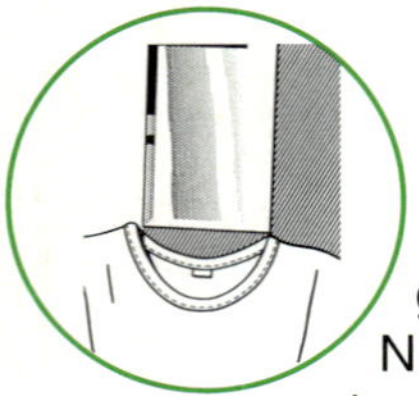

NLP

Wie Sie sicherlich schon bemerkt haben, sind viele der für dieses Kapitel ausgewählten Texte Fachbüchern für NLP entnommen.
NLP liefert nicht nur theoretische Modelle, sondern es gibt viele im pädagogischen Bereich arbeitende ‚Berater', die nach den Grundprinzipien des NLP professionell arbeiten.

Das Neurolinguistische Programmieren (NLP) wurde Anfang der Siebzigerjahre von Richard Bandler, John Grinder, Robert Dilts, Leslie Cameron-Bandler und Judith DeLozier entwickelt und seither von ihnen und anderen kontinuierlich ergänzt und verfeinert. Heute wird das Kürzel NLP im Wesentlichen für die stetig wachsende Sammlung von Interventionsmustern und Techniken zur Veränderung menschlichen Verhaltens und Erlebens gebraucht, deren Wurzeln sich bis in die anfängliche Arbeit der NLP-Begründer zurückverfolgen lassen. NLP wird aber auch als Bezeichnung für die Arbeit von Therapeuten gebraucht, die für ihre Klienten und die jeweilige Therapiesituation immer wieder neue Techniken erfinden, aufgebaut aus den Elementen des NLP-Modelles und in Übereinstimmung mit dessen Grundannahmen.
Die Wurzeln des NLP liegen im psychotherapeutischen Bereich, für den auch die Interventionsmuster und Techniken des NLP zunächst entwickelt wurden. Daher und wegen der zunehmenden Anzahl, Komplexität und Vielseitigkeit seiner Techniken wird das NLP heute als eigenständige Therapieform angesehen – obwohl es anfänglich nicht als eine solche konzipiert war. […]

„NLP" – Was für eine Bezeichnung!?!

Sagt heute selbst John Grinder. Es stimmt, diese Bezeichnung, die er und Richard Bandler sich für ihre Entdeckung ausgesucht hatten, ist tatsächlich nicht die glücklichste. Sie hat es in der Vergangenheit dem NLP unnötig schwer gemacht, sich so schnell durchzusetzen, wie es seiner enormen praktischen Bedeutung entsprochen hätte.
„Neuro" bezieht sich auf die Annahme, dass die gefundenen Muster auf einer neurologischen Ebene stattfinden, also eine direkte Entsprechung auf der Funktionsebene des Nervensystems haben.
„Linguistisch" bezieht sich darauf, dass diese Muster in der Sprache deutlich werden und durch die Sprache beeinflusst werden können.
„Programmieren" verweist auf die Möglichkeit dieser Methode, Menschen zu helfen, sich von problemerzeugenden, automatisch ablaufenden inneren Programmen zu befreien. […]

Die Veränderungsarbeit – was der NLP-Therapeut tut

- Neue Möglichkeiten schaffen
- Fähigkeiten zugänglich und verfügbar machen
- Traumata und Phobien auflösen
- Versöhnung nach innen und außen
- Die Balance verbessern
- Die Identität erweitern

(Thies Stahl, Neurolinguistisches Programmieren [NLP], Was es kann, wie es wirkt und wem es hilft, Mannheim 1992, S. 7–11,94)

Richard Bandler charakterisiert die lernpädagogische Bedeutung des NLP wie folgt:

„Ein wesentliches Charakteristikum des Neurolinguistischen Programmierens ist eine bestimmte Art und Weise, menschliches Lernen zu betrachten. Obwohl viele Psychologen […] NLP verwenden, um das zu tun, was sie Therapie nennen, denke ich, dass es angemessener ist,

NLP als lernpädagogischen Prozess zu bezeichnen. Im Grunde genommen entwickeln wir Methoden, um Menschen beizubringen, wie sie ihr eigenes Gehirn nutzen können."

(Aus: Richard Bandler, Veränderung des subjektiven Erlebens – Fortgeschrittene Methoden des NLP, Paderborn 1988, S. 19)

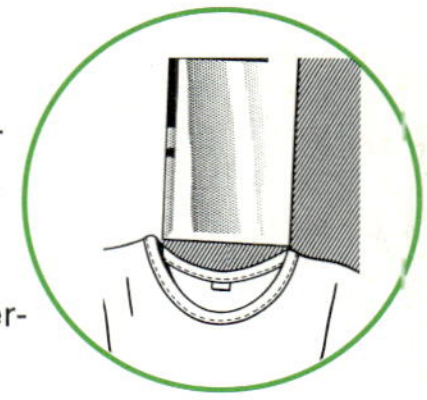

Vertiefung

‚Lernen und Veränderung' – ein Modell

In Anlehnung an Gregory Batesons Lernpyramide hat Robert Dilts ein Modell zur Beschreibung von „Lernen und Veränderung" entwickelt (‚Theorie des Vereinigten Feldes im NLP').

Lernen und Veränderung können auf diesen unterschiedlichen Ebenen stattfinden:

Neurologische Ebenen

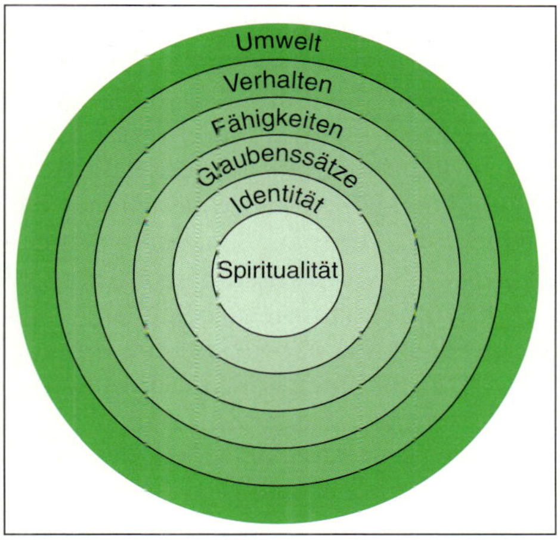

1. Spiritualität
Dies ist die tiefste Ebene, wo wir die größten metaphysischen Fragen betrachten und umsetzen. Warum sind wir hier? Was ist der Sinn unseres Lebens? Die spirituelle Ebene führt und formt unser Leben und gibt unserer Existenz eine Grundlage. Jede Veränderung auf dieser Ebene hat tiefgreifende Auswirkungen auf alle anderen Ebenen, wie der Apostel Paulus auf der Straße nach Damaskus feststellte. In gewissem Sinne enthält sie alles, was wir sind und tun, und doch ist sie keines von diesen Dingen.

2. Identität
Dies ist mein grundlegendes Selbstbild: meine tiefsten, zentralen Werte und meine Aufgabe oder Mission im Leben.

3. Glaubenssätze und Einstellungen
Dies sind die verschiedenen Leitideen, die wir für wahr halten und als Grundlage unseres alltäglichen Tuns benutzen. Glaubenssätze und Einstellungen können sowohl Berechtigungen *(permissions)* als auch Einschränkungen *(limitations)* beinhalten.

4. Fähigkeiten
Dies sind die Gruppen oder Klassen von Verhaltensweisen, allgemeinen Fertigkeiten und Strategien, die wir in unserem Leben benutzen.

5. Verhalten
Dies sind die konkreten Handlungen, die wir ausführen, unabhängig von unseren Fähigkeiten.

6. Umwelt
Das ist alles, worauf wir reagieren, unsere Umgebung und andere Menschen, denen wir begegnen.

Nehmen wir zum Beispiel einen Geschäftsmann, der auf diesen unterschiedlichen Ebenen über seine Arbeit nachdenkt:

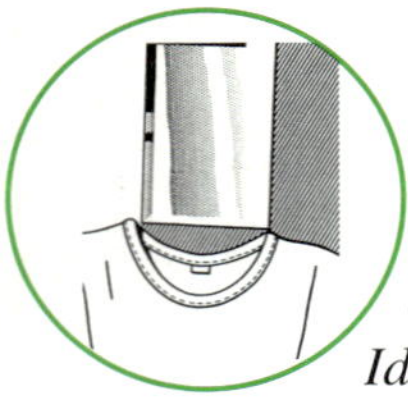

Umwelt: Dieses Viertel ist eine gute Gegend für meine Verkaufstätigkeit.
Verhalten: Ich habe heute einen guten Abschluss gemacht.
Fähigkeit: Ich kann dieses Produkt gut verkaufen.
Glaubenssatz: Wenn ich gut im Verkauf bin, werde ich vielleicht befördert.
Identität: Ich bin ein guter Verkäufer.

Dies ist ein Beispiel von Erfolg. Das Modell kann genauso gut auf Probleme angewandt werden. Zum Beispiel schreibe ich vielleicht ein Wort falsch. Ich könnte dies auf meine Umgebung schieben: Der Lärm hat mich abgelenkt. Ich könnte es auf die Verhaltensebene bringen: Ich habe halt mal ein Wort falsch geschrieben. Ich könnte es verallgemeinern und meine Fähigkeiten, mit Wörtern umzugehen, in Frage stellen. Ich könnte anfangen zu glauben, dass ich mehr arbeiten muss, um mich zu verbessern, oder ich könnte meine Identität in Zweifel ziehen, indem ich denke: Ich bin dumm.

Das Verhalten wird oft als Beweis von Identität oder Fähigkeit genommen, und in der Schule kann man mit dieser Methode Selbstvertrauen und Kompetenz zerstören. Ein Ergebnis falsch zu haben bedeutet nicht, dass man dumm ist oder dass man in Mathe schlecht ist. Das zu denken bedeutet, logische Ebenen zu verwechseln; das wäre genauso, als würde man denken, ein „Bitte nicht rauchen"-Schild im Kino würde sich auf die Filmschauspieler beziehen.

Wenn Sie sich selbst oder andere verändern wollen, müssen Sie Informationen sammeln, die wahrnehmbaren Teile des Problems, die Symptome, unter denen jemand leidet. Dies ist der gegenwärtige Zustand. Weniger offensichtlich als die Symptome sind die zugrunde liegenden Ursachen, die das Problem aufrechterhalten. Was muss der Betreffende weiterhin tun, um das Problem aufrechtzuerhalten?

Es gibt einen erwünschten Zustand, ein Ziel, das das Ergebnis der Veränderung ist. Es gibt die Ressourcen, die helfen, dieses Ziel zu erreichen. Es gibt auch Nebenwirkungen, wenn man das Ziel erreicht, sowohl für einen selbst als auch für andere.

(J. O'Connor/J. Seymour, Neurolinguistisches Programmieren: Gelungene Kommunikation und persönliche Entfaltung, Übers.: Gabriele Dolke, Freiburg 1992, S. 131-134)

Kay Hoffman hat die folgenden Schlüsselfragen zur Erschließung der Ebenen formuliert:

1. Die Ebene der Umweltbedingungen, des Umfeldes, Kontextes. Sie erschließt sich durch die Fragen: Was geschieht hier? Wo sind wir? Wann ist das geschehen? Wer ist noch dabei? In welchem Rahmen passierte es?
2. Die Ebene des Verhaltens: Was tue ich? Was tun die anderen? Was wird hier getan? Welches Verhalten lässt sich beobachten?
3. Die Ebene der Fähigkeiten: Wie mache ich etwas? (statt: Was mache ich?) Wie wird hier etwas gemacht? Welche Qualität haben die Handlungen? Welche Fähigkeiten lassen sich beobachten?
4. Die Ebene der Wertvorstellungen, Glaubenssätze und Überzeugungen: Es geht um die Frage, warum so und nicht anders gehandelt wurde oder gewohnheitsmäßig gehandelt wird.
5. Die Ebene der Identität: Wer bin ich? [...] Stimmt das Selbstbild mit dem Bild, das andere sich von einem machen, überein? Stimmt das, was wir sagen und bewusst wollen, mit dem überein, was wir unbewusst an Botschaften aussenden? Fühlen wir uns authentisch, oder mangelt es an Selbstgefühl, Selbstbewusstsein, Glauben an uns selbst?
6. Die Ebene der Zugehörigkeit und Spiritualität, die Ebene des inneren Auftrages: Wohin führt das? Für wen mache ich das? Was treibt mich? Zu wem oder zu was fühle ich mich zugehörig? Wohin gehöre ich? Welche Gesinnung habe ich? Was möchte ich übermitteln oder hinterlassen?

(Kay Hoffman, Das Arbeitsbuch zum NLP, Hugendubel Verlag, München 1998, S. 25ff.)

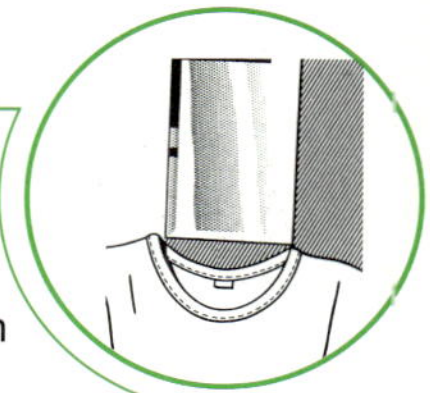

1. Nehmen Sie an, eine Schülerin/ein Schüler hat im Unterricht Konzentrationsschwierigkeiten. Formulieren Sie entsprechend dem Beispiel mit dem Geschäftsmann, wie dieser Schüler/diese Schülerin auf den unterschiedlichen Ebenen über seine/ihre Schwierigkeiten denkt. Überlegen Sie anschließend für jede der Ebenen Möglichkeiten für eine Verhaltensänderung.
   Welche Ratschläge würden Sie dabei dem Lehrer/der Lehrerin, den Mitschülern/den Mitschülerinnen geben?
2. Überprüfen Sie, auf welchen Ebenen das ‚Reiz-Reaktionslernen' stattfindet.

Der nachfolgende Text macht noch einmal deutlich, dass ‚Lernen' in dem hier verstandenen Sinn ein sehr komplexer Vorgang ist, an dem mehrere Ebenen einer Person beteiligt sind.

Unsere Gesamtpersönlichkeit ist wie ein Hologramm, ein dreidimensionales Bild, das durch Lichtstrahlen geschaffen wird. Jedes Teilchen des Hologramms enthält das ganze Bild. Sie können kleine Elemente wie Submodalitäten verändern und sehen, wie die Wirkung sich aufwärts ausbreitet, oder Sie können von oben nach unten arbeiten, indem sie einen wichtigen Glaubenssatz verändern. Die beste Art wird deutlich, wenn Sie Informationen über den gegenwärtigen und den erwünschten Zustand sammeln.
Veränderung auf einer niedrigeren Ebene verursacht nicht notwendigerweise Veränderungen auf höheren Ebenen. Eine Veränderung in der Umgebung wird wahrscheinlich nicht meine Einstellung verändern. Wie ich mich verhalte, verändert vielleicht einige Glaubenssätze über mich selbst. Jedoch wird eine Veränderung einer Einstellung definitiv auch mein Verhalten verändern. Veränderung auf einer höheren Ebene wird sich immer auf die unteren Ebenen auswirken. Sie wird durchdringender sein und länger anhalten. Wenn Sie also Verhalten verändern wollen, arbeiten Sie an der Fähigkeit oder den Glaubenssätzen. Wenn es an Fähigkeiten mangelt, arbeiten Sie mit Einstellungen. Glaubenssätze bestimmen oder filtern Fähigkeiten, die Verhaltensweisen filtern, die wiederum unsere Umwelt filtern. Eine unterstützende Umwelt ist wichtig, eine feindliche kann jede Veränderung erschweren.

(J. O'Connor/J. Seymour, Neurolinguistisches Programmieren: Gelungene Kommunikation und persönliche Entfaltung, Übers.: Gabriele Dolke, Freiburg 1992, S. 135)

Nehmen Sie Stellung:
Eine Verhaltensänderung in diesem Sinne ist eine ‚Persönlichkeits'-Frage!

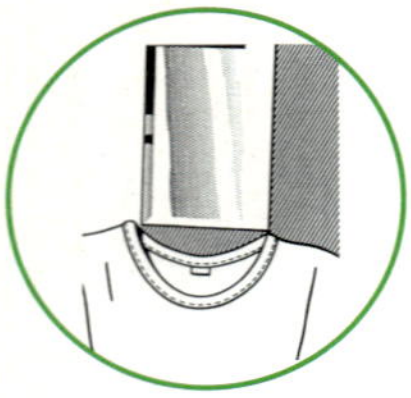

Zur Darstellung der Theorie des Vereinigten Feldes benutzt Kay Hoffman eine Pyramide (hier wurde noch die Zwischenebene der ‚Zugehörigkeit' eingefügt):

(Kay Hoffman, Das Arbeitsbuch zum NLP, Hugendubel Verlag, München 1998, S.81)

1. Suchen Sie für die hier vorgegebenen Fallen und Hilfen Beispiele und nehmen Sie zu der hier vorgegebenen Kategorisierung Stellung.
2. Lassen sich aus den hier angegebenen Fallen und Hilfen Handlungsvorschläge für Erziehende ableiten?
3. Diskutieren Sie vor dem Hintergrund der in diesem Abschnitt ‚Vertiefung' gemachten Überlegungen Konsequenzen für die Ausgestaltung einer Begegnung zwischen den an einem Erziehungsprozess beteiligten Personen.

Pädagogische Anwendung

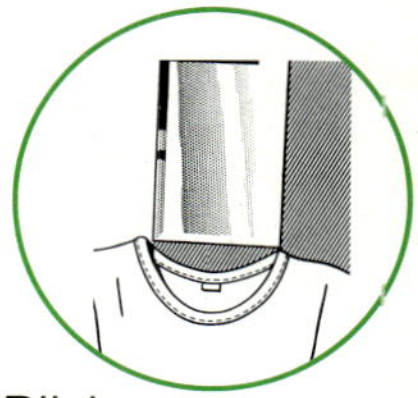

Alles eine Typfrage…

Bereits durch das Eingangsbeispiel wurde deutlich, dass unterschiedliche Blickwinkel und Empfindungen auch sehr stark dadurch geprägt sind, welche Sinneswahrnehmung Sie haben. Die bekannten fünf Sinne
- sehen (visuell)
- hören (auditiv)
- fühlen (kinästhetisch), Gefühl/Gespür
- riechen (olfaktorisch)
- schmecken (gustatorisch)

und noch weitere Sinne (Intuition, Zeitsinn,…)
werden Ihnen je nach individueller Ausprägung einen ganz spezifischen Zugang zur „Realität" ermöglichen. Dies hat auch für Ihre persönliche Lernstrategie Bedeutung: Lernen Sie Vokabeln besser durch aufschreiben, nachsagen,…?
Wünschenswert wäre sicherlich, mit allen Sinnen ‚bei der Sache zu sein'; vielleicht hilft Ihnen die nachfolgende Übung Schwerpunkte und Defizite herauszufinden und so eine noch gezieltere Lernstrategie zu entwickeln:

Übung: Wie Sie Ihren Lieblingskanal finden

Stellen Sie sich einmal vor, Sie haben Urlaub und stehen an einem wunderschönen tropischen Strand. Der Sand ist ganz fein und leuchtet schneeweiß unter Ihren Füßen. Sie schauen aufs Meer hinaus: Das Wasser ist kristallklar, der blaue Himmel spiegelt sich darin, und Sie können sogar einzelne bunte Fische erkennen. Etwas weiter draußen sehen Sie ein Riff, an dem sich schäumend die Brandung bricht. Ein paar Möwen kreisen am Himmel, und Sie hören ihre heiseren Schreie.
Das Wasser plätschert leise um Ihre Füße. Sie spüren, wie angenehm kühl es ist, während gleichzeitig die Sonne warm in Ihr Gesicht scheint. Ein leichter Wind streicht durch Ihre Haare und kühlt Ihr Gesicht. Sie spielen ein wenig mit den Zehen im Sand. Sie fühlen sich rundum wohl und genießen diesen Augenblick.

Haben Sie beim Lesen dieses Abschnitts das Bild des Strandes deutlich vor sich gesehen, die Geräusche gehört und Sonne, Wind und Wasser gespürt? Vielleicht haben Sie all das oder nur Teile davon wahrgenommen. Einige Erfahrungen waren unmittelbar und detailliert, andere vielleicht ungenauer oder entfernt. Eben diese Unterschiede in der Erfahrung können Ihnen Ihren Lieblingskanal zeigen.
Wenn Sie viele Teile des Bildes deutlich vor sich gesehen haben, weist dies darauf hin, dass Sie gelernt haben, Ihren visuellen Kanal gezielt einzusetzen. Haben Sie die Geräusche genau gehört, so deutet das auf den auditiven (Hör-)Kanal.
Vielleicht waren Ihnen die Unterschiede aber auch gar nicht so bewusst – und deshalb geben wir Ihnen nun eine „Erkennungshilfe". Vergegenwärtigen Sie sich noch einmal den tropischen Strand und alles, was Sie gesehen, gehört und gefühlt haben. Beantworten Sie dann folgende Fragen:

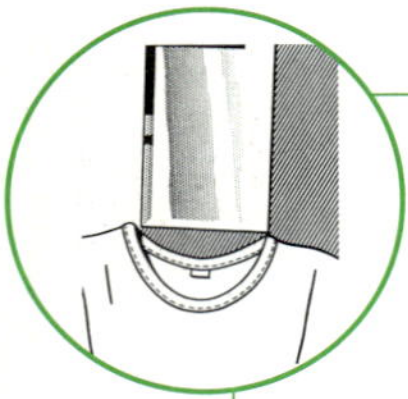

Was sehen Sie? ....
Ist das Bild farbig oder schwarz-weiß ....
scharf oder verschwommen ....
nah oder weit weg ....
bewegt wie ein Film oder wie ein Foto ....
hell oder dunkel? ....

Was hören Sie?
Hören Sie Geräusche oder/und Stimmen? ....
Sind diese laut oder leise ....
hoch oder tief ....
nah oder fern ....
in „Stereo“ oder „Mono“? ....

Woher kommen die Geräusche bzw. Stimmen? ....
Wechselt deren Richtung? ....

Was fühlen Sie?
Ist es heiß oder kalt ....
rau oder glatt ....
schwer oder leicht ....
nass oder trocken? ....
Spüren Sie die Bewegung? ....
Spüren Sie den Rhythmus? ....

(Daniela und Claus Blickhan, Denken, Fühlen, Leben, München 1989, S. 18,19)

Hilfe holen

Nicht immer ist es möglich, durch Selbsttraining, eigene Übungen oder Hilfe eines Freundes / einer Freundin gewünschte Verhaltensänderungen vorzunehmen. Oftmals ist es nötig und wichtig, fachkundige Beratung und Hilfe in Anspruch zu nehmen (vgl. Sie den Abschnitt ‚NLP‘: ‚Was der NLP-Therapeut tut‘).

Die folgenden Grafiken machen deutlich, dass es besonders beim Teufelskreis einer ‚sich selbst erfüllenden Prophezeiung‘ sehr schwierig ist, die innere Einstellung zu verändern, um z. B. möglichst in den Bereich der C-Zone: *‚Ich schaffe das!‘* zu gelangen.

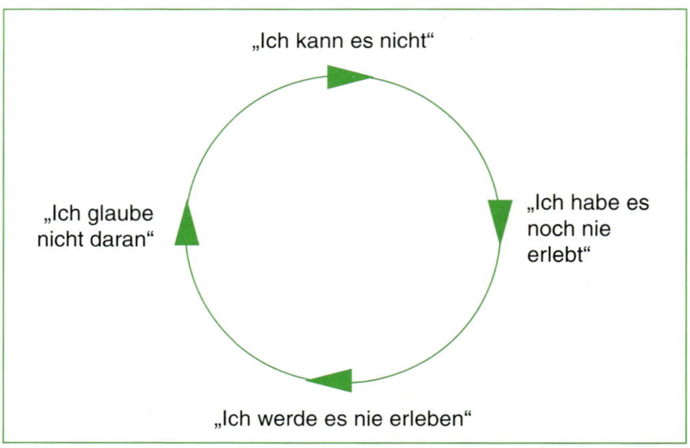

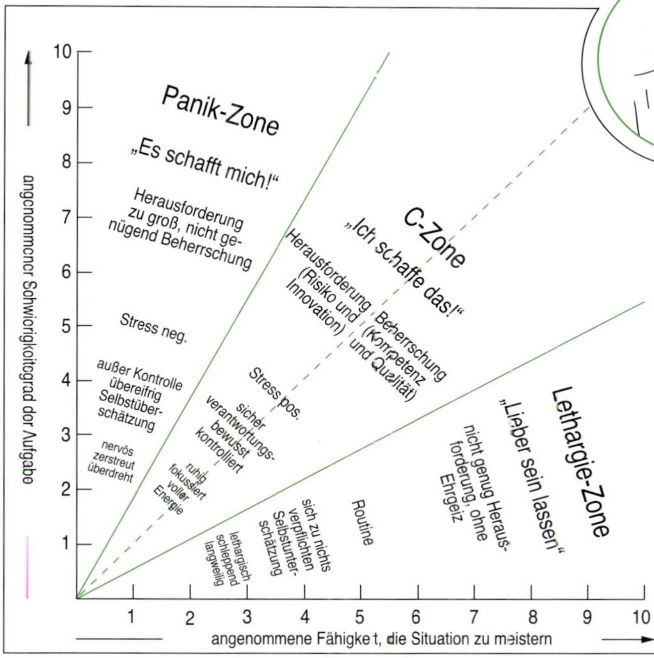

(Aus: Winfried Bachmann, Das neue Lernen, Paderborn 1993, S 200,201)

1. Konstruieren Sie andere ‚Teufelskreise‘ und entwerfen Sie eine Zielperspektive einer veränderten inneren Einstellung.
2. Diskutieren Sie: Wann halten Sie professionelle Hilfe für unumgänglich?

Ziele und Zielformulierungen

Oft scheitert Veränderungsarbeit daran, dass die Ziele der Veränderung undeutlich sind. Ausgehend von dem in dieser Wabe formulierten Menschenbild (S. 317) und dem hier dargestellten Grundverständnis von Lernen/Persönlichkeitsveränderung soll Ihnen der folgende Text helfen Klarheit über die Richtung eines Veränderungsprozesses zu erhalten. Suchen Sie sich dazu ein für Sie wichtiges Ziel aus (weniger essen, nicht mehr rauchen, Wunsch nach mehr Freunden/Freundinnen,…) und beantworten Sie die Fragen in Ihrem Journal. Ein Freund/eine Freundin kann Ihnen vielleicht dabei helfen zu überprüfen, ob Sie die Fragen wirklich genau beantworten.

Wohlgeformte Ziele

1. Formuliere dein Ziel zunächst in einer vorläufigen Fassung.

2. *Ergänze* diese Formulierung mithilfe der folgenden Kriterien und verändere gegebenenfalls die Zielformulierung.

Positiv

Denke an das, was du willst, anstatt an das, was du nicht willst.
Frage: „Was würde ich lieber haben?“
„Was möchte ich wirklich?“

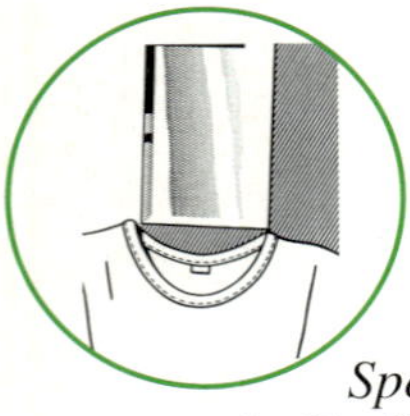

Aktive Beteiligung
Denke an das, was du aktiv tun wirst, was deinem Einfluss unterliegt.
Frage: „Was werde ich tun, um mein Ziel zu erreichen?“
„Wie kann ich beginnen und durchhalten?“

Spezifisch
Stelle dir das Ziel so spezifisch vor, wie du kannst.
Frage: „Wer, wo, wann, was und wie genau?“

Beweis
Denke an den sinnlich wahrnehmbaren Beweis, der dich wissen lässt, dass du das bekommen hast, was du willst.
Frage: „Was werde ich sehen, hören und fühlen, wenn ich es habe?“
„Woran werde ich erkennen, dass ich es erreicht habe?“

Ressourcen
Hast du angemessene Ressourcen und Wahlmöglichkeiten, um dein Ziel zu erreichen?
Frage: „Welche Ressourcen brauche ich, um mein Ziel zu erreichen?“

Größe
Hat das Ziel die richtige Größe?
Wenn es zu groß ist, frage: „Was hält mich davon ab, dies zu bekommen?“ und verwandele die Probleme in kleinere Ziele: Mache sie ausreichend klar und erreichbar. Wenn es zu klein ist, um motivierend genug zu sein, frage: „Wenn ich dieses Ziel erreichte, was würde es mir bringen?“ Gehe höher, bis du es mit einem Ziel verknüpft hast, das ausreichend groß und motivierend ist.

Ökologie-Rahmen
Überprüfe die Konsequenzen in deinem Leben und in deinen Beziehungen, die eintreten würden, wenn du dein Ziel erreichen würdest.

Frage: „Wen betrifft dies noch?“
„Was würde passieren, wenn ich es erreichte?“
„Wenn ich es auf der Stelle bekäme, würde ich es nehmen?“

Sei sensibel gegenüber Gefühlen von Zweifel, die beginnen mit „Ja, aber…“.
Welche Gedanken stehen für diese Gefühle von Zweifel?
Wie kannst du dein Ziel verändern, um diesen Gefühlen Rechnung zu tragen?

3. Durchlaufe mit der jetzigen Fassung deines Ziels das ganze Verfahren so oft, bis die Kriterien erfüllt sind und du zufrieden bist.

4. Formuliere jetzt dein Ziel noch einmal genau.

(Nach: J. O'Connor/J. Seymour, Neurolinguistisches Programmieren: Gelungene Kommunikation und persönliche Entfaltung, Übers.: Gabriele Dolke, Freiburg 1992, S. 40-42)

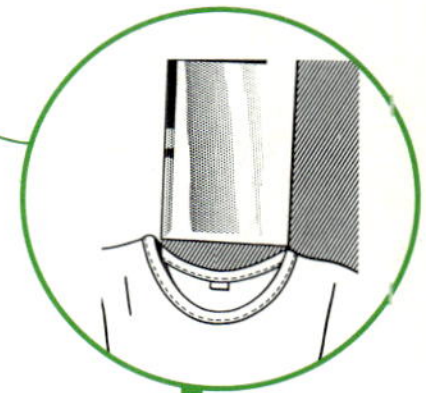

P Projektvorschlag zum selbstständigen Weiterarbeiten

A *Lernzieltagebuch*

Versuchen Sie ein Lernzieltagebuch zu führen.
Folgende Inhalte wären dabei denkbar:
- Ziel-Liste
- Welche Ziele habe ich bereits erreicht?
- Welche Ziele habe ich zu welchen Teilen erreicht?
- Welche Ziele haben sich als wenig sinnvoll herausgestellt?
- Welche neuen Ziele sind hinzugekommen?

B *‚Lernführerschein'*

Stellen Sie sich vor, Sie müssten eine ‚Lern-AG' für die Oberstufe vorbereiten und leiten, wie würden Sie die einzelnen Stunden planen?

Hinweise

Gerhard Roth, Das Gehirn und seine Wirklichkeit, Frankfurt a. M., 2. Aufl. 1995

Bruno-Paul De Roeck/Joos van den Abeele, Leben lernen, statt gelebt zu werden, Burkhardthaus-Laetare Verlag, Offenbach 1988

Manfred Spitzer, Geist im Netz, Spektrum Akademischer Verlag, Heidelberg/Berlin/Oxford 1996

2.4 Vorbilder und Leitbilder wirken auf mich ein ...

‚Der Apfel fällt nicht weit vom Stamm...!'

(Aus: Allensbacher Jahrbuch der Demoskopie, Bd. IX: 1984–1992, Hrsg.: Institut für Demoskopie Allensbach, K. G. Saur Verlag, München 1993, S. 105)

Setzen Sie sich in Dreiergruppen zusammen.
Schreiben Sie alles auf, was Ihnen zu dem Bild assoziativ im Kopf umhergeht.
Geben Sie ihr Blatt innerhalb der Gruppe weiter, die anderen Gruppenmitglieder können weitere Gedanken oder Anregungen oder Fragen oder... auf das Blatt schreiben.
Wenn das Blatt wieder bei Ihnen angekommen ist, versuchen Sie einen zusammenhängenden Text zu schreiben!
Tauschen Sie sich in Ihrer Dreiergruppe über die Bedeutung des Untertitels zu dem Bild aus.

Einführung

‚Der Apfel fällt nicht weit vom Stamm‘

Formulieren Sie anhand der folgenden, bereits älteren Statistik einige Hypothesen zu dem obigen Sprichwort.

Der Apfel fällt nicht weit vom Stamm

Frage: „Es gibt ja das alte Sprichwort ‚Der Apfel fällt nicht weit vom Stamm‘ und man meint damit, dass einem die Kinder ähnlich sind. Wenn man sich das jetzt einmal als Bild vorstellt, könnte das so aussehen. Wie ist das jetzt bei Ihnen, wie weit sind Sie von Ihren Eltern entfernt? Welchen Apfel würden Sie wählen?“

Dezember 1985	Bevölkerung	Männer	Frauen	Altersgruppen 16-29	30-44	45-59	60 u.ä.
Dem Stamm am nächsten:							
Apfel 1	18	15	21	13	15	20	27
Apfel 2	30	31	29	29	28	31	31
Apfel 3	26	27	25	29	27	26	23
Apfel 4	12	13	11	14	14	11	7
Am weitesten entfernt: Apfel 5	12	12	12	14	14	10	9
Keine Angabe 2	2	2	2	1	2	2	3
Summe	100	100	100	100	100	100	100

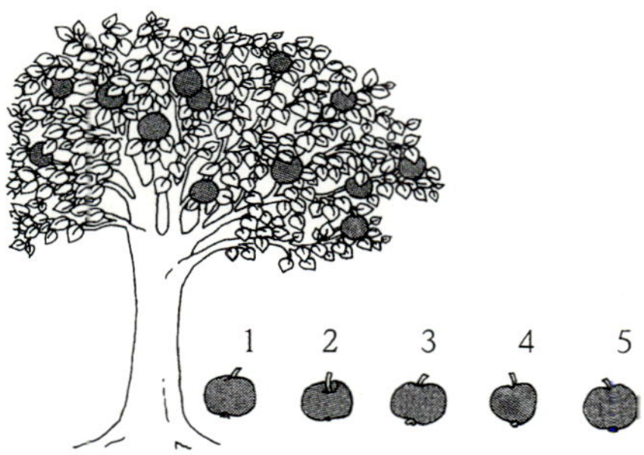

(Allensbacher Jahrbuch der Demoskopie, Bd. IX: 1984–1992; Hrsg.: Institut für Demoskopie Allensbach, K.G. Saur Verlag, München 1993, S. 105)

1. Wie würde in Ihrem Kurs die Umfrage ausfallen?
2. Nehmen Sie Ihr Journal zur Hand und überlegen Sie:
   In welchen Bereichen haben/hatten Sie und Ihre Eltern ähnliche Gewohnheiten?
   Vielleicht wollen Sie sich auch mit Ihren Mitschülern/Mitschülerinnen darüber austauschen?

Vor-Bilder und Idole

Die Frage, ob ich Vorbilder habe, hat mich länger beschäftigt, ehe ich mir sicher war: Ich hatte nie *ein* Vorbild. Ich habe ständig Vorbild*er*.

U. erzählt mir aus ihrem 7. Schuljahr. Sie habe gefragt: Von wem habt ihr in eurem Zimmer Bilder an der Wand? Von Jürgen Klinsmann, sagt einer. Den wirst du aber nicht immer hängen lassen, sagt der, der neben ihm sitzt. Das ist das Problem: Wie lange ist einer Vorbild, wofür ist er Vorbild? Kann man mehrere Vorbilder nebeneinander haben? Ist ein Wechsel der Vorbilder ein Verlust? Genauer: Welche Funktionen können Vorbilder haben? Im üblichen Sinne gelten die oder der als Vorbild, der oder dem ich ähnlich sein möchte. Dieses Bedürfnis habe ich niemals und bei niemandem gehabt. Aber mich fesselte, wie jemand war, was er konnte, wodurch er überzeugte. Ich wollte von vielen lernen. Dass ich alles von einem haben konnte, habe ich offenbar nie geglaubt. Ich habe nicht angenommen, einem ähnlich werden zu können. Ich wollte das auch nicht. Ich kann nicht ausschließen, dass ich die Menschen, die mir wichtig geworden sind, stilisiert, auf das reduziert habe, was mir an ihnen für mich bedeutungsvoll schien. Brecht hat wahrscheinlich Recht:

„Was tun Sie", wurde Herr K. gefragt, „wenn Sie einen Menschen lieben?" „Ich mache einen Entwurf von ihm", sagte Herr K., „und sorge, daß er ihm ähnlich wird." „Wer? Der Entwurf?" „Nein", sagte Herr K., „der Mensch." (Bertolt Brecht: Geschichten vom Herrn Keuner. Frankfurt/M. 1972, S. 33)*

[...] Wenn sich gesellschaftliche Verhältnisse ändern, verlieren Normen ihre prägende Kraft und über Erziehung wird gestritten. In traditionsgesteuerten hierarchischen Gesellschaften wird die Frage nach Vorbildern anders als bei uns beantwortet. Vater und Mutter sind Vorbilder – und in direkter Verlängerung hatten der „Landesvater", „Väterchen Stalin" und „der Führer" durchaus ähnliche – vermeintliche Vorbildqualitäten: selbstlos, treu, sich dem Volk aufopfernd ... Ganze Völker sollten (Vor-)Bildern ähnlich gemacht werden. Vorbilder können Angst machen, aber auch mit Zittern und Zagen auf Kommando geliebt werden.

Meine Vorbilder sind viel weniger komplex. Sie schreiben mir nichts vor. Sie machen mir etwas vor. Sie können etwas, was mir möglicherweise durch sie erst wichtig geworden ist. Sie können durchaus auch Eigenschaften haben, die ich überhaupt nicht schätze. Was ich Vorbild nenne, sind Segmente von Persönlichkeitsprofilen, Ausschnitte, oft mit Gültigkeit auf Zeit. Aus den Segmenten entsteht allenfalls eine Collage, in der durchaus widersprüchliche Eigenschaften, Fähigkeiten oder Überzeugungen aufeinander treffen.

Opa und Mutter

Der Opa war 1,93 m groß. Er steckte voller Schalk und Schnurren. Seine Welt war vergleichsweise einfach:

„Was du machst, ist egal. Hauptsache du bewegst dich."

Als mein Bruder und ich eingeschult wurden, riet er uns, am ersten Schultag die Lehrerin wissen zu lassen, dass wir ein Lied eingeübt hätten. Er sang es uns auf einem Spaziergang vor: „Ein altes Weib mit Speck gespickt, in Sackleinwand gehüllt, 'nen Federwisch im Arsch ..." Ich weiß nur noch den Anfang. Wir sangen es zusammen, lauthals, die Straße entlang, bis wir zu Hause ankamen. Da ging er seiner Wege, er wohnte in der Nähe. Wir informierten unsere Mutter über diesen wunderbaren Plan. Das Lied wurde nicht gesungen.

Ich wollte so groß werden wie dieser Opa, wollte seine roten Apfelbäckchen und die

---

* Aus lizenzrechtlichen Gründen ist dieses Zitat nicht reformiert.

große Glatze haben. Seinen Kneifer durfte ich probeweise schon 'mal aufsetzen. Er konnte übrigens noch mehr Lieder: „Püppchen, du bist mein Augenstern, ich hab' dich zum Fressen gern.“

Wenn ich an meine Mutter denke, fällt mir als Erstes ein, was ich alles nicht bin, aber auch nicht sein möchte. Ich könnte nicht so bescheiden leben, so sparsam sein, um Kindern und Enkeln ganz und gar unerwartete Geschenke zu machen. Das Schwierigste war, herauszubekommen, was sie selbst wollte.

Unsere Mutter hatte, durch die Zeitläufe bedingt, ein schweres Leben. Alle Einschnitte sind durch Verluste ausgelöst. Sie war keine Intellektuelle, sondern eher das, was man jedem Intellektuellen wünschen möchte: pragmatisch, realitätszugewandt, vielfältig wahrnehmend, nachdenklich. Und als sie nur noch wenig hören und sehen konnte, lebte sie in der Erinnerung. Sie versetzte sich zurück: „Gestern Abend habe ich nachgedacht, wie das damals war, als ihr eingeschult wurdet …“

Ich möchte mit dem, was ich bin, habe und kann, so zufrieden und so dankbar werden, wie meine Mutter bis zu ihrem Tode mit 94 Jahren gewesen ist. […]

Ich habe ständig Vorbilder. Heute auch noch? Wenn Vorbilder Begleiter sind, wenn man im Leben immer wieder andere besonders nahe Begleiter hat, wenn Begleiter, sei es abgrenzend, sei es sympathisierend, Einfluss auf den „Lebenslauf“ haben – dann hat jede und jeder von uns immer so genannte „Vorbilder“.

(Gunter Otto, Ich habe ständig Vorbilder – Ein Rückblick mit 70, in: Friedrich Jahresheft Schüler 1997, Friedrich Verlag, Seelze 1997, S. 44f.)

1. Welche Vorbilder hatten/haben Sie? Welche Bedeutung haben diese für Sie gehabt?
2. Diskutieren Sie die Überschrift dieser Wabe!

Alte Muster und neue Namen

Schon der etymologische Wortstamm des Begriffs Idol im griechischen *eidolon* verweist auf die unlösbare Verknüpfung von Idol und bildlicher Repräsentation. Das moderne Idol der Nachkriegszeit wird über Fotos und TV-Bilder vermittelt. Es erhält dadurch seinen besonderen Charakter, wird unendlich und für jedermann reproduzierbar. […] Bei den Fans entstehen im wörtlichen Sinne Projektionswände für Fantasien und Wünsche, wenn eine Wand mit unterschiedlichen großen Bildschnipseln der umschwärmten Person gestaltet wird.

Seit den 50er-Jahren gibt es immer wieder auftretende Muster bzw. Bildtypen, denen man jedes neue Idol zuordnen kann. Es lassen sich drei traditionelle, die im Wesentlichen seit der Nachkriegszeit mit Modifikationen Bestand haben, und ein neuer zeitgenössischer Typ von Idolen für Jugendliche feststellen:

Typ 1, *das tragische Idol* steht für das Scheitern an den Erfordernissen der zweckrationalen Erwachsenenwelt, das Zerbrechen von Individualität, die im Suizid enden kann. Beim tragischen Idol wird das eingestandene Scheitern zum Kult, das Zerbrechen an der Welt und ihren alltäglichen Begebenheiten. Der Mythos „live fast, die young“ zieht sich von James Dean bis Kurt Cobain von „Nirvana“, über River Phoenix bis zu Sid Vicious.

Typ 2, *das konservative Idol* steht für Konformität und schnellen Aufstieg in die Erwachsenenwelt, den Umgang mit deren Werten. Diese Idole präsentieren sich als diejenigen, die es geschafft haben. Angepasste und leistungsorientierte Sportidole sind z.B. der Bundesligaspieler Lars Ricken, der neben dem Fußball das Abitur macht, um dann Betriebswirtschaft zu studieren, die Schwimmerin Franzi van Almsick oder Boris

Becker. Sportliche Leistung und deren Vermarktung stehen im Mittelpunkt. Einen eigenen Stil zu zeigen spielt bei diesen Idolen keine Rolle.
Die konservativen Idole umgeben sich mit Statussymbolen, wie z.B. die Mitglieder von Boygroups mit Luxusautos. Die mediale Präsentation hebt bei diesem Typ vor allem den Aspekt des normalen Lebenswandels ohne Eskapaden wie Drogenexzesse hervor (z.B. bei der Kelly Family). Diese Idole verlangen auch von ihren Fans das herkömmliche geschlechtsspezifische Rollenverhalten.
Typ 3, *das rebellische Idol* ist charakterisiert durch das ziellose und aggressive Aufbegehren gegen Normen und Tabus (Vorläufer bzw. Analogien zeigen sich in der Figur des Künstlers und des Dandy), der seinen Lebensstil ohne Rücksicht auf Sanktionen durchzieht (z.B. Marlon Brando, Jim Morrison). Die rebellischen Idole, die offen aufbegehren, sind eine Ausnahmeerscheinung. Sie führen in einem ihnen gesellschaftlich zugewiesenen Freiraum vieles aus, was den normalen Jugendlichen versagt bleibt. Damit spielen diese Idole eine ähnliche Rolle wie die bildenden Künstler. Ein Fehlverhalten wird wie beim Künstler geradezu verlangt. Die Abweichung bewegt sich aber immer innerhalb bestimmter Grenzen.

Stars und Idole füllen bei den Fans nicht nur die Zimmerwände, sie sind auch Projektionsflächen für Wünsche und Sehnsüchte
(Foto: VISUM/Michael Wolf)

Neu hinzu kommt seit den 80er-Jahren Typ 4, der im zeitgenössischen musikalischen Bereich der Popstars angesiedelt ist, das geklonte, *„posthumane“ Idol* (z.B. Michael Jackson). Diese Stars zeigen aufgesplittete multiple, künstlich hergestellte Identitäten und Körper. Dieser „posthumane“ Star und sein Image werden in diesen Fällen nicht mehr allein vom Musikbusiness gemacht, sondern der Star konstruiert sich selber oder ist zumindest aktiv an der Konstruktion seines Images beteiligt. Es herrscht Künstlichkeit. Ein Spiel mit Geschlechterrollen, Maskeraden und Crossdressing werden von Stars wie Madonna oder Dennis Rodman vorgeführt. Das posthumane Idol kann auch einen androgynen Zug verkörpern, ein Beispiel dafür ist Prince (bzw. Symbol, the Artist formerly known as Prince).
Die Idole der 90er sind mehrfach codierte Idole, man kann sie einfach anhimmeln wegen ihres Aussehens oder sie aufgrund des Spiels der virtuosen Inszenierung mit Medienschablonen bewundern. Sie dienen der Sichtbarmachung der Konstruktion von Identität bei den Stars.
Gegenüber dem posthumanen und dem rebellischen Idol sind das konservative und das tragische Idol seit den 50er-Jahren eher beständig und Werte erhaltend. Sie haben keinen subversiven Charakter, sie bestätigen bestehende Verhältnisse, in dem sie sich problemlos in den Status der Ware überführen lassen.

(Heinz H. Krüger/Birgit Richard, Alte Muster und neue Namen, in: Friedrich Jahresheft Schüler 1997, Friedrich Verlag, Seelze 1997, S. 30f.)

1. Suchen Sie in einem Lexikon nach Begriffsbestimmungen für ‚Vorbild‘, ‚Leitbild‘ und ‚Idol‘. Vergleichen Sie die Begriffe miteinander.
2. Stimmen Sie mit der Beschreibung der Idole für die 90er-Jahre überein, ist das Foto ‚typisch‘?
3. Nehmen Sie Stellung: „Jeder sucht sich die Vorbilder, die er braucht!“
4. Diskutieren Sie: Warum sind heute für manche Personengruppen ‚Antihelden‘ bzw. ‚Antiheldinnen‘ Vorbilder?

Grundbegriffe und Grundthesen

Das klassische Labor-Experiment von Albert Bandura

Methode:

Versuchspersonen

Die Versuchspersonen waren 33 Jungen und 33 Mädchen der Kindertagesstätte der Stanford University. Sie waren zwischen 42 und 71 Monate alt, wobei der Mittelwert 51 Monate betrug. Die Kinder waren zufällig auf die drei Versuchsgruppen verteilt worden, sodass in jeder elf Jungen und elf Mädchen waren.
Zwei erwachsene Männer dienten als Modelle. Eine weibliche Person fungierte bei allen sechsundsechzig Kindern als Versuchsleiter.

Darbietungsverfahren

Die Kinder wurden einzeln in einen halbdunklen Raum geführt. Die Versuchsleiterin teilte dem Kind mit, dass sie noch etwas zu erledigen habe, bevor sie sich in das „Überraschungs-Spielzimmer“ begeben könnten, dass sich das Kind aber in der Zwischenzeit eine Fernsehsendung ansehen könne. Nachdem das Kind sich hingesetzt hatte, ging die Versuchsleiterin zum Fernsehschirm, schaltete deutlich sichtbar ein Programm ein und ging dann fort. Ein Film von etwa fünfminütiger Dauer, der die modellierten Reaktionen zeigte, wurde auf einer Glasleinwand innerhalb des Fernsehschirms gezeigt. Die Bilder stammten von einem Projektor hinter dem Gerät, der den Blicken des Kindes durch eine Wandverkleidung entzogen war. Das Fernsehen war als Darbietungsform vor allem deshalb gewählt worden, weil Aufmerksamkeitsreaktionen bei Kindern sehr stark mit Fernsehreizen konditioniert sind und dieses Verfahren deshalb die Beobachtung fördern musste. Dies ist eine notwendige Voraussetzung dafür, dass Nachahmungslernen stattfindet.
Der Film begann damit, dass das Modell auf eine Plastikpuppe von der Größe eines Erwachsenen zuging und sie aufforderte, aus dem Wege zu gehen. Nachdem das Modell den Widersacher, der keinerlei Anstalten machte, der Aufforderung nachzukommen, einen Augenblick lang angestarrt hatte, zeigte es vier neuartige aggressive Reaktionen, deren jede von einer differenzierten Verbalisation begleitet wurde.
Zuerst legte das Modell die Puppe auf die Seite, setzte sich auf sie und schlug ihr auf die Nase, wobei es bemerkte: „Pau, mitten auf die Nase, bumm, bumm!“ Darauf stellte das Modell die Puppe wieder hin und schlug ihr mit einem Holzhammer auf den Kopf. Bei jeder Reaktion sagte das Modell: „Sockeroo…Bleib unten.“ Nach der Aggression mit dem Hammer stieß das Modell die Puppe durch den Raum und kommentierte diese Reaktionen wiederholt mit der Äußerung „Flieg weg!“ Schließlich warf das Modell mit Gummibällen nach der Puppe und registrierte jeden Treffer mit: „Bäng!“ Diese Folge körperlich und sprachlich aggressiver Verhaltensweisen wurde zweimal wiederholt.
Die Teilreaktionen, die bei der Entwicklung komplexerer neuer Verhaltensmuster zusammengeschlossen werden, sind gewöhnlich entweder durch Reifung oder durch frühes soziales Lernen im kindlichen Verhaltensrepertoire vorhanden. Während also die meisten Elemente der modellierten Handlungen ohne Zweifel früher gelernt wurden, war die besondere Anordnung der Teile jeder Reaktion und ihre Abhängigkeit von spezifischen Reizgegenständen ohne Beispiel. Kinder können beispielsweise mit Gegenständen hantieren, auf ihnen sitzen, sie schlagen und vokale Reaktionen zeigen, aber die Wahrscheinlichkeit, dass irgendein Kind spontan eine Puppe auf die Seite legen, sich auf

sie setzen, sie auf die Nase schlagen, dabei bemerken würde: „Pau...bumm, bumm...“, ist außerordentlich gering. [...]

Sie erfüllen also die Bedingung neuartiger Reaktionen.

Die Belohnungs- und Bestrafungskontingenzen, assoziiert mit den aggressiven Reaktionen des Modells, wurden im Anschluss an die Filmszene eingeführt. Bei den Kindern in der Versuchsbedingung mit belohntem Modell erschien ein zweiter Erwachsener mit Mengen von Süßigkeiten und Erfrischungsgetränken. Er teilte dem Modell mit, dass es ein „guter Kämpfer“ sei und dass seine prächtigen aggressiven Leistungen wirklich eine großzügige Belohnung verdienten. Er goss ihm dann ein großes Glas Limonade ein und versorgte es reichlich mit energiespendender Nahrung, wie Schokoladenriegeln, Popcorn und allerlei Süßigkeiten. Während das Modell die leckeren Sachen rasch verzehrte, wiederholte sein Bewunderer symbolisch die modellierten aggressiven Reaktionen und ließ ihnen in großem Maße positive Verstärkung zuteil werden.

Bei Kindern in der Versuchsbedingung mit bestraftem Modell drohte der Verstärkungsagent bei seinem Erscheinen mit dem Finger und sagte missbilligend: „Hallo, du Streitmacher! Du wirst damit aufhören, die Puppe zu ärgern! Ich werde es nicht dulden.“ Als das Modell zurückwich, stolperte es und fiel hin. Der andere Erwachsene setzte sich auf das Modell und schlug es mit einer zusammengerollten Zeitschrift, wobei er es an sein aggressives Verhalten erinnerte. Als das Modell ängstlich davonlief, warnte es der Agent: „Wenn ich dich dabei erwische, dass du das wieder machst, du Streithammel, werde ich dir eine gehörige Tracht Prügel geben! Du hörst damit auf!“

Die Kinder in der Versuchsbedingung ohne Konsequenzen sahen den gleichen Film wie die anderen Gruppen, nur dass keine Verstärkungen auf ihn folgten.

Das Messen der Ausführung

Unmittelbar im Anschluss an die Darbietung wurden die Kinder in einen Versuchsraum geführt, der eine gleiche Puppe, drei Bälle, einen Holzhammer, eine Sprossenwand, Funkenpistolen, Autos, Tiere eines Bauernhofes aus Plastik und eine Puppenstube mit Möbeln und einer Puppenfamilie enthielt. Dadurch, dass man ihnen eine Vielzahl von Reizobjekten anbot, stand es den Kindern frei, Nachahmungsreaktionen zu zeigen oder nicht-imitative Verhaltensweisen zu wählen.

Nachdem die Versuchsleiterin die Kinder instruiert hatte, dass sie sich mit den Spielzeugen in dem Zimmer befassen dürften, entschuldigte sie sich selbst unter dem Vorwand, weiteres Spielzeug zu holen. Weil viele Vorschulkinder ungern alleine bleiben und dazu neigen, schon nach kurzer Zeit fortzugehen, ging die Versuchsleiterin nach der Hälfte der Sitzungszeit wieder in den Raum hinein und versicherte dem Kind, dass sie bald mit den Sachen zurückkommen werde.

Jedes Kind verbrachte zehn Minuten im Testraum. Während dieser Zeit wurde sein Verhalten alle fünf Sekunden nach vorher festgelegten Kategorien der Nachahmungsreaktionen von Beurteilern festgehalten, die die Sitzung durch einen Spionspiegel aus einem angrenzenden Beobachtungsraum verfolgten. [...]

Erwerbungsindex

Nach der Ausführung betrat die Versuchsleiterin den Raum mit einem bunten Fruchtsaftbehälter, der verschiedene Säfte enthielt, und mit Klebebilderheftchen. Diese Dinge wurden als positiver Ansporn verwendet, um die Kinder dazu zu veranlassen, das auszuführen, was sie durch Beobachtung gelernt hatten.

Nachdem sie ein wenig Saft erhalten hatten, wurde den Kindern mitgeteilt, dass sie für jede körperliche oder sprachliche Nachahmungsaktion, die sie reproduzierten, ein hübsches Klebebild und einen weiteren Becher Saft erhalten würden. Dieser Leistungsansporn wurde auch geliefert, um die Kinder weiter zu enthemmen und sie stärker dafür zu motivieren, Nachbildungsreaktionen zu zeigen. Die Versuchsleiterin klebte eine ländliche Szene an die Wand und brachte ihr Interesse daran zum Ausdruck, wie viele Klebebilder das Kind wohl erhalten könne um das Bild zu schmücken.

Die Versuchsleiterin forderte dann das Kind auf: „Zeige mir, was Rocky im Fernsehprogramm getan hat.“ „Sag mir, was er gesagt hat!“ Sie belohnte es im Anschluss an jede Nachbildungsreaktion. Wenn ein Kind eine Nachbildungsreaktion lediglich beschrieb, wurde es aufgefordert, sie auszuführen.

Obwohl das Lernen aus der Ausführung erschlossen werden musste, wurde angenommen, dass die Zahl der verschiedenen körperlichen und sprachlichen Nachbildungsreaktionen, die das Kind mithilfe eines positiven Ansporns reproduzierte, als ein verhältnismäßig genauer Leitindex gewertet werden könne.

Ergebnisse

Abbildung 4.1 zeigt den Mittelwert der verschiedenen Nachbildungsreaktionen, die die Kinder in jeder der drei Versuchsbedingungen während der Phase, in der kein Ansporn geliefert wurde, und in der Phase mit positivem Ansporn reproduziert haben. […]

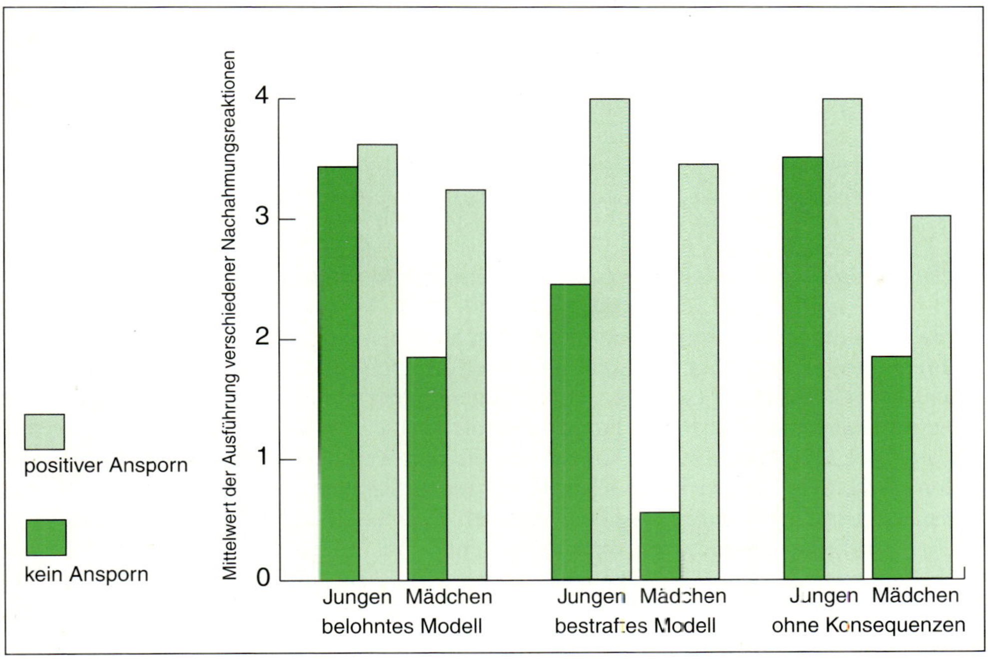

Abb. 4.1: Mittelwert der verschiedenen, von den Kindern ausgeführten Nachahmungsreaktionen als Funktion des positiven Ansporns und der Verstärkungskontingenzen des Modells

Erörterung

Die Ergebnisse des vorliegenden Tests stützen eine Kontiguitätstheorie des Nachahmungslernens. Verstärkungen, die dem Modell erteilt wurden, beeinflussten die Leistung der Beobachter, aber nicht die Erwerbung von Nachbildungsreaktionen. Jedoch geht aus den Ergebnissen mit gleicher Deutlichkeit hervor, dass die bloße Darbietung von Modellierungsreizen keine hinreichende Bedingung für das Nachahmungs- oder Beobachtungslernen darstellt. Die meisten Kinder im Experiment reproduzierten nicht das gesamte vom Modell gezeigte Verhaltensrepertoire. Dies traf selbst auf die Bedingung mit positivem Anreiz zu, die Hemmungen lösen und Nachbildungsreaktionen als verlockend erscheinen lassen sollte. Diese Tatsache zeigt, dass unzweifelhaft auch andere Faktoren als die bloße Kontiguität sensorischer Reize den Erwerb von Nachahmungsreaktionen beeinflussen.

(Aus: Albert Bandura, Einfluss der Verstärkungskontingenzen des Modells auf den Erwerb der Nachahmungsreaktion (im Original erstmals publiziert im Journal of Personality and Social Psychologie, 1965, Bd. 1, S. 589-595); in: Albert Bandura, Lernen am Modell, Stuttgart 1976, S. 117-122,124,125)

1. Albert Bandura unterscheidet zwischen ‚Verhaltensaneignung' und ‚Verhaltensausführung'. Erläutern Sie diesen Ansatz aufgrund des Laborexperimentes.
2. Das Lernen am Modell wird manchmal als ‚stellvertretendes Bekräftigungslernen' bezeichnet. Welche Aspekte sprechen für diese Bezeichnung?
3. Formulieren Sie Hypothesen zu den Ergebnissen des Experimentes
4. Nehmen Sie Stellung zu Anlage und Durchführung des Laborexperimentes von A. Bandura.

Die folgende Definition soll als Arbeitsdefinition für das Modell-Lernen verwendet werden:

„...Modell-Lernen liegt vor, wenn ein Individuum als Folge der Beobachtung des Verhaltens anderer Individuen sowie der darauf folgenden Konsequenzen sich neue Verhaltensweisen aneignet oder schon bestehende Verhaltensweisen weitgehend verändert." (Aus: S. Vogl, Modelllernen, in: C. Kraiker [Hrsg.], Handbuch der Verhaltenstherapie, München 1974)

Wichtige Bedingungsfaktoren des Lernens am Modell

Die Beobachtung eines Modells kann zu verschiedenen Effekten führen, nämlich der

- *Aneignung neuer,* d. h. noch nicht im Repertoire befindlicher kognitiver Fähigkeiten und Verhaltensmuster (so mag sich ein Jugendlicher via Modelllernen erstmals zum Leidwesen seiner Eltern eine Punkfrisur zulegen);
- *Hemmung bzw. Enthemmung* von bereits gelernten Verhaltensweisen, wobei insbesondere die beim Modell wirksamen Konsequenzen die Richtung des Einflusses bestimmen;
- *Reaktionserleichterung,* wobei das Verhalten des Modells als Auslöser („prompt") für die Ausführung des gleichen Verhaltens dient;
- *Veränderung des emotionalen Erregungsniveaus* („arousal") aufgrund der Beobachtung emotionaler Inhalte beim Modell;
- *Stimulusintensivierung,* worunter Bandura die Möglichkeit versteht, dass das Modell die Aufmerksamkeit des Beobachters auf spezifische Gegenstände oder Anhaltspunkte (Stimuli) lenkt, welche vom Beobachter in Zukunft häufiger verwendet (Gegenstände) bzw. beachtet werden.

[...]

Bevor die dem Modelllernen zugrunde liegenden Prozessparameter dargestellt werden, ist noch auf eine wesentliche Implikation von Banduras Theorie hinzuweisen, nämlich die Unterscheidung von *Verhaltensaneignung* („acquisition") und *Verhaltensausführung* („performance"). Lernen bezieht sich dabei nicht nur – wie z. B. bei allen bisher behandelten Ansätzen – auf den letztgenannten Aspekt, sondern liegt bereits vor, wenn Verhaltensweisen durch Beobachtung erworben und gespeichtert wurden. Bandura konnte diese Unterscheidung durch das geschilderte Experiment eindrucksvoll belegen: Obwohl bei der spontanen Verhaltensausführung etliche aggressive Verhaltensweisen des Modells gezeigt wurden, ließ sich – wie bereits erwähnt – die Reproduktionsrate deutlich erhöhen, wenn die Kinder für jede richtig wiedergegebene Verhaltensweise eine Belohnung erhielten. Die Kinder hatten also vom Modell mehr Verhaltensweisen gelernt, als sie spontan auszuführen bereit waren. Aneigung und Ausführung von Verhaltensweisen werden in diesem Modell also von unterschiedlichen Variablen gesteuert.

Prozessvariablen

Betrachtet man Modelllernen als einen Prozess, so sind an diesem jeweils vier ineinander greifende Komponenten beteiligt: Der Beobachter muss die zu modellierenden Merkmale des Modells aufmerksam wahrnehmen und im Gedächtnis abspeichern. Soll das Verhalten schließlich ausgeführt werden, muss er über die dafür notwendigen Fertigkeiten und Fähigkeiten verfügen sowie in einer bestimmten Situation zur Ausführung motiviert sein. Als konstituierende Merkmale des Modelllernens ergeben sich somit Aufmerksamkeits-, Behaltens-, Ausführungs- und Motivationsaspekte, wie aus nachfolgender Abbildung hervorgeht. Die beiden erstgenannten Subkomponenten steuern dabei den Aneignungsprozess, die beiden letztgenannten sind für die Ausführung der modellierten Inhalte verantwortlich.

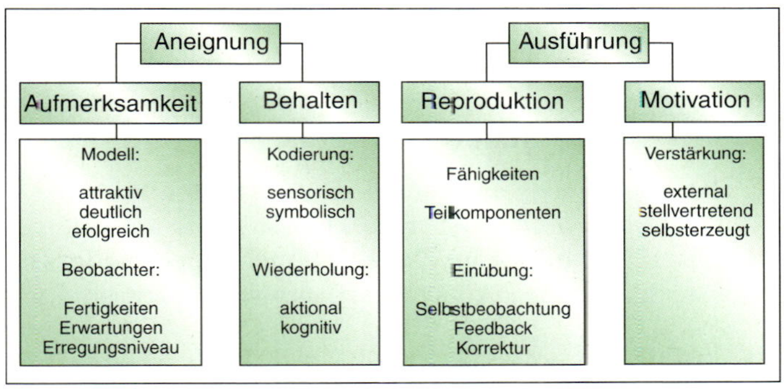

Abb. 6:
Subkomponenten des Modelllernens
(modifiziert nach Bandura)

Aufmerksamkeitsprozesse

„Man kann durch Beobachtung nicht viel lernen, wenn man nicht die relevanten Aspekte der nachzuahmenden Aktivitäten beachtet und genau wahrnimmt" (Bandura 1986). Bereits mit seinen ersten Untersuchungen konnte Bandura zeigen, dass sich die *Attraktivität des Modells* – ausgewiesen durch Prestige, Macht und Kompetenz sowie seine Ähnlichkeit mit dem Beobachter – als aufmerksamkeitsbeeinflussend erweist. Modelle, die diese Merkmale verkörpern, wurden besonders leicht imitiert, wobei die Beurteilung über das Vorhandensein der Merkmale stets aus der Sicht des Beobachters erfogt. Das Modellverhalten muss sich dabei von anderen, gleichzeitig ablaufenden Reaktionen deutlich abheben und darf in seinem Komplexitätsgrad den Beobachter nicht überfordern. Ein entscheidender Einfluss geht auch vom funktionalen Wert eines Modellverhaltens aus, d. h. seiner Effektivität und Nützlichkeit in der Bewältigung von Problemen. Allgemein lässt sich sagen, dass Verhaltensweisen, die sich als ineffektiv erweisen, in Zukunft nicht beibehalten werden.

Auf der *Seite des Beobachters* nennt Bandura als wesentliche Merkmale dessen physiologische und kognitive Fähigkeiten, die den Rahmen abstecken, in dessen Bereich Aufmerksamkeitsprozesse ablaufen können. Neben diesen Bedingungen spielen auch erworbene Wahrnehmungseinstellungen und Vorlieben eine Rolle, da sie darüber mitentscheiden, welchen Aspekten der Umwelt sich das Individuum bevorzugt zuwendet. Je reicher die individuellen Erfahrungen und je differenzierter die kognitiven Fähigkeiten der Person, um so genauer und präziser verlaufen die Aufmerksamkeits- und Wahrnehmungsprozesse. Schließlich ist noch das Erregungsniveau als eine relevante Variable zu nennen. Die Beachtung eines Modellreizes wird durch ein mittleres Erregungsniveau am besten gefördert, während sich zu hohe oder extrem niedrige Erregungszustände negativ auswirken. Bei zu niedriger Erregung ist im Allgemeinen das Interesse an der Umwelt reduziert, bei zu starker, z. B. intensivem Angsterleben, besteht die Gefahr, dass die äußere Wirklichkeit infolge der zu starken Beschäftigung mit dem „Innenleben“ verzerrt wahrgenommen wird.

(Franz J. Schermer, Lernen und Gedächtnis, Stuttgart 1991, S. 83-89)

1. Überprüfen Sie anhand der ‚Subkomponenten des Modelllernens‘ die möglichen Auswirkungen von ‚typisierten Darstellungen‘ in Medien.
2. Diskutieren Sie angesichts des hohen Medienkonsums von Kindern und der vielfältigen Gewaltdarstellungen in Medien anhand des Experiments von Bandura die Auswirkungen auf das Verhalten von Kindern.
   Diskutieren Sie pädagogische Konsequenzen.

Fernseh-Kinder – Kinder und Fernsehen

Die Darstellung von Gewalt im Fernsehen ist sowohl in der wissenschaftlichen als auch in der nichtwissenschaftlichen Diskussion heftig umstritten. Allgemein wird befürchtet, dass Gewaltdarstellung im Fernsehen mehr oder minder stark zur Nachahmung in der Alltagsrealität anreizen könnte und dies insbesondere bei Kindern und Jugendlichen. […]

Zur Definition des Gewaltbegriffs

Die Ausübung von Gewalt – und hier liegt das Problem – wird in der Regel nur dann als Gewalt wahrnehmbar und kausal zurechenbar sein, wenn sie direkt und vorsätzlich (intentional) ausgeübt wird. Für die Darstellung von Gewalt im Fernsehen heißt dies: Nur einfache und kausal eindeutig zurechenbare Handlungsfolgen können als Gewalt identifiziert werden. Komplexere Strukturen werden vom Fernsehen vor allem in Fiction-Sendungen – schon aus dramaturgischen Gründen – durch Aufbau entsprechender Kontexte, die Erzeugung von Spannung, durch entsprechende Musik, rhythmische Variation und/oder durch überraschende und nur diffus wahrnehmbare Handlungen vorbereitet und begleitet (genau darum wird das Halbdunkel für Gewaltdarstellung so bevorzugt). Die Erhebung von Gewaltdarstellungen im Fernsehen stößt damit an eine erste methodische Barriere: Wo beginnt Gewalt, wo hört sie auf? […]

Die Messung von Wirkungen

[…] Der Begriff der *Wirkung* von Kommunikation folgt – mehr oder minder uneingestanden – noch immer dem klassischen, aus der Physik entlehnten Stimulus-Response-Modell, das den Wirkungsprozess streng mechanistisch wie einen elastischen Stoß begreift: Sofern eine Kraft ihr Ziel erreicht, wird sie dort Wirkungen hervorrufen, die als *Veränderung* wahrnehmbar sind.

In den Kommunikationsprozess übersetzt heißt dies: Der Kommunikator (K) „zielt“ auf den Rezipienten (R) (Abb. 1). Wenn und sofern es ihm gelingt, diesen zu „treffen“ (d.h. zu erreichen, dass der Rezipient sich den Aussagen des Mediums aussetzt), *muss* eine Wirkung eintreten, [...] denn es unterstellt, a) dass *gleiche* Stimuli auch *gleiche* Wirkungen haben und damit keinerlei Selektivität des Rezipienten bestehen kann, b) dass die zu messende Wirkung vollständig durch den Stimulus und nur durch diesen determiniert ist und der Kontext der Kommunikationssituation irrelevant ist, c) dass Wirkungen den Stimuli *kausal* zuzurechnen sind und d) dass Wirkungen raum- und zeitunabhängig sind.

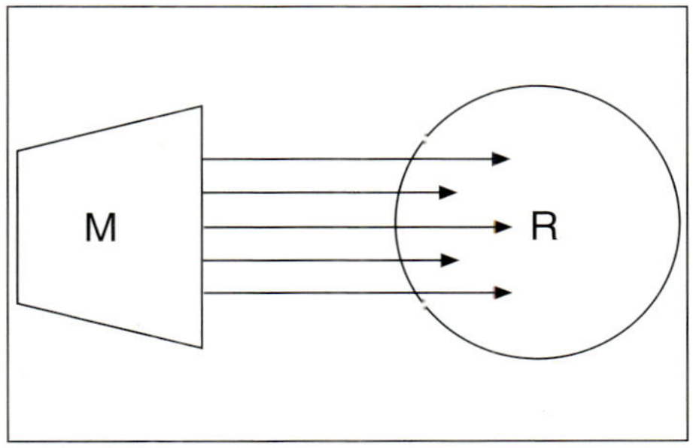

Abbildung 1: Das klassische Stimulus-Response-Modell

Wirkungen sind in diesem Verständnis definiert als *Veränderungen des Wissens, der Einstellungen und des Verhaltens* als Folge von Massenkommunikation.

Der Haupteinwand gegen das Stimulus-Response-Modell richtet sich gegen die vollkommene *Vernachlässigung des Kontextes,* in dem der „Stimulus“ rezipiert wird: Wirkung ereignet sich sozusagen in einem Raum, der das Individuum und das soziale Umfeld vollkommen außen vor lässt. Wenn beispielsweise festgestellt wird, dass sich ältere Menschen gegenüber Gewaltdarstellung im Fernsehen anders verhalten als jüngere Menschen, oder wenn sich zeigt, dass Menschen auf Gewaltdarstellung anders reagieren, wenn sie allein rezipieren, als wenn sie innerhalb einer Gruppe rezipieren (Gemeinschaftsempfang), dann kann dieser Befund mit dem klassischen Stimulus-Response-Modell („Gleiche Stimuli haben gleiche Wirkungen“) nicht mehr erklärt werden.

Berücksichtigt man jedoch, dass der Kommunikator keine Stimuli, sondern zeichenbewehrte Informationsangebote macht und weiterhin, dass der Rezipient sich situationsabhängig selektiv verhält, dann kann man die Annahmen des klassischen Wirkungsmodells nicht mehr aufrechterhalten. Statt dessen muss man sich den Wirkungsprozess so vorstellen, dass die jeweilige Wirkung nicht nur vom Stimulus, sondern von den Bedingungen, in denen dieser vom Rezipienten rezipiert wird, abhängt. Genauer: Die jeweilig resultierende Wirkung hängt a) vom Stimulus, b) vom internen Kontext des Rezipienten und c) vom externen situationalen Kontext ab, so dass man Wirkungen nicht mehr unimodal, sondern statt dessen trimodal erklären muss (Abb. 2).

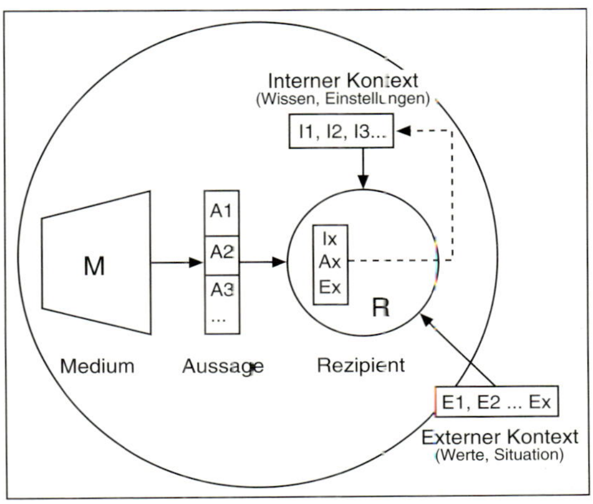

Abbildung 2: Trimodales transklassisches Wirkungsmodell

Der *interne Kontext* (I) umfasst kognitive Strukturen wie Vorerfahrungen und Einstellungen zum Informationsangebot sowie eine affektive Komponente (Motivation zur Rezeption).

Der *externe Kontext* (E) umfasst alle Variablen, die situationsgebunden die Rezeption beeinflussen. Dazu gehört z.B. die Anwesenheit *anderer* Personen, aber auch die Wirksamkeit sozialer Werte, Normen und Vorstellungen.

Der Test dieses trimodalen Wirkungsmodells lässt sich an einem aktuellen Beispiel, nämlich an der Wirkung der Darstellung von *Gewalt im Fernsehen*, demonstrieren: Hier ist die Fernsehdarstellung der Stimulus. Wenn man nach dem klassischen Stimulus-Response-Modell die Wirkungen der Darstellung von Gewalt im Fernsehen messen will, so würde es ausreichen, Eigenschaften des Stimulus (der Aussage) zu analysieren. Genau dies tut die klassische Gewaltforschung, indem sie dort die *Zahl und Dauer* der Gewaltakte, die Zahl der Opfer, der Täter, der leichten und schweren Straftaten misst – und von diesen Größen auf die Gefährlichkeit der Darstellung schließt. Diese „Wirkungsmessung" beruht damit allein auf einer *Inhaltsanalyse.*

Gemäß dem *trimodalen Modell* ist diese Wirkungsfeststellung untauglich: Wenn man etwas über die Wirkung der Darstellung von Gewalt im Fernsehen aussagen will, so muss man unter allen Umständen auch die Reaktionen derjenigen, die Gewaltdarstellung im Fernsehen rezipieren, messen (interner Kontext) und zudem die sozialen Rahmenbedingungen (etwa: Medienversorgung, Wert- und Normsystem, Freizeitstil, konkurrierende Gewaltdarstellung in anderen Medien etc.) berücksichtigen. Oder anders: *Medienwirkungen zu messen, ohne Kontexte in Rechnung* zu stellen, heißt *Beliebiges zu messen.*

Das trimodale Modell kann darüber hinaus auch erklären, dass und warum *Wirkungen* nicht zeit- oder raumunabhängig eintreten, sondern sich, wenngleich auch langsam, selbst *verändern:* Ändern sich interne und/oder externe Kontexte – z.B. Normen und Werte im Rahmen von sozialem Wandel – dann hat dies *notwendig* zur Folge, dass sich – über die Veränderung des Kontextes – auch Wirkungen ändern. Was das für den Bestand an gesichertem Wissen über Wirkungen der Massenmedien bedeutet, kann man sich leicht ausrechnen: Wirkungen haben ein Verfallsdatum! Gerade dieser Aspekt spielt für die Diskussion um die Wirkungen von TV-Gewalt eine besondere Rolle. […]

Beispiel: Kinder sehen wiederholt „ihre" Kindersendung

Wenn Kinder z.B. „Sesamstraße" sehen, dann hat diese Sendung direkte Wirkungen: Die Kinder staunen, freuen sich, sind beschäftigt, aufgeregt etc. Diese Rezeption hat aber, insbesondere durch ihre Wiederholung, weitere indirekte Effekte: Kinder lernen, von den Medien zu lernen, Kinder gewöhnen sich an das Medium, bauen Erwartungshaltungen auf, lernen Werte und Normen kennen – kurzum: Die Zuwendung zu den Medien verändert ihr Rezeptionsverhalten und zugleich ihr Freizeitverhalten, sie verhalten sich demgemäß anders als Kinder, die nicht fernsehen. […]

Beispiel: Darstellung von Gewalt in einem Krimi/in den Nachrichten

[…] Gewaltfördernde Wirkungen des Fernsehens finden dagegen vor allem in den Nachrichten statt, wenn dort etwa das Handeln von extremen Gruppen gezeigt wird: Dies hat – im Sinne der *starken* Wirkungen von Massenmedien – unmittelbare Nachahmeffekte, die sich durch *reflexive* Struktur auszeichnen („Was die können, können wir auch") und die nur dann zustande kommen können, wenn a) sowohl eine vollkommene Identifikation von Tätern und Zuschauern möglich ist und wenn b) das gezeigte gewalttätige Handeln *Wirklichkeitscharakter* besitzt

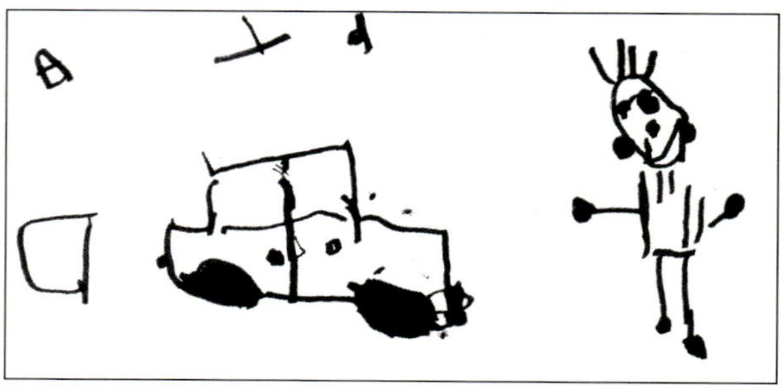

Kevin, 5 Jahre: „Ich gucke gern ‚Knight Rider'. Da gibt es ein tolles Auto. Ich finde auch toll, wie der David Hasselhoff kämpft."

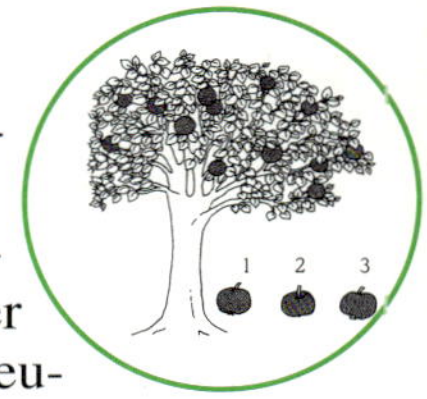

und c) unmittelbar in konkretes Handeln und Erleben mit hohem Belohnungseffekt umgesetzt werden kann.
Solche Belohnung ergibt sich hier als a) soziale Bestätigung („WIR"), b) konkrete Handlungsanleitung, c) Wahrnehmung der Schwäche des Staates/der Demokratie und d) Wahrnehmbarkeit von Rechtsradikalen in den Medien bedeutet: „Wenn Rechte in den Medien sind, dann sind Rechte *real*".
Es gibt mithin immer gleichzeitig gegensinnige Effekte: Darstellung von Stärke gegen rechts stärkt die Mehrheit, aber kann die Minderheiten ebenso stärken und gleichzeitig schwächen. Die Saldobildung beherrschen die Wirkungsforscher leider noch nicht und Journalisten müssen also bei erwartbar sensiblen Ereignissen eine Art Güterabwägung zwischen Chronistenpflicht und dem möglichen Schaden durch reflexive Effekte vornehmen.

(Klaus Merten, Fernsehnutzung/Fernsehwirkung am Beispiel Gewalt, in: Zeitschrift für Jugendschutz und Erziehung [Hg.: Katholische Landesarbeitsgemeinschaft], Nr. 1 u. 2, Februar 1994)

1. Übertragen Sie das trimodale Wirkungsmodell auf den Bereich der Computerspiele.
2. Stellen Sie zwischen den hier gemachten Ausführungen und dem klassischen Laborversuch von Albert Bandura vergleichende Überlegungen an.
3. Diskutieren Sie vor dem Hintergrund der Überschrift dieser Wabe die Frage: Wozu ist das Fernsehen gut?
4. Erörtern Sie: Wer hat die größten Chancen, von Kindern und Jugendlichen als Modell/Vorbild angenommen zu werden: Medienhelden, Lehrer/Lehrerinnen, Eltern, ...?

Lernen prosozialen Verhaltens im Kindergarten

Empirische Befunde

Wie Untersuchungen gezeigt haben, ist es möglich, Kindern prosoziales Verhalten durch *Nachahmen eines Modells* zu lehren. Die Autoren beobachteten selber zuerst den Betrieb in einem Kindergarten, mit dessen Kindern die Studie durchgeführt werden sollte, und nahmen dann diejenigen Kinder aus der Untersuchung heraus, die schon spontan am meisten prosoziales Verhalten zeigten. Die übrigen Kinder wurden ins Training aufgenommen. Man zeigte jedem von ihnen im Einzeltraining in zwei aufeinander folgenden Phasen zwei ähnliche Szenen, in denen jeweils ein Mensch, manchmal auch ein Tier, in einer unglücklichen oder qualvollen, jedenfalls unlustgeprägten Situation zu sehen war. Der Versuchsleiter übernahm die *Rolle des Modells,* von dem das Kind das prosoziale Verhalten lernen sollte, und begann beispielswiese so: „Ach, Großmutter, jetzt ist dir die ganze Nähschachtel zu Boden gefallen, und du kannst dich doch so schlecht bücken. Ich helfe dir, alles wieder einzusammeln, damit du es wieder einordnen kannst. Schau, ich lege dir alles hier auf den Tischrand. Jetzt ist ja die Ordnung schon bald wieder hergestellt."
Der Versuchsleiter geht in seinem *Modellspiel* ganz ausdrücklich auf die *Unlustsituation* des jeweils betroffenen Menschen oder Tieres und damit auf dessen emotionalen Zustand ein und zeigt so deutlich wie möglich seine *Empathie* (in Wort und gespielter Tat). Er betont aber auch das Ergebnis in seinem *emotionalen* Wert: die Freude darüber, dass die Situation am Ende für den Betroffenen wirklich viel besser ist.
Die vier Phasen des Lernens am Modell sind ganz deutlich: (1) Das Modell (der Versuchsleiter) lenkt die Aufmerksamkeit des Kindes auf sein Reden und Tun in der für die Großmutter höchst unerfreulichen, beschwerlichen Situation. Die *affektive Valenz* der Situation wird verbal unterstrichen. (2) Es ist anzunehmen, dass das beobachtende Kind die wichtigen Ele-

mente des Handlungsablaufs kodiert und damit (3) die Verhaltensweisen zunächst vorstellungsmäßig reproduzieren und das Gespräch in seinen wesentlichen Punkten wiedergeben kann. (4) Durch die Betonung des erfreulichen Ergebnisses (die Großmutter ist froh, glücklich über die Hilfe) erlebt das beobachtende Kind die Verstärkung in Form einer beglückenden Schlussbilanz *stellvertretend* sowohl für die Großmutter als auch für den Versuchsleiter, der (als Modell) glücklich ist über den guten Ausgang!
Nach dieser Beobachtungsphase wird die zweite, ähnliche Szene (als Bild) präsentiert, und nun kommt das Kind an die Reihe. Wenn es mit seinem Spiel fertig ist, greift der Versuchsleiter noch einmal ein: Er betont ganz ausdrücklich, wie froh die Großmutter jetzt über die wirklich gerettete Situation ist. Die indirekte Verstärkung für das Kind besteht darin, dass es nun weiß, dass es ausgezeichnet geholfen hat; eine direkte Belohnung erhält es keine. Hat sich ein Kind in diesem Zwei-Phasen-Training *nicht prosozial* (helfend, tröstend etc.) verhalten, geht der Trainer zum nächsten Doppelbeispiel weiter, ohne dass er das noch nicht prosoziale Verhalten des Kindes tadeln oder sonstwie negativ kommentieren würde.

Über die Bedingungen für ein Lernen am Modell

Wichtig war selbstverständlich die Frage, ob und unter welchen Bedingungen sich das am Modell gelernte prosoziale Verhalten *auf Alltagssituationen übertragen* ließ und sich dort bewährte. Nur wenn sich das Training selber außer auf die Bildsituationen auch auf *reale Alltagssituationen* erstreckte und wenn das Kind ein *sehr gutes Verhältnis zum Trainer aufgebaut* hatte (es hatte ihn 14 Tage vor Trainingsbeginn kennen gelernt), war es auch in alltäglichen Situationen zu prosozialem Verhalten in der Lage. [...]
Interessanterweise wurde in den Trainingsversuchen besonders deutlich, dass nach erfolgter Identifikation mit dem Trainer das, was er als Modell *tat,* wesentlich wichtiger wurde als das, was er *sagte.* [...]
Das Erlernen prosozialen Verhaltens durch ein Kind beruht nicht auf Konditionierungsprozessen, sondern auf dem Auf- und Ausbau eines ganzen *Systems von handlungsleitenden Kognitionen,* einschließlich der *Werthaltungen* derjenigen Pflegepersonen, die es im täglichen Leben umgeben.

(Gerhard Steiner, Lernen, Bern 1991, S. 108,109)

1. Verdeutlichen Sie die vier Phasen des Modell-Lernens in einem Schema.
2. Erkundigen Sie sich in einem Kindergarten nach der Modellwirkung der dort tätigen Erzieherinnen/Erzieher.
3. Versuchen Sie selbst entsprechende Beobachtungen vorzunehmen (entwerfen Sie dazu einen Beobachtungsbogen).

Vertiefung

Die Gegensätze leben

Eine gesunde oder positive Identitätsentwicklung – so der Soziologe Lothar Krappmann – besteht aus einem Herstellen von Balance zwischen zwei Anforderungen: 1. so zu sein wie alle anderen und 2. etwas Besonderes zu sein. Weiterhin sagt er, dass es für Migrantinnen besonders schwierig ist, diese beiden Anforderungen zu integrieren. Sicherlich habe ich in meiner Jugend einige Vorteile gehabt, weil ich als Kind aus dem Bildungsbürgertum aufgewachsen bin: Klavierunterricht, Ballettstunden, gymnasiale Schulbildung usw. Das ewige Hin- und Hergerissensein und die Frage: „Wo gehöre ich hin?“ habe

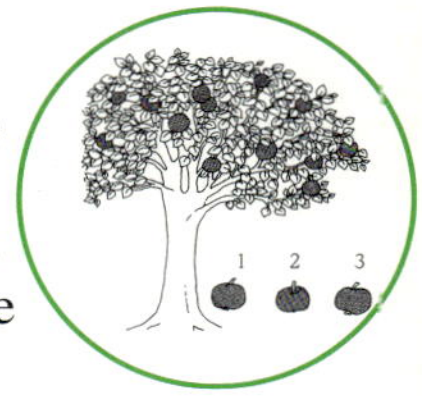

ich mir in dieser Zeit allerdings ebenso oft gestellt. Manchmal kam der Gedanke „Ich hab's gut! Wenn ich will, kann ich einfach abhauen (nämlich in die Türkei!)". Er hielt jedoch nicht lange an oder höchstens sehr romantisiert, genährt durch Erinnerungen an Türkei-Urlaube, in denen wir mit Freunden durch die Straßen zogen und die Freiheit genossen.

Dennoch war das Herstellen einer Balance zwischen gegensätzlichen Ansprüchen ein wesentlicher Aspekt in meiner Jugendzeit und begleitet mich zuweilen noch heute. Fragen nach Familie oder Karriere, Türkei oder Deutschland, politischen Ansprüchen und Realität haben sich oft gestellt. Auch bei der Suche nach der weiblichen Identität entdeckte ich, dass ich zwei Frauentypen gut fand: 1. die mutige Frau, die unermüdlich für ihre Rechte kämpft, und 2. die von allen geliebte Frau, die geduldig und warmherzig ihre Lieben behütet.

Sind diese Idole, Vorbilder und Orientierungen, die ich oben beschrieben habe, wirklich die von damals oder habe ich sie aus meiner Biografie herausgesucht, weil ich so bin, wie ich jetzt bin? Ich werde mich wohl nie richtig erinnern können, wie ich mich damals wirklich gefühlt habe und wen ich verehrte. Meine Erinnerungen sind geprägt durch das Heute. Und heute finde ich es gut, diese Gegensätze gehabt zu haben, obwohl ich sie mir als Jugendliche oft weg gewünscht habe.

Ich habe gelernt, meine beiden Herkünfte – Türkei und Deutschland – nicht als Gegensätze, sondern als Gewinn für meine gesamte Entwicklung zu sehen. Es kann nicht darum gehen, sich entscheiden zu müssen. Die Vorteile zu sehen ist gesünder und wird fortschreitend immer attraktiver. Nicht Türkei *oder* Deutschland, sondern beides. Ich bin nicht Deutsche oder Türkin, sondern ich „kann" beides sein Entweder jedes zu seiner Zeit oder beides zusammen. Die Betonung liegt auf kann, denn warum soll ich es nicht als Fähigkeit sehen, verschiedene Kulturen zusammenzubringen?

(Meltem Avci-Werning, Deutsch? Türkin? Beides? – Mit Vorbildern aus zwei Kulturen leben, in: Friedrich Jahresheft Schüler 1997, Friedrich Verlag, Seelze 1997, S. 40f.)

1. Nehmen Sie Stellung: „Ich meine, dass wir das Fremde brauchen, um das Eigene als Eigenes zu erfahren. Wir brauchen aber auch ein Eigenes, um mit dem Fremden umzugehen, und wie wir mit dem Fremden zurande kommen, wird allemal davon abhängen, wie wir mit uns selber und dem Eigenen umgehen." (Alexander J. Seiler). Benötigen wir dazu Vor-Bilder?
2. Diskutieren Sie die These: „Jeder Identitätsbildung und Identitätsänderung geht eine Identifizierung mit neuen Modellen, d.h. Vorbildern, oft im Zusammenhang mit Schlüsselerlebnissen im Sinne persönlicher Begegnungen voraus. [...] Neben der Identifikation mit einem Modell beruht Identitätsbildung auch auf der Ablehnung anderer Modelle." (Aus: Kurt Haußer, Identitätspsychologie, Springer Verlag, Berlin/Heidelberg 1995, S. 100, 101)
   Welche Konsequenzen ergeben sich für das Handeln in pädagogischen Zusammenhängen?

Der Erziehende – ein Vorbild?

Vertrauen erleichtert den erzieherischen Einfluss. Der vertrauenswürdige Erziehende stellt durch seine eigenen Verhaltensweisen einen Orientierungsrahmen für den Heranwachsenden dar. Dies bedeutet allerdings nicht, dass der vertrauenswürdige Erziehende nun einfach günstige Verhaltensweisen demonstriert und diese dann sozusagen automatisch vom Heranwachsenden übernommen werden. Es geht nicht darum, dass der Erziehende die „richtigen" Verhaltensweisen demonstriert, sondern darum, dass er den Handlungsspielraum des Heranwachsenden erweitern hilft.

Nimmt der Erziehende seine Aufgabe ernst, den Heranwachsenden vor potenziellen Gefahren schützen zu wollen, muss er ein Verhaltensmodell für den *Umgang* mit problematischen Situationen sowie die offene Kommunikation darüber darstellen. Der He-

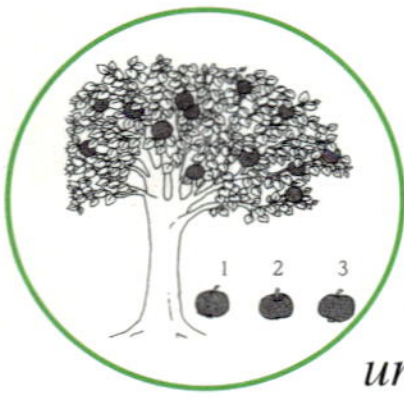

ranwachsende wird nicht fraglos die vom Erziehenden angebotenen Verhaltensweisen imitieren, er wird diese aber mit höherer Wahrscheinlichkeit *ausprobieren.* Das bedeutet aber auch (und dies ist die Kehrseite der Medaille), dass der Heranwachsende in einer vertrauensvollen Umgebung auch geneigt ist, *ungünstige* Verhaltensweisen von Erziehenden zu probieren. So übernehmen beispielsweise Jugendliche und zum Teil bereits Kinder sehr häufig den Fernseh- und Alkoholkonsum ihrer Eltern.

Trotz dieser potenziellen Risiken begründet die Akzeptanz des Erziehenden als Verhaltensmodell eine Reihe von positiven Einflussmöglichkeiten – unter der Voraussetzung eines *verantwortungsbewussten* Umgangs des Erwachsenen mit dieser Rolle. Das schlichte Vorhandensein einer Modell-Person, welcher der Heranwachsende vertrauen kann, ist nämlich selbst eine hoch wirksame präventive Variable. Im Rahmen von Studien zu sozialabweichendem Verhalten oder Kriminalität zeigt sich immer wieder ein auffälliger Zusammenhang zwischen solchen Problemlagen und dem *Fehlen* vertrauensvoller Beziehungen.

Ist ein Verhaltens-Modell immer auch ein Vorbild? Diese Frage ist mit Nein zu beantworten. Aufgrund der Asymmetrie der Beziehung zwischen Heranwachsendem und Erziehungsperson wird der Erziehende oftmals keine Vorbildfunktion im engeren Sinne erlangen können; in Abgrenzung zur Erwachsenenwelt, die ja ein entscheidendes Merkmal in der Zeit des Heranwachsens und besonders in der Pubertät darstellt, sucht der Heranwachsende andere Vorbilder. Er sucht sich diese nach Kriterien der (vermeintlichen) Ähnlichkeit.

So finden sich Vorbilder innerhalb der Gleichaltrigengruppe, aber durchaus auch Erwachsene und hier vor allem Prominente, denen sich der Jugendliche oft ähnlicher fühlt, als dies tatsächlich der Fall ist. Auch diese Mechanismen lassen sich jedoch im Sinne einer verzahnenden präventiven Arbeit aufgreifen, exemplarisch seien an dieser Stelle zwei Aspekte genannt, die auf dem Vorbildcharakter fußen: Zum einen ist dies die so genannte *Peer-Education,* bei der Jugendliche als Mediatoren eingesetzt werden. Sie versuchen vor Ort und im direkten Kontakt mit Jugendlichen Aufklärungsarbeit zu leisten – basierend auf der Annahme, dass der Jugendliche die Gleichaltrigengruppe eher akzeptieren wird als Erwachsene. Ein anderer Ansatz, der über einen solchen „Vorbildbonus“ arbeitet, sind die zurzeit laufenden und groß angelegten Aufklärungskampagnen gegen den Drogenmissbrauch; prominente Schauspieler, Sportler und Sänger stellen sich und ihren Namen für Anzeigenkampagnen zur Verfügung, die vor dem Drogenkonsum warnen.

Jede dieser Maßnahmen für sich genommen hat natürlich nur einen begrenzten Radius. Wirklich schützen können wir Kinder und Jugendliche auch nur, wenn die verschiedenen Maßnahmen ineinander greifen. Und als Bündelungspunkt eignet sich hier die vertrauensvolle Beziehung zwischen Erziehenden und Heranwachsenden. Auch (oder vielmehr gerade) im Zeitalter der neuen Medien und der damit verbundenen vielfältigen Möglichkeiten, an Heranwachsende heranzutreten, ist eine auf Vertrauen fußende Beziehungsarbeit mit all ihren Implikationen unverzichtbar.

(Martin K.W. Schweer, Die Bedeutung von Modellverhalten der Erziehenden, Vorbild und Vertrauen, in: Zeitschrift für Jugendschutz und Erziehung [Hg.: Katholische Landesarbeitsgemeinschaft], 4/1998, S. 9f.)

1. Diskutieren Sie die Auffassung: Die Orientierung an den richtigen Vorbildern garantiert ein zufriedenes Leben.
2. Diskutieren Sie: Welche Personen/Ereignisse haben für welchen Personenkreis unter welchen Bedingungen einen hohen Nachahmungswert?

Pädagogische Anwendung

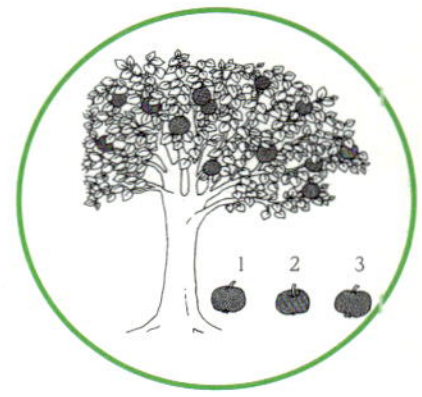

Vorbilder im Erziehungsalltag

Es lebe die Pünktlichkeit!

Was ist zu machen, damit die Kinder pünktlich zur Schule kommen? Ich höre oft, dass Kinder verspätet zur Schule kommen; man weiß keinen Rat dagegen. Ich schlage also vor, in jedem Zimmer einen Hahn unterzubringen, der am frühen Morgen krähen und die Kinder wecken wird. Sollte unser Ziel nicht erreicht werden, rate ich, auf dem Hof eine Kanone aufzustellen. Die Kanonenschüsse werden bestimmt die Kinder wecken. Wenn aber die Kinder zu spät kommen, weil sie zu langsam gehen, dann wäre es vielleicht zweckmäßig, die Kinder aus einem Flugzeug mit Wasser zu begießen, dann laufen sie schnell zur Schule. Wenn auch auf diese Weise kein gutes Ergebnis erreicht wird, habe ich einen vortrefflichen Rat, diesen nämlich: Man veröffentlicht die Namen der Nachzügler in einer Zeitung. „Uns interessiert nicht, was man in den Zeitungen schreibt", werden die Kinder wohl sagen. „Leute, welche die Zeitung lesen, kennen uns ja nicht!" Ach so! Da kann man ja die Nachzügler in der Schulwandzeitung nennen! „Was macht uns das aus", werden die Kinder sagen, „in der Schule wissen ja alle, dass wir Nachzügler sind." Na ja!– – Ich schlage also vor, und das ist mein letzter, hoffentlich bester Rat: Die Erwachsenen mögen eine Erklärung in der Wandzeitung veröffentlichen, in der sie versprechen, nirgends und niemals sich zu verspäten und die Kinder aufrufen, ihrem Beispiel zu folgen.

(Janusz Korczak, Verteidigt die Kinder, Gütersloh 1983, S. 27)

1. Diskutieren Sie die Rolle des Lehrers/der Lehrerin unter dem Aspekt des Modell-Lernens.
2. Erörtern Sie: Wer hat die größten Chancen, von Kindern und Jugendlichen als Modell/Vorbild angenommen zu werden:
   Medienhelden, Lehrer/Lehrerinnen, Eltern,...?
   Welche Konsequenzen ergeben sich für die Erziehung?

Sind Sie ein gutes Vorbild?

Schätzen Sie sich in den unten stehenden Verhaltensbereitschaften ein (benutzen Sie Ihr Journal):

Erziehungsziele	*sehr schlechtes Modell*	*schlecht*	*mittel*	*gut*	*sehr gutes Modell*
I. Soziales Verhalten					
Respekt vor der Würde des anderen					
Verzicht auf Gewalt					
Kooperation					
Hilfsbereitschaft					
Einhaltung von Grenzen					

II. Emotionales Verhalten

Selbstdisziplin

Ausdruck von Gefühlen, Offenheit

Ruhe, Gelassenheit

Risikofreudigkeit

geringe Ängstlichkeit

Unkompliziertheit im Sexuellen und Erotischen

Interessiertheit an Problemen anderer

III. Intellektuelles Verhalten

Selbstkritik

Offenheit für neue Erfahrungen

Sachlichkeit

IV. Diverses

Angemessenes Freizeitverhalten

Zufriedenes Arbeitsverhalten

Diese Übung wurde uns freundlicherweise von Herrn Dr. Fritz Fischaleck zur Verfügung gestellt.

(Meinrad Perrez/Beate Minsel/Heinz Wimmer, Was Eltern wissen sollten, M. Pawlak Verlagsgesellschaft, Herrsching 1992, S. 133,134)

(Zeichnung: Reinhold Löffler/CCC)

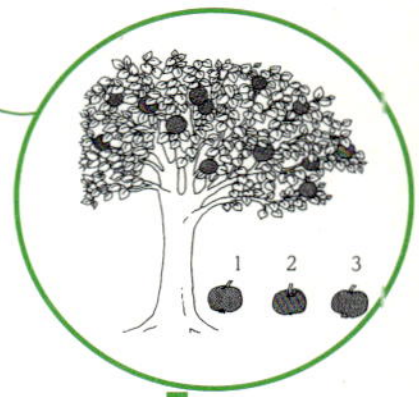

P Projektvorschlag zum selbstständigen Weiterarbeiten

A Erstellen eines Fragebogens mit dem Thema:

– Leitbilder heute
– Medienhelden und ihre Auswirkungen (nicht nur Gewaltdarstellungen)
– Kinderkultur heute – fremd- oder selbstbestimmt?

Werten Sie den Fragebogen aus und vergleichen Sie ihn mit Ihren aus diesem Kapitel gewonnenen Erkenntnissen.

Die folgende Auswahl von Fragen stammt aus einem von Schülerinnen und Schülern für die Jahrgangsstufe 6 erstellten Fragebogen.

Werbung

– Orientierst du dich bei deinen Einkäufen an der Werbung?
– Glaubst du den Aussagen, die in der Werbung gemacht werden?
– Würdest du auch gerne einmal bei einem Werbespot mitmachen? Bei welchem? Warum?

Vorbilder

– Hast du ein Vorbild aus dem Fernsehen, Kino, einem Computerspiel?
– Spielst du diese Person manchmal mit Freunden/Freundinnen nach?
– Versuchst du manchmal dich wie dieses Vorbild zu verhalten?
– Welche Vorbilder hast du noch? (Eltern, Lehrer/Lehrerinnen, …)
– Versuche eine Reihenfolge deiner Vorbilder festzulegen!
– Würdest du dein Leben gerne mit einem Vorbild tauschen?
– Welche Eigenschaften muss für dich ein gutes Vorbild haben?

An der Gesamtschule Troisdorf wurde eine umfangreiche und differenzierte Umfrage über die Fernsehgewohnheiten von Kindern und Jugendlichen vorgenommen (getrennt nach Mädchen und Jungen) – dort finden Sie u.a. weitere Anregungen über Befragungsmöglichkeiten. Die Ergebnisse sind im Internet unter der folgenden Adresse abrufbar:
http://home. tronet.de/gesamtschule/faecher/ inform/inf_fern.htm
Weitere vertiefende Informationen finden Sie in dem Aufsatz von Sigrid Weber, Wie, was und warum Kinder fernsehen, in: Kindergarten Heute, Nr. 11/12 1998, S. 34ff., auch im Internet abrufbar unter: http://home.t-online.de/home/320044 3584440001/kinderfern.htm, und in dem Handbuch Medien: Medienforschung (Hg. Horst Dichanz), Bundeszentrale für politische Bildung, Bonn 1998.

B Erstellen Sie eine **Collage** zum Thema: Vorbilder heute.

C Entwerfen Sie ein **Programm zur Förderung prosozialen Verhaltens** in der Schule. (Vgl. Sie auch die Wabe ‚Erzieherverhalten/Erziehungsstile'.)

2.5 „Denkste!" – Mein Hirn und ich

(Zeichnung: Katharina Joanowitsch)

„Das wahrhaft besondere Merkmal des Hirns jedoch – das Merkmal, wodurch es das Organ des Geistes ist – ist sein Vermögen, bewusste Gedanken, Erlebnisse, Handlungen, Erinnerungen usw. zu verursachen und zu erhalten."

(John R. Searle, Die Wiederentdeckung des Geistes, München 1993, S. 262)

Einführung

Übung: Lokalisationen im Gehirn sind möglich

Schließen Sie ihre Augen und stellen Sie sich ein Schokoladeneis vor. Können Sie das Bild an einer bestimmten Stelle ihres Kopfes wahrnehmen? Berühren Sie mit Ihrer Hand diese Stelle. Wenn Sie nichts sehen können, versuchen Sie es mit einem anderen Bild. Funktioniert auch das nicht? Dann versuchen Sie, das Wort „Schokoladeneis“ zu hören und legen Sie jetzt Ihre Hand auf die Stelle, wo Sie das Wort wahrnehmen. Öffnen Sie die Augen.

Auswertung und Diskussion

Durch diese Übung werden Sie sich Ihrer visuellen und auditiven Bezugszonen bewusst. Das Hören wird im Allgemeinen oberhalb des linken Ohres wahrgenommen, das Sehen in der Mitte der Stirn oder geringfügig rechts davon und das haptische oder motorisch-sensorische Bewusstsein auf der Scheitellinie des Kopfes.
Wenn Sie die oben beschriebenen Übungen in einer Gruppe durchführen, werden Sie feststellen, wie unterschiedlich die Gehirnmuster der Teilnehmer angelegt sind. Einige Menschen erleben die Visualisation in der Stirnregion, andere leicht rechts davon, und wieder andere können gar keine Wahrnehmung lokalisieren.
Menschen, die sehr gut visualisieren können, verarbeiten Informationen gewöhnlich in der rechten Hemisphäre. Sie werden als ***visuelle Lerntypen*** bezeichnet. ***Auditive Lerntypen*** dagegen lernen vor allem durch Gehörtes, das sie in der linken Gehirnhälfte verarbeiten. Wer seine Wahrnehmung gar nicht lokalisieren kann, gehört zur Gruppe der ***haptischen*** Lerntypen – sie lernen durch Erfahrung. Ich habe festgestellt, dass diese Menschen entweder überwiegend rechtshemisphärisch sind oder ständig von der einen Gehirnhälfte zur anderen wechseln. Wenn wir von einer rechts- oder linkshemisphärischen Person sprechen, beziehen wir uns damit auf das von ihr bevorzugte Lernverhalten, welches auf den funktionellen Unterschieden der Hemisphären beruht.

(Barbara Meister Vitale, Lernen kann fantastisch sein, Übers.: Claudia vom Baur, Synchron Verlag, Berlin 1988, S. 5,6)

‚Doppelblick‘

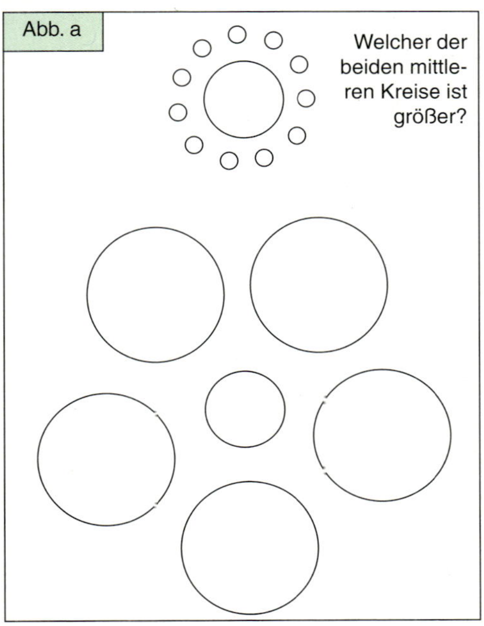

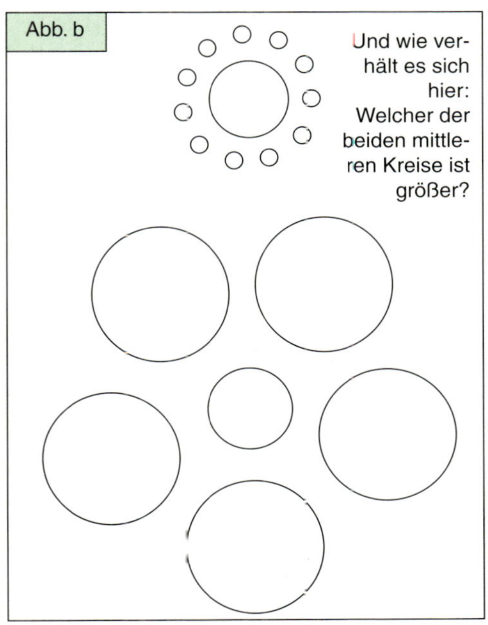

Auswertungshinweise:

Was hat die Zeugenvernehmung nach einem Verkehrsunfall mit der Vorstellung eines Zauberkünstlers gemeinsam? In beiden Situationen können wir unseren Augen nicht immer trauen. Was wir sehen, ist keineswegs ein getreues Abbild unserer Umwelt. Erst durch Auswahl und Verarbeitung von Sinnesdaten entsteht im Gehirn ein bewusstes Wahrnehmungserlebnis. Dabei kann es zu frappierenden Differenzen zwischen Realität und Wiederspiegelung im Denken kommen.

Unter der Überschrift „Handeln ohne zu sehen" wurde in diesem Frühjahr über den Fall einer hirngeschädigten Frau berichtet (*Nature,* Bd. 374, S. 763-764), die von zwei vorgelegten Gegenständen nur jeweils einen zu erkennen vermag. Sie kann durchaus zwei zusammengehörige Dinge – wie etwa Messer und Gabel – greifen und einander zuordnen, streitet jedoch das Vorhandensein des zweiten Gegenstandes ab. Dieser Fall wird so gedeutet, dass es zwei unterschiedliche Pfade im Gehirn gibt, über die optische Signale verarbeitet werden. Beeinträchtigt ist hier der Pfad der bewussten Wahrnehmung, während die unbewusste Erkennung und motorische Steuerung davon relativ unabhängig erfolgen (*ZEIT* Nr. 22/1995).

„Seelenblindheit" heißt dieses Phänomen und erscheint kurios, sind wir doch überzeugt, dass im „normal" funktionierenden Gehirn die bewusste Wahrnehmung das Handeln leitet. Vor kurzem in der Fachzeitschrift *Current Biology* (Bd.5, S. 679-685) veröffentlichte Ergebnisse des Kanadiers Melvyn A. Goodale und seiner Mitarbeiter sind geeignet, diese Gewissheit zu erschüttern.

Jedem bekannt sind optische Täuschungen. Parallele Linien erscheinen gekrümmt oder Größenverhältnisse anders, als sie in Wirklichkeit sind. Hierzu gehören die so genannten Titchener Kreise.

Abbildung a)

Welcher der beiden mittleren Kreise ist größer?

Wer wie die überwiegende Mehrheit reagiert, dem erscheint der obere Kreis als der größere. Tatsächlich haben beide den gleichen Durchmesser.

Abbildung b)

Wie verhält es sich hier? Die meisten Menschen sehen nun beide Kreise gleich groß, während sie beim Nachmessen feststellen können, dass der mittlere Kreis in der oberen Rosette etwas kleiner ist. Offenbar lässt sich das Auge durch den Kontrast zu einem Ring kleinerer oder größerer Kreise irreführen.

So weit, so banal. Doch was den Laien amüsiert, kann Aufschluss über unser Gehirn geben: In den Experimenten von Goodale wurden als mittlere Kreise Plastikscheiben wechselnder Größe verwendet. Die Versuchspersonen sollten jeweils die beiden zentralen Scheiben vergleichen und angeben, welche größer schien oder ob beide gleich groß seien. Anschließend sollten sie eine der beiden aufnehmen. Dabei maßen an der Hand befestigte Infrarotdioden, wie weit die Finger bei der Greifbewegung gespreizt wurden. Schon Größenunterschiede der Scheiben von wenigen Millimetern führten zu unterschiedlichen Spannweiten von Daumen und Zeigefinger. Verblüffendes Ergebnis: Diese Griffweite war fast ausschließlich vom *tatsächlichen Durchmesser* der Plättchen, nicht aber von den *bewusst wahrgenommenen* Größenverhältnissen abhängig. Mit anderen Worten: Dieselbe Versuchsperson, die eben noch angegeben hatte, zwei Plättchen wie in Abbildung b) seien gleich groß, öffnete die Finger weiter, wenn sie nach dem rechten, real größeren griff. Waren die Scheiben gleich, wurden aber für verschieden groß gehalten, spreizten sich die Finger dennoch gleich weit. Hierbei wurde die Spannweite schon zu Beginn der Bewegung festgelegt. Maßgebend – im wahrsten Sinne des Wortes – war daher nicht der Tastsinn oder die Korrektur der Fingerstellung kurz vor dem Berühren, sondern der visuelle Eindruck. Unser Auge löst also angesichts der Titchener Kreise zwei widersprüchliche Prozesse aus: eine – objektiv falsche – Beurteilung der relativen Größe der beiden mittleren Kreise und gleichzeitig eine korrekte Wahrnehmung ihrer absoluten Größe, die die Bewegung der Hand steuert.

Das heißt, unser Gehirn verarbeitet in diesem Fall ein und dasselbe Signal zu zwei unterschiedlichen Wahrnehmungen, von denen die eine bewusst wird, die andere aber unbewusst das Handeln bestimmt. Dürfen wir also unbesorgt sein, weil wir trotz fehlerhafter Einschätzung doch situationsgerecht handeln können? Oder beunruhigt es uns eher, dass wir nicht immer so genau wissen, was wir tun?

(Wiebke Rögener-Schwarz, Der doppelte Blick, Wie unser Gehirn dieselbe optische Wahrnehmung auf zweierlei Art verarbeitet, in: DIE ZEIT Nr. 39 v. 22.9.1995, S. 50; © für die Abb.: Melvyn A. Goodale)

Split-Brain

Ein „gespaltenes Gehirn" entsteht, wenn die Nervenbahnen zwischen den Hirnhälften – Corpus callosum oder schlicht Balken genannt – durchtrennt werden. Solche Operationen können Epileptikern nützen, weil sich die anfallsauslösenden „elektrischen Stürme" nicht mehr unbegrenzt ausbreiten können. Die Trennung der beiden Hemisphären bleibt,

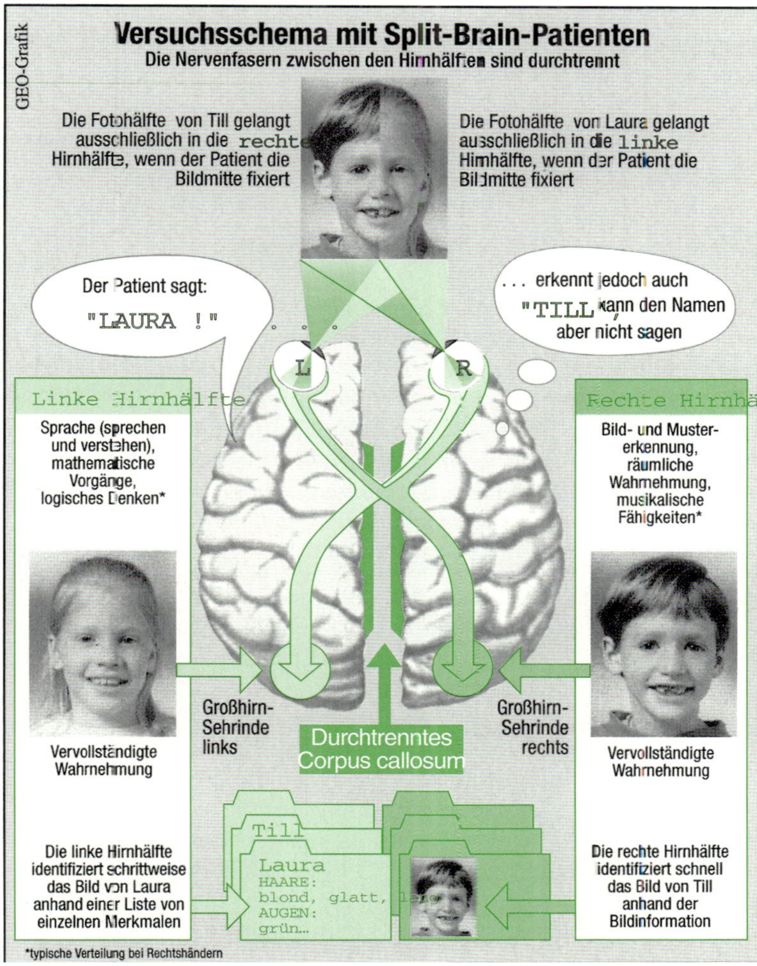

Split-Brain-Patienten haben gleichsam zwei Gehirne, weil die Nervenfasern des Corpus callosum, auch Balken genannt, durchtrennt sind. Durch diese Kanäle tauschen sie normalerweise Informationen aus – etwa ob sich beide Hirnhälften überhaupt mit demselben Menschen befassen.

so weit dies feststellbar ist, für Persönlichkeit und Verhalten eines Menschen meist ohne dramatische Folgen. Allerdings bricht mit dem Schnitt der Informationsaustausch ab: Hält ein solcher Patient mit verbundenen Augen in jeder Hand einen Löffel, kann er nicht feststellen, ob beide Objekte gleich sind. An Split-Brain-Patienten haben Forscher die Arbeitsteilung der Hirnhälften studiert (siehe Grafik).

(GEO Wissen, Intelligenz und Bewusstsein, 3/92, S. 168)

Definieren Sie aus dieser Sicht den Begriff ‚ganzheitliches Lernen'.

Im Kapitel Reflexionen: ‚Die geborenen Experten – neue Säuglingsforschung' (Themenkreis 2.1, Phoenix, Band 2) finden Sie noch weitere Informationen über neuere Ergebnisse der Hirnforschung.

Im naturwissenschaftlichen Unterricht werden Sie möglicherweise noch weitere vertiefende Informationen zu diesem Themenkreis bekommen. Prüfen Sie diese auf ihre ‚pädagogische Relevanz'.

Diskutieren Sie Möglichkeiten fächerübergreifender Arbeit zwischen den Naturwissenschaften und der Pädagogik.

Grundbegriffe und Grundthesen

Linkshirn- und rechtshirnorientierte Menschen

Jeder von uns benutzt beide Gehirnhälften, doch wahrscheinlich benutzen wir eine der beiden mehr. Wenn bei Ihnen beispielsweise die rechte Hemisphäre dominiert, heißt das, dass diese bevorzugt benutzt wird und entsprechend stärker ausgeprägt ist. Der größte Teil an Informationen wird zuerst von dieser Hemisphäre verarbeitet. Das bedeutet jedoch nicht, dass Sie Ihre linke Hemisphäre gar nicht benutzen, sondern beispielsweise zu 60 Prozent mit Ihrer rechten und zu 40 Prozent mit Ihrer linken Gehirnhälfte arbeiten. Rechtshirn- oder linkshirndominante Kinder benutzen also nicht ausschließlich die eine Hemisphäre, sondern geben ihr lediglich den Vorzug.

Am besten wäre es natürlich, wenn jeweils die Gehirnhälfte bei einer bestimmten Aufgabe aktiv würde, für die sie die besseren Voraussetzungen mitbringt. Bedauerlicherweise geschieht aber allzu häufig genau das Gegenteil. In manchen Situationen bevorzugt ein Kind die rechte Gehirnhälfte, auch wenn die linke für die gestellte Anforderung viel geeigneter wäre. Ich musste feststellen, dass diese stark rechtshirnorientierten Kinder in der Schule oft Schwierigkeiten haben.
Die Probleme bei der Hemisphärenspezialisierung sollten jedoch nicht überbewertet werden. Im Allgemeinen ist die Zusammenarbeit beider Hemisphären so ausgewogen, dass jede Seite die Aufgaben übernimmt, für die sie am besten geeignet ist. Damit dies anschaulicher wird, wollen wir uns die hemisphärische Spezialisierung in Hinblick auf schulische Fähigkeiten anschauen. Obwohl die Forschung auf diesem Gebiet noch nicht abgeschlossen ist, zeigt die Zuordnung zur rechten bzw. linken Gehirnhälfte bei der Unterteilung von Fähigkeiten und Lehrplananforderungen (Tabelle 1) bereits deutliche Schwerpunkte.

Linke Hemisphäre	Rechte Hemisphäre
Handschrift	Haptische Wahrnehmung
Symbole	Räumliches Empfinden
Sprache	Formen und Muster
Lesen	Gesang und Musik
Laute	Farberkennung/-unterscheidung
Differenzierung von Details und Fakten	Mengen und mathematisches Zahlenverständnis
Einfaches Zahlenverständnis	Künstlerischer Ausdruck
Erzählen und Berichten	Kreative Eingebungen
Aufgaben erledigen	Visualisation
Zuhören	Gefühle

Tabelle 1: Fähigkeiten unter dem Gesichtspunkt der Hemisphärenspezialisierung

Die Handschrift wird meistens von der linken Hemisphäre gesteuert. Ebenso die Fähigkeit, Symbole wie Zahlen und Buchstaben zu interpretieren sowie die meisten Bereiche sprachlicher Kommunikation. Hierzu gehören Formulierungen, Einzellaute, Lesen, Umgehen mit Details und Fakten, Anordnungen ausführen, Zuhören und Assoziationen zum Gehörten.

Mit diesen Fähigkeiten müssen Kinder täglich im Klassenraum umgehen. Wir geben den Kindern Symbole, legen großen Wert auf das Lesen, die Sprache, die Artikulation. Wir fragen nach Details und bestehen darauf, dass alle Aufgaben erledigt werden.

Meistens sprechen wir **zu** den Kindern – und nicht **mit** ihnen. Fazit: Unsere Lehrpläne sind linkshirnorientiert. Unser Unterricht wendet sich an Schüler mit einem dominierenden linken Gehirn.

Über ganz andere Fähigkeiten verfügt die rechte Hemisphäre. Hier werden nonverbale Informationen erkannt und verarbeitet. Sie besitzt außerdem die größere Fähigkeit, mithilfe von Körpersprache zu kommunizieren.

Obwohl die motorische Gehirnrinde sich auf beide Hemisphären verteilt, liegt das Zentrum für die Einordnung räumlicher Empfindungen und die Orientierung unseres Körpers, z. B. beim Sport, in der rechten Hemisphäre. Auch an der Interpretation von Körperwahrnehmungen, die in der sensorischen Region verarbeitet werden, ist die rechte Hemisphäre beteiligt.

Sie hat die Fähigkeit, geometrische Figuren wie Kreise, Quadrate, Rechtecke, Dreiecke sowie Formen und Muster zu erkennen, mit ihnen umzugehen und sie zu zeichnen. Sie kann Farben und Farbnuancen unterscheiden sowie farbige Bildvorstellungen entwickeln. […]

Für jede Gehirnhälfte ist zudem eine bestimmte ***Bewusstseinsform*** typisch. Denn in jedem Menschen existieren zwei verschiedene Reizverarbeitungs-Mechanismen. Obwohl beide Hemisphären sensorische Informationen aus der Umwelt bekommen und weiterleiten, verarbeitet jede Hemisphäre ihre Informationen auf ihre ganz besondere Art. Mit anderen Worten: Unser rechtes und unser linkes Gehirn haben spezifische Denkweisen. Sie begegnen den Anforderungen des Lebens zwar beide mit hoch differenzierten kognitiven Verfahren, unterscheiden sich aber erheblich in ihrer Herangehensweise. Die linke Hemisphäre bewältigt die täglichen Anforderungen, indem sie vom Teil zum Ganzen geht, vom Speziellen zum Komplexen. Sie geht der Reihe nach vor und baut logisch aufeinander auf. Die rechte Hemisphäre dagegen geht vom Ganzen zum Teil, vom Komplexen zum Speziellen. Sie lernt ganzheitlich. Sie unterteilt nicht, sondern betrachtet die Dinge holistisch, als Gesamtbild.

Tabelle 2:
Gegenüberstellung von linken und rechten Bewusstseinsformen

Linke Hemisphäre	Rechte Hemisphäre
linear	holistisch/ganzheitlich
symbolisch	konkret
sequenziell	zufällig/planlos
logisch	intuitiv
verbal	nonverbal
realitätsorientiert	fantasievoll
zeitbezogen	zeitlos
abstrakt	analog

Linear und holistisch

[…] Ein rechtshirn-dominantes Kind beginnt mit der Antwort, mit dem Gesamtkonzept oder es erfasst den Gesamtzusammenhang und entdeckt neue, unkonventionelle Lösungen. Sehr oft hat es Schwierigkeiten mit logischem, linearem Denken.
Unser Leseunterricht wendet sich meistens an die linke Hemisphäre. Er ist logisch und geradlinig. Aus einzelnen Teilen, nämlich Lautsequenzen, wird das Ganze, das Wort, gebildet.
Aber wie wirkt sich dieses Vorgehen auf einen Schüler aus, der vom Ganzen zum Teil geht, der nicht lernt, indem er sich zunächst die einzelnen Laute einprägt, sondern das ganze Wort hören muss, um seine Bestandteile erfassen zu können? Er lernt bis zur dritten Schulklasse einzelne Buchstaben – aber nicht das Lesen. Hier beginnt die Karriere der Schulversager.

Symbolisch und konkret

Linkshemisphärische Kinder denken und arbeiten mit Symbolen, während rechtshemisphärische Kinder besser mit dem Konkreten, Gegenständlichen umgehen können. Sie lernen durch praktische Erfahrung, durch die Berührung und Bewegung von Dingen. Was sie nicht anfassen, fühlen und be-*greifen* können, existiert für sie nicht. Sie brauchen die gegenständliche Erfahrung, bevor sie etwas visualisieren können.
Rechtshemisphärische Kinder haben Schwierigkeiten mit Hilfsmitteln wie Papiergeld oder schriftlichen Arbeitshinweisen. Sie brauchen den Umgang mit realem Geld, mit anschaulichen Beispielen. Dies sollten Sie unbedingt berücksichtigen, wenn Sie feststellen, dass Ihre Kinder rechtsdominant sind. […]

Realität und Fantasie

Linkshemisphärische Kinder finden sich in der Realität, mit der Art und Weise, wie die Dinge sind, gut zurecht. Sie können mit den Bildern und Geschichten in der Schule umgehen. Sie reagieren sehr lebhaft auf ihre Umwelt und passen sich ihrer Umgebung gut an. Auf Neues reagieren sie schnell und stellen sich darauf ein. Auf diese Weise gehen sie durch ihr Leben. Was linkshemisphärische Kinder nicht tatsächlich sehen können, existiert für sie nicht.
Rechtshemisphärische Kinder versuchen auf jede mögliche Weise ihre Umgebung so zu verändern, dass sie ihren Bedürfnissen entspricht. Diese Tendenz äußert sich oft als Verhaltensstörung. Diese Kinder benutzen ihre Fantasie, Bildersprache und Imagination. Sie fühlen sich am besten, wenn sie etwas aus sich selbst heraus gestalten können.
Ich erinnere mich an Kevin, der immer zu spät zur Schule kam. Eines Morgens verkündete er mit seinen großen, nach oben gerichteten Augen: „Ich habe ein Einhorn getroffen. Es hat mich nach dem Weg zum nächsten Regenbogen gefragt und versprochen, dass du mir nicht böse sein wirst.“ Ich schrie ihn an: „Kevin, du weißt genau, dass es keine

Einhörner gibt!“ Voller Entrüstung schrie er zurück: „Einhörner gibt es doch!“ Während des folgenden Schuljahres begriff ich, dass – zumindest für Kevin – Einhörner sehr real waren.

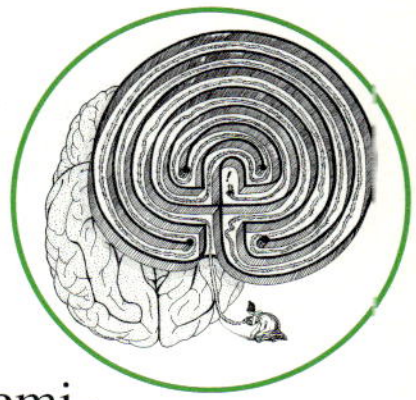

Zeitbezogen und zeitlos

Linkshemisphärische Kinder haben ein gutes Gefühl für Zeit. Für rechtshemisphärische dagegen ist dies eines der kompliziertesten Gebiete. Sie können nicht verstehen, dass Zeiträume begrenzt sind. „In zehn Minuten“ kann das Gleiche sein wie „in ein paar Tagen“ und „vor dem Mittagessen“ kann in ihren Augen auch „vor dem Mittagessen am nächsten Donnerstag“ bedeuten. Sie können in keinem anderen Zeitraum denken als im Hier und Jetzt. Denn diese Minute, genau dieser Moment, das ist die einzige Wirklichkeit, die für rechtshirndominante Kinder existiert. Sie können die Zeit nicht einschätzen, erledigen ihre Hausaufgaben nicht rechtzeitig und kommen immer wieder zu spät zur Schule. […]

(Barbara Meister Vitale, Lernen kann fantastisch sein, Übers.: Claudia vom Baur, Synchron Verlag, Berlin 1988, S. 9-15)

1. Bilden Sie nach Ihrer eigenen Einschätzung eine Gruppe eher ‚linkshirn-‘ und eine Gruppe eher ‚rechtshirnorientierter‘ Mitschülerinnen und Mitschüler.
   Notieren Sie die Ereignisse des Tages, die Ihrer Hirndominanz entsprachen bzw. nicht entsprachen.
   Tauschen Sie sich in Ihrer Gruppe darüber aus.
2. Wie sollte Ihrer Meinung nach der schulische Lernalltag gestaltet werden, um ‚mit den Kindern zu sprechen‘?

Hinweis: In Band 2 von „Phoenix“ finden Sie im Themenkreis 2.1, Abschnitt *Reflexionen* (S.187ff.) einige Ergebnisse aus der neueren Hirnforschung, aus denen sich wichtige pädagogische Folgerungen ableiten lassen. Hier ergeben sich interessante Möglichkeiten der Zusammenarbeit der Fächer Biologie und Erziehungswissenschaft (vgl. Sie hierzu auch die Methodenseiten: Fächerübergreifende Perspektiven: Biologie/EW).

Vertiefung

Vernetztes Denken

Vernetztes Denken brauchen wir heute mehr denn je. Eine durchgehende Umstülpung unseres ganzen Ansatzes in der Ausbildung ist nicht nur nötig, um die Welt besser zu verstehen, sie würde auch das Lernen als solches erleichtern und im Hinblick auf seine sinnvolle Umsetzung weit effizienter machen.[…]
Die Fixierung auf Details, wie sie in der Schule vielfach erfolgt, aktiviert nur ganz bestimmte Hirnbereiche und lässt andere brachliegen, was den Blick fürs Ganze trübt und für ein besseres Verständnis der Wirklichkeit nicht viel bringt. Dazu muss man auf andere Hirnbereiche umschalten und die rechte Hirnhälfte aktivieren. […]
Dieses ‚Verfahren‘ haben sich in der Malerei die Pointillisten zunutze gemacht: Von der Nähe betrachtet offenbaren sich ihre Bilder als eine Vielzahl farbiger Tupfer und Kleckse, von denen jeder Einzelne – genau betrachtet und analysiert – über das Gesamtwerk gar nichts aussagt. Erst aus der richtigen Distanz, wenn man das System der Tupfer und Kleckse richtig erfassen kann, ergibt sich ein Bild – und damit eine Aussage. Das Ganze ist auch hier mehr als die Summe seiner Teile. Wir können noch so viele ‚Bild-

tupfer‘ auswendig lernen, ordnen oder analysieren, über das System lernen wir nichts! […] Das heißt nun nicht, dass man das Studium der Details nicht brauchen könnte.

Für den Bau einer Maschine ist es genau das Richtige. Hier würden wir mit dem unscharfen Bild nicht weiterkommen. Die Maschine würde nicht funktionieren.

Doch schon für den sinnvollen Einsatz dieser Maschine in der Umwelt brauchen wir das Muster des Systemzusammenhangs – und das erfassen wir nur, wenn wir uns auf eine höhere Ebene der Aggregation begeben, sodass sich eine Resonanz mit unserem eigenen Organismus, mit der Struktur eines lebensfähigen Systems einstellt, an der alleine wir die Wirkung unseres Tuns im größeren Zusammenhang bemessen können.

Damit plädiere ich für eine neue Arbeitsweise, nicht nur in der Schule und Hochschule, die die Umwelt nicht nur in ihren zu Fächern auseinander gerissenen Details sieht, sondern die die Fähigkeit entwickelt, sie in ihrer Ganzheit zu erkennen – die aber auch den Menschen in seiner Ganzheit sieht, nicht nur in der Intelligenz seines Geistes, sondern auch in der Intelligenz seiner Gefühle, seiner Glieder und seines Körpers. Denn auch die Zellen unserer Gewebe, unseres Fingers, unserer Augen sind intelligent. Sie zu vernachlässigen hieße, den Menschen in Richtung eines intellektuellen Monsters auszubilden, ihn durch Überbetonung einiger weniger Gehirnareale zu einem geistigen Krüppel zu machen. […]

Es ist unendlich traurig zu verfolgen, wie zunehmend unter Lernen nur noch das abstrakt-intellektuelle Lernen verstanden wird, wobei ganze Gehirnbereiche brachliegen, künstlich aus dem Spiel gebracht werden. Dadurch aber bleibt manche Intelligenz, deren Schwerpunkt nicht im Verbal-Abstrakten liegt, auf der Strecke, wird durch Willkür zum ‚Versager‘ gemacht.

Bei einer solchen Selektionsweise wundert es nicht (wenn man das Verhältnis zwischen Mensch und Umwelt in unserer Industriegesellschaft untersucht), dass sich fast automatisch eine immer größere Unfähigkeit breit macht, die Realität in ihren wahren Zusammenhängen überhaupt noch zu erkennen.

Statt nur mit Begriffen von Dingen sollten wir auch mit den Dingen selbst arbeiten, mit ihren Wechselwirkungen, mit ihrer Beziehung zur Umwelt. Und sofort würden auch die Begriffe sich im Gehirn nicht nur spärlich, sondern vielfach verankern können. Sie würden den visuellen, den haptischen, den gefühlsmäßigen und den auditiven Kanal in gleicher Weise nutzen und dadurch viel stärkere Assoziationsmöglichkeiten bieten als bei einem realitätsfremden Eintrichtern. […]

Wir sollten also nicht vergessen, dass aus dem Mangel an vernetztem Denken in der Schule schließlich das unvernetzte Denken in unserer späteren Planungs- und Vorgehensweise resultiert, ganz gleich, ob es darum geht, Firmen in einem neuen Gewerbegebiet anzusiedeln oder eine Straße oder ein Kraftwerk zu bauen, die dann nachher mit der sozialen, ökonomischen und ökologischen Wirklichkeit nicht zurechtkommen.

Der Schluss, den wir daraus ziehen können, ist nicht angenehm. Denn das heißt nichts anderes, als dass unsere Schulen und Hochschulen die Auszubildenden betrügen, weil sie ihnen ein falsches Wirklichkeitsbild präsentieren.

(Frederic Vester, Leitmotiv vernetztes Denken, München 1989, S. 63,64,67,68,71,72)

1. Diskutieren Sie die Folgen einer Überbetonung ‚abstrakt-intellektuellen‘ Lernens.
2. Überlegen Sie Umsetzungsmöglichkeiten für die vom Autor geforderte „neue Arbeitsweise“. Ist diese Ihrer Meinung nach in der Schule realisierbar bzw. unter welchen Voraussetzungen lässt sich diese realisieren?

Exkurs: Lernen als Informationsverarbeitung

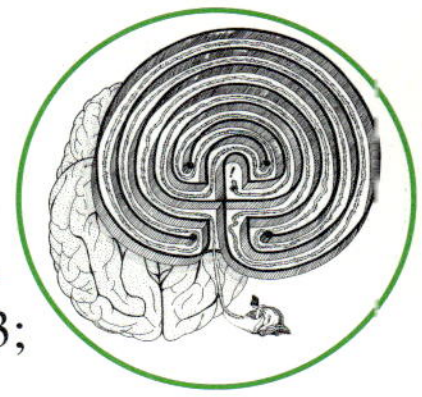

Es handelt sich dabei um ein von uns aus den Arbeiten mehrerer Wissenschaftler zusammengestelltes, bewusst einfach gehaltenes Modell zur Erklärung menschlichen Denkens auf der Grundlage der Informationsverarbeitung. (Anderson, 1983; Broadbent, 1958; Kail u. Bisanz, 1982; Newell u. Simon, 1972; Uttal, 1981).

Die Sinnesorgane. Der schwarz umrandete Kasten (s. unten) stellt die Person dar. Zwischen Person und Umwelt sind (1) die Sinnesorgane als Input-Kanäle oder „Fenster zur Außenwelt“ und (2) die Muskeln als Output-Kanäle geschaltet.
Der Einfachheit halber haben wir nur drei Sinnesorgane, nämlich Augen, Ohren und Hände in das Modell eingearbeitet. Jedes Sinnesorgan ist in sich ein hochspezialisiertes, immer nur auf eine bestimmte Reizquelle aus der Umgebung abgestimmtes Instrument. Die Augen nehmen nur einen kleinen Ausschnitt aller Lichtwellen auf, die Ohren nur einen kleinen Ausschnitt aller Schallwellen und die taktilen Rezeptoren (Hände, Haut- und Nervenzellen) nur einen Teil sämtlich möglicher Berührungen. Die Sinnesorgane nehmen Umweltreize also nur höchst selektiv auf. Der weitaus größte Teil der möglichen Information von der und über die Welt schlüpft durch die Maschen des Netzes und dringt gar nicht erst in das menschliche Verarbeitungssystem ein.

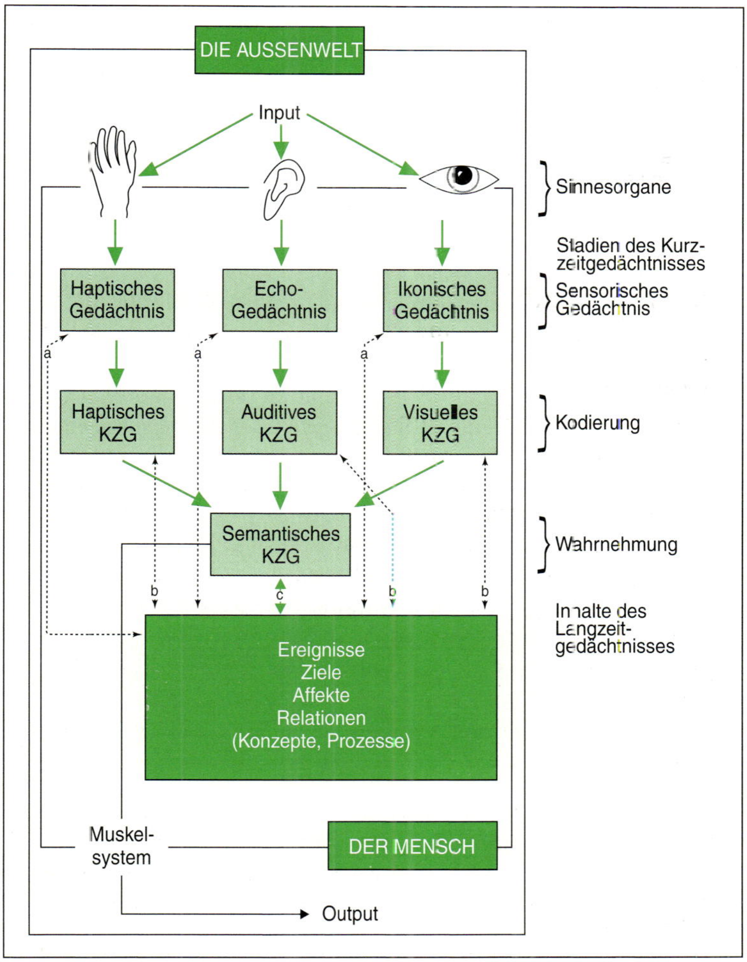

Das Kurzzeitgedächtnis. Zuerst werden Umweltreize von den Sinnesorganen gesammelt und in der unterschiedlich als *Kurzzeitgedächtnis, Primärgedächtnis, Aktivgedächtnis* oder *Arbeitsgedächtnis* bezeichneten Komponente des Systems verarbeitet. Diese Begriffe werden häufig gleichwertig verwendet, gelegentlich wird differenziert. R. L. Klatzky beispielsweise unterteilt das Kurzzeitgedächtnis weiter in: (1) den Speicher, wo wahrgenommene Eindrücke eine Zeit lang zurückgehalten werden und (2) das Arbeitsgedächtnis, in dem fortlaufend kognitiv gearbeitet wird, Worte z. B. auf ihre Bedeutung hin ausgewertet werden und mit Symbolen (beim mathematischen Denken und bei der Urteilsbildung) umgegangen wird (vgl. auch Cube, [3]1975: 100).

Sensorisches Gedächtnis. In unserem Modell besteht das Kurzzeitgedächtnis sogar aus drei Stadien. Da ist zunächst das sensorische Gedächtnis, das offensichtlich im Sinnesorgan selbst eingelagert und ein Stadium momentaner Abbildspeicherung ist. Es verfährt nicht selektiv, sondern nimmt alles auf, was auf das jeweilige Sinnesorgan trifft, soweit seine Kapazität es zulässt. Das sensorische Gedächtnis des Auges empfängt alle Lichtimpulse, die aufs Auge treffen, das Ohr alle Schallwellen und die taktilen Rezeptoren alle Berührungen. Bezeichnungen für dieses frühe Gedächtnisstadium reflektieren die Annahme, dass es sich hierbei um relativ „unverfälschte" Nachrichten handelt: *Ikonisches Gedächtnis* für Sehbares, für visuelle Abbildungen, *Echogedächtnis* für Hörbares, für Laute und *taktiles* oder *haptisches Gedächtnis* für Ertastetes, für Berührungserfahrungen. Gespeichert wird die Information nur für einen Augenblick, möglicherweise nicht länger als eine halbe Sekunde bei visuellen Eindrücken, bevor sie sich wieder zerstreuen. Eine Klanginformation hält sich wahrscheinlich ein bis zwei Sekunden, bevor sie wieder „vergessen" wird (Klahr u. Wallace, 1976: 174; vgl. auch Cube, 1975: 212–213). Während dieser kurzen Verweildauer von Eindrücken findet zwischen dem sensorischen Gedächtnis und dem Langzeitgedächtnis (in der Abb. durch Linie a gekennzeichnet) ein Austausch statt. Um diesen Austausch besser zu verstehen, sollten wir einen Blick auf das Langzeitgedächtnis werfen. In unserem Modell der Datenverarbeitung ist das Langzeitgedächtnis ein Speicher, der in Vergangenheitserfahrungen der betreffenden Person anzusiedelnde Ideen oder gedankliche Konstruktionen enthält. Diese Ansammlung von Ideen ist im Grunde nichts anderes als die *Wissensgrundlage* des Menschen. Ein Austausch (Linien a, b und c in der Abb.) zwischen dem Kurzzeitgedächtnis und dem Langzeitgedächtnis geht auf allen drei Ebenen des Kurzzeitgedächtnisses vonstatten. Das Langzeitgedächtnis wird (1) über die angekommene Information in Kenntnis gesetzt (Austauschlinie a) und wird (2) dadurch dazu befähigt, dem Kurzzeitgedächtnis Mitteilung zu machen, welche Reize herauszufiltern und welche ins nächste Stadium (Kodierung) zu schicken sind. Wir vermuten, dass Austausch a zur Ermittlung bestimmter Grobmerkmale von Stimuli dient (z. B. eine Gestalt vom Hintergrund unterscheiden), ins sensorische Gedächtnis führt und die ermittelte Grobinformation von dort aus weiter auf dem Weg zum nächsten Stadium geschickt wird. Figur und Grund zu unterscheiden, kann z. B. durch das Auseinanderhalten des Umrisses einer nahebei stehenden Person von dem den Hintergrund ausmachenden Farbmuster geschehen. Im klanglichen Bereich kann eine Stimme von den durch Vogelgesang, fallendes Laub und vorbeifahrenden Autos verursachten Hintergrundgeräuschen unterschieden werden.[...]

(Murray Thomas/Birgitt Feldmann, Die Entwicklung des Kindes; Übers.: Birgitt Feldmann; Beltz/PVU, Weinheim u. Basel, 4. Aufl. 1994, S. 149ff; Grafik S. 149)

1. Erläutern Sie die Funktionsweise des Gedächtnisses an selbst gewählten Beispielen.
2. Erläutern Sie am Beispiel des Gedächtnisses den aktiven Charakter des menschlichen Lernens.
3. Vergleichen Sie dieses Modell mit dem Wahrnehmungsmodell auf Seite 315.

Ein-Spruch

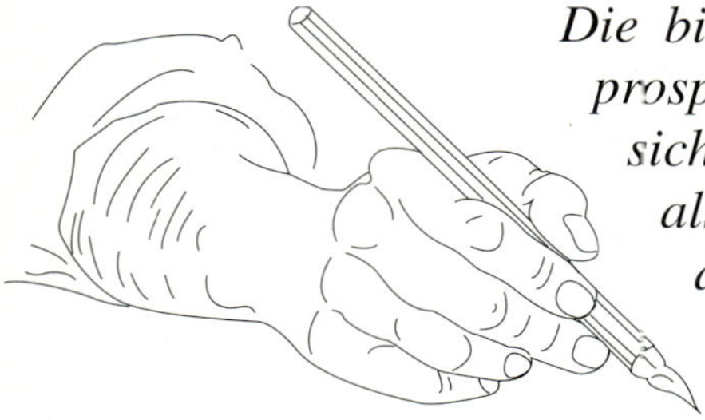

Die bildende Wirkung eines Irrweges kann nicht prospektiv gewonnen werden. Ein Irrweg erweist sich immer erst im Nachhinein, also retrospektiv als Irrweg. […] Irrwege entziehen sich deshalb der planenden Verfügung. Vielleicht lassen sie gerade deshalb den Menschen eine Einstellung zu seinen Fehlern und Irrtümern gewinnen. […] Die bildende Wirkung des Irrweges besteht also immer in der Selbsterkenntnis. […] Selbsterkenntnis […] ist charakteristisch durch die Einsicht in eigene Grenzen, also in die Bescheidung eigener Möglichkeiten. Steht sie am Ende eines Irrweges, so geht der Mensch aus ihm verändert hervor.

(Aus: Jakob Muth, Die pädagogische Dimension des Irrweges, in: J. Muth, Schule als Leben, Hohengehren 1992, S. 260ff.)

Wer sagt
was
mit welchen Mitteln
und welcher Absicht
zu wem ???

Ist das Gegenteil auch richtig?

Mein Kommentar:

Die ‚sieben Intelligenzen'

Um unser Verständnis für die Funktionsweise unseres Gehirns beim Lernen noch weiter zu komplizieren – oder zu bereichern –, haben Forscher eine Vielzahl von „Intelligenzen", analog zu den Lernmodalitäten, entdeckt. Es gibt mindestens sieben Intelligenzen, die es zu entwickeln gilt, und von denen im traditionellen Unterricht gerade einmal zwei, die logisch-mathematische und die linguistische nämlich, besonders trainiert werden. Und in der Tat beruht der größte Teil traditioneller Pädagogik-Theorie auf der irrigen Annahme, dass diese zwei alles sind, was es an Intelligenz gibt.
Die sieben Intelligenzen, die Howard Gardner von der Harvard Universität identifizierte, werden in seinem Buch ‚Der ungeschulte Kopf' erörtert. Obwohl Gardner seit kurzem glaubt, dass es noch eine große Zahl weiterer Intelligenzen geben könnte, sollten diese sieben im Unterricht und bei allen Lernerfahrungen berücksichtigt werden.

Diese sieben Intelligenzen sind:

- die logisch-mathematische,
- die linguistische,
- die räumliche (visuelle),
- die körperlich-kinästhetische,
- die musikalische,
- die intra-personale und
- die interpersonale Intelligenz.

In jedem Individuum sind diese sieben Intelligenzen höchstwahrscheinlich unterschiedlich stark ausgeprägt. Jemand, der schlecht im logischen Schließen ist, kann dafür besonders gut in Musik oder inter-personalen Beziehungen sein.
Gerald Grow ergänzt, dass Gardners Arbeit zu drei wichtigen Schlussfolgerungen führt: „(1) Menschliche Wesen haben im Verlauf der Evolution diverse unterschiedliche Intelligenzen entwickelt und nicht nur eine einzige allgemeine Intelligenz; (2) jede Intelligenz ist von den anderen verhältnismäßig unabhängig; und (3) jede bedeutende Errungenschaft umfasst eine ‚Verschmelzung von Intelligenzen'." Grow hält „die Theorie multipler Intelligenzen für den Beginn einer Revolution unseres Verständnisses und der Weiterentwicklung unseres menschlichen Potenzials".
Die sieben Intelligenzen scheinen im Gehirn neurologisch voneinander isoliert zu sein. Manchmal ist eine in hoch entwickelter Form präsent, während die anderen so gut wie abwesend sind. Es ist möglich, jede Einzelne chirurgisch zu entfernen und dabei die Übrigen intakt zu lassen. Eine Hirnverletzung kann jemandem, zumindest eine gewisse Zeit, das Sprechen unmöglich machen, während er beispielsweise weiterhin Musik komponieren kann.
(Peter Kline, Das alltägliche Genie, übers. von Michael Kuyumcu, Junfermann, Paderborn 1995, S. 130,131)

Was unter den ‚sieben Intelligenzen' im Einzelnen zu verstehen ist, können Sie beispielhaft dem folgenden Text entnehmen:

Der interpersonalen Intelligenz liegt die Fähigkeit zugrunde, Mitmenschen, deren Gefühle und Absichten als unterschiedlich zu erkennen und darauf zu reagieren. Schon kleine Kinder lernen in einem frühen Stadium ihrer Persönlichkeitsentwicklung, zwischen Erwachsenen zu unterscheiden, um deren Stimmungen richtig einzuschätzen. Mit zunehmender Erfahrung entwickelt sich die interpersonale Intelligenz, und mancher scheint sogar in der Lage, anderer Menschen Gedanken zu lesen und sie für eine Zusammenarbeit zu gewinnen. Menschen mit einer hoch entwickelten interpersonalen Intelligenz reagieren sensibel auf die Stimmungslage anderer, interessieren sich aktiv für die Gedanken und Gefühle ihrer Mitmenschen und werden meist gut mit persönlichen Problemen fertig. Zudem arbeiten sie in der Regel lieber in einer Gruppe als für sich allein.
Die intrapersonale Intelligenz ist die natürliche Ergänzung der interpersonalen Intelligenz. Es ist dies die Fähigkeit, in sich zu blicken und ein genaues Bild der eigenen Persönlichkeit und des eigenen Verhaltens zu entwerfen, also „Selbst-Verständnis" im eigentlichen Wortsinn. Howard Gardner definierte intrapersonale Intelligenz als die Fähigkeit, die es „einem ermöglicht, sich selbst zu verstehen und zu akzeptieren" und „Zugang zur eigenen Gefühlswelt zu gewinnen". Die Entwicklung dieses Zugangs zu sich selbst vermittelt uns Einsichten in die eigenen Emotionen und versetzt uns in die Lage, zwischen verschiedenen Gefühlen zu unterscheiden und diese richtig einzuordnen. Eine solche Selbsterkenntnis hilft somit, das eigene Verhalten zu verstehen und zu beeinflussen.
Die körperlich-kinästhetische Intelligenz versetzt Sie in die Lage, körperliche Bewegungen vielfältig und kontrolliert zu variieren. Sie machen ständig von ihr Gebrauch, egal ob Sie einem Gefühl Ausdruck geben oder eine konkrete Tätigkeit ausüben wollen. Diese Form der Intelligenz gestattet es Ihnen zum Beispiel, einen Faden in ein feines

Nadelöhr einzufädeln. Sie ermöglicht es andererseits Weltklassesportlern, ihre Rekorde Stück für Stück höher zu schrauben.
Überaus augenfällig tritt die angewandte körperlich-kinästhetische Intelligenz in der Darstellungskunst der Pantomimen zutage, die gänzlich ohne Worte, nur mit Bewegungen und subtilen Gesten, eine Geschichte in allen Einzelheiten zu erzählen vermögen.

(„Sich selbst entdecken“ aus der Reihe „MindPower“, übers. von Dieter Schmitz, Time-Life International, Amsterdam 1994, S. 16ff)

1. In welchen Berufsbereichen sind welche der ‚sieben Intelligenzen‘ besonders gefordert?
2. Welche der ‚sieben Intelligenzen‘ sollten Ihrer Meinung nach in der Schule in welchem Umfang gefördert werden?

Wo liegen die Schwerpunkte Ihrer Intelligenz?

Wir alle verfügen in unterschiedlichem Maße über alle sieben Arten von Intelligenz. Jede der folgenden Aussagen bezieht sich auf eine bestimmte Form von Intelligenz; kreuzen Sie an (Kopie!), was auf Sie zutrifft.

1. Ich betreibe verschiedene Sportarten
2. Ich beteilige mich gern an lebhaften Diskussionen
3. Ich prüfe Einnahmen und Ausgaben meiner Familie
4. Ich führe Tagebuch
5. Ich kann gut zuhören
6. Ich spiele ein Musikinstrument
7. Ich schreibe gern Briefe
8. Ich plane gern Reisen
9. Ich bin wissenschaftlich interessiert
10. Ich interessiere mich für Kunst
11. Ich erreiche meistens meine persönlichen Ziele
12. Ich montiere manchmal Möbelstücke, die als Bausatz geliefert werden
13. Ich bin ein guter Lehrer
14. Ich bin gut im Erkennen von Melodien
15. Ich lese gern Gedichte
16. Ich koche gut
17. Ich habe einen guten Orientierungssinn
18. Ich lese gern Bücher
19. Ich kann mir meine Zeit gut einteilen
20. Ich nehme gern an Versammlungen teil
21. Ich empfinde leise Musik als anregend
22. Ich kann gut Formulare ausfüllen
23. Ich stelle gern Möbel um
24. Ich kann gut rechnen
25. Ich kenne meine Gefühle und Stimmungen
26. Ich bin kontaktfreudig
27. Ich kann meine Fähigkeiten gut einschätzen
28. Ich bin ein guter Autofahrer
29. Ich kann gut Mengen schätzen
30. Ich beschäftige mich gern mit diffizilen Bastelarbeiten
31. Ich kann mir Werbesprüche gut merken
32. Ich tanze gern
33. Ich kann Melodien nach Gehör wiedergeben
34. Ich kann Pläne und Grafiken interpretieren
35. Man sagt mir nach, ich könne andere gut trösten

Auswertung:
Unten sind die Teilbereiche der Intelligenz mit den dazugehörigen Aussagen aufgeführt. Um Ihre Schwerpunkte zu ermitteln, geben Sie sich für jede angekreuzte Aussage 1 Punkt, und zählen Sie die Punkte in jeder der sieben Kategorien zusammen. Wenn Sie beispielsweise im Bereich der sprachlichen Intelligenz die Aussagen 2, 15 und 22 angekreuzt habe, nicht aber die 7 und die 18, haben Sie in diesem Bereich 3 Punkte erzielt.

Sprachliche Intelligenz: 2, 7, 15, 18 und 22

Logisch-mathematische Intelligenz: 3, 8, 9, 24 und 29

Räumliche Intelligenz: 10, 12, 17, 28 und 34

Musikalische Intelligenz: 6, 14, 21, 31 und 33

Körperlich-kinästhetische Intelligenz: 1, 16, 23, 30 und 32

Interpersonale Intelligenz: 5, 13, 20, 26 und 35

Intrapersonale Intelligenz: 4, 11, 19, 25 und 27

Haben Sie in einer dieser Kategorien 4 oder 5 Punkte erzielt, ist diese Form der Intelligenz bei Ihnen stark ausgeprägt. Bei 2 oder weniger Punkten sollten Sie den entsprechenden Bereich der Intelligenz trainieren.

(„Sich selbst entdecken“ aus der Reihe „MindPower“, übers. von Dieter Schmitz, Time-Life International, Amsterdam 1994, S. 15)

1. Überlegen Sie Möglichkeiten, nicht so ausgeprägte Formen der Intelligenz zu trainieren.
2. Nach Daniel Golman bestimmen im Wesentlichen fünf unterscheidbare Fähigkeiten die emotionale Intelligenz eines Menschen, die seiner Ansicht nach erlernbar ist (Ders., Emotionale Intelligenz, Carl Hanser Verlag, München und Wien 1996): die eigenen Emotionen kennen, Emotionen handhaben, Emotionen in die Tat umsetzen, Empathie und der Umgang mit Beziehungen. Rationale Intelligenz und emotionale Intelligenz sind zu gleichen Teilen wichtig, die Erziehung in Kindheit und Jugend hat seiner Meinung nach einen entscheidenden Einfluss auf die Entwicklung der emotionalen Intelligenz.
Diskutieren Sie: Wie können Eltern, Lehrer, Erzieher … helfen, den EQ zu fördern?

(Pädagogische) Anwendung

Mind Mapping

In diesem Abschnitt wird Ihnen eine Arbeitsmethode vorgestellt, die beide Hirnhälften beteiligt und der Struktur des Denkens durch eine entsprechende Visualisierungsform sehr nahe kommt.

Benutzen Sie bei dieser Übung Ihr Journal:

Gehen Sie in Gedanken zurück bis zu einem wichtigen Ereignis in Ihrem Leben, z. B.
- Ihre Kindheit
- Ihre erste Liebe
- Ihr bester Freund, als Sie … Jahre alt waren
- eine wichtige Person in Ihrem Leben
- das erste Mal, als Sie eine große Reise unternahmen
- …

● Schreiben oder zeichnen Sie das zentrale Wort/die zentrale Idee in die Mitte eines Blattes, z. B. „Mein fünfter Geburtstag".

● Beginnen Sie mit freien Assoziationen zu diesem zentralen Wort/der Idee. Lassen Sie Äste und Zweige aus diesem Zentrum herauswachsen und schreiben Sie ein Wort auf jede Linie. Folgen Sie Ihren Assoziationslinien, so weit Sie diese führen.

● Wenn Ihnen zu viele Wörter zu dem zentralen Begriff einfallen oder wenn Sie mit Ihren Assoziationen plötzlich am Ende sind, dann öffnen Sie einfach neue „Gabeln" an einem der schon vorhandenen Wörter.

(Ingemar Svantesson, Mind Mapping und Gedächtnistraining, Offenbach, 1995, S. 40, 41, 42)

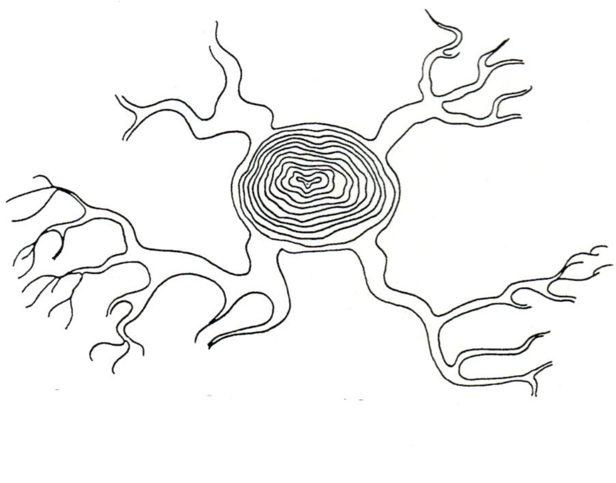

Begriffsbestimmung und Techniken

Die Struktur eines Mind-Maps erinnert an einen Baum von oben aus gesehen. Der Stamm bildet den Mittelpunkt, von dem aus die Haupt- und Nebenäste in alle Richtungen abzweigen und Blätter treiben. […]

Wir sind es gewohnt, komplexe Themen schriftlich zu bearbeiten, indem wir oben links auf dem Papierbogen beginnen und unsere formulierten Gedanken in linear aneinander gereihten Sätzen aufschreiben.

Mind-Maps dagegen entstehen immer im *Mittelpunkt* des Papierbogens und breiten sich über die gesamte Fläche der Unterlage aus. Die gesamte Blattfläche wird genutzt.

Im Mittelpunkt steht immer das *Thema.* Es wird in die Mitte des Bogens geschrieben und mit einem Kreis umschlossen. Von diesem Kreis gehen Verzweigungen ab, die das Thema in seine einzelnen Bereiche gliedern und auffächern. Das ausbaufähige Grundmuster eines Mind-Map ist damit bereits angelegt. Hierbei sind keine ausformulierten Gedanken gefragt – Stichworte genügen.

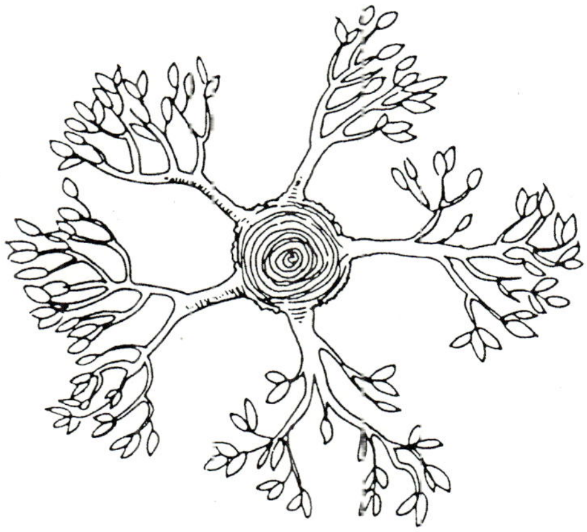

Schlüsselwort ist die geläufige Bezeichnung für ein Stichwort des Mind-Map. Jedes an einem der Äste platzierte Schlüsselwort ist der Aufhänger für einen Gedanken oder Gedankenkomplex. So wie einem Schauspieler, der in seinem Text stecken geblieben ist, meist ein einziges Stichwort genügt, um sich an den gesamten Text wieder erinnern zu können, so reicht ein Schlüsselwort aus, um den damit verbundenen Gedanken wiederzuerkennen. Mit Hilfe eines derartigen Schlüssels kann der gleiche Gedanke beliebig oft „aufgeschlossen“ und aktiviert werden.[…]

Darüber hinaus dient das Schlüsselwort als Zugang zu Schlüsselworten anderer Verästelungen. Die Verästelungen selbst stützen die Orientierung in den Gedankengängen. Sie sind punktuell und komplex zugleich. Das heißt, Sie behalten auch bei der Beschäftigung mit einem Detail immer den Gesamtüberblick. Der Gesamtüberblick – mehr eine Angelegenheit für das rechte Gehirn – ist notwendig, um den Sinngehalt einer bestimmten Information erfassen zu können. Eine sinnvoll einzuordnende Information wiederum wird leichter behalten, also schneller und intensiver gelernt.[…]

Während einer kreativen Phase arbeitet unser Gehirn so schnell, dass wir nicht in der Lage sind, diese Gedanken, Bilder und Verknüpfungen verständlich formuliert festzuhalten. Wir denken nämlich nicht in komplexen Formulierungen, sondern in Stichworten und assoziierten Bildern.

Dieser Tatsache entspricht die Struktur von Mind-Maps. Mind-Maps sind nichts anderes als organisierte und methodisch strukturierte Schlüsselworte. Während die Bilder des Gehirns mit Hilfe einer ihrer Struktur entsprechenden Methode aufgezeichnet und gleichzeitig geordnet werden, wird das Gehirn rückwirkend stimuliert und entlastet. Zudem werden beide Gehirnhälften unentwegt in ständigem Wechsel gleichzeitig genutzt.

Gleichgültig, welche Methoden, Lösungen und Kniffe Sie entwickelt haben, um die Probleme, Pläne und Projekte Ihres Alltags anzugehen – Mind-Mapping kann Sie dabei unterstützen. Wer vorwiegend mit der linken Gehirnhälfte arbeitet, kann mit Hilfe der Mind-Maps auch seine rechte Seite entfalten und so die Fähigkeit entwickeln, das Ganze zu betrachten und den Überblick zu bewahren. Eventuell stellen sich bei einem „Links-

hirner“ zunächst die typischen Startschwierigkeiten ein: das Zeichnen der Ästelungen oder die Lesbarkeit der Handschrift könnten zu Anfang Probleme bereiten. Dem „Linkshirner“ wird es dafür umso leichter fallen, seine Gedanken in treffenden Schlüsselworten zu formulieren.

Wer von Natur aus kreativ veranlagt ist – diejenigen also, die vorwiegend mit dem rechten Gehirn arbeiten – wird mit leichter Hand seine Striche ziehen, mit Vorliebe Farben benutzen und klare Blockbuchstaben schreiben. Beim „Rechtshirner“ werden allerdings zu Anfang Schwierigkeiten hinsichtlich der Präzisierung der Gedanken und der Formulierung der Stichworte auftauchen.

Doch ungeachtet dieser möglichen Startschwierigkeiten können mithilfe von Mind-Mapping Schwächen des rechten und linken Gehirns ausgeglichen werden.

(Mogens Kirckhoff, Mind Mapping – Einführung in eine kreative Arbeitsmethode, GABAL-Verlag, Offenbach 1995, S. 2, 4, 6)

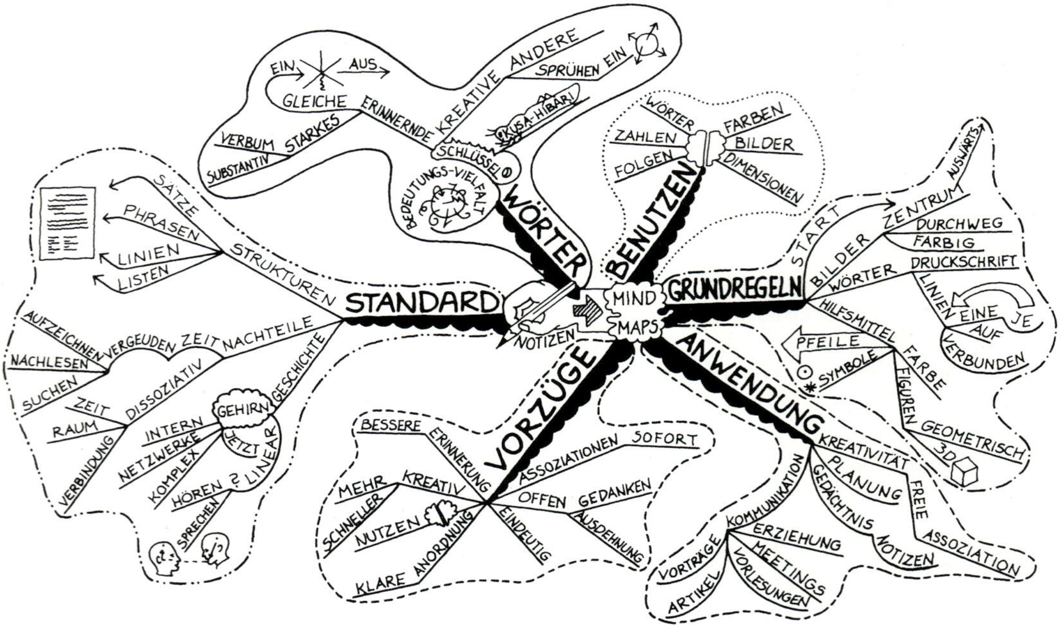

(Aus: Tony Buzan, Kopf Training, Goldmann Ratgeber, München 1993, Tafel V; © British Broadcasting Corporation)

Verdeutlichen Sie sich die ‚Schlüsselworte‘ dieses Mind-Maps und stellen Sie – so weit wie möglich – einen Bezug zu dem vorigen Text her.

Eine Voraussetzung ist bereits die Lage des Papiers: ich lege dieses Blatt *quer.* Nicht nur, dass ich eine andere grafische Raumaufteilung erreiche, die den Rechts-Hirnies behagt, sondern ich enthebe dich auf diese Weise dem traditionellen, leider total linkshirnig orientierten Schreibzwang, das Papier im Hochformat mit Zeilen zu bedecken. Kein Hochformat – kein automatisches, nur linkshirniges Liniendenken. Es ist ein Trick, mit dem Gedankenblockaden verhindert werden. Querformat bedeutet Bildqualität – das Denken mit auch rechtshirnigen Anteilen. Wohin blickst du sofort auf ein hochformatig gestelltes Papier? Nach links oben! Genau! Sofort setzt daraufhin ein Verhaltensreiz bei dir an, der die Links-Hirnies aufruft zu ihren linearen Denkweisen. Bei dem Hochkantformat ist eine Zeilendimensionalität unvermeidbar. Liegt das Blatt quer, dann blickst du automatisch in die Mitte. Dein Auge wandert das Format ab, als wären Motive oder Farben darauf. Niemals würde ein zeilenartiges Abscannen erfolgen. Das Auge springt über das Blatt. Ein Zeilenautomatismus stellt sich nicht ein. Auf dem querformatigen Blatt tummeln sich zuerst deine rechtshirnigen, dann aber bald deine kreativen Denk- und Arbeitsmöglichkeiten des gesamten BrainLand, so to speak. Als wäre bei den Links- und Rechts-Hirnies plötzlich Tag der offenen Tür.

(Maria Beyer, Bra n Land – Mind-Mapping in Aktion, Junfermann, Paderborn 1993, S. 8)

Immer da, wo vernetzte Strukturen verdeutlicht werden sollen, ist die Mind-Map-Technik von Vorteil. Dies gilt z. B. für Inhaltsangaben, zur Vorbereitung von Referaten oder Vorträgen, Wiederholung von komplexen Themen, Prüfungsvorbereitungen.

Nehmen Sie sich ein großformatiges Papier (Flipchartbogen, Packpapier) und fertigen Sie ein Mind-Map zu einem Thema Ihrer Wahl an (Mind-Maps lassen sich auch in Gruppenarbeit anfertigen).

Diskutieren Sie anschließend die Vor- und Nachteile dieser Methode.

Ein Anwendungsbeispiel:

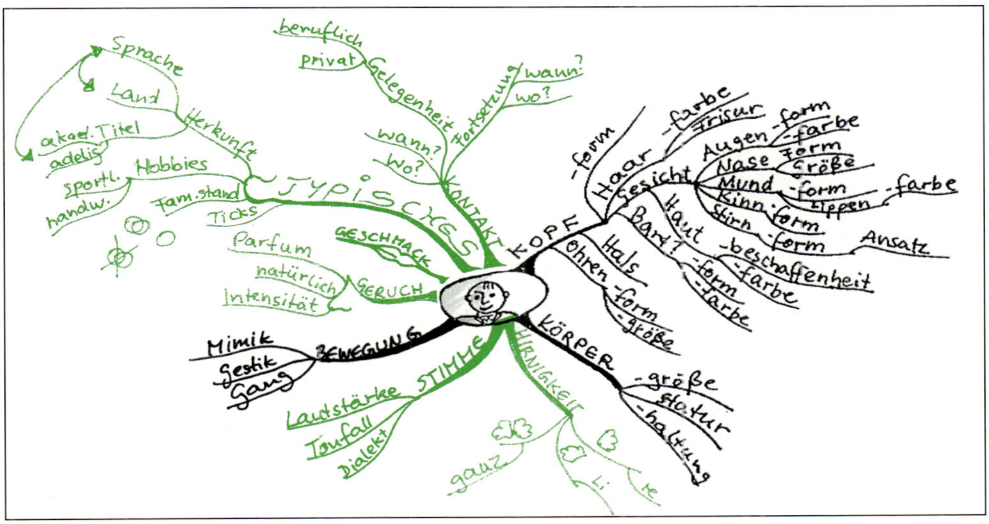

(Aus: Maria Beyer, Brain Land – Mind-Mapping in Aktion, Junfermann, Paderborn 1993, S. 63)

Suchen Sie sich einen Partner, setzen Sie sich gegenüber und fertigen Sie gegenseitig ein Mind-Map von sich an.

Tauschen Sie sich über die Ergebnisse Ihrer gegenseitigen ‚Portraits' aus.

Traute Langner-Geißler/Ulrich Lipp, Pinnwand, Flipchart und Tafel, Bd. 3: Mit den Augen lernen, Hg.: Hermann Will, Beltz, Weinheim, 2. Aufl. 1994

Edu-Kinesiologie

Der Name Edu-Kinesiologie (EK) setzt sich zusammen aus ‚educare' und ‚Kinesiologie' (Bewegungslehre). Eine Grundannahme der hier vorgetragenen Auffassung ist die Annahme einer engen Verbindung zwischen ‚Körper' und ‚Geist' (Wohlbefinden), zwischen motorischen Übungen und sensorischer Stimulierung spezifischer Hirnteile.

Energieblockaden und Bewegungsübungen

Energieblockaden

Beobachtet man lese- und rechtschreibschwache SchülerInnen über einen längeren Zeitraum genauer, verfolgt man ihr Lernverhalten, ihre Reaktionen in Stresssituationen, dann kann man oft feststellen, dass sie sich nicht zu wenig anstrengen, sondern zu sehr. Dieser verspannte Willensimpuls führt zu einer Blockade. [...]

Es gibt eine vergleichbare Erfahrung bei Erwachsenen: Jemand fragt uns nach einem Namen, wir versuchen, uns angestrengt zu erinnern, sind aber blockiert – der Name ist weg. Wir vermuten: Zu einem späteren Zeitpunkt, wenn wir uns nicht mehr anstrengen, wird uns der Name einfallen. Und meist tritt das auch ein. Die erinnerte Information ist da, wenn die krampfhafte Überkonzentration nachgelassen hat.

Da SchülerInnen, die unter solchen Blockaden im Unterricht leiden, leicht resignieren, weil sie u.U. häufiger gehört haben: „Wenn du dich nur anstrengst, wirst du es schon schaffen", ist es wichtig, ihnen Erfahrungen zu vermitteln, bei denen sie durch Ent-Spannung Erfolgserlebnisse haben.

Für den Lehrer/die Lehrerin ist es leichter, die richtige Unterstützung zu geben, wenn die Ursachen für derartige Blockaden bekannt sind.

Einseitige Gehirnaktivität

Energieblockaden sind häufig auf einen Mangel an Koordination der Funktionen von rechter und linker Gehirnhälfte zurückzuführen. „Leichtes Lernen erfordert, dass die Funktionen der rechten und linken Gehirnhälfte aufeinander abgestimmt sind, sodass das Ganze mehr als die Summe seiner Teile darstellt." Roger W. Sperry, der 1981 für seine Forschungen den Nobelpreis erhielt, hat nachgewiesen, dass durch einseitiges Lernen, durch Überbewertung des logischen, analytischen Denkens nur der linke Bereich unseres Gehirns in Anspruch genommen, der rechte aber vernachlässigt wird. Diese rechte Hemisphäre aber steuert unsere intuitiven, kreativen, spontanen Fähigkeiten. [...]

Über-Kreuz-Bewegungen

Lese- und rechtschreibschwachen SchülerInnen, die vom Problem der Energieblockierung betroffen sind, können so genannte Über-Kreuz-Bewegungen helfen, die rechte und linke Gehirnhälfte zu koordinieren. Diese Übungen lassen sich jedoch nur schwer in einen normalen Unterrichtsablauf integrieren. Deshalb nutzten wir an unserer Schule das Angebot eines Stadtteilprojektes und boten einen Kurs in Form einer AG an. Über einige Erfahrungen mit diesem Kurs soll im Folgenden berichtet werden:

Teilnehmer dieses Kurses waren zehn bis zwölf SchülerInnen, die entweder Konzentrationsprobleme oder Schwierigkeiten im Lese-Rechtschreib-Bereich hatten. Für den ersten Kurs hatten sich SchülerInnen der 7. Klassen gemeldet.

[...] In diesen Kursen wurden Über-Kreuz-Bewegungen mit Entspannungsübungen und Fantasiereisen kombiniert. Fantasiereisen und Entspannungsübungen kannten die meisten der SchülerInnen bereits von der Primarstufe her. Die Über-Kreuz-Bewegungen waren ihnen neu.

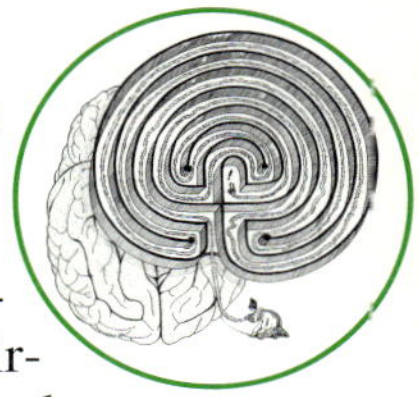

Es sind Bewegungsabläufe, bei denen man die rechte und linke Körperseite in Beziehung bringt. Es wird vermutet, dass bei lese- und rechtschreibschwachen SchülerInnen diese Bewegungsmuster beim Kriechen und Krabbeln als Kleinkind nicht eingeprägt wurden und deshalb seit dieser Zeit Energieblockaden auftreten, die sich vor allem auf die Fähigkeiten des Lesens und Schreibens auswirken. Die Über-Kreuz-Bewegungen können in ganz verschiedenen Varianten und zu Musik ausgeführt werden.[...]

Damit die SchülerInnen selbst testen können, wie diese Übungen wirken, wurde jeweils zu Beginn der Übungsstunde ein Diktat geschrieben und der gleiche Text noch einmal am Ende der Stunde, ohne dass er zwischendurch besprochen oder verglichen wurde. Selbst wenn man davon ausgeht, dass beim zweiten Schreiben des Textes durch die Wiederholung ein leichteres Veständnis gegeben wäre, waren doch bei einigen der SchülerInnen die Fehlerzahlen beim zweiten Diktat signifikant geringer – und sie konnten bei diesem Vorgehen die Wirkung der Übungen selbst kontrollieren.

Allerdings waren langfristige Verbesserungen der Lese- und Rechtschreibleistungen nur dann zu erkennen, wenn die SchülerInnen diese Übungen auch zu Hause, möglichst mit Unterstützung der Eltern, weiterführten und regelmäßig trainierten. [...]

Rückmeldungen der KollegInnen, die diese SchülerInnen unterrichten, ergaben, dass die Lese- und Rechtschreibleistungen sich meist verbessert hatten, allerdings nur unter stressfreien Bedingungen. Bei Klassenarbeiten und ähnlichen Leistungskontrollen ließen sich die Erfolgserlebnisse häufig nicht wiederholen.

In Gesprächen mit den SchülerInnen wurden die Gründe dafür deutlich: Sie konnten sich in einer angespannten Klassenatmosphäre vor einer Arbeit nicht entspannen, auch wenn sie es vorher geübt hatten. Die normalen schulischen Voraussetzungen bei Leistungskontrollen sind also für diese SchülerInnen trotz Entspannungstraining schwierig. Für sie wäre es eine echte Hilfe, wenn Klassenarbeiten mit einer Entspannungsübung eingeleitet würden.

(Gisela von Bradke, Lernblockaden überwinden – Entspannungsübungen und Fantasiereisen, in: Friedrich Jahresheft XII, 1994: Schule – Zwischen Routine und Reform, S. 150,151)

Wie die in dem vorigen Text beschriebenen Übungen aussehen, können Sie den folgenden Beispielen entnehmen:

Mein Bruder macht mit mir zusammen die LIEGENDE ACHT. Er sagt, dass er früher beim Lesen immer Wörter vergessen und den Faden verloren hätte. Jetzt lesen wir uns gegenseitig vor. Wir gehen zusammen zur Bibliothek und haben sehr viel Spaß mit Büchern. *Mach' die Acht dreimal mit jeder Hand, dann dreimal mit beiden Händen zusammen.*

Wir führen jeden Morgen ÜBERKREUZ-GEHEN und ÜBERKREUZ-HÜPFEN zu Musik durch. Ich führe die Bewegung so aus, dass, wenn sich ein Arm bewegt, sich gleichzeitig das Bein auf der anderen Körperseite bewegt. Ich bewege mich nach vorne, hinten, seitlich und bewege meine Augen in alle Richtungen. Es hilft mir, mit der Hand gelegent-

(Zeichnungen: Haralds Klavinius)

lich das gegenüberliegende Knie zu berühren, um die Körpermittellinie zu überqueren. Wenn meine Gehirnhälften so zusammenarbeiten, fühle ich mich aufnahmefähig für Neues.

Bevor ich BRAIN-GYM kannte, wäre ich nie darauf gekommen, dass ich künstlerisch begabt bin. Jetzt zeichne ich den DOUBLE DOODLE mit beiden Händen gleichzeitig. Ich staune immer wieder über die interessanten Formen, die dabei von mir erschaffen werden und wie entspannt sich meine Arme und Augen anfühlen. Und auch das Schreiben fällt mir jetzt viel leichter.

(Paul E. Dennison/Gail E. Dennison, Brain-Gym®, Kirchzarten, VAK, 11. Aufl. 1999, S. 13, 14, 15)

Die Befürworter dieser Übungen weisen darauf hin, dass zu einer erfolgreichen Arbeit genaue Kenntnisse erforderlich sind, die sich z. B. in entsprechenden Kursen erwerben lassen.
P.E. Dennison hat den Erfolg dieser Übungen an einer Klasse mit 19 Schülern nachgewiesen (vgl. Paul E. Dennison, Befreite Bahnen, Freiburg im Breisgau 1995, S. 160ff.), eine größere Studie liegt bislang nicht vor.

Die Wirkung dieser Übungen ist im Übrigen nicht unumstritten. Kritiker weisen besonders darauf hin, dass die hohen Erfolgsversprechungen der Befürworter mit Skepsis zu betrachten sind und man sich eher im Bereich von Arbeitshypothesen statt gesicherter Erkenntnisse bewegt (vgl. dazu auch: Godehard Henze, Edu-Kinesiologie und Neurolinguistisches Programmieren, Zauberwörter oder geeignete Konzepte schulischer Förderung?, in: PRAXIS SCHULE, Heft 5/94, S. 42ff.)

Ganzheitliches Lernen

An unserer Schule werden Kinder mit normaler Intelligenz unterrichtet, die aber oft massive sprachliche Probleme haben. Diese sprachlichen Unsicherheiten können jedoch nie als isoliert, eindeutig bestimmbare Störung gesehen werden. Häufig sind sie Ausdruck oder Ergebnis einer umfassenderen Entwicklungsstörung oder -verzögerung und sehr komplex. Die Sprachbehinderung kann auch zusätzlich Störungen im Lernen verursacht haben. Unterricht und Therapie sprachbehinderter Kinder müssen daher ganzheitlich angelegt

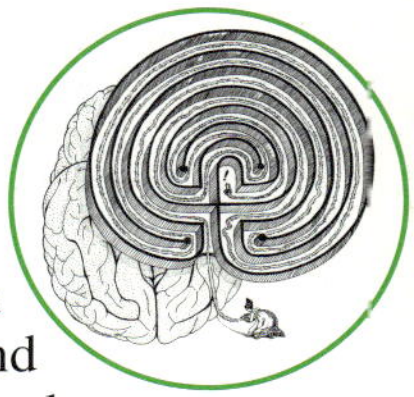

sein. Es ist notwendig, zusätzliche, andere Lernwege und Lerntechniken anzuwenden. Im Unterricht werden verstärkt alle Sinne angesprochen. Eine umfassende Sinnesschulung ist Bestandteil der Basistherapie.

Im Eingangsbereich unserer Schule hängt das Bild von einem Baum, an dem sich die Zusammenhänge und die daraus entstehenden Erfordernisse für Unterricht und Therapie sehr schön deutlich machen lassen. Dieses Bild veranschaulicht Folgendes: Was unsere Kinder in der Schule normalerweise lernen, sind die Früchte des Baumes: das Lesen, das Schreiben, das Rechnen. Natürlich kümmert sich der Gärtner auch um die Früchte. Um aber eine gute Ernte zu bekommen, sind andere grundlegende Arbeiten notwendig. So schneidet und richtet der erfahrene Gärtner die Äste, um gute Voraussetzungen für Lichteinfall und Fruchtansatz zu schaffen. Er säubert den Stamm und schützt ihn gegen zu große Sonnenbestrahlung und Ungezieferbefall. Vor allem kümmert sich ein guter Gärtner um die Wurzeln des Baumes. Er lockert die Erde und versorgt sie mit Nährstoffen und Dünger. Dies sind die besten Voraussetzungen für eine gute Entwicklung des Baumes und für eine gute Ernte.

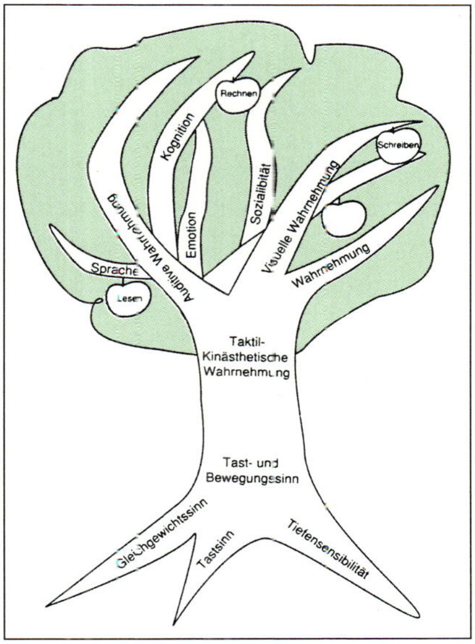

Auf unsere Schüler übertragen heißt dies, dass wir uns bei unserer Arbeit nicht nur auf das Üben von Lesen, Schreiben und Rechnen beschränken dürfen, sondern dass auch die Äste: die Sprache, die akustische und visuelle Wahrnehmung, die Bewegung, das Denken, das Empfinden, geschult werden müssen. Gehen wir zum Stamm über, heißt dies, dass Bewegungsgefühl und Muskelempfinden, dass Tast- und Bewegungssinn weiter entwickelt werden müssen. Von Sonderschullehrern müssen sehr häufig und ganz bewusst auch die Wurzeln berücksichtigt werden. Die basalen Fähigkeiten des Gleichgewichts, des Tastsinns und der Tiefensensibilität gilt es zu stärken und zu fördern.

Wenn wir bei unseren Kindern in der Frühförderung und in der Grundschulzeit besonders die Förderung von Wurzel und Stamm mit dem Richten der Äste und Hegen der Früchte verbinden und die Integration, das heißt, das Zusammenspiel der vielen einzelnen Teile fördern, dann können wir, wie ein guter Gärtner, auf reiche und gesunde Ernte hoffen.

Das Lernen im entspannten Zustand, das Ausschalten der Außenwelt, das verstärkte und bewusste Ansprechen der rechten Hirnhälfte und die gezielte Integration beider Hemisphären sowie die Einbeziehung aller Sinnesbereiche in den Unterricht wirken sich auf Verhalten und Lernen unserer sprachbehinderten Schüler sehr positiv aus. Da die herkömmlichen Lerntechniken hauptsächlich die linke Hemisphäre ansprechen, kann es geschehen, dass rechtshirnorientierte Kinder nur schwer Zugang zu diesen Erfordernissen erhalten. Sie benötigen Lernangebote, die verstärkt die rechte Hemisphäre ansprechen.

Grundsätzlich sollte Unterricht so aufgebaut sein, dass die Lerninhalte sowohl Fähigkeiten der rechten wie der linken Hirnhälfte in ausgewogenem Maße einbeziehen.

(Dorothea Popel/Wolfgang Hetzel, Einsatz suggestopädischer Elemente in der Schule für Sprachbehinderte, in: Ingrid Conrady/Marianne Haun-Just/Barbara von der Meden-Saiger [Hg.] Lernen ohne Grenzen, Gabal Verlag Bremen und AOL Verlag, Waldstraße 18, D-77839, Lichtenau 1993, S. 32ff; Hinweis: Das Heft ist vergriffen!)

Diskutieren Sie die hier dargestellte Auffassung schulischen Lernens und suchen Sie nach konkreten Umsetzungsmöglichkeiten. Sie können Ihre Überlegungen auch dadurch veranschaulichen, dass Sie den Baum ergänzen.

P Projektvorschlag zum selbstständigen Weiterarbeiten

A Fertigen Sie als Wiederholungshilfe und zur Abiturvorbereitung zu jedem Kapitel/jeder Wabe ein Mind-Map an.

B Erkundigen Sie sich bei Institutionen, ob Brain-Gym-Übungen bekannt sind bzw. ob es Erfahrungswerte mit solchen Übungen gibt.

Hinweise

- Bernd Sensenschmidt, Bio-logisch lernen, AOL-Verlag 1993
- MindPower – Effektiv Lernen, Time Life Verlag, Amsterdam 1994
- GEO-Wissen, Intelligenz und Bewusstsein, 3/92
- Oliver Sacks, Der Mann, der seine Frau mit einem Hut verwechselte, Reinbek b. Hamburg 1987
- Vera F. Birkenbihl, Stroh im Kopf, mvg-Verlag, Speyer 1999
- Gerhard Roth/Wolfgang Prinz (Hg.), Kopf-Arbeit, Gehirnfunktionen und kognitive Leistungen, Spektrum Akademischer Verlag, Heidelberg/Berlin/Oxford 1996
- GEO-Wissen, Sinne und Wahrnehmung, 9/97
- GEO, Die Suche nach dem Ich, 2/98
- Klaus Bachmann, Naturtalent Kind, in: GEO-Wissen „Denken – Lernen – Schule“, 1/99, S. 37ff.
- Thomas Saum-Aldehoff, Das Selbst – Ein Archiv, in: PSYCHOLOGIE HEUTE, S. 44ff.

3 Reflexionen: Lernen für die Zukunft?

(Grafik: XING/Marc Posch)

1. Das Nachrichtenmagazin FOCUS gab im Dezember 1994 eine Extraausgabe mit dem Titel „Lernen im 21. Jahrhundert“ heraus. Die Abbildung rechts ist dieser Ausgabe entnommen.
   Beschreiben Sie detailliert, was Sie sehen. Welche Vorstellungen von Lernen werden hier thematisiert?
2. Stellen Sie ausgehend von der Abbildung Vermutungen darüber an, welche Themen diese Focus-Ausgabe zum Themenfeld „Lernen“ enthalten haben könnte. Welche Schlagzeilen könnte das Titelblatt enthalten?
3. Prüfen Sie anhand von Zeitungen, Zeitschriften und Nachrichtenmagazinen, welche Themen und Probleme das Zeitgeschehen dominieren. Stellen Sie Ihre Ergebnisse in Form einer Collage oder Ähnlichem dar.
4. Stellen Sie erste Überlegungen an, inwiefern Lernen in Schule und Alltag gestaltet werden müsste um auf das aktuelle Geschehen zu reagieren. Ist das überhaupt sinnvoll? Wenn Sie zu der Überzeugung kommen, dass künftiges Lernen auch das aktuelle Geschehen stärker zu berücksichtigen hat, diskutieren Sie, ob und, wenn ja, welche Rolle eine Technisierung des Lernens spielen sollte bzw. könnte.

Angesichts rasanter gesellschaftlicher Entwicklungen auf verschiedensten Ebenen fragen sich zahlreiche Pädagogen und Pädagoginnen, ob und inwiefern Lernen inhaltlich und methodisch auf diese Veränderungen reagieren soll. Einige dieser Überlegungen sollen hier exemplarisch dargestellt werden.

Es bietet sich an, die folgenden drei Texte von Mihaly Czikszentmihalyi, Willi van Lück und Oskar Negt zunächst in arbeitsteiliger Gruppenarbeit zu erarbeiten, indem Sie die jeweilige dort vertretene These und die Argumentation der Verfasser zur Stützung der These herausstellen.

Die Erziehung zu einer guten Gesellschaft

[...] Ein komplexes Gesellschaftssystem erfordert Individuen mit einem komplexen Selbst, aber ein komplexes Selbst entfaltet sich normalerweise nur in einem komplexen System. Und doch ist es gerade diese Kreisförmigkeit, die Stück für Stück den Fortschritt ermöglicht: Jede Steigerung der Komplexität auf individueller Ebene lässt sich in einen gesellschaftlichen Fortschritt umsetzen und umgekehrt. [...]

Die alte Weisheit, die ein afrikanisches Sprichwort zum Ausdruck bringt –„Man braucht ein ganzes Dorf, um ein einziges Kind zu erziehen"–, ist in Vergessenheit geraten. Statt dessen hat man die Bildung an die Schulen delegiert und an den Methoden der industriellen Massenproduktion ausgerichtet, die sich in den Fabriken als überaus erfolgreich erwiesen hatten. Wie viele Kritiker des Bildungswesens ausführen, lernt man aber aus direkten Erfahrungen mindestens so viel wie aus Büchern.[...]

Eine gute Gesellschaft braucht mehr als Schulen mit einem breitgefächerten Lehrplan und modernsten Laboreinrichtungen. Die Erziehung findet in der ganzen Gemeinschaft statt. Es sind die Einkaufszentren, die Autobahnen, die Medien und die Lebensweise der Eltern, die jungen Menschen die klarsten Vorstellungen von der Realität vermitteln.[...]

Wenn wir eine Gesellschaft wollen, in der Freiheit mit Verantwortung gepaart ist, müssen wir dafür sorgen, dass junge Menschen in komplexen Erfahrungswelten aufwachsen.

Utopische Denker von Platon bis Aldous Huxley haben Bildungsideale propagiert, die, auch wenn sie immer noch in weiter Ferne und vielleicht niemals realisierbar sind, so wichtige Einsichten enthalten, dass wir sie nicht gefahrlos ignorieren können. Diesen Idealen ist gemeinsam, dass sie die Bildung der Gesamtpersönlichkeit in den Vordergrund stellen und die Förderung von spontanen Interessen und Fähigkeiten betonen. Sie legen viel Gewicht auf Risiken und Pflichten und die gleichzeitige Möglichkeit, Freude an der eigenen Entfaltung zu entwickeln.[...]

Diese radikalen Visionen basieren auf der Erkenntnis, dass wahre Bildung auch umfasst, dass man die direkten Verbindungen zwischen Handlungen und Konsequenzen erkennt – im eigenen Körper, im gesellschaftlichen Umfeld, im gesamten Kosmos. Heute wird Bildung normalerweise in Form abstrakter Informationen vermittelt: Abgesehen von schlechten Noten gibt es keine erkennbaren Risiken und keine Möglichkeit, direkte Konsequenzen zu erleben. Aber eine schlechte Note sagt einem nur, dass man den Lehrer nicht von seinem Fleiß überzeugt hat; sie sagt nichts darüber aus, ob das, was man gelernt hat, tatsächlich wahr ist.

Vor wenigen Generationen wusste ein Mensch, der auf einem Bauernhof aufwuchs, was er lernen musste und warum er es lernen musste. Die Informationen waren konkret, vertraut und relevant. Das Wissen war ein integraler Bestandteil des Lebens, es bezog sich auf konkrete Überlebensaufgaben.[...]

Heute muss ein junger Mensch außerhalb der Schule selten ernsthafte, verantwortungsvolle Aufgaben erfüllen.[...]

Und sogar wenn ein Mensch sehr viel über diese getrennten Fachgebiete lernt, weiß er doch oft kaum, wie er dieses Wissen verknüpfen soll. Aber jedes relevante Verstehen erfordert, dass man die Erkenntnisse, die man aus den verschiedenen Bildern der Realität gewonnen hat, einschließlich der Einsichten von Kunst und Religion, zusammenführt.[…]
Die vielleicht vordringlichste Aufgabe, vor der wir heute stehen, ist die Festlegung eines neuen Bildungsprogramms, das jedem Kind von der ersten Klasse an klar macht, dass das Leben im Universum wechselseitig voneinander abhängig ist. Es sollte eine Erziehung sein, die den Verstand dazu ausbildet, das System von Ursachen und Wirkungen zu erkennen, in das unser Handeln eingebettet ist, und es sollte eine Erziehung sein, die die Emotionen und die Fantasie dazu ausbildet, angemessen auf die Folgen dieses Handelns zu reagieren.[…]
Aber wenn wir weiterhin die Physik getrennt von der Ethik unterrichten oder die Molekularbiologie ohne Rücksicht auf die Frage der Empathie, wird die Gefahr eines fürchterlichen evolutionären Fehlschlags weiter wachsen. Um dieser Gefahr zu entgehen, müssen wir unbedingt anfangen, über eine wahrhaft integrative, globale Erziehung nachzudenken, die die gegenseitige Abhängigkeit von Ursachen und Wirkungen ernst nimmt.

(Mihaly Csikszentmihalyi, Dem Sinn des Lebens eine Zukunft geben. Eine Psychologie für das 3. Jahrtausend. Aus dem Amerik. von Maren Klostermann. © 1993 by Mihaly Csikszentmihalyi. Klett-Cotta, Stuttgart 1995, S. 351–356)

Vernetzt und global Denken lernen – notwendige und qua Neue Medien erreichbare, allgemeine Bildungsziele?

1. Die Folgewirkungen der kulturellen Evolution von Wissenschaft und Technik fordern heute die allgemeine Fähigkeit: vernetzt und global denken zu können

In der quälend langsamen Evolution blieb der Homo sapiens im Vergleich mit anderen Lebewesen das an die Natur am wenigsten angepasste Wesen.[…]
Über Tausende von Jahren schaffte es also die menschliche Art, die Anpassungs-Mängel durch Lernen und Denken mehr als auszugleichen.
Menschliches Lernen, Denken und Verstehen waren fundamental für technische Erfindungen (Faustkeil) als auch Grundlage für die kulturelle Evolution aller Wissenschaften, in deren Folge dann ebenso die vielfältigen Technologien entstanden sind.
Nach der Geburt der Wissenschaften und der Technik überschlagen sich gegenüber der quälenden Langsamkeit der biologischen Evolution die Ereignisse. In hektischer Folge „entspringen" dem menschlichen Geist wissenschaftliche und technische Produkte. In immer kürzeren Zeiträumen (er)zeugen Menschen Systeme von steigender Komplexität.[…]
Jedes weitere wissenschaftliche und technische Produkt, das aber in die „Um"welt gesetzt wird, steht dort sofort in einem vielfältigen Wechselwirkungsgefüge bereits vorher entwickelter globaler Systeme. Zwangsläufig müssen Vernetztheit, Komplexität und Technik-Folgewirkungen exponentiell zunehmen. […]
Wir wissen aber heute, dass kleine Fehler in geschaffenen komplexen System exponentielle Folgen haben, und wir wissen auch, dass die Fehlerfreundlichkeit in Großsystemen immer geringer wird. Aus den Naturwissenschaften wissen wir weiter, dass es eine prinzipielle Unvorhersagbarkeit gibt, wenn die Phänomene nur komplex genug sind.[…]
Aber obwohl wir dieses alles wissen und heute immer wieder erleben, dass wir zum Zeitpunkt der Einführung und Anwendung eines neuen technischen oder wirtschaftlichen Systems noch nicht alle Folgewirkungen kennen und wir erst z. T. mit einer erheblichen Zeitverzögerung von mehreren Jahrzehnten die für Mensch und Natur schädlichen Fol-

gewirkungen erkennen, wird dieses Wissen nicht dazu führen, die Weiter-Entwicklung von Technik zu unterlassen.
Die größten Probleme bestehen aber weltweit darin, dass sich eine große Kluft aufgetan hat zwischen der explosiven Entwicklung von technischen und wirtschaftlichen Systemen und der unverändert „evolutionär" verlaufenden ethisch-moralischen Entwicklung des Menschen.[...]
Ethisch-normative Werte müssen handlungsleitend werden, soll denn die kulturelle Evolution von Technik ein wirklicher Fortschritt für die Menschheit sein.[...]
Will man diese pessimistische Zukunftserwartung nicht, sondern einen optimistischen Weg, so muss der Mensch auch durch vernetztes und globales Denken die rationale Grundlage schaffen für eine ethisch verankerte Urteilsfähigkeit für verantwortungsvolles Gestalten.

2. Lernen und Denken sind notwendig an die selbst geschaffene Komplexität anzupassen

[...] Lernen, Denken und Erkennen sind heute noch nicht allgemein auf dem evolutionären Stand, der als Anpassung an die selbst geschaffene Komplexität notwendig wäre. [...]
Aber die Herausforderungen an uns Menschen sind bekannt. Also müssen wir die geringe Angepasstheit, wie immer schon geübt, dadurch wettmachen, dass wir unabhängig von einer weiteren Evolution des Gehirns schon jetzt aktiv unser Lern-, Denk- und Erkenntnisvermögen verbessern.
Wissen über vernetzte, dynamische Zusammenhänge ist eine notwendige rationale Voraussetzung für die Weiterentwicklung und Akzeptanz von Normen. Für sie ist ein breites Bewusstsein notwendig, alle Schülerinnen und Schüler müssen also lernen, vernetzt und global denken zu können, soll solidarisches Verhalten die Folge sein.

3. Vernetzt und global Denken lernen ist auch eine Herausforderung für schulisches Lernen

Das Ganze ist mehr als die Summe seiner Teile. Diese alte Weisheit gilt auch heute noch. Sie ist um so bedeutungshaltiger, je größer die Komplexität wird, die es zu verstehen gilt. Analytischkausale Betrachtungsweisen der Realität (z. B. Isolierung einzelner Elemente, Betrachtung des Details, Veränderung nur jeweils einer Variablen, disziplinorientierte Betrachtung) müssen um systemisch-ganzheitliche Betrachtungsweisen der Realität (z. B. Verbindung von Elementen durch Wechselwirkungen, Wahrnehmung der Ganzheit, Veränderung von Gruppen von Variablen, interdisziplinäre Betrachtung) erweitert werden, und zwar nicht als additive Ergänzungen, sondern als zusammenwirkende Erkenntnismethoden.[...]

3.1 Modellbildung und Simulation – Dynamik kognitiv erleben und erfahren

Dynamik lässt sich kognitiv erleben und erfahren. Gefühle und Intuitionen für die Wirkungen dynamischer Zusammenhänge in Wechselwirkungsnetzen lassen sich dabei entwickeln.
Jeder hat beim Fahrradfahren bereits unmittelbar erlebt, wie die vorwärts gerichtete Bewegung nachwirkt, wenn plötzlich ruckartig gebremst werden muss und wie bei höherer Geschwindigkeit das Fahren einer Kurve eine Gewichtsverlagerung verlangt. Diese unmittelbaren Erfahrungen führen intuitiv zu richtigen Handlungen in ähnlichen Fällen.
Auch die Dynamik der nicht mehr sinnlich erfahrbaren komplexen natürlichen oder künstlichen Wirklichkeiten lassen sich kognitiv erfahren, indem man sie als Modelle nachbildet und auf dem Computer „fährt". [...]
Simulieren bedeutet dabei, dass mit den Modellen selbstständig und spielerisch experimentiert werden kann, ohne dabei Schaden anrichten zu müssen.[...]

3.2 Recherchen in themenbezogenen Datenbanken – erlebte Dynamik interpretieren

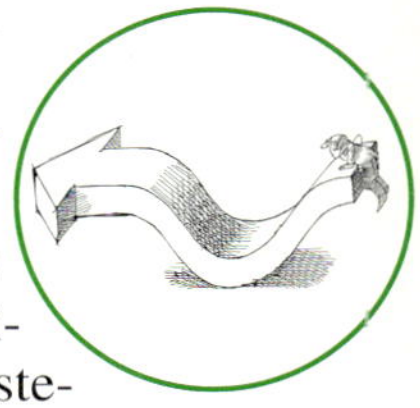

[…] Themenbezogene Datenbanken können bei der Behandlung eines Themas im Unterricht ein zentrales Medium der umfassenden und aktuellen Informationsgewinnung sein. Sie bieten ein weit über die üblicherweise zur Verfügung stehenden Materialien hinausragendes, sonst nicht oder nur unter großem Zeitaufwand zugängliches, vielfältig nutzbares Angebot an Informationen.

Durch gezielte und gekonnte Recherchen in Datenbanken z. B. bei der notwendigen Interpretation im Rahmen von Modellbildungen und Simulationen oder im Rahmen anderer Problemlösungen können wesentliche und relevante Informationen gewonnen werden, die es ermöglichen, dass:

- vertiefte Einsichten in die untersuchten Details,
- ergänzende Durchsichten auf grundlegende Strukturen oder Einflussgrößen oder
- orientierende Übersichten über sachliche, logische oder normative Zusammenhänge und Wechselwirkungen gewonnen werden.

Auch hierdurch wird das Lernen unterstützt, vernetzt und global zu denken. Dabei sind dann notwendigerweise auch die Grenzen und Möglichkeiten einer themenbezogenen Datenbank zu reflektieren, um so die Bedeutung und Reichweite der gefundenen Informationen besser einschätzen zu können. […]

Begriffe aus den neuen Strukturwissenschaften und die gezielte, zweckgerichtete Nutzung von mächtigen Datenbanken können so vielleicht helfen, fächerübergreifende Sinnzusammenhänge zu stiften, in deren Folge dann auch ein neues Verständnis für eine ethisch verantwortete Zukunft entstehen könnte.[…]

(Willi van Lück, in: Landesinstitut für Schule und Weiterbildung [Hg.], Schularbeiten, Heft 3, 11/1990, S. 9-11)

Plädoyer für einen neuen Lernbegriff

Lernen muss wesentlich auf die Herstellung von Zusammenhängen gerichtet sein

Die erste dieser gesellschaftlichen Schlüsselqualifikationen besteht darin, dass Lernen wesentlich auf Herstellung von Zusammenhang gerichtet sein muss. Das klingt natürlich sehr idealistisch und sehr plakativ. Aber gerade die in der Gesellschaft bestehenden Tendenzen der Fragmentierung von Zusammenhängen und Wissen führen dazu, dass ein Grundübel das ist, dass die Menschen viele Informationen bekommen. Sie haben noch nie in der Weltgeschichte so viel mitbekommen, auch an Informationen; aber was ihnen fehlt und was Erziehung bewirken muss: die Fähigkeit zu erzeugen, die Informationen zu verarbeiten. Die Verarbeitungsfähigkeit von Informationen ist eine zentrale Kompetenz, die erzeugt werden muss, und zwar die Verarbeitungsfähigkeit von Informationen in Zusammenhängen.[…]

Den Umgang mit bedrohter und gebrochener Identität lernen

Die zweite Kompetenz besteht in einer Welt, in der es in der Tat um so etwas wie Flexibilität geht, aber nicht Flexibilität nur in einem positiven Sinne des größeren Freiheitsspielraums, der Zeitsouveränität usw., sondern Flexibilität auch im genauen Gegenteil: dass die Menschen immer aus ihren Lebenszusammenhängen herausgestoßen werden. Vertreibung ist ein Element unserer Gesellschaft, Vertreibung aus gegebenen Zusammenhängen, Vertreibung aus Situationen, aus Stadtteilen; die Stadtsanierung hat solche Vertreibungsprozesse auch organisiert. Es gibt auch Vertreibung aus dem Erwerbssystem. Wie kann man die Arbeitslosen anders sehen? […]

Die technologische Kompetenz: Gesellschaftliche Wirkungen begreifen

Die dritte Kompetenz, von der ich spreche, bezieht sich darauf, dass in der bestehenden Erwerbsstruktur und in den übrigen Zusammenhängen so etwas wie eine technologische Kompetenz entwickelt werden muss.[...] In Bezug auf Technik ist meines Erachtens vielmehr die Bildung von Unterscheidungsvermögen ein wichtiger Punkt.

Es ist nicht so, dass die technologische Entwicklung so eine apokalyptische Dimension hat.[...] Es gibt vielmehr Technologien, die in der Tat des Teufels sind, die abgeschafft werden müssen, weil sie für die Gesellschaft gefährlich sind. Und es gibt selbstverständlich Technologien, die sogar dem Menschen immer näher kommen [...].

Und mit technologischer Kompetenz meine ich eben nicht nur die Qualifikation, die technische Qualifikation, sondern das Wissen um die gesellschaftlichen Wirkungen von Technologien als eigene Kompetenz, als eigene Fähigkeit, die Wirkungen zu begreifen, dass Technik ein gesellschaftliches Projekt ist. [...]

Die ökologische Kompetenz – nicht bloß eine gefühlsmäßige Einstellung

Es ist – viertens – entscheidend die ökologische Kompetenz, die ökologische Kompetenz allerdings nicht nur im Sinne der Ruinierung der Umwelt, der Zerstörung der Umwelt, der Umweltverschmutzung.[...]

Ich meine mit „ökologischer Kompetenz" den pfleglichen Umgang mit Menschen und Dingen, das heißt, dass Menschen und Dinge auch ihre eigenen Gesetze haben. Die Kritik der Überwältigung des einen durch den anderen, die Herrschaft des Menschen über den Menschen, ist gekoppelt an die Herrschaft des Menschen über die Natur. Das sind Prozesse, die nicht auseinander zu ziehen und säuberlich zu trennen sind. Wo äußere und innere Natur überwältigt wird, werden auch andere Menschen überwältigt, weil es eine Denkweise ist, die hier Bedeutung hat. [...]

Die Wahrnehmungsfähigkeit für Recht und Unrecht lernen

Ich habe eine Kompetenz, die bisher überhaupt in keinem Lernzielkatalog erschienen ist, von der ich aber meine, dass sie immer wichtiger wird: die Kompetenz der Wahrnehmungsfähigkeit für Recht und Unrecht, das heißt eine Sensibilität gegenüber dem, was ungleich ist, was ungerecht ist.[...]

Der Umgang mit der Zeit ist eine Dimension gesellschaftlichen Lernens

Sechstens schließlich: Ich glaube, die Menschen müssen gerade bei beschleunigtem technologischem Wachstum, bei schneller Entwertung und Umwertung der Dinge so etwas wie eine geschichtliche Kompetenz lernen, den Umgang mit Zeitstrukturen, den Umgang mit der Zeit, mit der Zeit in vielfacher Hinsicht. Zum Beispiel würde ich darunter nicht nur die Aufteilung von Freizeit und Arbeitszeit fassen, sondern auch die Entwicklung von Fähigkeiten, die nicht bloßes Fortsetzungsverhalten der Arbeit sind, sondern Mußefähigkeit herstellen. Gerade in einem Zeitalter, in dem immer stärker der Teil der Lebenszeit wahrscheinlich reduziert wird, der unmittelbar im traditionellen Sinne der Produktion von Gütern dient, wird diese Zeit, die Umgangsweise mit dieser Zeit, mit dieser zusätzlichen Lebenszeit, darüber entscheiden, ob es eine Zeit wird, die zusätzlich verwertet wird. Da gibt es viele Anstrengungen. Große Medienkonzerne sind dabei, die Stunde, die frei wird, zu verwerten und die Menschen ja nicht allein zu lassen, weil sie dann vielleicht auf eigene Gedanken kommen könnten, das heißt, sich zu zerstreuen.[...]

(Oskar Negt, in: Landesinstitut für Schule und Weiterbildung [Hg.], Schularbeiten, Heft 3, 11/1990, S. 12f)

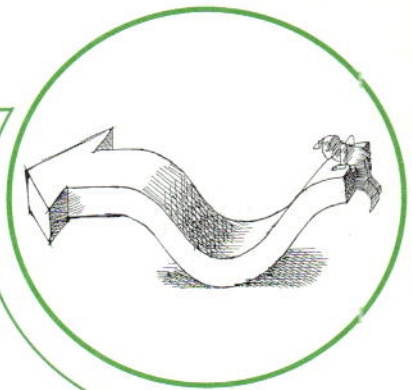

Vergleichen Sie die Thesen und Argumente von Csikszentmihalyi, van Lück und Negt nach folgenden Kriterien:

1. der Stichhaltigkeit der Argumentation,
2. der praktischen Bedeutung der Aussagen für schulisches und außerschulisches Lernen und
3. der Realisierbarkeit der jeweils aufgestellten Forderung im Bereich schulischen und außerschulischen Lernens.

Ein-Spruch

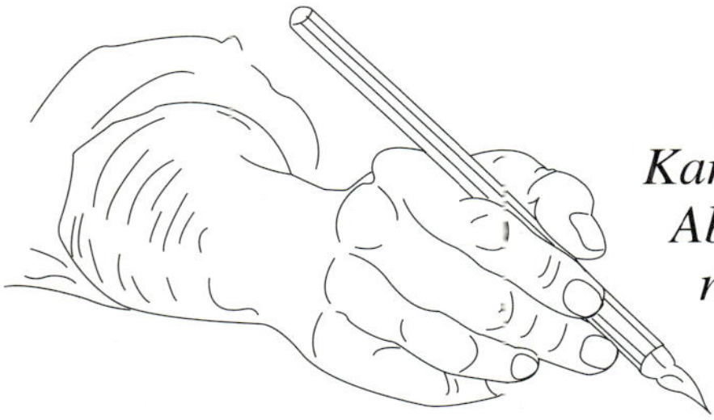

Kann man die Zukunft erforschen?[...] Aber wie kann man erforschen, was es nicht gibt?[...] Wenn wir wissen, was in Zukunft möglich oder wahrscheinlich ist, können wir diese Zukunft nach unserem gegenwärtigen Willen beeinflussen. Das aber widerspricht dem gewohnten Begriff von Zukunft, der gerade ausschließt, dass die Gegenwart die Möglichkeiten der Zukunft wirklich kennt und beeinflussen kann. Die Zukunft ist hier das Nicht-Antizipierbare, das ewige Feld der Überraschungen, vor denen keine Antizipation sicher ist.

Gibt es einen anderen Zukunftsbegriff? Bertrand de Jouvenal sprach von „Futuriblen", also von möglichen Zukünften, deren Entstehung für eine bestimmte Gegenwart wahrscheinlich ist. Diese Art Antizipation ist sicher möglich und auch notwendig, aber sie hebt den Überraschungscharakter der tatsächlichen Zukunft nicht auf. Verlöre die Zukunft diesen Charakter des Unabsehbaren, wäre sie keine mehr. Wer die negativen Überraschungseffekte ausschalten will, lässt keine Überraschungen mehr zu. Eine Zukunft im gewohnten Sinne gäbe es dann nicht mehr.[...]

(Jürgen Oelkers, Neue Welt und altes Denken?, Zur Argumentationsstruktur im Lernbericht des Club of Rome, in: Aus Politik und Zeitgeschichte 34/1984, S. 24)

1. Schreiben Sie einen Kommentar zu dem Zitat und beziehen Sie Stellung dazu.
2. Ist das Gegenteil auch richtig?
3. Welche Konsequenzen hat die Aussage von Jürgen Oelkers für Lernen?

4 Perspektiven: Pädagogik – ein Fach für mich?

(Zeichnung: Lothar Ursinus/CCC)

Vor welchen Entscheidungen stehen Sie am Ende des Halbjahres 11/2?

Aufgrund welcher Kriterien treffen Sie Ihre Entscheidungen?

10 gute Gründe, das Fach Pädagogik zu wählen:

1. Pädagogikunterricht (PU) hat etwas mit Ihnen und Ihrem Leben zu tun!
2. Im PU denken Sie über zentrale Fragen Ihres Lebens nach!
3. Im PU erwerben Sie Kenntnisse aus den Bereichen Erziehungswissenschaft, Soziologie und Psychologie, die für Sie und Ihre persönliche Situation konkret nützlich sind!
4. Im PU lernen Sie, besser mit anderen Menschen klarzukommen und andere Menschen (und sich selbst) besser zu verstehen!
5. Im Fach Pädagogik setzen Sie sich mit erzieherischen Feldern auseinander, in denen Sie schon viele Erfahrungen gesammelt haben und noch sammeln: Familie, Schule, evtl. Jugendgruppe usw.!
6. Im PU wird theoretisch und praktisch gearbeitet und die im Unterricht gemachten Erfahrungen und erworbenen Kenntnisse können zur Verbesserung pädagogischer Arbeit direkt genutzt werden!
7. PU bereitet Sie auf ein breites erzieherisches Berufsfeld vor!
8. Im PU erwerben Sie Wissen und Fähigkeiten, die Sie in allen Berufen anwenden können, in denen mit Menschen gearbeitet wird!
9. PU bereitet Sie auf Ihre zukünftige Mutter- bzw. Vaterrolle vor!
10. PU erweitert Ihren Wissenshorizont.

5 falsche Erwartungen, Vorurteile oder Befürchtungen:

1. PU ist der leichteste Weg zum Abitur!
2. PU ist ein Laberfach!
3. PU ist nur etwas für Mädchen!
4. Im PU wird nur über kleine Kinder gesprochen!
5. Personalchefs halten nichts von PU!

Sprechen Sie mit Oberstufenschülerinnen und Oberstufenschülern über Ihre Erfahrungen mit Pädagogikunterricht!

Berufsfelder

Bei der Kurswahlentscheidung in der Oberstufe spielen auch berufliche Erwägungen eine Rolle. Daher hier ein kurzer Einblick in erzieherische Berufsfelder:

In Kindergärten, Krippen, Horten und in Kinderheimen arbeiten zu 98% Frauen: „Erzieherinnen“, wie die Berufsgruppe seit den 70er-Jahren allgemein genannt wird.
Die Eltern, die ihre Kinder in den Kindergarten bringen, stellen sich vor, dass Erzieherinnen für ihre Arbeit in etwa gleicher Weise ausgebildet sind und dafür das gleiche

Gehalt erhalten. Hier irrt der Außenstehende. Im Personal fast jeder Einrichtung für Kinder spiegelt sich eine heute nur noch historisch zu erklärende Hierarchie von Ausbildungsgängen, tariflichen Eingruppierungen und Statuszuweisungen. Etwa 60% der Mitarbeiterinnen sind „Erzieherinnen“, 17% sind „Kinderpflegerinnen“, einige Mitarbeiterinnen (5%) haben eine höher qualifizierte Ausbildung, z.B. als Heilpädagogin, Lehrerin, Diplompädagogin, Psychologin oder Diplomsozialarbeiterin, 8% befinden sich noch in der Ausbildung, und 18% des Personals haben überhaupt keine einschlägige Ausbildung.

„Erzieherin“

Alltagssprachlich ist jeder, der mit Kindern zu tun hat, ein Erzieher, eine Erzieherin: die Eltern ebenso wie die Kinderbuchautorin, die Lehrerin ebenso wie der Fernsehredakteur. „Erzieherin“ ist aber zugleich eine klar definierte Berufsbezeichnung für Fachkräfte, die eine sozialpädagogische Ausbildung auf Fachschulebene absolviert haben.
Der Erzieherberuf war lange Zeit eine der wenigen Möglichkeiten zur Emanzipation von Frauen durch Berufstätigkeit. Bis heute gilt die Meinung, dass der Umgang mit Kindern eine „typisch frauliche“ Tätigkeit sei. Dabei waren es zunächst Männer, die Friedrich Fröbel ab 1839 für den Kindergarten ausbildete. Fröbel betrachtete den Kindergarten als erste Stufe eines umfassenden Bildungssystems, und die Tätigkeit im Kindergarten war für ihn mit der Arbeit eines Lehrers vergleichbar.
Fröbels Ideal einer allseitigen Entwicklung der kindlichen Fähigkeiten kam im 19. Jahrhundert jedoch nur in ausgewählten bildungsbürgerlichen Milieus zum Tragen. Der Kindergarten blieb bis ins 20. Jahrhundert hinein vor allem ein Ort der Bewahrung und Betreuung bedürftiger Kinder, die durch die Folgen der Industrialisierung in ihrer leiblichen und geistigen Entwicklung gefährdet waren. Bewahren und Disziplinieren von Kleinkindern – das waren die Aufgaben einer „Kindergartentante“, eine Berufsbezeichnung, die die gesellschaftliche Abwertung der Haus- und Familienarbeit widerspiegelt. Die treusorgende, mit einem reichen Beschäftigungsrepertoire versehene und eher gefühlsmäßig handelnde Mutter wurde zum Leitbild der Ausbildung zur Kindergärtnerin. Die anspruchsvolleren pädagogischen Ziele der Schule reklamierte die Berufsgruppe der Lehrer für sich. Erst ab den 20er-Jahren wurde die Rolle der Bewahrerin und Hüterin allmählich ergänzt durch stärker pädagogische Kompetenzen.
Die Erzieherausbildung in ihrer heutigen Form ist hervorgegangen aus den ursprünglich getrennten Ausbildungsgängen zur „Kindergärtnerin“ und „Hortnerin“. Seit 1929 wurden beide Ausbildungsgänge zu einer zweijährigen Ausbildung in Seminaren für Kindergärtnerinnen zusammengefasst und in den 60er-Jahren als Ausbildung zur „staatlich anerkannten Erzieherin“ erweitert. Diese breiter angelegte Ausbildung qualifiziert nun für die selbstständige Tätigkeit in allen Feldern der Jugendhilfe, vor allem für die Arbeit in Krippen, Kindergärten, Heimen, Horten und für Jugendarbeit.
In den 70er Jahren, den Jahren der Bildungsreform, wurden die Erwartungen an den Kindergarten als „erste Stufe des Bildungswesens“ anspruchsvoller definiert: Weder die Kindergartentante noch die Vorschullehrerin, sondern die „sozialpädagogische Fachkraft“ galt nun als angemessen qualifiziert für den Umgang mit Kindern vor und außerhalb der Schule. Neue Konzepte der Kindergartenarbeit („Soziales Lernen“, „Situationsansatz“, „Offene Planung“) konnten nur von Fachkräften umgesetzt werden, deren Horizont über Basteln und Kindergartenfeste hinausging. In die Arbeit einer modernen Erzieherin sollte nun die Reflexion über das gesellschaftliche Umfeld der Kinder ebenso eingehen wie die Gestaltung eines sozialen „Ersatzraums“, eines kommunikativen Milieus, das die zunehmende soziale Anregungsarmut im Leben vieler Kinder zu kompensieren hat. [...]

„Kinderpflegerin"

Die auf Ideen von Fröbel gestützte Kinderpflegerinnenausbildung war ursprünglich allein auf die Mitarbeit in Familien mit Kindern gerichtet, die Ausbildung daher entsprechend pflegerisch und hauswirtschaftlich gehalten. Später, als nicht genug Kindergärtnerinnen zur Verfügung standen, kamen – auf Schmalspur – auch sozialpädagogische Inhalte dazu, um Kinderpflegerinnen auch im Kindergarten anstellen zu können (mit entsprechend niedrigerem Status und Gehalt). Offiziell sollen Kinderpflegerinnen heute als Zweitkräfte, als „Helferin" in der Gruppe eingesetzt werden. Aber kann man pädagogische Anforderungen in „einfache" und in „schwierige" aufteilen? Ist nicht die „Pflege" von Kindern immer zugleich auch Erziehung?
In den 70er-Jahren, als der Ausbau der Elementarerziehung eine bildungspolitische Priorität war, wollten einige alte Bundesländer aus solchen Überlegungen heraus keine Kinderpflegerinnen neu einstellen und die im Kindergarten tätigen Kinderpflegerinnen zu Erzieherinnen weiterqualifizieren. Neuerdings werden nun wieder mehr Kinderpflegerinnen eingestellt – vor allem wohl, weil es billiger ist, angeblich aber wegen Engpässen auf dem Arbeitsmarkt, dem „Erziehernotstand". Dabei wird übersehen, dass gerade die Einstellung von weniger qualifiziertem Personal das Image des Erzieherberufs abwertet, was langfristig dann wieder den Fachkräftemangel verstärkt.
Heute wird die Ausbildung zur Kinderpflegerin von jungen Frauen häufig als Einstiegsberuf gewählt mit dem Ziel, später eine Ausbildung im medizinischen, sozialen oder pädagogischen Bereich anzuschließen, besonders dann, wenn die bildungs- oder altersmäßigen Voraussetzungen noch nicht erfüllt sind. Da mit diesem Berufsabschluss ein mittlerer Bildungsabschluss erreicht werden kann, ist diese Wahl nicht ganz unrealistisch.

„Auf anderer Leute Kinder aufpassen" – ein Beruf fürs Leben?

Lange galt der Erzieherberuf für Frauen als eine Art Durchgangsphase zum eigenen Familienleben oder zu einer anschließenden weiteren Ausbildung. Seit Erzieherinnen – wie andere Frauen auch – in der Berufsarbeit einen unverzichtbaren Bestandteil ihrer Lebensplanung sehen und eine kontinuierliche Erwerbstätigkeit anstreben, hat sich die Motivation verändert. In den vergangenen 30 Jahren ist die durchschnittliche Verweildauer von Erzieherinnen im Beruf gestiegen (nach meinen Recherchen auf der Grundlage von Personalstrukturerhebungen des Statistischen Bundesamtes von zwei bis drei Jahren auf über zehn Jahre). Neuere Beobachtungen weisen darauf hin, dass dieser Anstieg stagniert. Ein großer Teil der qualifizierten Erzieherinnen ist um die 30 schon wieder aus dem Beruf ausgeschieden. Spätestens zwischen 35 und 45 Jahren geraten die meisten Erzieherinnen in eine Krise und weichen in andere Berufsfelder aus. Sie sind erschöpft und überfordert, sie sehen kaum berufliche Perspektiven und Aufstiegschancen. Die immer wieder genannten Gründe für ihre Unzufriedenheit sind: unangemessene Bezahlung, zu große Kindergruppen, oft „Doppelbelegung" (d.h. unterschiedliche Kindergruppen am Vormittag und am Nachmittag), wenig Zeit für Vorbereitung, zu wenig Fortbildung und berufliche Perspektive und nicht zuletzt das geringe gesellschaftliche Ansehen ihres Berufs.
Die meisten jüngeren Erzieherinnen können sich nicht mehr vorstellen, ihre Arbeit über Jahre hinweg mit demselben Schwung und derselben Offenheit für neue Kinder bis zur Berentung durchzuhalten. Das Missverhältnis zwischen hohen Anforderungen und niedrigem gesellschaftlichen Prestige ist zu groß, und wesentliche Änderungen sind nicht in Sicht. Zwar schätzen sie durchaus die kreativen Seiten ihres Berufs, das

Ausbildung und Berufsfelder sozialpädagogischer Fachkräfte*

Beruf	Ausbildungs-institution	Zugangsvor-aussetzungen	Wichtigste Berufsfelder	Tarifliche Eingruppierung
Diplom-Pädagoge/in (mit Schwerpunkt Vorschulerziehung, Familie)	4 Jahre Universität	Abitur oder fachgebundene Hochschulreife	Lehre, Forschung, Leitungspositionen, Aus- und Fortbildung in päd./sozialpäd. und sozialen Bereichen	BAT III und höher
Diplom-Sozialarbeiter/in, Diplom-Sozialpädagoge/in	3 Jahre Fachhochschule und 1 Jahr Berufspraktikum	Fachhochschulreife (z.B. Fachoberschule)	Gesamter Bereich des Sozialwesens; in der Jugendhilfe, vor allem in Heimen und Jugendzentren – meist Leistungspositionen; in Verbänden und Geschäftsstellen von Trägern und Jugendämtern; in Beratungsfunktionen	BAT Ve–III
Erzieher/in	2 Jahre Fachschule/Fachakademie für Sozialpädagogik und 1 Jahr Berufspraktikum	Mittlerer Bildungsabschluss und abgeschlossene Ausbildung oder mindestens 1–2-jähriges Vorpraktikum	Gesamter Bereich der Jugendhilfe, z.B. Leiterin oder Gruppenleiterin in vorschulischen Einrichtungen (ca. 80%), z.T. auch Heimerziehung (ca. 12%) und offene Kinder- und Jugendarbeit (ca. 5%)	BAT VI–Vb
Kinderpfleger/in	1,5 bis 2 Jahre Berufsfachschule und bis 1 Jahr Berufspraktikum	Qualifizierter Hauptschulabschluss	Helfer/in bei der Betreuung von Kindern: in Kinderkrippen, Kindergarten, Hort, Heim	BAT VIII–VIb
Heilerziehungspfleger/in	2 Jahre Fachschule für Heilerziehungspflege u. 1 Jahr Berufspraktikum	siehe Erzieher/in	Einsatz bei Menschen mit Behinderungen in den Beschäftigungsfeldern Wohnen, Bildung, Arbeit und Freizeit	BAT VI–Vb

* Die Ausbildung ist nicht einheitlich, sondern von Bundesland zu Bundesland (und oft auch innerhalb eines Bundeslandes) verschieden.

(Dietrich von Derschau, Kinder erziehen. Für ein erweitertes Berufsverständnis, in: Deutsches Jugendinstitut [Hrsg.], Was für Kinder. Aufwachsen in Deutschland. Ein Handbuch, Kösel Verlag, München 1993, S. 356ff. [Auszüge]; der Passus zur Heilerziehungspflege wurde später ergänzt)

Inhaltsübersicht von *Phoenix*, Band 2

Schließlich ist es für eine Wahlentscheidung auch wichtig, welche Themen in den Halbjahren 12/1 bis 13/2 bearbeitet werden. Deshalb hier eine Vorschau auf die Inhalte von *Phoenix*, Band 2:

	12/1	12/2	13/1	13/2
Leitfragen	Was brauchen Kinder, um sich physisch, psychisch und sozial stabil zu entwickeln und wie kann dies pädagogisch gefördert werden?	Warum verlaufen im Jugend- und Erwachsenenalter Entwicklung und Sozialisation oft krisenhaft und wie kann Pädagogik hier präventiv und intervenierend eingreifen?	Wie müssen staatliche und gesellschaftliche Institutionen der Zukunft gestaltet sein, die „die Sachen klären und die Menschen stärken" (Hartmut von Hentig)?	Wie bin ich geworden, wie ich bin? Welche Vorstellungen vom Menschen haben die von 11/1 bis 13/2 behandelten pädagogischen, psychologischen und soziologischen Ansätze und wie können sie mir bei der Reflexion und Gestaltung meiner Biografie helfen?
1 Einführung	„Aus Hänschen wird Hans" – Die wissenschaftliche Erforschung von Entwicklung und Sozialisation	Wenn Kinder und Jugendliche anders sind …	Erfahrungen mit Schule – Zukunftswerkstatt Schule	Wege zum ‚großen Ich': Erziehung zur Autonomie und Verantwortung
Methodische Anregung	Eigenständig lernen: Die Facharbeit	Individuelle Fälle erziehungswissenschaftlich betrachtet	Fächerübergreifende Perspektiven: Geschichte/EW	
2 Waben (Wahlteil)	1. Soziale und moralische Entwicklung – Die Modelle von Robert Kegan und Lawrence Kohlberg 2. Wo „Es" war, soll „Ich" werden – Entwicklung aus psychoanalytischer Sicht 3. Männlein und Weiblein – Sozialisation als Rollenlernen 4. ‚Ist ja irre!' – Psychische Krankheiten von Kindern und Jugendlichen 5. Im Netz von Beziehungen – Der systemische Ansatz	1. Sozialisation im Jugendalter – Ein produktiver und konstruktiver Prozess der Gestaltung von Identität 2. ‚Help me or I beat you' – Gewalt 3. Grenzüberschreitungen – Sexueller Missbrauch von Kindern und Jugendlichen 4. Gelingendes Leben heilt und schützt – Die Abhängigkeit von Drogen 5. Alter Mensch, was nun? – Entwicklung im Alter	1. Die Häuser des Lernens – Das Bildungswesen der BRD 2. Die Pädagogik der Achtung – Janusz Korczak 3. Selbstregulierung – Die radikale Infragestellung gegenwärtiger Schule durch Alternativschulen am Beispiel ‚Summerhill' 4. Waldorfpädagogik – eine Alternative? 5. Für Führer, Volk und Vaterland – Erziehung und Bildung im Nationalsozialismus	Modelle des Menschen und ihre pädagogischen Implikationen
3 Reflexionen	Die geborenen Experten – Neue Säuglingsforschung	Vorbeugen ist besser als heilen – Was kann die Pädagogik präventiv und intervenierend leisten?	Hollywood macht Schule …	Der Blick auf das Ganze: Standortbestimmung
4 Perspektiven	Was braucht der Mensch? – Entwicklungs-Wege	Was macht die Schule mit Kindern und Jugendlichen, die anders sind?	Wege erziehungswissenschaftlicher Erkenntnis	• Entspannt und gut vorbereitet in die Prüfung • Was nun? – Lebens- und Berufsplanung

Kopiervorlage

Sieben intime Fragen an die Leserin bzw. den Leser:

♀ oder ♂ :

Alter:

Schule:

Stufe/Kurs:

Kursgröße:

Ihr Lieblingsfach:

Ihr pädagogisches Motto:

Kopiervorlage

Was ich zu diesem Buch noch loswerden möchte:

(Mimürfel-Gesichter nach Hajo Bücken, Arbeitsstelle für neues Spielen, Bremen)

Über Antworten würden wir uns freuen:
Postanschrift: Verlag Ferdinand Schöningh, Postfach 2540, 33055 Paderborn
Internet: www.schoeningh.de
E-Mail: info@schoeningh.de

Sach- und Personenregister

Methodenregister